Kulturtourismus

Marktstrukturen
Fallstudien
Perspektiven

von

Univ.-Prof. Dr. Albrecht Steinecke

Oldenbourg Verlag München Wien

Bibliografische Information der Deutschen Nationalbibliothek

Die Deutsche Nationalbibliothek verzeichnet diese Publikation in der Deutschen Nationalbibliografie; detaillierte bibliografische Daten sind im Internet über <http://dnb.d-nb.de> abrufbar.

© 2007 Oldenbourg Wissenschaftsverlag GmbH
Rosenheimer Straße 145, D-81671 München
Telefon: (089) 45051-0
oldenbourg.de

Lektorat: Wirtschafts- und Sozialwissenschaften, wiso@oldenbourg.de
Herstellung: Anna Grosser
Satz: DTP-Vorlagen des Autors
Coverentwurf: Kochan & Partner, München
Cover-Illustration: Hyde & Hyde, München
Gedruckt auf säure- und chlorfreiem Papier
Gesamtherstellung: Druckhaus „Thomas Müntzer" GmbH, Bad Langensalza

ISBN 978-3-486-58384-7

Vorwort

> „Ich hatte schon äußerst präzise musikalische
> Träume, in denen ich ganze Stücke gehört habe,
> an denen ich gerade arbeitete - vollständig auf-
> geführt! Aber was half das, ich musste sie ja
> trotzdem noch aufschreiben."
> Philip Glass

Kultur und Tourismus - dieses Thema hat mich seit langem beschäftigt und gefes-
selt. Ich habe es in den letzten zehn Jahren in Lehrveranstaltungen an den Univer-
sitäten Paderborn und Bozen behandelt, bei Vorträgen vor Kulturdezernenten,
Museumsleitern und Denkmalschützern sowie bei der Beratung von Ministerien,
Destinationen und Unternehmen. Vor diesem Hintergrund entstand (wie bei dem
Komponisten Philip Glass) der äußerst präzise wissenschaftliche Traum, ein Studienbuch zu verfassen, das klar gegliedert, anschaulich illustriert und gut lesbar ist
- und deshalb bei Studierenden und Fachkollegen auf Interesse stößt, aber auch bei
Kulturverantwortlichen und Tourismuspraktikern.

Dieses Buch ist also mehr als eine umfassende Analyse der vorliegenden wissenschaftlichen Literatur und Forschungsergebnisse. In den Text sind die vielfältigen
praktischen beruflichen Erfahrungen eingeflossen, die ich u. a. in Seminaren mit
Studierenden, bei der Entwicklung von Museumskonzeptionen, bei der Planung
von Themenstraßen und in Trainingsseminaren für Reiseleiter sammeln konnte.
Ich bin den Studierenden für ihre Referate und Präsentationen dankbar, den Zuhö-
rern/innen von Vorträgen für ihre Fragen und Anregungen und natürlich den Bürgermeistern, Landräten und Ministerialbeamten für ihre kritische Rezeption von
Handlungsempfehlungen im Rahmen von Tourismuskonzepten. Diese durchaus
auch gegensätzlichen Erfahrungen spiegeln sich im Text wider.

Vom präzisen wissenschaftlichen Traum zum Studienbuch ist es ein reizvoller,
aber auch mühsamer Weg, auf dem ich von mehreren Mitarbeitern/innen meines
Lehrstuhls für Wirtschafts- und Fremdenverkehrsgeographie an der Universität
Paderborn unterstützt worden bin, denen ich an dieser Stelle herzlich danken
möchte:

- *Irmgard Saxowski* hat in bewährter Weise die gründliche Korrektur der Text-
  entwürfe vorgenommen.

- *Peter Blank* und *Leonhard Wons* ist es gelungen, meine chaotischen Entwürfe
  geduldig und kreativ in professionelle Graphiken zu verwandeln.

- Von *Ines Köhler* und *Birgit Jeworrek* bin ich zuverlässig und kompetent bei den
  aufwändigen Literatur- und Datenrecherchen unterstützt worden.

- Mit großer Sorgfalt hat *Dr. Jörg Beineke* das Manuskript abschließend redaktio-
  nell bearbeitet.

Der größte Dank gilt aber meiner Frau Renate, ohne die dieses Buch nicht entstanden wäre. Sie hat mir bei langen Spaziergängen geduldig zugehört, von ihr wurden die Texte kritisch kommentiert und mit Hilfe ihrer gelassenen und humorvollen Ratschläge konnte ich die üblichen kleinen und großen Schaffenskrisen erfolgreich bewältigen.

Paderborn, im Frühjahr 2007   Albrecht Steinecke

Inhaltsverzeichnis

Abbildungsverzeichnis

Tabellenverzeichnis

1 Kulturtourismus: Marktstruktur - Wirkungen - Management

> „Wanderer - achte Natur und Kunst und schone ihrer Werke."
>
> Inschrift auf dem Warnungsaltar im Gartenreich Dessau-Wörlitz

> „Kunst ist Fun."
>
> Stern (17/96)

Kultur ist eine touristische Ressource mit einer langen Tradition, einer lebendigen Gegenwart und einer aussichtsreichen Zukunft: Bereits im 17. und 18. Jahrhundert, als der englische Adel im Rahmen seiner *Grand Tour* die europäischen Höfe bereiste, standen Bildungs- und Erziehungsmotive im Vordergrund. In den Fußstapfen dieser touristischen Ahnen haben seitdem Millionen von Besuchern historische Gebäude, Städte und Schauplätze besichtigt.

Zu Beginn des 21. Jahrhunderts ist der Kulturtourismus *äußerst populär* und *zugleich ubiquitär:* Das Angebot an Festspielen und Events ist nahezu unüberschaubar geworden und Kunstausstellungen sowie Konzerte verzeichnen Besucherrekorde. Auch künftig bestehen für dieses touristische Marktsegment *positive Perspektiven*, da das Bildungsniveau und damit auch die Urlaubsansprüche der Bundesbürger steigen. Allerdings drängen immer mehr Kulturanbieter in den lukrativen Reisemarkt, so dass sich der Wettbewerb im Kulturtourismus in den nächsten Jahren weiter verschärfen wird ($\rightarrow$ 5).

Die aktuelle Marktstruktur des Kulturtourismus, seine Wirkungen und die spezifischen Steuerungsmöglichkeiten stehen im Mittelpunkt des ersten Kapitels dieses Studienbuches. Dabei sollen Antworten auf folgende Fragen gegeben werden:

- Wie lässt sich der Kulturtourismus von anderen touristischen Marktsegmenten abgrenzen und welche Merkmale weist der kulturtouristische Markt auf ($\rightarrow$ 1.1)?

- Welche spezifischen Effekte hat der Kulturtourismus auf Wirtschaft, Umwelt, Kultur und Gesellschaft ($\rightarrow$ 1.2)?

- Welche Managementstrategien werden von den Kulturanbietern entwickelt, um im zunehmenden (internationalen) Wettbewerb bestehen zu können ($\rightarrow$ 1.3)?

- Welche spezifischen Marketinginstrumente stehen zur Verfügung, um das kulturtouristische Angebot zeitgemäß und marktgerecht gestalten zu können ($\rightarrow$ 1.4)?

Diese Themen werden in diesem Kapitel zunächst überblicksartig dargestellt und in den folgenden Hauptkapiteln detailliert erläutert; im Mittelpunkt stehen dabei:

- ausgewählte Kultureinrichtungen (→ 2),
- Tourismusräume (→ 3),
- Organisations- und Vermittlungsformen im Kulturtourismus (→ 4),
- die Zukunft des Kulturtourismus (→ 5).

1.1   Kulturtourismus: Definition und Marktstruktur

> „Kunst muss demokratisiert werden. Die Besu-
> cher sollen nicht Betrachter sein, sondern Teil
> des Ganzen. Die Menschen hungern danach."
> Gregory Colbert, Photograph

> „Aus ökonomischer Sicht sind kulturelle Res-
> sourcen Standortvorteile, welche eine Destinati-
> on auf dem Markt positionieren. Kultur spielt
> bei der Entwicklung des Tourismus eine ent-
> scheidende Rolle."
> KELLER (2000, S. 25)

„Was ist Kulturtourismus?" - auf diese simple Frage gibt es keine einfache Antwort. Zum einen ist nämlich der *Kultur-Begriff* sehr weit gefasst; außerdem war er
in den letzten Jahren einem ständigen Wandel unterworfen. Zum anderen besteht
aber auch das Problem, den Kulturtourismus von anderen Reisearten abzugrenzen.
Dabei geht es vor allem um die Frage, wie ausgeprägt das *kulturelle Interesse
eines Touristen* sein muss, damit seine Reise als „Kulturerlaub" bezeichnet werden
kann. Trotz dieser inhaltlichen Schwierigkeiten sind von der Tourismusforschung
mehrere Definitionen formuliert worden (→ 1.1.1). Darüber hinaus wurden Konzepte zur *Gliederung des kulturtouristischen Angebots* erarbeitet (→ 1.1.2). Auf
der Grundlage empirischer Erhebungen kann die *Zielgruppe der Kulturtouristen*
hinsichtlich ihres Profils und ihrer Verhaltensweisen beschrieben werden; diese
Daten liefern den touristischen Leistungsträgern und den Kulturanbietern wichtige
Informationen für Management- und Marketingmaßnahmen (→ 1.1.3).

1.1.1   Definition des Kulturtourismus

Obwohl das Phänomen kulturell motivierter Reisen eine lange Tradition im neuzeitlichen Tourismus aufweist, wird der Begriff „Kulturtourismus" erstmals Ende
der 1980er-Jahre in Förderprogrammen der Europäischen Union verwendet (vgl.
BECKER 1993, S. 7). Seitdem hat er in der Öffentlichkeit und in der Tourismusbranche, aber auch in der Tourismusforschung eine große Verbreitung erfahren.
Das Thema ist auf zahlreichen wissenschaftlichen Tagungen sowie in Fallstudien
behandelt worden; mehrere Sammelbände, Lehr- und Schulbücher sowie kommen-
tierte Bibliographien vermitteln einen Überblick über den jeweiligen Forschungs-
stand (vgl. BECKER/STEINECKE 1993, 1993a; ROBINSON/EVANS/CALLAGHAN 1996;

Abb. 1: Zu den zentralen Merkmalen des Kulturtourismus gehört die Besichtigung kulturel-
ler Einrichtungen (z. B. von Schloss Schönbrunn in Wien) bzw. die Teilnahme an Kultur-
veranstaltungen (Festspiele, Events, Brauchtumsveranstaltungen etc.). Dabei spielt jeweils
eine fachlich fundierte Informationsvermittlung durch qualifizierte Personen, spezielle
Printmedien bzw. Neue Medien eine zentrale Rolle.

DREYER 2000; DSF 1996, 2001; RICHARDS 1996, 2001; BECKER/STEIN-
ECKE/HÖCKLIN 1997; WEISSENBORN 1997; HEINZE 1999, 2005; KORSAY u. a.
1999; AIEST 2000; MATZKA u. a. 2000, 2005). In jüngerer Zeit sind sogar spezielle Studiengänge zum Kulturmanagement und Kulturtourismus eingerichtet worden.[1]

Trotz der intensiven wissenschaftlichen Auseinandersetzung mit diesem touristischen Marktsegment ist es bisher nicht gelungen, eine allgemein anerkannte Definition zu erarbeiten. Dafür sind zwei Gründe verantwortlich - *der Wandel des*
Kultur-Begriffs und die unterschiedliche Intensität des touristischen Interesses an
der Kultur.

Das traditionelle Verständnis von Kultur bezog sich auf materielle und immaterielle Elemente der Hochkultur - also auf historische Kunstwerke aus Bildender
Kunst, Malerei, Musik, Architektur etc. Vereinfacht gesagt handelte es sich dabei
um kulturelle Attraktionen, die in klassischen Reiseführern aufgeführt und als
sehenswert gekennzeichnet werden (vgl. LOHMANN 1999, S. 63). In den letzten

---

[1] An der FernUniversität Hagen gibt es das Weiterbildende Studium „KulturTourismus &
EventManagement" (vgl. www.fernuni-hagen.de/Kulturmanagement/KTME). Die Euro-
pa-Universität Viadrina Frankfurt (Oder) bietet ab Wintersemester 2006/07 den Master-
studiengang „Kulturmanagement und Kulturtourismus" (Master of Arts) an (vgl. www.
kulturmanagement.euv-frankfurt-o.de).

Jahrzehnten hat aber eine *Veränderung und zugleich eine Erweiterung des Kultur-verständnisses* stattgefunden: Nun werden auch alltägliche Objekte und Verhaltensweisen unter dem Begriff „Kultur" subsumiert (vgl. CREPAZ/HROVAT-FOR-STINGER 1999, S. 28).[2] Dieses neue Verständnis führt aber zu Missverständnissen und Abgrenzungsproblemen, denn gegenwärtig umfasst der Kultur-Begriff nahezu jede Form menschlichen Handelns, das im sozialen Kontext stattfindet und sich in spezifischen Gegenständen, Verhaltensweisen bzw. Werten widerspiegelt. Damit lassen sich aber die *Grenzen zwischen einem Kulturangebot und einem Unterhaltungsangebot* nicht mehr exakt bestimmen. Im Kontext von Freizeit und Tourismus zählen dann auch Themenparks, Pop-Konzerte oder Amüsiermeilen zur Kultur - und damit auch zum Kulturtourismus. Bei unreflektierter Übernahme dieses erweiterten Kultur-Begriffs sind also zahlreiche Formen des Tourismus als Kulturtourismus zu klassifizieren.

Eine weitere Schwierigkeit bei der Definition des Begriffs „Kulturtourismus" ergibt sich aus der *unterschiedlichen Bedeutung der Kultur im Motiv- und Aktivitätsspektrum der Touristen.* Empirische Untersuchungen kamen zu dem Ergebnis, dass nur 10 % der kulturell interessierten Urlauber als Kultururlauber im engeren Sinne zu betrachten sind, für die Kultur das zentrale Reisemotiv darstellt. Bei 90 % handelt es sich hingegen um Besichtigungsurlauber bzw. Auch-Kultururlauber, die neben kulturbezogenen auch zahlreiche andere Urlaubsaktivitäten ausüben (→ 1.2.2). Bei konsequenter Anwendung dieser Unterscheidung umfasst der Begriff „Kulturtourismus" also nur ein relativ kleines Segment des gesamten Tourismusmarktes.

Vor dem Hintergrund dieser grundsätzlichen Abgrenzungsprobleme ist eine Reihe von Definitionen erarbeitet worden;[3] dabei kann zwischen *angebotsorientierten, nachfrageorientierten und wertorientierten Definitionen* unterschieden werden.

-   Im Mittelpunkt der *angebotsorientierten Definitionen* stehen materielle und immaterielle Elemente der Kultur, die durch die Tourismusbranche inwertgesetzt werden und als Attraktionen fungieren: *„Der Kulturtourismus nutzt Bauten, Relikte und Bräuche in der Landschaft, in Orten und in Gebäuden, um dem Besucher die Kultur-, Sozial- und Wirtschaftsentwicklung des jeweiligen Gebietes durch Pauschalangebote, Führungen, Besichtigungsmöglichkeiten und spezifisches Informationsmaterial nahezubringen. Auch kulturelle Veran-*

---

[2] Ein Beispiel für diese neue Sichtweise sind die Industrieregionen, deren Relikte, Bauten und Brauchtum erst seit den 1980er-Jahren unter dem Begriff „Industriekultur" aufgewertet, popularisiert und auch touristisch genutzt werden (→ 3.3). Exemplarisch soll hier eine aktuelle Definition des Kultur-Begriffs vorgestellt werden. Im „Wörterbuch Allgemeine Geographie" wird Kultur definiert als „die vom Menschen in den jeweiligen Erdräumen zu bestimmten Zeiten hervorgebrachten Lebens- und Handlungsformen als Ausdruck einer gesellschaftlichen Entwicklung" (LESER 1998, S. 422; auch MAYR/NUTZ 2002, S. 13).
[3] vgl. u. a. WEISSENBORN (1997, S. 14-18) und WEIERMAIR/PECHLANER (2001, S. 93-95) zu Überblicken über unterschiedliche Definitionen des Begriffs „Kulturtourismus"

staltungen dienen häufig dem Kulturtourismus" (BECKER 1993, S. 8; vgl. auch JÄTZOLD 1993, S. 138).

- Bei den *nachfrageorientierten Definitionen* dienen hingegen Motive und Verhaltensweisen der Kulturtouristen als Grundlage der Begriffsbestimmung: *„Der Kulturtourismus umfasst alle Reisen von Personen, die ihren Wohnort temporär verlassen, um sich vorrangig über materielle und/oder nicht-materielle Elemente der Hoch- und Alltagskultur des Zielgebietes zu informieren, sie zu erfahren und/oder zu erleben"* (STEINECKE 2002, S. 10; vgl. auch DREYER 2000a, S. 26; LOHMANN 1999, S. 63).[4]

- Schließlich finden sich *wertorientierte Definitionen*, in denen auch denkmalpflegerische und didaktische Zielsetzungen formuliert werden: *„Der Kulturtourismus definiert sich (...) als die schonende Nutzung kulturhistorischer Monumente und Relikte und die sachgerechte Pflege traditioneller regionsspezifischer Wohn- und Lebensformen zur Hebung des Fremdenverkehrs in der jeweiligen Region und mit dem Ziel, das Verständnis für die Eigenart einer Region in einem weiten Rahmen einer europäischen Kultureinheit zu erweitern und zu vertiefen, und zwar durch eine verstärkte Kommunikation zwischen den Bewohnern des europäischen Kontinents und durch eine sachlich richtige, vergleichende und diskursive Information über die Zeugnisse aus Vergangenheit und Gegenwart am Ort"* (EDER 1993, S. 165-166).

Unabhängig von der jeweiligen Schwerpunktsetzung der einzelnen Definitionen lassen sich vier *grundsätzliche Merkmale des Kulturtourismus* festhalten (vgl. BECKER/STEINECKE/HÖCKLIN 1997, S. 17; Abb. 1):
- *das Interesse der Touristen an Kultur* (mit unterschiedlich ausgeprägter Intensität),
- *die Besichtigung kultureller Einrichtungen* (sowohl der Hoch- als auch der Alltagskultur),
- *die Teilnahme an Kulturveranstaltungen* (Festspiele, Kultur-Events, Brauchtumsveranstaltungen etc.),
- *die zentrale Rolle einer fachlich fundierten Informationsvermittlung* (durch qualifizierte Personen, spezielle Printmedien bzw. neue Medien; → 1.4.1, 4.1.3, 4.2.1).

Vor dem Hintergrund des breiten Kultur-Begriffs erweist sich der Kulturtourismus als äußerst vielgestaltig. Neben einer begrifflichen Abgrenzung hat die Tourismusforschung deshalb auch Vorschläge zur *Gliederung des kulturtouristischen Angebots* erarbeitet.

---

[4] zu ähnlichen Definitionen in angloamerikanischen und niederländischen Studien vgl. Irish Tourist Board u. a. (1988, S. 3); ADAMS (1995, S. 32); SILBERBERG (1995, S. 361); RICHARDS (1996, S. 24)

1.1.2   Struktur des kulturtouristischen Angebots

Unübersichtlich, vielfältig und dynamisch - so lässt sich das kulturtouristische
Angebot am besten charakterisieren:

- Das Spektrum kulturtouristischer Sehenswürdigkeiten umfasst zunächst einmal
  bauliche Relikte, Gebäude und Kultureinrichtungen - von den Pyramiden in Gizeh über den Kölner Dom bis hin zum Zeppelin-Museum in Friedrichshafen.

- Diese Angebotspalette wird immer breiter - generell durch *zeitgenössische Architektur* wie z. B. den Bahnhof von Uelzen (Architekt: Friedensreich Hundert-
  wasser) und speziell durch *spektakuläre Museumsneubauten* wie z. B. das Jüdische Museum in Berlin (Architekt: Daniel Libeskind).

- Darüber hinaus gehören *historische Schauplätze* (z. B. die Schlachtfelder von
  Waterloo oder Verdun) und *städtische Ensembles* zu den kulturtouristischen Sehenswürdigkeiten (z. B. Altstädte von Dinkelsbühl oder Quedlinburg).

- Von touristischem Interesse sind aber auch zahlreiche *Kulturveranstaltungen* -
  sowohl aus dem Bereich der Hochkultur (Salzburger Festspiele, Biennale in Venedig etc.) als auch der Alltagskultur (Münchner Oktoberfest, schwäbisch-
  alemannische Fasnetbräuche etc.).

- Zum kulturtouristischen Angebot zählen schließlich mehrere *Reisearten*, bei
  denen kulturelle Motive eine (wichtige) Rolle spielen - wie organisierte Studienreisen, individuelle Bildungsreisen, Sprachreisen und Städtereisen.

Diese Aufzählung verdeutlicht die Schwierigkeit, einen systematischen Überblick
über das kulturtouristische Angebot zu erarbeiten. Gegenwärtig liegen mehrere
Vorschläge zur Gliederung des Kulturtourismus vor. Sie basieren einerseits auf
den *Kulturangeboten*, die aus touristischer Sicht von Interesse sind, und andererseits auf den unterschiedlichen *Reisearten*, bei denen kulturelle Motive im Mittelpunkt stehen.

Nach JÄTZOLD (1993) besteht das kulturtouristische Potenzial von Regionen vor
allem aus *kulturellen Relikten und Einrichtungen* sowie aus *Kulturveranstaltungen*, dabei können *sechs Angebotsformen* unterschieden werden (vgl. Tab. 1):[5]
- *Einzelkultur-Objekte im weitesten Sinne* (z. B. Kirchen, Museen, Schlösser),
- *Kulturobjekt-Häufungen* (z. B. Weinbau-Landschaften, Themenstraßen),
- *Kulturensembles* (z. B. Gebäudegruppen in Städten und Dörfern),
- *kulturelle Ereignisse im weitesten Sinne* (z. B. Festspiele, Events),

---

[5] In seiner Gliederung des Kulturtourismus spricht JÄTZOLD (1993, S. 138) zwar von Reise-
und Ausflugsmotiven; de facto handelt es sich aber um eine Typisierung auf der Basis von
Kulturangeboten.

Reise- bzw. Ausflugsmotiv	Art des Kulturtourismus	Untergruppe der Motive	Unterarten des Kulturtourismus
Einzel-Kulturobjekte im weitesten Sinne	Objekt-Kulturtourismus	Kirchen Schlösser Galerien Museen Ausstellungen	Kunst-Tourismus o. Museums-Tourismus
		Burgen und Festungen	Burgen-Tourismus
		Historische Stätten	Geschichts-T.
		Literarische Stätten	Literatur-T.
		Archäologische Stätten	Vorgeschichts-T.
		Technische Sehenswürdigkeiten und Industrie	Industrie-Tourismus
Kulturobjekt-häufungen	Gebiets-Kulturtourismus	Kulturlandschaftliche Sehenswürdigkeiten (Weinlandschaften u. a.)	Kulturlandschafts-tourismus
		Schlosshäufungen „Straßen" kultureller Objekte	Kulturgebiets-tourismus
Kultur-ensembles	Ensemble-Kulturtourismus	Dorf-Ensembles Städtische Ensembles	Dorf-Tourismus Stadt-Tourismus
Kulturelle Ereignisse im weitesten Sinne	Ereignis-Kulturtourismus	Festspiele, Folkloristische Veranstaltungen von Musik u. a.	Festspiel-T. Veranstaltungs-Tourismus
		Kurse in Kunst, Musik, Volksmusik, Volkstanz, Volks-kunst (Töpfern, Weben, Schnitzen u. a.), Sprachen	Kurs-Tourismus
Gastronomische Kultur (Wein, Spezialitäten)	Gastronomischer Kulturtourismus	Weinleseteilnahme u. a.	Erlebnis-Kultur-tourismus
		Weinproben, -einkauf	Wein-Tourismus
		Gut essen	Schlemmer-T.
Andere Kulturen	Fern-Kulturtourismus	Naturnahe Kulturen	Ethno-Kultur-tourismus
		Spezif. ländl. Kulturen Spezif. Städt. Kulturen	Sozio-Kultur-tourismus

Tab. 1: Die Kultur stellt in vielerlei Hinsicht eine touristische Ressource dar. Das Reper-toire der Attraktionen umfasste traditionell vor allem materielle Relikte wie Burgen, Muse-en, städtische Ensembles etc. Die Erweiterung des Kulturbegriffs hat dazu geführt, dass zunehmend auch immaterielle Kulturgüter und Elemente der Alltagskultur wie Brauchtum, Veranstaltungen und regionale Produkte touristisch genutzt werden (Quelle: Eigene Dar-stellung nach Angaben in JÄTZOLD 1993, S. 138).

- *gastronomische Kultur* (z. B. Weinlese, regionale Küche und Produkte),
- *andere Kulturen* (z. B. ethnische Gruppen in anderen Kulturräumen).

Mit Hilfe dieser Typisierung können *sechs Arten des Kulturtourismus* abgegrenzt werden:
- *Objekt-Kulturtourismus,*
- *Gebiets-Kulturtourismus,*
- *Ensemble-Kulturtourismus,*
- *Ereignis-Kulturtourismus,*
- *gastronomischer Kulturtourismus,*
- *Fern-Kulturtourismus.*

Der andere Ansatz zur Gliederung des Kulturtourismus basiert auf den unterschiedlichen *Reisearten*, bei denen kulturelle Motive eine zentrale Rolle spielen (DREYER 2000a, S. 41):
- *Städtereisen* (allerdings nur solche Reisen, bei denen kulturelle Aktivitäten auf dem Programm stehen),
- *Studienreisen* (organisierte Gruppenreisen, die unter einem bestimmten Thema stehen, ein festgelegtes Programm aufweisen und von einem fachlich qualifizierten Reiseleiter begleitet werden),
- *Sprachreisen* (Auslandsreisen, die zum Zwecke des Spracherwerbs bzw. der Sprachverbesserung unternommen werden),[6]
- *Themenreisen* (Reisen mit einem Themenschwerpunkt aus Kultur, Gastronomie etc.).[7]

Jede dieser Reisearten besteht aus einem *Bündel unterschiedlicher Leistungen* - von der Information und Buchung über den Transport und die Beherbergung bis hin zur Unterhaltung und Betreuung. An der Leistungserstellung können *zahlreiche Akteure der Tourismus- und Kulturbranche* beteiligt sein:
- Transport- und Beherbergungsbetriebe,
- Kultureinrichtungen (Museen, Burgen, Schlösser etc.),
- Event- und Festivalveranstalter,
- Reiseveranstalter (Generalisten und Spezialreiseveranstalter),
- Reisemittler (Reisebüro, -agenturen etc.),
- Tourismusdestinationen,
- Reiseleiter und Gästeführer.

---

[6] Aufgrund ihres schulischen bzw. beruflichen Bezugs handelt es sich bei Sprachreisen - wie bei Kursen, Schulungen etc. - allerdings vorrangig um Bildungsreisen. Aus diesem Grund sind sie nicht dem Kulturtourismus zuzuordnen, bei dem Freizeit- und Urlaubsaktivitäten dominieren; sie werden deshalb im Rahmen dieses Studienbuches nicht behandelt (vgl. KIRSCH 2000).

[7] Der Begriff der „Themenreise" erweist sich als unpräzise; er hat in der wissenschaftlichen Diskussion keine Resonanz bzw. weitere Verbreitung gefunden.

Diesem Studienbuch liegt eine Kombination dieser beiden Gliederungsvorschläge zugrunde; es werden *drei grundsätzliche Angebotsbereiche des Kulturtourismus* unterschieden (vgl. Tab. 2):
- *kulturelle Relikte, Einrichtungen und Schauplätze,*
- *Räume als kulturtouristische Destinationen,*
- *Organisations- und Vermittlungsformen im Kulturtourismus.*

In diesem Strukturmodell werden die *Kulturveranstaltungen* (Festspiele, Events etc.) nicht als gesonderter Angebotsbereich ausgewiesen, sondern jeweils den Einrichtungen bzw. Räumen zugeordnet, in denen sie stattfinden (vgl. Tab. 2).[8]

Kulturelle Relikte, Einrichtungen und Schauplätze		*Räume als kulturtouristische Attraktionen*		*Organisations- und Vermittlungsformen*
- Burgen, Schlösser und Herrensitze - Gartenanlagen - Kirchen, Klöster, Moscheen und Tempel - Museen u. Ausstellungen - Schlachtfelder und Militäranlagen - Grabmäler und Friedhöfe - Gefängnisse und Konzentrationslager	Veranstaltungen in Relikten und Einrichtungen und auf Schauplätzen	- Städte - ländlicher Raum - Industrieregionen	Veranstaltungen in Städten, im ländlichen Raum und in Industrieregionen	- Studienreisen (Reiseleitung, Gästeführung) - Reiseführer und andere touristische Informationsmedien

Tab. 2: Das kulturtouristische Angebot lässt sich in drei Typen unterteilen. Dabei handelt es sich um einzelne Kultureinrichtungen sowie um Räume mit einer spezifischen Regionalkultur, die jeweils auch als Schauplätze von Veranstaltungen fungieren. Darüber hinaus zählen spezifische Organisations- und Vermittlungsformen zum Kulturtourismus.

Angesichts des breiten Kultur-Begriffs und einer fehlenden statistischen Erfassung sind keine exakten quantitativen Aussagen zum *Umfang des gesamten kulturtouristischen Angebots* möglich. Eine ähnliche Problematik besteht auch auf der Nach-

---

[8] Die Aufzählung von Relikten, Einrichtungen und Schauplätzen hat nur exemplarischen Charakter; sie bezieht sich auf diejenigen Angebotsformen, die im Rahmen dieses Studienbuches behandelt werden.

frageseite; allerdings kann dort auf Ergebnisse von Repräsentativuntersuchungen zurückgegriffen werden.

1.1.3   Die kulturtouristische Nachfrage: Erfassung - Volumen - Merkmale

„Welche Bedeutung hat der Kulturtourismus im bundesdeutschen Tourismusmarkt?" - zur Beantwortung dieser Frage kann nicht auf Angaben der amtlichen Statistik zurückgegriffen werden, denn sie beschränkt sich auf die Erfassung weniger Merkmale der Touristen (Ankünfte, Übernachtungen, Nationalität etc.). Zu einzelnen touristischen Marktsegmenten - z. B. dem Kulturtourismus oder dem Städtetourismus - werden hingegen keine Daten erhoben.

Als Informationsquellen über das Volumen des Kulturtourismus sowie über die Merkmale, Reisemotive und Verhaltensweisen der Kulturtouristen stehen deshalb generell nur *empirische Erhebungen* zur Verfügung, die allerdings spezifische methodische Schwächen ausweisen:

- Zum einen sind die *Besucherstatistiken von Kultureinrichtungen* und *Kulturveranstaltungen* zu nennen, die jedoch nur einige quantitative Angaben liefern - z. B. zur Zahl der Besucher insgesamt sowie im Tages-, Wochen- und Jahresverlauf. Eine für touristische Zwecke sinnvolle Differenzierung der Besucherzahl nach einheimischen und auswärtigen Besuchern ist meist nicht möglich. Darüber hinaus findet nicht in allen Museen, Schlössern, Ausstellungen etc. eine kontinuierliche Erfassung der Besucherzahlen statt. Zahlreiche kleine Heimatmuseen erheben kein Eintrittsgeld und verfügen deshalb auch nicht über Informationen zum Besucheraufkommen. Generell erweist sich diese Datengrundlage als unvollständig und brüchig.

- Zum anderen liegen *zahlreiche Besucherbefragungen* vor, die in Kultureinrichtungen oder bei Kulturveranstaltungen durchgeführt wurden - häufig im Rahmen von Marketingkonzepten bzw. von Magister-/Diplomarbeiten.[9] Aufgrund des hohen Zeit-Kosten-Mühe-Aufwands finden derartige Untersuchungen punktuell, unregelmäßig und nur bei besonderen Anlässen bzw. in Einrichtungen mit einem hohen Besucheraufkommen statt. Die Resultate lassen sich meist nicht direkt vergleichen, da die Analysen jeweils eine spezifische Fragestellung und eine daraus resultierende Erhebungsmethodik aufweisen. Auf dieser Basis sind keine Aussagen zum Gesamtvolumen der kulturtouristischen Nachfrage möglich.

- Schließlich gibt es *bundesweite Repräsentativuntersuchungen* zum Reiseverhalten der Deutschen, die regelmäßig durchgeführt werden (quartalsweise, jährlich etc.); sie enthalten u. a. auch Fragen zu den Reisemotiven und zu den bevorzug-

---

[9] Bei der Behandlung einzelner Segmente des Kulturtourismus und bei der Darstellung der Fallstudien wird auf derartige Untersuchungen Bezug genommen.

ten Reisearten. Da es sich um Analysen kommerzieller Marktforschungsunternehmen handelt, stehen die Ergebnisse generell nur den Auftraggebern oder Partnern der Untersuchung zur Verfügung. Eine Ausnahme stellt die „*Reiseanalyse*" der „Forschungsgemeinschaft Urlaub und Reisen" (Kiel/Hamburg) dar, deren Resultate - zumindest teilweise - publiziert werden. Auch bei dieser Untersuchung bestehen methodische Restriktionen, denn die Informationen zu Motiven und Verhaltensweisen der Befragten basieren im Wesentlichen auf Selbstauskünften und -einschätzungen.[10] Alle Aussagen zum Umfang des Kulturtourismus und zu den Merkmalen der Kulturtouristen beruhen deshalb auf einem *subjektiven Begriffsverständnis*: Als „Kulturtourist" wird ein Befragter bezeichnet, der als Motiv oder Zweck seiner Urlaubsreise die Kultur nennt (vgl. LOHMANN 1999, S. 63).

Trotz dieser methodischen Einschränkungen bieten Repräsentativuntersuchungen wie die „Reiseanalyse" die Möglichkeit, *die Marktanteile und die Entwicklung des kulturtouristischen Marktsegments* abzuschätzen:

- Im Jahr 2005 haben 4 % der Deutschen eine *Studienreise* unternommen und 8 % bezeichnen ihren Urlaub als *Kulturreise (Festspiele, Theater, Konzert etc.;* vgl. Abb. 2).[11] Aufgrund einer geänderten Erhebungsmethodik sind keine direkten Vergleiche mit Daten aus früheren Erhebungen möglich. Allerdings ist davon auszugehen, dass der klassische organisierte Kultururlaub - nach einer Boomphase in den 1980er-Jahren - inzwischen seinen Höhepunkt erreicht hat. Diese Einschätzung wird auch durch aktuelle Daten zu den Reiseabsichten gestützt: Danach stagniert die Zahl der Deutschen, die in den kommenden drei Jahren eine Studien- bzw. Kulturreise unternehmen wollen (vgl. F.U.R. 2006, S. 102).

- Deutlich größer ist der Anteil der Bundesbürger, für die es - unabhängig von der Reiseart und Organisationsform - im Urlaub *besonders wichtig* ist, *etwas für Kultur und Bildung zu tun*. Mit einem Wert von 14 % rangiert dieser Reisegrund innerhalb eines breiten Motivspektrums im unteren Bereich. Er unterscheidet sich von anderen Reisemotiven aber dadurch, dass nur ein geringer Teil der Touristen das Kultur- und Bildungsmotiv als *völlig unwichtig* betrachtet - es gibt also kaum Urlaubsreisen, bei denen die Kultur überhaupt keine Rolle spielt. Bildung und Kultur haben als generelle Reisemotive in den letzten Jahren deutlich zugenommen. Gründe für diese Entwicklung finden sich in dem steigenden Bildungsniveau, dem breiteren Kulturbegriff und einer höheren Erwartungshaltung der Touristen an das Angebot (vgl. LOHMANN 1999, S. 65-66).

---

[10] Die Differenziertheit von Selbstauskünften ist u. a. vom Bildungsniveau abhängig; darüber hinaus spielt die soziale Erwünschtheit von Antworten eine wichtige Rolle.
[11] Diese Aussage bezieht sich auf den Anteil der erwachsenen Bevölkerung, die in den letzten drei Jahren (2002-2004) eine derartige Reise unternommen haben (Mehrfachnennungen).

Reiseart	Anteil
Ausruhurlaub	39%
Strandurlaub	37%
Natururlaub	25%
Erlebnisurlaub	24%
Familienferien	22%
Aktivurlaub	18%
Besuchsreise	14%
Spaß-Urlaub	11%
Sightseeing-Urlaub	11%
Rundreise	10%
Kulturreise	8%
Gesundheitsurlaub	7%
Studienreise	4%

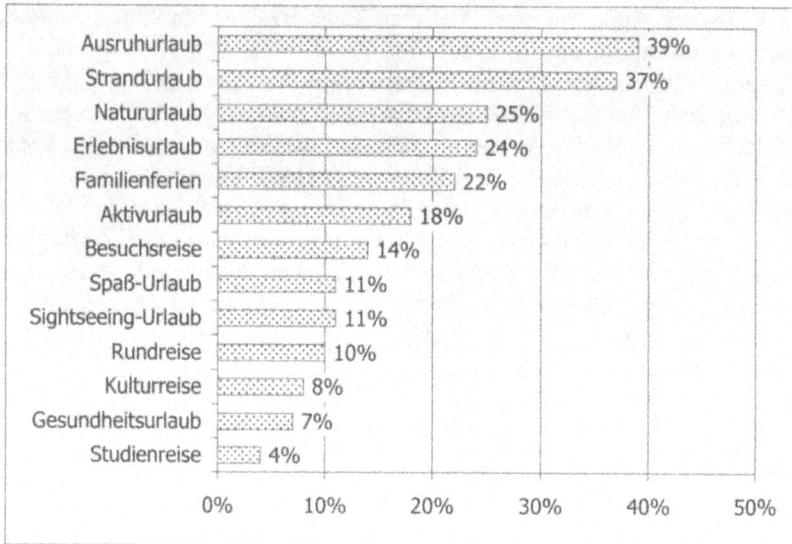

Abb. 2: Die Kulturreise und die Studienreise verzeichneten im Jahr 2005 jeweils nur einen geringen Anteil am bundesdeutschen Urlaubsreisemarkt. Allerdings unternehmen zahlreiche Touristen im Rahmen einer anderen Reiseart auch kulturelle Aktivitäten (alle Reisen; Mehrfachnennungen; Quelle: Eigene Darstellung nach Angaben in F.U.R. 2006, S. 98).

- Bei den Studien- und Kulturreisenden, aber auch bei den Urlaubern mit einem kulturellen Interesse handelt es sich eindeutig um Kulturtouristen (in einem engeren Sinne). Daneben gibt es eine breite Gruppe von Urlaubern, die zwar nicht vorrangig aus kulturellen Motiven reisen, aber dennoch während ihres Urlaubs *auch* kulturelle Urlaubsaktivitäten ausüben. So haben 32 % der deutschen Urlauber in den letzten Jahren kulturelle Sehenswürdigkeiten besucht. Diese *Auch-Kultururlauber* oder *Besichtigungsurlauber* stellen mengenmäßig die größte Gruppe innerhalb des Kulturtourismus dar (vgl. F.U.R. 2006, S. 110).[12]

- Zu einer vergleichbaren Unterscheidung kam eine europaweite Studie des Irish Tourist Board (1988): Ca. ein Viertel aller internationalen Touristenankünfte in der Europäischen Gemeinschaft konnte dem Kulturtourismus zugeordnet werden. Bei 10 % dieser Besucher handelte es sich um *„Specific Cultural Tourists"*, für die Kulturattraktionen den Hauptgrund der Reise darstellten; 90 % waren hingegen *„General Cultural Tourists"* - also Besichtigungsurlauber mit einem breiteren Motivspektrum (vgl. Abb. 3).

---

[12] Die Daten beziehen sich auf den Zeitraum 2003-2005 (Nennungen „sehr häufig" und „häufig").

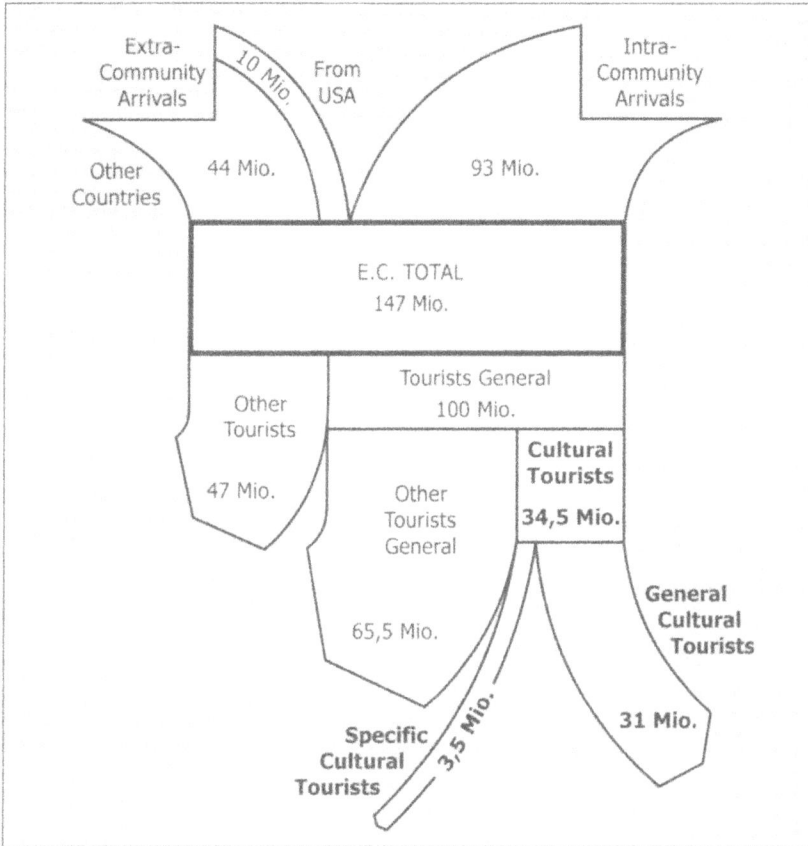

Abb. 3: *Ein Viertel aller internationalen Touristenankünfte in der europäischen Gemeinschaft konnte Ende der 1980er-Jahre dem Kulturtourismus zugeordnet werden. Bei 10 % dieser Besucher handelte es sich um „Specific Cultural Tourists", für die Kulturattraktionen den Hauptgrund der Reise darstellten. 90 % waren hingegen „General Cultural Tourists" - also Besichtigungsurlauber mit einem breiteren Motivspektrum (Quelle: Eigene Darstellung nach Angaben in Irish Tourist Board u. a. 1988, S. 23).*

Diese differenzierte Darstellung macht deutlich, dass der Anteil des Kulturtourismus am gesamten Reisemarkt eine *erhebliche Bandbreite* aufweist: Je nach Definition schwankt er in Deutschland zwischen 4 % der Bevölkerung, die eine Studienreise unternommen haben, und 32 %, die während des Urlaubs (sehr) häufig kulturelle Sehenswürdigkeiten besichtigt haben.

Ob die Kultur ein zentrales oder ein ergänzendes Reisemotiv darstellt, hängt natürlich einerseits von individuellen Vorlieben und Interessen ab; andererseits besteht aber auch ein enger Zusammenhang mit *soziodemographischen Einflussfaktoren* und *touristischen Verhaltensweisen:*

- Als wichtige Steuerfaktoren erweisen sich dabei das *Bildungs- und Einkommensniveau* sowie die *Lebensphase*, in der das Alter und die familiäre Situation zusammenwirken (vgl. LOHMANN 1999, S. 78). So spielt die Kultur für Familien mit kleinen Kindern und für ältere Alleinstehende nur eine nachgeordnete Rolle. Unter den Kulturtouristen finden sich deshalb vor allem jüngere Menschen, aber auch kinderlose Paare im mittleren Alter *(Empty Nester)*. Außerdem nimmt das Interesse an Kultur mit wachsender Bildung und steigendem Einkommen zu. In der Oberschicht stellt die Teilnahme an Kulturereignissen u. a. auch eine Form der symbolischen Verständigung und der sozialen Selbstvergewisserung dar.[13]

- Der soziale Status und die wirtschaftliche Lage prägen auch das generelle Reiseverhalten der Kulturtouristen. Verschiedene Untersuchungen kommen zu dem Ergebnis, dass es sich bei ihnen um *besonders aktive, mobile und ausgabefreudige Urlauber* handelt. Sie verfügen über eine breite Reiseerfahrung (auch in Europa und Übersee) und sind deshalb auch besonders anspruchsvoll. Aus diesem Grund erwarten sie im Kulturbereich deutlich mehr als nur eine Eintrittskarte - nämlich ein komplexes, attraktives Produkt, „das sich aus Kultur-, Konsum-, Erlebnis- und Verwöhnelementen zusammensetzt" (LOHMANN 1999, S. 78; vgl. auch STEINECKE 1987, S. 104; 1993, S. 248).

- Als eine Besonderheit im Reiseverhalten der Kulturtouristen erweist sich die *relativ gering ausgeprägte bzw. antizyklische Saisonalität*. Kulturorientierte Reisen werden häufig in der Vor- bzw. Nachsaison unternommen; dadurch kommt es zu einer besseren Auslastung der vorhandenen Unterkunftskapazitäten im Jahresverlauf.

Die Zielgruppenbeschreibung macht deutlich, dass es sich bei den Kulturtouristen aus Sicht der touristischen Leistungsträger - aufgrund des positiven Images, des hohen sozialen Status und der hohen Pro-Kopf-Ausgaben - um ein sehr attraktives Marktsegment handelt. Um eine Gesamtbewertung der spezifischen Wirkungen des Kulturtourismus vornehmen zu können, müssen neben den positiven wirtschaftlichen Effekten auch negative ökologische und soziokulturelle Wirkungen berücksichtigt werden.

Kulturtourismus - Definition und Marktstruktur: Fazit

- Eine exakte Definition des Begriffs „Kulturtourismus" wird dadurch erschwert, dass der traditionelle Kultur-Begriff einem Wandel unterliegt (Hochkultur vs. Alltagskultur). Außerdem stellt sich die Frage nach dem Stellenwert der Kultur innerhalb des Urlaubs (Hauptmotiv vs. Zusatznutzen).

---

[13] vgl. z. B. HOFFMANN/SCHÖNDORFER (2003) zur Selbstinszenierung des Adels und Großbürgertums sowie der politischen Oberschicht während der Salzburger Festspiele

- Typische Merkmale des Kulturtourismus sind das Interesse der Touristen an Kultur, die Besichtigung kultureller Einrichtungen, die Teilnahme an Kulturveranstaltungen und die fachlich fundierte Informationsvermittlung.
- Das kulturtouristische Angebot besteht aus Kultureinrichtungen (Relikte, Schauplätze), aus Kulturräumen (Städte, ländlicher Raum, Industrieregionen) sowie aus Organisations- und Vermittlungsformen (Studienreisen, Reiseführer etc.).
- Durch Events wird das Angebot der Kultureinrichtungen und der Kulturräume ergänzt und aktualisiert.
- Der Anteil des Kulturtourismus am gesamten Reisemarkt schwankt - je nach Definition - zwischen 4 % (Studienreisende) und 32 % (Urlauber, die häufig kulturelle Sehenswürdigkeiten besichtigen).
- Für 10 % der kulturell interessierten Touristen stellt Kultur den Hauptgrund der Reise dar; 90 % sind Besichtigungsurlauber mit einem breiteren Motivspektrum.
- Bei den Kulturtouristen handelt es sich meist um jüngere und auch ältere Urlauber (hingegen kaum um Familien mit Kindern). Sie weisen ein hohes Bildungs- und Einkommensniveau auf. Aufgrund ihrer breiten (internationalen) Reiseerfahrung stellen sie hohe Ansprüche an das Angebot.

1.2   Wirkungen des Kulturtourismus

> „Beim Kulturtourismus handelt es sich (…)
> um ein überwiegend positiv besetztes Markt-
> segment."
> HEINZE (1999c, S. 7)

> „Auch dies ist ein unumstößliches Gesetz:
> Der Einfall touristischer Horden führt zur
> Ausrottung des Schönen."
> HELLER (1990, S. 160)

Hinsichtlich seiner Effekte wird Tourismus häufig mit einem Feuer verglichen, an dem man sich wärmen - aber auch verbrennen kann. Diese simple Weisheit gilt auch für den Kulturtourismus; allerdings weist er einige *Besonderheiten* auf, die bei der folgenden Bilanzierung der Wirkungen im Mittelpunkt stehen sollen.

1.2.1   Ökonomische Wirkungen

Wie andere touristische Marktsegmente löst auch der Kulturtourismus in den Quell- und Zielgebieten zahlreiche wirtschaftliche Wirkungen aus - nämlich *Einkommens- und Beschäftigungseffekte, Deviseneffekte sowie regionale Ausgleichseffekte* (zu einer ausführlichen Darstellung mit zahlreichen Literaturangaben vgl. EISENSTEIN 1995). Als Konsumenten treten dabei einerseits die *Kulturtouristen* auf, die Übernachtungs-, Verpflegungs-, Transport- und Unterhaltungs-/Bildungsangebote nachfragen. Anderseits fungieren aber auch die *Kultureinrichtungen* als Auftraggeber bzw. Konsumenten, indem sie Dienstleistungen in Anspruch nehmen (Baugewerbe, Handwerker etc.) bzw. Produkte für den Betrieb der Einrichtungen kaufen (vgl. ASKWITH 1999, S. 35).

Die *Einkommenseffekte* sind relativ hoch, weil es sich bei den Kulturtouristen um eine einkommensstarke und ausgabefreudige Zielgruppe handelt. Eine bundesweite Erhebung des Deutschen Wirtschaftswissenschaftlichen Instituts für Fremdenverkehr an der Universität München (DWIF) kam zu dem Ergebnis, dass kulturinteressierte Ausflügler in Städten ca. 40 % mehr ausgeben als die durchschnittlichen Tagesausflügler (vgl. MASCHKE 1999, S. 97). Mit diesem zusätzlichen Konsum sind auch *hohe Multiplikatoreffekte* verbunden; damit sind wirtschaftliche Wirkungen auf vor- und nachgelagerte Wirtschaftszweige gemeint - z. B. auf Handel, Handwerk etc.). Sie erreichen Werte zwischen 1,2-1,6 bei den Salzburger Festspielen, 2,0 in New York/New Jersey und 2,6 in Amsterdam (vgl. WEISSENBORN 1997, S. 148).[14] Auch die Wirkungen auf den *Arbeitsmarkt* sind sehr positiv, denn es werden nicht nur Arbeitsplätze im Gast- und Transportgewerbe geschaffen, sondern vor allem auch Beschäftigungsmöglichkeiten für hoch qualifizierte Museums- und Stadtführer sowie für Reiseleiter. So sicherte der Kulturtourismus in Berlin im Jahr 1991 ca. 10.000 zusätzliche Arbeitsplätze (vgl. FEßMANN 1993, S. 20).

Als besonders günstig ist dabei die Tatsache zu bewerten, dass das *endogene Kulturpotenzial* (Bauten, Relikte, Brauchtum etc.) genutzt werden kann, so dass in der Regel keine hohen zusätzlichen Investitionen für Infrastruktureinrichtungen getätigt werden müssen (wie bei Resortanlagen, Themenparks etc.). Im internationalen Kulturtourismus und speziell in den Entwicklungsländern sind deshalb auch *keine aufwändigen Importe* notwendig - entsprechend niedrig ist die Sickerrate (also der Abfluss von Kapital in die Quellgebiete der Touristen).

Das antizyklische Reiseverhalten der Kulturtouristen führt in vielen Zielgebieten zu einer *Entzerrung der Saison* und damit zu einer besseren Auslastung der Unterkunftskapazitäten. Durch die Inwertsetzung des kulturellen Erbes im ländlichen Raum bzw. in peripheren Regionen (z. B. durch kulturelle Themenstraßen) kann der Kulturtourismus auch zu einer *räumlichen Diversifizierung der Nachfrage* beitragen.

Der Kulturtourismus löst jedoch nicht nur monetär zu bewertende wirtschaftliche Wirkungen, sondern auch zusätzliche Effekte aus, die nicht direkt zu berechnen sind. Dabei ist vor allem seine Rolle als *positiver Image- und Standortfaktor für Städte und Regionen* zu nennen - sowohl in der Innen- als auch in der Außenwahrnehmung.

---

[14] vgl. TAUBMANN/BEHRENS (1986) und ASE (o. J.) zu den direkten und indirekten Effekten von Kulturangeboten in Bremen bzw. kulturellen Großveranstaltungen in Köln

Allerdings muss kritisch angemerkt werden, dass den zahlreichen *ökonomischen Chancen*, die der Kulturtourismus bietet, durchaus auch einige *wirtschaftliche Risiken* gegenüberstehen (vgl. Tab. 3):

- Die Sättigung des Marktes durch den Markteintritt neuer Wettbewerber verschärft die Wettbewerbssituation. Um weiterhin über ein attraktives und zeitgemäßes Angebot verfügen zu können, sind *zusätzliche Investitionen* unabdingbar.

- Das ausgeprägte Anspruchsdenken der Kulturtouristen führt vor allem im Gastgewerbe zu *hohen Infrastruktur- und Ausbildungskosten.*

- Bei den Beschäftigungsmöglichkeiten handelt es sich (trotz hoher Qualifikation) häufig um *Saison- bzw. Teilzeitarbeitsplätze* mit relativ geringer Vergütung und fehlender sozialer Absicherung.

Vor einer touristischen Inwertsetzung müssen Kultureinrichtungen und Destinationen deshalb eine gründliche Marktanalyse durchführen, um sicherzustellen, dass die notwendigen Kosten und der zu erwartende Nutzen in einem angemessenen Verhältnis stehen. Bei dieser Bilanzierung sind auch die ökologischen und die soziokulturellen Wirkungen des Kulturtourismus adäquat zu berücksichtigen (vgl. ERDMANN 2002, S. 23-24).

1.2.2   Ökologische Wirkungen

Durch die Aktivitäten der Touristen sowie durch den Bau und Betrieb von Tourismusunternehmen, Infrastruktureinrichtungen etc. werden Veränderungen und häufig auch Belastungen der Landschaft und des Naturhaushaltes ausgelöst. In ihnen spiegelt sich die grundsätzliche Problematik der touristischen Entwicklung wider, denn im Extremfall weist der Tourismus Tendenzen auf, sich seiner ursprünglichen Grundlagen selbst zu berauben. Zu den *typischen ökologischen Wirkungen* zählen (vgl. OPASCHOWSKI 1991, S. 53-75; STEINECKE 2006, S. 101-105):
- *die Zersiedlung, Zerstörung bzw. Verschmutzung der Landschaft,*
- *die Wasser- und Luftverschmutzung,*
- *die Lärmbelästigung,*
- *die Tier- und Pflanzengefährdung.*

Allerdings erweist sich der Kulturtourismus in ökologischer Hinsicht - im Gegensatz zu anderen Tourismusarten (Wintersporttourismus, Dritte-Welt-Tourismus etc.) - eher als ein *positives Marktsegment*. Da er sich auf Kultureinrichtungen, Gebäude, bauliche Relikte etc. konzentriert, nimmt er die Natur und Landschaft nur in relativ geringem Maße in Anspruch. Dennoch kann er auch einige *spezifische Umweltbelastungen* auslösen, die aus der Konzentration der Nachfrage auf wenige spektakuläre Attraktionen resultieren - es gibt eine ausgeprägte *Hierarchie des kulturtouristischen Interesses* (→ 2):

Chancen	Risiken
Nutzung des vorhandenen endogenen Kulturpotenzials (Bauten, Relikte, Brauchtum etc.)	Zerstörung des kulturellen Erbes durch eine massenhafte touristische Nachfrage
positiver Imagefaktor für Destinationen	Sättigung des Marktes durch Markteintritt neuer Wettbewerber
große Wertschöpfung für die Region aufgrund der hohen Kaufkraft der Kulturtouristen	hohe Investitions- und Ausbildungs- kosten aufgrund des ausgeprägten Anspruchsdenkens der Kulturtouristen
beschäftigungsintensiver Sektor für hoch qualifizierte Arbeitskräfte (Gästeführer, Reiseleiter)	überwiegend Saison- bzw. Teilzeitarbeits- plätze mit relativ geringer Vergütung und fehlender sozialer Absicherung
breite regionalwirtschaftliche Effekte durch eine räumliche Diversifizierung der Nachfrage	punktuelle Belastungserscheinungen aufgrund der unterschiedlichen Attraktivität kultureller Einrichtungen (ausgeprägte Hierarchie)
bessere Auslastung der Unterkunfts- kapazitäten aufgrund der zeitlichen Differenzierung der Nachfrage (Ent- zerrung der Saison)	fehlende Ruheperioden für die Bevölke- rung und die Beschäftigten in zweisaiso- nalen Tourismusdestinationen
Bewusstwerden der eigenen Kultur und Entstehung eines neuen Regionalbe- wusstseins	Kommerzialisierung des kulturellen Erbes durch Anpassung an die Erwartungen der Touristen (Akkulturationseffekte)
Psychologische Stabilisierungseffekte in strukturschwachen Räumen (periphere Räume, Altindustrieregionen)	Musealisierung historischer Zustände und damit Verhinderung einer zukunftsorien- tierten Entwicklung von Regionen
Vermittlung eines globalen, pannationalen Denkens	Zerstörung des authentischen Kulturer- lebnisses durch zunehmende Gleichför- migkeit des Angebots („Global Village")
Beitrag zur Völkerverständigung und Vergangenheitsbewältigung	Vernachlässigung „dunkler" Perioden der Geschichte

Tab. 3: Die Wirkungen des Kulturtourismus auf Wirtschaft, Umwelt, Kultur und Gesell-
schaft der Zielgebiete haben einen ambivalenten Charakter. Als Image- und Standortfaktor
bietet er zahlreiche Vorteile; Gefahren bestehen vor allem durch die massenhafte Nutzung
und die zunehmende Kommerzialisierung des kulturellen Erbes (Quelle: Ergänzte Darstel-
lung nach Angaben in STEINECKE *1993, S. 246-248).*

- So verzeichnete z. B. das Schloss Neuschwanstein im Jahr 1995 ca. 1,2 Mio. Besucher, während in den anderen bayerischen Königsschlössern deutlich weni- ger Besucher gezählt wurden (Linderhof: knapp 700.000; Herrenchiemsee: 628.000).[15]

- Ein ähnliches Ungleichgewicht der Nachfrage zeigt sich auch in Potsdam: Schloss Sanssouci stand im Jahr 1995 mit 384.000 Besuchern im Zentrum des

---

[15] vgl. FAZ, 21. März 1996

Interesses. Das Neue Palais wurde hingegen nur von 264.000 Besuchern besichtigt, das Orangerieschloss von 56.000 (vgl. LIEPE 1997).

Dieser Andrang der Kultur- und Besichtigungstouristen führt in vielen Fällen zur Zerstörung der historischen Bausubstanz - durch *Trittschäden, Veränderung des Mikroklimas in den Gebäuden, Vandalismus* oder *Diebstahl* (vgl. Abb. 4). So leiden z. B. die Königsgräber in Luxor (Ägypten) unter dem Staub, den die Touristen bei der Besichtigung aufwirbeln, aber auch unter den Ausdünstungen der Besucher. Außerdem kommt es durch Berühren und Schaben mit Rucksäcken und Kamerataschen zur Beschädigung der Wandmalereien. Die „Internationale Gesellschaft der ägyptischen Königsgräber" hat deshalb den Nachbau der bedeutendsten Grabstätten von Luxor gefordert.[16]

Abb. 4: Zu den typischen ökologischen Belastungen des Kulturtourismus zählt die Zerstörung der historischen Bausubstanz durch Trittschäden, Diebstahl oder Vandalismus. In den Mauern des Castell de Bellver in Palma de Mallorca finden sich z. B. historische und aktuelle Graffiti.

Doch der Kulturtourismus wirft nicht nur in antiken Stätten Probleme auf. Auch in Deutschland klagt nahezu die Hälfte aller Kulturstädte über tourismusbedingte Schwierigkeiten: Besonders brisant sind dabei *Verkehrsprobleme, Preisanstieg, Müll, saisonale Überfremdung* und *Lärm*. In jeder siebten Gemeinde regt sich bereits Protest - meist getragen von der Bevölkerung, aber auch von Denkmalschützern und Parteien (vgl. DEIBLER 1996, S. 38-40).

---

[16] vgl. FAZ. 22. Mai 1997

Auch in den bundesdeutschen Museen führt der Besucherandrang zu Problemen: Immerhin 34 % der Museen klagen über fehlende Parkplätze, Beschädigung der Exponate, Sicherungsprobleme gegen Diebstahl, Feuchtigkeit und Beschädigung der Gebäude. Hier kommt der Protest vor allem von Kulturvereinen und Denkmalschützern (vgl. DEIBLER 1996, S. 49-51).

1.2.3   Soziokulturelle Wirkungen

Aus mehreren Gründen erweist es sich als relativ schwierig, allgemein gültige Aussagen zu den soziokulturellen Wirkungen des Tourismus generell und speziell des Kulturtourismus zu treffen:

- Die Gesellschaft und Kultur der Zielgebiete werden nämlich nicht nur durch den (Kultur)Tourismus verändert, sondern unterliegen auch dem Einfluss *zahlreicher anderer Modernisierungsfaktoren* (TV, Kino, Internet etc.). Auch ohne die Einbeziehung in den internationalen Tourismusmarkt vollzieht sich ein Prozess des sozialen und kulturellen Wandels. Die Tourismusforschung steht deshalb vor der methodischen Herausforderung, den touristischen Einfluss exakt zu bestimmen.

- Die soziokulturellen Effekte hängen von der *Intensität und Art des Tourismus* ab - z. B. von der lokalen Konzentration der Nachfrage, dem soziodemographischen Profil und den Aktivitäten der Touristen, der Ausgabenstruktur etc. Darüber hinaus spielt die *staatliche und kulturelle Verfassung der Zielländer* eine wichtige Rolle; dazu zählen der Zivilisationsstand sowie die politischen, religiösen und kulturellen Rahmenbedingungen (vgl. VORLAUFER 1996, S. 201).

- Schließlich muss der *Zeitfaktor* berücksichtigt werden, denn in den unterschiedlichen Phasen des Lebenszyklus einer Destination (Markteintritt, Wachstum, Reife, Degeneration) tritt jeweils auch eine spezifische Beanspruchung der Bevölkerung und der Umwelt auf (vgl. BIEGER 2002, S. 105). Während zu Beginn häufig große Belastungen zu beobachten sind, kann der Tourismus im Laufe der Zeit zunehmend in die Kultur und Gesellschaft der Zielgebiete integriert werden und damit als stabilisierender Faktor wirken.

Bis in die 1990er-Jahre war die wissenschaftliche Diskussion über die soziokulturellen Wirkungen durch ein *starres Kulturkonzept* und ein *kulturpessimistisches Verständnis* geprägt. In dieser vereinfachten Sichtweise trifft der Tourismus unvermittelt auf traditionelle, scheinbar intakte Gemeinschaften und löst dort ausschließlich negative Effekte aus (vgl. HENNIG 1997, S. 124-129). Mit dem *Vier-Kulturen-Schema* hat THIEM (1994, S. 40-41) einen differenzierten Ansatz zum Zusammenhang zwischen Tourismus und Kultur entwickelt; in diesem Modell werden mehrere Kulturen abgegrenzt:

- *die Kultur der Quellregion* (die kulturellen Merkmale, die für alle Einwohner des Quellgebiets typisch sind),

- *die Ferienkultur* (die touristischen Leistungsträger in der Quellregion sowie der Lebensstil, den die Touristen aus der Quellregion auf Reisen praktizieren),

- *die Dienstleistungskultur* (die touristischen Einrichtungen in den Zielländern sowie die Lebensformen der Einheimischen in ihrer Rolle als Gastgeber),

- *die Kultur der Zielregion* (die ursprüngliche, gewachsene Kultur der touristischen Zielgebiete).

Die Wirkungen des Tourismus auf die Kultur der Zielländer haben dabei *keinen Einbahnstraßen-Charakter* - sie verlaufen nicht direkt und linear in Richtung der Zielländer, sondern zwischen den vier Kulturen bestehen mehrere Schnittstellen und auch Rückkoppelungen. So kann z. B. die Dienstleistungskultur in den Zielregionen eine *Pufferfunktion* für die ursprüngliche Kultur haben, indem dort eine Anpassung an die Wünsche der Touristen stattfindet, während die gewachsene Kultur den Einheimischen vorbehalten ist und den Besuchern verschlossen bleibt (vgl. auch MACCANNELL 1973).

Aufgrund dieser Betrachtungsweise ergeben sich aus dem (Kultur)Tourismus sowohl *Gefahren* als auch *Chancen* für Kultur und Gesellschaft:

- Zu den besonderen *Risiken* gehört die *Kommerzialisierung des kulturellen Erbes*. So sind z. B. in Sri Lanka, Nepal, Indien etc. lange Zeit buddhistische oder hinduistische Kultgegenstände (im Original oder als Massenware) an Touristen als Souvenirs verkauft worden (vgl. VORLAUFER 1996, S. 202). Inzwischen haben allerdings einige Länder strenge Gesetze erlassen, um diesen Ausverkauf der Kultur zu unterbinden (z. B. die Türkei).

- Im Rahmen eines *Akkulturationsprozesses* erfolgt häufig eine Anpassung an die klischeeartigen Erwartungen, aber auch an die Zeitstrukturen der Touristen. Dabei findet eine Loslösung von Sitten und Bräuchen aus ihrem ursprünglich religiösen Sinnzusammenhang statt. So werden z. B. auf der indonesischen Insel Bali traditionelle Tänze, die früher ein Bestandteil gelegentlich stattfindender Tempelfeste waren, nun regelmäßig auf großen Bühnen vor Hunderten von Zuschauern vorgeführt (vgl. VORLAUFER 1999, S. 283).

- In vielen Zielregionen entspricht die moderne Realität nicht mehr den stereotypen (meist idyllischen) Erwartungen der Besucher.[17] Aus diesem Grund ist in ei-

---

[17] In Paris z. B. erleiden jährlich dutzende Japaner einen Kulturschock, da die Stadt nicht ihren illusorischen Vorstellungen entspricht, die durch Filme wie „Die fabelhafte Welt der Amélie" geprägt werden. Auf diese Enttäuschung reagieren sie mit dem „Paris-

nigen Destinationen eine *Musealisierung bzw. Rekonstruktion historischer Zustände* zu beobachten. Dadurch wird aber eine Weiterentwicklung der Kultur erschwert bzw. sogar verhindert. So steht z. B. in Irland das nationale Heritage im Mittelpunkt des Tourismus-Marketings, aber auch der Stadtentwicklung. Geschäfte, Pubs und sogar städtische Ensembles (wie das Dubliner Kultur- und Vergnügungsviertel Temple Bar) werden deshalb nicht in einer zeitgemäßen Architektur, sondern in einem historisierenden Stil gestaltet (vgl. MCMANUS 2005, S. 245-246).[18]

- Der selektive Blick der (Kultur-)Touristen hat zur Folge, dass nur *die* Aspekte von Kultur und Geschichte im Mittelpunkt des Interesses stehen, die besonders ungewöhnlich und spektakulär sind. Damit entsteht aber ein *oberflächliches und einseitiges Bild von Kultur*, das viele andere Bereiche ausblendet. So galten heikle Perioden der jüngeren Zeitgeschichte (z. B. der Holocaust) lange Zeit im Marketing von Destinationen als ein Tabu-Thema, während Orte des Schreckens aus der fernen Vergangenheit touristisch genutzt wurden (z. B. Schlachtfelder des 19. Jahrhunderts, mittelalterliche Folterkammern). Es besteht also die Gefahr, dass die Geschichte von Zielregionen „zum unterhaltsamen, exotisch-bunten, spannenden und vergnüglichen Konsummaterial reduziert [wird]" (HEY 1993, S. 219).

- Schließlich kann es durch die Massenhaftigkeit der Nachfrage auch zur *Zerstörung des authentischen Kulturerlebnisses* kommen. An besonderen kulturtouristischen Brennpunkten führt der Besucherandrang dazu, dass eine ungestörte Begegnung mit den Kunstwerken erheblich erschwert wird. So ist das größte Museum der Welt - der Louvre in Paris - seit der Eröffnung der Pei-Pyramide auf jährlich 4 Mio. Besucher ausgelegt, doch gegenwärtig kommen bereits mehr als 7 Mio.; bis zum Jahr 2010 wird ein Anstieg auf 9 Mio. prognostiziert. Eine intensive Betrachtung der „Mona Lisa" von Leonardo da Vinci ist kaum möglich.[19]

Allerdings stehen diesen Risiken einer Nutzung der Kultur für touristische Zwecke auch mehrere *Chancen* gegenüber:

- In den Zielregionen hat das Interesse der auswärtigen Besucher an Kulturdenkmälern, Sitten und Brauchtum zur Folge, dass sich die einheimische Bevölkerung in stärkerem Maße der eigenen Kultur bewusst wird. Durch die Rückbesin-

---

Syndrom" - einer Mischung aus Angstgefühlen, Verfolgungswahn und Depressionen (vgl. Der Tagesspiegel Online, 16. September 2006 = www.tagesspiegel.de/weltspiegel/ nachrichten/tourismus-japaner-paris/74150.asp vom 16. Oktober 2006).

[18] Die Erwartungshaltung der Besucher in Irland wird dabei u. a. durch das Konzept der „Irish Theme Bar" geprägt: Seit den 1990er-Jahren sind weltweit mehr als 1.600 neue irische Pubs entstanden, die in einem nostalgischen (angeblich authentischen) Stil eingerichtet wurden (vgl. MCGOVERN 2003, S. 89-92; auch WIEGAND 2006).

[19] vgl. FOCUS 28/2006, S. 64

nung auf das kulturelle Erbe kann ein *neues Regionalbewusstsein* entstehen - einerseits in einem touristisch positiven Sinn durch die Wiederbelebung des traditionellen Handwerks und Brauchtums (vgl. SANDER 1981; ERDMANN 1996; HAAS/SCHARRER 1997, S. 650; BARHAM/KOPP 2001, S. 242). Andererseits kann die Angst vor dem Verlust der kulturellen Identität auch zu einem *Aufstand der Bereisten* führen. So haben die Berber in Marokko z. B. im Jahr 1993 alte Kamelrouten blockiert, da sie eine Zerstörung ihres Lebensraumes durch den Tourismus befürchteten (vgl. VORLAUFER 1996, S. 203).

- Der neue Stolz auf die eigene Kultur spielt vor allem in strukturschwachen Räumen eine wichtige Rolle (z. B. in ländlich-peripheren Regionen oder in Altindustrieregionen), die durch hohe Arbeitslosigkeit, Abwanderung aktiver Bevölkerungsgruppen und Verlust von Infrastruktureinrichtungen geprägt werden. Hier kann der Kulturtourismus auch *psychologische Stabilisierungseffekte* auslösen - weit über die ökonomischen Wirkungen hinaus (→ 3.3.1).

- Zu den positiven soziokulturellen Effekten in den Quellgebieten gehört die *Vermittlung eines pannationalen Denkens*, das im Zeitalter der Globalisierung immer wichtiger wird. Angesichts des wachsenden Konflikts zwischen unterschiedlichen Religionen, der mit den Anschlägen auf das World Trade Centre in New York am 11. September 2001 offenkundig wurde, gewinnen Kenntnis und Respekt vor anderen Kulturen zunehmend an Bedeutung.

- Unter bestimmten Bedingungen kann der Kulturtourismus auch einen *Beitrag zur Völkerverständigung und Vergangenheitsbewältigung* leisten. So verzeichnen Schlachtfelder, KZ-Gedenkstätten und ehemalige Gefängnisse in den letzten Jahren wachsende Besucherzahlen (→ 2.5; 2.7). Sie bieten speziell jüngeren Besuchern die Möglichkeit, sich an historischen Schauplätzen mit Verfolgung, Leid und Sterben auseinander zu setzen und ein besseres Verständnis der jüngeren europäischen Geschichte zu erlangen.

Die Wirkungen des Kulturtourismus auf Wirtschaft, Umwelt, Kultur und Gesellschaft haben also durchaus einen *ambivalenten Charakter*. Grundsätzliches Ziel der regionalen Leistungs- und Entscheidungsträger muss es sein, die positiven Effekte zu optimieren und die negativen Konsequenzen zu minimieren. Dabei können mehrere *Erfolgsstrategien einer nachhaltigen Entwicklung des Kulturtourismus* verfolgt werden (vgl. STEINECKE 1993, S. 248-249):

- Durch die *Zusammenarbeit zwischen Kulturverantwortlichen und touristischen Leistungsträgern* kann einerseits eine intensivere Inwertsetzung des kulturtouristischen Potenzials einer Region erfolgen (mit den entsprechenden ökonomischen Effekten). Andererseits können durch die Kooperation aber auch Grenzen der touristischen Nutzung definiert werden, um Belastungen bzw. Zerstörungen zu vermeiden (vgl. UNGER 1993, S. 120).

Abb. 5: Durch die Verknüpfung der Kultur mit anderen regionalen Wirtschaftszweigen können die ökonomischen Wirkungen breit gestreut werden. So hatte z. B. eine Bäckerei in Paderborn während der Ausstellung „Canossa 1077 - Erschütterung der Welt" im Jahr 2006 ein spezielles „Canossa-Brot" im Sortiment.

- Die *Verknüpfung des Kulturtourismus mit anderen regionalen Wirtschaftszweigen* bietet die Möglichkeit, auch den Einzelhandel, das Handwerk sowie die Landwirtschaft und den Weinbau in die touristische Wertschöpfungskette einzubeziehen. Auf diese Weise werden die wirtschaftlichen Wirkungen breit gestreut und sozioökonomische Disparitäten abgebaut (vgl. Abb. 5).

- Als eine wichtige Rahmenbedingung der Entwicklung des Kulturtourismus erweist sich die *Einbeziehung der einheimischen Bevölkerung.* Andernfalls entsteht das Gefühl einer Entmündigung und Entdemokratisierung. Bei fehlender Akzeptanz auf kommunaler bzw. regionaler Ebene kann es zu Protesten und Widerstandsaktionen kommen - und sogar zum Scheitern touristischer Projekte.[20]

Allerdings stehen die Anbieter aber auch in einem harten Wettbewerb mit anderen Kultur- und Freizeiteinrichtungen. In ihrer Management- und Marketingarbeit müssen sie deshalb so widersprüchliche Ziele wie den *Schutz der eigenen Ressourcen* einerseits und andererseits die *Steigerung der Attraktivität* miteinander in Einklang bringen.

---

[20] vgl. FRANK/ROTH 2000 zur Kontroverse während des Großevents „Weimar - Kulturstadt Europas 1999"

Wirkungen des Kulturtourismus: Fazit

- Die ökonomischen Wirkungen des Kulturtourismus sind relativ groß, da es sich bei den Kulturtouristen um eine einkommensstarke und ausgabefreudige Zielgruppe handelt (Einkommens-, Multiplikator- und Arbeitsmarkteffekte). Das Anspruchsdenken der Nachfrager und der zunehmende Wettbewerb machen allerdings hohe Infrastruktur- und Ausbildungskosten notwendig.
- Das antizyklische Reiseverhalten der Kulturtouristen führt zu einer Entzerrung der Saison und einer besseren Auslastung der touristischen Kapazitäten. Als besonders positiv ist die Nutzung des endogenen kulturellen Potenzials zu bewerten.
- Generell spielt der Kulturtourismus für das Image von Destinationen eine wichtige Rolle. Vor allem in strukturschwachen Räumen (Altindustrieregionen, periphere Regionen) kann er psychologische Stabilisierungseffekte auslösen und das Selbstbewusstsein der Bevölkerung stärken.
- Im Vergleich zu anderen Tourismusarten sind die ökologischen Wirkungen relativ gering, da der Kulturtourismus die Natur und Landschaft kaum in Anspruch nimmt. Aufgrund der Konzentration der Nachfrage auf wenige Attraktionen kommt es allerdings zu Verkehrsproblemen, zur Zerstörung der historischen Bausubstanz sowie zu Vandalismus und Diebstahl.
- Es ist schwierig, allgemein gültige Aussagen zu den soziokulturellen Effekten des Kulturtourismus zu treffen (u. a. Einfluss anderer Modernisierungsfaktoren, Umfang und Intensität des Tourismus, Zeitfaktor). Kritisch zu betrachten sind allerdings die Kommerzialisierung des kulturellen Erbes, die Musealisierung historischer Zustände und die Bedrohung des authentischen Kulturerlebnisses.
  Zu den positiven Wirkungen zählen der Stolz auf die eigene Kultur, die Würdigung fremder Kulturen sowie der Beitrag zur Völkerverständigung und Vergangenheitsbewältigung.
- Wichtige Voraussetzungen für eine erfolgreiche Entwicklung des Kulturtourismus sind die Zusammenarbeit der Kulturverantwortlichen mit den touristischen Leistungsträgern, die Verknüpfung des Tourismus mit anderen regionalen Wirtschaftszweigen und die Einbeziehung der einheimischen Bevölkerung.

1.3   Managementstrategien im Kulturtourismus

> „Wir [als Konsumenten] wollen nicht mehr vom
> selben, sondern etwas anderes."
> BOSSHART (1995, S. 4)

> „Ich meine, dass wir uns dieser zunehmenden
> Erlebnisorientierung (...) stellen müssen, nicht,
> indem wir mit billigem Amüsement darin auf-
> und untergehen, sondern indem wir daraus ler-
> nen und ein eigenständiges Profil und Selbstver-
> ständnis, ja Markenzeichen entwickeln, das in
> der je spezifischen inhaltlichen Substanz und
> kulturellen Kompetenz der Museen liegt!"
> KALLINICH (2004, S. 75)

Angesichts des nahezu ubiquitären kulturellen Angebots sowie deutlicher Stagna-
tionstendenzen auf der Nachfrageseite muss es das Ziel von Kultureinrichtungen
sein, einen Weg aus dem gesättigten Käufermarkt zurück zum knappen Verkäufermarkt zu finden: Das Produkt sollte so attraktiv gestaltet sein, dass es von den
Kunden begehrt wird. Die *Grundprinzipien des Begehrenskonsums* können folgendermaßen zusammengefasst werden (vgl. STEINECKE 1997, S. 14-15):
- das *Spektakel* als Leitidee des Angebots,
- ein *klares Thema* und damit ein attraktives Profil für den Nutzer,
- eine durchgängige Regie im Sinne eines *Gesamtkunstwerkes* (Schaffung thematischer „Welten" durch Inszenierungstechniken - z. B. Architektur, Interieur,
  Cast Members, Musik/Geräusche, Gerüche etc.),
- *bekannte Akteure* als PR-Leitfiguren (die Sopranistin Anna Netrebko, der Akti-
  onskünstler Christo, die Berliner Symphoniker, der Architekt Frank O. Gehry
  etc.),
- *vielfältiger Multimedia-Einsatz* bei der Informations- und Erlebnisvermittlung
  (Aktivierung mehrerer Sinne durch Personen bzw. technisches Equipment),
- *multifunktionale Angebote*: Ausstellung/Aufführung + Vorprogramm + Kon-
  sumbereiche (*Merchandising*-Produkte, kulinarische Angebote) + ungewöhnliche *Locations* als Schauplatz/Bühne + Ausgangspunkt für Routen/Touren,
- hierarchisierte Stufen des Zugangs im Sinne *neuer Privilegien* (z. B. Lounges für
  Sponsoren und Mitglieder; Abendempfänge in historischen Sälen, Schlössern
  und Museen).

Aus diesen Grundprinzipien des Begehrenskonsums lassen sich für Kultureinrichtungen und Destinationen mehrere Erfolgsstrategien der Profilierung ableiten.
Dazu zählen die *Thematisierung*, die *Vernetzung*, die *Limitierung* und die *Filialisierung*; diese Strategien können sich überschneiden und damit auch ergänzen. Vor
dem Hintergrund der zunehmenden Konkurrenz und der steigenden Ansprüche der
Besucher spielt außerdem die *Qualitätsstrategie* eine immer wichtigere Rolle (vgl.
Abb. 6).

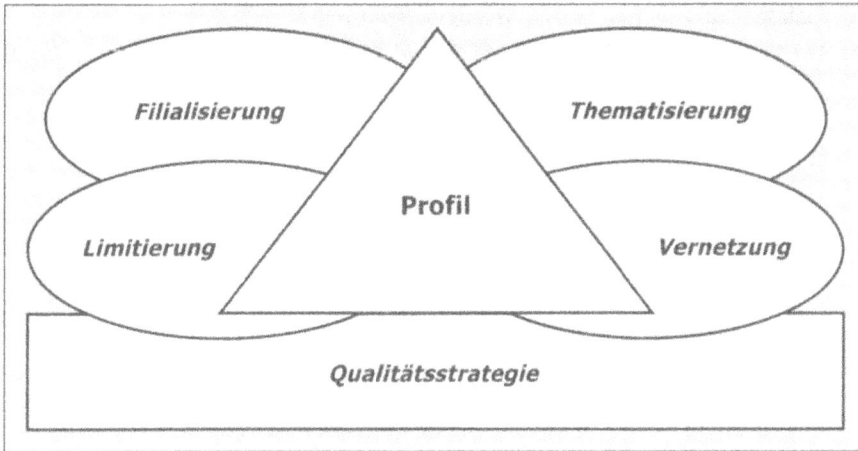

Abb. 6: Der erfolgreiche Marktauftritt von Kultureinrichtungen und Destinationen basiert auf dem Einsatz unterschiedlicher Managementstrategien, die teilweise auch miteinander kombiniert werden. Zentrales Ziel ist es dabei, das Profil zu schärfen und die Attraktivität zu erhöhen. Auf diese Weise versuchen die Anbieter, einen Weg aus dem gesättigten Käufermarkt zurück zum knappen Verkäufermarkt zu finden.

1.3.1   Thematisierungsstrategie

Eine Möglichkeit der Profilierung von kulturtouristischen Angeboten stellt die konsequente Spezialisierung in Form eines *thematischen Schwerpunktes* dar, der aus allen Bereichen der Hochkultur, aber auch der Alltagskultur stammen kann. Das Spektrum möglicher Themen ist nahezu unbegrenzt: Es reicht von herausragenden Persönlichkeiten über historische Ereignisse bzw. kunstgeschichtliche Epochen bis hin zu lokalen bzw. regionalen Besonderheiten.

Thematisierung durch berühmte Persönlichkeiten

Die europäische Literatur, Musik, Malerei und Bildende Kunst werden seit der Renaissance durch große Künstler geprägt, deren Leben und Werk bis heute Bewunderung auslöst. In jüngerer Zeit haben Stars der Pop-Kultur, aber auch wichtige Personen der Zeitgeschichte eine vergleichbare Berühmtheit erlangt. Das *öffentliche Interesse an bekannten Persönlichkeiten aus Kultur, Wissenschaft und Politik* kann auf vielfältige Weise touristisch genutzt werden - durch Museen, Ausstellungen und Veranstaltungen; als Beispiele sind u. a. zu nennen:

- *Geburtshäuser bzw. Lebens- und Wirkungsstätten berühmter Künstler, Wissenschaftler, Politiker etc. - z. B.:*

- Geburtshaus von Ludwig van Beethoven in Bonn,[21]
- Geburtshaus von Wolfgang Amadeus Mozart in Salzburg (vgl. LUGER 1994),[22]
- Albert-Einstein-Haus in Caputh bei Potsdam,[23]
- Anne-Frank-Haus in Amsterdam (→ 2.7.3),
- Geburtshaus von Mao Zedong in Shaoshan (vgl. PAPE 2003),
- Wohnhaus von Oscar Wilde in Dublin (vgl. Abb. 7),
- Villa „Graceland" von Elvis Presley in Memphis (Tennessee).[24]

- *Veranstaltungen und Ausstellungen zu berühmten Personen - z. B.:*
  - Störtebeker-Festspiele auf Rügen (seit 1993),[25]
  - Europaratsausstellung „Otto der Große, Magdeburg und Europa" 2001 (vgl. ANTZ 2003),
  - Caspar David Friedrich-Ausstellung im Museum Folkwang in Essen 2006,[26]
  - Helmut-Newton-Stiftung in Berlin.[27]

- *Kampagnen anlässlich von Geburts- bzw. Todestagen - z. B.:*[28]
  - „König-Ludwig-Jahr" 1995 in Oberbayern (vgl. KRÖNIGER 1997),
  - „Luther-Jahr" 1996 in Deutschland (vgl. WOLFF 1997; SCHWARK 2000),
  - „Annette von Droste-Hülshoff-Jahr" 1997 im Münsterland (vgl. STEINER 2003),
  - „Mozart-Jahr" 2006.[29]

- *Ferien- und Themenstraßen zu berühmten Personen - z. B.:*
  - „Straße der Staufer" in Baden-Württemberg,[30]
  - „Klassikerstraße" in Thüringen (vgl. EISENSTEIN/FINKBEINER 1994),[31]
  - „Europäische Goethe-Straße".[32]

---

[21] vgl. www.beethoven-haus-bonn.de

[22] vgl. www.mozarteum.at

[23] vgl. www.einstein-website.de/z_biography/caputh.html

[24] vgl. www.elvis.com/graceland

[25] vgl. www.stoertebeker.de

[26] vgl. www.cdf-ausstellung.de

[27] vgl. www.helmutnewton.com

[28] Kampagnen sind ein- bzw. mehrjährige Veranstaltungsreihen, die unter einem bestimmten Thema stehen. Das Angebot besteht üblicherweise aus Ausstellungen, Tagungen, Konzerten und sonstigen Events. Dabei findet eine enge Zusammenarbeit zwischen Leistungsträgern aus unterschiedlichen Bereichen statt (Kultur, Wissenschaft, Tourismus, Wirtschaft etc.). Planung und Koordination der Kampagnen liegt meist in Händen lokaler bzw. regionaler Tourismusorganisationen.

[29] Anlässlich des 250. Geburtstags fanden im Jahr 2006 allein in Mozarts Geburtsstadt Salzburg 26 Opernproduktionen, 260 Konzerte, 55 Mozart-Messen, acht Ausstellungen, zehn Tagungen, 99 Kunstprojekte und 400 Workshops für Kinder und Jugendliche statt (vgl. FAZ, 05. Januar 2006).

[30] vgl. www.stauferland.de

[31] vgl. www.thueringenweb.de/site/start/il/1/ridtb/37618/pid/11

*Abb. 7: Innerhalb der Thematisierungsstrategie können Destinationen u. a. die Geburts-
häuser bzw. Wirkungsstätten berühmter Künstler, Wissenschaftler und Politiker als touristische Ressource nutzen. So erinnert die städtische Tourismusorganisation in Dublin mit
Gedenktafeln, aber auch mit Denkmälern und einem Literaturmuseum an die zahlreichen
Schriftsteller, die hier gelebt haben.*

Thematisierung durch historische Ereignisse bzw. kunstgeschichtliche Epochen

Eine weitere Möglichkeit zur Profilierung und Aktualisierung des kulturtouristischen Angebots besteht darin, wichtige *historische Ereignisse* in den Mittelpunkt
einer Thematisierungsstrategie zu stellen. Aus touristischer Sicht sind dabei vor
allem spektakuläre Geschehnisse von Interesse (Schlachten, Hochzeiten etc.), die
eine große politische Bedeutung hatten oder mit denen ungewöhnliche Geschichten verbunden sind *(Storytelling-Prinzip)*. Destinationen können auch ihr *kunstge-
schichtliches Erbe* touristisch nutzen. In diesem Fall sollten sie über ein breites
und differenziertes Angebot unterschiedlicher Relikte, Gebäude und Kunstwerke
verfügen, die - miteinander vernetzt - unter einer Dachmarke als eigenständiges
Angebot vermarktet werden:

- *Veranstaltungen zur Erinnerung an historische Ereignisse - z. B:*
  - „Passionsspiele Oberammergau" (seit 1634 in zehnjährigem Rhythmus; vgl.
    LIEB 2000; → 3.1.3),
  - Ausstellung „Canossa 1077 - Erschütterung der Welt" 2006 in Paderborn,[33]

---

[32] vgl. www.europaeische-goethe-strasse.de
[33] vgl. www.canossa2006.de

- „Landshuter Hochzeit 1475" (seit 1903 in vierjährigem Rhythmus; vgl. WEIN-
  ZIERL 1997),[34]
- Reenactment der Schlacht von Austerlitz 1805/2005 (→ 2.5.3),

- *Ferien- und Themenstraßen zu (kunst)geschichtlichen Epochen - z. B.:*
  - „Straße der Römer an der Mosel" (vgl. STEINECKE/WACHOWIAK 1994),[35]
  - „Straße der Romanik in Sachsen-Anhalt" (vgl. BECKER 2000; ANTZ 1994,
    2003; MWA 2002),[36]
  - „Europäische Route der Backsteingotik" (vgl. DV o. J.),[37]
  - „Oberschwäbische Barockstraße".[38]

Thematisierung durch lokale bzw. regionale Besonderheiten

Schließlich kann eine Thematisierung des Angebots dadurch erfolgen, dass lokale
bzw. regionale Besonderheiten aus Musik, Architektur oder Wirtschaft in Form
von Festspielen, Kampagnen bzw. Themenstraßen inszeniert werden:

- *Festspiele mit einem lokalen bzw. regionalen Bezug - z. B.:*
  - „Schleswig-Holstein Musikfestival" (seit 1986; vgl. BITTNER 1991),[39]
  - „Mosel Festwochen" (seit 1986),[40]
  - „Rheingau-Musikfestival" (seit 1987; vgl. KLOSE 2001),[41]
  - „Antikenfestspiele Trier" (seit 1998; vgl. NIEDEN 1999).[42]

- *regionale Kampagnen - z. B.:*
  - „Bauernjahr" 1992/93 in Ostbayern (→ 3.2.5),
  - „Gold im Herzen Europas" 1996/97 in Ostbayern (→ 3.2.5).

- *Ferien- und Themenstraßen zu lokalen bzw. regionalen Besonderheiten - z. B.:*
  - „Badische Spargelstraße",[43]
  - „Mitteldeutsche Straße der Braunkohle",[44]
  - „Vorpommersche Dorfstraße",[45]
  - „Fußball Route NRW".[46]

---

[34] vgl. www.landshuter-hochzeit.de
[35] vgl. www.strasse-der-roemer.de
[36] vgl. www.romanikstrasse.de
[37] vgl. www.eurob.info
[38] vgl. www.barockstrasse.org
[39] vgl. www.shmf.de
[40] vgl. www.moselfestwochen.de
[41] vgl. www.rheingau-musik-festival.de
[42] vgl. www.antikenfestspiele.de
[43] vgl. www.badische-spargelstrasse.de
[44] vgl. www.braunkohlenstrasse.de
[45] vgl. www.vorpommersche-dorfstrasse.de

Allerdings verfügen nicht alle Kultureinrichtungen und Destinationen über hochrangige kulturelle Ressourcen, die als Basis einer erfolgreichen Thematisierungsstrategie genutzt werden können. Für sie besteht die Möglichkeit, mit anderen Akteuren aus Kultur, Gesellschaft und Wirtschaft zusammenzuarbeiten. Durch eine derartige *Vernetzung* ist es möglich, ein eigenständiges und attraktives Angebot zu schaffen, das sich auf dem Markt als wettbewerbsfähig erweist.

1.3.2 Vernetzungsstrategie

„Das Ganze ist mehr als die Teile" - unter diesem Motto ist seit den 1980er-Jahren im Kulturtourismus eine Reihe von *Netzwerken* entstanden. Dabei können *Destination Cards*, Netzwerke von Kultureinrichtungen und Städten sowie Lehrpfade, Ferien- und Themenstraßen unterschieden werden.

Destination Cards sowie Netzwerke von Kultureinrichtungen und Städten

Mit der Vernetzungsstrategie haben Kultureinrichtungen und Destinationen auf die veränderte Wettbewerbssituation reagiert, die seit den 1990er-Jahren durch den *Boom kommerzieller Erlebniswelten* entstanden ist. Mit ihrem multifunktionalen, thematisierten und erlebnisorientierten Mix aus Freizeit- und Kulturattraktionen, Shops, Restaurants etc. fungieren sie nämlich als attraktive Substitutionsprodukte (vgl. STEINECKE 2002a). Um ein vergleichbares Angebot „aus einer Hand" bieten zu können, haben zahlreiche Destinationen (vor allem Städte) versucht, ihre Attraktionen durch kommunikations- und produktpolitische Maßnahmen zu bündeln. Ein wichtiges Instrument sind dabei *City* bzw. *Destination Cards*. Mit dem Erwerb dieser Karten erhalten die Besucher freie bzw. reduzierte Eintritte in zahlreichen Freizeit- und Kultureinrichtungen; außerdem können sie die öffentlichen Verkehrsmittel kostenlos nutzen. Meist werden Karten mit unterschiedlicher Geltungsdauer in mehreren Preiskategorien angeboten; als Beispiele sind zu nennen:
- „Berlin Welcome Card",[47]
- „Salzburg Card" (vgl. PILLER 1997),[48]
- „Paris City Passport",[49]
- „Bodensee-Erlebniskarte".[50]

Neben diesen Verbundsystemen innerhalb von Städten und Tourismusregionen gibt es auch *nationale und internationale Netzwerke von Kultureinrichtungen und Städten*. Der Schwerpunkt der Zusammenarbeit liegt dabei vor allem in gemeinsa-

---

[46] vgl. dfr-nrw.de
[47] vgl. www.btm.de/deutsch/d_welcomecard.html
[48] vgl. www.salzburg.info/sehenswertes_281.htm
[49] vgl. de.parisinfo.com/rub6391.html&id_article=12292 vom 01. August 2006
[50] vgl. www.bodensee-erlebniskarte.info

men Kommunikationsmaßnahmen - z. B. in Form von Homepages, Print-
materialien und Messeauftritten. Aufgrund der technischen Möglichkeiten des
Internets werden in jüngerer Zeit auch zunehmend die Möglichkeiten des Direkt-
Marketings genutzt. Beispiele für derartige Zusammenschlüsse sind u. a.:
- *Netzwerk „Europäische Kultur der Arbeit"* (NEKTAR) - eine Kooperation von
  Industriedenkmälern und -museen in Europa (vgl. WILHELM 2004),
- *Arbeitsgemeinschaft „Städte mit historischen Stadtkernen des Landes Branden-
  burg"* (vgl. LORENZ/SCHIEFER 2005),[51]
- *„Magic Cities"* - ein Zusammenschluss von neun deutschen Großstädten,[52]
- *„Historic Highlights of Germany"* - eine Kooperation von 13 historischen Städ-
  ten in Deutschland (vgl. WOLBER 1999),[53]
- *„Art Cities of Europe"* - ein Netzwerk von 36 europäischen Kulturmetropolen
  (vgl. SCHLEPPE 1996).[54]

Während es sich bei diesen Verbundsystemen vorrangig um logistische und kom-
munikative Maßnahmen handelt, gibt es auch Netzwerke, bei denen einzelne Kultureinrichtungen unter einem *bestimmten Dachthema* als neue Produkte angeboten
werden - nämlich Lehrpfade sowie Ferien- und Themenstraßen.

Lehrpfade sowie Ferien- und Themenstraßen

Eine weitere Möglichkeit der Vernetzung kultureller Angebote ist die Einrichtung
von Routen in Form von Lehrpfaden sowie Ferien- und Themenstraßen. Nach HEY
(1993, S. 213-214) sollten sie generell folgende *Kriterien* erfüllen:
- eine bestimmte *Thematik*, die in der Bezeichnung der Route genannt wird,
- einen *festgelegter Weg*, der auf unterschiedliche Weise zurückgelegt werden
  kann (zu Fuß bzw. mit Verkehrsmitteln),
- mehrere *Stationen*, an denen die Thematik durch unterschiedliche Medien vermittelt wird (Informationstafeln; Broschüren etc.),
- die Möglichkeit der *individuellen Nutzung (Self-Guided Tour)* ohne zeitliche
  Einschränkungen und ohne Führungspersonal,
- eine *klare Routenführung* (Ausschilderung durch Wegweiser, Linien auf dem
  Bürgersteig etc.).

Bei *Lehrpfaden (Trails)* handelt es sich dabei um lokale Angebote - üblicherweise
in Form von ausgebauten Wander- bzw. Fahrradwegen. Während diese Art der
Informationsvermittlung an Touristen in den USA eine lange Tradition aufweist,
entstanden die ersten Lehrpfade in Deutschland erst in den 1980er-Jahren - meist
zu Umwelt- und Naturthemen (Waldlehrpfade, geologische Lehrpfade).

---

[51] vgl. www.ag-historische-stadtkerne.de
[52] vgl. www.magic-cities.com
[53] vgl. www.hhog.de/home_de.php?lang=de
[54] vgl. www.artcities.com

Mit der Einrichtung von kulturtouristischen Lehrpfaden sind mehrere *Ziele* verbunden (vgl. BECKER/STEINECKE/HÖCKLIN 1997, S. 200):
- *Affektive Ziele:* Bei den Nutzern soll das Interesse an dem Thema geweckt werden.
- *Materiale Ziele:* Die Besucher sollen Informationen über kulturelle Phänomene und Zusammenhänge erhalten.
- *Formale Ziele:* Die Sinneswahrnehmung der Ausflügler und Touristen soll geschärft werden.
- *Pragmatische Ziele:* Durch die Informationen soll ein Erziehungsprozess einsetzen und eine aktive Mitarbeit initiiert werden (z. B. ein behutsamer Umgang mit kulturellen Ressourcen).

Um diese Ziele erreichen zu können, sollten Lehrpfade nicht länger als 5 km lang und abwechslungsreich gestaltet sein. An jeder Station sollten Informationstafeln auf *anschauliche Weise* über das Objekt informieren (verständlicher Text, erläuternde Graphik, gut lesbare Karte). Anhand einiger *Beispiele* soll die Bandbreite der kulturellen Themen verdeutlicht werden, die in Form von Lehrpfaden vermittelt werden:
- „Women's Heritage Trail" in Boston,[55]
- „Victorian Heritage Trail" in Schottland,[56]
- „Goethewanderweg" in Ilmenau,[57]
- „Bergbauwanderweg Muttental" in Witten,[58]
- „Historischer Lehrpfad zum ehemaligen KZ-Außenlager Walldorf".[59]

Kulturelle Attraktionen können nicht nur in lokalen Lehrpfaden, sondern auch durch regionale oder überregionale Routen miteinander vernetzt werden - in Form von *Ferien- und Themenstraßen.* Dabei handelt es sich um längere Pkw- oder Fahrradrouten, die in der Regel eine lineare oder netzartige Streckenführung aufweisen. Sie werden meist zu Themen oder in Destinationen eingerichtet, deren einzelne Attraktionen keine hinreichende Alleinstellung am Markt möglich machen. Durch derartige Routen findet z. B. eine Verknüpfung von Attraktionen im ländlichen Raum (→ 3.2.4) bzw. von Relikten in altindustriellen Regionen statt (vgl. 3.3.3; 3.3.4). Außerdem fungieren Ferien- und Themenstraßen als *Instrumente der Besucherlenkung:* Sie tragen zur Entlastung der primären Attraktionen und zur räumlichen Diversifikation der touristischen Nachfrage bei.

Ferienstraßen sind Angebote, bei denen der Straßen-Charakter dominiert. Einzelne Gemeinden schließen sich über größere Distanzen hinweg unter einem Thema zusammen. Neben einer Beschilderung und bestimmten Sehenswürdigkeiten ver-

---

[55] vgl. www.bwht.org
[56] vgl. www.agtb.org/victorianheritagetrail.htm
[57] vgl. www.ilmenau.de/goewan.htm
[58] vgl. www.muttental.de
[59] vgl. www.kz-walldorf.de/e5000_lehrpfad.html

fügen diese touristischen Routen zumeist nicht über informative, thematische und erlebnisorientierte Zusatzangebote. Gegenwärtig gibt es in Deutschland ca. 150 Ferienstraßen (vgl. ADAC 1996, S. 9). Das Spektrum der Themen reicht dabei von der „Alten Salzstraße" über die „Hohenzollernstraße" und die „Romantische Straße" bis hin zur „Württemberger Weinstraße".[60] Angesichts dieses breiten Angebots, aber auch großer Qualitätsunterschiede hat der Deutsche Tourismusverband (DTV) bereits im Jahr 1981 einen differenzierten *Anforderungskatalog für Ferienstraßen* entwickelt (vgl. Tab. 4).

Kriterium	*Erläuterung*
Name	landschaftliche bzw. kulturelle Begründung des Namens (Einzigartigkeit)
Dauerhaftigkeit	kein nur vorübergehendes bzw. von vornherein befristetes Vorhaben
Streckenführung	eindeutig, ununterbrochen, feststehender Anfang/ feststehendes Ende, keine Streckenführung über Autobahn
Anliegerortsverzeichnis	Verzeichnis und Empfehlung attraktiver Orte entlang der Strecke
Auskunftserteilung	Auskunftsstelle(n), deren Anschriften/Telefonnummern etc. dem Gast kommuniziert werden und die kompetent über die Route und weitere Attraktionen der Region Auskunft geben können
Informationsprospekt	mindestens in deutscher Sprache aufgelegte Informationsbroschüre, die auf Verlangen abgegeben oder zugesandt wird und alle relevanten Informationen zur Route enthält
Beschilderung	vollständige Beschilderung (innerhalb der Ortschaften und auf freier Strecke)
Bildzeichen	graphisches Symbol (CD), das von allen Trägern und Leistungsträgern anerkannt und verwendet wird
Trägerschaft	eindeutig geklärte Trägerschaft und Zuständigkeiten; schriftliche Satzung mit Verzeichnis der Mitträger liegt vor
staatliche Anerkennung	Anerkennung durch eine Regierungsstelle, durch öffentliches Eintreten oder Mittelzuweisung o. ä.

Tab. 4: Vom Deutschen Tourismusverband (DTV) wurde bereits im Jahr 1981 ein Katalog von Qualitätskriterien für Ferienstraßen formuliert. Aktuelle Erhebungen zeigen allerdings, dass nur wenige Angebote sämtliche Kriterien erfüllen (Quelle: Eigene Darstellung nach Angaben in DFV 1981; QUACK/STEINECKE 2003, S. 84).[61]

Allerdings sind diese Kriterien vielen Akteuren nicht hinreichend bekannt oder sie werden nicht akzeptiert. So verfügen z. B. generell nur 70 % der Ferienstraßen in Deutschland über einen identifizierbaren Ansprechpartner. Von den 71 Ferienstra-

---

[60] vgl. de.wikipedia.org/wiki/Ferienstraßen zu einer Übersicht über deutsche Ferienstraßen und www.themenstrassen.at zu Themenstraßen in Österreich

[61] Zum Zeitpunkt der Publikation hieß der „Deutsche Tourismusverband" (DTV) noch „Deutscher Fremdenverkehrsverband" (DFV).

ßen, die auf den Themen „Kultur" bzw. „Regionale Produkte" (Landwirtschaft, Küche, Handwerk etc.) basieren, erfüllen nur 14 die Qualitätsanforderungen des DTV (vgl. QUACK/STEINECKE 2003, S. 84).

Im Gegensatz zu den Ferienstraßen erfüllen die *Themenstraßen* den Kriterienkatalog des DTV. Darüber hinaus werden sie durch folgende Merkmale charakterisiert (vgl. MEYER-CECH 2003, S. 259):
- sie weisen einen intensiven Bezug zur Region auf,
- sie bereiten das namensgebende Thema durchgängig sowie mit ausführlichen Informationen an zahlreichen Stationen auf (im Sinne eines *Storytelling*),
- sie machen das Thema für die Gäste in Form von Veranstaltungen, Führungen etc. erlebbar.

Da es bei der Konzeption von Themenstraßen vorrangig um die touristische *Nutzung des endogenen Potenzials der Regionen* geht, zählen nicht nur Kultureinrichtungen, sondern auch typische Agrarprodukte (Käse, Bier, Wein etc.) und traditionelles Brauchtum zu den Inhalten der Themenstraßen (vgl. MAIER 1994; SCHMUDE/TRONO 2003 zu regionalen Fallbeispielen in Deutschland, Italien, Portugal und Griechenland).

Anhand der Themenstraßen und der Kooperationen wird das Grundprinzip der Vernetzungsstrategie deutlich - nämlich die Steigerung der Attraktivität durch eine *Bündelung der Angebote*. Diese Strategie korrespondiert mit den komplexen Urlaubsmotiven der Nachfrager und ihrem Bedürfnis, in der Freizeit- und Urlaubssituation über unterschiedliche Optionen zu verfügen und eine individuelle Auswahl treffen zu können. Den Wunsch nach Individualität und vor allem nach Exklusivität nimmt auch eine weitere erfolgreiche Strategie im Kulturtourismus auf: Durch die *zeitliche bzw. räumliche Begrenzung des Angebotes* wird den Konsumenten das Gefühl der Einmaligkeit und Einzigartigkeit vermittelt.

1.3.3   Limitierungsstrategie

Im Käufermarkt steht den Konsumenten ein breites (Über)Angebot an Attraktionen und Destinationen zur Verfügung, aus dem sie nach ihren Urlaubsbedürfnissen und ihrem finanziellen Budget eine Auswahl treffen. In dieser Situation können die Anbieter auch die *Strategie der gezielten Verknappung des Angebotes* verfolgen. Bei entsprechender Attraktivität wird das Produkt, das es z. B. nur für eine bestimmte Zeit oder nur in einer begrenzten Anzahl gibt, für die Kunden extrem begehrenswert. Durch diese Limitierungsstrategie gelingt es den Anbietern, aus der Käufermarktsituation wieder in eine Verkäufermarktsituation zu gelangen.

Im Kulturtourismus wird diese Strategie vor allem in Form *zeitlich begrenzter Events* praktiziert - z. B. in Form von Einzelveranstaltungen, Sonderausstellungen,

Festspielen und Kampagnen (→ 1.4.3). Als spektakuläre Beispiele für zeitlich begrenzte Veranstaltungen sind u. a. zu nennen:

- Die *Verhüllung des Reichstags* in Berlin durch das Künstlerpaar Christo und Jeanne-Claude im Jahr 1995: Mit ca. 3 Mio. auswärtigen Besuchern erwies sich das 15 Tage dauernde Projekt für Berlin als sehr erfolgreich (→ 3.1.3).

- Die *Sonderausstellung des „Museum of Modern Art"* (MoMA, New York) in Berlin verzeichnete im Jahr 2004 innerhalb von sechs Monaten 1,2 Mio. Besucher (→ 2.4.1).

- Einige künstlerische Veranstaltungen wiederholen sich in bestimmten Zeiträumen, haben aber jeweils eine andere thematische Ausrichtung - z. B. die *„Biennale"* in Venedig, die *„dokumenta"* in Kassel oder die *„Filmfestspiele"* in Cannes.

- Im Rahmen der Aktion *„Kulturhauptstadt Europas"*, die im Jahr 1985 mit Athen begann, kann jeweils mindestens eine europäische Stadt für den Zeitraum eines Jahres ihre kulturellen Besonderheiten präsentieren (→ 3.1.3).

Eine Limitierung kann jedoch nicht nur zeitlich erfolgen, sondern auch räumlich - in Form *spezieller Zugänge für eine begrenzte Zahl von Besuchern*, die für dieses Privileg höhere Kosten in Kauf nehmen. Als Vorbilder fungieren Unternehmen der Dienstleistungs- und Konsumgüterbranche, die dieses Prinzip mit Erfolg praktizieren:

- So bieten die *internationalen Fluggesellschaften* ihren Vielfliegern auf zahlreichen Flughäfen Lounges an, in denen sich die Fluggäste vor dem Abflug aufhalten können (z. B. wird bei der Deutschen Lufthansa AG differenziert nach „Frequent Traveller", „Senator" und „HON Circle Member").[62]

- In den *„Swarovski Kristallwelten"* - der Markenerlebniswelt des weltweit agierenden österreichischen Kristallherstellers - findet sich eine VIP-Lounge, zu der nur die Mitglieder der „Swarovski Crystal Society" (SCS) Zugang haben.[63]

- Bei den *„Formel 1-Rennen"* können Besucher, die im Besitz eines Tickets für den exklusiven „Paddock Club" sind, kurz vor Beginn des Rennens die Boxengasse besichtigen.[64]

---

[62] vgl. www.miles-and-more.com
[63] vgl. www.kristallwelten.swarovski.com
[64] vgl. www.formulaonepaddockclub.com

- Das Festspielhaus Neuschwanstein in Füssen, in dem „*Ludwig²* - *das neue Musical"* aufgeführt wird, verfügt über eine „Königsloge"; sie bietet den Gästen neben besonders guten Sitzplätzen auch weitere Serviceleistungen.[65]

In Kultureinrichtungen kann die räumliche Limitierung durch mehrere Maßnahmen umgesetzt werden - z. B. durch:
- *spezielle Fast-Lane-Zugänge bei Sonderausstellungen,*
- *besondere Führungen bzw. Treffen mit berühmten Personen* (Begegnung mit Künstlern, Dirigenten, Schauspielern etc. im Rahmen von Vernissagen oder nach Konzerten und Vorstellungen),
- *exklusive Öffnung von Räumen,* die normalerweise nicht zugänglich sind.

Die Limitierungsstrategie zielt vor allem darauf ab, den Bekanntheitsgrad und die Besucherzahlen kurzfristig zu steigern und gleichzeitig den Pro-Kopf-Umsatz zu erhöhen. Eher langfristige Ziele verfolgt hingegen eine weitere Managementstrategie, die ebenfalls von Unternehmen entwickelt worden ist und nun auch in öffentlichen Kultureinrichtungen zum Einsatz kommt - nämlich die *Gründung von Filialen an anderen Standorten.* Sie dient dazu, das Thema und Konzept, den Ausstellungsfundus sowie das Veranstaltungsprogramm von Kultureinrichtungen möglichst effizient zu nutzen.

1.3.4   Filialisierungsstrategie

In gesättigten Märkten stehen die Konsumenten ständig vor der Entscheidung, welches Produkt sie auswählen sollen. Diese offene Situation führt zu einer Verunsicherung und damit zum Bedürfnis nach *Produkttransparenz* und *Produktsicherheit.* Der Erfolg vieler Anbieter im Tourismus (wie auch in der Konsumgüterbranche generell) resultiert aus der Tatsache, dass dem Kunden diese Sicherheit durch standardisierte Angebote in Form von *Marken* signalisiert wird. Als Beispiele sind die Hotelketten (Maritim, Steigenberger, Accor etc.) und die Betriebe der Systemgastronomie (McDonald's, Maredo, Nordsee etc.) zu nennen.

Im Kulturtourismus hat die Markenbildung bislang vor allem auf der Ebene *internationaler Mega-Stars* wie Plácido Domingo, Anna Netrebko, Rolando Villazón u. a. stattgefunden. Diese personalisierten Marken lassen sich aber nicht beliebig vervielfältigen. Im Museums- und Ausstellungsbereich ist eine derartige Multiplikation von Attraktionen jedoch grundsätzlich möglich, da viele Museen über große Sammlungsbestände verfügen, die in den eigenen Räumen nur z. T. ausgestellt werden können. Ein konservatives Selbstverständnis der Institutionen, eine mangelnde Marktorientierung und ein hoher Finanzbedarf sind die wesentlichen Ursachen dafür, dass es bislang nur wenige *Beispiele für Markenbildung und Filialisierung im Kulturtourismus* gibt:

---

[65] vgl. www.ludwig2musical.de

- Umstrittener Vorreiter einer Filialisierung von Museen war die *Guggenheim Foundation (New York)*, die inzwischen über mehrere Dependancen in den USA und in Europa verfügt - u. a. in Las Vegas, Bilbao und Berlin. Außerdem präsentiert sie von Zeit zu Zeit Teile ihrer Sammlung in Form von internationalen Sonderausstellungen (→ 2.4.3).

- Im Jahr 2006 hat der *Louvre (Paris)* mit dem *High Museum (Atlanta)* eine Kooperation vereinbart. Für die Dauer von drei Jahren überlässt das französische Museum dem US-amerikanischen Partner zahlreiche Exponate. Von den Gesamtkosten in Höhe von 15 Mio. Euro erhält der Louvre 5,4 Mio. Euro, die zu Renovierungszwecken verwendet werden.[66]

- Die *„Anne Frank Stichting"* betreibt neben dem Anne-Frank-Haus in Amsterdam auch eine Wanderausstellung zum Leben und Werk der jüdischen Autorin; außerdem gibt es Anne-Frank-Zentren in mehreren Städten in Europa und in den USA (→ 2.7.3).

- Im Bereich der Alltagskultur verfolgt das *Münchner Oktoberfest* eine Marken- und Filialisierungsstrategie. Seit 1995 gibt es ein rechtlich geschütztes Logo, das nur gegen Zahlung einer Lizenzgebühr verwendet werden darf. Weltweit werden jährlich mehr als 2.000 Oktoberfeste veranstaltet (vgl. WEISHÄUPL 2000, S. 294-295; → 3.1.4).

Die Filialisierungsstrategie ist innerhalb der Kulturszene bislang heftig umstritten: Aus Sicht der Kritiker trägt sie zu einer weiteren *Kommerzialisierung und Globalisierung von Kultur* bei - zu Lasten der Authentizität, Aura und Einmaligkeit von Kunstwerken und Museen.[67] Da sich diese Strategie in der Dienstleistungs- und Konsumbranche aber als äußerst erfolgreich erwiesen hat, wird sie künftig auch im Kulturbereich an Bedeutung gewinnen.

Unumstritten ist hingegen eine weitere Managementstrategie, die abschließend dargestellt werden soll - nämlich die *Qualitätsstrategie*, mit deren Hilfe die Zufriedenheit der Besucher gesteigert und die Bindung der Besucher an die Kultureinrichtung gestärkt werden soll.

1.3.5   Qualitätsstrategie

Den Bezugspunkt der Qualitätsstrategie bildet das hohe Anspruchsdenken der Konsumenten, die aufgrund ihrer breiten Auslandsreiseerfahrung über internationale Vergleichsmöglichkeiten verfügen. Die Qualitätssicherung bezieht sich dabei im Kulturtourismus auf *sämtliche Dimensionen der spezifischen Leistungskette*:

---

[66] vgl. HEINICK, A. (2006): Der Louvre geht nach Atlanta. - In: FAZ, 12. April
[67] vgl. RAUTERBERG, H. (2006): Großer Wolf, kleine Beute. - In: Die Zeit, 20. Juli

- die Infrastruktur der Einrichtungen,
- die Form der Informationsvermittlung,
- die Erlebnisorientierung des Angebots,
- das Niveau der Dienstleistungen,
- die Buchbarkeit der Leistungen.

Die Leitgedanken jeder Qualitätsstrategie sind dabei die Kundenorientierung und die Kundenzufriedenheit, aber auch die Identifikation und Zufriedenheit der Mitarbeiter mit dem Unternehmen bzw. der Institution. Um diese Ziele zu erreichen, stehen verschiedene *Methoden und Instrumente* zur Verfügung:

- *Markt- und Besucherforschung:* Angesichts der raschen Veränderungen im Konsumentenverhalten kommt *regelmäßigen Potenzialanalysen* und *Besucherbefragungen* eine herausragende Bedeutung zu.[68] Die Ergebnisse lassen sich zum Abbau bestehender Angebotsdefizite nutzen; außerdem dienen sie als Basis für Marketingmaßnahmen, die ohne Streuverluste für einzelne Zielgruppen im Einzugsbereich der Einrichtung durchgeführt werden können ($\rightarrow$ 2.4.2).

- *Mitarbeiterschulungen:* Eine professionelle Kundenorientierung umfasst zum einen strategische und organisatorische Ziele, für deren Formulierung und Erreichung vor allem die Leitungsebene und das mittlere Management verantwortlich sind. Zum anderen bedarf es aber auch der *internen operativen Umsetzung.* Da es sich bei Kultureinrichtungen meist um öffentliche Institutionen handelt, ist vor allem bei den Mitarbeitern ein Umdenken notwendig - weg von einem Verwaltungsdenken und hin zu einem marktorientierten Handeln. In diesem Kontext spielen interne Schulungen, aber auch organisatorische Maßnahmen wie Projektmanagement, Eigenverantwortlichkeit etc. eine wichtige Rolle (vgl. BRÜGGERHOFF/TSCHÄPE 2001a; Abb. 8).

- *Wettbewerbe und Preise:* Seit 1977 verleiht der „European Museum Trust" den *„European Museum of the Year Award" (EMYA)*, um den sich Museen bewerben können, die innerhalb der letzten drei Jahre neu eröffnet oder vollkommen reorganisiert worden sind. Zu den Preisträgern in Deutschland gehören das Städtische Museum Schloss Rheydt in Mönchengladbach (1978) und das Landesmuseum für Technik und Arbeit in Mannheim (1992).[69]

- *Akkreditierungen und Gütesiegel:* In zahlreichen Ländern ist der Museums-Begriff nicht gesetzlich geschützt (in Ägypten geben sich z. B. zahlreiche Souvenirgeschäfte als „Papyrus-Museum" aus). Um Besuchern, öffentlichen Förderern und privaten Sponsoren gewisse Mindeststandards hinsichtlich Wissenschaftlichkeit, Information, Service etc. zu signalisieren, ist deshalb bereits in

---

[68] vgl. KAGERMEIER (2006) zu unterschiedlichen Methoden der Messung der Besucherzufriedenheit (speziell in industriekulturellen Einrichtungen)

[69] vgl. www.europeanmuseumforum.org/press.htm vom 03. August 2006

den 1970er-Jahren von der „American Association of Museums" (AAM) ein *Ak-kreditierungsverfahren* entwickelt worden. Inzwischen gibt es auch in zahlreichen europäischen Ländern Programme zur Registrierung und Akkreditierung (vgl. BRÜGGERHOFF/TSCHÄPE 2001 zu Fallbeispielen). Ähnliche Ziele verfolgt auch das *„Österreichische Museumsgütesiegel"*, das im Jahr 2001 vom „International Council of Museums, Nationalkomitee Österreich" initiiert wurde (vgl. HANREICH 2001).[70]

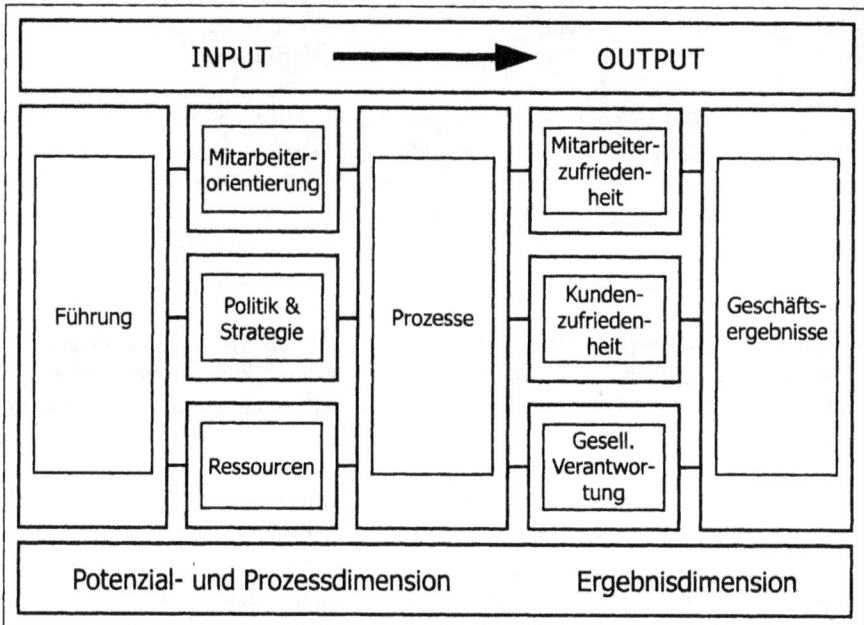

Abb. 8: Die strategischen Ziele der Qualitätsstrategie bei öffentlichen Institutionen sind die Kundenzufriedenheit, die Zufriedenheit der Mitarbeiter sowie die Wahrnehmung der gesellschaftlichen Verantwortung. Zur Realisierung stehen organisatorische und operative Maßnahmen zur Verfügung - von der Besucherforschung über die Mitarbeiterschulung bis hin zu Gütesiegeln (Quelle: Eigene Darstellung nach Angaben in BRÜGGERHOFF/TSCHÄPE 2001a, S. 20).

- *Klassifikationen:* Das bekannteste Beispiel einer internationalen Klassifikation ist die *Welterbeliste der UNESCO*, in die kulturelle Stätten und Naturräume aufgenommen werden, die von herausragender Bedeutung für die Menschheit sind. Im Jahr 1972 wurde die „Konvention zum Schutz des Kultur- und Naturerbes der Welt" verabschiedet, die inzwischen gegenwärtig von 178 Ländern unterzeichnet worden ist. In ihr verpflichten sich die Staaten zu einem Erhalt und Schutz ihrer nationalen Welterbestätten. Mit der Aufnahme in die Welterbeliste sind ein steigender Bekanntheitsgrad und ein deutlicher Prestigegewinn verbun-

---

[70] vgl. www.icom-oesterreich.at/guetesiegel-museen.html

den, die von den Verantwortlichen zunehmend auch im Tourismus- und Stand-
ortmarketing eingesetzt werden (vgl. HUNDSNURSCHER 2005). Neben dem
Schutz von Bauten und Relikten strebt die UNESCO auch eine Bewahrung im-
materieller Kulturgüter an (Bräuche, Erzähltraditionen, Tänze, Gesänge etc.).
Allerdings wurde die entsprechende Konvention bislang erst von wenigen Staaten unterzeichnet.[71]

Für kulturtouristische Anbieter bestehen also generell mehrere Möglichkeiten, im
gesättigten Markt Flagge zu zeigen: Um ein *klares und attraktives Profil* zu entwickeln, können die Einrichtungen unterschiedliche (sich teilweise ergänzende
bzw. überschneidende) Strategien verfolgen: Thematisierung, Vernetzung, Limitierung bzw. Filialisierung sowie das Qualitätsmanagement. Innerhalb dieser Strategien steht ihnen dann eine Reihe spezifischer *Marketinginstrumente* zur Verfügung, um den Besuchern das Kulturerlebnis zeitgemäß zu vermitteln, d. h. sie zu
informieren, zu bilden, zu unterhalten - und eine möglichst hohe Wertschöpfung zu
erzielen.

Managementstrategien im Kulturtourismus: Fazit

- Kultureinrichtungen müssen die Grundprinzipien des Begehrenskonsums ver-
  wirklichen: eine spektakuläre Leitidee, ein attraktives Thema, eine durchgängige
  Regie, bekannte Akteure, vielfältiger Multimedia-Einsatz sowie neue Privilegi-
  en.
- Zur Profilbildung können fünf Strategien (auch überlappend) eingesetzt werden:
  Thematisierung, Vernetzung, Limitierung, Filialisierung und Qualitätsmanagement.
- Im Mittelpunkt der Thematisierungsstrategie stehen berühmte Persönlichkeiten
  (Künstler, Wissenschaftler, Politiker), historische Ereignisse, kunstgeschichtliche Epochen bzw. lokale oder regionale Besonderheiten. Wichtige Instrumente
  sind u. a. Museen, Ausstellungen, Festspiele und Kampagnen.
- Die Vernetzungsstrategie wird eingesetzt, um sekundären Kulturattraktionen
  eine größere Aufmerksamkeit zu verschaffen. Zu diesem Zweck gibt es Ver-
  bundsysteme innerhalb von Städten und Regionen (Destination Cards), Netzwerke von Kultureinrichtungen und Städten sowie Lehrpfade und Themenstraßen.
- Die Limitierungsstrategie verfolgt das Ziel einer bewussten Verknappung des
  Angebots - z. B. in Form zeitlich begrenzter Events, aber auch spezieller Zugänge für wenige Besucher. Auf diese Weise wird die Attraktivität der Kultureinrichtung erheblich gesteigert; dadurch können höhere wirtschaftliche Effekte er-
  zielt werden.

---

[71] vgl. MUTZ, M. (2005): Nicht zu fassen. - In: Die Zeit, 02. Juni. Nach Einschätzung von
Kritikern betreibt die UNESCO mit der Welterbeliste „eine Art Kultur-Franchising. Sie
macht Kultur nicht selbst, sondern läßt sie machen, nachdem sie die diversen Outlets li-
zenziert hat" (KEMP 2005, S. 10).

- Bei der Filialisierungsstrategie werden erfolgreiche Kulturkonzepte an mehreren Standorten in gleicher Form realisiert (nach dem Vorbild von Einzelhandels- bzw. Hotelketten). Kritiker weisen auf die zunehmende Kommerzialisierung und Globalisierung von Kultur hin, die mit dieser Vorgehensweise verbunden ist.
- Die Qualitätsstrategie stellt eine Reaktion auf das hohe Anspruchsdenken der Kulturtouristen dar. Zu den Maßnahmen zählen Besucherforschung, Mitarbeiter- schulung, Wettbewerbe/Preise, Akkreditierung/Gütesiegel sowie Klassifikatio- nen. In öffentlichen Kultureinrichtungen ist dabei vor allem eine Umorientierung erforderlich - weg vom Verwaltungsdenken und hin zu einer Kundenorientie- rung.

1.4   Marketinginstrumente im Kulturtourismus

> „Ein Vergnügen hat eben kein Resultat, das man einkassieren kann. Ist es vorüber, dann muß es vorüber sein, wie ein gutes Parfüm, das auch verfliegt und nichts zurücklässt."
>
> Eduard von Keyserling:
> Am Südhang (1914/16)

> „Die Leute sind auf der Suche nach dem ‚Ein- mal-im-Leben-Ereignis'."
>
> Earl A. Powell, Direktor der
> Nationalgalerie in Washington

Grundsätzlich können professionell arbeitende Kulturanbieter auf die klassischen Instrumente des Marketing-Mix zurückgreifen - also auf die Produkt-, Preis-, Dis- tributions- und Vertriebspolitik (vgl. DREYER 2000b; HAUSMANN 2002, S. 50-51; HEINZE 2005, S. 92-105).

Da die kulturellen Ressourcen aber besonders sensibel sind und die Besucher ein ausgeprägtes Bildungs- und Erlebnisinteresse aufweisen, gibt es darüber hinaus aber mehrere *spezifische Marketinginstrumente* - nämlich die Besucherinformati- on, die Besucherlenkung, die Durchführung von Events und das Merchandising (vgl. Abb. 9).

1.4.1   Besucherinformation

Der Informationsvermittlung kommt im Kulturtourismus eine herausragende Be- deutung zu, denn die Besucher sind (überwiegend) *Laien*, die nur über begrenzte Vorkenntnisse hinsichtlich des jeweiligen Kulturobjekts und der historischen, gesellschaftlichen und künstlerischen Rahmenbedingungen verfügen. Gleichzeitig haben sie ein großes Interesse daran, ihr Wissen zu erweitern bzw. zu vertiefen.

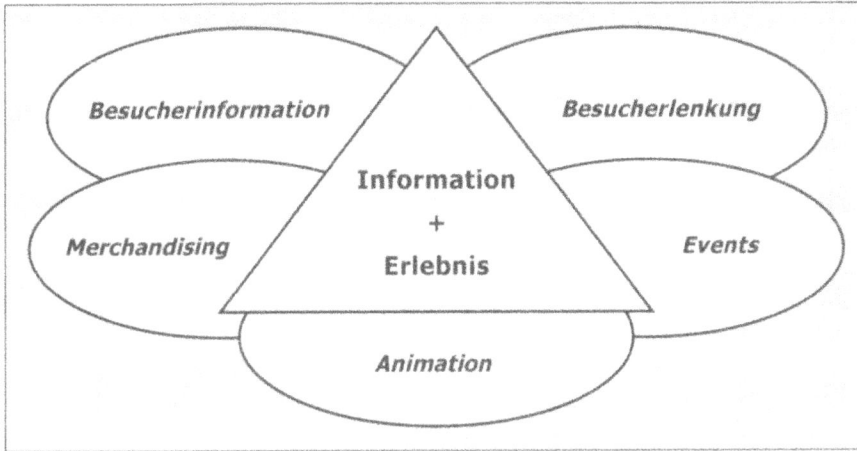

Abb. 9: Neben den klassischen Instrumenten des Marketings (Produkt-, Preis-, Distributions- und Kommunikationspolitik) stehen kulturtouristischen Anbietern mehrere spezifische Marketinginstrumente zur Verfügung, um das Angebot ressourcengerecht und marktorientiert zu gestalten.

Bei der Informationsvermittlung ist zunächst die Tatsache zu berücksichtigen, dass die Mehrzahl der Besucher *Besichtigungstouristen* sind (ca. 90 %), die ein oberflächliches Interesse an der Kultur haben und sich deshalb nur relativ kurze Zeit in den Attraktionen aufhalten.

Die Aufbereitung relevanter Informationen sollte sich einerseits an den Ansprüchen dieser Zielgruppe orientieren; andererseits muss sie aber auch den Interessen der *Kulturtouristen* (10 %) gerecht werden, die umfassendere und gründlichere Informationen erwarten.

Darüber hinaus wird das Informationsverhalten der Touristen dadurch geprägt, dass es in einer *Freizeit- und Urlaubssituation* stattfindet - im Gegensatz zu beruflichen Weiterbildungsveranstaltungen, Schulungen etc. Damit ist aber die Erwartung verbunden, dass das Lernen auch Spaß machen sollte. Für die Kulturanbieter stellt sich also nicht nur die Frage „Was vermittele ich?" (korrekte Fakten, historische Hintergründe etc.), sondern auch „Wie vermittele ich diese Informationen - für Zielgruppen mit unterschiedlichen Interessen?" (Medieneinsatz, Museumspädagogik etc.).

Aus diesen Rahmenbedingungen resultieren mehrere *grundsätzliche Anforderungen an die Informationsvermittlung im Kulturtourismus* (vgl. SCHMEER-STURM/ SPRINGER 1987, S. 33-48):

- *Bezug zur Gegenwart* - z. B. durch Herstellen von Vergleichen bzw. Herausarbeiten von Unterschieden,

- *Anschaulichkeit* - z. B. durch eine lebendige Sprache bzw. die Erläuterung anhand von Beispielen,

- *sachliche Richtigkeit und Verständlichkeit* - z. B. durch präzise Aussagen, die auch ohne umfassende Vorkenntnisse bzw. Fachbegriffe zu verstehen sind,

- *Darstellung gegensätzlicher Standpunkte* - z. B. durch die Erläuterung historischer Ereignisse aus Sicht unterschiedlicher Interessengruppen bzw. Betroffener,

- *Reduktion von Informationen* - z. B. durch Konzentration auf Schlüsseldaten bzw. durch ein exemplarisches Vorgehen,

- *Personalisierung* - z. B. durch Vermittlung historischer Ereignisse anhand der Lebensschicksale einzelner Personen.

In Kultureinrichtungen sind *mehrere Methoden der Informationsvermittlung* entwickelt worden, die im Folgenden überblicksartig dargestellt werden: Informationstafeln und Broschüren, Besucherführungen sowie elektronische Informationsmedien.

Informationstafeln und *Broschüren* stellen die einfachsten und preiswertesten Formen der Wissensvermittlung dar; sie kommen deshalb auch am häufigsten zum Einsatz. Die Bandbreite reicht dabei von simplen Objektbeschriftungen bzw. Handzetteln (Bezeichnung, Entstehungsjahr, Künstler etc.) bis hin zu aufwändigen Tafeln bzw. Broschüren mit integrierten Bildern, Zeichnungen, Karten etc. (vgl. Abb. 10). Da die Besucher bei der Nutzung dieser Informationen auf sich selbst gestellt sind und keine Rückfragen stellen können, ist besonders großer Wert auf die *Verständlichkeit* zu legen. In der Praxis finden sich allerdings häufig Informationsmaterialien, die anscheinend von Experten für Experten konzipiert worden sind - mit zu vielen Fachbegriffen und zu viel Text, der nur mit gründlichen Vorkenntnissen verstanden werden kann. Angesichts des demographischen Wandels in unserer Gesellschaft sollte auch auf eine *gute Lesbarkeit* der Informationen geachtet werden (Schriftgröße).

In vielen Kultureinrichtungen sind *Besucherführungen* ein wichtiges Element der Informationsvermittlung und auch der Besucherlenkung. Im Vergleich zu Informationstafeln bieten sie die Möglichkeit, umfassenderes Wissen weiterzugeben und die Inhalte auch stärker auf die spezifischen Interessen der Teilnehmer abzustimmen. Dazu ist es aber notwendig, dass die Museums- bzw. Gästeführer vor Beginn der Tour Informationen über die Interessen, das Bildungsniveau und die Vorkenntnisse der Besucher einholen. Nur auf diese Weise haben sie die Möglichkeit, die Führung als *Dialog* durchzuführen und Bezüge zur Lebenssituation der Gruppe herzustellen (→ 4.1.4).

Abb. 10: Informationstafeln stellen die einfachste und preiswerteste Form der Wissensvermittlung dar; sie kommen deshalb auch am häufigsten zum Einsatz. Die Bandbreite reicht dabei von aufwändigen Tafeln mit Texten, Bildern und Karten bis hin zu einfachen Tafeln mit Basisinformationen - z. B. an der ehemaligen Untersuchungshaftanstalt Hohenschönhausen des Ministeriums für Staatssicherheit der DDR.

Professionelle Führungen basieren auf einer Gesamtkonzeption, bei der die Auswahl der einzelnen Haltepunkte unter inhaltlichen sowie methodisch-didaktischen Kriterien vorgenommen wird. Zahlreiche Kultureinrichtungen weisen inzwischen ein differenziertes Führungsangebot auf. Neben Übersichtsführungen für Erstbesucher gibt es auch Sonderführungen für Stammgäste.

Für spezielle Zielgruppen wie Kinder und Jugendliche werden *thematische Führungen* angeboten, die einen stärker animativen Charakter haben - z. B. durch Kostümierung der Museumsführer oder durch eine Aktivierung der Teilnehmer in Form von Rallyes, Erkundungen etc. (vgl. Abb. 11):

- Unterschiedliche Formen einer lebendigen Vermittlung von Geschichte werden z. B. in der *römischen Tempelanlage in Tawern (Mosel)* erprobt. Dort können Jugendliche in einem internationalen Jugendcamp das Leben der Römer spielerisch nachvollziehen, indem sie Schmuck, Sandalen, Krüge etc. selbst herstellen und sogar historische Streitwagen bauen.[72]

---

[72] vgl. Trierischer Volksfreund, 20. August 1996; zum generellen Ansatz des *Edutainment and Time Travelling* in der Kinder- und Jugendarbeit vgl. BundesForum Kinder- und Jugendreisen (2006).

Abb. 11: Historische Fakten und Zusammenhänge können durch animative Führungen lebendig und anschaulich vermittelt werden. Im Bunratty Castle & Folk Park (Irland) ruft z. B. der „Lehrer" mit einer großen Glocke die Besucher des Freilichtmuseums zum Unterricht, der in einem historischen Schulgebäude stattfindet.

- In *Rothenburg ob der Tauber* - einem klassischen Ziel des kulturorientierten Städtetourismus - werden animative Stadtführungen mit einem Nachtwächter angeboten. Zeitgemäß gekleidet mit schwarzem Umhang, ledernen Schnallenschuhen und einem dunklen Dreispitz führt er die Gäste beim Schein einer Laterne und unter dem Schutz einer Hellebarde allabendlich durch die Straßen.[73]

- Eine ähnliche Entwicklung ist auch international zu beobachten: In Boston führt der *„Freedom Trail"* zu 16 historischen Stätten der amerikanischen Unabhängigkeitsbewegung. Durch Lasershows, Feste und historisch kostümierte Schauspieler werden die Besucher informiert und unterhalten.[74]

- Eine besonders anschauliche und eindrucksvolle Art der Informationsvermittlung sind *Führungen durch Zeitzeugen*. Diese Methode kommt vor allem in Kultureinrichtungen zum Einsatz, in denen aktuelle wirtschaftliche bzw. politische

---

[73] vgl. GEINITZ, Chr. (1997): Solange wir ins Horn stoßen, können die Menschen ruhig schlafen. - In: FAZ, 11. Dezember
[74] vgl. FAZ, 9. Mai 1996

Entwicklungen dokumentiert werden - z. B. in stillgelegten Industrieanlagen sowie in KZ-Gedenkstätten und ehemaligen Gefängnissen. Bei der Konzeption derartiger Führungsangebote ist darauf zu achten, dass die individuelle, emotional geprägte Sichtweise der Betroffenen durch allgemeine und sachliche Informationen ergänzt wird. Mit zunehmender zeitlicher Distanz zum Geschehen besteht die Notwendigkeit, die Zeitzeugen durch professionell geschulte Gästeführer zu ersetzen.

Zu Beginn des 21. Jahrhunderts ist die Mediengesellschaft zur Realität geworden: Satelliten- und Kabelfernsehen, private Rundfunk- und TV-Sender, PC und Internet gehören für breite Kreise der bundesdeutschen Bevölkerung zu gängigen Informations- und Kommunikationsmitteln. In zunehmendem Maß nutzen auch die Kultureinrichtungen die vielfältigen (interaktiven) Vermittlungsmöglichkeiten der *elektronischen Medien:*

- *Touch-Screen-Monitore:* An PC-gestützten Medienstationen können die Besucher durch Berührung des Bildschirms Hintergrundinformationen in Form von Texten, Bildern und Filmen abrufen - z. B. im Zeppelin-Museum in Friedrichshafen (MEIGHÖRNER 2000) oder im Haus der Geschichte der Bundesrepublik Deutschland in Bonn (vgl. SCHÄFER 1996; WERSEBE 1996).[75]

- *Audiophones bzw. tragbare CD-Player:* Diese mobilen Informationssysteme werden vor allem in großen Ausstellungen und Museen eingesetzt; sie ermöglichen es den Besuchern, sich selbstständig im Gebäude zu bewegen und sich gezielt über einzelne Exponate zu informieren - z. B. in der National Gallery in London oder bei der Magritte-Ausstellung in den Musées Royaux des Beaux-Arts in Brüssel (1998).[76]

- *Funkgesteuerte Informationssysteme:* Über Kopfhörer werden die Besucher durch die Ausstellung geleitet; dabei erhalten sie gleichzeitig von einer Leitzentrale Informationen über die Ausstellungsstücke. Diese Systeme kommen vor allem in kleinen Einrichtungen mit einem hohen Besucheraufkommen zum Einsatz, da sie die Möglichkeit bieten, den Besucherstrom zu steuern - z. B. bei der Ausstellung des Teppichs von Bayeux (Frankreich) oder in der Erlebniswelt Renaissance in Hameln (vgl. ROMEIß-STRACKE 2007).[77]

- *Elektronische Licht- und Geräuscheffekte:* Die neuen Medien können jedoch nicht nur zu einer klassischen, sondern auch zu einer animativen Informationsvermittlung eingesetzt werden. So werden z. B. die ausgestopften Tiere im Muséum National d'Histoire Naturelle in Paris in Lebensräumen inszeniert. Elek-

---

[75] vgl. www.zeppelin-museum.de; www.hdg.de
[76] vgl. www.nationalgallery.org.uk; www.belgium.be
[77] vgl. www.bayeux-tourism.com/decouvrir/decouvrir.html; www.erlebniswelt-renaissance.de

tronische Klänge und Kunstlicht simulieren Gewitter im Dschungel und Stürme in der Savanne. Aus Hunderten von kleinen Lautsprechern tönen die Stimmen der ausgestellten Tiere.[78]

Eine weitere Möglichkeit, Besucher von Kultureinrichtungen auf anschauliche und lebendige Weise zu informieren, sind *historische Rekonstruktionen* - also Nachbauten von Gebäuden, die aufgrund ihres Alters nur als Relikte erhalten geblieben sind. Diese Methode wird teilweise auch dazu genutzt, besonders wertvolle Kulturobjekte zu schützen, die durch ein großes Besucheraufkommen Schaden nehmen können. Als Beispiele sind zu nennen:

- In den *Höhlen von Lascaux (Frankreich)* wurden die eindrucksvollen prähistorischen Wandmalereien durch die Atemluft und Ausdünstungen der zahlreichen Besucher beschädigt, die im Zeitraum 1948-1963 die Höhlen besichtigten (bis zu 1.200/Tag). Im Jahr 1983 fand deshalb die Eröffnung von „Lascaux II" statt - eines mehrere Millionen teuren Nachbaus.[79]

- Auch die steinzeitlichen Malereien in den *Höhlen von Altamira in Kantabrien (Spanien)* waren durch die touristische Nutzung bedroht. Besucher können inzwischen nur noch Replika der Kunstwerke in einem Museumskomplex besichtigen.[80]

- Auf dem Gelände der römischen Stadt Colonia Ulpia Traiana entstand in den 1970er-Jahren der *Archäologische Park Xanten*. Dort wurden typische Gebäude standorttreu und größentreu rekonstruiert (vgl. RIECHE 2001).[81]

Da die Schaffung von Replika mit zahlreichen fachlichen Unsicherheiten verbunden ist (z. B. hinsichtlich Material, Formgebung und Farbgestaltung), ist diese Methode der Informationsvermittlung bei Kulturverantwortlichen und speziell bei Denkmalpflegern umstritten.[82] Aufgrund der Anschaulichkeit reagieren die *Touristen* hingegen sehr positiv auf historische Rekonstruktionen. So gaben drei Viertel der Besucher von römischen Ausgrabungsstätten in Großbritannien und Deutschland an, die Attraktion künftig wieder zu besuchen, wenn historische Gebäude rekonstruiert würden - auch bei höheren Eintrittspreisen (vgl. ROWEHL 2003).

---

[78] vgl. GREFFRATH, M. (1996): Schöpfung just for Show. - In: Geo, 9, S. 100-118; www.mnhn.fr

[79] vgl. www.culture.gouv.fr/culture/arcnat/lascaux/de

[80] vgl. www.museodealtamira.mcu.es/index.html; FAZ, 18. April 1996

[81] vgl. www.apx.lvr.de

[82] Ein Beispiel für eine besonders umstrittene Rekonstruktion ist der minoische Palast von Knossós auf Kreta; durch Verwendung unsachgemäßer Baumaterialien (Beton) wurde teilweise eine weitere archäologische Forschung unmöglich gemacht (vgl. de.wikipedia.org/wiki/Knossos).

Speziell die Beispiele der Nachbauten von historischen Kulturrelikten machen deutlich, dass die unterschiedlichen Medien im Kulturtourismus nicht nur der Besucherinformation dienen, sondern zugleich auch der Besucherlenkung - also der Steuerung des Besucherstroms.

1.4.2 Besucherlenkung

Der *Begriff „Besucherlenkung"* (auch Besuchermanagement oder *Visitor Management*) umfasst alle „Maßnahmen zur Beeinflussung von Besuchern bezüglich ihrer räumlichen und quantitativen Verteilung sowie ihrer Verhaltensweisen mit dem Ziel, geringe oder gar keine negativen Auswirkungen auf das besuchte Objekt oder die bereiste Region auszuüben" (DEIBLER 1996, S. 21).

Dabei lässt sich hinsichtlich der *Motive und Ziele der Besucherlenkung* eine weitere Differenzierung vornehmen; es sind mehrere Gründe zu unterscheiden, die sich teilweise auch überschneiden:
- denkmalpflegerische Gründe (Schutz der Kulturgüter),
- sicherheitstechnische Gründe (Unfallvermeidung bei Besuchern),
- soziokulturelle Gründe (Rücksichtnahme auf die Bevölkerung),
- ökologische Gründe (Schutz von Landschaft und Umwelt),
- ökonomische Gründe (Senkung der Kosten für Instandhaltung etc.),
- touristische Gründe (bessere Nutzung bestehender Einrichtungen und Einbeziehung wenig genutzter Kulturobjekte).

Die Besucherlenkung kann auf mehreren Ebenen stattfinden, die im Folgenden kurz erläutert werden - nämlich die *Lenkung in der Kultureinrichtung*, die *Lenkung in der Stadt bzw. Region*, die *Lenkung durch Planungsmaßnahmen* sowie die *allgemeine Öffentlichkeitsarbeit* (vgl. Abb. 12).

Lenkung in der Kultureinrichtung

Innerhalb von Kultureinrichtungen bestehen zahlreiche Möglichkeiten, die Besucherströme im Rahmen eines *Zugangsmanagements* zeitlich und räumlich besser zu verteilen; dazu zählen u. a.:

- *Information der Besucher über die Wartezeiten:* Vor den weltberühmten Uffizien in Florenz werden die Besucher z. B. durch eine digitale Anzeige über die Dauer der Wartezeit informiert. Während der Hauptreisezeit im Frühjahr und Herbst sind Wartezeiten von mehr als drei Stunden keine Seltenheit.[83]

---

[83] vgl. HOFFMANN, S. (2003): Zwischen Rummelplatz und Kunstgenuss. - In: Spiegel Online, 18. September (www.spiegel.de/reise/metropolen/0,1518,266156,00.html vom 22. Januar 2006)

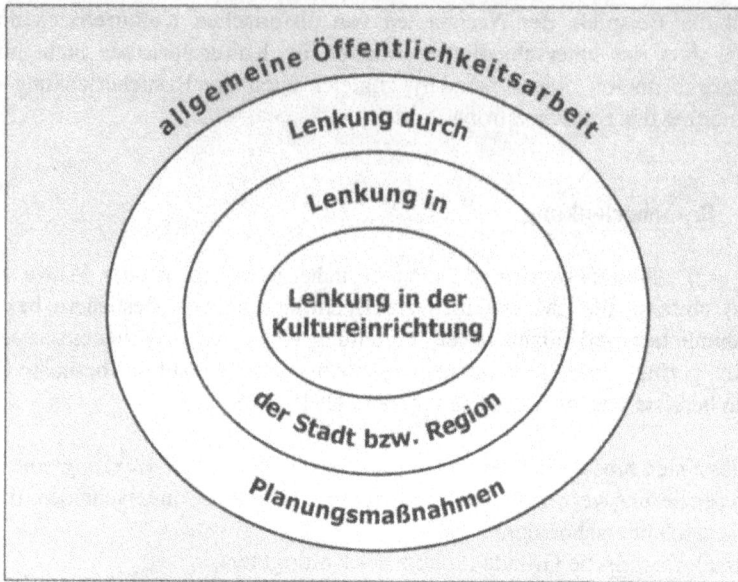

*Abb. 12: Im Kulturtourismus kommen auf verschiedenen Ebenen Maßnahmen der Besu-
cherlenkung zum Einsatz. Durch sie sollen die räumliche und zeitliche Verteilung der
Besucher sowie ihre Verhaltensweisen so beeinflusst werden, dass die negativen Wirkungen auf das Kulturobjekt bzw. die Region möglichst gering sind.*

- *Verlängerung der Öffnungszeiten bzw. die Einführung eines langen Abends:*
  Auf diese Weise können Besucher aus der Stadt und Umgebung die Attraktion
  am Feierabend besichtigen und die touristischen Besucherströme am Wochen-
  ende vermeiden.

- *Erwerb von Eintrittskarten vor dem Besuch der Einrichtung (z. B. via Call Center oder Internet):* Mit Hilfe dieser Maßnahmen kann das Besucheraufkommen
  besser abgeschätzt werden; dadurch wird die Organisations- und Personalplanung erleichtert (Aufsichtspersonal, Gästeführer etc.).

- *Kontingentierung der Besucherzahl durch die Einführung von Zeitfenstern für
  den Besuch des Kulturobjekts:* Nach einem erheblichen Anstieg der Nachfrage
  wurde die tägliche Besucherzahl des Goethehauses in Weimar aus konservatorischen Gründen auf max. 1.000 Personen begrenzt, die jeweils zu vorab definierten Zeiten kommen können. Ähnliche Einschränkungen gelten auch für Goethes
  Gartenhaus im Park an der Ilm, für das Schillerhaus und den Rokokosaal der
  Herzogin-Anna-Amalia-Bibliothek.[84]

---

[84] vgl. Trierischer Volksfreund, 22. Dezember 1994

- *Einführung einer obligatorischen Voranmeldung:* Auch diese Maßnahme dient der besseren Steuerung von Besucherströmen und der Entlastung von Kultureinrichtungen. So werden z. B. im Kilmainham Jail in Dublin oder in der steinzeitlichen Grabanlage Newgrange (Irland) Gruppen nur nach Anmeldung geführt (→ 2.7.1).

- *Logistische Maßnahmen zur Besucherlenkung:* Ein hohes Besucheraufkommen kann auch durch die Lenkung in Form von Rundgängen bewältigt werden sowie durch zeitliche und räumliche Restriktionen. In den Kathedralen von Palma und Sevilla sind z. B. spezielle Öffnungszeiten bzw. besondere Zugänge eingerichtet worden, um Gläubigen einen ungestörten Besuch der Kirchen zu ermöglichen.

- *Differenzierte Preispolitik mit Aufschlägen für besucherstarke Zeiten bzw. besonders populäre Einrichtungen und Nachlässen für besucherarme Perioden bzw. weniger bekannte Attraktionen:* Diese Maßnahme kommt u. a. in der Potsdamer Schlösserlandschaft zum Einsatz, um die Konzentration des Besucheraufkommens auf das Schloss Sanssouci zu reduzieren - z. B. unter dem Motto „Schloss Caputh - Warum nicht ein weiteres Schloss besuchen?" (vgl. LIEPE 1997, 2001).

Darüber hinaus können Kultureinrichtungen *objektbezogene Maßnahmen* durchführen, um besonders sensible bzw. gefährdete Bereiche zu schützen. Dazu gehören u. a. *Absperrungen und physische Barrieren* (Zäune, Glasscheiben etc.) sowie *elektronische Sicherheitssysteme*, aber auch *Aufsichtspersonen*, durch die sichergestellt wird, dass die Kunstwerke nicht durch die Besucher beschädigt werden. So wird z. B. das populäre Grab von Jim Morrison auf dem Friedhof Père-Lachaise in Paris von einem Wärter bewacht, da die Büste des früheren Leadsängers der Gruppe „The Doors" bereits mehrfach gestohlen wurde (→ 2.6.3).

Schließlich sind *Gebote und Verbote* zu nennen, die allerdings nur vereinzelt eingesetzt werden, da sie dem öffentlichen Bildungsanspruch der Kultureinrichtungen sowie den Freizeit- und Freiheitsinteressen der Besucher widersprechen:

- In *Rom* müssen Touristen auf einen beliebten Glücks-Brauch verzichten - nämlich eine Münze in den Trevi-Brunnen zu werfen. Die vielen Geldstücke hatten den Marmor erheblich beschädigt. Nach der Restauration des Brunnens wurde das Werfen von Münzen untersagt (vgl. KRAMER 1993, S. 29).

- Die Stadtverwaltung von *Venedig* hat für den Markusplatz in Venedig mehrere Verbote erlassen - z. B. Sitzen, Lagern, Fahrrad fahren bzw. Abfall liegen lassen. Außerdem müssen die Besucher angemessen gekleidet sein. Bei Verstößen werden Geldstrafen in Höhe von 50 € erhoben (vgl. Abb. 13).[85]

---

[85] vgl. BARONE, A. (2003): Sitzen bei Strafe verboten. - In: Spiegel Online, 27. August (www.spiegel.de/reise/metropolen/0,1518,263118,00.html vom 22. Januar 2006)

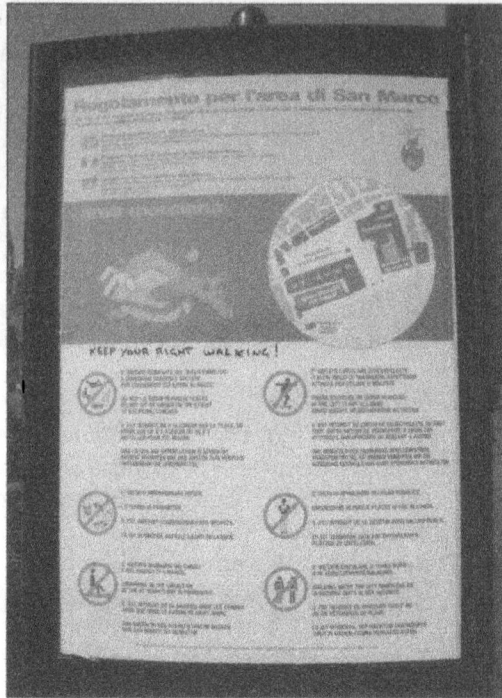

*Abb. 13: Ein drastisches Mittel der Besucherlenkung im Kulturtourismus sind Einschrän-
kungen und Verbote. Auf dem Markusplatz in Venedig ist es Touristen z. B. untersagt, sich
hinzusetzen, zu lagern oder Fahrrad zu fahren. Außerdem müssen sie angemessen gekleidet
sein und dürfen nicht in den Kanälen der Stadt baden. Bei Verstößen werden Geldstrafen
in Höhe von 50 Euro erhoben.*

Um Belastungen durch den Kulturtourismus zu minimieren, kann neben den Einzelmaßnahmen in den Kultureinrichtungen bzw. an einzelnen Standorten auch eine
umfassendere Lenkung in der Stadt bzw. Region stattfinden.

Lenkung in der Stadt bzw. Region

Mit der räumlichen und zeitlichen Konzentration des Kulturtourismus sind vor
allem auch Probleme des fließenden und ruhenden Verkehrs verbunden. Im Mittelpunkt der Besucherlenkung in der Stadt bzw. Region steht deshalb ein *umfassendes Verkehrsmanagement*, das aus zahlreichen Einzelmaßnahmen bestehen
kann. In einer umfassenden Untersuchung deutscher Kulturstädte kam DEIBLER
(1996, S. 35-46, vgl. Abb. 14) zu dem Ergebnis, dass 93 % der Städte besucher-
lenkende Maßnahmen durchführen. Neben Stadtführungen und Informationsmaterialien gehören dazu u. a.:
- Park-and-Ride-Parkplätze (mit Pendelbussen zu den Attraktionen),
- Einrichtung von Fußgängerzonen,

Stadtführungen	80%
Fußgängerzone	78%
Infoschilder	72%
Stadtpläne	69%
Parkplätze	68%
Verkehrsleitsysteme	53%
PR	46%

0%   20%   40%   60%   80%   100%

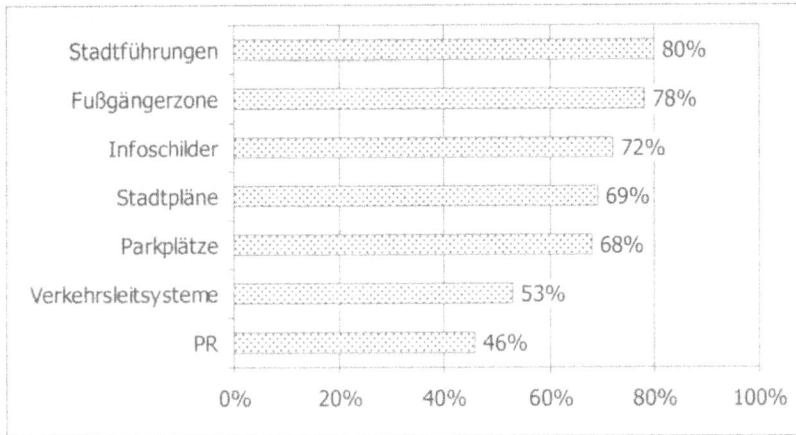

Abb. 14: Mit der räumlich-zeitlichen Konzentration des Kulturtourismus sind vor allem auch Probleme des fließenden und ruhenden Verkehrs verbunden. Zur Lenkung und Entzerrung der Verkehrsströme führen deutsche Kulturstädte zahlreiche Managementmaßnahmen durch (Quelle: Eigene Darstellung nach Angaben in DEIBLER 1996, S. 41).

- Ein- und Aussteigeplätze für Reisebusse,
- elektronische Verkehrsleitsysteme (mit Informationen über freie Parkplätze),
- Kombi-Tickets zur Benutzung der Angebote der Deutschen Bahn AG und des lokalen ÖPNV.

Darüber hinaus kommen auch im Bereich des Verkehrsmanagements drastische Maßnahmen in Form von *Zufahrtsverboten* zum Einsatz:

- Nach jahrelangen Protesten von Anwohnern wurden die engen Straßen im Pariser Stadtteil Montmartre für die Touristenbusse gesperrt. Das historische Viertel, das jährlich von ca. 6 Mio. Gästen besucht wird, kann seit den 1970er-Jahren nur noch zu Fuß oder per Seilbahn von den Touristen erreicht und erkundet werden.[86]

- Lokaler Widerstand gegen den Besucherandrang regte sich auch in der kalifornischen Stadt Carmel. Der Ort ist zwar keine klassische kulturtouristische Destination - er wurde aber durch die Tatsache berühmt, dass der Schauspieler und Regisseur Clint Eastwood dort einige Zeit Bürgermeister war. Seitdem kamen in der Sommersaison bis zu 20.000 Besucher täglich, um Carmel zu besichtigen. Mit der Begründung, dass die Reisegruppen zuviel Unruhe in den exklusiven Ferienort bringen, untersagte der Gemeinderat im Herbst 1997 alle Besichtigungstouren.[87]

---

[86] vgl. FAZ, 27. November 1997
[87] vgl. FAZ, 16. Oktober 1997

Die zahlreichen Einzelmaßnahmen der Besucherlenkung in Städten und Regionen sowie in den Kultureinrichtungen können noch ergänzt werden durch *allgemeine Öffentlichkeitsarbeit* (z. B. Information und Aufklärung über die Gefährdung des kulturellen Erbes in den Medien) sowie durch *übergeordnete Planungsmaßnahmen* (z. B. Verkehrs-, Standort- bzw. Tourismusplanung).[88]

Komplexe Formen der Besucherlenkung haben z. B. am *Ayers Rock/Uluru* stattgefunden. Der spektakuläre Monolith im Zentrum des australischen Outbacks wird von den Ureinwohnern (Aborigines) als heiliger Berg verehrt. Als Folge einer zunehmenden Verkehrserschließung kam es zu einem enormen Anstieg der Besucherzahl (2002/03: 388.000 Touristen). Damit nahmen aber auch die Belastungen durch den Tourismus zu - z. B. hohes Müllaufkommen, Trittschäden und Vandalismus, Beschädigung der Felsmalereien sowie respektloses Verhalten an der geheiligten Stätte. Um diese negativen Wirkungen zu minimieren, wurden seit den 1970er-Jahren *mehrere Besucherlenkungsmaßnahmen* durchgeführt (vgl. HAIN 2005, S. 45-46; Abb. 15):

-   *Verlegung aller touristischen Einrichtungen* in eine angemessene Distanz zum Berg (durch den Bau des „Ayers Rock Resort" mit 400 Hotelzimmern und einem Campingplatz für 3.500 Besucher),

-   *Verkehrslenkung* durch die Anlage von Parkplätzen für die Beobachtung des Sonnenaufgangs bzw. -untergangs (differenziert nach PKW und Bussen - jeweils mit begrenzter Kapazität),

-   *Lenkung des Besucherstromes* durch die Einrichtung eines Wanderwegs, der um den Ayers Rock/Uluru herumführt - auf diese Weise soll den Touristen eine Alternative zum Besteigen des Berges geboten werden, das von den Aborigines zwar geduldet, aber aus Glaubensgründen ungern gesehen wird,[89]

-   *Aufklärung der Besucher* durch Tafeln an den Parkplätzen und an den speziellen *Sacred Sites*. Die Besucher erhalten Informationen über die Religion der Aborigines und werden aufgefordert, sich respektvoll zu verhalten.

Die Notwendigkeit der Besucherlenkung und vor allem der Reglementierung des touristischen Zugangs zu Kultureinrichtungen machen deutlich, dass dem kulturtouristischen Wachstum vielerorts inzwischen von den verantwortlichen Denkmalschützern, aber auch von der Bevölkerung generell Grenzen gesetzt werden.

---

[88] vgl. BORG (o. J., 1995) zu Fragen der Besucherlenkung in ausgewählten historischen Städten (Aix-en-Provence, Amsterdam, Brügge, Florenz, Oxford, Salzburg, Venedig)

[89] Die Bitte der Aborigines, den Berg aus Rücksicht auf ihren Glauben nicht zu besteigen, wird bislang von der Mehrzahl der Touristen nicht respektiert (vgl. FAZ, 29. Oktober 1998).

Abb. 15: Der Ayers Rock/Uluru (Australien) wird von den Aborigines als heiliger Berg verehrt; gleichzeitig hat sich der spektakuläre Monolith zu einem Besuchermagneten entwickelt. Um die Belastungen durch den Tourismus zu minimieren, findet u. a. eine Verkehrslenkung durch Parkplätze statt, von denen die Besucher den Sonnenuntergang beobachten können.

Die physische bzw. psychologische Tragfähigkeit *(Carrying Capacity)* scheint erreicht und in manchen Fällen auch überschritten worden zu sein. Doch angesichts des Wettbewerbs im kulturtouristischen Markt gibt es auch spezifische Marketingmaßnahmen, um die Attraktivität einzelner Einrichtungen zu steigern - dazu zählen vor allem *Events.*

1.4.3   Events

Das kulturelle Angebot ist generell standortgebunden und hat deshalb einen statischen Charakter. Darüber hinaus wird die Arbeit vieler Kultureinrichtungen durch *konservative Zielsetzungen* bestimmt; zu den traditionellen Aufgaben der Museen gehören z. B. Sammeln, Bewahren, Forschen und Vermitteln. Dieses Grundverständnis hat lange Zeit dazu geführt, dass die jeweiligen Exponate weitgehend unverändert in Dauerausstellungen präsentiert wurden. Aus Sicht der Besucher gab es nach der Besichtigung einer Kulturattraktion also keinen ersichtlichen Grund, in absehbarer Zeit erneut zu kommen. Wiederholungsbesuche wurden allenfalls mit Gästen bzw. (nach der Familiengründung) mit den Kindern durchgeführt.

Der Wertewandel - hin zu Individualität, Hedonismus und Erlebnisorientierung - hat aber dazu geführt, dass der Freizeit- und Tourismusmarkt seit den 1990er-Jahren eine erhebliche Dynamik aufweist. Die Tagesausflügler und Urlauber su-

chen zunehmend nach Abwechslung, Unterhaltung, *Thrills etc.* - und in jüngerer
Zeit auch nach Selbstbestimmung und Sinngebung. Wie andere Freizeitanbieter
stehen auch deshalb Kultureinrichtungen vor der Herausforderung, ihr Angebot
ständig anders und neuartig zu präsentieren; nur auf diese Weise kann es ihnen
gelingen, die Besucher zu Stammkunden zu machen und neue Gäste zu gewinnen.

Als erfolgreiches Instrument haben sich dabei *Events* erwiesen - „speziell inszenierte oder herausgestellte Veranstaltungen von begrenzter Dauer mit touristischer
Ausstrahlung" (FREYER 1998, S. 19). Eine exakte begriffliche Abgrenzung zwischen einer Veranstaltung und einem Event erweist sich als schwierig. Zu den
typischen Merkmalen von Events zählen u. a. (vgl. HOLZBAUR u. a. 2005, S. 6):
- die Einmaligkeit (im Sinne des Einzigartigen),
- die Einbeziehung der Teilnehmer,
- der Zusatznutzen und der positive Erinnerungswert für die Teilnehmer,
- die Vielfalt an Ereignissen, Medien und Wahrnehmungen,
- die Verbindung von subjektiven Eindrücken und objektiven Symbolen,
- die Planung, Organisation und Inszenierung der Veranstaltung.

Besondere Feste und Veranstaltungen hat es in allen historischen Phasen der
Menschheit und in allen Kulturen gegeben - von Olympischen Spielen und Gladia-
torenkämpfen über Sonnwend- und Erntedankfeiern bis hin zu Tempelfesten und
Prozessionen (vgl. SCHULTZ 1988). Gegenwärtig lassen sich mehrere *Typen von
Events* unterscheiden (vgl. FREYER 1998, S. 19-24; OPASCHOWSKI 1997, S. 22-29;
SÄFKEN 1999, S. 8-9):
- Kultur-Events (Open-Air-Konzerte, Festivals, Stadtfeste etc.),
- Sport-Events (Olympische Spiele, Formel-1-Rennen, ATP-Tour etc.),
- wirtschaftliche Events (Messen, Tagungen, Ausstellungen etc.),
- gesellschaftspolitische Events (Parteitage, Staatsbesuche, Paraden etc.),
- natürliche Events (Sonnenfinsternis, Frühlingsblüte, Vulkanausbrüche).

Im Kulturbereich stellen Events ein *ergänzendes Angebot* dar, bei dem die Kultureinrichtungen (Burgen, Museen, Gartenanlagen etc.) bzw. die Destinationen (Städte, ländliche Regionen, Industrieregionen) als Schauplätze und Bühnen fungieren.
Aufgrund des breiten Spektrums unterschiedlicher Angebote innerhalb der Hoch-
und Alltagskultur finden sich mehrere *Typen von Kultur-Events* (vgl. Abb. 16 zu
Besucherzahlen ausgewählter Festspiele):

- *Musik-Events - z. B.:*
    - einzelne Konzerte (Open-Air-Konzert von Anna Netrebko, Plácido Domingo
      und Rolando Villazón 2006 auf der Waldbühne in Berlin),
    - regelmäßige Festspiele wie die Salzburger Festspiele, die Bregenzer Festspiele
      oder die Richard-Wagner-Festspiele in Bayreuth (vgl. ZINGERLE 2000);

Karl-May-Festspiele Bad Segeberg	285.000
Salzburger Festspiele	228.000
Bregenzer Festspiele	198.000
Rheingau Musikfestival	125.000
Schleswig-Holstein Musikfestival	120.000
Dresdner Musikfestspiele	110.000
Theaterfestival Ruhr	110.000
Münchner Opernfestspiele	100.000
Burgfestspiele Jagsthausen	80.000
Bayreuther Festspiele	58.000

0   100.000   200.000   300.000

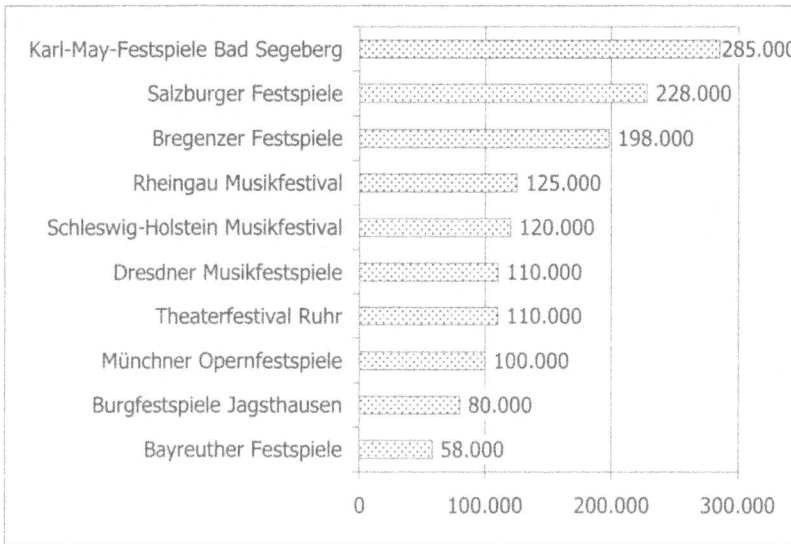

Abb. 16: Neben Sonderausstellungen und Einzelkonzerten gehören Festspiele zu den typischen Events im Kulturbereich. Das Spektrum der Angebote reicht dabei von populären Literaturfestspielen bis hin zu anspruchsvollen Musikfestspielen (Quelle: Eigene Darstellung nach Angaben in FOCUS 19/2002; Bezugsjahr 2001).

- *Literatur- und Theater-Events - z. B.:*
  - Buchmessen und Buchausstellungen (jährlich in Leipzig und Frankfurt am Main),
  - Preisverleihungen (Friedenspreis des Deutschen Buchhandels),
  - Festspiele wie das Internationale Literaturfestival (Berlin), die lit.Cologne (Köln), die Bad Hersfelder Festspiele, der Steirische Herbst (Graz) oder die Karl-May-Festspiele (Bad Segeberg, Elspe);

- *Kunst-Events - z. B.:*
  - einmalige Sonderausstellungen (Ausstellung des „Museum of Modern Art" 2004 in Berlin, Guggenheim-Ausstellung 2006 in Bonn),[90]
  - Kunstaktionen (Reichstagsverhüllung 1995 in Berlin),
  - technische Kunst-Spektakel (Lasershow „SkyArena" in der Frankfurter City während der Fußball-Weltmeisterschaft 2006);

- *Traditions- und Brauchtum-Events - z. B.:*
  - Almabtrieb in den Alpen,
  - die schwäbisch-alemannische Fasnet in Süddeutschland (→ 3.2.3),
  - die Landshuter Hochzeit 1475;

---

[90] vgl. CZÖPPAN, G. (2006): Kunstschatz aus Manhattan. - In: FOCUS, 28, S. 56-59

- *religiöse Events - z. B.:*
  - Osterprozessionen in spanischen Städten,
  - Fronleichnamsprozessionen in katholisch geprägten ländlichen Regionen,
  - Segnungen des Papstes (Urbi et Orbi),
  - Katholische Weltjugendtage (vgl. EBERTZ 2000);

- *wissenschaftliche Events - z. B.:*
  - Ausstellungen (Wanderausstellung „Körperwelten" an verschiedenen Standorten 1996-2004),
  - nationale Kongresse (Geographentag, Soziologentag),
  - internationale Preisverleihungen (Nobelpreis).

Anhand dieser Typisierung und Beispiele wird deutlich, dass Kultur-Events aufgrund ihres Themas, der Exponate bzw. der mitwirkenden Künstler über eine *unterschiedliche Attraktivität* verfügen, die einen Einfluss auf die Besucherzahl, den Einzugsbereich sowie die touristischen und wirtschaftlichen Effekte der Veranstaltung hat (vgl. FREYER 1998, S. 27-31):

- Bei den *Mega-Events* handelt es sich um Veranstaltungen von nationaler bzw. internationaler Bedeutung, über die eine breite Berichterstattung in den Medien stattfindet. Sie verzeichnen eine hohe Zahl von Besuchern, bei denen es sich zu einem erheblichen Anteil um auswärtige bzw. auch ausländische Touristen handelt - entsprechend hoch sind die Kosten und Umsätze. Mega-Events setzen einen mehrjährigen Planungs- und Vorbereitungsprozess voraus; meist fungieren international tätige Unternehmen *(Global Players)* als Sponsoren.

- Die *Medium-Events* weisen hingegen nur einen regionalen Einzugsbereich auf und ein entsprechend geringeres Besucheraufkommen. Die Berichterstattung beschränkt sich auf die lokalen und regionalen Medien und die Vorbereitungsphase umfasst maximal ein bis zwei Jahre. Dennoch können diese Veranstaltungen für die Kultureinrichtungen und Destinationen eine wichtige Bedeutung haben - zur Steigerung des Bekanntheitsgrades, als Imagefaktor und als Einnahmequelle.

- In nahezu jeder deutschen Stadt finden *Mini- bzw. Mikro-Events* statt (z. B. Stadtfeste, Bauern- oder Krämermärkte, Weihnachtsmärkte). Diese Veranstaltungen haben jeweils einen lokalen Charakter. Aufgrund der großen Zahl und der regelmäßigen Durchführung besteht die Herausforderung, das Angebot jeweils zu profilieren und zu aktualisieren (→ 3.1.3).

Der Trend zur Inszenierung von Events erweist sich im Tourismus generell, aber speziell auch im Kulturbereich als wichtiger Motor, um die Nachfrage zu stimulieren und das Interesse der Öffentlichkeit zu gewinnen (vgl. STEINECKE/TREINEN 1997). Aufgrund des großen Angebotes an Events bedarf es aber einer *professionellen Konzeption, Organisation und Durchführung*; dabei sind folgende Prinzipien zu beachten (vgl. FRANCK 1997, S. 66-71):

- der hohe Erlebnischarakter (psychologischer Zusatznutzen, Profil, Thema),
- die Nutzung von strategischen Allianzen mit Partnern zur Übertragung von positiven Erlebniswerten,
- die Entwicklung prägnanter Reiz-Erlebnisketten für homogene Zielgruppen,
- der Einsatz aller sinnlichen Dimensionen der Erlebnisvermittlung,
- die Maximierung von persönlichen Freiheitsgraden der Besuchssituation.

Mit der Durchführung von Events sind für die Kultureinrichtungen und die Destinationen mehrere *positive Effekte nach innen und nach außen* verbunden; dazu zählen u. a. eine Erhöhung des Bekanntheitsgrades, eine generelle Imageverbesserung und eine Steigerung der Attraktivität, aber auch erhebliche touristische und ökonomische Effekte. Darüber hinaus stellen Kultureinrichtungen und vor allem Kultur-Events für lokale Unternehmen *„weiche" Standortfaktoren* dar, die u. a. bei der Gewinnung hoch qualifizierter Mitarbeiter von Bedeutung sind (vgl. Abb. 17).

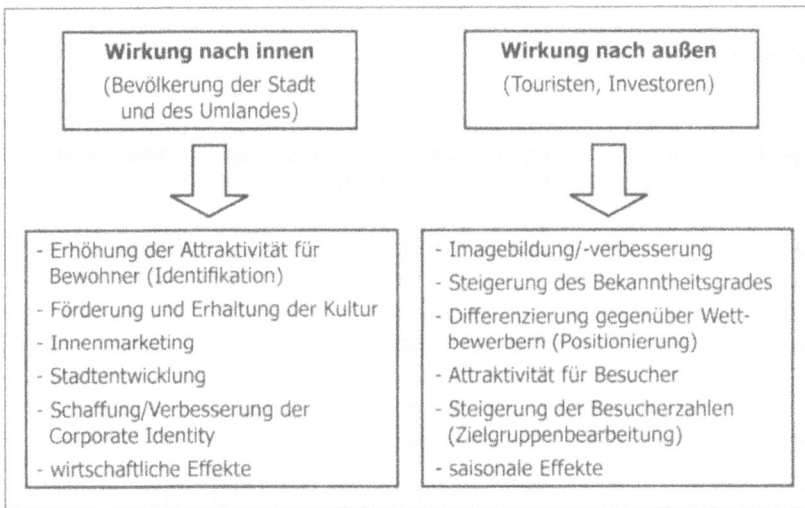

Wirkung nach innen (Bevölkerung der Stadt und des Umlandes)	Wirkung nach außen (Touristen, Investoren)
- Erhöhung der Attraktivität für Bewohner (Identifikation) - Förderung und Erhaltung der Kultur - Innenmarketing - Stadtentwicklung - Schaffung/Verbesserung der Corporate Identity - wirtschaftliche Effekte	- Imagebildung/-verbesserung - Steigerung des Bekanntheitsgrades - Differenzierung gegenüber Wettbewerbern (Positionierung) - Attraktivität für Besucher - Steigerung der Besucherzahlen (Zielgruppenbearbeitung) - saisonale Effekte

Abb. 17: Events sind für Kultureinrichtungen und Destinationen mit positiven Wirkungen verbunden. Dazu zählen u. a. eine Erhöhung des Bekanntheitsgrades und eine generelle Imageverbesserung, aber auch erhebliche touristische und ökonomische Effekte (Quelle: Eigene Darstellung auf der Grundlage von Angaben in FREYER *1998, S. 32;* ROTH *1999, S. 152).*

Als *Grundproblem* der Eventisierung im Kulturtourismus erweist sich allerdings der *„Champagner-Effekt"*: Während des Events steigt die Zahl der Gäste sprungartig an, um kurz danach rasch wieder zurückzugehen. So konnte z. B. Weimar im Jahr 1999 - als „Europäische Kulturhauptstadt" - einen Besucherzuwachs von mehr als 50 % verzeichnen; im folgenden Jahr wurden 22 % weniger Gäste ge-zählt.[91]

Events werden von Kultureinrichtungen und Destinationen vor allem dazu genutzt, das Basisangebot kurzfristig zu ergänzen und dadurch die öffentliche Aufmerk-samkeit auf sich zu lenken. Darüber hinaus steht aber noch ein weiteres spezifi-sches Marketinginstrument zur Verfügung, das eher einen *langfristigen Charakter* hat - nämlich das Merchandising.

1.4.4   Merchandising

Seit Beginn des neuzeitlichen Tourismus im 16. und 17. Jahrhundert waren Sou-venirs touristische Trophäen und Symbole der Reiseerfahrung, aber nicht der Zweck des Reisens. Diese Grenze zwischen Reisen und Konsum ist in den letzten Jahren fließend geworden. Speziell bei Städtereisen spielt das *Shopping-Motiv* inzwischen eine eigenständige Rolle neben der Besichtigung kultureller Sehens-würdigkeiten und dem Besuch von Veranstaltungen (vgl. STEINER 1987). The-menparks, Markenerlebniswelten und vor allem Themenrestaurants (Hard-Rock-Café, Planet Hollywood etc.) haben das Merchandising-Prinzip perfektioniert. Durch den Verkauf von T-Shirts, Lederjacken, Kappen und Schuhen erwirtschaf-ten sie häufig nahezu 50 % des Umsatzes (vgl. BOSSHART 1997, S. 222; Abb. 18).

Im Vergleich zu den angelsächsischen Ländern taten sich Kultureinrichtungen in Deutschland lange Zeit recht schwer damit, Museumsshops in ihr Angebot zu integrieren. In den USA wurde hingegen bereits im Jahr 1955 die *Dachorganisati-on „Museum Store Association"* gegründet, die gegenwärtig weltweit mehr als 1.650 Mitglieder hat. Die Vereinigung unterstützt die Museen bei der Entwicklung und beim Vertrieb spezieller Museumsprodukte; außerdem bietet sie ein umfang-reiches Sortiment eigener Merchandising-Artikel an (vgl. SCHAPER 1999, S. 63-66).[92]

Vor dem Hintergrund sinkender öffentlicher Kulturbudgets und der steigenden Nachfrage nach anspruchsvollen, ungewöhnlichen Souvenirs verkaufen auch Kul-tureinrichtungen in zunehmendem Maß und mit großem Erfolg Merchandising-Produkte. Inzwischen gelten Museumsshops deshalb bei professionell arbeitenden Kulturanbietern als *selbstverständlich* und *unverzichtbar* (vgl. SIEBENMORGEN 1999, S. 23).

Museumsshops haben mehrere Funktionen: Sie sind bedeutende *Imageträger von Museen,* sie werden als zentrale *Instrumente des Museums-Marketings* eingesetzt und tragen auch wesentlich zur *Finanzierung der Museen* bei. Um diese Funktio-

---

[91] vgl. FAZ, 13. April 2006
[92] vgl. www.museumsdistrict.com

nen erfüllen zu können, müssen sie mehrere *Rahmenbedingungen des Konsums*
berücksichtigen (vgl. u. a. GURKE 2004; → 2.4.3):[93]

- *Unmittelbarer Bedarf der Konsumenten:* Nach der Besichtigung der Kultureinrichtung besteht bei vielen Besuchern der direkte Wunsch, eine Produkt zu erwerben, das sie an den erlebnisreichen Tag erinnert, oder ein Geschenk für Verwandte oder Bekannte zu kaufen.

- *Pädagogischer Nutzen:* Durch eine geeignete Auswahl unterschiedlicher Informationsmedien (Bücher, CDs etc.) kann der öffentliche Bildungsauftrag der Museen fortgesetzt und vertieft werden. Der Shop stellt damit einen Bestandteil der
  Leistungspolitik von Museen dar.

- *Impulscharakter des Konsums:* Kultureinrichtungen werden nicht mit der Ab-
  sicht aufgesucht, dort einzukaufen; aus diesem Grund handelt es sich jeweils um
  spontane Kaufentscheidungen. Die Produkte sollten deshalb einen exklusiven
  und unverwechselbaren Charakter haben, der einen inhaltlichen Bezug zum
  Thema der Einrichtung und zu den Exponaten aufweist.

- *Emotionaler Nutzen für die Konsumenten:* Die Produkte werden in einer Frei-
  zeitsituation erworben, die emotional positiv besetzt ist. Aus diesem Grund sollten sie in ihrer Gestaltung und in ihren Materialien Spaß, Freude, Qualität, Pre-
  stige und Tradition vermitteln.

Da die wirtschaftliche Bedeutung der Museumsshops in engem Zusammenhang
mit dem Besucheraufkommen, der Besucherstruktur und dem Sortiment steht,
lassen sich keine Durchschnittswerte ermitteln. Einzelne Beispiele aus dem Aus-
und Inland verdeutlichen aber das *große ökonomische Potenzial dieser Geschäfte:*

- Als Prototyp eines zeitgemäßen und erfolgreichen Museumsshops gilt das Geschäft in der *„Tate Modern"* in London: Auf 600 qm Fläche werden zahlreiche
  hauseigene Merchandising-Artikel angeboten; der jährliche Umsatz beläuft sich
  auf einen siebenstelligen Pfund-Sterling-Betrag (vgl. GURKE 2004, S. 3).[94]

- Auch in Deutschland liegen aus zahlreichen Museen positive Erfahrungen mit
  Merchandising-Produkten vor: Der Shop im *„Von-der-Heydt-Museum"* in Wuppertal erwirtschaftet z. B. jährlich ca. 350.000 € Umsatz; von diesen Einnahmen
  werden neue Ankäufe finanziert. Im *„Museum Ludwig"* in Köln werden mehr
  als 250.000 €/Jahr umgesetzt. Dieser Betrag entspricht dem Etat, den alle öffent-

---

[93] vgl. www.mai-tagung.de/FachDez/Kultur/Unsichtbar/Maitagung/Maitagung+2003/muse-
umsshop.pdf vom 23. Juli 2006
[94] vgl. www.tate.org.uk

lichen Museen in Köln zusammen als Jahresbudget zur Sammlungserweiterung zur Verfügung haben.[95]

In jüngerer Zeit haben vor allem größere Kultureinrichtungen - neben den Shops in den eigenen Räumlichkeiten - auch *Filialgeschäfte an anderen Standorten* eingerichtet: In den USA betreiben ca. 6 % aller Museen derartige *„Off-site-stores"*.[96] Darüber hinaus nutzen immer mehr Kultureinrichtungen die Möglichkeiten des *Direktvertriebs durch das Internet.* Diese virtuellen Museumsshops richten sich sowohl an Kunden, die nach ihrem Besuch noch Produkte kaufen wollen, als auch an Nicht-Besucher, die ungewöhnliche und qualitativ hochwertige Waren erwerben wollen. Eine Untersuchung im *„Leopold Museum"* in Wien kam zu dem Ergebnis, dass die Käufer im Museumsshop durchschnittlich 16-20 € ausgeben, während sich der Umsatz pro Konsument im Internet auf 60-70 € beläuft.[97]

Abb. 18: Zeitgemäße Kultureinrichtungen verfügen über ein multifunktionales Angebotsspektrum, das neben der Ausstellung auch gastronomische Einrichtungen und Shops umfasst. Sie orientieren sich dabei an positiven Erfahrungen privatwirtschaftlicher Konkurrenten wie Themenparks und Markenerlebniswelten - z. B. den Swarovski-Kristallwelten in Wattens bei Innsbruck.

Für die Kultureinrichtungen besteht die grundsätzliche Herausforderung, das Merchandising-Angebot - wie auch die anderen Marketinginstrumente (Besucherinformation, Besucherlenkung, Events) - in ein *Gesamtkonzept* zu integrieren, dessen

---

[95] vgl. FIEGE, Chr. (1997): Die Kunst, Geld zu verdienen. - In: Süddtsch. Ztg., 11./12. Januar

[96] vgl. www.museumdistrict.con/events/museumstores_faq.cfm vom 23. Juli 2006

[97] vgl. www.mai-tagung.de/FachDez/Kultur/Unsichtbar/Maitagung/Maitagung+2003/museumsshop.pdf vom 23. Juli 2006

zentrales Ziel es sein muss, ein klares, unverwechselbares und attraktives Profil zu schaffen. Nur auf diese Weise können kulturelle Attraktionen im zunehmenden Wettbewerb - auch mit anderen Freizeitangeboten - bestehen (vgl. LEUPOLD 1999, S. 29-30).

Marketinginstrumente im Kulturtourismus: Fazit

- Neben den klassischen Instrumenten des Marketing-Mix stehen Kulturanbietern mehrere spezifische Instrumente zur Verfügung: Besucherinformation, Besucherlenkung, Events, Animation und Merchandising.
- Zu den typischen Methoden der Besucherinformation gehören Tafeln und Broschüren. Besucherführungen bieten die Möglichkeit, ein breiteres Wissen im Dialog mit den Besuchern zu vermitteln. Zunehmend kommen auch elektronische Medien zum Einsatz; besonders sensible Kulturrelikte werden in Form von Replika nachgebaut.
- Mit der Besucherlenkung können mehrere Ziele verfolgt werden: der Schutz der Kulturgüter, die Unfallvermeidung bei Besuchern, der Schutz der Bevölkerung und der Umwelt sowie die bessere Verteilung der touristischen Nachfrage. Im Rahmen des Zugangsmanagements kann eine Lenkung in der Einrichtung erfolgen. Die Lenkung in der Stadt bzw. Region umfasst vor allem Maßnahmen des Verkehrsmanagements.
- Events bieten die Möglichkeit, das Angebot von Kultureinrichtungen und Kulturräumen zu ergänzen und zu aktualisieren. Mega-, Medium- und Mini-/Mikro-Events unterscheiden sich u. a. hinsichtlich der Besucherzahl, des Einzugsbereiches sowie der touristischen und wirtschaftlichen Effekte.
- Shops und Merchandising-Produkte stellen für die Kultureinrichtungen eine zusätzliche Einnahmenquelle dar. Darüber hinaus spielen sie aber auch eine wichtige Rolle als Vermittlungsinstrument sowie als Image- und Werbeträger. Sie sollten - gemeinsam mit den anderen Marketingmaßnahmen - in ein Gesamtkonzept integriert werden, um auf diese Weise das Profil der Attraktion zu schärfen.

Während im ersten Kapitel dieses Studienbuches ein allgemeiner Überblick über die Marktstruktur des Kulturtourismus sowie die Managementstrategien und Marketinginstrumente gegeben wurde, werden in den folgenden Kapiteln *unterschiedliche Typen kultureller Einrichtungen* (Burgen, Gartenanlagen, Museen etc.; → 2) sowie *einzelne Typen kulturell geprägter Räume* vorgestellt (Städte, ländliche Räume, Industrieregionen; → 3). In diesem Kontext werden auch die spezifischen Erfahrungen dieser Anbieter beim Einsatz der Management- und Marketingmaßnahmen detailliert erläutert - u. a. auch anhand von Fallstudien.

2 Kulturelle Relikte, Einrichtungen und Schauplätze als touristische Attraktionen: Potenziale - Fallstudien - Effekte

> „Kein Artefakt ist ein Kunstwerk, wenn es nicht dazu dient, uns zu humanisieren."
> Bernard Berenson (1865-1959)

> „Ach! der Menge gefällt, was auf dem Markt- platz taugt."
> Friedrich Hölderlin (1770-1843)

Burgen und Schlösser, Museen und Gartenanlagen, Klöster und Kirchen sind Teile des kulturellen Erbes; in ihnen spiegeln sich künstlerische, gesellschaftliche, politische und wirtschaftliche Entwicklungen wider. Die Bewahrung der historischen Aura und die Vermittlung fundierter Informationen sind deshalb zentrale Aufgaben dieser Einrichtungen. Ihre Arbeit hat einen wissenschaftlich begründeten, langfristigen und systematischen Charakter.

Das Interesse der Touristen an der Kultur ist anderer Natur: Als Laien verfügen sie nur über begrenzte Vorkenntnisse in dem jeweiligen Fachgebiet (historische Epochen, Baustile etc.) und für sie stellt der Besuch einer kulturellen Einrichtung eine kurzfristige Urlaubsaktivität dar. Vor diesem Hintergrund weisen sie eine *selektive Wahrnehmung* auf: Sie sind auf der Suche nach dem Besonderen, nach dem Ungewöhnlichen und damit nach Superlativen.

Um in der Fülle des kulturellen Angebots wahrgenommen zu werden und eine Bedeutung als Tourismusattraktion zu erlangen, müssen Kultureinrichtungen eine Reihe von *Grundvoraussetzungen* erfüllen (vgl. KERN 1987, S. 114; STEINECKE 1993, S. 248):

- *Bekanntheitsgrad:* Wesentliche Voraussetzung für eine touristische Nutzung ist natürlich der Bekanntheitsgrad des Objekts - auf regionaler, nationaler bzw. internationaler Ebene. Er wird einerseits durch *touristische Traditionen* geprägt, denn seit der *Grand Tour* des Adels im 17. und 18. Jahrhundert gibt es in Europa ein Standardrepertoire an kulturtouristischen Attraktionen - von den antiken Stätten in Rom über die Akropolis in Athen bis hin zum Kölner Dom (→ 3.1). Bei zeitgenössischen Objekten haben die *Printmedien, das Fernsehen und die Filmindustrie* einen wesentlichen Einfluss auf den Bekanntheitsgrad und damit auf das Besucheraufkommen kulturtouristischer Attraktionen - z. B. beim Guggenheim Museum in Bilbao oder beim „Schindler-Tourismus" in Krakau (→ 2.4.1; 2.7.4).

- *Sehenswürdigkeit:* Darüber hinaus muss das Objekt von Touristen als sehenswert betrachtet werden. Diese Einschätzung wird durch den jeweiligen *Zeitgeist* geprägt; so entwickelten sich z. B. Burgen und Burgruinen erst im Kontext der Romantik zu touristischen Sehenswürdigkeiten (→ 2.1). Einen großen Einfluss auf die Definition von Attraktionen hatten auch die *Reiseführer* im 19. Jahrhundert. Mit ihrer Klassifizierung („Baedeker"-Sterne-System) trugen sie dazu bei, dass auch bürgerliche Touristen, die nur über ein begrenztes Finanz- und Zeitbudget verfügten, in kurzer Zeit die (angeblich) wichtigsten Sehenswürdigkeiten besichtigen konnten (→ 4.2.2). Der selektive Blick der Touristen hat zur Folge, dass sich vor allem Kulturobjekte zu Besuchermagneten entwickeln, die folgende Merkmale aufweisen: eine *beeindruckende Architektur* (z. B. Pyramiden von Gizeh) bzw. einen Bezug zu *bedeutenden historischen Persönlichkeiten* (z. B. Goethehaus in Weimar) oder zu *wichtigen historischen Ereignissen* (z. B. Schlachtfeld von Waterloo).

- *Erreichbarkeit:* Kultureinrichten müssen aber nicht nur bekannt und sehenswert sein, sondern auch schnell und bequem zu erreichen. Die großräumliche *Verkehrsanbindung* stellt in Europa, in den USA und in anderen hoch entwickelten Ländern generell kein Problem dar. In vielen Entwicklungsländern sind Kulturobjekte jedoch nur mit einem hohen Zeit-Kosten-Mühe-Aufwand zu erreichen - z. B. die Felsmalereien von Twyvelfontein in Namibia oder das Katharinenkloster auf dem Sinai in Ägypten. Kleinräumlich muss durch eine klare Wegweisung, eine einheitliche Beschilderung und befestigte Wege sichergestellt werden, dass die Attraktionen für alle Zielgruppen erreichbar sind - u. a. auch für Menschen mit Behinderungen (vgl. WEBER/NEUMANN 2002).

- *Touristisches Umfeld:* Schließlich ist es notwendig, dass Kulturobjekte zumindest eine *Basisinfrastruktur* aufweisen (Toiletten, Wetterschutz etc.): In akzeptabler Entfernung muss außerdem eine *zusätzliche touristische Infrastruktur* zur Verfügung stehen. Angesichts der hohen Ansprüche der Kulturtouristen sollte es sich dabei möglichst um ein *komplexes, multifunktionales Angebot* handeln: „kulturtouristische Attraktion plus adäquate Unterkunft plus regionaltypische Verpflegung plus Erlebnis plus Geselligkeit plus Vergnügen plus Abwechslung plus Eigeninitiative" (STEINECKE 1993, S. 248). Durch eine derartige Angebotsgestaltung kann die Aufenthaltsdauer der Besucher erhöht und damit die regionale Wertschöpfung gesteigert werden.

Doch auch wenn diese Grundvoraussetzungen einer touristischen Inwertsetzung erfüllt sind, können sich nicht alle Kulturobjekte in gleichem Maße zu Besuchermagneten entwickeln. Der selektive Blick der Touristen nach dem Besonderen, dem Bekannten und Einmaligen führt vielmehr zu einer *ausgeprägten Hierarchie kulturtouristischer Attraktionen.* Dabei lassen sich drei Typen von Sehenswürdigkeiten unterscheiden (vgl. BIEGER/LAESSER/BISCHOF 2003, S. 16-17):
- primäre Attraktionen, die eine zentrale Rolle bei der Reiseentscheidung spielen,
- sekundäre Attraktionen, über die vor der Reise Informationen eingeholt werden,
- tertiäre Attraktionen, über die sich Urlauber erst während der Reise informieren.

Aufgrund dieser Hierarchie stehen Attraktionen jeweils vor *spezifischen Herausforderungen im Management und Marketing:*

- primäre Einrichtungen mit hohem Besucheraufkommen müssen *Limitierungs-strategien und Besucherlenkungsmaßnahmen* einsetzen,

- sekundäre und tertiäre Einrichtungen verfolgen vorrangig *Marktdurchdrin-gungs- und Markterschließungsstrategien.*

Dieser Zusammenhang von kulturellem Potenzial, touristischer Inwertsetzung und adäquaten Managementstrategien wird in den folgenden Kapiteln für ausgewählte *Typen von Kulturobjekten* und anhand mehrerer *Fallstudien* erläutert.

2.1   Burgen, Schlösser und Herrensitze

> „Die Luxusgüter der Zukunft - Kunstgüter, Stille, saubere Luft, frisches Quellwasser, Harmonie - gilt es nicht nur zu verteidigen, mit unseren Schlössern und Burgen sind sie allen zugänglich, die sie suchen - wenigstens zeitweise."
> MESSNER (1999, S. 12)

> „Erleben Sie einen Tag im Leben des Salz-burger Fürstbischofs. Leonhard von Kreut-schach hautnah erleben und mitgestalten."
> Werbung für Burg Mauterndorf (Österreich)[98]

Burgen, Schlösser und Herrensitze stellen in Deutschland, aber auch in vielen anderen Ländern bedeutende kultur- und kunsthistorische Relikte dar, denen ge-genwärtig eine erhebliche Bedeutung im Besichtigungs- und Kulturtourismus zu-kommt. Allerdings rückten Architektur und Geschichte dieser Bauwerke erst rela-tiv spät in den Mittelpunkt des touristischen Interesses, denn zu Beginn des neu-zeitlichen Tourismus spielten zunächst gesellschaftliche Kontakte und Ausbil-dungsmotive eine zentrale Rolle (vgl. Abb. 19).

Seit dem 16. Jahrhundert unternahmen junge Adelige ausgedehnte Reisen durch Europa, um im Rahmen dieser *Grand Tour* wichtige Persönlichkeiten zu treffen und die politischen sowie kulturellen Zentren in Europa kennen zu lernen (vgl. BRILLI 1997). Dabei stand nicht die Besichtigung mittelalterlicher Burgen auf dem Programm, sondern die Ausbildung in Tanz, Fechten und Reiten, das Erlernen fremder Sprachen und die Praxis im standesgemäßen Auftreten (vgl. STEINECKE 2006, S. 114-117).

---

[98] vgl. www.salzburger-saalachtal.com

Abb. 19: Das touristische Interesse an Burgen hat seine Wurzeln im 19. Jahrhundert. Seit der Romantik gelten vor allem Burgruinen als Zeugen einer geheimnisumwitterten Vergangenheit und als Symbole für die Vergänglichkeit des Lebens. Viele Burgen wurden erst in jüngerer Zeit für den Tourismus erschlossen - z. B. Bunratty Castle (Irland).

Erst am Ende des 18. Jahrhunderts erfuhren Burgen eine touristische Inwertsetzung. In der *Epoche der Romantik* wurden vor allem Burgruinen als Relikte einer geheimnisumwitterten Vergangenheit und als Symbole für die Vergänglichkeit des Lebens verklärt. In ihnen schienen Geschichte und Natur zu einer harmonischen Einheit zu verschmelzen. Generell wurde nun das Mittelalter in Literatur, Malerei und Musik verherrlicht und mystifiziert - z. B. in dem Schauspiel „Götz von Berlichingen mit der eisernen Hand" von Johann Wolfgang von Goethe, in den Opern „Lohengrin" und „Tannhäuser" von Richard Wagner oder in dem historischen Ritterroman „Ivanhoe" von Sir Walter Scott (vgl. ZEUNE 1996, S. 18-21).

Ihren Höhepunkt erreichte die Burgenromantik mit dem *Wiederaufbau von Burgen*. So erwarben Mitglieder des preußischen Könighauses nach 1823 mehrere linksrheinische Ruinen und ließen sie zu Burgen ausbauen, denen sie sogar einen neuen, romantisch anmutenden Namen gaben: So wurde z. B. die Burg Fautzberg in Burg Rheinstein umbenannt (vgl. RETTINGER 1997, S. 168-169).[99] Darüber hinaus fand aber auch der *Neubau von Phantasieburgen* statt: Das berühmteste Beispiel stellt Schloss Neuschwanstein dar, das der bayerische König Ludwig II. in einer Mischung aus romanischen, gotischen und maurischen Stilelementen errichten ließ (→ 2.1.2).

---

[99] vgl. CEPL-KAUFMANN/JOHANNING (2003, S. 80-85) zur Rolle der Burgen bei der romantischen Verklärung des Rheins im 18. und 19. Jahrhundert

Bereits seit dem 19. Jahrhundert entwickelten sich einzelne Burgen und Schlösser zu populären touristischen Attraktionen:

- So wurde z. B. Schloss Neuschwanstein am 01. August 1886 der Öffentlichkeit zugänglich gemacht; bis zum 30. September verzeichnete es bereits 18.000 Besucher.[100]

- Nachdem die Ruine des Schlosses Burg im Bergischen Land aufwendig restauriert und der burgartige Charakter durch Gräben, Zugbrücken, Wachtürme etc. verstärkt worden war, stieg die Besucherzahl im Jahr 1908/1909 auf mehr als 100.000 Personen (vgl. ZEUNE 1996, S. 219).

Gegenwärtig steht das Management historischer Gebäude einerseits vor der Herausforderung, den *denkmalgerechten Erhalt der Anlagen* zu sichern. Andererseits geht es aber auch darum, die *Rezeptionsgeschichte* zu thematisieren, die von den authentischen historischen Relikten über die romantische Mystifizierung im 19. Jahrhundert bis hin zur kommerziellen medialen Aufbereitung seit der Mitte des 20. Jahrhunderts reicht.

Die Erwartungshaltung der Besucher bei der Besichtigung mittelalterlicher Burgen oder barocker Schlösser wird nämlich wesentlich durch das Bild geprägt, das von der Film- und Fernsehindustrie in unzähligen Ritter-, Kavaliers- und Abenteuerfilmen vermittelt worden ist. Es hat zu einer *Popularisierung, Personalisierung und Emotionalisierung von Geschichte* beigetragen. Viele Besichtigungs- und auch Kulturtouristen sind deshalb weniger an der Authentizität historischer Denkmäler und an einer umfassenden geschichtlichen Bildung interessiert als vielmehr an spektakulären Attraktionen und einem historischen *Storytelling* - also an skurrilen Geschichten über schillernde Persönlichkeiten, schreckliche Schicksale oder ungewöhnliche Ereignisse.

Diese klischeeartigen Vorstellungen der Besucher können als Ansatzpunkte eines zeitgemäßen und nachfrageorientierten Managements von Burgen und Schlössern dienen; allerdings müssen sie - im Sinne einer *sachgerechten Wissensvermittlung* – durch solide und differenzierte geschichtliche Informationen ergänzt werden. Mit themenspezifischen Events wie Ritterspielen, Gauklerfesten, Barockfeuerwerken etc. kann dem Wunsch der Besucher nach Erlebnis und Spektakel entsprochen werden ($\rightarrow$ 2.1.3).

---

[100] Pressemitteilung der Bayerischen Schlösserverwaltung vom 27. Juli 2005

2.1.1 Touristische Potenziale und Bedeutung von Burgen, Schlössern und Herrensitzen

Die Geschichte der befestigten Siedlungsplätze reicht bis in die Jungsteinzeit (Neolithikum) zurück, als mit Hilfe von Ringwällen, Gräben und Palisaden Verteidigungsanlagen geschaffen wurden, die bei kriegerischen Auseinandersetzungen als Zufluchtsstätten dienten. Aufgrund ihrer Baumaterialien und -struktur sowie ihres Alters sind von diesen Anlagen nur wenige Relikte erhalten geblieben, die für den Tourismus meist nur von nachgeordneter Bedeutung sind.

Anders verhält es sich bei den *mittelalterlichen Burgen,* die vom 10. bis 13. Jahrhundert als befestigte Wehr- und Wohnanlagen der adeligen Führungsschicht entstanden. Sie fungierten häufig auch als Verwaltungs- und Amtssitze sowie als Gefängnisse, Schatzkammern und Waffenarsenale. Um Schutz vor Angriffen und Belagerungen zu bieten, wurden sie - unter Nutzung von natürlichen Geländevorteilen - häufig als Höhenburgen oder als Wasserburgen angelegt. Ihr militärischer Charakter spiegelt sich in ihrer Baustruktur wider; zu den *typischen Elementen einer Burg* zählen u. a.:[101]
- ein Turm (Bergfried), der als Ausguck, Wohngebäude und letzte Zufluchtstätte bei Angriffen genutzt wurde,
- mehrere Wohngebäude sowie Magazine, Stallungen, Wirtschaftsräume etc.,
- ein Burghof,
- ein Brunnen oder eine Zisterne, durch die auch bei längeren Belagerungen die Wasserversorgung der Burgbewohner gesichert wurde,
- eine Mauer mit Wehrgang, der mit einer Brustwehr und Zinnen versehen war.

Mit der Einführung der Feuerwaffen (Gewehre, Kanonen etc.) in der Mitte des 14. Jahrhunderts veränderte sich die Kriegstechnik; damit verloren die befestigten Burgen ihre Funktion als Wehranlagen. Darüber hinaus führten stabile politische Verhältnisse dazu, dass der Adel beim Bau seiner Wohngebäude weniger Wert auf Wehrhaftigkeit legte; vielmehr dienten nun Architektur und Gartenanlagen dazu, die Macht des Herrschers symbolisch auszudrücken (→ 2.2). Die Zeit des Baues von Schlössern und Herrensitzen (ohne Wehrcharakter) begann in der Renaissance und erreichte während der Phase des Absolutismus im 17. und 18. Jahrhundert ihren Höhepunkt.

Umfang und Potenziale des Angebotssegments

Über die *Zahl der Burgen, Schlösser und Herrensitze in Europa und Deutschland* liegen keine amtlichen statistischen Daten vor. Außerdem führen begriffliche Abgrenzungsprobleme dazu, dass zum Gesamtumfang dieses kulturtouristischen An-

---

[101] vgl. www.burgendaten.de

gebotssegments keine gesicherten Aussagen möglich sind.[102] Im Internet findet sich eine detaillierte private Datenbank, die weltweit insgesamt 60.969 Datensätze umfasst. Danach gibt es allein in Deutschland mehr als über 24.000 derartige Anlagen; weitere Länder mit zahlreichen historischen Relikten sind Österreich, Großbritannien, Frankreich und Italien (vgl. Tab. 5).

Land	Zahl der Burgen, Schlösser und Herrensitze
Deutschland	24.169
Österreich	2.312
Großbritannien	2.169
Frankreich	1.930
Italien	1.889
Schweiz	1.654
Niederlande	1.265
Spanien	1.185
Tschechische Republik	1.092
Polen	944

Tab. 5: Über die Zahl der Burgen, Schlösser und Herrensitze liegen keine amtlichen statistischen Angaben vor. Eine private Datenbank im Internet weist für Deutschland 24.169 entsprechende historische Relikte aus. Weitere Länder mit zahlreichen historischen Relikten sind Österreich, Großbritannien und Frankreich (Quelle: Eigene Darstellung nach Angaben in www.burgendaten.de).

Auch *außereuropäische Länder* verfügen über eine Reihe von Burgen und befestigten Siedlungen, die sich zu touristischen Attraktionen entwickelt haben (vgl. Abb. 20). Aufgrund ihrer kunst- und kulturgeschichtlichen Bedeutung sind u. a. folgende Bauten und Anlagen in die *Liste des UNESCO-Weltkulturerbes* aufgenommen worden:[103]
- Bergfestung Beni Hammad (Algerien),
- Wüstenburg Qusair 'Amra (Jordanien),
- Festung Bahla (Oman),
- Rotes Fort in Agra (Indien),
- Festung Galle (Sri Lanka),
- Hwaseong-Festung in Suwon (Südkorea),
- Festung Campeche (Mexiko),
- Festung Portobelo (Panama),
- Machu Picchu (Peru).

---

[102] Für die ländlichen Wohnsitze des Adels findet sich eine Vielfalt von Begriffen: Burg, Schloss, Residenz, Ritter-, Herren- oder Edelsitz, Ritter- oder Landgut, Haus. In diesen unterschiedlichen Bezeichnungen spiegelt sich die historische Funktion der Gebäude, aber auch die frühere gesellschaftliche Position der Eigentümer wider.

[103] vgl. de.wikipedia.org/wiki/Kategorie: Weltkulturerbe

Abb. 20: Auch in außereuropäischen Ländern wird das touristische Potenzial von Burgen und befestigten Siedlungen zunehmend genutzt. So sind z. B. im Oman in den letzten Jahren zahlreiche Forts, Wohnburgen und Festungen aufwändig restauriert und öffentlich zugänglich gemacht worden. Das eindrucksvolle Fort in Nizwa, das im 17. Jahrhundert aus Lehmziegeln errichtet wurde, verzeichnete im Jahr 1997 ca. 60.000 Besucher.[104]

Burgen, Schlösser und Herrensitze weisen generell ein *breites Spektrum an touristischen Potenzialen* auf:

- Zum einen sind sie wichtige historische Relikte, die den Besuchern an Originalstandorten einen unmittelbaren Zugang zu geschichtlichen Ereignissen, zu historischen Persönlichkeiten und zu unterschiedlichen Perioden des Handwerks, der Architektur und der Bildenden Kunst bieten *(Funktion als Lernorte)*.

- Zum anderen stellen sie charakteristische und prägende Elemente der Kulturlandschaft dar (vgl. WIRTH 1995). Ihre touristische Attraktivität resultiert dabei vor allem aus ihrer Lage und ihrer Größe: So finden sich z. B. die Höhenburgen in spektakulären Hang-, Gipfel- oder Spornlagen und bei den Barockschlösser handelt es sich um eindrucksvolle Gebäudekomplexe mit weitläufigen Gärten *(Funktion als Landmarken und Erholungsorte)*.

- Schließlich waren Burgen und Schlösser Wohnsitze berühmter Adeliger und Schauplätze wichtiger historischer Ereignisse. Um sie ranken sich deshalb viele Mythen und Erzählungen, die auch bei einem breiten Reisepublikum, das nur

---

[104] vgl. www.nizwa.net/oman/explorer/places/nizwafort/nizwafort.html vom 16. Januar 2007

über ein geringes historisches Vorwissen verfügt, auf großes Interesse stoßen *(Funktion als Erlebnisorte)*.

Allerdings ist nicht jede historische Anlage für den Tourismus von Interesse. Wichtige Voraussetzungen für eine Nutzung sind dabei neben dem *Erhaltungszustand des Gebäudes* vor allem auch das *bauliche Umfeld*. So können An- und Umbauten aus jüngerer Zeit, aber auch nahe gelegene Neubauviertel, Hochhäuser oder Industrieeinrichtungen das gesamte Erscheinungsbild negativ beeinflussen und damit die touristische Attraktivität mindern (vgl. DOLLEN 1996, S. 123). Außerdem müssen vor einer touristischen Nutzung *infrastrukturelle Erschließungsmaßnahmen* durchgeführt werden (Parkplätze, Beschilderung, Wegesystem, Toiletten etc.).

Eigentumsverhältnisse: Gründe für und gegen eine touristische Nutzung

Darüber hinaus wird das grundsätzliche touristische Potenzial von Burgen, Schlössern und Herrensitzen gegenwärtig nur zu einem geringen Teil genutzt, denn viele Einrichtungen befinden sich in *Privatbesitz* und sind deshalb nicht öffentlich zugänglich:

- Eine umfangreiche Untersuchung von Anlagen in *Deutschland, Österreich, Südtirol und der Schweiz* kam zu dem Ergebnis, dass zwei Drittel der Burgen und Schlösser privat genutzt wurden - vor allem als Wohnungen, Geschäfts- und Büroräume sowie für landwirtschaftliche Zwecke. Nur jede dritte Anlage war öffentlich zugänglich - z. B. als Museum, Restaurant, Veranstaltungsort und im Rahmen von Führungen (vgl. ABFALTER/PECHLANER 1999, S. 57).

- In einer Fallstudie am *Niederrhein* wurde ermittelt, dass sich 70 % der ca. 1.000 historischen Anlagen in Privateigentum befinden (vgl. HERTELL 2002, S. 57).

- Bei einer Untersuchung der kulturtouristischen Potenziale der *Fremdenverkehrsregion Hohenlohe* (Baden-Württemberg) ermittelte BECKER (1997), dass von den 81 Burgen, Schlössern und Herrensitzen weniger als 50 % touristisch genutzt wurden.

Aus Sicht der Privatbesitzer gibt es *mehrere Gründe gegen eine Öffnung der Anlagen*: Als wichtigstes Motiv wird die Befürchtung genannt, dass mit einer touristischen Nutzung der Verlust der Privatsphäre einhergeht.[105] Darüber hinaus besteht häufig die Angst vor Diebstahl und vor Schäden. Schließlich sind viele Eigentümer

---

[105] Aufgrund dieser Tatsache plädieren HINTERHUBER/PECHLANER (1999, S. 77) dafür, dass Nutzungskonzepte für Burgen und Schlösser auch Handlungsempfehlungen für ein „Management der Privatsphäre" beinhalten müssen (vgl. auch HERTELL 2002, S. 82-83).

nicht bereit, die Mehrkosten für notwendige Erschließungsmaßnahmen zu tragen (vgl. ABFALTER/PECHLANER 1999, S. 66; HERTELL 2002, S. 79).

Trotz dieser Vorbehalte ist künftig von einer *zunehmenden Nutzung der touristischen Potenziale von Burgen, Schlössern und Herrenhäusern* auszugehen, denn 73 % der befragten Besitzer in Deutschland, Österreich, Südtirol und der Schweiz zeigten ein Interesse daran, ihre Anlage zu öffnen. Allerdings beschränkte sich diese Bereitschaft mehrheitlich darauf, nur ein ausgewähltes Publikum in die Gebäude zu lassen (z. B. geschlossene Gesellschaften) bzw. nur die Außenbereiche für Besichtigungen freizugeben - z. B. Burg- und Schlosshof, Garten- und Parkanlage (vgl. ABFALTER/PECHLANER 1999, S. 65-66).

Für diese grundsätzlich *positive Einstellung gegenüber einer künftigen touristischen Nutzung* gibt es mehrere Ursachen: Bei einem Teil der Befragten ist ein persönlicher Stolz auf den historischen Besitz zu beobachten, der sich häufig seit mehreren Generationen im Eigentum der Familie befindet. Nach ihrem Selbstverständnis erwächst aus dieser Tradition die Verpflichtung, das kulturelle Erbe zu bewahren und der Öffentlichkeit zugänglich zu machen (vgl. MESSNER 1999). Häufig spielen aber auch wirtschaftliche Motive eine zentrale Rolle, denn der Erhalt der historischen Gebäude ist mit hohen Kosten verbunden. In den letzten Jahren wurden aber die staatlichen Zuschüsse gekürzt oder sogar ganz gestrichen. Gleichzeitig sind in der Land- und Forstwirtschaft - als traditioneller Haupteinnahmequelle der Burg- und Schlosseigentümer - erhebliche Einnahmerückgänge zu verzeichnen. Vor diesem Hintergrund geht es darum, nach neuen Einnahmemöglichkeiten zu suchen - u. a. im Freizeit- und Tourismussektor.

Stellenwert der Besichtigung von historischen Gebäuden in Freizeit und Tourismus

Sowohl der internationale als auch der bundesdeutsche Tourismus (speziell der Tagesausflugsverkehr und der Kurzzeittourismus) stellen für Burgen künftige Wachstumsmärkte dar. Vor dem Hintergrund rasanter und gravierender gesellschaftlicher und wirtschaftlicher Umbrüche war nämlich in den letzten Jahren eine kultartige Begeisterung für das Mittelalter und eine „Renaissance der Schlösserbeliebtheit" (BÜSCHER 2001, S. 55) zu beobachten, die auf einer Mischung aus rationalem Geschichtsinteresse und emotionaler Geschichtsverklärung basieren.[106]

Mehrere Studien in Europa und in Deutschland zeigen, dass der Besuch historischer Denkmäler zu den *populären Freizeit- und Urlaubsaktivitäten* zählt:

---

[106] Aufgrund einer fehlenden kontinuierlichen statistischen Gesamterfassung der Besucherzahlen liegen allerdings widersprüchliche Aussagen zu Trends in diesem Marktsegment vor. So prognostizierte SCHMITT in der FAZ vom 25. September 2003 aufgrund rückgängiger Besucherzahlen den „schleichenden Tod des Bildungsbürgers."

- Eine „Eurobarometer-Untersuchung" kam im Jahr 2002 zu dem Ergebnis, dass der Besuch historischer Denkmäler unter den *kulturellen Aktivitäten der Europäer* an dritter Stelle rangiert - nach Kino- bzw. Bibliotheksbesuchen und vor dem Besuch von Sportveranstaltungen und Museen (vgl. Europäische Kommission 2002, S. 9).

- Der „English Heritage Survey" ermittelte für das Jahr 2002 allein in *England* eine Gesamtzahl von 60 Mio. Besuchen in historischen Gebäuden und anderen Sehenswürdigkeiten. Sie wurden zu 37 % im Rahmen von Tagesausflügen unternommen, zu 33 % handelte es sich um Haupturlaube sowie zu 30 % um Zweit- und Kurzurlaube.[107]

- In der „Reiseanalyse" der „Forschungsgemeinschaft Urlaub und Reisen" (Hamburg/Kiel) werden regelmäßig die *Urlaubsaktivitäten der Bundesbürger* erfasst. Für die Jahre 2003 bis 2005 gaben 32 % der Befragten an, während ihres Urlaubs kulturelle Sehenswürdigkeiten besichtigt zu haben. Im Spektrum von 20 erfassten Aktivitäten liegt der Besuch historischer Denkmäler damit auf Rang 9 (F.U.R. 2006, S. 110).

- Eine bundesweite Haushaltsbefragung der NORD/LB (2005, S. 39) zu Aktivitäten im Rahmen eines Tagesausflugs bzw. einer Urlaubsreise kam im Jahr 2004 zu dem Ergebnis, dass 23 % der Bundesbürger „häufig" und 41 % „gelegentlich" historische Stätten besichtigen (Rang 6 der erfassten Aktivitäten).

Die Informationen über den Besuch von Burgen, Schlössern und Herrensitzen basieren im Wesentlichen auf repräsentativen Bevölkerungsbefragungen, denn es findet generell keine zentrale statistische Erfassung der Besucher in diesen Anlagen statt.

Im Jahr 2003 führte der *Deutsche Tourismusverband (DTV)* allerdings bei den Landestourismusorganisationen eine Erhebung zu besucherstarken Sehenswürdigkeiten durch. Im Spektrum der kulturellen und historischen Einrichtungen (Bauwerke, Museen, Städte etc.) stellen Burgen und Schlösser wichtige Publikumsmagneten dar. Dabei zählen das Heidelberger Schloss und Schloss Neuschwanstein - mit jeweils mehr als 1 Mio. Besuchern - zu den besonders populären Anlagen (vgl. Abb. 21).

---

[107] vgl. www.english-heritage.org.uk

Schloss Heidelberg	1.301.811
Schloss Neuschwanstein	1.252.363
Wartburg	430.769
Burg Hohenzollern	350.000
Schloss Sanssouci	325.027
Museum Schloss Moyland	200.000
Schloss Wernigerode	178.251

0   500.000   1.000.000   1.500.000

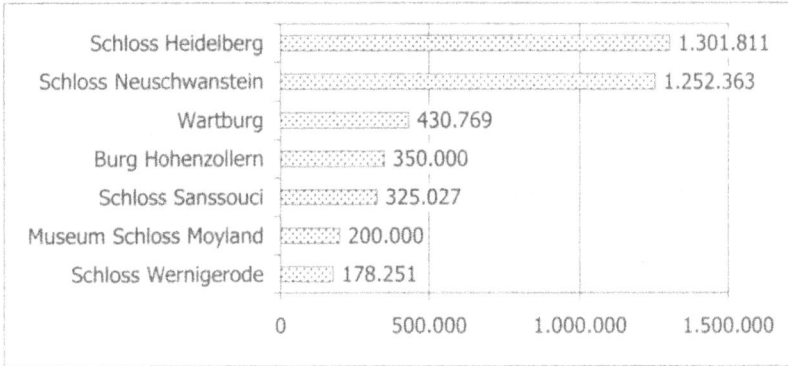

Abb. 21: Innerhalb des touristischen Angebots von Regionen stellen Burgen und Schlösser wichtige Publikumsmagneten dar. In Deutschland zählen dabei das Heidelberger Schloss und Schloss Neuschwanstein zu den besonders populären Anlagen; sie spielen auch für das internationale Image Deutschlands als Reiseland und für den Incoming-Tourismus eine herausragende Rolle (Bezugsjahr: 2002; Quelle: Eigene Darstellung nach Angaben in DTV 2003, S. 2).

2.1.2 Fallstudie: Schloss Neuschwanstein

Schloss Neuschwanstein gilt international als *Inbegriff einer deutschen Burg*, obwohl dieses Bauwerk nicht auf mittelalterliche Wurzeln zurückgeht, sondern erst in der zweiten Hälfte des 19. Jahrhunderts erbaut wurde - also in der Epoche der Industrialisierung. Bauherr war der exzentrische bayerische König Ludwig II., der sich schon als Jugendlicher für die Opern „Lohengrin" und „Tannhäuser" von Richard Wagner begeisterte. Mit Neuschwanstein schuf er sich eine private mittelalterliche Traumwelt, die aus einer ahistorischen und eklektizistischen Mischung unterschiedlicher Burgen und Stile bestand (vgl. ZEUNE 1996, S. 21).

Zunächst ließ er die eindrucksvollen Relikte der Burgruine Hohenschwangau abtragen, damit eine ausreichend große Grundfläche für die Errichtung der neuen Phantasieburg zur Verfügung stand. Mit dem Bau wurde im Jahr 1869 begonnen; an ihm wirkten nicht nur Architekten und Bühnenbildner mit, sondern auch Techniker und Ingenieure. Hinter der historisch anmutenden Fassade verbarg sich in Neuschwanstein nämlich die neueste Technik der damaligen Zeit - von einer eisernen T-Träger-Konstruktion über eine Zentralheizung bis hin zu einer batteriebetriebenen Klingelanlage (vgl. SCHLIM 2001, S. 64-84).

Die spektakuläre Lage und die phantastische Architektur der Burg, aber auch die zahlreichen Geschichten über die außergewöhnliche Lebensweise und den geheimnisvollen Tod Ludwig II. führten dazu, dass sich Schloss Neuschwanstein bereits kurz nach seiner Öffnung für Besucher zu einer touristischen Attraktion entwickelte. In den wenigen Monaten des Jahres 1886, in denen das Gebäude besichtigt werden konnte, kamen ca. 18.000 Personen. Dieses Interesse hielt auch in den folgenden Jahren an: Im Jahr 1939 wurden z. B. 290.000 Gäste verzeichnet.

Nachdem Anfang der 1980er-Jahre erstmals die Millionengrenze überschritten wurde, beläuft sich das jährliche Besucheraufkommen gegenwärtig - mit leichten Schwankungen - auf ca. 1,2 Mio. Personen. Um einen reibungslosen Ablauf der Führungen durch das Schloss zu gewährleisten, hat die Bayerische Schlösserverwaltung inzwischen ein EDV-gestütztes Kassensystem eingeführt: Mit dem Kauf der Eintrittskarte werden feste Einlass- und Führungszeiten vergeben; darüber hinaus können die Tickets auch vorab im Internet gebucht werden.[108]

Schloss Neuschwanstein spielt vor allem für das internationale Image Deutschlands als Reiseland und für den Incoming-Tourismus eine herausragende Rolle: Im Jahr 2004 fanden nur 35 % der Führungen in deutscher Sprache statt; unter den anderen Sprachen dominierten Englisch, Japanisch und Italienisch.[109]

Für die große internationale Attraktivität und den hohen Bekanntheitsgrad des Schlosses gibt es mehrere Gründe: Zum einen hat die *Deutsche Zentrale für Tourismus* (DZT) über einen langen Zeitraum hinweg die deutschen Burgen und Schlösser (und vor allem Neuschwanstein) in das Zentrum ihrer Kommunikationspolitik gestellt. Zum anderen ist Schloss Neuschwanstein aber auch ein Beispiel dafür, dass die Popularität historischer Gebäude von anderen *Anbietern der Freizeit- und Tourismusindustrie* kommerziell genutzt und damit gleichzeitig verstärkt wird:[110]

- In den „Magic Kingdoms" der Disney-Themenparks in Anaheim (Kalifornien), Paris und Hongkong stellt das *„Sleeping Beauty Castle"* jeweils das zentrale Gebäude dar; es wird auch als Logo der „Walt Disney Pictures", der „Buena Vista Motion Picture Group" u. a. genutzt. Die Architektur der märchenhaften Burg nimmt deutliche stilistische Anleihen an Schloss Neuschwanstein: Sie greift dessen Popularität auf und steigert gleichzeitig den Bekanntheitsgrad des Vorbilds (vgl. SOCHER 1999, S. 86).

- Eine ähnliche Wirkung hat auch das *Musical „König Ludwig II. - Sehnsucht nach dem Paradies"*, das seit dem Jahr 2000 als Sit-Down-Produktion in einem neu gebauten Musical-Theater am Forggensee aufgeführt wird - am historischen Originalschauplatz und mit Blick auf die Königsschlösser Neuschwanstein und Hohenschwangau (vgl. SCHMUDE 2000, S. 243).[111]

---

[108] Pressemitteilung der Bayerischen Schlösserverwaltung vom 27. Juli 2005

[109] schriftliche Information der Schlossverwaltung Neuschwanstein vom 14. November 2005

[110] vgl. LE GOFF (2005) zur Präsenz der mittelalterlichen Burg in der westlichen Bildwelt generell - z. B. in Comics, *Son et Lumière*-Spektakeln, Filmen, TV

[111] vgl. www.ludwigmusical.com

Am Beispiel von Schloss Neuschwanstein wird zugleich die *Selektivität der touristischen Wahrnehmung kulturhistorischer Relikte* deutlich: Neben einer sachgerechten Information suchen Besichtigungs- und Kulturtouristen vor allem das Besondere und das Ungewöhnliche, das Spektakuläre und das Dramatische. Um diese Erwartungshaltung adäquat zu befriedigen, muss das Management von Burgen und Schlössern dafür sorgen, dass das geschichtliche Wissen lebendig und emotional aufbereitet und vermittelt wird - es muss authentisch inszeniert werden (vgl. BÜSCHER 2001, S. 64).

2.1.3   Management von Burgen, Schlössern und Herrensitzen

Das Management von Burgen, Schlössern und Herrensitzen steht vor der grundsätzlichen Herausforderung, den *denkmalgerechten Erhalt der Anlage* und die *touristische Nutzung* miteinander in Einklang zu bringen. Als denkmalgerecht können dabei *die* Veränderungen an Bauwerken bezeichnet werden, „die in Übereinstimmung mit ihrer Eigenschaft stehen, baulich und funktional ein authentisches Zeugnis einer bestimmten Kulturepoche abzulegen" (BÜSCHER 2001, S. 56). Aufgrund ihres Alters weisen die Gebäude dabei häufig bauliche und künstlerische Elemente aus unterschiedlichen Epochen auf, die bei Restaurierungsmaßnahmen eine besondere Sensibilität erforderlich machen.

Für den Erhalt historischer Gebäude sind zunächst die privaten oder öffentlichen Eigentümer verantwortlich. Darüber hinaus finden sich auf internationaler und nationaler Ebene *zahlreiche Institutionen und Organisationen*, die für den Schutz des geschichtlichen Erbes eintreten, entsprechendes Know-how zur Verfügung stellen und sich in der Lobby- und Öffentlichkeitsarbeit engagieren:

- Bereits im Jahr 1899 wurde die „Deutsche Burgenvereinigung" (DBV) gegründet; sie ist damit die älteste überregionale private Denkmalschutzeinrichtung in Deutschland. Zu ihren Aufgabenschwerpunkten gehören die Erforschung, Erhaltung und Nutzung historischer Wehr- und Wohnbauten. Unter den 3.500 Mitgliedern finden sich viele Burgenvereine und Privatpersonen; nur 10 % von ihnen sind Eigentümer von Denkmälern.[112]

- Auf europäischer Ebene agiert seit 1963 „Europa Nostra": Dieser Zusammenschluss von 200 nicht-staatlichen Organisationen aus mehr als 40 europäischen Ländern setzt sich dafür ein, das architektonische und natürliche Erbe in Europa zu schützen und zu erhalten (vor allem auch im Rahmen von grenzüberschreitenden Projekten).[113]

---

[112] vgl. www.deutsche-burgen.org
[113] vgl. www.europanostra.org

Aufgrund zahlreicher Auflagen der Denkmalpflege stehen die *Ausgaben für den Schutz historischer Gebäude* zumeist in einem krassen Missverhältnis zu den Einnahmen aus einer touristischen Nutzung: In den bayerischen Schlössern, Burgen und Residenzen beliefen sich z. B. die Gesamtausgaben für die Erhaltung, Renovierung und Erschließung im Jahr 2004 auf 78 Mio. €; ihnen standen nur Einnahmen in Höhe von 45 Mio. € gegenüber.[114] Allerdings werden durch diese Anlagen erhebliche *externe ökonomische Effekte* ausgelöst: So profitieren Grundstücksbesitzer, Hoteliers und Einzelhändler von den Ausgaben der Besucher in sehr viel größerem Umfang als die Einrichtungen selbst (vgl. SOCHER 1999, S.84-85; HUDSON 1999, S. 160).

Marketingziele von Burgen, Schlössern und Herrensitzen

Hinsichtlich einer erfolgreichen touristischen Nutzung gelten für Burgen, Schlösser und Herrensitze grundsätzlich die gleichen Prinzipien wie bei anderen Unternehmen; zu den typischen *strategischen Marketingzielen* zählen u. a. (vgl. DOMINIK 1997; BÜSCHER 2001, S. 62-63):
- Steigerung des Bekanntheitsgrades,
- Verbesserung des Images der Einrichtung,
- Schaffung eines klaren Angebotsprofils *(Unique Selling Proposition)* und damit Abgrenzung gegenüber kulturtouristischen Mitbewerbern,
- Steigerung der Besucherzufriedenheit und damit Erhöhung der Wiederbesuchsabsicht sowie der Weiterempfehlungsbereitschaft (Mund-zu-Mund-Propaganda),
- Verbesserung der Angebotsqualität (Führungen, Ausstellungen etc.),
- Steigerung der Besucherzahl.

Zur Erreichung dieser Ziele steht den Burgen, Schlössern und Herrensitzen generell das gesamte *Instrumentarium des Marketing-Mix* zur Verfügung. Eine besondere Rolle spielt dabei die *Produktpolitik*, in deren Mittelpunkt das historische Gebäude steht. Es ist zumeist authentisch möbliert bzw. fungiert als Museum bzw. Ausstellungsgebäude, eine touristische Nutzung kann in unterschiedlicher Art und Intensität erfolgen (vgl. Tab. 6).

Produktpolitik: Besichtigungen und Führungen

Ein Basisangebot von Burgen und Schlössern ist die *selbstständige Besichtigung von Außen- und Innenanlagen.* Die notwendige Lenkung und Information der Besucher erfolgt dabei traditionell durch Wegweiser, Tafeln und Broschüren, aber zunehmend auch durch Audioführungen oder andere technische Maßnahmen. In

---

[114] vgl. Pressemitteilung des Bayerischen Staatsministeriums der Finanzen vom 28. Februar 2005

der Festung in Bitche (Frankreich) werden die Gäste z. B. in kleinen Gruppen mit Hilfe eines Systems von Lichtschranken, Sensoren etc. durch die gesamte Anlage geleitet. Bei Betreten einzelner Räume (Küche, Lazarett etc.) starten automatisch Diaprojektionen und Tonbänder, die Informationen zur historischen Nutzung vermitteln. Darüber hinaus werden Duftspender mit spezifischen Gerüchen eingesetzt (z. B. Karbolgeruch im Lazarett), um die Besucher multisensual anzusprechen und damit die Anschaulichkeit zu erhöhen.[115]

Einrichtung/ Angebot	Anzahl der Burgen	Anzahl der Ruinen
Gastronomie/Bewirtung	10	1
Hotels/Übernachtung	7	1
Tagungsräume	2	1
Verkauf	12	1
Führung	8	1
selbstständige Besichtigung von Innenräumen und Außenbereichen	4	1
selbstständige Besichtigung nur auf Außenanlagen oder im Hofbereich	7	2

Tab. 6: Burgen können in unterschiedlicher Art und Intensität touristisch genutzt werden. Eine Untersuchung von 25 Burgen und Burgruinen im Oberen Mittelrheintal kam zu dem Ergebnis, dass der Verkauf von Publikationen und Produkten, die Nutzung als Restaurant sowie Gästeführungen zu den häufigsten Angeboten zählen (Quelle: Eigene Darstellung nach Angaben in VEIT *1999, S. 139).*

Zu den traditionellen Angeboten auf Burgen und in Schlössern gehören auch *Besucherführungen.* Vor dem Hintergrund der breiten Reiseerfahrung und der steigenden Erwartungen der Gäste lässt sich in diesem Bereich eine immer stärkere Thematisierung sowie Differenzierung nach unterschiedlichen Zielgruppen feststellen (Erwachsene, Schulklassen, Kinder etc.). Zunehmend werden dabei auch Methoden der Animation eingesetzt, um die historische Atmosphäre lebendig werden zu lassen:

- So finden z. B. im Hampton Court Palace (Großbritannien) nächtliche „Grisly Ghost Tours" statt, bei denen die Besucher auch die Bekanntschaft mit den Schlossgespenstern machen.[116]

- Im Residenzschloss Ludwigsburg (Baden-Württemberg) sind spezielle Führungen für Kinder und Jugendliche entwickelt worden: In Rollenspielen lernen die Teilnehmer z. B. das absolutistische Hofzeremoniell kennen. Im Jahr 1999 nah-

---

[115] vgl. www.ville-bitche.fr
[116] vgl. www.hrp.org.uk

men ca. 8.000 Kinder und ca. 3.500 Jugendliche an diesen Sonderführungen teil (vgl. KRÜGER 2001, S. 115).

Produktpolitik: Events und Locations

Darüber hinaus werden Burgen und Schlösser auch zunehmend als *Schauplätze für Events* genutzt. Dabei handelt es sich zum einen um Veranstaltungen, deren Thematik im Zusammenhang mit der spezifischen Geschichte des Gebäudes steht:

- So werden auf mehreren Burgen - z. B. Burg Satzvey (Nordrhein-Westfalen) oder King John's Castle (Republik Irland) - regelmäßig *Ritterspiele* veranstaltet, bei denen die Besucher einen lebendigen Einblick in das Leben auf einer mittelalterlichen Burg erhalten (vgl. Abb. 22). Am „Kaltenberger Ritterturnier" in Bayern nahmen im Jahr 2005 mehr als 100.000 Zuschauer teil.[117]

Abb. 22: Auf die wachsenden Ansprüche der Besucher an eine erlebnisreiche Vermittlung von Geschichte reagieren Burgen, indem sie ihr traditionelles Führungsangebot zunehmend um thematische Events erweitern. In King John's Castle in Limerick (Irland) finden z. B. regelmäßig Ritterturniere statt, bei denen mittelalterliche Kampftechniken vorgeführt werden.

- Großer Beliebtheit erfreuen sich auch *Rittermahle,* bei denen den Gästen traditionelle Speisen serviert werden, die sie ohne Messer und Gabel essen (müssen). Das Konzept der „*Medieval Banquets"* wurde bereits in den 1960er-Jahren in Bunratty Castle (Republik Irland) vor allem für US-amerikanische Besucher

---

[117] vgl. www.burgsatzvey.de; www.ritterturnier.de; www.shannonheritage.com

entwickelt. Seitdem sind weitere Burgen im mittleren Westen Irlands für derartige Veranstaltungen umgebaut worden; sie verzeichneten im Jahr 2004 insgesamt 116.358 Teilnehmer (vgl. SHARE 1992, S. 107; Shannon Development 2005).

Aufgrund ihrer spektakulären Lage und eindrucksvollen Architektur fungieren Burgen und Schlösser zum anderen aber auch als *Locations:* Sie werden als Veranstaltungsorte für Empfänge, Tagungen, Produktpräsentationen und vor allem auch für Hochzeiten genutzt.[118] In diesen Fällen nutzen die Veranstalter das *historische Ambiente*, um ihren Events einen repräsentativen und außergewöhnlichen Charakter zu verleihen.

- So war z. B. die *Münchner Residenz* bereits Anfang 1990er-Jahre Schauplatz von mehr als 1.500 Veranstaltungen/Jahr.[119]

- Auch in *Baden-Württemberg* können Privatpersonen, Unternehmen und Verbände zu temporären Schloss- und Burgbewohnern werden: Eine landeseigene Homepage enthält u. a. detaillierte Angaben zu einzelnen historischen Veranstaltungsräumen (Größe, Kapazität an Sitz-/Tischplätzen, Bewirtung etc.).[120]

Darüber hinaus werden Burgen und Schlösser sporadisch auch als *Drehorte für Film- und Fernsehproduktionen* genutzt.[121]

Produktpolitik: Nutzung als Hotel und Restaurants

Schließlich werden Burgen, Schlösser und Herrensitze auch als *Hotels und/oder Restaurants* genutzt (teilweise in Kombination mit Tagungseinrichtungen). So ergab z. B. eine Untersuchung des touristischen Potenzials der Herrensitze am Niederrhein, dass sich dort in 9,5 % der öffentlich zugänglichen Burgen und Schlösser Beherbergungs- bzw. Gastronomiebetriebe befinden (vgl. HERTELL 2002, S. 57-58). Allerdings ist der Ausbau grundsätzlich mit erheblichen Problemen und Kosten verbunden. Zum einen entsprechen die Räume hinsichtlich ihrer Höhe und Größe nicht den Anforderungen eines modernen gastgewerblichen Betriebes; deshalb fallen umfangreiche Umbaumaßnahmen an. Zum anderen stehen die Gebäude fast immer unter Denkmalschutz; deshalb gelten Bauauflagen und -beschränkungen, die zusätzliche Kosten verursachen.

---

[118] vgl. www.weddix.de; www.burgen-und-schloesser.net; www.castles-of-britain.com; www.celticcastles.com

[119] vgl. MAZZONI, I. (1992): Wenn der Putz bröckelt. Die feierliche Zernutzung von Baudenkmälern am Beispiel der Münchner Residenz. - In: FAZ, 4. Dezember

[120] vgl. www.schloesser-magazin.de

[121] In den Bundesländern gibt es jeweils „FilmCommissions", die Informationen zu entsprechenden Drehorten und -genehmigungen zur Verfügung stellen (vgl. z. B. www.location-hessen.de, www.locationnrw.de oder www.bbfc.de).

Vertriebspolitik: Shops

Zum Standardangebot vieler Burgen, Schlösser und Herrensitze zählen inzwischen auch *Shops*. Um eine Austauschbarkeit zu vermeiden und die Profilbildung (im Sinne einer Corporate Identity) zu unterstützen, weist das Sortiment häufig einen thematischen und regionalen Bezug auf. Die Angebotspalette umfasst Publikationen zur Geschichte der Anlage oder zur jeweiligen historischen Epoche, themenspezifische Souvenirs (Holzschwerter, Ritterschilde etc.), typische Erzeugnisse aus der Region oder Standardprodukte wie T-Shirts, Schirme oder Kappen, die mit dem Logo der Einrichtung versehen sind - wie in den *„Signature Shops"* von Themen- und Luxushotels.[122]

Hinsichtlich des Marktauftritts von Burg- und Schlosshotels lässt sich in den letzten Jahren eine zunehmende Professionalisierung beobachten - u. a. in Form von *regionalen, nationalen und internationalen Marketing-Kooperationen*:

- Auf Landesebene haben sich z. B. 15 gastgewerbliche Betriebe zur „Vereinigung der Schlösser, Herrenhäuser und Gutshäuser in Mecklenburg-Vorpommern" zusammengeschlossen.[123]

- Die „European Federation of Traditional Accommodation in Historic Houses" und das „Europa Traditionae Consortium" sind internationale Dachverbände, zu deren Mitgliedern nationale Marketingorganisationen von Schlosshotels und -restaurants in verschiedenen europäischen Ländern gehören.[124]

Notwendigkeit der Besucherlenkung in Burgen und Schlössern

In den Burgen und Schlössern, die für Besichtigungen und Führungen geöffnet sind, resultiert die Notwendigkeit von Besucherlenkungsmaßnahmen aus der Tatsache, dass das Besucheraufkommen eine *ausgeprägte saisonale und räumliche Konzentration* aufweist. So wurden z. B. in der Festung Hohensalzburg (Österreich) im Jahr 2004 46,2 % aller Teilnehmer an Führungen in den Monaten Juni, Juli und August gezählt. Aus dieser Nachfragestruktur ergeben sich spezifische Anforderungen im Bereich der Besucherlenkung und der Personalplanung (vgl. Abb. 23).

---

[122] zum Angebot in den Burgläden der Niederburg Manderscheid oder der Burg Hohenzollern vgl. www.niederburg-manderscheid.de; www.hohenzollern.com
[123] vgl. www.schlosshotel-mv.de
[124] vgl. www.europeanfederation.com; www.europetraditions.com

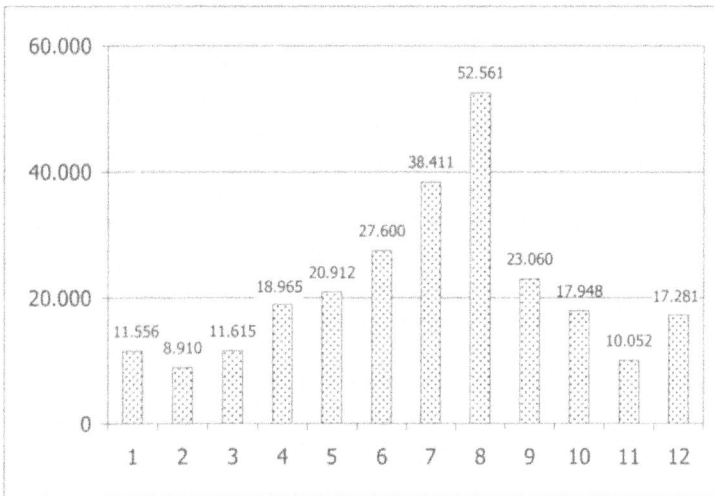

Abb. 23: Das Besucheraufkommen in Burgen und Schlössern weist eine ausgeprägte Saiso-nalität auf. In der Festung Hohensalzburg (Österreich) wurden z. B. im Jahr 2004 46,2 % aller Teilnehmer an Führungen in den Monaten Juni, Juli und August gezählt (Quelle: Eigene Darstellung nach schriftlicher Mitteilung der Salzburger Burgen und Schlösser Betriebsführung vom 17. November 2005).

Darüber hinaus konzentriert sich der Besucherstrom zumeist nur auf wenige, be-sonders populäre Anlagen:

- So verzeichneten die *Schlösser, Burgen und Residenzen in Bayern* im Jahr 2004 insgesamt 4,8 Mio. Besucher - davon stellte Schloss Neuschwanstein mit ca. 1,2 Mio. Gästen das meist besuchte Schloss dar. Erst mit deutlichem Abstand folgten Schloss Herrenchiemsee (453.641 Besucher), Schloss Linderhof (452.243 Besucher), die Residenz Würzburg (330.894) und Schloss Nymphen-burg (278.685 Besucher). Auf diese fünf Einrichtungen entfielen damit 57 % des gesamten Besucheraufkommens in den mehr als 40 bayerischen Objekten.[125]

- Eine vergleichbare Hierarchie ist auch in den Potsdamer Schlössern zu beobach-ten, die von der *„Stiftung Preußische Schlösser und Gärten Berlin-Branden-burg"* verwaltet werden. Dort konzentriert sich die Nachfrage auf das Schloss Sanssouci und das Neue Palais, während die übrigen 23 Anlagen von deutlich weniger Gästen besucht werden. Für Schloss Sanssouci wurde deshalb bereits im Jahr 1987 eine Begrenzung der Gruppenstärke und des täglichen Besucherauf-kommens eingeführt (vgl. LIEPE 1997; KLEMM 2001).

---

[125] vgl. Pressemitteilung des Bayerischen Staatsministeriums der Finanzen vom 28. Februar 2005

Dezentralisierung und Vernetzung durch Themenstraßen

Für eine Entlastung der besonders populären Anlagen und eine Dezentralisierung der touristischen Nachfrage stehen mehrere Managementinstrumente zur Verfügung: Neben einer generellen Begrenzung der Besucherzahl können die Gäste durch *spezielle Kommunikationsmaßnahmen* auf alternative Besichtigungsmöglichkeiten hingewiesen werden. Außerdem lässt sich der Besucherstrom durch *preispolitische Maßnahmen* steuern (z. B. durch höhere Preise in Burgen und Schlössern mit großem Gästeaufkommen). Schließlich besteht auch die Möglichkeit, einzelne Anlagen durch organisatorische sowie durch preis- und kommunikationspolitische Maßnahmen zu *Ferien- oder Themenstraßen* zu verknüpfen.

- Bereits im Jahr 1954 haben sich mehrere süddeutsche Städte (u. a. Mannheim, Heidelberg, Nürnberg) zu einer Arbeitsgemeinschaft zusammengeschlossen, um für ihr touristisches Angebot unter dem Begriff *„Burgenstraße"* ein gemeinsames Marketing zu betreiben. Seit Anfang der 1990er-Jahre verläuft die Themenstraße bis Prag. Der Marktauftritt wird durch mehrere Kommunikationsmedien unterstützt (vgl. WINKLER 2001).[126]

- Weitere Beispiele für Burgen-Themenstraßen sind die „100-Schlösser-Route" im Münsterland, die „Wasserburgenroute" in der Region Eifel-Aachen-Bonn bzw. die „Via Imperialis" in Österreich (vgl. BARDEAU 1999).[127]

Perspektiven von Burgen und Schlössern im Tourismus

Auf dem Freizeit- und Tourismusmarkt stehen Burgen, Schlösser und Herrensitze in direkter Konkurrenz zu anderen (kommerziellen) Anbietern. Im Gegensatz zu künstlich geschaffenen Burgen (wie dem „Sleeping Beauty Castle" der Disney-Parks oder dem „Play Castle" in Seefeld/Tirol) verfügen sie mit ihren historischen Gebäuden und geschichtlichen Überlieferungen jeweils über *klare Alleinstellungsmerkmale*. Gleichzeitig müssen sie sich aber auch mit der anhaltenden Erlebnisorientierung der Gäste auseinander setzen (vgl. BÜSCHER 2001, S. 64-66).

Traditionelle Formen der Informationsvermittlung in Form von Besichtigungen und Führungen werden deshalb künftig nicht ausreichen, um in diesem Markt erfolgreich zu agieren. Der Besuch einer Burg oder eines Schlosses sollte vielmehr als *persönliches Erlebnis* gestaltet werden, das den authentischen Charakter respektiert und gleichzeitig Geschichte erlebbar macht - z. B. in Form von inszenierten „Zeitreisen", bei denen alle Sinne angesprochen werden (vgl. WALTON 2001, S. 11).

---

[126] vgl. www.burgenstrasse.de
[127] vgl. www.muensterland-tourismus.de/radfahren/themenrouten/100schloesser.html;
www.wasserburgenroute.de; www.viaimperialis.at

Neben einer besucherorientierten Angebotsgestaltung stehen die Verantwortlichen aber auch vor der Herausforderung, beim Marketing von Burgen und Schlössern nicht nur den Erfolg der eigenen Anlage im Blick zu haben, sondern sich auch als *zentrale Akteure einer Region* zu verstehen. In der Geschichte hatten diese Anlagen aufgrund der Herrschaftsstrukturen wichtige Funktionen als wirtschaftliche, kulturelle und gesellschaftliche Zentren. Unter Rückbesinnung auf diese Traditionen können Burgen und Schlösser auch in Zukunft eine wichtige Rolle als regionale Angebots- und Dienstleistungseinrichtungen übernehmen - speziell im Kontext eines Destinationsmanagements (vgl. ABFALTER/PECHLANER 1999, S. 68-69; BÜSCHER 2001, S. 66-67).

Burgen, Schlösser und Herrensitze: Fazit

- Burgen haben sich erst im 19. Jahrhundert - in der Epoche der Romantik - zu touristischen Attraktionen entwickelt. Sie wurden als Relikte einer geheimnisumwitterten Vergangenheit und als Symbole für die Vergänglichkeit des Lebens verklärt.
- In Deutschland gibt es ca. 24.000 Burgen, Schlösser und Herrensitze, von denen allerdings nur ein Teil der Öffentlichkeit zur Verfügung steht. Gründe gegen eine touristische Nutzung sind der Verlust der Privatsphäre, die Angst vor Diebstahl bzw. Schäden sowie die Kosten für notwendige Erschließungsmaßnahmen.
- Burgen und Schlösser können auf vielfältige Weise touristisch genutzt werden - als Ausflugsziele, Museen, Hotels, Restaurants, Tagungsstätten etc. Einige Anlagen, die sich an einem spektakulären Standort befinden bzw. um die sich besondere Geschichten ranken, haben sich zu Besuchermagneten entwickelt - wie das Heidelberger Schloss oder Schloss Neuschwanstein mit mehr als 1 Mio. Besuchern/Jahr.
- Das traditionelle Besichtigungsangebot von Burgen und Schlössern wird zunehmend durch themenbezogene, erlebnisorientierte Produkte ergänzt - z. B. Ritterspiele und mittelalterliche Bankette. Darüber hinaus findet eine Nutzung als *Location* statt - für Tagungen, Produktpräsentationen, Hochzeiten etc.
- Die direkten Einnahmen aus dem Tourismus können die hohen Ausgaben nur zu einem Teil decken, die für Erhaltung, Renovierung und Erschließung der Burgen und Schlösser notwendig sind; entsprechend hoch ist der Zuschussbedarf aus öffentlichen Mitteln. Allerdings werden durch diese Anlagen erhebliche externe ökonomische Effekte in der Standortregion ausgelöst.

2.2   Parks und Gartenanlagen

> „Hier ist's unendlich schön. Mich hat's gestern
> Abend, wir durch die Seen, Kanäle und Wäld-
> chen schlichen, sehr gerührt, wie die Götter dem
> Fürsten erlaubt haben, diesen Traum um sich
> herum zu schaffen."
>> Johann Wolfgang von Goethe
>> nach dem Besuch des Gartenreichs
>> Dessau-Wörlitz

> „Ebenso könnte man vielleicht die höhere
> Gartenkunst mit der Musik vergleichen, und
> wenigstens ebenso passend, als man die Archi-
> tektur eine gefrorne Musik genannt hat, sie eine
> vegetierende Musik nennen."
>> Hermann Fürst von Pückler-
>> Muskau: Andeutungen über Land-
>> schaftsgärtnerei

Die Wurzeln des Gartenbaus reichen bis in die Vor- und Frühgeschichte zurück, denn mit der Sesshaftigkeit begann der Mensch, Tiere zu domestizieren und Pflanzen anzubauen. Bei den Gartenanlagen handelte es sich zunächst um Nutzgärten mit Gemüsebeeten und Obstbäumen. Im Laufe der Zeit fand aber eine *bewusste künstlerische Gestaltung der Gärten* statt - durch die Auswahl und Anordnung der Pflanzen, durch die Anlage von Beeten und Wegen sowie durch die Ausstattung mit Denkmälern und Gebäuden.

Seit der Renaissance bestanden enge Zusammenhänge zwischen der Gartenkultur sowie der Kunst und Architektur: Die Gärten wurden nach rationalen Kriterien als *architektonische Außenräume* gestaltet, die durch Lage, Blickbeziehungen und Wegesysteme eng mit den Innenräumen verknüpft waren. Vor allem im 17. und 18. Jahrhundert wurden Parks und Gärten zu *integralen Bestandteilen von Schlossanlagen und Herrensitzen*, denn die absolutistischen Herrscher und Großgrundbesitzer nutzten neben der Architektur auch die Gartenkunst, um ihre Macht, ihren Wohlstand und ihren Geschmack symbolisch auszudrücken.

Die Gartenanlagen stellen also Spiegelbilder *der politisch-gesellschaftlichen Verhältnisse sowie des philosophischen und künstlerischen Zeitgeistes* dar, die allerdings zumeist schwieriger zu entschlüsseln sind als die architektonischen Merkmale der jeweiligen historischen Epoche. Lange Zeit standen Parks und Gartenanlagen deshalb im Schatten spektakulärer Schlossbauten und Herrenhäuser.[128] Erst in jüngerer Zeit sind sie stärker als Kulturdenkmäler in das öffentliche Interesse ge-

---

[128] Auch innerhalb der Tourismusforschung stellt der Gartentourismus bislang ein weitgehend vernachlässigtes Forschungsfeld dar; so wird er z. B. in dem Gliederungsvorschlag zum Kulturtourismus von JÄTZOLD (1993, S. 138) nicht aufgeführt.

rückt. Diese Entwicklung kommt u. a. in der *Aufnahme von Parks in die Welterbeliste der UNESCO* zum Ausdruck; in Europa zählen dazu u. a. folgende Anlagen:[129]

- Schlösser und Parks von Potsdam-Sanssouci und Berlin (Glienicke und Pfaueninsel) (seit 1990),
- Gartenreich Dessau-Wörlitz (seit 2000; → 2.2.2),
- Muskauer Park/Park Muzakowski (Deutschland/Polen; seit 2004),
- Schloss und Park von Versailles (Frankreich; seit 1979),
- Schloss und Park von Fontainebleau (Frankreich; seit 1981),
- Königlicher Park von Studley (Großbritannien; seit 1986),
- Königliche Botanische Gärten von Kew (Großbritannien; seit 2003),
- Königliches Schloss in Caserta (Italien; seit 1997),
- Botanischer Garten in Padua (Italien; seit 1997),
- Schloss und Park von Schönbrunn (Österreich; seit 1996),
- Park Güell, Palais Güell und Casa Milá von Antonio Gaudi in Barcelona (Spanien; seit 1984),
- Schloss und Park Kromeríz (Tschechische Republik; seit 1998).

In Abhängigkeit von ihrer Lage und Ausstattung können historische Parks und Gärten *mehrere Freizeitfunktionen* haben: Zum einen dienen sie als naturnahe Erholungsräume, die von den Besuchern vor allem zum Ausruhen und Spazierengehen genutzt werden. Zum anderen stellen sie aber - als *„inszenierte Natur"* (SIEBERT/STEINGRUBE 2000, S. 40) - auch Ziele von Tagesausflüglern und Urlaubsreisenden dar, die vorrangig aus kulturhistorischen Gründen kommen (vgl. Abb. 24). Dabei ist zu beobachten, dass immer mehr Städte und Regionen, aber auch Unternehmen das touristische Potenzial von Park- und Gartenanlagen erkennen und durch Marketing-Maßnahmen aktiv nutzen. Entsprechend breit ist deshalb das Spektrum der gartentouristischen Angebote - es reicht von Schlossparks und Botanischen Gärten über Landes- und Bundesgartenschauen bis hin zu Gartenfestivals und Spezialreiseveranstaltern.[130]

2.2.1 Touristische Potenziale und Bedeutung von Parks und Gartenanlagen

Da Gartenanlagen ein wichtiger Bestandteil der menschlichen Geschichte und Kultur sind, finden sich *in zahlreichen Kulturen und Epochen* schriftliche Berichte über Gärten - z. B. in Ägypten zur Zeit der Pharaonen, in der griechischen und römischen Antike, in der maurischen Kultur und im Mittelalter. Darüber hinaus hat

---

[129] vgl. www.unesco.de (Stand: Juli 2005)
[130] Nach FÜLLENBACH (2003, S. 57-58) gibt es in der Bundesrepublik Deutschland fünf Reiseveranstalter, die sich auf die Gartenreisen spezialisiert haben. Darüber hinaus bieten auch mehrere Studienreiseveranstalter Reisen mit einem botanischen bzw. gartenkünstlerischen Schwerpunkt an.

sich in Asien eine eigenständige Gartenkultur entwickelt (vgl. HOBHOUSE 2002 zu einem umfassenden Überblick über die Kulturgeschichte des Gartens). Bis auf wenige Ausnahmen sind diese historischen Gärten aber nicht erhalten geblieben, denn bei Gartenanlagen handelt es sich um *äußerst sensible Kultureinrichtungen*, die der ständigen Pflege und Erhaltung bedürfen. Viele Gärten sind im Rahmen kriegerischer Auseinandersetzungen zerstört worden; andere wurden im Laufe der Zeit nach neueren künstlerischen Prinzipien umgestaltet (deshalb zählt die Rekonstruktion historischer Zustände zu den zentralen Aufgaben der Gartendenkmalpflege).

Über ein besonders großes kulturtouristisches Potenzial verfügen die (recht gut erhaltenen) Gartenanlagen, die in der Neuzeit in Frankreich, Großbritannien und Deutschland entstanden sind - nämlich die Barockgärten sowie die Landschaftsparks. Die Parks von Vaux le Vicomte und von Versailles sind die berühmtesten Beispiele für die *französischen Barockgärten des 17. und 18. Jahrhunderts.* Sie waren ein Ausdruck der absolutistischen Macht des Königs. Mit ihnen symbolisierte er die gottgewollte Ordnung, aber auch die Zähmung der Natur und die Herrschaft über den Adel. Zum Inventar dieser Gärten, die „Natur als Kunst" (BRIX 1998, S. 152) darbieten, gehörten geometrische Beete und Rasenstücke, niedrige Hecken, Wasserbecken, Labyrinthe, Boskette und Statuen. Ihre Nutzung war lange Zeit dem König und dem Hofadel vorbehalten: Ihnen dienten sie als Schauplätze des höfischen Zeremoniells und als Bühnen für Feste, Feuerwerke, Konzerte sowie Theater- und Opernaufführungen (vgl. BAY/BOLTON 2000, S. 244-287; STEINECKE 2002a, S. 4). Nach dem Vorbild von Versailles entstanden auch in Deutschland zahlreiche Barockgärten - z. B. in Hannover-Herrenhausen, Schleißheim, Ludwigsburg, Brühl. Einige Barockgärten stellen gegenwärtig *populäre Ziele des Kultur- und Besichtigungstourismus* dar. So wird der Schlosspark Schönbrunn bei Wien jährlich von ca. 5,2 Mio. Personen besichtigt und der Park von Versailles verzeichnet ca. 6 Mio. Besucher im Jahr.[131]

Im 18. und 19. Jahrhundert wurden in England zunehmend *großflächige Landschaftsparks* angelegt, die einen natürlichen Charakter haben - mit fließenden Grenzen zwischen Parkanlage und Landschaft. Den zeitgeschichtlichen Hintergrund bildeten die politische Liberalisierung und das Entstehen eines städtischen Großbürgertums im Rahmen der Industrialisierung und des Kolonialhandels. In diesen „Gärten der Freiheit" (BUTTLAR 1998, S. 175) wurde die Illusion einer scheinbar unberührten Natur mit Hilfe von Solitärbäumen, Baumstreifen und Wiesen inszeniert, die durch ein geschlungenes Wegesystem miteinander verbunden werden. Die romantische Naturbegeisterung ging einher mit einer Flucht in die Geschichte und in die Exotik. So wurden die Parks mit Stimmungserregern möbliert - z. B. mit ägyptischen Pyramiden, griechischen Tempeln und gotischen Ruinen, die häufig nur als Kulissenarchitektur gestaltet wurden. Das bekannteste Beispiel eines englischen Landschaftsgartens ist *Stowe Landscape Gardens (Buk-*

---

[131] vgl. www.schoenbrunn.at vom 19. Juli 2005

kinghamshire). Diese Gartenanlage war bereits im 18. Jahrhundert im Rahmen der *English Garden Tour* das Ziel von zahlreichen Reisenden, für die sogar ein spezieller Gartenreiseführer herausgegeben wurde (vgl. HLAVAC 2006, S. 13-15). Nach den englischen Vorbildern entstanden im 18. und 19. Jahrhundert auch in Deutschland große Landschaftsparks - z. B. das Gartenreich Dessau-Wörlitz und die Parks in Branitz und Bad Muskau (vgl. FÜLLENBACH 2003, S. 31-34; → 2.2.2). Auch diese Parks sind gegenwärtig touristische Attraktionen mit einem hohen Besucheraufkommen: So verzeichnet die britische Anlage Stourhead jährlich mehr als 300.000 Besucher und die Zahl der Gäste in Dessau-Wörlitz wird auf 750.000 geschätzt.

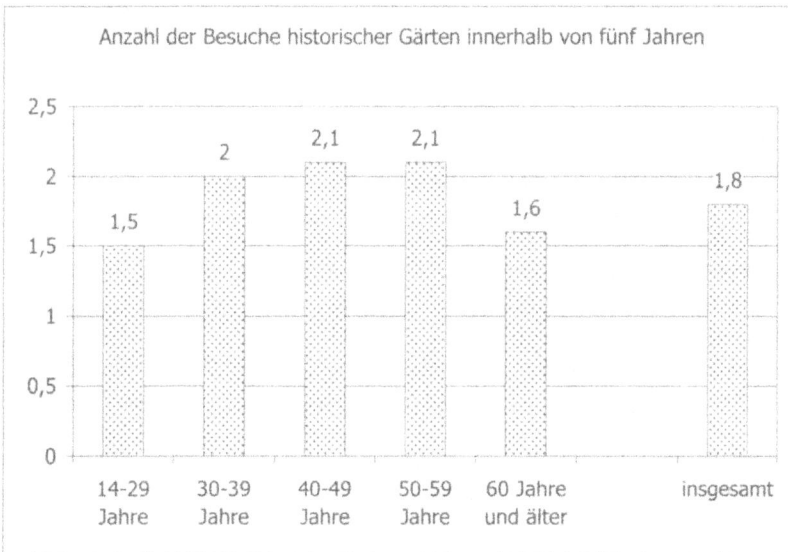

Anzahl der Besuche historischer Gärten innerhalb von fünf Jahren

Altersgruppe	Wert
14-29 Jahre	1,5
30-39 Jahre	2
40-49 Jahre	2,1
50-59 Jahre	2,1
60 Jahre und älter	1,6
insgesamt	1,8

Abb. 24: In Deutschland stoßen historische Gärten besonders in den mittleren Altersgruppen (30-60 Jahre) auf großes Interesse. Generell unternehmen die Bundesbürger durchschnittlich ca. zwei Parkbesuche innerhalb von fünf Jahren (Quelle: Eigene Darstellung nach Angaben in NORD/LB 2002, S. 24).

Zu den touristisch bedeutsamen Parkanlagen zählen auch die *innerstädtischen Volks- und Bürgerparks*, die im 19. Jahrhundert - vor dem Hintergrund der raschen Industrialisierung und Urbanisierung - als Ruhe- und Erholungsräume für die Stadtbewohner angelegt wurden. Zur typischen Infrastrukturausstattung dieser Parks gehören Bänke, Spielplätze, Teiche mit Bootsverleih, gastronomische Einrichtungen und Sportanlagen. In Deutschland sind der Englische Garten in München und der Volkspark in Hamburg zu nennen; in den USA gehören der Central Park in New York und der Balboa Park in San Diego (Kalifornien) zu diesem Typ von Parkanlage.

Über ein touristisches Potenzial verfügen aber auch die *Botanischen Gärten*, die seit dem 16. Jahrhundert in zahlreichen Universitätsstädten angelegt wurden; sie dienten zunächst vor allem Forschungs- und Lehrzwecken, haben sich aber inzwischen auch zu Ausflugszielen entwickelt.[132] Ihre historischen Vorgänger waren die *mittelalterlichen Klostergärten*, die von den Mönchen zur Versorgung mit Gemüse und vor allem mit Heil- und Gewürzkräutern genutzt wurden. Beispiele sind die Gärten des Klosters St. Gallen, des Klosters Eberbach sowie des ehemaligen Benediktinerklosters St. Maria und Markus auf der Insel Reichenau im Bodensee.

Neben historischen Parks und Gärten kommt aber auch Gartenanlagen eine touristische Bedeutung zu, die im 20. Jahrhundert entstanden sind. So lösen die *Bundes- und Landesgartenschauen* jeweils erhebliche Besucherströme und damit auch wirtschaftliche Effekte auf die lokale und regionale Wirtschaft aus. Die erste Internationale Gartenschau (IGA) wurde in Deutschland im Jahr 1869 in Hamburg durchgeführt. In den folgenden Jahrzehnten fanden in unregelmäßigem zeitlichen Abstand zahlreiche Gartenbauausstellungen und Gartenschauen in Düsseldorf, Dresden, Mannheim, Stuttgart und anderen Städten statt.[133]

Seit 1951 werden in der Bundesrepublik Deutschland in zweijährigem Turnus an unterschiedlichen Standorten *Bundesgartenschauen* (BUGA) veranstaltet, die aufgrund einer regen internationalen Beteiligung im Zeitraum von zehn Jahren zu Internationalen Gartenschauen (IGA) erweitert werden. Die Gartenschauen dienen vor allem dazu, die Leistungsfähigkeit der Gartenbauwirtschaft zu präsentieren, zusammenhängende Grün- und Erholungsflächen zu schaffen sowie einen Beitrag zur Umweltinformation der Besucher zu leisten. Für die Veranstaltungsorte bieten sie die Möglichkeit, den *Bekanntheitsgrad* zu steigern, zusätzliche *Einnahmen* zu erwirtschaften und *Infrastrukturverbesserungen* zu finanzieren (vgl. KOBERNUß 2005, S. 92-94).

Da die Bundesgartenschauen von Anfang an auf ein großes Interesse bei Ausstellern und Publikum gestoßen sind, werden seit 1980 auch *Landesgartenschauen* organisiert; bereits die erste Landesgartenschau in Ulm verzeichnete mehr als 1,3 Mio. Besucher. Auch andere Landesgartenschauen haben sich als Publikumsmagneten erwiesen: An Spitzentagen kamen z. B. mehr als 52.000 Besucher in die Landesgartenschau 2001 in Oelde (Nordrhein-Westfalen).

Im Laufe der Zeit haben die Bundes- und Landesgartenschauen ihr Angebot an die gestiegenen Ansprüche der Besucher angepasst: Neben gärtnerischen Anlagen umfassen sie inzwischen Spiel- und Sporteinrichtungen, Kunstausstellungen sowie ein breit gefächertes Veranstaltungs- und Unterhaltungsprogramm; vor diesem

---

[132] Eine Liste botanischer Gärten auf der ganzen Welt findet sich im „Informationssystem Botanische Gärten" (vgl. www.biologie.uni-ulm.de).

[133] vgl. BENESCH/DOBLHAMMER (2006) zur Geschichte der Gartenschauen in Deutschland, Österreich und der Schweiz

Hintergrund sind auch die Kosten für die Durchführung der Veranstaltungen erheblich gestiegen (vgl. TILLESSEN 2002, S. 53-76; Tab. 7).[134]

Ort	Jahr	Besucherzahl	Kosten
Ulm/Neu-Ulm	1980	1.298.359	9,8 Mio. €
Dinkelsbühl	1988	1.100.000	7,8 Mio. €
Paderborn	1994	1.986.062	15,0 Mio. €
Oelde	2001	2.230.000	25,0 Mio. €

Tab. 7: *Landesgartenschauen stellen regionale Besuchermagneten dar. Allerdings haben die wachsenden Ansprüche der Besucher an die Ausstellungen und das Veranstaltungsprogramm zu einer erheblichen Steigerung der Kosten geführt (Quelle: Eigene Darstellung nach Angaben in* TILLESSEN 2002, S. 72*).*

Das Beispiel der Landesgartenschau 2001 in Oelde (Nordrhein-Westfalen) zeigt, dass es sich um *Veranstaltungen mit einem regionalen Einzugsbereich* handelt, bei denen die Besucher vor allem aus der näheren Umgebung kommen (max. 1 Std. Fahrtzeit). Überwiegend sind es Gäste mittleren und höheren Alters (über 45 Jahre), die das Veranstaltungsgelände im Rahmen von Tagesausflügen mehrmals besuchen (nur 2,4 % übernachten am Veranstaltungsort). Neben Zeitungsartikeln dienen vor allem Empfehlungen von Verwandten, Freunden und Bekannten als wichtige Informationsquellen. Der Besuch der Landesgartenschau wird vorrangig mit der Familie oder mit dem Partner unternommen; dabei sind das Naturerlebnis, die Attraktivität der Anlage sowie gärtnerische Interessen besonders wichtige Besuchsmotive (vgl. TILLESSEN 2002, S. 81-110).

Neben öffentlichen Gartenschauen und Parkanlagen verfügen auch *Privatgärten* sowie *Gärtnereibetriebe, Baumschulen etc.* über ein touristisches Potenzial, das zumeist im Rahmen von zeitlich begrenzten Veranstaltungen genutzt wird - z. B. durch „Tage der offenen Gartenpforte", Gartenfestivals, Thementage etc.[135]

Zu den gartentouristischen Attraktionen zählen schließlich *kommerzielle Gartenerlebniswelten*, in denen das Thema „Botanik" auf vielfältige Weise inszeniert wird. Wie in anderen Themenparks besteht das Angebot aus Ausstellungen, Events, gastronomischen Einrichtungen und Shops; als Beispiele sind zu nennen (vgl. MÜLLER 2006):
- der „Cyprus Gardens Adventure Park" in Florida (USA),
- das „Eden Project" in Cornwall (GB),

---

[134] Im November 2006 wurde die geplante Bundesgartenschau 2015, die in Osnabrück stattfinden sollte, aus Geldmangel angesagt. Die Stadt sah sich nicht in der Lage, das Budget von 175 Mio. € aufzubringen (vgl. Kein Geld für Grün. - In: FAZ, 24. November 2006).

[135] vgl. www.offenergarten.de; www.offene-gartenpforte.de; www.dggl.org/bundesverband/bv_gartenpforten_start.html

- das „botanika Science Center" in Bremen,
- die „Biosphäre" in Potsdam,
- das „Regenwaldhaus" in Hannover.

Trotz dieser vielfältigen Potenziale und Einrichtungen ist der Gartentourismus in
Deutschland bislang weniger stark ausgeprägt als in Großbritannien und Frankreich.[136] So gibt es z. B. keine nationale Institution, die für die Pflege und Organisation sowie das Marketing von Gartenanlagen zuständig ist (wie der „National
Trust" in Großbritannien). Auch die *Daten- und Informationslage* zum Volumen
und zur Struktur des Gartentourismus ist unbefriedigend. Da es sich bei den Parks
zumeist um öffentliche Anlagen handelt, liegen nur Schätzwerte zu den Besucherzahlen vor. Aufgrund unterschiedlicher Erhebungsmethoden lassen sich einzelne
Untersuchungen zum Profil, zu den Motiven und Verhaltensweisen der Gartentou-
risten nicht direkt miteinander vergleichen (vgl. LIEPE 2000 zur Besucherstruktur
in vier Anlagen der „Stiftung Preußische Schlösser und Gärten Berlin-Brandenburg").

Am Beispiel des Gartenreichs Dessau-Wörlitz sollen im Folgenden die *Methoden
der Zielgruppenbestimmung* sowie die *Formulierung eines Marketingkonzeptes
für Gartenanlagen* erläutert werden.

2.2.2   Fallstudie: Gartenreich Dessau-Wörlitz in Sachsen-Anhalt

Die landschaftsplanerische und architektonische Gestaltung dieser weitläufigen
Gartenlandschaft geht auf die Initiative des Fürsten Leopold III. Friedrich Franz
von Anhalt-Dessau (1740-1817) zurück. Auf Bildungsreisen nach Frankreich,
Italien, in die Niederlande sowie vor allem nach England hatte der junge Herrscher
vielfältige philosophische, künstlerische und technische Anregungen erhalten, die
er nun in seinem Fürstentum konsequent umsetzte - von der Verbesserung des
Hochwasserschutzes über den Ausbau des Straßen- und Wegesystems bis hin zur
Anlage eines großen Landschaftsgartens mit Wasserflächen, Statuen und zahlreichen Gebäuden.

Die Gestaltung des Gartens war geprägt durch die humanistischen Ziele der Aufklärung im 18. Jahrhundert; er diente deshalb vor allem als ein *Ort der Belehrung
und der Besinnung*. Im Gegensatz zu den Barock- und Rokokogärten, die lange
Zeit ausschließlich als Bühnen für das gesellschaftliche Leben des Hofes fungierten, konnten die Bürger in Wörlitz den Park, das Schloss und auch die übrigen
Bauten besichtigen. Die gesamte Anlage erstreckt sich heute über mehr als
145 km^2; sie besteht aus einem komplizierten System von Pflanzungen, Alleen,

---

[136] vgl. Nordrhein-Westfalen Tourismus (2002, S. 16-47) zu einer Zusammenstellung von
Informationen über den Gartentourismus in Großbritannien und Frankreich (Besucherstruktur, Organisation, Effekte etc.)

Deichen, Brücken und Gebäuden, das u. a. durch Sichtachsen gegliedert wird. Die Besucher können den Wörlitzer See und die zahlreichen Wasserwege auf Brücken und mit Hilfe von Fähren überqueren (vgl. ALEX/BIEKER/ROMEIS 2001, S. 6-7).

Dieser erste englische Landschaftspark auf dem europäischen Festland stieß bereits bei den Zeitgenossen auf großes Interesse; zu den ersten Besuchern des Gartenreiches gehörten Johann Wolfgang von Goethe (1749-1832), Georg Forster (1754-1794), Alexander Freiherr von Humboldt (1769-1859) und Johann Joachim Winckelmann (1717-1768), die hier das „irdische Paradies" (HIRSCH 2001, S. 11) verwirklicht sahen. Aufgrund ihrer Berichte wurden die Wörlitzer Anlagen bereits im 18. und 19. Jahrhundert zum Ziel von zahlreichen Reisenden - auch aus anderen europäischen Ländern.

Auch gegenwärtig stellt das Gartenreich Dessau-Wörlitz eine *populäre touristische Attraktion* dar: Schätzungen gehen von einer jährlichen Besucherzahl von 750.000 Personen aus. Im Rahmen von umfangreichen Besucherbefragungen konnten *das Profil, die Motive und die Verhaltensweisen der Besucher* ermittelt werden (vgl. FÜLLENBACH 2003, S. 80-107; auch NORD/LB 2002, S. 54-64):

- Die Besucher kommen vor allem aus den Bundesländern Sachsen-Anhalt, Sachsen, Berlin, Thüringen und Niedersachsen; zumeist handelt es sich dabei um Tagesausflügler (51,2 %). Touristen und sekundäre Tagesausflügler stellen jeweils ein Viertel der Gartenbesucher (vgl. Abb. 25).

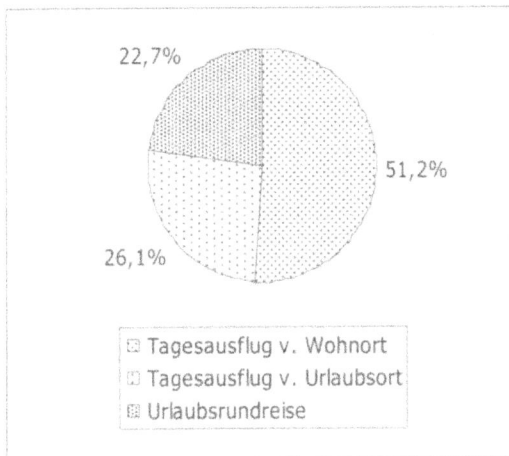

22,7%

51,2%

26,1%

▣ Tagesausflug v. Wohnort
▣ Tagesausflug v. Urlaubsort
▣ Urlaubsrundreise

Abb. 25: Das Gartenreich Dessau-Wörlitz wird vor allem in Form von Tagesausflügen besucht - entweder vom Wohn- oder vom Urlaubsort aus. Für 22,7 % der Besucher handelt es sich um einen Programmpunkt im Rahmen einer Urlaubsrundreise (Quelle: Eigene Darstellung nach Angaben in FÜLLENBACH 2003, S. 86).

- Bei den Parkbesuchern handelt es sich vor allem um Personen mittleren und höheren Alters (68 % sind älter als 45 Jahre), die über ein überdurchschnittlich hohes Bildungsniveau verfügen; dabei sind Frauen etwas stärker vertreten als Männer.

- In der Mehrzahl wird das Gartenreich mit dem Partner (43,6 %) oder mit der Familie (24,6 %) bzw. mit Freunden und Bekannten (24,5 %) besucht. Hingegen finden sich nur wenige Alleinreisende und Mitglieder einer Reisegruppe.

- Bei den Besuchsmotiven rangieren Spazierengehen und Naturgenuss sowie das Interesse an der Gartenkunst und an Sehenswürdigkeiten an der Spitze der Nennungen. Generell sind kulturelle Motive stärker ausgeprägt als naturbezogene Gründe (vgl. Abb. 26).[137]

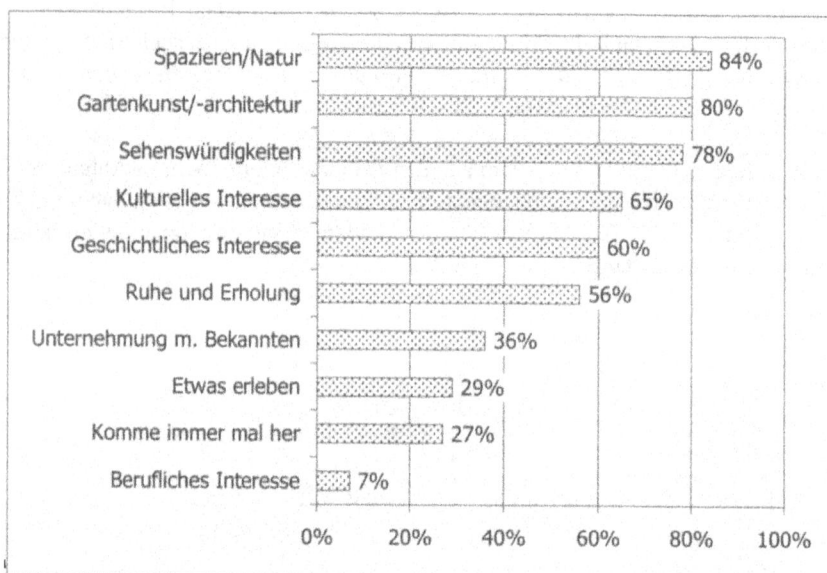

Abb. 26: Wichtige Motive für den Besuch des Gartenreichs Dessau-Wörlitz sind der Wunsch, sich in der Natur aufzuhalten, sowie das Interesse an der Gartenkunst und an Sehenswürdigkeiten. Generell sind kulturelle Motive stärker ausgeprägt als naturbezogene Gründe (Quelle: Eigene Darstellung nach Angaben in FÜLLENBACH 2003, S. 95).

- Mehr als die Hälfte der Besucher ist zum ersten Mal im Park; jeder achte Besucher kann als *Heavy User* charakterisiert werden, der die Wörlitzer Anlagen mehrmals jährlich besucht.

---

[137] Zu vergleichbaren Ergebnissen kommt eine Besucherbefragung in den Parkanlagen der „Preußischen Schlösser und Gärten Berlin-Brandenburg" in Potsdam (vgl. KLEMM 2001, S. 27).

- Fast drei Viertel der Besucher halten sich mehr als 3 Std. in dem Gartenreich auf; dabei handelt es sich vor allem um Frauen, um ältere Besucher sowie um Gäste, die die Anlage im Rahmen einer Urlaubsreise besichtigen.

- Die Gesamtzufriedenheit mit dem Gartenreich Dessau-Wörlitz ist sehr hoch: Mehr als 90 % der Befragten sind „sehr zufrieden" bzw. „zufrieden". Deutlich kritischer werden die Beschilderung und auch das Informationsmaterial bewertet; die entsprechenden Zufriedenheitswerte liegen nur bei ca. 50 %.

- Der überwiegende Teil der Besucher (94,1 %) hat bereits andere historische Parks und Gärten besichtigt; als besonders beliebte Anlagen erweisen sich dabei der Park von Sanssouci in Potsdam, der Große Garten in Hannover-Herrenhausen, der Schlosspark Pillnitz in Dresden und die Insel Mainau im Bodensee. Darüber hinaus haben viele Parkbesucher in den letzten Jahren auch andere gartentouristische Angebote genutzt - z. B. Bundes- oder Landesgartenschauen, Veranstaltungen in Gartenanlagen.

Auf der Grundlage dieser Forschungsergebnisse lassen sich - mit Hilfe einer Clusteranalyse - mehrere *Typen von Besuchern* abgrenzen, die sich hinsichtlich ihrer Merkmale, Motive und Verhaltensweisen voneinander unterscheiden (vgl. NORD/LB 2002, S. 70-71):

- Bei den *Stammkunden* (27,1 %) handelt es sich überwiegend um ältere Besucher, die in der Region leben und die Gartenanlage im Rahmen eines Tagesausflugs besuchen (häufig mit auswärtigen Gästen, denen sie die Sehenswürdigkeiten in der Umgebung zeigen).

- Ebenfalls aus der Region kommen die *erlebnisorientierten Besucher* (26,2 %), die zumeist in Begleitung von Familienangehörigen, Bekannten und Freunden anreisen. Sie halten sich nur relativ kurz im Gartenreich auf (unter 3 Std.); sie sind vor allem an Geselligkeit und Aktivitäten interessiert.

- Die *Erholungsbesucher* (31,3 %) nehmen eine längere Anfahrtszeit in Kauf. Ihre Entscheidung für einen Besuch der Gartenanlage ist wetterabhängig und wird deshalb häufig spontan getroffen. In der Anlage wollen sie vor allem Spazierengehen und die Natur genießen.

- Unter den *Kulturbesuchern* (15,4 %) finden sich vor allem Personen mittleren Alters (30-59 Jahre), die ein hohes Bildungs- und Einkommensniveau aufweisen. Im Mittelpunkt ihres Besuches, der häufig im Rahmen einer Urlaubsreise oder eines gezielten Tagesausflugs stattfindet, stehen kulturelle Interessen. Sie haben deshalb hohe Erwartungen an die Angebotsqualität (Information, Organisation etc.).

Aufgrund des hohen Besucheraufkommens weist das Gartenreich Dessau-Wörlitz ein *erhebliches ökonomisches Potenzial* auf (vgl. NORD/LB 2002, S. 33-37):

- Bei durchschnittlichen Pro-Kopf-Ausgaben von 16 € beliefen sich die Gesamt-ausgaben der Besucher im Jahr 2001 auf 14,9 Mio. €.

- Durch die Multiplikatorwirkung des touristischen Konsums kam es in vor- und nachgelagerten Wirtschaftszweigen zu einem zusätzlichen Wertschöpfungseffekt in Höhe von 12,5 Mio. €.

- Darüber hinaus trat die Kulturstiftung Dessau-Wörlitz in der Region als Nach-frager von Produkten und Dienstleistungen sowie als Arbeitgeber auf.

- Durch diese unterschiedlichen Ausgaben, die überwiegend in der Region ver-bleiben, werden mehr als 500 Vollzeitarbeitsplätze geschaffen und gesichert (vgl. Tab. 8).

Nachfrageanstoß	*Primär-impuls*	*Produktions-effekt**	*Wert-schöpfungs-effekt**	*Beschäfti-gungs-effekt**
	in Mio. € bzw. Vollzeitarbeitsplätzen pro Jahr			
Betriebsausgaben	2,7	5,2	2,7	53,1
Personalausgaben	1,4	2,6	1,6	31,3
Besucherausgaben	14,9	27,3	12,5	428,4
Insgesamt	19,0	35,1	16,8	512,8

* einschließlich Multiplikatorwirkungen

Tab. 8: Aufgrund der Betriebs- und Personalausgaben der Anlagen, aber auch der Besu-cherausgaben stellen populäre Parks und Gärten wichtige regionale Wirtschaftsfaktoren dar. So werden z. B. durch das Gartenreich Dessau-Wörlitz jährlich mehr als 500 Vollzeit-arbeitsplätze geschaffen und gesichert (Quelle: Eigene Darstellung nach Angaben in NORD/LB 2002, S. 36).

Obwohl das Gartenreich Dessau-Wörlitz gegenwärtig bereits eine hohe Besucher-zahl verzeichnet und einen wichtigen regionalen Wirtschaftsfaktor darstellt, ver-fügt es aufgrund seiner Besonderheiten in der Gartenkunst und Architektur noch über ein erhebliches Potenzial für den Kulturtourismus, das bislang noch nicht vollständig aktiviert worden ist. Im Rahmen einer entsprechenden *Analyse des Nachfragepotenzials* wurden im Jahr 2001 der bundesweite Bekanntheitsgrad der Gartenanlage ermittelt sowie Zielgruppen und regionale Märkte abgegrenzt (vgl. NORD/LB 2002, S. 45-52):

- Jeder vierte Bundesbürger hat bereits von den Wörlitzer Anlagen gehört. Dabei erreicht der Bekanntheitsgrad in den Neuen Bundesländern höhere Werte als in den Alten Bundesländern.

- Bei älteren Menschen (über 60 Jahre) und bei Personen mit einer höheren beruflichen Qualifikation ist das Gartenreich deutlich bekannter als bei jüngeren Bundesbürgern (unter 40 Jahre) und Personen mit einer einfachen bzw. mittleren Schulbildung.

- Generell stellen historische Gärten populäre Ausflugsziele dar: Jeder zweite Befragte hatte innerhalb der vergangenen fünf Jahre mindestens einmal eine Gartenanlage besucht (dieser Wert liegt geringfügig über den Besuchswerten von Tierparks/Zoos bzw. von Themenparks).

- Jeder dritte Bundesbürger hat keinerlei Interesse an der Besichtigung von Gärten. Hingegen würde jeweils ein Drittel der Befragten eine Anfahrtszeit von max. 1,5 Std. bzw. von mehr als 1,5 Std. in Kauf nehmen. Damit handelt es sich bei Gärten um Freizeitziele mit einer hohen Mobilitätsakzeptanz.

- Mit Hilfe dieser Werte konnte das Bevölkerungspotenzial im Einzugsgebiet des Gartenreichs Dessau-Wörlitz berechnet werden: Im Radius von max. 2 h Fahrzeit leben demzufolge 10,9 Mio. Menschen, die grundsätzlich für einen Besuch im Rahmen eines Tagesausflugs gewonnen werden können. Weitere Nachfragepotenziale bestehen im Übernachtungstourismus sowie im sekundären Ausflugsverkehr. Aufgrund verschiedener Unabwägbarkeiten ist allerdings eine exakte Quantifizierung des Nachfragepotenzials für die Gartenanlage nicht möglich.

Auf der Basis der Zielgruppen- sowie der Potenzialanalyse wurde *ein differenziertes Marketingkonzept für das Gartenreich Dessau-Wörlitz* entwickelt, das Zielvorgaben und Strategievorschläge enthält. Danach sollten die Management-Aktivitäten folgende *Marketingziele* verfolgen (vgl. NORD/LB 2002, S. 91-93):
- *Nachhaltigkeitsziele* - z. B. Vermeidung einer Überbeanspruchung der Ressourcen sowie Sicherung der Angebotsqualität,
- *ökonomische Ziele* - z. B. Steigerung der Besucherzahlen, Erhöhung der Tagesausgaben der Besucher und Erhöhung der Einnahmen der Stiftung,
- *psychographische Ziele* - z. B. Steigerung des Bekanntheitsgrades, Entwicklung eines eigenständigen Profils sowie Erhöhung der Kundenbindung.

Zur Erreichung dieser Ziele wurden zahlreiche *Strategievorschläge zur Marktdurchdringung und zur Produkt- und Marktentwicklung sowie zur Diversifikation* formuliert (vgl. NORD/LB 2002, S. 93-97):
- *Marktdurchdringung* - z. B. durch bessere Zielgruppenansprache, intensivere Kommunikation,
- *Produktentwicklung* - z. B. durch Veranstaltung von Events, bessere Vernetzung der einzelnen Teile der Gartenanlage,
- *Marktentwicklung* - z. B. durch Gewinnung neuer Zielgruppen, Kommunikation in neuen Quellmärkten,
- *Diversifikation* - z. B. durch ein Dachmarkenkonzept, thematische Routen.

Die Marketingstrategie und vor allem die Marketingziele für das Gartenreich Dessau-Wörlitz lassen sich auch auf andere historische und zeitgenössische Gartenanlagen übertragen.

2.2.3   Management von Parks und Gartenanlagen

Im Vergleich zu historischen Gebäuden, die aus stabilen Materialien bestehen (Naturstein, Ziegel, Holz etc.) und häufig einen langen Zeitraum relativ unbeschadet überstanden haben, stellen Parks und Gärten *besonders sensible Kulturdenkmäler* dar: Zum einen bedürfen sie der regelmäßigen Pflege, da sie sich durch das Wachstum der Pflanzen ständig verändern (dadurch können z. B. Sichtachsen zuwachsen oder Solitäre und Gehölzgruppen ihre künstlerische Funktion innerhalb der Anlage verlieren). Zum anderen besteht die Gefahr, dass Blumen, Sträucher und Bäume, aber auch Wegesysteme durch ein massenhaftes Besucheraufkommen geschädigt werden. Neben *Tritt- und Lagerschäden* zählt auch der *Vandalismus* (Herausreißen oder Zerstören von Pflanzen) zu den typischen negativen Effekten, die mit einer touristischen Erschließung von Parkanlagen verbunden sein können. Darüber hinaus kann die spezifische Atmosphäre von Parks - als *Orten der Naturnähe, Ruhe und Besinnung* - durch eine zu hohe Besucherzahl verloren gehen.[138]

Vorrangige Ziele des Managements von Gartenanlagen müssen deshalb die *Sicherung und die nachhaltige Nutzung der natürlichen und kulturellen Ressourcen* sein. Neben einer umfassenden Information der Besucher spielt dabei die Besucherlenkung eine wichtige Rolle, denn häufig konzentriert sich der Besucherstrom auf wenige Teile der Parks, die aufgrund ihrer Vegetation bzw. ihrer Gebäude besonders attraktiv sind oder die sich in direkter Nähe zu den Parkplätzen, dem Besucherzentrum oder anderen Infrastruktureinrichtungen befinden.

Unter Beachtung dieser Nachhaltigkeitsziele können Parks und Gärten generell ein *breites Spektrum an Marketingstrategien und auch Marketingmaßnahmen* einsetzen, denn im Gegensatz zu anderen Kulturdenkmälern, die aufgrund von historischen Rahmenbedingungen einen besonders respektvollen Umgang erforderlich machen (z. B. Schlachtfelder, Friedhöfe und KZ-Gedenkdenkstätten; → 2.5-2.7), bestehen bei Gartenanlagen keine speziellen ethisch-moralischen Restriktionen hinsichtlich einer kommerziellen touristischen Nutzung.

Unter den *Managementstrategien* scheidet die *Filialisierungsstrategie* grundsätzlich aus, da Parks und Gärten ortsgebundene Anlagen darstellen, die sich aufgrund des hohen Zeit-Kosten-Mühe-Aufwandes bei der Anlage und der Gestaltung nicht

---

[138] Einen umfassenden Überblick über Nutzungsschäden, Konflikte und Steuerungsmöglichkeiten in Parks und Gartenanlagen vermittelt der Tagungsband „Historische Parks und Gärten - ein Teil unserer Umwelt, Opfer unserer Umwelt" (vgl. DNKD 1997; auch TESSIN/WIDMER/WOLSCHKE-BULMAHN 2000).

problemlos an anderen Standorten reproduzieren lassen. Allerdings kann diese Strategie bei den Events umgesetzt werden, die in den Parks stattfinden. So wird z. B. das erfolgreiche „Kleine Fest im Grossen Garten" von Hannover-Herrenhausen mit denselben Künstlern - zeitlich versetzt - auch im Kurpark Bad Pyrmont, im Schlosspark Ludwigslust und im Schlosspark Clemenswerth veranstaltet.[139]

Die *Thematisierungsstrategie* kann von Gartenanlagen in Form von *Jahresthemen* und von *Themengärten* eingesetzt werden:

- Mit 1,3 Mio. Besuchern ist die *Insel Mainau* das beliebteste Ausflugsziele in der Bodenseeregion (vgl. NESENSOHN 2000). Das touristische Angebot steht jedes Jahr unter einem anderen Motto, zu dem themenspezifische Veranstaltungen stattfinden - z. B. „La vie en rose", „Zauber des Orient" bzw. „Kitsch & Kunst".[140]

- Im Rahmen des europäischen Netzwerks *„Eden - Gärten ohne Grenzen"* wurden seit 2001 unterschiedliche thematische Gärten konzipiert - z. B. der „Garten des Erwachens" in Pange (Frankreich), der „Garten des Friedens" in Bitche (Frankreich) oder der „Garten der Sinne" in Merzig (Saarland).[141]

Die *Vernetzungsstrategie* kommt bei Parks und Gärten - ebenso wie bei anderen Kultureinrichtungen (z. B. bei Industriedenkmälern oder bei kulturellen Attraktionen im ländlichen Raum) - vor allem dann zum Einsatz, wenn die Attraktivität der einzelnen Anlagen relativ gering ist bzw. wenn die Parks nur über einen geringen Bekanntheitsgrad verfügen. Durch die Bildung von Netzwerken und von Dachmarken lassen sich die Anlagen besser auf dem Tourismusmarkt positionieren; als Beispiele für diese Strategie sind u. a. zu nennen:

- *„European Garden Heritage Network (EGHN)"*: Bei diesem Netzwerk handelt es sich um ein aktuelles Projekt, an dem neun öffentliche Organisationen und Institutionen aus Großbritannien, Deutschland und Frankreich beteiligt sind. Das Vorhaben wird von der Europäischen Union im Rahmen des INTERREG III B NWE-Programms gefördert. Zu den geplanten Maßnahmen zählen die Einrichtung von mehreren Gartenrouten sowie die thematische Verknüpfung von 100 Gärten in Nordwesteuropa - u. a. unter den Themen „Gärten berühmter Persönlichkeiten", „Fruchtbare Gärten" und „Gärten der Zukunft".[142]

- *„Gartenträume - Historische Parks in Sachsen-Anhalt"*: Das Land Sachsen-Anhalt verfügt mit ca. 1.000 Garten- und Parkanlagen über ein bedeutendes historisches Erbe. Unter dem Gesichtspunkt der Einmaligkeit (*Unique Selling Pro-*

---

[139] vgl. www.kleinesfest.de
[140] vgl. www.mainau.de
[141] vgl. www.gaerten-ohne-grenzen.de
[142] vgl. auch www.eghn.org

position) wurden 40 Anlagen ausgewählt, die zugleich bestimmte Phasen der gartengeschichtlichen Entwicklung repräsentieren. Für diese Parks und Gärten findet ein gemeinsames Marketing unter der Dachmarke „Gartenträume" statt. Zu den kommunikations-, produkt- und vertriebspolitischen Maßnahmen zählen u. a. eine einheitliche *Corporate Identity* und eine Homepage sowie Informationsmaterialien, Gartenprodukte und ein Online-Shop (vgl. ANTZ 2006; RINGKAMP 2006).[143]

- *„Straße der Gartenkunst zwischen Rhein und Maas"*: Auch in Nordrhein-Westfalen soll das gartenkulturelle Potenzial (ca. 3.000 Anlagen) künftig intensiver genutzt werden. Auf der Basis einer gründlichen Bestandsaufnahme (nach Anlagentyp, Stilepoche, Pflegezustand, Zugänglichkeit etc.) wurden 66 besonders sehenswerte Parkanlagen ausgewählt und zu der Themenstraße „Die Berühmten und Schönen - Highlights zwischen Brühl und Kleve" sowie zu weiteren regionalen und thematischen Routen zusammengestellt (vgl. Nordrhein-Westfalen Tourismus 2002, S. 133-139).[144]

Auf die *Limitierungsstrategie* können Parks und Gärten zurückgreifen, um den Bekanntheitsgrad zu steigern bzw. um zusätzliche Einnahmen zu erwirtschaften. Durch eine zeitliche Begrenzung bzw. durch eine Limitierung der Besucherzahl erhalten bestimmte Veranstaltungen (Ausstellungen, Blumenschauen, Feuerwerke etc.) einen einmaligen und exklusiven Charakter. In dem tendenziell gesättigten kulturtouristischen Markt wird dadurch eine emotional aufgeladene Konsumsituation geschaffen, in der die Besucher bereit sind, höhere Ausgaben zu tätigen. Darüber hinaus gibt es auch zeitlich begrenzte Aktionen in Gartenanlagen, bei denen nicht kommerzielle Ziele, sondern Bürgersinn, Besitzerstolz und Erfahrungsaustausch im Mittelpunkt stehen: Hierzu sind die *„Tage der offenen Gartenpforte"* zu zählen, an denen Privatleute ihre Gärten für Besucher öffnen. Diese Aktionen finden seit Anfang der 1990er-Jahre ein- oder zweimal jährlich auf regionaler Ebene in mehreren Bundesländern statt. Diese Form der Gartenpräsentation stammt aus Großbritannien; dort wurde sie bereits im Jahr 1927 entwickelt, um Spenden für wohltätige Zwecke zu sammeln.[145]

Zur Umsetzung der unterschiedlichen Marketingstrategien steht den Gartenanlagen ein Spektrum an *Managementinstrumenten* zur Verfügung. Dabei werden vor allem *Events* (z. B. Konzerte, Feste und andere Veranstaltungen) dazu genutzt, den Bekanntheitsgrad zu steigern, das touristische Potenzial besser auszuschöpfen und die Wertschöpfung zu erhöhen:

- Das Gartenreich Dessau-Wörlitz ist im Sommer der Schauplatz mehrerer *Seekonzerte*, bei denen die Besucher in Gondeln auf dem Wörlitzer See die klassi-

---

[143] vgl. www.gartentraeume-sachsen-anhalt.de
[144] vgl. auch www.wege-zur-gartenkunst.de
[145] vgl. www.offene-gartenpforte.de

schen Konzerte verfolgen können.[146] Nach dem Abschluss der Restaurierungsarbeiten wurde auch der *einzige künstliche Vulkan in Europa* im Herbst 2005 im Rahmen einer Festveranstaltung wieder in Betrieb genommen. Der Fürst hatte ihn - zur Erinnerung an seine Italienreisen und zur Bildung seiner Untertanen - im 18. Jahrhundert als Nachbau des Vesuvs anlegen lassen. Bereits damals wurden zu besonderen Anlässen Vulkanausbrüche und Lavaströme mit Hilfe von Feuer, Wasser und Glasscherben simuliert (vgl. ALEX/BIEKER/ROMEIS 2001, S. 27; TRAUZETTEL 2001, S. 63).[147]

- In den Parkanlagen von Potsdam wird einmal jährlich die *„Potsdamer Schlössernacht"* durchgeführt, bei der das Schloss und der Garten von Sanssouci sowie der Neue Garten illuminiert werden und auf mehreren Bühnen Aufführungen stattfinden. Der Abend endet mit einem großen Feuerwerk. Die Besucherzahl ist dabei auf 32.000 Personen begrenzt; im Jahr 2004 waren die Eintrittskarten in kurzer Zeit ausverkauft.[148]

Im Sinne einer klaren Profilbildung sollte bei den Veranstaltungen in historischen Gartenanlagen darauf geachtet werden, dass sie einen *inhaltlichen bzw. thematischen Bezug zu den Veranstaltungsorten* aufweisen, da sonst die Gefahr besteht, dass die Parks ausschließlich als Kulissen für exklusive Events fungieren. Für die Parkverwaltungen bieten Events die Möglichkeit, neben einer Steigerung des Bekanntheitsgrades auch zusätzliche Einnahmen zu erwirtschaften, die dem Erhalt der Anlage zugute kommen. Aufgrund der zeitlichen und räumlichen Konzentration der Besucher können durch die Veranstaltungen allerdings erhebliche Schäden in den Anlagen entstehen (Trittschäden, Vandalismus etc.).

Auch private Gartenanlagen (Gartenbaubetriebe, Baumschulen etc.) nutzen zunehmend *Events*, um die Kundenbindung zu stärken und um neue Kunden zu gewinnen. Neben themenbezogenen Veranstaltungen wie Gartenfestivals oder „Tagen der offenen Tür" fungieren die Gebäude in diesen Anlagen (z. B. Glashäuser oder Pavillons) auch als *Locations* für Betriebs- und Familienfeiern, Produktpräsentationen etc.

Als weiteres Marketinginstrument setzen historische Parks und Gärten auch die *Animation der Besucher* ein: Zu den gängigen Methoden gehören dabei vor allem *Führungen bzw. Konzerte*, bei denen die Akteure (Gästeführer, Musiker etc.) im Stil des Barock, des Rokoko oder der Romantik gekleidet sind. Während der „Sommernacht 2003" in Detmold führten z. B. Schauspieler Szenen mit berühmten Komponisten und Literaten auf, die einmal in der Stadt gelebt haben - u. a. Albert Lortzing (1801-1851), Johannes Brahms (1833-1897), Christian Dietrich Grabbe (1801-1836) und Ferdinand Freiligrath (1807-1876; vgl. Abb. 27).

---

[146] vgl. www.woerlitz-information.de vom 19. Juli 2005
[147] vgl. www.gartenreich.de vom 19. Juli 2005
[148] vgl. www.schloessernacht-2005.de vom 10. Juli 2005

Abb. 27: Zu den produktpolitischen Marketinginstrumenten von historischen Parkanlagen gehört auch die Animation der Besucher: Während der „Sommernacht 2003" in Detmold führten z. B. Schauspieler in Kostümen des 19. Jahrhunderts Szenen mit berühmten Komponisten und Literaten auf, die einmal in der Stadt gelebt haben.

Schließlich können Gartenanlagen das *Merchandising* als Marketinginstrument nutzen. Wie die Events sollten auch die Produkte einen thematischen bzw. inhaltlichen Bezug zu Parks und Gärten aufweisen. Die Palette der Produkte in den Park-Shops reicht von Informationsmaterialien zur Geschichte der Anlagen über Bücher zur Gartenkunst und -gestaltung bis hin zu Pflanzen und Gartenutensilien. Einige Parkverwaltungen vertreiben ihre Produkte auch in Online-Shops - z. B. die Bayerische Schlösserverwaltung.[149]

Parks und Gartenanlagen: Fazit

- Der Gartentourismus (wie auch die wissenschaftliche Beschäftigung mit diesem Thema) befinden sich in Deutschland gegenwärtig in einer Take-Off-Phase - im Gegensatz zu Großbritannien und Frankreich, wo dieses kulturtouristische Marktsegment bereits eine lange Tradition aufweist.
- Das gartentouristische Angebot umfasst mittelalterliche Klostergärten, französische Barockgärten, englische Landschaftsparks sowie Volks- und Bürgerparks. Nach dem Zweiten Weltkrieg kamen die Landes- und Bundesgartenschauen als neue Angebotselemente hinzu. In jüngerer Zeit findet auch eine Nutzung von Privatgärten sowie von Gärtnereibetrieben, Baumschulen etc. statt („Tag der offenen Gartenpforte", Gartenfestivals).

---

[149] vgl. www.schloesser-bayern.de

- Besonders spektakuläre Parks und Gärten haben sich zu populären Besucherattraktionen entwickelt - z. B. der Park von Versailles (6 Mio. Besucher), der
  Schlosspark Schönbrunn bei Wien (5,2 Mio.) oder das Gartenreich Dessau-
  Wörlitz in Sachsen-Anhalt (750.000).
- Parks und Gärten werden vor allem im Rahmen von Tagesausflügen besucht
  (monofinale Fahrten). Spazierengehen und Naturgenuss sowie das Interesse an
  der Gartenkunst und an Sehenswürdigkeiten sind die wichtigsten Besuchsgrün-
  de. Generell sind kulturelle Motive stärker ausgeprägt als naturbezogene.
- Bei Parks und Gärten handelt es sich um besonders sensible Kulturdenkmäler,
  die einer regelmäßigen Pflege bedürfen. Durch ein massenhaftes Besucheraufkommen können sie leicht zerstört werden (Tritt- und Lagerschäden, Vandalismus.) Der Besucherinformation und der Besucherlenkung kommt deshalb eine
  wichtige Rolle zu.

2.3   Kirchen, Klöster, Moscheen und Tempel

> „Eine paradoxe Situation. Während den
> Kirchen die Mitglieder entschwinden, haben
> ihre steinernen Wahrzeichen wie auch ihre
> Riten und Bräuche Konjunktur.“
> Doris Stickler[150]

> „Die DDR hat Luther vermarxt, heute wird er
> vermarktet, auf jeden Fall wird er vermurkst.“
> Friedrich Schorlemmer

Aufgrund der Jahrtausende alten christlichen Tradition findet sich in Deutschland
und in anderen europäischen Ländern eine unüberschaubare Zahl von Kirchen und
Klöstern. Aus touristischer Sicht stellen sie somit nahezu ubiquitäre und zugleich
auch populäre Attraktionen dar. Sie zählen generell zu den *wichtigsten Attraktionen des Besichtigungs- und Kulturtourismus.* So wird z. B. der Kölner Dom jährlich von mehr als 6 Mio. Personen besucht; damit verzeichnet er ein vergleichbar
hohes Besucheraufkommen wie das Oktoberfest in München (das wichtigste
Volksfest in Deutschland). Vor allem bei Fernreisen in Länder mit anderen Religionen (Islam, Buddhismus, Hinduismus etc.) fungieren auch Moscheen und Tempel als Besuchermagneten (→ 2.3.1).

Das spezifische touristische Potenzial von Kirchen und Klöstern basiert zum einen
auf ihren *kunst- und kulturhistorischen Besonderheiten* - der eindrucksvollen Architektur, dem großartigen Raumerlebnis und dem wertvollen Inventar. Zum anderen handelt es sich um *spirituelle und religiöse Orte,* die auch gegenwärtig noch

---

[150] STICKLER, D. (2004): Das Kreuz als Markenzeichen. - In: Christen heute, August (www.
christen-heute.de/html/body_archiv.html vom 04. Januar 2005)

von Gläubigen als Stätten des Gebets und des Gottesdienstes genutzt werden. Damit unterscheiden sie sich wesentlich von anderen kulturtouristischen Attraktionen (z. B. Burgen und Schlössern), die ihre ursprüngliche Funktion verloren haben und nur noch einen musealen Charakter aufweisen.

Für das Management von Kirchen und Klöstern ergeben sich aus dieser Ambivalenz von Sehenswürdigkeit und sakralem Ort mehrere *Risiken und Chancen*, denn einerseits kann es - vor allem in intensiv besuchten Anlagen - zu Konflikten zwischen Gläubigen und Touristen kommen (z. B. aufgrund unpassender Kleidung oder unangemessenen Verhaltens). Andererseits kann das touristische Interesse von der katholischen und evangelischen Kirche aber auch genutzt werden, einen neuen Zugang zu den Menschen zu finden - in einer Zeit, die durch eine wachsende Zahl von Kirchenaustritten und eine zunehmende Kirchenferne der Besucher gekennzeichnet wird (→ 2.3.3).

Hinsichtlich der touristischen Erschließung von Kirchen und Klöstern lässt sich ein breites Spektrum unterschiedlicher Angebote beobachten: Es reicht von Besichtigungen und Führungen über den Verkauf von Klosterprodukten und den Betrieb von gastronomischen Einrichtungen bis hin zu Übernachtungsangeboten. Einige Klöster haben sich sogar zu Wirtschaftsunternehmen entwickelt, deren Marktauftritt auf professionellen Marketing-Strategien basiert - z. B. Kloster Andechs in Bayern (→ 2.3.2).

2.3.1   Touristische Potenziale und Bedeutung von Kirchen, Klöstern, Moscheen und Tempeln

Seit mehr als 2.000 Jahren wird die Geschichte Europas und damit auch seine Kunst- und Kulturgeschichte durch das Christentum geprägt. Diese Bedeutung spiegelt sich auch in zahlreichen Kirchen und Klöstern wider, die als Relikte oder Bauwerke erhalten sind. Vor allem im Mittelalter, aber auch in der Renaissance und im Barock haben Herrscher und Bürger große Anstrengungen unternommen, um spektakuläre Kathedralen zu errichten. Von den Mönchsorden wurden weitläufige Klosteranlagen geschaffen, die als wichtige religiöse, aber auch künstlerische und wirtschaftliche Zentren fungierten. Hinsichtlich einer touristischen Nutzung weisen Kirchen und Klöster deshalb *vielfältige Potenziale* auf.

Touristische Potenziale und Bedeutung von Kirchen und Klöstern

Die touristischen Potenziale von Kirchen und Klöstern reichen von kunstgeschichtlichen Merkmalen über sozialhistorische Elemente bis hin zu liturgisch-spirituellen Aspekten (vgl. HEY 1998). Angesichts der Vielzahl religiöser Stätten ist es unmöglich, einen vollständigen Überblick über deren touristische Bedeutung zu erlangen. Außerdem liegen nur wenige Studien zum Besucheraufkommen, zum

Profil der Besucher und zu wirtschaftlichen Wirkungen der touristischen Nachfrage vor.

Das *kunstgeschichtliche Potenzial von Kirchen* besteht vor allem in ihrer Architektur und ihrer Ausstattung (Altäre, Gestühle, Plastiken, Glasfenster etc.), in denen jeweils die charakteristischen Merkmale der unterschiedlichen Stilepochen zum Ausdruck kommen (zur Geschichte der Architektur und zur regionalen Verteilung der Baustile vgl. u. a. BAUMGART 1979; MÜLLER/VOGEL 1982; BRAUNFELS 1985; KLOTZ 1995; GLANCEY 2000; PRÖPPER/SPANTIG 2002; HÖCKER 2002).

Seit dem 4. Jahrhundert entstanden im *byzantinischen Reich* die frühesten christlichen Kirchen (vor allem als Basiliken und Zentralbauten), die allerdings in späterer Zeit häufig verändert wurden. Zu den berühmten Beispielen, die auch im internationalen Tourismus als Besichtigungsziele und Imageträger von Bedeutung sind, zählen S. Apollinare bei Ravenna (Italien), die Hagia Sophia in Istanbul (Türkei) und - als Nachfolgebau - San Marco in Venedig (Italien).

In Mittel- und Westeuropa entfaltete sich seit der Krönung von Karl dem Großen (800) zum Oberhaupt des Hl. Römischen Reichs eine rege kirchliche Bautätigkeit. Orientiert an dem Vorbild der römischen Architektur wurde dieser neue *romanische Stil* durch massive, klare Bauformen mit Rundbögen und Gewölben geprägt. Als Beispiele sind die Kathedrale von Durham (Großbritannien), der Dom von Pisa (Italien) sowie die St.-Michael-Basilika in Hildesheim und der Dom zu Speyer zu nennen. Einige dieser mächtigen Bauwerke haben sich zu viel besuchten Sehenswürdigkeiten entwickelt: So verzeichnet der Aachener Dom jährlich ca. 1.000.000 Besucher (vgl. DTV 2003).

Zu den eindrucksvollsten Kirchenbauten zählen aber sicherlich die *gotischen Kathedralen*, die in der Zeit von ca. 1300 bis 1500 in Frankreich, Deutschland, England, den Niederlanden und Böhmen errichtet wurden. Häufig erstreckte sich ihre Bauzeit über mehrere Generationen. Mit ihren riesigen Kirchenschiffen und hohen Türmen prägen sie auch heute noch die Stadtsilhouette. So erreicht z. B. der Turm des Straßburger Münsters mit 130 m die Höhe eines vierzigstöckigen Hochhauses. Entsprechend groß ist auch ihre touristische Bedeutung: So wird z. B. der Kölner Dom jährlich von 6 Mio. Personen besucht und das Ulmer Münster von ca. 590.000 Personen (vgl. DTV 2003). Auch die Kathedralen in Amiens und Beauvais (Frankreich), der Stephansdom in Wien (Österreich), die Kathedrale von Palma de Mallorca (Spanien) und das Freiburger Münster sind beliebte Besichtigungsziele.

Eine ähnliche touristische Popularität weisen die großen *Kirchenbauten der Renaissance* mit ihren beeindruckenden Kuppeln auf, die im 16. und 17. Jahrhundert vor allem in Italien entstanden. In Kombination mit anderen historischen Gebäuden und Kunstwerken stellen sie die herausragenden Attraktionen des Kultur- und

Städtetourismus dar. Zu den Leitbauten gehören der Dom in Florenz und - mit ca. 6 Mio. Besuchern/Jahr - der Petersdom in Rom.[151]

Zu den berühmtesten *Kirchen der Barockzeit* (1650-1780) gehören S. Maria della Salute in Venedig (Italien), die Karlskirche in Wien (Österreich) und St. Paul's Cathedral in London (Großbritannien). In Deutschland ist die Frauenkirche in Dresden zu nennen, die während der Bombardierung der Stadt im Zweiten Weltkrieg nahezu völlig zerstört wurde. Nachdem sie in den letzten Jahren mit erheblichem privaten Engagement (aus dem In- und Ausland) wieder aufgebaut wurde, hat sie sich zur wichtigsten Besucherattraktion von Dresden entwickelt. In den zwei Monaten seit ihrer Weihe am 30. Oktober 2005 verzeichnete sie 325.000 Besucher - davon waren 150.000 Besichtigungs- und Kulturtouristen.[152]

Wie die städtischen Kirchen verfügen auch die *Klosteranlagen*, die häufig im ländlichen Raum zu finden sind, über ein großes kulturtouristisches Potenzial. Die ersten Klöster sind im 4. Jahrhundert aus Einsiedeleien hervorgegangen. Auf eine lange Geschichte können z. B. einige frühe Klöster Irlands zurückblicken, von denen heute noch die typischen Rundtürme und Kirchengebäude erhalten sind. Mit dem Bau von Informationszentren und weiteren Infrastruktureinrichtungen sind sie inzwischen zu touristischen Attraktionen geworden: Das Kloster Glendalough (Co. Wicklow) verzeichnet jährlich mehr als 1 Mio. Besucher und die Klosteranlage Clonmacnoise (Co. Offaly) ca. 160.000, von denen 75 % aus dem Ausland kommen (vgl. McGETTIGAN/BURNS 2001, S. 145; Department of the Environment, Heritage and Local Government o. J.; Abb. 28).[153]

Wesentliche Impulse erfuhr das Klosterwesen durch *Mönchsorden*, die sich seit dem Mittelalter über ganz Europa ausbreiteten und an vielen Orten Klöster gründeten; dazu zählen u. a. die zahlreichen Klosteranlagen der Benediktiner, der Zisterzienser und der Franziskaner:[154]

- Eine Studie zur touristischen Bedeutung der *Benediktinerklöster in Niederösterreich* (u. a. Melk, Göttweig und Altenburg) ergab, dass die Besucher nicht nur aus Österreich, sondern vor allem auch aus Deutschland und aus der Schweiz kommen.[155] Die wichtigsten Besuchsmotive sind dabei die Bekanntheit und Einzigartigkeit des Kulturdenkmals sowie das Interesse an Geschichte, an Ausstellungen/Konzerten und am Leben der Mönche. Religiöse Gründe werden hinge-

---

[151] vgl. STANKIEWITZ, K. (1994): Mehr denn je ist ihnen heilig. - In: Süddtsch. Ztg., 08. November

[152] vgl. FAZ, 28. Dezember 2005

[153] vgl. www.csmonitor.com/cgi-bin/durableRedirect.pl?/durable/2000/08/22/p7s1.htm vom 29. Dezember 2005

[154] vgl. www.wikipedia.de./wiki/Liste_der_Klöster; www.monasterium.net

[155] Der Einzugsbereich von Klöstern hängt wesentlich von deren Bekanntheitsgrad ab. So kommen z. B. 70 % der Besucher des Klosters Dalheim (Nordrhein-Westfalen) aus der näheren Umgebung - mit weniger als 30 Min. Anfahrtszeit (vgl. WANGE 2004, S. 73).

gen deutlich seltener genannt - z. B. das Kloster als Ort zum Nachdenken, das Gebet in der Kirche oder ein Gespräch mit einem Pater. Bei der Mehrzahl der Gäste handelt es sich um Paare mittleren und höheren Alters, die über ein gehobenes Bildungsniveau und ein entsprechend hohes Einkommen verfügen *(Empty Nester)*. Der Besuch der Klöster ist nicht der einzige Programmpunkt der Reise, sondern er wird meist mit der Besichtigung anderer Sehenswürdigkeiten kombiniert (vgl. FEDRIZZI 2001).

Abb. 28: Von der großen Klosteranlage Clonmacnoise in Co. Offaly (Republik Irland) sind nur noch ein Rundturm sowie einige Hochkreuze und Kirchenruinen erhalten geblieben. In einem Besucherzentrum und durch Führungen wird den Besuchern die Geschichte des Klosters vermittelt.

- Über eine große touristische Popularität verfügt auch das Benediktinerkloster *Mont St. Michel in der Bretagne* (Frankreich), das jährlich von ca. 3. Mio. Personen besucht wird - nicht zuletzt aufgrund seiner spektakulären Lage auf einer Insel, die über einen Damm mit dem Festland verbunden ist. Durch den Besichtigungs- und Kulturtourismus werden in der näheren Umgebung des Klosters Umsätze in Höhe von ca. 26,5 Mio. € ausgelöst. Damit ist er für 90 % der lokalen wirtschaftlichen Aktivitäten verantwortlich (vgl. Europäische Kommission 1998).[156]

- Bei einigen ehemaligen Klöstern resultiert die Attraktivität nicht nur aus der kunstgeschichtlichen Bedeutung, sondern vor allem aus der Nutzung nach der Säkularisierung. So verzeichnet z. B. das *Kartäuserkloster in Valldemossa* (Mallorca) jährlich mehr als 250.000 Besucher, weil Fréderic Chopin und seine Ge-

---

[156] vgl. www.villes-avranches.dr/deutsch/eco/eco_noedud.htm vom 29. Dezember 2005

liebte George Sand in einer der Klosterzellen den Winter 1838/1839 verbracht haben. Der literarische Bericht über diesen Aufenthalt („Ein Winter auf Mallorca") wurde in vielen Ländern Europas zu einem Bestseller (vgl. SAND 1982; FERRÀ 1975; Abb. 29).

Abb. 29: Bei einigen ehemaligen Klöstern resultiert die Attraktivität nicht nur aus der kunstgeschichtlichen Bedeutung, sondern vor allem aus der Nutzung nach der Säkularisierung. So verzeichnet z. B. das Kartäuserkloster in Valldemossa (Mallorca) jährlich mehr als 250.000 Besucher, weil Fréderic Chopin und seine Geliebte George Sand in einer der Klosterzellen den Winter 1838/1839 verbracht haben.

Seit dem Mittelalter waren die Klöster nicht nur religiöse und spirituelle Zentren, sondern auch wichtige Kultur-, Bildungs- und Wirtschaftseinrichtungen. Hier wurden aufwändige Kopien alter Handschriften und wertvolle Kunstgegenstände angefertigt. Außerdem sammelten die Mönche Kenntnisse in der Kräuter- und Heilkunde, entwickelten neue Anbautechniken und stellten Bier, Wein, Likör etc. her. Gegenwärtig knüpfen einige Klöster an diese Traditionen an, indem sie ihre Produkte in eigenen Klosterläden verkaufen (→ 2.3.3). Die Klosteranlagen sind deshalb für Besichtigungs- und Kulturtouristen nicht nur aus kunsthistorischen, sondern auch aus *sozial- und wirtschaftgeschichtlichen Gründen* von Interesse - und nicht zuletzt unter *kulinarischen Aspekten.*

Zu den touristischen Potenzialen von Kirchen und Klöstern gehört schließlich auch die *spirituelle und religiöse Funktion,* denn sie sind nicht nur „Sakralimmobilien", sondern sie bieten den Besuchern auch einen Ort der Stille und öffnen eine „Tür zum Heiligen" (ISENBERG 2002, S. 8, 14). Bundesweite Repräsentativuntersuchungen in den 1990er-Jahren kamen zu dem Ergebnis, dass 12-16 % der Befragten während ihres Urlaubs an einem Gottesdienst teilgenommen haben. Dabei handelte es sich häufig um allein lebende ältere Menschen, die eine Reise innerhalb Deutschlands gemacht haben (vgl. ISENBERG 2002, S. 6-7). Allerdings handelt es sich bei diesen religiös motivierten Touristen - im Sinne der Definition dieses Studienbuches (→ 1.1.1) - nicht um Kulturtouristen.[157]

Diese Einschränkung muss auch hinsichtlich des *Pilgertourismus* gemacht werden, der weltweit große Reiseströme von Gläubigen auslöst und an einigen Orten zu einem massenhaften Besucheraufkommen führt.[158] So ist z. B. Lourdes (Frankreich) jährlich das Ziel von ca. 5 Mio. Pilgern, Santiago de Compostela (Spanien) wird von 3 Mio. Wallfahrern besucht und im Marien-Wallfahrtsort Kevelaer am Niederrhein werden mehr als 800.000 Gäste gezählt. Schätzungen gehen davon aus, dass ein Drittel des internationalen Tourismus auf religiöse Gründe zurückzuführen ist. Obwohl Kirchen und Klöster zu den zentralen Zielorten der Pilger zählen, stehen bei diesen Reisen nicht kulturhistorische, sondern religiöse Motive im Vordergrund - z. B. die Fürbitte um Befreiung von irdischen Lastern, die Danksagung für eine Heilung, die religiöse Erleuchtung bzw. das Erlebnis der Gemeinschaft mit anderen Gläubigen. Gleichzeitig sind berühmte Wallfahrtsorte aber auch häufig bevorzugte Ziele von Kulturtouristen. In Altötting (Bayern) handelt es bei der Hälfte der 1,2 Mio. Besucher um Besichtigungs- und Kulturtouristen.[159]

Doch auch für Nicht-Gläubige können Kirchen, Klöster, Moscheen und Tempel eine spirituelle Bedeutung haben - nämlich als *Orte der Ruhe und der Distanz zum Alltag*. Nach Einschätzung von Vertretern der katholischen und evangelischen Kirche ist in jüngerer Zeit ein regelrechter Boom des Kirchentourismus zu beobachten. Sakrale Räume bieten die Möglichkeit zum Nachdenken über menschliche Werte und über die Sinngebung des Lebens. Aus diesem Grund setzt die bayerische Landeskirche bereits seit 1989 an der Sebalduskirche in Nürnberg eine Touristen-Seelsorgerin ein; sie kümmert sich um Besucher, die sonst niemals in einen Gottesdienst kommen würden.[160]

Touristische Potenziale und Bedeutung von Moscheen und Tempeln

Speziell bei *Fernreisen in Länder mit einer andersartigen kulturellen und religiösen Prägung* spielen landeskundliche Motive eine wichtige Rolle. ADERHOLD

---

[157] Für das Land Sachsen-Anhalt wurden - auf der Basis einer Potenzialanalyse - Handlungsempfehlungen zum Thema „Spiritueller Tourismus" erarbeitet (vgl. MWA 2006).

[158] vgl. u. a. KING (1972), BÜTTNER u. a. (1985), RINSCHEDE (1990, 2000), GORMSEN/HASSEL (1991), GISSER (2002) zum Religionstourismus generell und speziell zum Pilgertourismus im europäischen, arabischen und asiatischen Raum

[159] vgl. STANKIEWITZ, K. (1994): Mehr denn je ist ihnen heilig. - In: Süddtsch. Ztg., 08. November; www.kvgg.de/sokpro/geogra/geogra01.htm vom 22. November 2005

[160] vgl. REINDL, P. (2003): Kirchentourismus boomt wie noch nie. - In: Sonntagsblatt, 21. September; www.livenet.ch/www/index.php/D/article/196/10656 vom 22. November 2005

(2000, S. 250) kam in einer Untersuchung zur Motivstruktur der Dritte-Welt-Reisenden zu dem Ergebnis, dass 40 % dieser Zielgruppe an dem Land, der Kultur und der Bevölkerung sehr interessiert sind und weitere 30 % einen Erholungsurlaub mit Besichtigungen kombinieren; nur bei 30 % handelt es sich um Strand- und Erholungsurlauber, die kaum Interesse an Land und Leuten haben.

Zu den religiösen kulturtouristischen Attraktionen in Ländern der Dritten Welt zählen vor allem Tempel und Moscheen (vgl. Abb. 30). Die Daten- und Forschungslage zu ihrer touristischen Bedeutung ist recht unbefriedigend; dennoch ist bekannt, dass sich eine Reihe von religiösen Stätten zu *Besuchermagneten des internationalen Tourismus* entwickelt haben - so z. B.:

- die *buddhistischen Tempelanlagen* in Borobudur (Indonesien)[161] und die Pilgerstätten in Anuradhapura (Sri Lanka),

- die *hinduistischen Tempel* in Prambanan (Indonesien) und in Angkor Wat (Kambodscha),

- *moslemische Moscheen* wie die Sultan-Ahmet-Moschee in Istanbul (Türkei) und die Sultan-Qaboos-Moschee in Muscat (Oman),

- die *Maya-Tempelanlagen* in Chichén Itzá auf der Halbinsel Yucatán (Mexiko) und in El Mirador (Guatemala).

Religiös geprägte Schauplätze

Neben religiösen Bauten, die teilweise über eine lange touristische Tradition verfügen, gibt es aber auch *neue religiös geprägte Schauplätze*, die sich zu populären Attraktionen des Besichtigungs- und Kulturtourismus entwickelt haben. So wird die letzte Ruhestätte des beliebten Papstes Johannes Paul II. im Petersdom an Spitzentagen von 20.000 Menschen besucht - vor seinem Tod sind täglich nur wenige hundert Besucher in die Krypta der Päpste gekommen.[162] Ein weiteres Beispiel ist das Geburtshaus seines Nachfolgers, des deutschen Kardinals Joseph Ratzinger, in Marktl (Bayern). Nachdem er im April 2005 zum neuen Papst Benedikt XVI. gewählt wurde, rückte der Ort rasch in das öffentliche Interesse; steigende Besucherzahlen aus dem In- und Ausland waren die Folge. Die Gemeinde eröffnete einen „Tourist-Info-Shop", in dem Papst-Devotionalien verkauft werden (Bücher, Medaillen, Poster etc.).

---

[161] Die Tempelanlage Borobudur verzeichnete Mitte der 1990er-Jahre täglich ca. 5.000 Besucher, bei denen es sich zu 15 % um ausländische Touristen handelte (vgl. NURYANTI 1996, S. 343).

[162] vgl. FAZ, 30. März 2006

*Abb. 30: In den islamischen Ländern gehören die Moscheen zu den religiösen kulturtouri-
stischen Attraktionen - z. B. die älteste Moschee der Vereinigten Arabischen Emirate in
Bidiyah (Fujairah). Das ungewöhnliche Gebäude mit vier Kuppeln wurde im 15. Jahrhundert ausschließlich aus Steinen und Lehmziegeln errichtet (ohne die Verwendung von
Holz).*

Auch die lokale Wirtschaft versucht, an der unerwarteten Popularität teilzuhaben:
So bietet die örtliche Pizzeria eine „Pizza Benedetto" an und eine Brauerei stellt
ein spezielles „Papst-Bier" her. Darüber hinaus wurde in der Region der „Bene-
diktweg" eingerichtet - ein thematischer Radweg auf den Spuren der Jugend und
Kindheit des Papstes.[163]

Außer Kirchen, Klöstern, Moscheen und Tempeln sowie religiösen Schauplätzen
gehören auch große und spektakuläre *religiöse Veranstaltungen* zum kulturtouristischen Potenzial - z. B. Oster- und Fronleichnamsprozessionen, kirchliche Fest-
tage und Kirchentage sowie Tempelfeste und -zeremonien (→ 3.2.3).

---

[163] vgl. HINTERMEIER, H. (2005): Papstüberflug an der Kasse erhältlich. - In: FAZ, 23.
Dezember; BAUR, D. (2005): Willkommen im Media-Marktl. - In: Spiegel Online, 20.
April; www.markt-marktl.de; www.altoetting.de

2.3.2   Fallstudie: Kloster Andechs (Bayern)

Innerhalb des kulturtouristischen Angebotssegments stellt das Benediktinerkloster Andechs ein ungewöhnliches Beispiel dar, *kirchliche Werte und wirtschaftliche Tätigkeit* erfolgreich miteinander zu verknüpfen. Es wurde im Jahr 1455 auf dem Heiligen Berg am Ostufer des Ammersees gegründet und fungiert seit dem 19. Jahrhundert als Wirtschaftsgut der Abtei St. Bonifaz in München.

Aufgrund seines Reliquienschatzes ist Kloster Andechs seit mehr als 500 Jahren ein *wichtiger Wallfahrtsort* und in jüngerer Zeit auch ein *populäres Ausflugsziel*. Es verzeichnet gegenwärtig mehr als 1 Mio. Besucher, von denen jeder Zweite die Wallfahrtskirche aufsucht. Die 22 Mönche sind nicht nur in der seelsorgerischen Arbeit, sondern auch in *zahlreichen Geschäftsfeldern* tätig, die sich aus den traditionellen Wirtschaftsbereichen eines Klosters ableiten (vgl. Kloster Andechs 2005, S. 6-13; vgl. Tab. 9):

- Bereits seit seiner Gründung wird in Andechs Bier gebraut. Gegenwärtig produziert das Kloster in einer modernen *Brauerei* fünf verschiedene Biersorten, die in mehrere europäische Länder und nach Kanada exportiert werden (Gesamtausstoß: 117.000 hl).

- Nach der Regel des hl. Benedikt („Alle Fremden, die kommen, sollen aufgenommen werden") zählt die Gastfreundschaft zu den klösterlichen Traditionen. So verfügt Andechs über mehrere *gastronomische Einrichtungen*, in denen u. a. das Klosterbier und auch die Klosterschnäpse angeboten werden.

- Zum Kloster gehören auch 300 ha Grund- und Waldfläche. Während früher die *Landwirtschaft* die wichtigste Einkommensquelle der Mönche war, sind es inzwischen die Brauerei und die Gastronomie.

- Auch die *Destillierkunst und Zubereitung von Likör* zählen zu den klösterlichen Traditionen. Gegenwärtig bietet das Kloster fünf Spirituosen-Spezialitäten an, deren Herstellung in der eigenen Brennerei erfolgt.

- Bereits seit 1890 verfügt Andechs über einen *Klosterladen*, in dem Devotionalien, Bücher, Souvenirs etc. verkauft werden.

Auf der Grundlage dieser wirtschaftlichen Aktivitäten hat das Kloster Andechs in den 1990er-Jahren ein *Dachmarken-Konzept* entwickelt, zu dessen Bestandteilen auch *strategische Partnerschaften mit Wirtschaftsunternehmen* gehören:

- Unter Verwendung des traditionsreichen Begriffs „Andechs" sind *Produktlizenzen* an Firmen vergeben worden, die u. a. Brot, Semmeln, Schnupftabak, Käse und Senf herstellen.

Abtei Sankt Bonifaz/Kloster Andechs	
Benediktinermönche (OSB)	22 Mönche
Mitarbeiter	über 200
Betreuung von drei Pfarreien	
Sankt Bonifaz in München, Erlin und Machtlfing bei Andechs	
Besucher der Wallfahrtskirche	ca. 500.000/Jahr
organisierte Pilger	über 30.000/Jahr
Besucherzahl	über 1 Mio./Jahr
Wirtschaftsbetriebe	
1. Klosterbrauerei	
Bierausstoß 2004	117.000 hl
fünf Biersorten	
2. Gastronomie	
Bräustüberl (Bierausschank, Selbstbedienung, Brotzeit mitbringen erlaubt)	
Klostergasthof (traditionelle bayerische Küche)	
3. Landwirtschaft	
Grund- und Waldbesitz	300 ha
ökologische Landwirtschaft (seit 1995)	150 ha
Andechser Kräutergarten	1.400 qm
4. Andechser Klosterbrennerei	
fünf Schnäpse/Liköre	seit 2003
5. Kultur- und Veranstaltungs-GmbH	
Tagungen	Mehr als 200/Jahr
Andechser Exerzitien	seit 2000
Lizenzen und Partnerschaften	mit 6 Firmen
Konzertveranstaltungen	
6. Orff in Andechs e. V.	seit 1992
Carl Orff-Festspiele	ca. 10.000-15.000 Besucher/Jahr

Tab. 9: Das Kloster Andechs in Bayern ist nicht nur ein beliebtes Pilger- und Ausflugsziel, sondern auch ein erfolgreiches Wirtschaftsunternehmen, das mehr als 200 Mitarbeiter in unterschiedlichen Betriebszweigen beschäftigt - von der Brauerei über die Landwirtschaft und Brennerei bis hin zu einer eigenen Veranstaltungsfirma (Quelle: Eigene Darstellung nach Angaben in Kloster Andechs 2005, S. 21).

- Die Abfüllung und der Verkauf der Schnäpse und Liköre erfolgt in Form einer *Vertriebspartnerschaft* mit einem Unternehmen der Spirituosenbranche.

- Außerdem gibt es *Lizenzpartnerschaften* für selbstständige Wirtshäuser, die unter dem Namen „Der Andechser" in zehn Städten in Deutschland betrieben werden.[164]

Ein weiteres Geschäftsfeld des Klosters ist - neben den wirtschaftlichen Aktivitäten - auch der Kulturbereich. Eine eigene *Kultur- und Veranstaltungs-GmbH* organisiert Tagungen und Exerzitien für Manager; außerdem finden seit 1992 die „*Carl Orff-Festspiele*" statt, die jährlich ca. 10.000-15.000 Besucher verzeichnen (vgl. Kloster Andechs 2005, S. 18).

Im Jahr 2004 kam eine *Imageanalyse* zu dem Ergebnis, dass die Besucher vor allem die Begriffe „Bier", „Bayern" und „Spiritualität" mit dem Kloster Andechs verbinden.[165] Als wesentlicher Erfolgsfaktor des Marktauftritts wird der ausgeprägte Traditionssinn der Mönche betrachtet, der teilweise im Gegensatz zu einer Kundenorientierung steht. So schließt z. B. das „Bräustüberl" bereits um 21.00 Uhr, um die klösterliche Ruhe einzuhalten, und an den Wochenenden wird das alkoholreiche Doppelbock-Bier nicht ausgeschenkt, um Verkehrsunfällen nach dem Besuch des Klosters vorzubeugen. Durch derartige Maßnahmen eines wertebewussten Marketings kommt es nicht zu einem Attraktivitätsverlust; vielmehr werden den Besuchern Authentizität und Glaubwürdigkeit der Dienstleistungen und Produkte vermittelt. Damit verfügt Kloster Andechs im Tourismus- und Konsummarkt über klare Alleinstellungsmerkmale *(Unique Selling Propositions)*, die einen hohen Zufriedenheitsgrad, eine hohe Wiederbesuchsabsicht und ein positives Weiterempfehlungsverhalten der Gäste zur Folge haben (vgl. KOOB/WEBER 1999; SCHOTT 2002).[166]

2.3.3   Management von Kirchen und Klöstern

Generell werden Kirchen und Klöster auf vielfältige Weise touristisch genutzt. Das Spektrum reicht dabei von Besichtigungen und Führungen über den Verkauf von Klosterprodukten und den Betrieb von Gaststätten bis hin zu Themenkampagnen/-straßen und Übernachtungsangeboten (Wohnen im Kloster, Kloster auf Zeit). Die folgenden Beispiele zeigen, dass das Management und Marketing dabei sowohl die

---

[164] vgl. BURGER, H. (2004): Die wirtschaftlichen Aktivitäten des Klosters. - In: Welt am Sonntag, 08. August

[165] vgl. BRUHN, M./SIEMS, F. (2004): Bier, Bayern und Spiritualität prägen den Heiligen Berg. - In: Andechser Bergecho, 3

[166] vgl. MSP-Newsletter, 4 (2002) 9, S. 6-7

erlebnisorientierten Interessen der Besucher als auch den religiösen Charakter der Einrichtungen zu berücksichtigen hat.[167]

Besichtigungen und Führungen in Kirchen und Klöstern

Um als touristische Attraktionen genutzt werden zu können, müssen Kirchen und Klöster zunächst öffentlich zugänglich sein. Aufgrund von Personalmangel, aber auch aus Angst vor Diebstählen und Vandalismus ist diese Grundbedingung bei vielen kleinen Kirchen häufig nicht erfüllt. Protestantische Kirchen sind meist aus Glaubensgründen nur während der Gottesdienste geöffnet. In jüngerer Zeit gibt es allerdings in mehreren evangelisch-lutherischen Landeskirchen (Nordelbien, Hannover) Aktionen zur Öffnung von Kirchen. Parallel dazu wurden Signets wie *„Tritt ein! Die Kirche ist offen"* bzw. *„Verlässlich geöffnete Kirche"* entwickelt, mit denen Einheimische und Auswärtige zu einem Besuch von Kirchen angeregt werden sollen. Eine ähnliche Funktion hat eine Homepage, auf der über 15 evangelische Kirchen in Hamburg sowie deren Kunstschätze, Gottesdienste und Öffnungszeiten informiert wird.[168]

Um das *Angebot an Kirchenführungen* zu verbessern, führt die „Arbeitsgemeinschaft Missionarische Dienste im Diakonischen Werk der EKD" (AMD) regelmäßig Fortbildungen für Kirchenführer/innen durch. Neben der Vermittlung kunsthistorischer und liturgischer Inhalte werden auch Möglichkeiten aufgezeigt, die Kirche als religiösen Erlebnisraum zu präsentieren - durch die Integration von biblischen Geschichten oder Musik, durch nächtliche Führungen etc.[169] Mit dieser Thematik beschäftigt sich ebenfalls ein zertifiziertes Ausbildungsmodell für Kirchenführer/innen, das vom „Bundesverband Kirchenpädagogik e. V." entwickelt worden ist. Der 120 Stunden umfassende Kurs richtet sich vor allem an kirchliche Mitarbeiter, die Führungen für Kindergärten, Schulklassen und Erwachsenengruppen anbieten.[170]

Führungen durch kirchliche Mitarbeiter sind aber nicht nur eine Möglichkeit der angemessenen Informationsvermittlung, sondern auch ein *Instrument zur Besucherlenkung.* Vor allem in Kirchen, die besondere Kunstschätze aufweisen und deshalb auch das Ziel zahlreicher Besucher sind, besteht die Gefahr, dass die Gläubigen bei Gebet und Gottesdienst gestört werden; darüber hinaus kann es zu *Schäden an den Kunstwerken* kommen. Als Beispiel kann die Kirche St. Martin in Zillis (Schweiz) genannt werden - einem Dorf mit 340 Einwohnern. Die Kirchen-

---

[167] vgl. auch ZENTNER (2002, S. 45-48) zu den Möglichkeiten und Grenzen der Vermarktung von Kirche und Religion

[168] vgl. www.nordelbien.de; www.offene-kirchen.de; www.offene-kirchen.info; www.kirchentourismus.de; www.kirche-im-tourismus.de

[169] vgl. www.a-m-d.de/angebote/projekte/kit-fachtagungen

[170] vgl. www.bvkirchenpaedagogik.de

decke besteht aus 153 bemalten Kassetten, die mit Darstellungen von Engeln, Fabelwesen und Szenen aus dem Leben Jesu verziert sind. Sie gilt als älteste und am besten erhaltene Kassettendecke der Welt. Die kleine Kirche wird deshalb jährlich von 250.000 Touristen besucht. Die Dorfbewohner (aber auch viele Touristen) fühlen sich durch diesen massenhaften Andrang gestört. Außerdem wird das Raumklima durch das häufige Öffnen der Türen und durch das Atmen der zahlreichen Besucher verändert - Schäden an den Gemälden sind die Folge (vgl. IBERG GARCIA 2002, S. 21).

Angesichts derartiger Belastungserscheinungen werden in vielen Kirchen mit einem hohen Besucheraufkommen unterschiedliche *Maßnahmen zur Steuerung und Reglementierung* eingesetzt (vgl. ISENBERG 2002, S. 8):
- grundsätzliches Verbot bzw. Begrenzung der Zahl von Führungen durch externe Gästeführer,
- ausschließlicher Einsatz von geprüften Kirchenführer(inne)n,
- Verpflichtung zur Teilnahme an Kirchenführungen,
- generelle Erhebung von Eintritten (außerhalb der Gottesdienste),
- Erhebung von Eintritten für Besuchergruppen,
- Beschränkung der Gruppengröße,
- Sperrung einzelner Bereiche der Kirche für Gläubige,
- Schaffung separater Zugänge für Gläubige und für Touristen (vgl. Abb. 31).

Themenstraßen zu Kirchen und Klöstern

Wie in anderen kulturtouristischen Angebotssegmenten (Burgen, Gartenanlagen, Industrieeinrichtungen etc.) wird auch bei Kirchen und Klöstern das Instrument der Themenstraßen eingesetzt, um die Besucherströme besser zu verteilen und um weniger bekannten Attraktionen eine größere Aufmerksamkeit zu verschaffen.

Einen Ansatzpunkt bilden dabei die *traditionellen Pilger- und Wallfahrtswege,* deren Geschichte teilweise bis in das Mittelalter zurückreicht. Ein berühmtes Beispiel, das in jüngerer Zeit auch als kulturtouristische Attraktion genutzt wird, ist der *„Jakobsweg",* der seit dem 9. Jahrhundert zum Grab des Apostels Jakobus des Älteren in Santiago de Compostela (Spanien) führt. Diese Pilgerstraße beginnt in Deutschland mit einem breiten System von Wegen, die sich - durch Frankreich verlaufend - in Puenta La Reina (Spanien) zu einer großen Pilgerstraße vereinigen (vgl. Abb. 32).

Am 23. Oktober 1987 wurde der „Jakobsweg" vom Europarat in Straßburg zur ersten „Europäischen Kulturstraße" erklärt. Er spielt eine große Rolle innerhalb der *Diversifizierungsstrategie,* die Spanien seit den 1990er-Jahren verfolgt, um über eine breitere Produktpalette zu verfügen und neben den Stränden auch das Landesinnere touristisch zu erschließen („Plan zur Wettbewerbsfähigkeit des spanischen Tourismus"; vgl. SÁNCHEZ-GIL 1993).

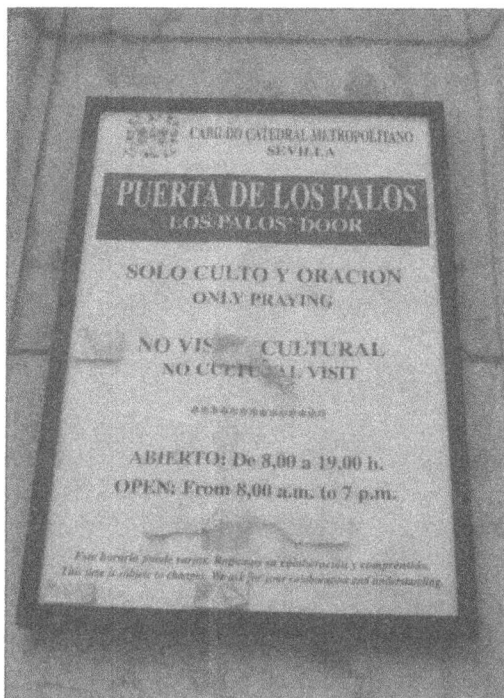

Abb. 31: In Kirchen mit einem hohen touristischen Besucheraufkommen werden häufig einzelne Kapellen gesperrt, um den Gläubigen die Möglichkeit zu geben, in Ruhe zu beten. An der Kathedrale von Sevilla steht ihnen dazu ein eigener Eingang zur Verfügung, der nicht von Touristen benutzt werden darf.

Neben traditionellen Pilgerwegen sind in jüngerer Zeit auch neue religiöse Themenstraßen eingerichtet worden - z. B. die *„Via Sacra"* im Dreiländereck Deutschland, Tschechien und Polen, die 16 sakrale Bauwerke und Kunststätten miteinander verbindet, oder die *„Mitteldeutsche Kirchenstraße"*, die zu mehreren Dorfkirchen im Raum Wittenberg-Torgau-Bad Düben (Sachsen-Anhalt) führt.[171]

Darüber hinaus finden sich Themenstraßen, bei denen weniger die religiösen Inhalte, sondern vielmehr die kunst- und kulturgeschichtlichen Besonderheiten von Kirchen und Klöstern im Mittelpunkt stehen. Als Beispiel ist die *„Straße der Romanik"* zu nennen, die im Jahr 1993 in Sachsen-Anhalt eröffnet wurde. Mit dieser Themenstraße werden 72 Kulturdenkmäler verknüpft, die zwischen 950 und 1250 n. Chr. entstanden. Als Auswahlkriterien fungierten dabei vorrangig die künstlerische Qualität und der Erhaltungszustand, der Abwechslungsreichtum und eine regionale Ausgewogenheit innerhalb des Bundeslandes.

---

[171] vgl. GASSMANN, M. (2005): Zeitreise im Dreiländereck. - In: FAZ, 17. November; www. via-sacra.info; vgl. www.mitteldeutsche-kirchenstrasse.de

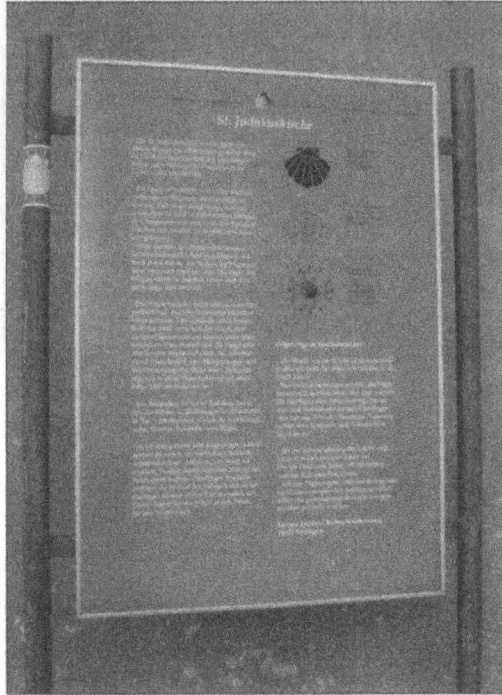

Abb. 32: Zu den religiösen Attraktionen, die für den Kulturtourismus genutzt werden, zählen auch die traditionellen Pilger- und Wallfahrtswege. Das bekannteste Beispiel ist der „Jakobsweg", der zum Grab des Apostels Jakobus des Älteren in Santiago de Compostela (Spanien) führt. Er beginnt in Deutschland mit einem breiten System von Wegen, die sich - durch Frankreich verlaufend - im spanischen Puenta La Reina zu einer großen Pilgerstraße vereinigen. Auf Informationstafeln wird auch an deutschen Kirchen auf den „Jakobsweg" hingewiesen (z. B. in Überlingen am Bodensee).

Zu den *Marketingmaßnahmen* zählen u. a. ein Wegeleitsystem (mit einem einheitlichen Logo), eine mehrsprachige Broschürenfamilie, eine Faltblattserie und ein Video. Die „Straße der Romanik" gehört zu den zehn erfolgreichsten Themenstraßen in Deutschland (unter ca. 150 Themen- und Ferienstraßen). Im Jahr 2001 verzeichneten die Besichtigungsobjekte, die Besucherzählungen durchführen, mehr als 1,3 Mio. Gäste. Besonders beliebte Zielen waren der Naumburger Dom mit 166.000 Besuchern und die Stiftskirche in Quedlinburg mit 127.000 Besuchern (vgl. ANTZ 2003).[172]

Weitere Beispiele für *kunstgeschichtliche Themenstraßen*, die u. a. auch zu Kirchen führen, sind die „Wege in die Romanik", die „Europäische Route der Back-

---

[172] vgl. www.strasse-der-romanik.de

steingotik, die „Straße der Weserrenaissance" in Niedersachen sowie die „Oberschwäbische Barockstraße" (vgl. BORNEMEIER 2002; PRÖPPER/SPANTIG 2002a).[173]

Themenkampagnen mit religiösen Inhalten

Die Religion kann aber nicht nur in Form von Kirchen und Klöstern eine kulturtouristische Ressource darstellen, sondern auch in Form von *berühmten Persönlichkeiten der Kirchengeschichte*. Auf nationaler Ebene ist in Deutschland eine derartige religiöse Personalisierungsstrategie in Form des „*Lutherjahres 1996*" umgesetzt worden.

Bereits im Jahr 1993 wurde die Entscheidung getroffen, den 450. Todestag des Reformators zum Thema touristischer Marketingaktivitäten zu machen. Als *Hauptakteure* fungierten dabei die Deutsche Zentrale für Tourismus, der Deutsche Fremdenverkehrsverband, Vertreter von Orten mit einem Bezug zur Reformation sowie die Evangelische Kirche Deutschlands. Außerdem schlossen sich weitere 40 Organisationen, Institutionen, Verbände und Orte der Initiative an. Innerhalb des „Lutherjahres" fanden insgesamt 87 Veranstaltungen statt, dazu zählten offizielle Lutherehrungen, Sonderausstellungen zu Luther und zur Reformation, Festgottesdienste, Konzerte, Theaterveranstaltungen und Tagungen sowie historische Stadtfeste mit besonderem Bezug zu Luther und zur Reformation.

Die Kampagne führte in zahlreichen beteiligten Städten zu einer deutlichen Nachfragesteigerung: So nahmen z. B. die Übernachtungszahlen in der Lutherstadt Eisleben um 50 % zu, die Zahl ausländischer Gäste verdoppelte sich. In Wittenberg verzeichneten die Hotels Steigerungsraten von 15 %; außerdem besuchten ca. 60 % mehr Tagestouristen die Stadt. Insgesamt wird die Zahl der zusätzlichen Übernachtungen, die durch das „Lutherjahr 1996" induziert wurden, auf 250.000 geschätzt; die zusätzlichen Einnahmen belaufen sich auf ca. 25 Mio. €. Dagegen war das Budget der Deutschen Zentrale für Tourismus für diese Aktion mit 0,4 Mio. € vergleichsweise gering (vgl. WOLFF 1997).

Aufgrund des Erfolgs dieser Kampagne hat die Stadt Wittenberg seitdem das Thema „*Wege zu Luther*" zu einer touristischen Marke entwickelt - u. a. mit Führungen und museumspädagogischen Angeboten sowie mit einer Reihe von themenspezifischen Events (Luthers Hochzeit, Reformationsfest, Luther Cup etc.; vgl. SCHELHAAS 2002).

---

[173] vgl. www.reiseland-niedersachsen.de/kunst-kultur/romanik/index.php; www.reiseland-niedersachsen.de/specials/feriensstrassen/strasse-der-weserrenaissance/index.php; www.deutschland-tourismus.de/d/ferienstrassen.html

Urlaub im Kloster

In der Mehrzahl handelt es sich bei Kirchen und Klöstern um Ziele des Tagesausflugsverkehrs, doch seit den 1990er-Jahren werden Klöster auch zunehmend für
den Übernachtungstourismus geöffnet.[174] Das bekannteste Beispiel stellt die *Kooperation „Klösterreich - ein Erlebnis für Leib und Seele"* dar, der gegenwärtig
21 Klöster angehören - vorrangig in Österreich, aber auch in Ungarn und Tschechien. Mit dem gemeinsamen touristischen Marktauftritt unter einem Markennamen werden mehrere *Ziele* verfolgt (vgl. PASCHINGER 2002, S. 75):[175]
- die Steigerung des Bekanntheitsgrades der Klöster (als Spezialisten für ein
  hochwertiges Kultur- und Gesundheitserlebnis),
- die Verteilung der Nachfrage auf alle Mitglieder der Kooperation,
- eine bessere Positionierung des Kulturangebots der Mitglieder,
- eine höhere Auslastung der Angebotskapazität,
- ein gemeinsamer Markt- und Werbeauftritt (z. B. auf Messen und in Katalogen),
- die Durchführung gemeinsamer Kundenbindungsprogramme.

Nach dem Vorbild der österreichischen Klöster haben sich inzwischen auch *Klöster in anderen Ländern für Urlaubsgäste* geöffnet. So wurden z. B. in Frankreich
im Jahr 2000 in 67 Klöstern mehr als 89.000 Gästeankünfte gezählt (vgl. ISEN-
BERG 2002, S. 11). In Deutschland gibt es gegenwärtig ca. 300 katholische Klöster
und 30 evangelische Gemeinschaften, die Besucher für einen längeren Aufenthalt
aufnehmen.[176]

Empirische Untersuchungen kommen zu dem Ergebnis, dass die Übernachtungsgäste vor allem das traditionelle Klosterleben kennen lernen möchten. Neben diesem kulturellen Motiv spielt aber auch der *Wunsch nach Ruhe und Erholung sowie
nach Kontakten und Gesprächen mit den Mönchen* eine wichtige Rolle. Viele
Besucher wollen Zeit zur Besinnung und zur Selbstfindung haben, weil sie sich in
einer schwierigen Lebenssituation befindet, die durch Stress im Beruf und im Alltag, Beziehungsprobleme, Krankheit etc. gekennzeichnet ist (vgl. FEDRIZZI 2001;
BRAND 2002).

Für die Klöster bietet der Tourismus die Möglichkeit, den Besuchern religiöse
Erfahrungen zu vermitteln - und Nachwuchswerbung zu betreiben. Darüber hinaus
kann er als *zusätzliche Einnahmequelle* fungieren, da traditionelle Ressourcen wie
die Landwirtschaft häufig nicht mehr ausreichen. Einige Klöster haben sich sogar
auf diesen neuen Wirtschaftszweig spezialisiert, indem sie einen Teil der Gebäude

---

[174] Als Vorreiter dieser Entwicklung gilt die Benediktiner-Abteil Niederaltaich (Bayern),
die bereits seit 1961 Besucher am klösterlichen Leben teilhaben lässt (vgl. BRAND 2002,
S. 35-38).

[175] vgl. noe.co.at/kloesterreich

[176] vgl. www.orden.de/klosteraz/index.php; www.ekd.de/glauben/kloster.html; www.orden-
online.de

zu einem Wellness-Bereich umgebaut haben, um den Gästen neben seelischen auch körperliche Erholungsmöglichkeiten bieten zu können.[177]

Inszenierte religiöse Attraktionen

Aufgrund ihrer spirituellen und religiösen Bedeutung verfügen Kirchen und Klöster über ein *hohes Maß an Authentizität* - sie sind „lebendige Erfahrungsräume von Kirche" (ISENBERG 2002, S. 14). Angesichts dieser Tatsache scheinen sich alle Formen einer erlebnisorientierten Inszenierung zu verbieten, die in künstlichen Erlebnis- und Konsumwelten zum Einsatz kommen - z. B. kulissenartige Architektur, dramaturgische Besucherlenkung, multimediale Informationstechnik, animatives *Storytelling*, multifunktionales Angebotsspektrum mit thematisierten Shops und Restaurants (vgl. STEINECKE 2004, S. 211-213). Dennoch sind in jüngerer Zeit mehrere derartig *inszenierte religiöse Besucherattraktionen* entstanden:

- Im Zisterzienserstift Zwettl (Österreich) gibt es seit 2002 die *multimediale Erlebniswelt „Wer glaubt, wird selig"* mit Videosegmenten und Rauminstallationen zu den Wundern Jesu Christi, zu Heiligen und zu einer symbolischen Pilgerreise nach Santiago de Compostela.[178]

- Im niederländischen Nijmegen findet sich das *„Bijbelsopenluchtmuseum"*. In diesem Freilichtmuseum können die Besucher eine Reise durch die biblische Welt unternehmen - u. a. zu orientalischen Beduinenzelten, einer jüdischen Synagoge sowie frühchristlichen Kirchen und Taufkapellen.[179]

- Unter dem Motto „Visit Jerusalem in Orlando" agiert in Florida der Themenpark *„The Holy Land Experience"*, in dem den Gästen die biblische Geschichte erlebnisreich vermittelt wird - bis hin zu einem „Goliath Burger" im Restaurant und einer Vase „Esther" im Shop.[180]

- An kirchliche Inhalte und Traditionen knüpft auch das *Luxushotel „La Claustra"* an, das in einer ehemaligen Festung auf dem Gotthard (Schweiz) eingerichtet wurde. Das Hotel versteht sich als „impulsgebende Klosterherberge" und als ein „weltweit einzigartiger Ort der Begegnung, Reflexion und Erkenntnis".[181]

- Vorrangig kommerzielle Ziele verfolgt auch die *„Klosterbrauerei Aldersbach"* *(Bayern)*, die als Hauptsponsor bei der Umwandlung eines ehemaligen Zister-

---

[177] vgl. auch Die Wiederentdeckung der Langsamkeit im Kloster. - In: TAZ, 27. Januar 2005; www.audimagazin.de/artikel/leben/kloster/index.php
[178] vgl. www.stift-zwettl.at:8080/xx/zwettl/A
[179] vgl. www.bijbelsopenluchtmuseum.nl
[180] vgl. www.theholylandexperience.com
[181] vgl. www.laclaustra.ch

zienserklosters in eine multifunktionale Besucherattraktion auftritt - mit Gästezimmern, Speiselokal, Klosterladen und einem breiten Veranstaltungsangebot (vgl. NORDEN 2002).[182]

- Schließlich ist das *Schloss Salem* (Baden-Württemberg) zu nennen - ein ehemaliges Zisterzienserkloster, das Anfang des 19. Jahrhunderts säkularisiert wurde. Es beherbergt nicht nur das berühmte Internat, sondern wurde auch zu einem multifunktionalen Ausflugsziel umgewandelt, das von der „Salemer Kultur und Freizeit GmbH" betrieben wird. Dabei wurde Wert darauf gelegt, an die klösterlichen Traditionen anzuknüpfen. In den ehemaligen Wirtschaftsräumen des Klosters befinden sich Werkstätten und Läden von Kunsthandwerkern. Die Besucher können u. a. einem Glasbläser, Kunstschmied und Musikinstrumentenbauer bei der Arbeit zusehen und deren Produkte auch kaufen.[183]

Diese Beispiele eines erlebnisorientierten Marketings von religiösen Einrichtungen machen deutlich, dass selbst Kirchen und Klöster dem Wettbewerbsdruck auf dem kulturtouristischen Markt ausgesetzt sind. Allerdings bestehen in den meisten kirchlichen Einrichtungen klare Grenzen einer Kommerzialisierung und Inszenierung, da es bei ihnen nicht um museale Anlagen handelt, sondern um Sakralräume, die von Gläubigen für Gebet und Gottesdienst genutzt werden.

Kirchen und Klöster: Fazit

- Kirchen und Klöster weisen vielfältige touristische Potenziale auf: kunstgeschichtliche Besonderheiten (Architektur, Ausstattung), sozialhistorische Elemente und liturgisch-spirituelle Aspekte. Für nicht-gläubige Besucher können sie Orte der Stille und der Distanz zum Alltag sein.
- Vor allem die gotischen Kathedralen sind aufgrund ihrer Größe und ihrer spektakulären Architektur zu städtischen Wahrzeichen und zu touristischen Attraktionen geworden - z. B. in Wien, Amiens, Freiburg und Ulm. Der Kölner Dom verzeichnet jährlich ca. 6 Mio. Besucher.
- Das touristische Angebot von Kirchen und Klöstern besteht traditionell aus Besichtigungsmöglichkeiten und aus Führungen. Darüber hinaus gibt es Themenkampagnen und Themenstraßen mit religiösem Inhalt. Eine wachsende Zahl von Klöstern bietet auch Übernachtungsmöglichkeiten und Betreuungsprogramme an. Schließlich finden sich auch kommerzielle religiöse Attraktionen (Erlebniswelten, Freilichtmuseen etc.).

---

[182] vgl. www.aldersbacher.de/kloster_kloster_de.php
[183] vgl. www.salem.de/flashindex.php

- Zahlreiche Kirchen und Klöster sind Ziele des massenhaften Pilgertourismus, dem allerdings vorrangig spirituell-religiöse Motive zugrunde liegen (und nicht ein kulturelles Interesse). Gleichzeitig sind berühmte Wallfahrtsorte wie Lourdes (5 Mio. Besucher), Santiago de Compostela (3 Mio.) und Altötting (1,2 Mio.) aber auch beliebte Ziele von Kulturtouristen.
- In Kirchen mit einem hohen Besucheraufkommen kann es zu einer Belästigung der Gläubigen und auch zu einer Schädigung von Kunstwerken kommen. Folgende Maßnahmen der Besucherlenkung kommen u. a. zum Einsatz: Verbot bzw. Begrenzung der Zahl von Führungen, Erhebung von Eintritten für Besuchergruppen, Sperrung einzelner Bereiche der Kirche für Gläubige sowie Einrichtung spezieller Öffnungszeiten und separater Zugänge für Gläubige und für Touristen.

2.4   Museen und Ausstellungen

> „Der Museumsbesuch ist eine Freizeitbeschäftigung, die in direkter Konkurrenz zu anderen Freizeitaktivitäten steht."
> SCHÄFER (2001, S. 4)

> „Das Publikum will Knöpfchen drücken und ganz direkt etwas über die eigene Umwelt erfahren. Kontemplation im Sinne einer Interpretation des Alltags durch Künstler ist in unserer quotenverliebten Zeit weniger gefragt."[184]

Sammeln, Bewahren, Forschen und Bilden - diese Aufgaben stellen seit mehr als zwei Jahrhunderten die Basis des Museumswesens dar. Da die musealen Tätigkeiten vorrangig unter wissenschaftlichen bzw. künstlerischen Gesichtspunkten erfolgen, handelt es sich bei Museen nicht zwangsläufig um Einrichtungen, die über eine große touristische Attraktivität verfügen. Wie in anderen kulturtouristischen Angebotssegmenten spielt der *selektive Blick* eine große Rolle, mit dem (wir als) Touristen die Umwelt wahrnehmen. In den Fokus des Interesses rücken jeweils zunächst Superlative - besonders große oder kleine, andersartige oder ausgefallene Dinge, Einrichtungen oder Landschaften.

Diese Regel gilt auch für Museen: Sie entwickeln sich erst dann zu touristischen Attraktionen, wenn sie über *besonders umfangreiche Sammlungen*, ein *ungewöhnliches Thema* oder einzelne *spektakuläre Ausstellungsstücke* verfügen - wie z. B. der Louvre mit dem Bildnis der Mona Lisa von Leonardo da Vinci oder das Ägyptische Museum in Berlin mit der Büste der Königin Nofretete. Medial verstärkt zählen diese und andere Kunstwerke inzwischen zu einem *bildungsbürgerlichen*

---

[184] vgl. BLOMBERG, K. (2002): Ausgelaugt - deutsche Museen auf der Suche nach neuen Konzepten. - In: FAZ.Net, 28. Januar (www.faz.net vom 16. Januar 2005)

Kanon von Sehenswürdigkeiten, die längst zum Pflichtprogramm von Besichtigungs- und Kulturtouristen geworden sind (vgl. Linßen 1992, S. 482; → 2.4.1).

Gleichzeitig haben sich aber auch die *Ansprüche der Besucher an die Museen* in den letzten Jahren erheblich verändert. Neue Standards sind von privaten Edutainment-Einrichtungen gesetzt worden (z. B. Science Centers, Themenparks), in denen auf unterhaltsame Weise Wissen vermittelt wird. Gegenwärtig stehen Museen vor der Herausforderung, ihre gesamte Arbeit - von der Präsentation der Exponate über Besucherführungen bis hin zur *Corporate Identity* - an die gestiegenen Erfahrungen und Erwartungen der Gäste anzupassen. Als ein wichtiges Instrument zur Optimierung des Marketings und Managements erweist sich eine regelmäßige Besucherforschung, deren Möglichkeiten am *Beispiel des Heinz Nixdorf MuseumsForums* (Paderborn) erläutert werden (→ 2.4.2).

Generell können Museen auf das gesamte Instrumentarium des Marketing-Mix zurückgreifen. Dabei lässt sich eine ähnliche Polarisierung des Angebots beobachten, wie sie seit einigen Jahren im Beherbergungsgewerbe zu beobachten ist (Privatzimmer/Pensionen vs. Hotels/Ferienzentren): Auf der einen Seite finden sich zumeist kleinere Anbieter mit unzureichenden Markt- und Marketingkenntnissen sowie geringem Budget (z. B. Heimatmuseen). Auf der anderen Seite stehen große Kultureinrichtungen, die aufgrund ihres einmaligen Sammlungsbestands und ihrer hohen Besucherzahl zu attraktiven Partnern für strategische Allianzen mit Wirtschaftsunternehmen werden. Sie sind deshalb in der Lage, aufwändige Sonderausstellungen zu organisieren, eine professionelle Öffentlichkeitsarbeit zu betreiben und die Besucher durch begleitende museumspädagogische Angebote gezielt anzusprechen (vgl. Bötzkes/Graf/Worsch 1993, S. 107; → 2.4.3).

2.4.1   Touristische Potenziale und Bedeutung von Museen und Ausstellungen

Museen können generell auf eine jahrtausende alte *Geschichte* zurückblicken, in deren Verlauf sich die Funktion und die Zielsetzung dieser Einrichtungen, aber auch ihre öffentliche und damit touristische Bedeutung wesentlich verändert haben (vgl. Becker/Steinecke/Höcklin 1997, S. 28):

- Die Anfänge der Museen finden sich in der *Antike* - bei dem „Museion" handelte es sich ursprünglich um das Heiligtum der Musen (Schutzgöttinnen der Kultur, Künste und Wissenschaften). Allerdings wurde der religiöse Charakter dieser Einrichtungen zunehmend ergänzt um einen künstlerischen Aspekt, denn die Kultstatuen in den Tempeln repräsentierten auch ein neues hellenistisches Kulturbewusstsein (vgl. Höcklin 1996, S. 51).

- Im *Mittelalter* fungierten vor allem Kirchen und Klöster als Orte des Sammelns und Bewahrens. Unter religiösen Gesichtspunkten legten sie *Reliquienkammern* an, in denen materielle Zeugnisse der Heils- und Kirchengeschichte verwahrt wurden (Splitter des Kreuzes, Skelette von Heiligen etc.). Nur bei besonderen Gelegenheiten wurden sie den Gläubigen als Legitimationsnachweis der Kirche und zur Festigung des Glaubens präsentiert - z. B. bei Gottesdiensten oder im Rahmen von Prozessionen.

- Dieser exklusive Charakter zeichnete auch die *Kuriositätenkabinette* und *Wunderkammern* aus, die seit dem 14. Jahrhundert von Fürsten und wohlhabenden Bürgern angelegt wurden. Sie enthielten Skulpturen, Bücher, ausgestopfte exotische Tiere, Mineralien, technische Geräte etc. In ihnen kam „der Wunsch zum Ausdruck, alles Wissen auf einer begrenzten Fläche zu vereinen" (MAURIÈS 2002, S. 1). Diese Sammlungen dienten vor allem als Mittel der höfischen Repräsentation und der persönlichen Erbauung; nur in Ausnahmefällen wurde Besuchern der Zutritt gestattet.

- Mit dem *Zeitalter der Aufklärung* begann die Geschichte des öffentlichen Museumswesens: Im Jahr 1753 wurde das British Museum in London eröffnet und im Jahr 1779 das Museum Fridericianum in Kassel. Einige frühe Museen basierten noch auf den Sammlungsbeständen der feudalen Kunst- und Wunderkammern.[185] Im 19. Jahrhundert kam es aber auch zunehmend zu bürgerlichen Museumsgründungen - u. a. in Hamburg, Frankfurt a. M. und Wien.[186] Speziell die *Völkerkundemuseen* mit ihren Ausstellungsstücken aus fernen, exotisch anmutenden Ländern ermöglichten es einem breiten Publikum, fremde Kulturen kennen zu lernen. Sie fungierten damit als ein Ersatz für Reisen und gleichzeitig weckten sie die Neugier. Darüber hinaus bildeten sich Sonderformen des Museums heraus, die einen praktischen oder politischen Zweck verfolgten (Kunstgewerbe-, National- und Heimatmuseen).

- Nach einer Phase der Stagnation hat vor allem in der zweiten Hälfte des 20. Jahrhunderts eine *erhebliche Expansion des nationalen und internationalen Museumswesens* stattgefunden: So ist z. B. die Zahl der Museen in Deutschland von 2.076 (1981) auf 6.177 (2004) gestiegen (vgl. IfM 2005, S. 7). Gleichzeitig kam es zu einer zunehmenden *Spezialisierung der Museen*; dabei hat auch eine Musealisierung von Alltagsgegenständen stattgefunden (vgl. GRAF 1997, S. 219). Zu den Einrichtungen, die sich auf *ausgefallene Sammlungsobjekte* konzentrieren, gehören u. a. das Nachttopf Museum (München), das Deutsche Currywurst Museum (Berlin) oder das Teddymuseum (Hof).[187] Inzwischen ist auch der Tourismus zum Thema eines Museums geworden: Das Touriseum (Meran) beschäf-

---

[185] vgl. de.wikipedia.org/wiki/Wunderkammer vom 23. Januar 2006

[186] vgl. www.museumsbund.de/cms/index.php?id=134&L=0&type=98 vom 25. Januar 2006

[187] vgl. de.wikipedia.org/wiki/Museum vom 18. Januar 2006 zu einer Liste von Museen im deutschsprachigen Raum

tigt sich mit der Geschichte und Gegenwart des Reisens im Alpenraum (vgl. ROHRER 2003; www.touriseum.it).

Gegenwärtig gibt es in Deutschland und in Europa eine *vielfältige Museumsland-schaft*, die grundsätzlich eine wichtige touristische Ressource darstellt. In jüngerer Zeit haben sich die Museen zunehmend auf das spezifische Informations- und Bildungsinteresse der Besucher eingestellt, indem sie Museumsführungen und andere museumspädagogische Dienstleistungen anbieten. Das Alleinstellungs-merkmal von Museen besteht jedoch in der *Begegnung der Besucher mit dem Original*; diese Erfahrung können andere Informationseinrichtungen - z. B. Multi-media-Attraktionen, Science Centers - nicht vermitteln.

Daten- und Informationslage

Während zu anderen Angebotssegmenten des Kulturtourismus (Burgen, Kirchen etc.) keine kontinuierlich erhobenen statistischen Angaben auf nationaler und internationaler Ebene vorliegen, ist die *Daten- und Informationslage zu Museen und Ausstellungen* relativ gut.[188]

- Das „Institut für Museumskunde" der „Staatlichen Museen zu Berlin - Preußi-scher Kulturbesitz" erfasst jährlich diverse statistische Angaben für die öffent-lich zugänglichen und nicht kommerziell betriebenen Museen in Deutschland. Die Auswertungen werden in der institutseigenen Reihe „Materialien aus dem Institut für Museumskunde" publiziert (vgl. IfM 2005).

- Darüber hinaus werden vom Deutschen Städtetag in mehrjährigem Abstand die Personal- und Finanzdaten der Museen in deutschen Städten und Gemeinden mit mehr als 20.000 Einwohnern erhoben. Die Veröffentlichung der Ergebnisse er-folgt im „Statistischen Jahrbuch Deutscher Gemeinden".

- Schließlich liegt mit dem „Guide to European Museum Statistics" eine europa-weite Datensammlung mit Angaben zu 23 Ländern vor; sie ist von der „Europe-an Group on Museum Statistics" (EGMUS) zusammengestellt worden.

Einschränkend muss aber gesagt werden, dass auch diese Daten einige Defizite aufweisen. Zunächst sind *grundsätzliche begriffliche Probleme* zu nennen, denn es liegt keine generell anerkannte Definition des Begriffs „Museum" vor - und auch keine allgemein gültige gesetzliche Regelung. Die entsprechende Anerkennung einer Einrichtung fällt in die Zuständigkeit von Ministerien, Museumsverbänden etc. in den jeweiligen Bundesländern. Allerdings sind von nationalen und interna-tionalen Organisationen konzeptionelle und pragmatische Definitionen erarbeitet worden:

---

[188] vgl. www.museumsbund.de/cms/index.php?id=93&L=0 vom 01. Februar 2006

- Vom *„International Council of Museums"* (ICOM) wurde ein Museum definiert als „eine gemeinnützige, ständige, der Öffentlichkeit zugängliche Einrichtung im Dienst der Gesellschaft und ihrer Entwicklung, die zu Studien-, Bildungs- und Unterhaltungszwecken materielle Zeugnisse von Menschen und ihrer Umwelt sammelt, bewahrt, erforscht, bekannt macht und ausstellt."[189]

- Der „Deutsche Museumsbund" hat in seiner Definition aus dem Jahr 1978 noch weitere Merkmale aufgeführt - dazu zählen die fachbezogene Konzeption, die fachliche Leitung und die Bildungsfunktion eines Museums.[190]

- Für seine jährlich durchgeführten empirischen Erhebungen wurden vom „Institut für Museumskunde" (IfM) mehrere pragmatische Kriterien entwickelt, mit deren Hilfe eine klare Abgrenzung gegenüber anderen Kultureinrichtungen vorgenommen werden kann (vgl. IfM 2005, S. 82; Tab. 10).

Merkmale von Museen	*Abgrenzung gegenüber anderen Einrichtungen*
Vorhandensein einer Sammlung und Präsentation von Objekten mit kultureller, historischer oder allgemein wissenschaftlicher Zielsetzung	Info-Bereiche der Wirtschaft, Schlösser und Denkmäler ohne Ausstellungsgut, Bauwerke unter Denkmalschutz (u. a. Kirchen und andere Sakralbauten)
Zugänglichkeit für die allgemeine Öffentlichkeit	Fachmessen, Verkaufsgalerien ohne regelmäßige Öffnungszeiten
überwiegend keine kommerziellen Ausstellungen	Verkaufsgalerien, Läden mit Ausstellungsflächen, Kunstgewerbemarkt
klare Eingrenzung des Museumsbereiches	Bildhauer-Symposien, Kunst am Bau, städtebauliche Ensembles

Tab. 10: Generell liegen für den Begriff „Museum" mehrere Definitionen vor. Bei seinen bundesweiten Erhebungen benutzt das „Institut für Museumskunde" (Berlin) eine Reihe von pragmatischen Kriterien, mit deren Hilfe eine klare Abgrenzung gegenüber anderen Kultureinrichtungen vorgenommen werden kann (Quelle: Eigene Darstellung nach Angaben in IfM 2005, S. 82).

Als weiteres *methodisches Defizit* erweist sich die Tatsache, dass an der Vollerhebung durch das „Institut für Museumskunde" (in Form einer schriftlichen Befragung) nicht alle 6.177 Museumseinrichtungen in der Bundesrepublik Deutschland teilnehmen. Im Jahr 2004 belief sich die Rücklaufquote nur auf 79 %.

Darüber hinaus führen unterschiedliche *Zählarten der Museen* zu statistischen Unsicherheiten; typische Erfassungsarten sind Eintrittskarten, Registrierkassen, Zähluhren, Besucherbücher und Schätzungen (vgl. IfM 2005, S. 3, 10). Generell

---

[189] vgl. www.icom-deutschland.de/statuten.htm php?id=135&L=0 vom 05. Februar 2006
[190] vgl. www.museumsbund.de/cms/fileadmin/geschaefts/dokumente/varia/Definition_Museum_Klausewitz_in_MuKu_1978.pdf vom 05. Februar 2006

werden keine Daten über die Zahl der Museumsbesuch<u>er</u>, sondern der *Museums-besuch<u>e</u>* erhoben (d. h. in dieser Zahl sind auch Mehrfachbesuche einzelner Gäste enthalten).

Im Jahr 2004 belief sich die *Zahl der Museumsbesuche in der Bundesrepublik Deutschland* auf 103,2 Mio. (vgl. IfM 2005, S. 7).[191] In einer langfristigen Be-trachtung verzeichnet sie nur eine unwesentliche Steigerung: Seit 1990 ist sie um 6 % gestiegen, während bei den Museen und Sonderausstellungen ein Zuwachs von 47 % bzw. 27 % zu beobachten war. Dadurch ist ein deutliches *Überangebot* entstanden, das zu einer Verschärfung des Wettbewerbs geführt hat (vgl. Abb. 33).

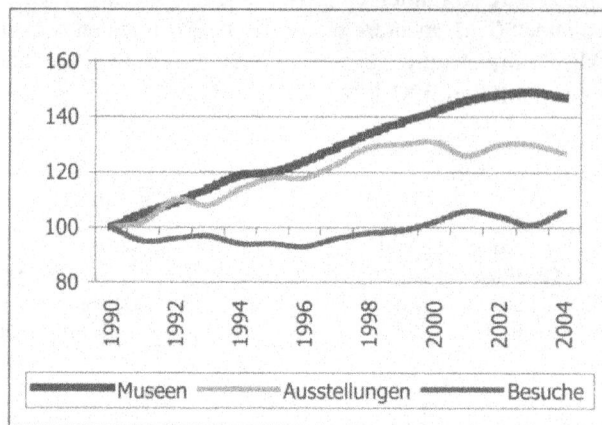

Abb. 33: In den 1990er-Jahren hat sich die Expansion des bundesdeutschen Museums-wesens weiter fortgesetzt. Allerdings wies die Zahl der Museen und Sonderausstellungen ein erheblich größeres Wachstum auf als die Zahl der Museumsbesuche. Dadurch ist ein deutliches Überangebot entstanden, das zu einer Verschärfung des Wettbewerbs geführt hat (Indexwerte; Quelle: Eigene Darstellung nach Angaben in Statistische Jahrbücher der Bundesrepublik Deutschland sowie IfM 2005, S. 7-8).

Außerdem weist die Entwicklung der Museumsbesuche einen von Jahr zu Jahr *schwankenden Verlauf* auf, für den unterschiedliche Ursachen verantwortlich sind (vgl. IfM 2005, S. 12):
- die Durchführung von großen Sonderausstellungen,
- der Umfang der Öffentlichkeitsarbeit und Museumspädagogik,
- die Eröffnung neuer Räume bzw. die baulich-organisatorische Schließung,
- das Budget der Museen und die Erhöhung bzw. Einführung von Eintrittsgeld,
- die Verlängerung bzw. Verkürzung der Öffnungszeiten.

Darüber hinaus spielen die *wirtschaftliche Situation* und vor allem auch das *Wetter* eine wichtige Rolle: So kommen z. B. an heißen Sommersonntagen nur ca. 1.000

---

[191] vgl. MAYR (2002) zur regionalen Verteilung des Museen und Museumsbesuche in der Bundesrepublik Deutschland

Besucher in das „Haus der Geschichte der Bundesrepublik Deutschland" (Bonn) -
an verregten Sonntagen hingegen bis zu 4.000.[192]

Die Gesamtzahl der Besuche verteilt sich auf unterschiedliche *Arten von Museen*,
die sich hinsichtlich ihrer Hauptsammelgebiete bzw. -schwerpunkte voneinander
unterscheiden. Diese unterschiedlichen Museumsarten weisen auch ein unterschiedlich hohes *Besuchsaufkommen* auf (vgl. Abb. 34):

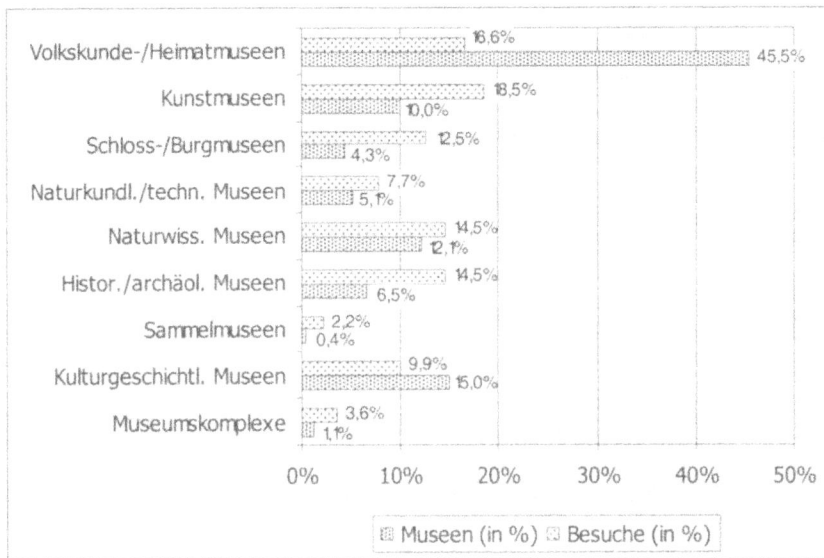

*Abb. 34: Hinsichtlich ihrer Hauptsammelgebiete lassen sich unterschiedliche Museumsar-
ten abgrenzen. Bei den volks- und heimatkundlichen sowie den kulturgeschichtlichen Museen handelt es sich überwiegend um kleinere Einrichtungen, die weniger als 5.000 Besu-
che/Jahr verzeichnen. Unter den übrigen Museumsarten finden sich hingegen viele große
Museen mit einem hohen Besucheraufkommen (Bezugsjahr: 2004; Quelle: Eigene Darstellung nach Angaben in IfM 2005, S. 19).*

- So handelt es sich z. B. bei den volks- und heimatkundlichen Museen sowie den
  kulturgeschichtlichen Spezialmuseen zumeist um kleinere Einrichtungen mit
  weniger als 5.000 Besuchen/Jahr.

- Unter den Sammelmuseen mit komplexen Beständen finden sich hingegen relativ viele Einrichtungen, die mehr als 100.000 Besuche/Jahr verzeichnen können.

---

[192] vgl. www.rp-online.de/news/kultur/2002-0830/museen.html?news_archive=1 vom 16.
Januar 2006

- Auch bei den Museumskomplexen, den Schloss- und Burgmuseen sowie den historischen und archäologischen Museen gibt es einen hohen Anteil großer Museen.[193]

Erfolgsfaktoren einer touristischen Inwertsetzung von Museen

Grundsätzlich wenden sich Museen mit ihrem Ausstellungs- und Veranstaltungsangebot sowohl an die *einheimische Bevölkerung* als auch an *auswärtige Besucher*. Allerdings sind nicht alle Museen für Tagesausflügler und Touristen von Interesse: Wie andere kulturtouristische Angebote müssen sie über klare Alleinstellungsmerkmale verfügen, um Aufmerksamkeit und Interesse zu erlangen. In einem umfangreichen österreichischen Forschungsprojekt wurden mehrere *Erfolgsfaktoren einer touristischen Inwertsetzung von Museen* ermittelt - dazu zählen vor allem Sonderausstellungen und die Architektur der Gebäude (vgl. BMWA o. J., S. 6).

Als Basisattraktionen fungieren zunächst die *Sammlung* und die *Dauerausstellung der Museen*. Wichtige Instrumente zur Steigerung der Nachfrage sind aber vor allem *thematische Sonderausstellungen:*

- Vorreiter dieser Entwicklung war das Roemer- und Pelizaeus-Museum in Hildesheim, das seit den 1970er-Jahren regelmäßig Sonderausstellungen zu unterschiedlichen Themen veranstaltet hat. Als Besuchermagneten erwiesen sich *„Echnaton - Nofretete - Tutanchamun"* (1976: 380.000 Besucher) und „Die Welt der Maya" (1992: 205.000 Besucher). Mit diesen Ausstellungen wurde das Museum auf nationaler und internationaler Ebene bekannt (vgl. HÖCKLIN 1996, S. 79-80).

- Das Historische Museum der Pfalz (Speyer) verzeichnete in den Großausstellungen *„Der Zarenschatz der Romanov"* (1994) und *„Leonardo da Vinci - Künstler, Erfinder, Wissenschaftler"* (1995) innerhalb weniger Monate jeweils mehr als 300.000 Besucher (vgl. GREWENIG 1996).

- In Paderborn fand im Jahr 1999 an zwei Museumsstandorten die *Ausstellung „799 - Kunst und Kultur der Karolingerzeit. Karl der Große und Papst Leo III. in Paderborn"* statt. Von den mehr als 300.000 Besuchern reiste jeder Vierte über eine Distanz von mehr als 200 km an (vgl. MEYER 2000, S. 56, 64).

---

[193] Die Freilichtmuseen werden in dieser Klassifikation unterschiedlicher Museumsarten nicht gesondert ausgewiesen. Für den Besichtigungs- und Kulturtourismus sind sie jedoch von herausragender Bedeutung: Zum einen liegen sie meist in attraktiven ländlichen Räumen; zum anderen verfügen sie mit ihren Gebäuden über beeindruckende Exponate, zu denen Besucher rasch einen emotionalen Zugang finden (→ 3.2.2).

- Die Neue Nationalgalerie in Berlin war im Jahr 2004 Schauplatz einer Sonderausstellung, in der 200 Gemälde aus dem Bestand des berühmten Museum of Modern Art (New York) gezeigt wurden. Die *MoMA-Ausstellung* gilt als eine der erfolgreichsten Ausstellungen aller Zeiten. In 186 Tagen kamen 1,2 Mio. Besucher, davon waren 70 % Touristen. Zu Spitzenzeiten mussten die Gäste bis zu 12 Stunden warten, um eingelassen zu werden.[194]

Darüber hinaus sorgt eine *spektakuläre Architektur der Museumsgebäude* (Neubauten, Erweiterungen etc.) für ein breites öffentliches Interesse - auch über den engeren Einzugsbereich hinaus. In den letzten Jahren sind zahlreiche Museen nach den Entwürfen internationaler Stararchitekten/innen errichtet worden. Als berühmte Beispiele sind zu nennen:
- die Pyramide im Innenhof des Louvre in Paris (1989; Miri Ming Pei),
- das Jüdische Museum in Berlin (1992; Daniel Libeskind),
- das Guggenheim Museum in Bilbao (1997; Frank O. Gehry),
- das Science Center „Phaeno" in Wolfsburg (2005, Zaha Hadid; vgl. Abb. 35).[195]

Ein weiterer Erfolgsfaktor ist die *Kundenorientierung der Museen* - vor allem angesichts der zunehmenden Konkurrenz auf dem Kultur- und Freizeitmarkt. Das entsprechende Maßnahmenspektrum reicht von besucherfreundlichen Öffnungszeiten (z. B. nach 18 Uhr, keine Ruhetage) über ein museumspädagogisches Angebot bis hin zur Besucherforschung und zum Qualitätsmanagement (→ 2.4.2, 2.4.3).

Museen als touristische Besuchermagneten

Wie in anderen Segmenten des Kulturtourismus besteht auch bei den Museen eine *ausgeprägte Hierarchie* hinsichtlich ihrer touristischen Attraktivität; generell lassen sich dabei folgende Typen unterscheiden (vgl. BRAUERHOCH 1996, S. 256-258):

- Bei vielen kultur- und heimatgeschichtlichen Museen handelt es sich um *lokale und regionale Einrichtungen,* die als Zusatzangebote einer Destination fungieren. Sie stellen also nur einzelne Bausteine innerhalb des gesamten Angebotsspektrums dar. Die Besucher sind relativ alt und weisen ein mittleres Bildungsniveau auf.

---

[194] vgl. WALDE, G. (2004): MoMA mit Millionengewinn. - In: Berliner Morgenpost, 21. September (www.morgenpost.berlin1.de/content/2004/09/21/berlin/704898.html vom 05. Februar 2006)

[195] Teilweise werden auch Industrierelikte in Museumsgebäude umgewandelt - wie z. B. die Turbinenhalle der Bankside Powerstation in London, die seit dem Jahr 2000 als „Tate Modern" genutzt wird (vgl. www.nextroom.at/building_article.php?building:id=1573&article_id=479 vom 22. Januar 2006).

Abb. 35: Zu den touristischen Erfolgsfaktoren von Museen gehört (neben dem Umfang der Sammlung und einzelnen spektakulären Exponaten) zunehmend auch die Architektur. In den letzten Jahren sind weltweit zahlreiche Museen nach Entwürfen internationaler Stararchitekt(inn)en errichtet worden - z. B. das Science Center „Phaeno" von Zaha Hadid in Wolfsburg.

- Die *überregionalen und internationalen Museen (z. B. Kunstmuseen)* verfügen hingegen über ein spezifisches Alleinstellungsmerkmal; sie können deshalb ein relativ junges und vor allem auch gebildetes Publikum anziehen. Einige Museen haben sich zu *Besuchermagneten* und auch zu *wichtigen Imageträgern* entwikkelt; dazu zählen u. a. der Louvre in Paris (7,3 Mio. Besuche), die National Gallery in London (5,0 Mio.) oder das Guggenheim Museum in Bilbao, das im ersten Betriebsjahr 1,4 Mio. Besucher verzeichnete, von denen jeder Dritte aus dem Ausland kam (vgl. LENFERS 1999, S. 204; Tab. 11).[196]

Bei dieser Typisierung handelt es sich nicht um eine starre Einteilung, denn auch kleine Museen können sich durch *spektakuläre Sonderausstellungen* zumindest temporär auf nationaler bzw. internationaler Ebene profilieren (zur Entwicklung in Österreich vgl. EGERER 2002, S. 6).

---

[196] Allerdings lässt sich am Beispiel des Guggenheim Museums in Bilbao auch der „*Champagnereffekt*" beobachten, den neue Kultur- und Freizeiteinrichtungen generell zu verzeichnen haben: In den beiden ersten Jahren nach der Eröffnung (1997) wurden mehr als 4 Mio. Besucher gezählt; inzwischen liegt die Besuchszahl nur noch bei 500.000 Personen/Jahr; vgl. KÄHLER, G. (2002): Warnung vor einer Architektur des Spektakels. - In: Die Zeit, 48 (www.zeit.de/2002/48/Architektur_II vom 22. Januar 2006).

Museum	Besuchszahl	Bezugsjahr
Louvre, Paris	7.300.000	2005
National Gallery, London	4.959.946	2004
British Museum, London	4.868.176	2004
Vatikanische Museen, Rom	3.800.000	2005
National History Museum, London	3.250.376	2004
Science Museum, London	2.154.366	2004
Museo del Prado, Madrid	2.001.546	2004
Van Gogh Museum, Amsterdam	1.400.000	2005
Kunsthistorisches Museum, Wien	1.400.000	2001
Deutsches Museum, München	1.360.000	2002
Pinakothek der Moderne, München	1.300.000	2002/03
Haus der Geschichte der BRD, Bonn	1.030.000	2005
Rijksmuseum, Amsterdam	840.000	2005
Deutsches Meeresmuseum, Stralsund	629.798	2002
Guggenheim Museum, Bilbao	500.000	2002
Historisches Museum der Pfalz, Speyer	396.500	2002

Tab. 11: Die hohen Besuchszahlen einiger Museen sind deutliche Belege für die touristi-sche Attraktivität dieser Einrichtungen. Einige Museen haben sich zu internationalen Besuchermagneten und zu wichtigen Imageträgern der Städte entwickelt.[197]

Multimedia-Attraktionen, Science Center und Kindermuseen

Neben Sonderausstellungen tragen auch *innovative Museumskonzepte* zur Dyna-mik und zur Verschärfung des Wettbewerbs in diesem Kulturbereich bei; dazu zählen *Multimedia-Attraktionen, Science Center und Kindermuseen*, die jeweils nicht über einen eigenen Sammlungsbestand verfügen:

- Als Beispiel für eine kulturelle *Multimedia-Attraktion* ist die *„Voyage au Temps des Impressionnistes"* zu nennen, die im Jahr 1994 in Auvers-sur-Oise (nördlich von Paris) eröffnet wurde. Der Ort war im 19. Jahrhundert ein bevorzugter Auf-enthaltsort von Malern wie Paul Cézanne und Vincent van Gogh. Auf 2.000 qm Ausstellungsfläche werden den Besuchern Kopien berühmter impressionistischer Kunstwerke in Dia- und Videoprojektionen sowie in kulissenartig inszenierten Räumen präsentiert (bürgerlicher Salon, Chambre separée etc.). Aufgrund des großen Besucherinteresses bietet die Einrichtung inzwischen Tagesausflüge so-

---

[197] zusammengestellt nach Angaben in DTV 2003, S. 2; FAZ, 05. Januar 2005; www. alva.org.uk/visitor_statistics vom 22. Januar 2006; www.welt.de/data/2003/09/16/ 169120.html vom 22. Januar 2006; www.museoprado.mcu.es/inoticias/noricia35.html vom 24. Januar 2006; www.volks-krant.nl/kunst/1136181929507.html vom 24. Januar 2006; www.de.f270.mail.yahoo.com/ym/showLetter?MsgId=9203_19262876_456484_ 175 vom 24. Januar 2005; NRW-Tournews vom 13. Januar 2006; FAZ, 16. Mai 2006

wie Kurzreisen mit impressionistischen Themen an (vgl. PUYDEBAT 1997). Eine bekannte deutsche Multimedia-Attraktion ist das *Aquarius Wassermuseum* in Mülheim (Ruhr), das in einem ehemaligen Wasserturm eingerichtet wurde. Die Besucher folgen bei ihrem Rundgang von der Spitze des Turms nach unten dem Lauf des Wassers und können dabei unterschiedliche Themen rund um das Thema „Wasser" erkunden. Die Ausstellung umfasst künstlerische Rauminstallationen, interaktive Experimente sowie Spiele (vgl. MACAT 2000).

- Zu den Multimedia-Attraktionen zählen auch die *Science Center*, in denen die Besucher naturwissenschaftliche und technische Phänomene durch eigenes Ausprobieren verstehen sollen *(Hands-On-Prinzip)*. Bei den Exponaten handelt es sich nicht um historische Sammlungsgegenstände, sondern um speziell angefertigte Experimente.[198] Als Vorreiter gilt das „Exploratorium" in San Francisco, das gegenwärtig ca. 500.000 Besucher/Jahr verzeichnet. In Deutschland wurden in jüngerer Zeit mehrere Science Center gegründet - z. B. das „Universum" in Bremen und das „Phaeno" in Wolfsburg. Schätzungen gehen davon aus, dass es weltweit mehr als 400 dieser Einrichtungen gibt. Viele Science Center arbeiten auf der Basis eines professionellen Marketing-Konzepts, zu dem auch ein klares Leitbild *(Mission Statement)* gehört (vgl. Abb. 36).[199]

- Als innovative Museumsangebote sind schließlich die *Kindermuseen* zu nennen, in denen biologische, physikalische und technische Zusammenhänge spielerisch und altersgerecht vermittelt werden (ähnlich wie in den Science Centers). Auch diese Entwicklung ging von den USA aus: Bereits im Jahr 1899 wurde das Brooklyn Children's Museum in New York gegründet, das als erstes Kindermuseum der Welt gilt. Gegenwärtig gibt es in den USA mehr als 200 Children's Museums. In Deutschland wurden Kindermuseen u. a. in Aurich, Berlin, Duisburg, Fulda und Hamburg eröffnet.[200]

Die Gemeinsamkeit dieser neuartigen musealen Einrichtungen mit den traditionellen Museen besteht vor allem in der Dauerausstellung von Exponaten. Darüber hinaus nutzen Museen generell ihre Räumlichkeiten aber auch für *Sonderausstellungen*, durch die ein zeitlich begrenzter Anreiz zum Museumsbesuch geschaffen wird. Im Jahr 2004 wurden in Deutschland 9.042 Sonderausstellungen statistisch erfasst (vgl. IfM 2005, S. 7).

---

[198] HAUSER (2005, S. 160) sieht die Besonderheit der Industrie- und Technikmuseen in dem „Anspruch, forschend tätig zu sein und in den Sammlungen Mittel für weitere Forschungen bereitzustellen und zu erhalten."

[199] vgl. de.wikipedia.org/wiki/Science_Center vom 31. Januar 2006

[200] vgl. DILLOO, R: (1994): Drücken, drehen, Klappe heben. - In: Die Zeit, 20. Mai; www.childrensmuseums.org zur Situation in den USA und www.bv-kindermuseen.de zu einer aktuellen Übersicht über die Kindermuseen in der Bundesrepublik Deutschland

Abb. 36: Zu den Multimedia-Attraktionen im Museumsbereich zählen auch die Science Center, in denen die Besucher naturwissenschaftliche und technische Phänomene durch eigenes Experimentieren verstehen sollen (Hands-On-Prinzip). Viele dieser Einrichtungen - z. B. das Singapore Science Centre - arbeiten auf der Basis eines professionellen Marketing-Konzepts, zu dem auch ein klares Leitbild gehört (Mission Statement).

Schließlich findet sich in diesem Kulturbereich noch eine weitere Angebotsform - nämlich die *öffentlichen Ausstellungshäuser*, die zwar mehrere Merkmale von Museen aufweisen, aber über keine eigene Sammlung verfügen und ausschließlich Wechselausstellungen durchführen. Ihre Zahl belief sich in Deutschland im Jahr 2004 auf 331 Einrichtungen mit 6,2 Mio. Besuchen (vgl. IfM 2005, S. 7).

Besucherstruktur von Museen

Angesichts des breiten und differenzierten Angebots an Museen und Ausstellungen zu verschiedenen Themen (Kunst, Kulturgeschichte, Technik etc.) ist es schwierig, *generalisierende Aussagen zur Struktur sowie zu den Motiven und Verhaltensweisen der Museumsbesucher* zu treffen. Schätzungen gehen davon aus, dass ca. 30-40 % der bundesdeutschen Bevölkerung mindestens einmal jährlich in ein Museum oder eine Ausstellung gehen. Eine Langzeituntersuchung in mehreren Frankfurter Museen kam zu folgenden differenzierten Ergebnissen (BRAUERHOCH 1994, S. 223-225; 1996, S. 256-261):

- Grundsätzlich muss zwischen *Gruppenbesuchern* (Schulklassen, Vereine etc.) und *Einzelbesuchern* unterschieden werden (ihr Anteil beträgt 24-47 %).

- Für die Individualbesucher stellt der Museumsbesuch häufig eine *gesellige Aktivität* dar, die mit dem Partner oder mit Freunden unternommen wird.[201] Dabei ist festzustellen, dass Kunstmuseen häufiger allein besucht werden als andere Arten von Museen.

- Generell sind die *20-30-Jährigen* die anteilig größte Alterskohorte. Bei ihnen handelt es sich um eine mobile Gruppe, die für einen Museumsbesuch auch eine weite Anreise in Kauf nimmt; außerdem weist sie ein hohes Bildungsniveau auf. In Naturkundemuseen, die häufig ein Ziel von Schulklassen und Familien darstellen, sind die Besucher noch jünger.

- Generell sind ca. 30 % der Museumsbesucher *Tagesausflügler und Touristen*, die nicht aus Frankfurt am Main oder dem Rhein-Main-Gebiet kommen. Dabei verzeichnen die Museen unterschiedlich hohe Anteile auswärtiger bzw. ausländischer Besucher.

- Die Tagesausflügler und Touristen besichtigen *mehrere Museen* an einem Tag; darüber hinaus verknüpfen sie den Besuch mit einem Stadt- bzw. Einkaufsbummel. Einheimische Besucher konzentrieren sich meist auf ein Museum; anschließend unternehmen sie Spaziergänge und gehen in ein Café oder Restaurant.

Diese Resultate lassen sich allerdings nicht ohne weiteres auf jedes Museum übertragen; außerdem ist es nicht sinnvoll, auf statistischer Grundlage einen *Typ „Normalmuseumsbesucher"* zu konstruieren. Um über spezifische und aktuelle Daten zur eigenen Besucherstruktur verfügen zu können, müssen Museen deshalb eigene empirische Erhebungen durchführen.

2.4.2   Fallstudie: Heinz Nixdorf MuseumsForum (HNF) in Paderborn

Für Museen stellt die regelmäßige Besucherforschung ein unverzichtbares Instrument dar, um zielgruppengerechte Marketing- und Managementmaßnahmen durchführen zu können (vgl. u. a. KLEIN 1990, 1997 zur generellen Rolle der Besucherforschung in Museen). Am Beispiel des *Heinz Nixdorf MuseumsForums (HNF)* in Paderborn soll verdeutlicht werden, wie Ergebnisse von Besucherbefragungen genutzt werden können, um den Marktauftritt und die Angebotsqualität zu verbessern.

Das Heinz Nixdorf MuseumsForum (HNF) ist das größte Museum der Rechen-, Schreib-, Büro- und Computertechnik der Welt. Auf 6.000 qm Ausstellungsfläche werden ca. 1.000 Exponate gezeigt. Darüber hinaus verfügt das HNF über ein Forum mit 386 Sitzplätzen, fünf Seminarräume, ein Restaurant und einen Muse-

---

[201] Eine Repräsentativuntersuchung kam im Jahr 1998 zu dem Ergebnis, dass nur 15 % der Bundesbürger allein in ein Museum gehen (vgl. Messe Frankfurt 1998).

ums-Shop. Seit der Eröffnung im Jahr 1996 stieg die jährliche Besucherzahl von 72.472 (1997) auf mehr als 120.000 (2005).[202]

Die *Besucherstruktur des HNF* lässt sich auf der Basis einer umfangreichen empirischen Erhebung folgendermaßen charakterisieren (vgl. DUNKEL 2001):
- hoher Anteil jüngerer Altersgruppen,
- hoher Anteil männlicher Besucher,
- hohes Bildungsniveau,
- 75 % aus Nordrhein-Westfalen,
- 84 % aus 100-km-Radius,
- 90 % Erstbesucher,
- 70 % Gruppenbesucher (vgl. Abb. 37).

Diese Kenntnisse des spezifischen Besucherprofils können als *Grundlage für innovative Strategien und Maßnahmen der künftigen Arbeit des HNF* genutzt werden - z. B. zur Gewinnung neuer Zielgruppen (z. B. Frauen, Senioren) und zur Ansprache eines breiten Publikums mit Hilfe von attraktiven Events. Außerdem kann die Wiederholer- und Stammkundenquote durch Sonderausstellungen und Kundenbindungsmaßnahmen erhöht werden. Schließlich lässt sich durch Kursangebote, Sonderveranstaltungen etc. der Anteil von Individualbesuchern steigern.

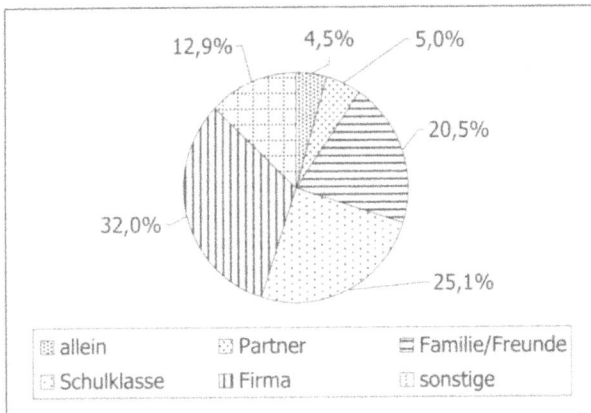

Abb. 37: Bei Museumsbesuchen handelt es sich generell um eine gesellige Freizeitaktivität, die mit dem Partner, der Familie oder in Gruppen unternommen wird. Das Heinz Nixdorf MuseumsForum verzeichnet einen besonders hohen Anteil von Besuchern, die im Rahmen von Schul- und Betriebsausflügen kommen (Quelle: Eigene Darstellung nach Angaben in DUNKEL 2001, S. 79).

---

[202] HNF (Hrsg.; 2005): Eine Million Besucher im Heinz Nixdorf MuseumsForum, Paderborn (Pressemitteilung vom 11. Dezember 2005; www.hnf.de/presse/pressemitteilungen_2005.html)

Neben dem Besucherprofil bietet das *Informationsverhalten* einen wichtigen Ansatzpunkt, die Zahl der Besucher und die Qualität des Museumsangebots zu erhöhen:

- 41,5 % der Befragten sind in der Schule bzw. im Betrieb über das HNF informiert worden,
- 36,8 % kommen aufgrund der Empfehlung von Freunden und Bekannten,
- 18,4 % haben ihre Information aus den Medien bezogen,
- 8,2 % aus einem Prospekt bzw. durch ein Plakat.

Aus diesem Informationsverhalten lassen sich mehrere *Handlungsempfehlungen für die Kommunikationspolitik* des HNF ableiten. So kann z. B. eine Marktdurchdringung dadurch erfolgen, dass Lehrer, Unternehmer und Geschäftsführer im engeren Einzugsbereich des Museums (bis 100 km) gezielt angesprochen werden. Durch eine Informationsarbeit in Schulen und Betrieben in einem weiteren Einzugsbereich lässt sich eine Markterschließung einleiten. Schließlich können Maßnahmen zur Steigerung der Besucherzufriedenheit getroffen werden (u. a. durch Mitarbeiterschulung), um die Weiterempfehlungsbereitschaft der HNF-Besucher zu erhöhen.

Darüber hinaus gibt die Besucherbefragung deutliche Hinweise darauf, wie sich eine einzelne Kultureinrichtung in der Kommunikations-, Vertriebs- und Produktpolitik mit anderen Kulturanbietern innerhalb der Region vernetzen kann. Als Ansatzpunkt fungieren hierbei die *Museumserfahrungen der Besucher.* Das Spektrum reicht von Schlössern und Burgen (60 %) über Technikmuseen (42 %) und Kunstmuseen (32 %) bis hin zu historischen Museen (31 %). Diese Ergebnisse zeigen deutlich, dass die Besucher eines Museums für Rechen-, Schreib-, Büro- und Computertechnik offenbar ein breites Interessenspektrum aufweisen. Als Handlungsempfehlung lässt sich aus diesem Ergebnis ein *regionaler Museumsverbund* ableiten, der folgende Arbeitsschwerpunkte haben kann:

- gemeinsame Kommunikationspolitik (z. B. Schaffung einer *Corporate Identity* der Museen in der Region),
- gemeinsame Preispolitik (z. B. Einführung einer regionalen Museums-Card),
- gemeinsame Programmgestaltung (z. B. thematische Jahreskampagnen),
- gemeinsame Weiterbildungsmaßnahmen für Mitarbeiter der Museen (z. B. Schulungen zur Kundenorientierung).

Die Vernetzung einer Kultureinrichtung kann aber über den musealen Bereich deutlich hinausgehen. Dabei gibt das aktionsräumliche Verhalten der HNF-Besucher Hinweise auf *potentielle Partner in anderen Wirtschaftsbereichen:* Nur für ca. 50 % der Besucher handelt es sich nämlich bei der Besichtigung des HNF um eine monofinale Ausflugsfahrt. Jeder Zweite verknüpft den Museumsbesuch mit einer anderen Aktivität - z. B. einem Stadtbummel in Paderborn, der Besichtigung einer anderen Sehenswürdigkeit oder einem Café- und Restaurantbesuch.

Durch Allianzen mit dem städtischen Einzelhandel, der Hotellerie und der Gastronomie (z. B. Werbung, Gutscheine, Themenkampagnen) sowie mit Ausflugszielen in der Region können Kulturanbieter wie das HNF ein attraktives Leistungsangebot erstellen, das den hohen Erwartungen der anspruchsvollen multioptionalen Konsumenten gerecht wird.

2.4.3 Management von Museen und Ausstellungen

Schrumpfende öffentliche Haushalte, stagnierende Besuchszahlen sowie eine wachsende Konkurrenz durch andere Kultur- und Freizeitangebote - diese *Rahmenbedingungen* werden künftig das (tourismusbezogene) Marketing und Management von Museen und Ausstellungen bestimmen. Bei ihrem Marktauftritt können Museen grundsätzlich alle Instrumente des Marketing-Mixes einsetzen; allerdings muss dabei die Aura der Sammlungsgegenstände respektiert werden und der Schutz der Exponate sichergestellt sein. Aus dem breiten *Spektrum der Marketing- und Management-Maßnahmen* sollen im Folgenden einige ausgewählte Beispiele dargestellt werden (zu einem systematischen Überblick vgl. BECKER/HÖCKLIN 2000, S. 315-322; HANTSCHMANN 1999, S. 240-246).

Preispolitik: Eintrittspreise und Nebenausgaben

Bei Museen handelt es sich um öffentliche Einrichtungen, die traditionell durch entsprechende Zuschüsse finanziert werden. Aus diesem Grund sind die Eintrittspreise generell recht niedrig. Darüber hinaus werden unterschiedliche *preispolitische Maßnahmen* eingesetzt - neben dem Normaltarif auch reduzierte Tarife für spezielle Gruppen (Schüler, Rentner etc.) sowie weitere Vergünstigungsangebote (Jahres- bzw. Familienkarten, eintrittsfreie Wochentage etc.).

Angesichts der Wettbewerbssituation und der angespannten Lage der öffentlichen Haushalte prüfen die Museen zunehmend die Möglichkeiten einer *Erhöhung der Eintrittspreise,* um ihre finanzielle Lage zu verbessern. Allerdings wirkt sich eine derartige Maßnahme nicht nur auf die Besuchszahl, sondern auch auf das Ausgabeverhalten der Besucher aus. Mit einer Preiserhöhung sinkt zugleich die Wahrscheinlichkeit eines Museumsbesuches (vgl. HUMMEL u. a. 1996, S. 14-15):

- Als besonders preissensibel erweisen sich dabei jüngere Besucher, Besucher mit ermäßigten Eintrittskarten, Besucher mit kurzer Aufenthaltsdauer im Museum sowie Besucher aus dem Ort oder dem Umland. Wiederholungsbesucher reagieren stärker auf steigende Preise als Erstbesucher.

- In Kunstmuseen besteht eine deutlich geringere Preissensibilität als in naturkundlichen, archäologischen, geschichtlichen oder ethnologischen Museen.

- Darüber hinaus sinkt bei höheren Eintrittspreisen die Bereitschaft der Besucher, im Museum sonstige Nebenausgaben zu tätigen (z. B. in der Cafeteria oder im Shop).

Diese Ergebnisse machen deutlich, dass jedes Museum eine *individuelle Preisgestaltung* entwickeln muss. So kann z. B. der Museumskomplex „Pergamonmuseum" (Berlin), der einen hohen Anteil von auswärtigen (und ausländischen) Besuchern aufweist, eine Preiserhöhung vornehmen, ohne einen dramatischen Rückgang der Besuchszahl befürchten zu müssen. Kleine Heimatmuseen, die vor allem ein lokales Publikum ansprechen, können dieses Marketinginstrument hingegen nicht einsetzen (vgl. HUMMEL u. a. 1996, S. 16-18).

Produktpolitik: Führungen und Shops

Die Vermittlung von Wissen gehört zu den zentralen Aufgaben von Museen. In den letzten 50 Jahren haben dabei erhebliche *methodische, didaktische und technischen Veränderungen* stattgefunden:

- Lange Zeit beschränkte sich die museale Bildungstätigkeit auf eine einfache *Beschilderung der Exponate* und auf die *Herausgabe von Sammlungskatalogen*.

- Zur Entwicklung *neuer museumspädagogischer Ansätze* kam es erst in den 1970er-Jahren, als sich die Museen aufgrund unzeitgemäßer Konzepte in einer Notlage befanden. Allerdings beschränkten sich die museumspädagogischen Maßnahmen zunächst auf Texttafeln und Illustrationen (vgl. BÖTZKES/GRAF/ WORSCH 1993, S. 108-110).

- Angesichts einer wachsenden Erlebnisorientierung der Besucher wurden in den 1980er-Jahren *Inszenierungen* zu beliebten Gestaltungsmitteln von Ausstellungen - z. B. durch die Integration einzelner Exponate in kulissenartige Szenen (GRAF 1997, S. 219-221).

- In jüngerer Zeit ist ein zunehmender *Einsatz neuer digitaler Medien* zu beobachten - z. B. in Form von *Touch Screens*, auf denen die Besucher Informationen zu den Exponaten abrufen können. Als populäre Vermittlungsform erweisen sich auch Audioführungen, die eine individuelle Auswahl der Erläuterungen ermöglichen (auf der Basis von CDs oder per Funk gesteuerten Systemen).

Zu den zentralen Angebotselementen zeitgemäßer Museen gehören inzwischen auch *spezielle Museumsshops*, in denen neben Souvenirs vor allem auch themenbezogene Produkte verkauft werden.[203] Aus Sicht der Museen hat der Shop mehrere Funktionen:

- Zunächst dient er als zusätzliche Einnahmequelle - z. B. durch Umsatzerträge bei eigenem Betrieb oder durch Pachteinnahmen und Umsatzbeteiligungen bei Vermietung.

- Darüber hinaus spielt er aber auch eine wichtige Rolle als Vermittlungsinstrument sowie als Image- und Werbeträger - z. B. durch Verkauf von Produkten mit dem Museums-Logo. Aus diesem Grund sollte das Sortiment einen *Bezug zum Museum und zu seinen Ausstellungen* aufweisen.

- Dabei können auch die Möglichkeiten eines *Cross Merchandising* genutzt werden: So wird z. B. im Haus der Geschichte der Bundesrepublik Deutschland der Mercedes 300 ausgestellt, der von Kanzler Konrad Adenauer als Dienstwagen genutzt wurde. Im Museumsshop werden entsprechende Automodelle, Broschüren und Postkarten verkauft (vgl. WERSEBE 1997, S. 8).

Vorreiter dieser Entwicklung waren Museen in den USA; dort wurde bereits im Jahr 1955 die „*Museum Store Association*" gegründet. Diese Interessensvertretung, die gegenwärtig mehr als 5.000 Mitglieder hat, unterstützt Museen bei der Entwicklung und bei dem Vertrieb von Produkten (vgl. GURKE 2004, S. 3).[204] In Europa und Deutschland nutzen die Museen erst seit den 1990er-Jahren Shops als Leistungs- und Kommunikationsinstrumente. Bei den Besuchern stößt das Angebot meist auf großes Interesse, denn im Kauf der spezifischen Produkte „verdinglicht sich die Unvergesslichkeit des Kulturerlebnisses" (BIEN 1997, S. 9). Kritiker befürchten allerdings, dass mit den Museumsshops die Vertriebsstrategien amerikanischer Themenparks auch Einzug in Kultureinrichtungen halten. Damit verschwimmt die Grenze zwischen Kunst und Kitsch - eine Kommerzialisierung und Trivialisierung der Kultur sind die Folgen.[205]

Qualitätsstrategie: Besucherforschung und Gütesiegel

Wesentliche Basis der Qualitätsstrategie von Museen ist eine regelmäßige Besucherforschung, deren Nutzungsmöglichkeiten bereits bei der Darstellung des Heinz

---

[203] Der Deutsche Museumsbund gibt für seine Mitglieder einen „Einkaufsführer für Museen" heraus. Dabei handelt es sich um ein Verzeichnis von Firmen, die spezielle Produkte für den Museumsbereich anbieten (vgl. www.museumsbund.de/cms/index.php?id= 20 &L=0 vom 25. Januar 2006). Ein umfang- und materialreicher Überblick über Strategien von Museumsshops und Best-Practice-Beispiele findet sich in Compania Media (1999).

[204] vgl. www.museumsassociation.org vom 06. Februar 2006

[205] KRÖNIG, J. (1994): Kaufen kommt von Kunst. - In: Die Zeit, 25. November; vgl. auch KORNMEIER, U. (1998): Shopping mit Mona Lisa. - In: FAZ, 19. August

Nixdorf MuseumsForums erläutert wurden (→ 2.4.2). Zum einen gibt es *marketingorientierte Analysen*, in deren Mittelpunkt das Profil sowie die Motive und Verhaltensweisen der Besucher stehen (vgl. KLEIN 1990); zum anderen kommt die *Evaluationsforschung* zum Einsatz, die vor allem den Prozess und den Erfolg der kulturellen Vermittlung in Museen untersucht - z. B. durch den Vergleich der Erwartungen der Besucher mit ihrer Zufriedenheit. Beide Forschungsansätze dienen dazu, die Qualität des Museumsangebots, das sich aus unterschiedlichen Bestandteilen zusammensetzt, zu verbessern (vgl. dazu ausführlich HOFFRICHTER 1996).

Neben der Besucherbefragung können Museen im Rahmen ihrer Qualitätsstrategie auch *Gütesiegel* einsetzen, um sich von anderen Anbietern zu unterscheiden und innerhalb des Marktes über ein Alleinstellungsmerkmal zu verfügen. Sie sind von besonderer Bedeutung, weil der Begriff „Museum" nicht gesetzlich definiert und damit auch geschützt ist. In Österreich haben z. B. der „Österreichische Museumsbund" und das „International Council of Museums" (ICOM/Österreich) gemeinsam das *„Österreichische Museumsgütesiegel"* entwickelt. Es dient vor allem dazu, den Besuchern einen Mindeststandard hinsichtlich der Präsentation und der Serviceleistungen zu signalisieren. Darüber hinaus kann es aber auch bei der Beantragung von Subventionen und bei der Akquisition von Sponsorenmitteln eingesetzt werden.[206]

Filialisierungsstrategien: Markenpolitik und Sonderausstellungen

Im Kulturtourismus hat die Markenbildung bislang vor allem auf der Ebene der *Mega-Stars* wie Plácido Domingo, Luciano Pavarotti, Montserrat Caballé etc. stattgefunden. Diese personalisierten Marken lassen sich aber nicht beliebig vervielfältigen. Im Museumsbereich ist eine derartige Multiplikation von Attraktionen jedoch relativ problemlos zu realisieren, da viele Museen über große Sammlungsbestände verfügen, die in den eigenen Räumen nur z. T. ausgestellt werden können. Eine Filialisierungsstrategie und Markenpolitik verfolgt die *Solomon R. Guggenheim Foundation (New York)*, die inzwischen über Dependancen in Europa und in den USA verfügt.

Im Herbst 1997 wurde das *Guggenheim-Museum* in Bilbao (Spanien) eröffnet. In einem Franchise-Vertrag wurde festgelegt, dass die Autonome Region Baskenland sowie die Provinz Biscaya die Kosten für den Bau zu tragen hatten. Außerdem zahlten sie eine Franchise-Gebühr an die Guggenheim Foundation, die ihren Namen, ihr Know-how und insgesamt 300 Kunstwerke als Leihgabe für 20 Jahre zur Verfügung stellte. Für die baskische Landesregierung ist das Museum Teil eines umfangreichen Strukturprogramms, das u. a. einen neuen Flugplatz, einen Kon-

---

[206] vgl. www.icom-oesterreich.at/guetesiegel.html

gress- und Musikpalast sowie ein Geschäfts- und Wohnviertel umfasst (vgl. LEN-FERS 1999, S. 203).[207]

Nach dem gleichen Prinzip fanden Museumsgründungen in Berlin (1997) und Las Vegas (2001) statt; die Pläne für weitere Filialen wurden bislang nicht realisiert (vgl. THON 2004). Da die Organisation mit diesem globalen Marktauftritt eine ähnliche Franchise-Strategie verfolgt wie die Restaurantkette McDonald's, wird sie von Kritikern auch als „*McGuggenheim's*" bezeichnet.[208]

Künftige Anforderungen des Tourismus an die Museen

Das Beispiel der Guggenheim Foundation macht deutlich, dass generelle Marketing- und Management-Prinzipien längst Einzug in die Arbeit der Museen gefunden haben.[209] Wie anderen Anbietern im Kulturbereich stellt sich auch für sie die grundsätzliche Frage, wie die Authentizität der Sammlung einerseits und ökonomische Zielsetzungen andererseits miteinander in Einklang zu bringen sind.[210] Darüber hinaus stehen sie aber noch vor einer Reihe *anderer künftiger Herausforderungen* (vgl. SCHÄFER 1997, S. 271-283):

- Dazu zählt die aktive Auseinandersetzung mit der *Medienwirklich*keit und der *Technologie*. Um auch weiterhin als attraktive informelle Lernorte fungieren zu können, müssen sich Museen aktiv mit technischen Entwicklungen auseinandersetzen und sie in ihre Arbeit integrieren - z. B. durch den vernetzten Einsatz unterschiedlicher Medien, durch die Nutzung interaktiver Informationsmöglichkeiten und durch die Einführung von Besucherreservierungssystemen (vgl. auch SCHÄFER 1996, 2001; WERSEBE 1996).

- Ende der 1990er-Jahre wurden nur ca. 40 % der deutschen Museen von hauptamtlichen Mitarbeitern geleitet. Angesichts steigender Ansprüche der Besucher sowie eines wachsenden Wettbewerbs im Kultur- und Freizeitmarkt nimmt auch der *Druck zur Professionalisierung* zu. Museumsfachleute müssen künftig nicht nur über ein historisches, künstlerisches oder archäologisches Fachwissen verfü-

---

[207] vgl. auch PEHNT, W. (1997): Ein Walfisch ist Bilbaos Stolz. - In: FAZ, 18. Oktober

[208] MEJIAS, J. (1997): Thomas Krens. - In: FAZ Magazin, 48/926, S. 18; vgl. auch BLECHEN, C. (1997): Kirchenschiff und Eiffelturm. - In: FAZ, 12. November; FAZ, 06. Januar 2003

[209] KIRCHBERG (2000) spricht von einer McDonaldisierung der Museen, weil ihre Arbeit zunehmend unter rationalen Gesichtspunkten bewertet wird - nämlich hinsichtlich der Effizienz, Berechenbarkeit, Vorhersagbarkeit und Kontrolle (vgl. STEINECKE/MAIER 1998 zur generellen These einer McDonaldisierung der Urlaubsgesellschaft).

[210] zu einem Vergleich der Entwicklungen in Kanada und in Deutschland vgl. BRUNZEMA, M. (1999): Diesen Monat: Im Museum. Alltäglichkeiten in Deutschland und Kanada im Vergleich. - In: Dtsch. Rdsch., 02. März (www.deutsche-rundschau.com/archiv/03_02_03_99/alltagskultur.htm vom 22. Januar 2006)

gen, sondern auch über Techniken des kulturellen Managements (Organisation von Events, Finanzplanung, Sponsorenansprache etc.).

- Deutliche Defizite bestehen noch hinsichtlich einer gezielten *Ansprache unterschiedlicher Zielgruppen* (z. B. der wachsenden Gruppe von Senioren) und einer *kontinuierlichen Besucherforschung.* Notwendig ist dabei vor allem auch die Analyse der Nicht-Besucher von Museen (ca. 60-70 % der bundesdeutschen Bevölkerung). Untersuchungen in den USA ergaben, dass diese Gruppe während ihrer Freizeit vor allem Interesse an sozialer Interaktion, an einer angenehmen Atmosphäre und an einer aktiven Teilnahme hat. Der Kontakt mit anderen Menschen, der Komfort der Einrichtung, die Freundlichkeit des Personals sowie Einkaufs- und Ausflugsmöglichkeiten spielen für sie also eine ebenso wichtige Rolle wie die Exponate (vgl. ADAMS 1997, S. 167-168; KLEIN 1997a).

Diese Entwicklungen betreffen zunächst den Museumsbereich selbst; sie haben aber auch Konsequenzen hinsichtlich der touristischen Attraktivität von Museen. Aus Sicht der Tourismusverantwortlichen in Unternehmen sowie auf lokaler und regionaler Ebene müssen Museen mehrere *Anforderungen für eine erfolgreiche Kooperation* erfüllen (vgl. KRIEGNER 2004, S. 10-11):
- Schwerpunkt auf Vermittlung von Wissen *(Edutainment)*,
- besuchergerechte Infrastruktur (ausreichende Größe, gute Ausstattung, Zusatzangebote wie Führungen etc.),
- Bereitschaft zur Kooperation mit anderen Akteuren aus der Kulturszene und der Tourismusbranche (vgl. SCHLEPPE 1996; BÄHRE 1996; EBERLE 2002; BACHLEITNER/SCHREUER/WEICHBOLD 2005),
- klares Alleinstellungsmerkmal (Thema, Exponate, Art der Präsentation etc.),
- Flexibilität im organisatorischen Bereich,
- eigene Marketingaktivitäten.

Grundsätzlich wird die touristische Attraktivität der Museen für Besucher und Partner künftig vor allem darin bestehen, dass sie sich nicht nur als Kultureinrichtungen profilieren, in denen Wissen vermittelt wird. Sie sollten sich vielmehr zu optimierten Orten entwickeln, in denen ungewöhnliche Erfahrungen gemacht werden können, die lebenslang in Erinnerung bleiben - durch die *(inszenierte) Begegnung mit den Exponaten, aber auch mit anderen Menschen.*

Museen und Ausstellungen: Fazit

- Die Geschichte des öffentlichen Museumswesens reicht bis in das Zeitalter der Aufklärung zurück. Seitdem gehören Sammeln, Bewahren, Forschen und Bilden zu den zentralen Aufgaben von Museen.
- Vor allem in der zweiten Hälfte des 20. Jahrhunderts hat eine erhebliche Expansion des nationalen und internationalen Museumswesens stattgefunden. Gleichzeitig kam es zu einer zunehmenden Spezialisierung der Museen (Alltagsgegenstände, ausgefallene Sammlungsobjekte).

- Gegenwärtig gibt es in Deutschland mehr als 6.000 Museen, die über 100 Mio. Besuche verzeichnen. In den letzten Jahren ist eine deutliche Marktsättigung zu beobachten, da das Angebot erheblich ausgeweitet wurde, während die Nachfrage nahezu stagnierte.
- Das touristische Potenzial von Museen besteht aus den Sammlungen und Dauerausstellungen. Als Motoren zur Steigerung der Nachfrage fungieren Sonderausstellungen, eine spektakuläre Architektur sowie ein kundenorientiertes Angebot.
- Einige Museen spielen eine zentrale Rolle als städtetouristischen Attraktionen - z. B. der Louvre in Paris (7,3 Mio. Besuche), die National Gallery und das British Museum in London (jeweils mehr als 4,8 Mio.) oder die Vatikanischen Museen in Rom (3,8 Mio.).
- Um sich zu erfolgreichen Tourismusattraktionen entwickeln zu können, müssen Museen mehrere Bedingungen erfüllen: Schwerpunkt auf Vermittlung von Wissen, besuchergerechte Infrastruktur, Kooperationsbereitschaft mit der Tourismusbranche, klares Alleinstellungsmerkmal, Flexibilität im organisatorischen Bereich sowie eigene Marketingaktivitäten.
- Zu den neuen Konkurrenten der traditionellen Museen gehören Edutainment-Einrichtungen wie Multimedia-Attraktionen, Science Center und Kindermuseen. Sie verfügen nicht über historische Sammlungsgegenstände, sondern über speziell angefertigte Exponate, mit deren Hilfe die Besucher aktiviert werden *(Hands-On-Prinzip)*.

2.5   Schlachtfelder und Militäranlagen

> „Verdun und sein Umland leben nicht schlecht vom Militärtourismus."[211]

> „Today's battlefield, tomorrow's tourist attraction?"[212]

Kriegerische Auseinandersetzungen sind untrennbar mit der Geschichte der Menschheit verbunden; sie stellen deshalb auch einen wesentlichen Bestandteil der Kultur von Ländern und Völkern dar. Dabei sind vor allem siegreiche Schlachten und Kriege zu zentralen Elementen einer *spezifischen Erinnerungskultur* geworden, die in der Vergangenheit für ideologisch-nationalistische Zwecke eingesetzt wurden (z. B. im deutschen Kaiserreich und während des Nationalsozialismus). Monumentale Kriegerdenkmäler dienten dazu, das Kämpfen und Sterben im Krieg zu heroisieren.

---

[211] MOSEBACH, B. (1992): Kriegsspiele. - In: Die Zeit, 20. November
[212] DELSOL, Chr. (2005): Today's battlefield, tomorrow's tourist attraction? - In: San Francisco Chronicle, 7. August

Gegenwärtig werden diese Erinnerungsstätten in vielen Ländern vor allem als Mahnmale für ein friedliches Zusammenleben der Völker genutzt - ein eindrucksvolles Beispiel war der symbolische Händedruck von Staatspräsident Mitterand und Bundeskanzler Kohl am 22. September 1984 auf dem ehemaligen Schlachtfeld von Verdun (→ 2.5.1).

Eine touristische Erschließung von Schlachtfeldern und Militäranlagen muss zum einen die Tatsache respektieren, dass es sich um Schauplätze schrecklicher und tragischer Ereignisse handelt. Zum anderen spiegeln sich an diesen Orten aber auch frühere und lang anhaltende Konflikte zwischen Nationen oder innerhalb von Ländern wider. Vor allem bei geringer zeitlicher Distanz kann die Erinnerung an Tote und Verletzte bei Besuchern auch gegenwärtig noch erhebliche Emotionen auslösen. Angesichts dieser historischen Belastung entziehen sich diese Schauplätze und Einrichtungen einer touristischen Nutzung, die vorrangig auf Unterhaltung, Vergnügen und Spaß ausgerichtet ist. Stattdessen muss eine seriöse und objektive Informationsaufbereitung erfolgen, um den Besuchern sachgerechte historische Einsichten zu vermitteln - wie z. B. bei den Führungen des Vereins „Berliner Unterwelten" (→ 2.5.2).

Dabei sind vor allem die politischen Ursachen zu reflektieren, die zu den kriegerischen Auseinandersetzungen bzw. zum Bau der Militäranlagen geführt haben. Auf diese Weise kann auch vermieden werden, dass die historischen Orte von politischen Interessengruppen für ideologische Zwecke missbraucht werden. Nur wenn diese Grundbedingungen erfüllt werden, kann die touristische Nutzung von Schlachtfeldern und Militäranlagen auch einen Beitrag zu einem differenzierten Geschichtsverständnis und letztlich auch zur Völkerverständigung leisten.[213] Allerdings muss sich das militärhistorische Management auch mit den steigenden Ansprüchen der Besucher auseinandersetzen - vor allem mit der wachsenden Erlebnisorientierung (→ 2.5.3).

Der Militärtourismus wird in der englischsprachigen Literatur dem *Dark Tourism, Thanatourism* bzw. *Atrocity Tourism* zugeordnet (vgl. ASHWORTH/HARTMANN 2005). Unter diesen Oberbegriffen werden alle touristischen Aktivitäten zusammengefasst, die an Schauplätzen von Gewalt, Unrecht, Verfolgung oder Tod stattfinden - z. B. auf Friedhöfen (→ 2.6) sowie in ehemaligen Gefängnissen und NS-Konzentrationslagern (→ 2.7).[214]

---

[213] GATEWOOD/CAMERON (2004, S. 193) kommen in einer empirischen Untersuchung zum Gettysburg National Military Park (USA) zu dem Ergebnis, dass die besondere Atmosphäre des Schlachtfelds aus dem US-amerikanischen Bürgerkrieg (1863) dazu führt, „that sometimes battlefield visitors begin as tourists, but then are transformed into pilgrims."

[214] Eine Arbeitsgruppe an der University of Central Lancashire (GB) hat im Internet ein „Dark Tourism Forum" eingerichtet, in dem Informationen zu diesem Marktsegment zusammengestellt sind - u. a. eine umfangreiche Bibliographie (vgl. www.dark-tourism. org.uk).

2.5.1 Touristische Potenziale und Bedeutung von Schlachtfeldern und Militäranlagen

Weltweit gibt es unzählige Schauplätze und bauliche Relikte bewaffneter Konflikte und kriegerischer Auseinandersetzungen aus unterschiedlichen Phasen der historischen Entwicklung. Im Mittelpunkt des touristischen Interesses stehen jedoch vor allem Schlachtfelder und Militäranlagen, die einzigartige Merkmale - im Sinne von Superlativen - aufweisen:

- Die Schlachten waren *besonders verlustreich* und/oder haben den weiteren Verlauf der Geschichte entscheidend beeinflusst (z. B. Waterloo, Verdun, D-Day).

- Um *Heerführer, Kommandeure oder einzelne Soldaten* ranken sich besonders dramatische Geschichten des Lebens, Kämpfens oder Sterbens (z. B. Cheruskerfürst Arminius, Admiral Nelson, Napoleon).

- Die Befestigungsanlagen (Forts, Panzerwerke etc.) befinden sich an exponierten Standorten und haben eine beeindruckende Größe; deshalb stellen sie *Landmarken* dar, die das Orts- bzw. Landschaftsbild prägen (z. B. Festung Ehrenbreitstein in Koblenz).

Angesichts der langen geschichtlichen Entwicklung und der weltweiten Dimension des Phänomens ist es nicht möglich, einen vollständigen *Überblick über dieses touristische Marktsegment* zu erarbeiten. Außerdem handelt es sich um einen Teilbereich des Kulturtourismus, zu dem (vor allem in Deutschland) bislang kaum Daten und Studien vorliegen. Die folgende Zusammenstellung unterschiedlicher *Typen von militärischen Schauplätzen und Einrichtungen*, die touristisch genutzt werden, kann deshalb nur einen exemplarischen Charakter haben (vgl. Abb. 38).

Römische Schlachtfelder und Befestigungsanlagen

Unter den frühen militärhistorischen Relikten spielen vor allem die *Schlachtfelder und Befestigungsanlagen aus römischer Zeit* eine wichtige Rolle im Tourismus. Eine besondere Berühmtheit hat dabei die *Varus-Schlacht im Teutoburger Wald* erlangt, bei der im Jahr 9 n. Chr. zwischen 10.000 und 20.000 Soldaten den Tod fanden. Zur Erinnerung an den siegreichen Cheruskerfürsten Arminius (eingedeutscht: Hermann) wurde in den Jahren 1838 bis 1875 in der Nähe von Detmold das *Hermannsdenkmal* errichtet. Vor dem Hintergrund der territorialen Zersplitterung Deutschlands und der Befreiungskriege gegen Napoleon galt es als Symbol der nationalen Einheit, Freiheit und Stärke.[215]

---

[215] vgl. www.hermanndenkmal.de; www.landesverband-lippe.de

Militärtourismus		
Militärische Originalschauplätze	**Informations- und Erinnerungsstätten (direkte und indirekte)**	**Events/ Veranstaltungen**

	- Soldatenfriedhöfe
	- Kriegsgräberstätten
	- Monumente
	- Panoramen/Rundbilder
	- Denkmale
	- Bildungsstätten
	- Museen
	- Gedenkstätten aller Art
	- Lehrpfade/Kulturrouten
		- Militärparaden
		- Jahrfeiern
		- Inszenierungen
		- Tag der offenen Tür
		- Flugvorführungen
		- Traditionsvereine
		- Spezielle Angebote:
		  - Flug in Kampfjets
		  - Panzerfahrten

(Militärisch) relev. Einzelobjekte	**Militärische Anlagen**	**Befestigungs- anlagen**	**Schlachtfelder**
- Wohngebäude - Regierungs- gebäude	- Kasernen - Militärflughäfen - Marinestütz- punkte - Truppen- übungsplätze - Bunker - Gefängnisse/ Gefangenen- lager	- Wälle, Hügel - Stadtmauern - Burgen, Zita- dellen - Festungen - Flaktürme - Verteidigungs- systeme - Versorgungs- anlagen	- Schlachtfeld der Varusschlacht - Waterloo 1815 - Schlachtfelder bei Verdun und an der Somme

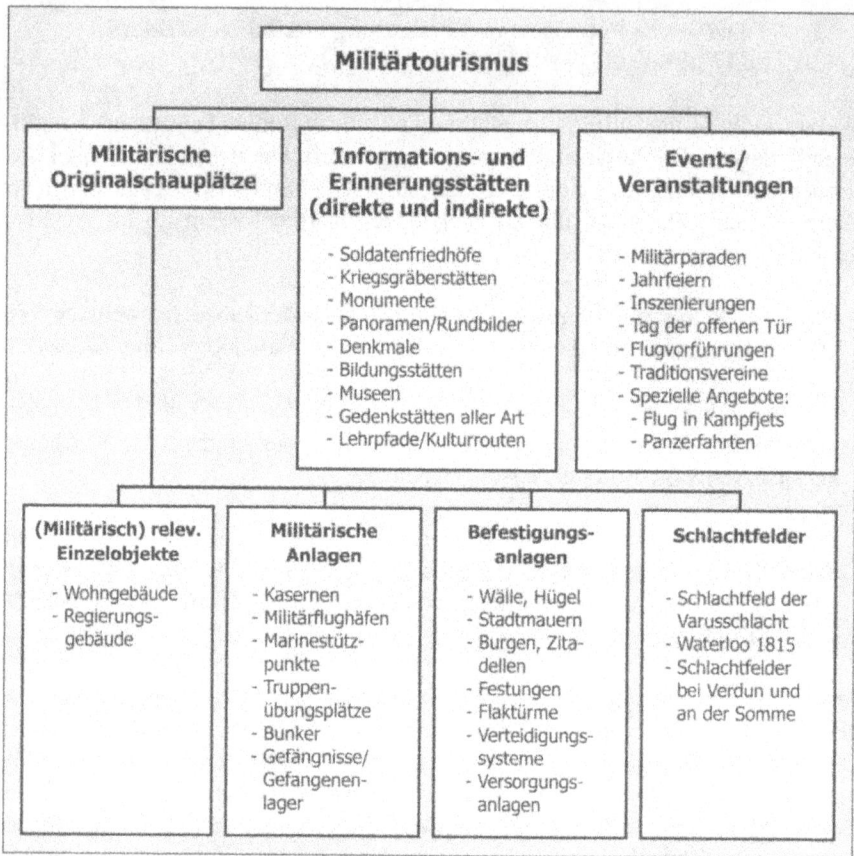

Abb. 38: Das touristische Potenzial des militärhistorischen Erbes besteht zum einen aus Originalschauplätzen (Befestigungsanlagen, Schlachtfelder), zum anderen aus Informations- und Erinnerungsstätten sowie militärischen Veranstaltungen (Quelle: Eigene Darstellung nach Angaben in PLÖGER 2006, S. 239).

Aufgrund seiner spektakulären Lage auf einem Höhenrücken des Teutoburger Waldes hat es sich bereits frühzeitig zu einem beliebten Ausflugsziel entwickelt; gegenwärtig wird es jährlich von ca. 1 Mio. Personen besucht.[216] Nachdem jüngere Forschungen zu dem Ergebnis gekommen waren, dass die Varus-Schlacht mit großer Wahrscheinlichkeit nicht an dieser Stelle, sondern in der Nähe von Osnabrück (Niedersachsen) stattgefunden hat, wurde dort im Jahr 2002 ein großes multimediales Informationszentrum eröffnet: *„Museum und Park Kalkriese"* zählten im Jahr 2004 mehr als 115.000 Besucher.[217]

---

[216] vgl. de.wikipedia.org/wiki/Hermannsdenkmal
[217] vgl. www.kalkriese-varusschlacht.de

Zu den eindrucksvollen militärischen Anlagen der Römer gehören der *Limes* in Deutschland und der *Hadrianswall* in Großbritannien; in beiden Fällen handelt es sich um aufwändige Grenzbefestigungen aus dem 2. Jahrhundert, die aus einem System von Mauern, Palisaden und Wachtürmen bestanden:

- Der *Obergermanisch-Raetische Limes* verlief auf einer Länge von ca. 550 km vom (heutigen) nördlichen Rheinland-Pfalz durch Hessen und Baden-Württemberg bis nach Bayern; er grenzte die römischen Provinzen von dem germanischen Territorium ab. Obwohl der bauliche Verfall bereits im 3. Jahrhundert einsetzte, sind gegenwärtig noch Relikte der Wallanlagen sowie der ca. 900 Wachtürme und 10 Kastelle zu finden.[218] Der Limes zählt zu den wichtigsten archäologischen (Boden)Denkmälern in Mitteleuropa; im Sommer 2005 wurde er in die Liste des Weltkulturerbes der UNESCO eingetragen. Aufgrund der großen räumlichen Erstreckung sind exakte Aussagen zu seiner touristischen Bedeutung kaum möglich. Die Besucherzahlen einzelner Museen und Einrichtungen geben aber deutliche Hinweise auf die Popularität des Limes: So verzeichnet z. B. das „Limesmuseum" in Aalen jährlich ca. 40.000-50.000 Gäste und das Saalburgmuseum im Saalburg-Kastell (Hessen) mehr als 150.000 Besucher.[219]

- Zur gleichen Zeit wie der Limes wurde der 120 km lange *Hadrianswall* als römische Grenzbefestigung zwischen Nordengland und Schottland erbaut. Die Verteidigungsanlage war erheblich stärker befestigt; sie bestand aus einem 4-5 m hohen Wall sowie einem tiefen Graben, der mit spitzen Holzpfählen gefüllt war. Der Hadrianswall wurde bereits im Jahr 1987 zum UNESCO-Welterbe erklärt; gegenwärtig ist er die beliebteste touristische Attraktion in Nordengland.[220] Allein in das „Vindolanda Museum" und in das „Roman Army Museum" kamen im Jahr 2004 jeweils mehr als 136.000 Besucher.[221] Die jährliche Gesamtbesucherzahl des Hadrianwalles beläuft sich schätzungsweise auf 776.000 Personen, von denen 59 % Museen und Ausstellungen besichtigen, 37 % kurze Spaziergänge entlang der Wallanlage unternehmen und 4 % mehrstündige Wanderungen machen. Die Pro-Kopf-Ausgaben der Tagesausflügler belaufen sich auf € 7; die Übernachtungsgäste geben täglich € 51-56 aus (vgl. ONE 2004, S. 115).

Mittelalterliche Burgen und neuzeitliche Festungen

Aus *mittelalterlicher Zeit* sind zahlreiche Burgen und Burgruinen erhalten geblieben - also befestigte Wehr- und Wohnbauten, die u. a. auch eine militärische Funktion hatten. Aufgrund ihrer großen Verbreitung und auch der touristischen Bedeu-

---

[218] vgl. de.wikipedia.org/wiki/Limes_(Grenzwall)

[219] vgl. www.museen-aalen.de; www.saalburgmuseum.de

[220] vgl. de.wikipedia.org/wiki/Hadrianswall; www.hadrians-wall.org; www.hadrianswall-country.org

[221] vgl. www.vindolanda.com

tung einzelner Burgen werden sie im Rahmen dieses Studienbuches in einem eigenen Kapitel behandelt (→ 2.1).

Mit der Entwicklung der Feuerwaffen (speziell der Artillerie) in der Mitte des
14. Jahrhunderts wurden die mittelalterlichen Burgen weitgehend funktionslos. Als
neue militärische Einrichtungen entstanden zwischen dem 16. und 19. Jahrhundert
große Festungsanlagen in Form von Zitadellen, Bastionen und detachierten Forts,
die sich aus einem weiträumigen System von Wällen, Vorwerken und Geschützsta-
tionen zusammensetzten. Aufgrund der jahrzehntelangen Feindschaft zwischen
Deutschland und Frankreich weist vor allem die *SaarLorLux-Region* (der Grenz-
raum zwischen Lothringen, dem Saarland und Luxemburg) eine große Zahl derartiger Befestigungs- und Verteidigungssysteme auf. Berühmte Beispiele finden sich
in Metz, Thionville, Verdun, Straßburg und Saarlouis. REICHERT (2005) hat in
ihrer Dissertation mehr als 300 militärische Bauwerke ermittelt, die jährlich von
mehr als 600.000 Personen besucht werden (vgl. auch REITEL 1987, 1993).[222]

Wie in anderen kulturtouristischen Angebotssegmenten besteht auch im Festungs-
tourismus eine *deutliche Hierarchie der Attraktionen*: Im Mittelpunkt des touristischen Interesses stehen drei Anlagen in Verdun (Fort de Douaumont, unterirdische
Zitadelle, Fort de Vaux); auf sie konzentrieren sich mehr als 46 % des gesamten
Besucheraufkommens. Unter den 37 untersuchten militärischen Attraktionen im
SaarLorLux-Raum erreichen die zehn wichtigsten Anlagen einen Anteil von 93 %
an der Nachfrage (vgl. REICHERT 2005, S. 456-457; Abb. 39).

Schlachtfelder der napoleonischen Kriege

Eine frühe touristische Inwertsetzung (und vor allem symbolische Überhöhung
durch Gedenkstätten) erlebten die *Schlachtfelder der napoleonischen Kriege.*
Zwischen 1796 und 1815 führte Napoleon die französische Armee in mehr als 60
Schlachten, die er bis zur ersten großen Niederlage in Aspern (Österreich) im Jahr
1809 für sich entschied. *Monumentale Denkmäler* erinnern auf mehreren Schlachtfeldern an das massenhafte Grauen, Leid und Sterben in diesen Kämpfen. Sie
wurden im 19. Jahrhundert und zu Beginn des 20. Jahrhunderts vor allem als Symbole des erfolgreichen Kampfes gegen ausländische Invasoren errichtet; damit
fungierten sie zugleich aber auch als Identifikationsstätten für den wachsenden
Nationalismus.

Gegenwärtig dienen sie vorrangig als *Erinnerungsorte* an bedeutende geschichtliche Ereignisse sowie als *Mahnmale* für Frieden und Völkerverständigung. Dabei
haben sich einige Denkmäler zu touristischen Attraktionen mit einem großen Besucheraufkommen entwickelt:

---

[222] einschließlich der Territorialfestungen aus dem 20. Jahrhundert (z. B. den Bunkeranlagen der Maginot-Linie)

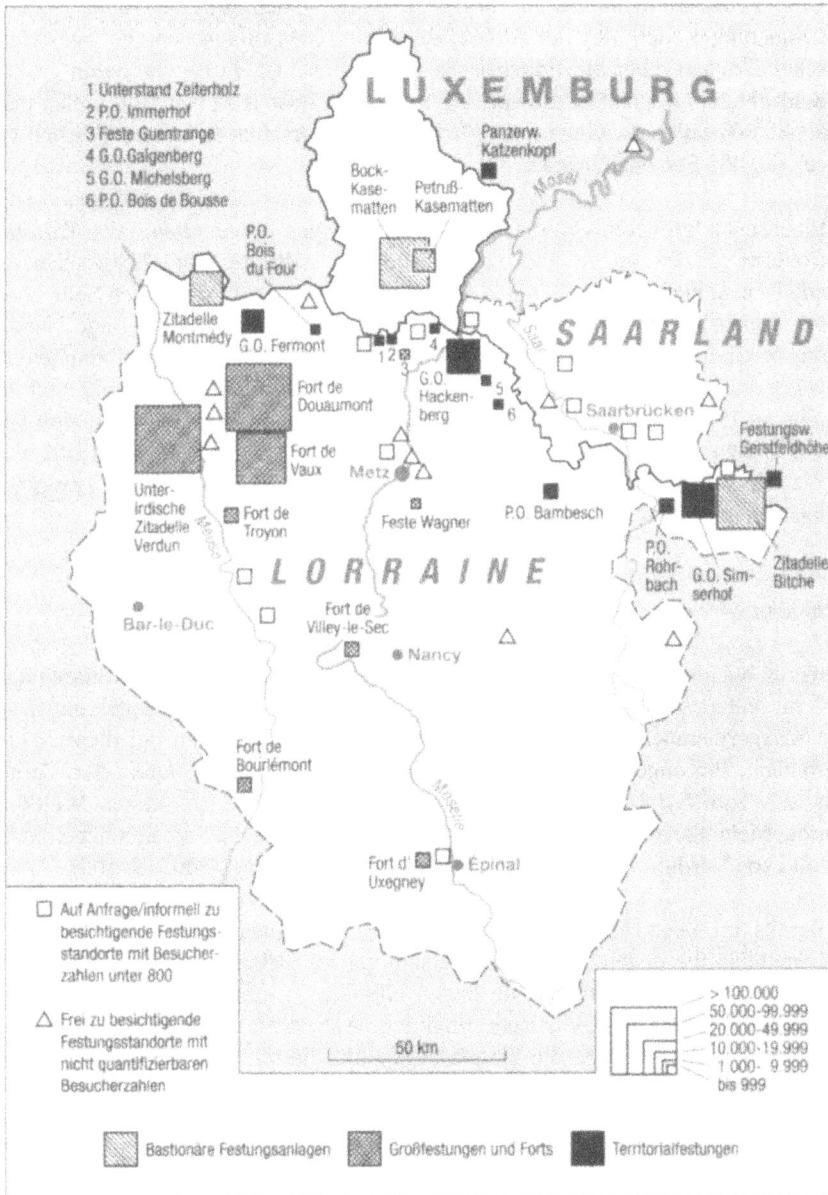

Abb. 39: Aufgrund der jahrzehntelangen Feindschaft zwischen Deutschland und Frank-reich weist vor allem die SaarLorLux-Region eine große Zahl von Befestigungs- und Ver-teidigungsanlagen auf. Im Mittelpunkt des touristischen Interesses stehen dabei die Anla-gen in Verdun, auf die sich mehr als 46 % des gesamten Besucheraufkommens konzentrie-ren (Quelle: Eigene Darstellung nach Angaben in REICHERT 2005, S. 457).

- Das „*Völkerschlachtdenkmal*" in Leipzig wurde in den Jahren 1910 bis 1913 zur Erinnerung an den Sieg der Allianz aus preußischen, russischen und österreichischen Truppen über die französische Armee errichtet. In der bis dahin größten Schlacht der Geschichte, die vom 16. bis 19. Oktober 1813 stattfand, fielen mehr als 80.000 Soldaten. Gegenwärtig wird das Völkerschlachtdenkmal jährlich von ca. 180.000 Personen besucht.[223]

- Einer noch größeren Popularität erfreut sich das *Schlachtfeld von Waterloo (Belgien)*. Es war am 18. Juni 1815 Schauplatz erbitterter Kämpfe zwischen den englischen, niederländischen und preußischen Truppen auf der einen Seite sowie der französischen Armee auf der anderen. Die militärische Niederlage Napoleons bestimmte auch sein weiteres politisches Schicksal - er musste abdanken und wurde auf die Insel St. Helena verbannt. Das Schlachtfeld entwickelte sich bereits im 19. Jahrhundert zu einer touristischen Attraktion - u. a. als Ziel von Pauschalreisen des britischen Reiseveranstalters Thomas Cook. Gegenwärtig wird Waterloo jährlich von ca. 3 Mio. Personen besucht; es ist damit die zweitwichtigste belgische Sehenswürdigkeit (vgl. SEATON 1999, S. 130).[224]

Schlachtfelder und militärische Anlagen des Ersten Weltkriegs

Generell beginnt eine touristische Nutzung von Schlachtfeldern und Militäranlagen erst mit einem großen zeitlichen Abstand - nachdem die Trauer abgeklungen ist, die Kriegsveteranen, Familienangehörige und auch Nachfahren mit diesen Orten verbinden. Ein ungewöhnliches Gegenbeispiel stellt das *Schlachtfeld von Verdun* dar, das zum Symbol des schrecklichen Stellungskrieges im Ersten Weltkrieg wurde. Mehr als 100.000 deutsche und 100.000 französische Soldaten haben in der „Hölle von Verdun" den Tod gefunden (vgl. FISCHER/KLINK 2005, S. 105):

- Bereits im Jahr 1917 - also während der Kriegshandlungen - erschienen in Frankreich die ersten „Michelin"-Reiseführer mit detaillierten Angaben zu den einzelnen Frontabschnitten. Sie hatten allerdings weniger eine informative als vielmehr eine propagandistische Funktion. Angesichts tatsächlicher oder übertriebener Berichte über die Zerstörungen und die Gräueltaten der Deutschen sollten sie die Identifikation mit den Soldaten an der Front stärken und die weitere Kriegsführung sowie spätere Reparationszahlungen legitimieren (vgl. BRANDT 2003, S. 111-112).[225] Kurz nach Beendigung der Kämpfe am 11. November 1918 setzten dann organisierte Schlachtfeldtouren ein, die sowohl von gemeinnützigen Organisationen als auch von Reiseveranstaltern angeboten wurden: So führte z. B. das britische Unternehmen Thomas Cook Pauschalreisen nach Frankreich und Belgien in einer Luxus- und einer Budgetversion durch. An

---

[223] telefonische Auskunft vom 16. Dezember 2005
[224] vgl. www.austerlitz2005.com/de/projektausterlitz vom 08. Februar 2006
[225] vgl. auch www.acgcm.com

diesen Reisen nahmen zunächst vor allem Angehörige gefallener Soldaten und Veteranen teil, die die Grabstätten auf den Soldatenfriedhöfen besuchten. Die Touren hatten deshalb eher den Charakter einer persönlichen Pilgerfahrt als einer Besichtigungs- bzw. Kulturreise. Gegenwärtig beläuft sich die Zahl der Besucher in Verdun auf ca. 600.000 Personen/Jahr: Zu 30 % handelt es sich dabei um Deutsche; außerdem kommen viele Gäste aus Großbritannien, den USA, Italien und Spanien.[226]

- Ein beliebtes Ziel von Militärtouristen ist auch die *Stadt Ypern in Westflandern* (Belgien), in deren Nähe eines der großen Schlachtfelder des Ersten Weltkriegs liegt (in wenigen Monaten fanden hier 500.000 Soldaten den Tod). Seit Mitte der 1980er-Jahre verzeichnet die Region einen erheblichen Anstieg des Schlachtfeldtourismus. Die jährliche Besucherzahl wird gegenwärtig auf ca. 500.000 Personen geschätzt; unter ihnen finden sich besonders viele Briten, Kanadier und Australier, deren Vorfahren hier gefallen sind (vgl. HINRICHS 2004, S. 101).[227]

Schlachtfelder und militärische Anlagen des Zweiten Weltkriegs

Nach den schrecklichen Erfahrungen des Ersten Weltkriegs begann Frankreich im Jahr 1930, entlang der Grenze zu Deutschland und Italien ein umfangreiches Verteidigungssystem zu bauen. Diese *Maginot-Linie* bestand aus zahlreichen Bunkern und Forts von beeindruckender Größe und mit ungewöhnlicher technischer Ausstattung (z. B. elektrischen Eisenbahnen für den Munitionstransport).[228] Gegenwärtig werden 15 Forts touristisch genutzt; zu den bekanntesten gehören Fort Hackenberg, Fort Simserhof, Fort de Schoenenbourg und La Férte.[229] In den letzten Jahren konnten diese Anlagen ein *kontinuierliches Wachstum der Besucherzahl* verzeichnen:

- So stieg z. B. in Fort de Schoenenbourg die Zahl der Gäste von 6.000 im Jahr 1982 auf ca. 41.000 im Jahr 2004.[230]

- Im *Elsass* wird die Zahl der Militärtouristen, die im Jahr 2003 Anlagen der Maginot-Linie besichtigt haben, auf mehr als 100.000 Personen geschätzt, von de-

---

[226] vgl. HANSON, N. (2005): Battlefield tourism: nothing new. - In: TravelMag, 09. November (www.travelmag.co.uk/printer_938.shtml vom 02. Dezember 2005); LOOS, J.-M. (2005): Neue Urlaubsziele. In Elsass-Lothringen boomt der Schlachtfeldtourismus. - In: Journal L'Alsace (www.lepays.net/jdj/03/07/30/IGB/4/article_12.html vom 30. November 2005)

[227] vgl. Granaten im Garten. - In: Spiegel online, 30. März 2004 (www.spiegel.de/spiegel-special/0,1518,296094,00.html vom 08. Februar 2006)

[228] vgl. de.wikipedia.org/wiki/Maginot-Linie

[229] vgl. www.simserhof.fr

[230] vgl. www.lignemaginot.com/ligne/presse/tourisme.htm vom 30 November 2005

nen jeder Dritte aus einer Entfernung von mehr als 100 km anreiste. Dabei kamen 60 % der Besucher aus Deutschland; weitere wichtige Quellmärkte waren
Italien sowie osteuropäische Länder.[231]

Auf deutscher Seite stellt der *Westwall* das Pendant zur französischen Maginot-
Linie dar. Er wurde seit 1938 auf einer Länge von ca. 630 km an der deutschen
Westgrenze gebaut. Das Verteidigungssystem, das sich zwischen Kleve im Norden
und Weil am Rhein im Süden erstreckt, umfasste mehr als 18.000 Bunker und
Stollen sowie zahllose Gräben und Panzersperren.[232] Die verhängnisvolle Rolle
Deutschlands beim Ausbruch des Zweiten Weltkriegs und bei der Vernichtung der
europäischen Juden hat lange Zeit zu einem äußerst distanzierten und zugleich
unsicheren Umgang mit den baulichen Relikten des Nationalsozialismus geführt.
Die Anlagen des Westwalls wurden in der Nachkriegszeit zunächst gesprengt,
geschliffen oder mit Erde zugeschüttet - vor allem aus Sicherheitserwägungen.

Erst in jüngerer Zeit ist ein *wachsendes Interesse an den verbliebenen Bunkern* zu
beobachten: Zum einen engagieren sich Umwelt- und Naturschützer für den Erhalt
der Anlagen, da sich in den letzten Jahrzehnten seltene Pflanzen- und Tierarten
angesiedelt haben und dadurch ungewöhnliche Biotopketten entstanden sind.[233]
Zum anderen gibt es eine zunehmende Zahl von Interessengruppen, die sich - nach
dem Vorbild der französischen Maginot-Linie - für eine *touristische Öffnung* einsetzen:

- Zumeist handelt es sich dabei allerdings um Initiativen, die sich erst in der Anfangsphase ihrer Arbeit befinden. So wurde z. B. im Frühjahr 2005 in Dillingen
 (Saarland) das „*Projekt Westwall*" gegründet, dessen Mitglieder sich für den
 Erhalt, die Restaurierung und die Erschließung militärischer Anlagen in der Region engagieren.[234]

- Das „*Panzerwerk Katzenkopf*" in Irrel (bei Trier), das in den Jahren 1937-1939
 erbaut wurde, ist gegenwärtig die einzige derartige Anlage des ehemaligen
 Westwalls, die besichtigt werden kann. Auf drei Geschossen beherbergt sie ein
 Museum, in dem Bilder, Dokumente und Waffen gezeigt werden.[235]

---

[231] vgl. www.lignemaginot.com/ligne/presse/tourisme.htm vom 30. November 2005

[232] vgl. de.wikipedia.org/wiki/Westwall

[233] So hat z. B. der „Bund für Umwelt und Naturschutz" (BUND) das Projekt „Grüner Wall
 im Westen" initiiert, um die Biotope in den Bunkeranlagen zu schützen (vgl. www.grue-
 nerwallimwesten.de).

[234] vgl. www.projekt-westwall.de; zu weiteren Museen und Initiativen vgl. www.westwall-
 museum.de (Festungswerk Gerstfeldhöhe), www.westwallmuseum-sinz.de, www.west-
 wallanlage.de (Merzig-Besseringen), www.westwall-mettlach.de, www.westwall-im-
 saarland.de

[235] vgl. www.westwallmuseum-irrel.de

Neben diesen militärischen Anlagen gibt es aber auch einige *Schlachtfelder des Zweiten Weltkriegs*, die inzwischen touristisch erschlossen worden sind. Das bekannteste Beispiel ist die *Küste der Normandie zwischen Carentan und Caen*. Im Rahmen der „Operation Overlord" landeten dort am 6. Juni 1944 (D-Day) 133.000 britische, amerikanische und kanadische Soldaten. Die dramatischen und verlustreichen Kämpfe während der Invasion wurden in mehreren Hollywood-Filmen dargestellt und damit popularisiert - u. a. „*The longest day*" (1962) und „*Saving Private Ryan*" (1998). Heute finden sich in den Dünen und an den Stränden noch Relikte von Panzern, Küstenbatterien und künstlichen Hafenanlagen, die durch Themenstraßen touristisch erschlossen werden. Darüber hinaus gibt es mehr als 20 Kriegsmuseen und zahlreiche Soldatenfriedhöfe (vgl. LECOUTURIER 2000).[236] Schätzungen gehen davon aus, dass sich das militärtouristische Besucheraufkommen in der Region jährlich auf ca. 2 Mio. Personen beläuft. Dabei handelte es sich in der Vergangenheit häufig um amerikanische und britische Kriegsveteranen, die sich hier regelmäßig trafen, um an ihre gefallenen Kameraden zu erinnern.

Schlachtfelder und Militäranlagen außerhalb Europas

Die bisherigen Beispiele für Schlachtfelder und Militäranlagen aus unterschiedlichen geschichtlichen Epochen verdeutlichen sowohl die Bandbreite militärtouristischer Angebote als auch das Volumen dieses kulturtouristischen Nischensegments in Europa. Darüber hinaus sollte nicht vergessen werden, dass es auch *außerhalb Europas* Schlachten und Kriege gegeben hat, deren Schauplätze inzwischen touristisch genutzt werden. Schlaglichtartig sollen hier nur einige Beispiele genannt werden.

- So gibt es in den USA zahlreiche „*National Monuments*", „*National Historic Sites*", „*National Military Parks*" etc., in denen an Schlachten des amerikanischen Bürgerkriegs oder an Kämpfe zwischen US-Truppen und endogenen Bevölkerungsgruppen erinnert wird. Einige dieser Einrichtungen - wie der „Gettysburg Military Park" in Pennsylvania - verzeichnen mehr als 1 Mio. Besucher/Jahr (vgl. Tab. 12).

- Zu den Besonderheiten des *Vietnam-Kriegs* (1954-1975) zählten die ausgedehnten Tunnelsysteme, die von vietnamesischen Partisanen (Vietcong) angelegt worden waren, um Vorräte, Waffen und auch Soldaten zu verstecken. Inzwischen wurde der ca. 250 km lange *Cu-Chi-Tunnel* als touristische Attraktion erschlossen. Die Anlage erstreckt sich über drei Stockwerke und umfasst Schlafräume, Waffenwerkstätten, Lazarette etc.

---

[236] vgl. Gnadenloses Spektakel. - In: Spiegel online, 16. Mai 1994 (www.spiegel.de/spiegel/0,1518,285067,00.html vom 08. Februar 2006); KLINGBEIL, P. (2004): D-Day - Veteranen erinnern sich. - In: Stuttgarter Ztg. online, 01. Juni (www.stuttgarter-zeitung.de/stz/page/dateil.php/731626 vom 08. Februar 2006)

Historischer Schauplatz	Historisches Ereignis	Fläche (ha)	Besucherzahl (2004)
Manassas National Battlefield Park, Virginia	Schlacht im amerikanischen Bürgerkrieg (1861-1862)	2.053	726.709
Fort Sumter National Monument, South Carolina	Belagerung im amerikanischen Bürgerkrieg (1861-1865)	81	822.523
Shiloh National Military Park, Tennessee	Schlacht im amerikanischen Bürgerkrieg (1862)	2.048	309.723
Chiackamauga & Chattanooga National Military Park, Georgia	Schlacht im amerikanischen Bürgerkrieg (1863)	3.657	913.701
Gettysburg National Military Park, Pennsylvania	Schlacht im amerikanischen Bürgerkrieg (1863)	2.424	1.719.557
Vicksburg National Military Park, Mississippi	Schlacht im amerikanischen Bürgerkrieg (1863)	726	957.758
Kennesaw Mountain National Battlefield Park, Georgia	Schlacht im amerikanischen Bürgerkrieg (1864)	1.167	1.221.746
USS Arizona Memorial, Hawaii	Japanischer Angriff auf Pearl Harbour (1941)	4	1.563.189

Tab. 12: In den USA sind u. a. zahlreiche Schlachtfelder des amerikanischen Bürgerkriegs touristisch erschlossen worden. Aufgrund ihrer hohen Besucherzahlen lösen sie auf lokaler und regionaler Ebene erhebliche ökonomische Wirkungen aus (Quelle: Eigene Zusammenstellung nach Angaben in www.nps.gov).

Um den Touristen einen bequemen Zugang zu ermöglichen, mussten die unterirdischen Gänge erheblich vergrößert werden. Zum Angebot der Anlage zählen auch eine Ausstellung von Waffen, Minen und Fallen, ein Schießstand sowie ein Shop, in dem Militaria-Souvenirs verkauft werden. Bei den Besuchern des Tunnelsystems handelt es sich vor allem um einheimische Schulklassen und um ausländische Touristen - u. a. auch um US-amerikanische Kriegsveteranen.[237]

- In *Namibia* erinnern Forts, Friedhöfe und Denkmäler an die deutsche Kolonialgeschichte generell, aber auch an Schlachten zwischen den deutschen Truppen und den einheimischen Hereros (z. B. Fort Namoutoni; Friedhof am Waterberg-Plateau).

---

[237] vgl. ABERLE, M. (1997): Versuchen Sie, ein Guerillakämpfer zu sein. - In: FAZ, 03. Juli; MYDANS, S. (1999): Visit the Vietcong's world: Americans welcome. - In: New York Times, 07. July

- In *Singapur* wurde das frühere unterirdische Hauptquartier der britischen Truppen als „*The Battle Box*" der Öffentlichkeit zugänglich gemacht. Mit Hilfe von animierten Puppen sowie Licht- und Toneffekten werden die Ereignisse des 15. Februar 1942 rekonstruiert, als sich die Stadt den angreifenden japanischen Truppen ergeben musste.[238]

2.5.2 Fallstudie: Bunkeranlagen des Zweiten Weltkriegs in Berlin

Während des Zweiten Weltkriegs wurden in der damaligen Reichshauptstadt Berlin zahlreiche Bunkeranlagen und Schutzkeller gebaut, um die Bevölkerung bei Luftangriffen sicher unterbringen zu können. Lange Zeit waren diese unterirdischen Anlagen nicht öffentlich zugänglich. Im Jahr 1997 wurde der Verein „Berliner Unterwelten e. V." gegründet, dessen Ziel es ist, die Bunkeranlagen zu erhalten und Besuchern in Form von Führungen, Ausstellungen und Seminaren zugänglich zu machen; zum Angebot des Vereins zählen u. a.:[239]

- *Tour 1 - Dunkle Welten:* Führung durch die Bunkeranlage am U-Bahnhof Gesundbrunnen mit den thematischen Schwerpunkten Bombenkrieg, Luftschutz, Bunkerbau;

- *Tour 2 - Vom Flakturm zum Trümmerberg:* Führung durch die Relikte des Flakturms Humboldthain, der bei Sprengungen im Jahr 1946 stark beschädigt wurde.

Dieses Informationsangebot stößt bei Berlinern und auswärtigen Besuchern auf ein wachsendes Interesse. Seit 2002 vervierfachte sich die Zahl der Teilnehmer an den Führungen; im Jahr 2005 lag sie bei ca. 60.000.

In einer umfangreichen Befragung von Teilnehmern an diesen Führungen konnten folgende *Merkmale, Motive und Verhaltensweisen der militärhistorisch interessierten Besucher* ermittelt werden (vgl. PLÖGER 2006, S. 90-110):

- In der Mehrzahl handelt es sich um *jüngere Teilnehmer* (63,9 % sind unter 40 Jahre alt) und um *Männer*; sie weisen ein relativ hohes Bildungsniveau auf.

- 58,9 % der Befragten sind *Tagesausflügler bzw. Urlauber.* Neben der Besichtigung der Bunkeranlagen stehen auch andere kulturelle Aktivitäten auf dem Programm des Berlin-Besuchs (Ausstellungen, Museen, Konzerte etc.).

---

[238] vgl. www.legendsfortcanning.com/fortcanning/battlebox.htm vom 08. Februar 2006

[239] Der Verein „Berliner Unterwelten e. V." bietet nicht nur Führungen in Bunkeranlagen aus dem Zweiten Weltkrieg an, sondern auch in anderen unterirdischen Einrichtungen (vgl. www.berliner-unterwelten.de).

- Die Hauptmotive zur Teilnahme an Führungen sind *Bildungsinteressen* (etwas über die Geschichte lernen, den Horizont erweitern) und der Wunsch nach *Authentizität* - also Kriegsschauplätze im Original kennen zu lernen (vgl. Abb. 40).

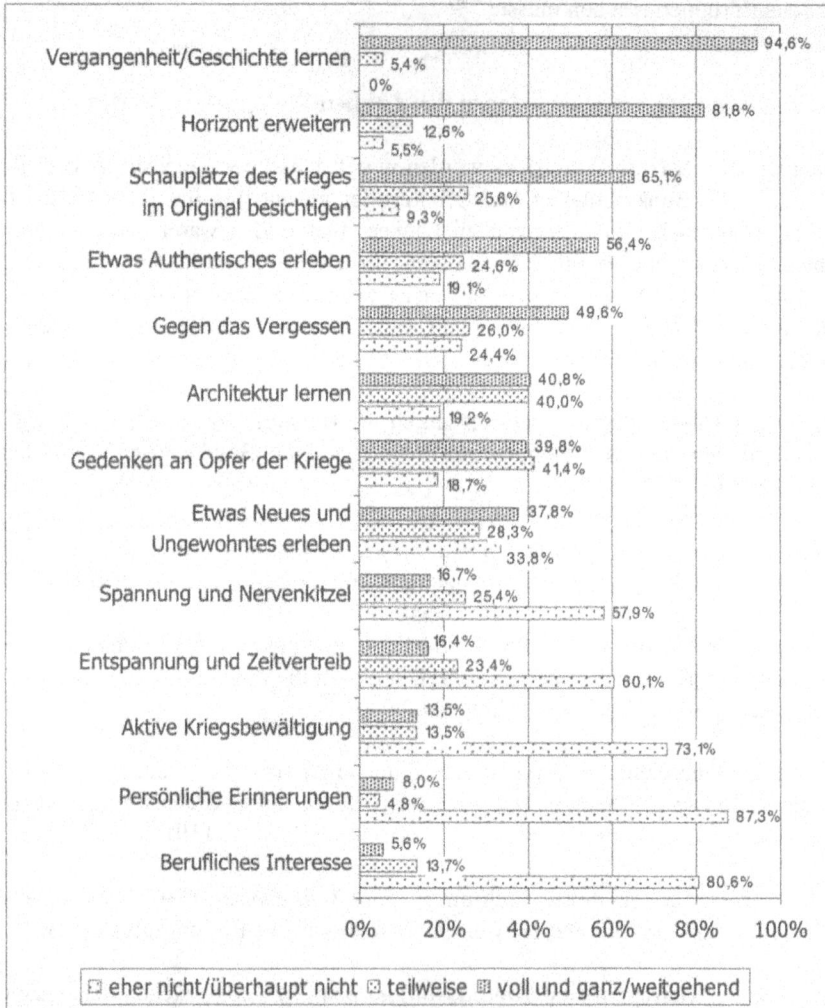

Abb. 40: Für die Besucher von militärhistorischen Einrichtungen - wie z. B. der unterirdischen Bunker- und Luftschutzanlagen in Berlin - zählen das Bildungsinteresse sowie der authentische Schauplatz zu den wichtigsten Besuchsgründen (Quelle: Eigene Darstellung nach Angaben in PLÖGER 2006, S. 97).

- Bei der Darstellung militärgeschichtlicher Ereignisse werden vorrangig *historische Korrektheit, ein hoher Informationswert und eine objektive Darstellung* erwartet. Eine lebendige Darstellung und eine spannende Inszenierung spielen vor allem für jüngere Teilnehmer eine wichtige Rolle.

- Ein großer Teil der Befragten hat bereits *andere militärische Einrichtungen* besichtigt, die allerdings - im Gegensatz zu den Bunkeranlagen aus dem Zweiten Weltkrieg - meist einen musealen Charakter haben bzw. Erinnerungsorte sind (z. B. Burgen, Zitadellen und Festungen, Denk- und Mahnmale, Gefangenen- und Konzentrationslager sowie Kriegs- und Friedensmuseen).

- Unter den Besucher finden sich einerseits *Militärtouristen im engeren Sinn*, die zahlreiche militärische Einrichtungen kennen - darunter auch Schlachtfelder und Soldatenfriedhöfe aus jüngerer Zeit. Andererseits gibt es *Auch-Militärtouristen*, die nur über eine relativ geringe spezifische Reiseerfahrung verfügen (→ 1.1.3).

Grundsätzlich handelt es sich bei den militärhistorisch interessierten Touristen in Deutschland um eine *bislang unterschätzte kulturtouristische Zielgruppe*, die aber aufgrund ihres Profils (Einkommen, Bildung, Reiseerfahrung) für Destinationen erhebliche Potenziale bietet. Sie kann durch mehrere Marketing- und Managementmaßnahmen angesprochen werden; dazu zählen u. a. ein breites Angebotsspektrum, eine sorgfältige Kommunikationspolitik und der Aufbau eines Netzwerks von militärtouristischen Attraktionen (vgl. PLÖGER 2006, S. 113-114).

2.5.3 Management von Schlachtfeldern und Militäranlagen

Innerhalb des kulturtouristischen Marktes stellt der Militärtourismus gegenwärtig insgesamt ein *Nischensegment* dar. Beispiele wie Verdun, Waterloo oder Gettysburg zeigen aber, dass er an einzelnen Standorten ein erhebliches Besucheraufkommen aufweist (mit entsprechend hohen ökonomischen Effekten). Angesichts gesättigter touristischer Märkte und eines steigenden Interesses an neuen Attraktionen besteht vor allem für spektakuläre militärische Schauplätze und Anlagen künftig ein großes Wachstumspotenzial. Fatalerweise schaffen nämlich die „Neuen Kriege" der Gegenwart in Form von regionalen Konflikten und Terroranschlägen ständig neue Orte des Grauens und Schreckens, die sich rasch zu touristischen Attraktionen entwickeln - z. B. „Ground Zero" in New York als Schauplatz der Anschläge des 11. September 2001.[240]

Das Besuchermanagement dieser Erinnerungsstätten muss sich dabei zum einen mit der medial verstärkten Erlebnisorientierung der Besucher auseinandersetzen, zum anderen aber auch die leidvolle Geschichte dieser Orte respektieren, aus der besondere ethisch-moralische Verpflichtungen erwachsen. Angesichts der spezifi-

---

[240] vgl. WOZNICKI, K. (2003): Manche mögen's heiß. - In: Frankfurter Rdsch. online, 11. Februar (www.fr-aktuell.de/ressorts/kultur_und_medien/feuilleton/?cnt=121767 vom 30. Juni 2005)

schen Thematik kamen im Militärtourismus bislang vor allem *traditionelle Informationsmedien* (Reiseführer, Führungen etc.) zum Einsatz; allerdings ist in jüngerer Zeit ein deutlicher *Trend zu Inszenierungstechniken (Reenactment)* festzustellen.

Reiseführer

Zu den klassischen Informationsmedien im Militärtourismus zählen die *Reiseführer*. Bereits im Jahr 1917 erschienen in Frankreich die ersten „Guides Illustrés Michelin des Champs de Bataille". In den Bänden wurden zunächst die militärischen Ereignisse des Ersten Weltkriegs und anschließend die touristischen Besonderheiten der Region beschrieben. Bis 1938 folgten weitere Titel, von denen insgesamt ca. 2 Mio. Exemplare verkauft wurden (u. a. gab es auch englische, italienische und deutsche Ausgaben).[241] Gegenwärtig liegt ein breites Angebot an Publikationen und Reiseführern zu den Schlachtfeldern des Ersten und des Zweiten Weltkriegs vor (vgl. entsprechende Hinweise in BRANDT 2003, S. 122-123; für Verdun: FISCHER/KLINK 2005; für die Normandie: LECOUTURIER 2000).

Führungen und Rundfahrten

Ein weiteres Informationsmedium auf Schlachtfeldern und in militärischen Anlagen sind *Führungen* (vgl. Abb. 41). So finden z. B. in Leipzig Führungen, Rund- und Kutschfahrten zum Thema „Auf den Spuren der Völkerschlacht bei Leipzig 1813" statt, bei denen die Teilnehmer u. a. einen historischen Postreiseschein und eine Faksimile-Ausgabe der „Leipziger Zeitung" mit dem ersten gedruckten Bericht über die Völkerschlacht erhalten.[242] Ähnliche Angebote gibt es auch in Jena, das im Jahr 1806 Schauplatz einer napoleonischen Schlacht war (u. a. einen Audio-Walk mit Erläuterungen und Schlachtgeräuschen).[243]

Denkmäler, Museen, Panoramen und Besucherzentren

Auf vielen Schlachtfeldern erinnern monumentale *Denkmäler*, aber auch *Museen, Panoramen und Besucherzentren* an die historischen Ereignisse. So ist z. B. auf dem Schlachtfeld von Waterloo (Belgien) eine Erinnerungslandschaft entstanden, die aus einer Vielzahl von Denkmälern und Informationseinrichtungen besteht. Dazu zählen u. a. das „Wellington Museum", das „Letzte Hauptquartier von Napoleon", der „Löwenhügel" (ein künstlich aufgeschüttetes Mahnmal) und das Besu-

---

[241] vgl. www.acgcm.com vom 08. Februar 2006
[242] vgl. www.markkleeberg.de
[243] vgl.www.jenakultur.jena.de; www.jena1806.de

cherzentrum (mit Kino, Lasershow, Shop etc.).[244] Eine Besonderheit stellt das *„Panorama der Schlacht von Waterloo"* dar, das im Jahr 1912 eingeweiht wurde. An der Innenwand einer speziell gebauten Rotunde werden Szenen der Schlacht auf einem 110 m langen und 12 m hohen, durchgehenden Gemälde dargestellt. Von einer Plattform im Zentrum des Gebäudes können die Besucher das Bild betrachten; dadurch erhalten sie den Eindruck, sich mitten im Geschehen zu befinden. Diese Illusion wird noch dadurch verstärkt, dass die Fläche zwischen der Plattform und der Leinwand als Schlachtfeld gestaltet ist - mit Waffen, Soldaten und Pferden. Außerdem werden Licht- und Toneffekte als Inszenierungselemente eingesetzt.[245]

Abb. 41: Zu den traditionellen Informationstechniken im Militärtourismus gehören Führungen, bei denen der Verlauf der Schlachten und die zeitgenössische Kriegstechnik erläutert werden - wie z. B. am Schauplatz der „Battle of the Boyne", die im Jahr 1690 in Irland stattfand.

Merchandising: Trench Art

Obwohl die Anfänge von Kriegssouvenirs bis in die Zeit der napoleonischen Kriege zurückreichen, erlebten sie während des Ersten Weltkriegs einen regelrechten Boom. Vor allem in rückwärtigen Teilen der Front stellten die Soldaten in ihrer Freizeit diverse Andenken her. Dabei nutzen sie die Gegenstände, die ihnen zur

---

[244] vgl. www.belgien-tourismus.de

[245] Panoramen zählten im 19. Jahrhundert in Großstädten wie London, Paris und Berlin zu den besonders populären Freizeiteinrichtungen, die ein massenhaftes Publikum anzogen. Typische Motive der Rundgemälde waren - neben Schlachten - vor allem auch Ansichten ferner und exotischer Städte und Landschaften (vgl. COMMENT 2000).

Verfügung standen: Aus Geschosshülsen machten sie Blumenvasen und aus Granatsplitter fertigten sie Brieföffner und Bilderrahmen. Zumeist handelte es sich bei dieser Schützengrabenkunst „um eine kreative Verarbeitung von Kriegsmüll und vor Ort vorhandenen Materialien wie Holz, Tierknochen oder Kreide".[246]

Auch nach dem Ende der Kriegshandlungen wurde diese *Trench Art* weiter hergestellt und verkauft - besonders in den Dörfern, die in der Nähe der ehemaligen Schlachtfelder lagen. Für die Angehörigen gefallener Kriegsteilnehmer, die Kriegsveteranen und die Schlachtfeldtouristen stellten sie eine Möglichkeit dar, sich greifbar an die Kriegshandlungen zu erinnern und ein Andenken mit nach Hause zu nehmen. Seit den 1950er-Jahren hat sich eine Sammler-Szene entwickelt und Galerien haben sich auf den Verkauf von *Trench Art*-Produkten spezialisiert.[247]

Bis in die Gegenwart floriert an den militärtouristischen Attraktionen der Handel mit Militaria-Souvenirs; dabei handelt es sich teilweise um authentische Gegenstände, die immer noch auf den Schlachtfeldern gefunden werden (Patronenhülsen, Trinkbecher, Uniformköpfe etc.), aber auch um industriell hergestellte Produkte (z. B. Feuerzeuge in Form von Handgranaten).[248]

Rekonstruktion von Schlachten (Reenactment)

Die zunehmende Erlebnisorientierung der Besucher von Schlachtfeldern hat dazu geführt, dass auch im Militärtourismus ein Trend zu einer Eventisierung zu beobachten ist - nämlich in Form einer *Rekonstruktion von Schlachten (Reenactment)*. Bei diesen Events wird die Sensibilität einer touristischen Nutzung von militärhistorischen Schauplätzen und Relikten besonders offenkundig, denn mit dem Nachstellen von Schlachten wird zugleich die Erinnerung an massenhaftes Leiden und Sterben geweckt. Derartige Aktionen stellen deshalb immer eine Gratwanderung zwischen unseriösem Spektakel und ernsthafter Geschichtsvermittlung dar.

Der jeweilige Charakter der Veranstaltung hängt dabei vor allem von der *historischen Distanz zu dem Ereignis* ab: Die Rekonstruktion der Varus-Schlacht im Teutoburger Wald (9 n. Chr.) oder der Schlacht von Gettysburg im amerikanischen Bürgerkrieg (1863) ist bei den Teilnehmern sicherlich mit weniger persönli-

---

[246] www.uni-tuebingen.de/uni/qvo/highlights/h15-trenchart.html; vgl. auch KIMBALL, J. (2005): Trench Art of the Great War and related souvenirs (www.trenchart.org vom 15. Dezember); SAUNDERS, N. (2005): Trench Art. Symbols and memories of the Great War and beyond (www.hellfire-corner.demon.co.uk/saunders.htm vom 15. Dezember)

[247] vgl. dcfa.com

[248] vgl. Granaten im Garten. - In: Spiegel online, 30. März 2004 (www.spiegel.de/spiegel-special/0,1518,296094,00.html vom 08. Februar 2006)

chen Emotionen verbunden als entsprechende Aktionen, die an die Landung der alliierten Truppen in der Normandie am 6. Juni 1944 erinnern.

Bei Schlachten in der jüngeren Vergangenheit kann durch die *Anwesenheit und Mitwirkung von Kriegsveteranen (als Zeitzeugen)* sichergestellt werden, dass ein militärhistorisches Event nicht zu einem oberflächlichen touristischen Marketing-Ereignis gerät, sondern zu einem besseren Verständnis geschichtlicher Vorgänge beiträgt und damit zugleich auch eine Mahnung zum Frieden darstellt. Bei der Re-konstruktion von Schlachten, die vor langer Zeit stattgefunden haben, sollte diese militärische Aktion nur *ein* Bestandteil eines Programms sein, in dem historische Zusammenhänge umfassend aufgearbeitet werden.

Als ein Beispiel ist das *„Projekt Austerlitz 2005"* zu nennen, das in den Jahren 2004 und 2005 zur Erinnerung an die Schlacht von Austerlitz durchgeführt wurde. In dieser Schlacht, die am 2. Dezember 1805 in Mähren (heute Tschechische Re-publik) stattfand, besiegte das französische Heer unter Napoleon die russische und die österreichische Armee - mehr als 20.000 Soldaten fanden den Tod. An dem Reenactment der Schlacht (also dem authentische Nachstellen) nahmen 4.000 Darsteller und 100.000 Besucher teil. Die Veranstaltung war in ein umfassendes Konzept integriert, an dessen Umsetzung zahlreiche Akteure aus Wissenschaft, Gesellschaft, Kirche und Wirtschaft beteiligt waren.[249]

Allerdings lassen sich hinsichtlich der Rekonstruktion von Schlachten *deutliche national- bzw. kulturspezifische Unterschiede* beobachten. In Großbritannien und den USA setzen Historiker, aber auch Vertreter von Kultur und Tourismus häufig Methoden der Animation und der Rekonstruktion ein, um Geschichte anschaulich, lebendig und emotional zu vermitteln - z. B. durch Gästeführer in zeitgenössischen Kostümen oder durch den Nachbau von historischen Gebäuden. Aus diesem Grund ist das *Konzept des Reenactment* auch im Militärtourismus recht populär und we-niger umstritten als im deutschsprachigen Raum, wo vor allem Wert auf eine ko-gnitive Ansprache der Besucher gelegt wird (vgl. SMITH 1996, S. 261-262).

So fand z. B. im Rahmen des „International Festival of the Sea 2005" in Ports-mouth ein inszeniertes Seegefecht statt, an dem 17 Kriegsschiffe teilnahmen, die mehr als 10 t Schieß- und Feuerwerkspulver verschossen. Mit diesem Spektakel sollte an die *Seeschlacht von Trafalgar* am 21. Oktober 1805 erinnert werden, in der die britische Flotte unter Admiral Horatio Nelson die französisch-spanische

---

[249] vgl. www.austerlitz2005.com; SCHWARZ, K.-P. (2005): Das Austerlitz-Event. - In: FAZ, 03. Dezember; zum 185. Jahrestag der Völkerschlacht fand in Leipzig ebenfalls ein Re-enactment statt, an dem 2.000 uniformierte Darsteller und 60.000 Besucher teilnahmen (vgl. www.voelkerschlacht1813.de vom 08. Februar 2006)

Flotte zerschlug und damit Großbritannien für mehr als ein Jahrhundert die Herrschaft über die Weltmeere sicherte.[250]

Themenwege und Themenstraßen

Bei Schlachtfeldern handelt es sich häufig um weiträumige Bereiche, die Schauplätze einzelner Gefechte waren oder - im Stellungskrieg - unterschiedliche militärische Anlagen aufweisen (Schützengräben, Bunker, Gefechtsstellungen etc.). Aus diesem Grund wird auch im Militärtourismus das Instrument der Themenwege und -straßen eingesetzt, um einzelne historische Attraktionen miteinander zu verknüpfen.

So verläuft z. B. der *„Sentiero della Pace" (Friedenspfad)* in den norditalienischen Alpen zwischen der Ortlergruppe und den Dolomiten. Durch den 400 km langen Wanderweg werden die Abschnitte der „Alpen- oder Dolomitenfront" in Trentino miteinander verbunden. Hier fand im Ersten Weltkrieg ein erbitterter Stellungskampf zwischen den italienischen „Alpini"-Truppen und der österreichischen Armee statt. Die Wanderer können Soldatenfriedhöfe sowie verfallene Reste von Kommandostellen, Bunkeranlagen und Festungen besichtigen.[251]

Militärhistorische Reiseveranstalter

Zum militärhistorischen Angebot gehören auch *Spezialreiseveranstalter*, die Pauschalreisen zu militärischen Schauplätzen anbieten. Speziell in Großbritannien und den USA finden sich zahlreiche Unternehmen: So weist die Internet-Suchmaschine „Google" unter dem Begriff *„Battlefield Tours"* mehr als 1,2 Mio. Einträge auf. Für die Gründung dieser Reiseveranstalter gibt es mehrere Ursachen. Zum einen spielt das Interesse an geschichtlichen und vor allem an militärhistorischen Ereignissen eine Rolle, zum anderen aber auch persönliche Motive - nämlich der Wunsch, mehr über das Schicksal von Großeltern, Eltern oder anderen Verwandten während des Ersten oder Zweiten Weltkriegs zu erfahren. Aus der familiären Spurensuche hat sich dann im Lauf der Zeit eine unternehmerische Tätigkeit entwickelt. Vor diesem Hintergrund handelt es sich bei den Militärreiseveranstaltern in der Mehrzahl um seriöse Unternehmen, die sich der Verantwortung bewusst sind, ihren Kunden das zeitgeschichtliche Thema der Reise sachgerecht und re-

---

[250] vgl. www.heute.de/ZDFheute/inhalt/2/0,3672,2328066,00.html vom 13. Juli 2005; ähnlich spektakulär sind die rekonstruierten Schlachten in den USA - z. B. die Schlacht von Gettysburg, an der im Jahr 1998 25.000 Freiwillige teilnahmen (vgl. www. eventplan.co.uk/history_of_reenactment.htm vom 08. Februar 2006).

[251] vgl. KUNTZKE, R. (1994): Picknick auf Gräbern. - In: Die Zeit, 23. September; www. alti-pianitrentini.tn.it; zur „Deutschen Limes-Straße" und zum „Deutschen Limes-Radweg" vgl. www.limesstrasse.de

spektvoll zu vermitteln. Aus diesem Grund grenzen sie sich auf ihren Homepages auch klar von militaristischen und rechtsextremen Gruppierungen ab.

Die Darstellung der Forschungslage macht deutlich, dass es sich bei dem Militärtourismus - trotz seiner lokalen Bedeutung und seiner Wachstumspotenziale - um einen von der Tourismusforschung *weitgehend vernachlässigten Bereich* handelt (speziell im deutschsprachigen Raum). Zu den künftigen Herausforderungen zählen die gründliche Bestandsaufnahme der Potentiale, die kontinuierliche Erfassung der Besucherzahlen, die Analyse der Besucherstruktur sowie die Ermittlung von Erfolgsfaktoren einer angemessenen touristischen Nutzung, die sich an den Ansprüchen der Touristen orientiert und zugleich den ethisch-moralischen Anforderungen gerecht wird, die sich aus der Thematik ergeben.

Schlachtfelder und Militäranlagen: Fazit

- Kriege sind untrennbar mit der Geschichte der Menschheit verbunden; damit stellen sie einen wesentlichen Teil der Kultur von Ländern und Völkern dar.
- Besonders in Grenzregionen zwischen (ehemals) verfeindeten Staaten wurden aufwändige Verteidigungsanlagen gebaut, die inzwischen touristisch genutzt werden (z. B. die Festungen der Maginot-Linie in Frankreich oder der Westwall in Deutschland).
- Im Mittelpunkt des touristischen Interesses stehen dabei Schlachtfelder und Militäranlagen, die einzigartige Merkmale aufweisen: Schauplätze besonders verlustreicher bzw. historisch bedeutsamer Kämpfe, an denen berühmte Heerführer beteiligt waren, sowie Anlagen an exponierten Standorten oder von beeindruckender Größe.
- Bereits während der Kämpfe des Ersten Weltkriegs erschienen in Frankreich die ersten Reiseführer mit Angaben zu einzelnen Frontabschnitten. Direkt nach Beendigung der Kampfhandlungen wurden organisierte Schlachtfeldtouren angeboten.
- Obwohl der Militärtourismus generell als ein Nischensegment im Kulturtourismus zu betrachten ist, können einzelne Schlachtfelder des Ersten Weltkriegs hohe Besucherzahlen verzeichnen - z. B. Verdun in Frankreich (600.000 Besucher/Jahr) und Ypern in Belgien (500.000).
- Zu den klassischen Vermittlungsformen im Militärtourismus gehören Museen und Führungen. In den USA und in Großbritannien ist außerdem das *Reenactment* entwickelt worden - also das Nachstellen von Schlachten. Im Jahr 1998 nahmen 25.000 Freiwillige am Reenactment der Schlacht von Gettysburg (1863) teil.
- Im angloamerikanischen Raum finden sich zahlreiche Spezialreiseveranstalter, die Pauschalreisen zu militärischen Schauplätzen des Ersten oder Zweiten Weltkriegs anbieten. Sie stehen vor der Herausforderung, das Thema sachgerecht und respektvoll zu vermitteln.

2.6   Grabmäler und Friedhöfe

> „Gräber sind die Bergspitzen einer fernen
> neuen Welt."
>
>   Inschrift auf der Grabpyramide im
>   Park von Branitz

> „5. Tag [in Paris]. Ach ja, das Rendezvous mit
> dem bekannten Sänger Jim Morrison auf dem
> Friedhof Père Lachaise! Wir verpassen es nicht
> und erfahren außerdem noch so manch originel-
> le Anekdote über einige der Grabstätten. Indivi-
> duelle Rückfahrt nach Deutschland."[252]

Friedhöfe als touristische Ziele - dieser Gedanke erscheint zunächst makaber. Er stößt auf Verwunderung und häufig auch auf emotionale sowie ethische Barrieren, denn mit dem Begriff „Friedhof" werden negative Assoziationen wie Trauer, Tod und Vergänglichkeit des Lebens verbunden, während mit dem Begriff „Touris-mus" positive Inhalte wie Spaß, Freude und Vergnügen verknüpft werden. Der Friedhofstourismus weist deshalb in der Öffentlichkeit, aber auch in der Touris-musforschung ein *Akzeptanzproblem* auf: In dem differenzierten Gliederungsvor-schlag des Kulturtourismus von JÄTZOLD (1993, S. 138) werden Friedhöfe z. B. überhaupt nicht berücksichtigt. Außerdem liegen bislang nur wenige Untersuchun-gen dieses kulturtouristischen Phänomens vor (die folgenden Ausführungen basie-ren im Wesentlichen auf HOLLENHORST 2002).

Gleichzeitig zählen aber Grabmäler und Friedhöfe seit der Vor- und Frühgeschich-te zu den *wesentlichen Bestandteilen der menschlichen Kultur und damit auch der Kulturlandschaft*. Bedeutende Beispiele sind das steinzeitliche Ganggrab in New-grange (Irland), die Pyramiden in Gizeh (Ägypten),[253] die Talayot-Nekropole Son Real auf Mallorca (Spanien) und das Grab des Apostels Jakobus in Santiago de Compostela (Spanien). Einige dieser Grabanlagen weisen eine *lange touristische Tradition* auf: So gehörten die Felsengräber im Tal der Könige bei Luxor (Ägyp-ten) bereits im römischen Reich zu den Zielen von Bildungsreisen. Die Friedhöfe in europäischen Großstädten entwickelten sich rasch nach ihrer Anlage zu touristi-schen Zielen: So wurden z. B. im 19. Jahrhundert in Paris mehrere Reiseführer publiziert, die unter anderem auch Vorschläge für eine Besichtigung von Friedhö-fen enthielten.[254]

---

[252] www.erlebnisreisen-weltweit.de/reisetipp-338500.html vom 05. Juli 2006

[253] Die Pyramiden in Gizeh verzeichnen jährlich ca. 1,5 Mio. ausländische Besucher (vgl. EVANS 1996a, S. 103).

[254] Karl Baedeker hielt sich z. B. im Jahr 1854 bei Recherchen für einen Paris-Reiseführer 15 Stunden auf dem Friedhof Père-Lachaise auf, um die genaue Lage der Gräber be-rühmter Persönlichkeiten festzustellen; vgl. R., W. (1965): Karl Baedeker. - In: DU At-lantis, 25, S. 557 (Berühmte Unbekannte; IV).

In jüngerer Zeit verzeichnen viele historische Friedhöfe in Europa und Asien eine wachsende Zahl von Besuchern, die nicht im Rahmen einer Bestattung oder eines Totengedenkens kommen, sondern aus *kunst-, kultur- bzw. sozialgeschichtlichem Interesse.* Zahlreiche Friedhofsverwaltungen haben auf diese steigende touristische Nachfrage reagiert, indem sie Friedhofsführungen anbieten, Informationsmaterialien herausgeben und Ausstellungsräume einrichten. Im Mittelpunkt des Friedhofstourismus steht also die touristische Inwertsetzung des vielfältigen *kulturellen Potenzials von Grabmälern und Begräbnisanlagen*; es umfasst eine Bandbreite unterschiedlicher Elemente - von der ungewöhnlichen Lage der Friedhöfe über die künstlerische Gestaltung der Grabstätten bis hin zu bekannten Persönlichkeiten, die auf den Friedhöfen begraben sind.

2.6.1 Touristische Potenziale und Bedeutung von Grabmälern und Friedhöfen

Friedhöfe stellen Spiegelbilder von Religion, Gesellschaft und auch Politik dar. Seit den Anfängen der Sepulkralkultur in der Steinzeit (8.000-1.800 v. Chr.) sind die Bestattung der Toten und das Gedenken an die Toten eng mit religiösen Riten, gesellschaftlichen Strukturen und politischen Verhältnissen verknüpft. Allerdings hat das kulturtouristische Interesse an Friedhöfen keinen systematischen, sondern einen selektiven Charakter. Wie andere touristische Einrichtungen müssen sie über ein *Alleinstellungsmerkmal* (und möglichst einen Superlativ) verfügen, um sich zu beliebten Attraktionen entwickeln zu können. Anhand mehrerer Beispiele belegt HOLLENHORST (2002, S. 96-114) die *unterschiedlichen touristischen Potenziale von Friedhöfen*, die isoliert bzw. in Kombination miteinander als Grundlage einer touristischen Inwertsetzung fungieren können (vgl. Abb. 42):

- *Lage:* Im Gegensatz zur überwiegenden Zahl von Friedhöfen, die eine inner- oder randstädtische Lage aufweisen, befindet sich der Friedhof von Venedig auf einer Insel. Er wurde Anfang des 19. Jahrhunderts dort angelegt, nachdem der venezianische Senat die Bestattung der Verstorbenen im Stadtgebiet verboten hatte. Für Trauernde und Besucher ist die *Friedhofsinsel Isola di San Michele in der Lagune von Venedig* deshalb nur mit dem Schiff zu erreichen. Neben der Insellage zählen die hohe neogotische Umfassungsmauer und die zahlreichen Zypressen zu den Charakteristika dieses Friedhofs, der ansonsten keine künstlerischen Besonderheiten zeigt. Über eine ungewöhnliche Lage und Atmosphäre verfügen auch die *Katakomben in Paris;* bei ihnen handelt es sich um ehemalige innerstädtische Steinbrüche, in denen Kalkstein für den Bau von Häusern und Palästen abgebaut wurde. Nach der Auflösung der gesundheitsgefährdenden Stadtfriedhöfe wurden hier im 18. Jahrhundert die Totenköpfe und Gebeine von 6 Mio. Toten zu einer mehrschichtigen Mauer von 1,7 km Länge gestapelt. Bereits vor mehr als 150 Jahren entwickelten sich die Katakomben zu einer touristischen Attraktion. Inzwischen verzeichnen sie jährlich ca. 200.000 Besucher, die an Führungen in unterschiedlichen Sprachen teilnehmen.

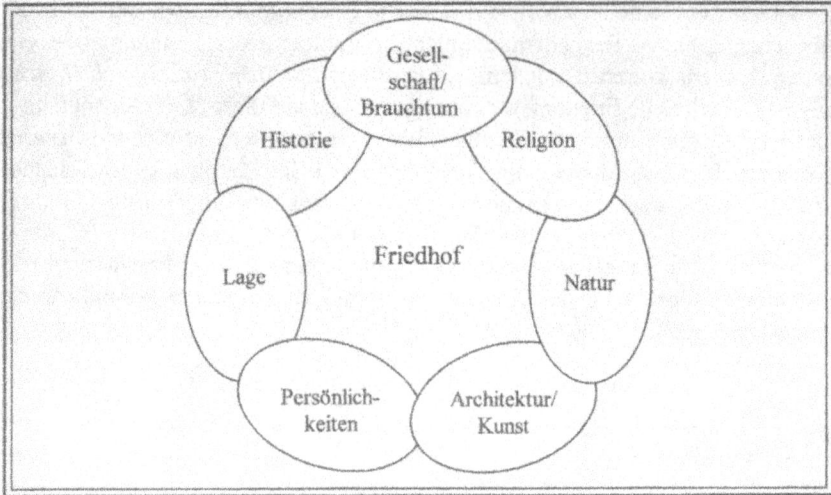

Abb. 42: Im Mittelpunkt des Friedhofstourismus steht die touristische Inwertsetzung ihres vielfältigen kulturellen Potenzials; es reicht von der ungewöhnlichen Lage der Friedhöfe über die künstlerische Gestaltung der Grabstätten bis hin zu bekannten Persönlichkeiten, die auf den Friedhöfen begraben sind (Quelle: Eigene Darstellung nach Angaben in HOL-LENHORST 2002, S. 28).

- *Natur:* Nach dem Vorbild der englischen Landschaftsgärten wurde im Jahr 1877 der *Friedhof Ohlsdorf in Hamburg* angelegt. Mit einer Fläche von 400 ha ist er (neben dem Friedhof in Chicago) der größte Parkfriedhof der Welt und zugleich ein ökologisches Refugium in der Großstadt - mit 130 Vogelarten, 450 Arten von Laub- und Nadelhölzern sowie knapp 30.000 Bäumen. Aufgrund seiner naturnahen Gestaltung verzeichnet er jedes Jahr ca. 2 Mio. Besucher - neben Trauernden auch Spaziergänger, Radfahrer, Rollerblader und Schlittschuhläufer. Ein eigenes Museum dient als Informationsstelle für kulturinteressierte Besucher; für sie werden auch Informationsschriften für *Self Guided-Tours* sowie Führungen angeboten, an denen im Zeitraum 1989-1999 mehr als 20.000 Personen teilgenommen haben. Als Erholungsraum und Ausflugsziel fungiert auch der *Wiener Zentralfriedhof;* er ist mit 250 ha Fläche der zweitgrößte Friedhof Europas. Als kulturelle Besonderheit ist der „Park der Ruhe und Kraft" zu nennen, in dem die Besucher die Möglichkeit haben, zur Besinnung zu kommen und die Kräfte der Natur zu erfahren. Für den Wiener Zentralfriedhof wurden englische, italienische und japanische Informationsmaterialien entwickelt; außerdem werden thematische Führungen angeboten („Erst wenn's aus wird sein - Wien und der Tod").

- *Geschichte:* Friedhöfe sind nicht nur Spiegelbilder der Gesellschaft, sondern auch Zeugnisse wichtiger historischer Ereignisse und Veränderungen. So lässt sich die wechselvolle und tragische Geschichte der jüdischen Gemeinde in Berlin am Beispiel des *Friedhofs Weißensee* nachvollziehen. Er wurde im Jahr 1880 eingerichtet und beherbergt z. B. in einer eigenen Abteilung die 2.000 jüdischen Soldaten, die im Ersten Weltkrieg gefallen sind. Der soziale Aufstieg jüdischer Familien in das Bürgertum in den 1920er-Jahren spiegelt sich in aufwändigen Grabmälern und Erbbegräbnissen wider. An die Vernichtung der Juden während der Zeit des Nationalsozialismus erinnern Grabinschriften, Urnenfelder und Mahnmale. Für Friedhofsbesucher wurde eine Informationsbroschüre mit einem Routenvorschlag entwickelt. Zu den Friedhöfen mit einem besonderen historischen Bezug gehören auch das *Beinhaus und der Soldatenfriedhof von Douaumont in Verdun (Frankreich)*. Sie erinnern an die Schlacht im Ersten Weltkrieg, in der 330.000 Deutsche und 365.000 Franzosen den Tod fanden. Das Beinhaus wurde in den Jahren 1920-1932 im Zentrum des ehemaligen Schlachtfeldes errichtet - über den Schützengräben mit den sterblichen Überresten von mehr als 100.000 nicht identifizierten Soldaten. Heute befindet sich dort auch ein Informationszentrum, das neben einer audiovisuellen Vorführung auch Gruppentouren sowie *Self Guided-Touren* anbietet, die zu mehreren Schauplätzen des Krieges führen (→ 2.5.1).

- *Gesellschaft/Brauchtum:* Friedhöfe werden auch aufgrund andersartiger Begräbnisriten oder eines fremdartigen Totenkults zu touristischen Attraktionen. So ist es auf *buddhistischen Friedhöfen* in Asien üblich, auf den Gräbern Räucherwerk, spezielles „Totengeld" und andere Gaben aus Papier zu verbrennen (z. B. Kleidung, Häuser, Autos, Uhren). Sie sollen den Verstorbenen mit allem Notwendigen versorgen, das er auf seiner Wanderschaft zwischen dem Leben und der Wiedergeburt bzw. dem Eintritt in das Nirwana benötigt. In *Russland* trifft sich die Familie an hohen kirchlichen Feiertagen am Grab, um gemeinsam dort zu essen und zu trinken („Trisna"). An speziellen Festtagen findet eine symbolische Reinigung der Grabstätte statt.

- *Religion:* Zu den kulturellen Potenzialen von Friedhöfen zählt auch der Bezug zu religiösen Riten, die aus Sicht der Besucher einen ungewöhnlichen Charakter haben. Der *Alte Jüdische Friedhof in Prag*, der von 1439 bis 1787 genutzt wurde, gilt als einer der größten in Europa und als eine der bekanntesten jüdischen Begräbnisstätten der Welt. Aufgrund des Platzmangels im ehemaligen Ghetto wurden die Verstorbenen bis zu zwölf Mal übereinander bestattet. Für Nicht-Juden sind vor allem die Inschriften und Symbole auf den Grabsteinen von Interesse, die u. a. Auskunft über den Beruf und die gesellschaftliche Stellung des Verstorbenen geben. Mit ca. 570.000 Besuchern jährlich zählt der Alte Jüdische Friedhof zu den meistbesuchten Sehenswürdigkeiten Prags. Einen Einblick in eine andere Religion vermittelt auch der *Islamische Friedhof am Columbiadamm in Berlin*, der im Jahr 1866 eröffnet wurde. Lange Zeit war er der einzige islamische Friedhof in Mitteleuropa (heute gibt es allein in Deutschland 67 islamische Friedhöfe und Gräberfelder). Die Schmucklosigkeit der Gräber und die Ausrichtung der Grabsteine nach Mekka sind die Besonderheiten dieses Friedhofs, der einmal jährlich im Rahmen von Führungen der „Interessensgemeinschaft Historische Friedhöfe in Berlin" besichtigt werden kann.[255]

- *Architektur/Kunst:* Schließlich können sich Friedhöfe aufgrund architektonischer bzw. künstlerischer Besonderheiten zu touristischen Attraktionen entwickeln. Ein Beispiel stellt der *Chinesische Friedhof in Manila (Philippinen)* dar, der wie eine Totenstadt gestaltet ist - mit mehrgeschossigen Mausoleen, die teilweise mit Briefkasten, Badezimmer, Klimaanlage und Hausmeister ausgestattet sind. Die Gebäude sind in Baustilen aus unterschiedlichen Epochen und Kulturräumen gestaltet; in ihnen kommt der Wohlstand der chinesischen Händlerkolonie auf den Philippinen zum Ausdruck. Grabpfleger bieten für Touristen Führungen zu den eindrucksvollsten Gräbern und Gebäuden an. Eine ungewöhnliche Architektur weist auch der *Stadtgottesacker in Halle an der Saale* auf, der im 16. Jahrhundert als Campo Santo angelegt wurde. Darunter versteht man rechteckige bzw. quadratische Friedhöfe, die an allen Seiten von Arkaden und Grufthäusern umgeben sind. Dabei liegen die Gräber der wohlhabenden Bürger in den Arkaden und Grufthäusern, während sich die einfachen Grabstätten im weitgehend ungegliederten Innenraum befinden. Ähnliche Anlagen gibt es in Pisa (Italien), Salzburg (Österreich) sowie in Montivilliers und Le Havre (Frankreich). Die touristische Nutzung des Stadtgottesackers in Halle an der Saale ist bislang gering; obwohl eine Informationsbroschüre zur Geschichte des Friedhofs vorliegt, werden nur in Ausnahmefällen Führungen angeboten.

- *Persönlichkeiten:* Bei den Grabstätten berühmter Persönlichkeiten handelt es sich sicherlich um das wichtigste touristische Potential, über das Friedhöfe verfügen können. Bereits in der Vergangenheit hatten Reisende das Bedürfnis, am Grab eines berühmten Komponisten, Literaten, Mediziners oder Politikers zu stehen. In der Mediengesellschaft des 21. Jahrhunderts mit ihrem ausgeprägten Star- und Prominentenkult hat dieses Motiv zum Besuch von Friedhöfen zusätzlich an Bedeutung gewonnen (vgl. Abb. 43). Nach dem internationalen Erfolg des Films „Titanic" (mit Leonardo DiCaprio und Kate Winslet) im Jahr 1997 verzeichnete z. B. der Fairview Lawn Cemetery der Stadt Halifax in Neufundland (Kanada) einen Ansturm von Touristen. Auf diesem Friedhof haben 150 Opfer des Untergangs der „Titanic" ihre letzte Ruhestätte gefunden. Die Besucher waren aber vor allem auf der Suche nach dem Grab von Jack Dawson - der fiktiven Hauptperson des Films. Seitdem steht stets ein frischer Blumenstrauß auf dem Grab von J. Dawson - obwohl es sich um die letzte Ruhestätte von Joseph Dawson handelt, der als Kohlenträger auf der „Titanic" arbeitete.[256] Andere Friedhöfe beherbergen tatsächlich berühmte Persönlichkeiten, deren Gräber zu populären touristischen Attraktionen geworden sind - z. B. der Pariser Friedhof Père-Lachaise (→ 2.6.3).

---

[255] vgl. www.historischefriedhoefe.de

[256] vgl. JUNGHÄNEL, F. (2004): Blumen an Leonardos Grab. - In: Berlin Online. Textarchiv der Berliner Zeitung, 22. November (Abfrage vom 27. Juni 2005)

*Abb. 43: Zum touristischen Potential von Friedhöfen zählen auch die Grabstätten berühm-
ter Persönlichkeiten. Auf der Friedhofsinsel Isola di San Michele in der Lagune von Venedig werden die Besucher durch Hinweisschilder zu den Gräbern des Komponisten Igor
Strawinski, des Tänzers Serge Diaghilev und des Schriftstellers Ezra Pound geleitet.*

Die Darstellung der vielfältigen kulturellen Potenziale von Friedhöfen macht deutlich, dass sie aus unterschiedlichen Gründen zu touristischen Attraktionen werden
können. Aufgrund dieser Tatsache steht der Friedhofstourismus auch in engem
Zusammenhang mit anderen Arten des Kulturtourismus.

2.6.2 Schnittstellen des Friedhofstourismus mit anderen Formen des Kulturtourismus

Da Friedhöfe Spiegelbilder sowohl religiöser Inhalte als auch gesellschaftlicher
Strukturen und politischer Entwicklungen darstellen, weist der Friedhofstourismus
*zahlreiche Schnittstellen mit anderen Erscheinungsformen des Kulturtourismus
auf*; dazu zählen u. a.:

- *Militärtourismus:* Zu den militärischen Anlagen, die touristisch erschlossen sind,
  gehören neben Burgen, Befestigungsanlagen und Forts auch Schlachtfelder,
  Kriegsgräber und Soldatenfriedhöfe (→ 2.5.1). Allein in Verdun (Frankreich) -
  dem Schauplatz der schrecklichsten Schlacht im Ersten Weltkrieg - gibt es mehr

als 40 Friedhöfe, auf denen die Gefallenen aus mehreren Nationen ihre letzte
Ruhe gefunden haben (vgl. REITEL 1993, S. 106). In Deutschland wurde im Jahr
1919 der Volksbund Deutsche Kriegsgräberfürsorge e. V. gegründet. Er hat es
sich zur Aufgabe gemacht, nicht nur die Gräber von ca. 2,0 Mio. Kriegstoten auf
mehr als 800 Friedhöfen in 100 Ländern zu erfassen, zu erhalten und zu pflegen,
sondern auch die Begegnung von Menschen an den Gräbern zu fördern und das
Gedenken an die Gefallenen zu bewahren. Zu diesem Zweck führt er Informationsveranstaltungen in Schulen durch, veranstaltet nationale und internationale
Jugendlager und organisiert Fahrten zu den Kriegsgräbern. An den Reisen, die
zu Kriegsgräberstätten in mehr als 20 Ländern führen, nahmen im Jahr 2004
7.181 Teilnehmer statt; neben den Angehörigen der Gefallenen sind darunter
auch zahlreiche historisch interessierte Touristen.[257]

- *Museumstourismus:* Auch zum Museumstourismus weist der Friedhofstourismus
  eine Schnittstelle auf - nämlich in Form von Museen, die der Friedhofs-, Bestat-
  tungs- und Trauerkultur gewidmet sind. In Europa haben sich sechs Museen im
  Jahr 1998 in der *„European Federation of Funeral Museums"* (EFFM) zusammengeschlossen: Sammlung Friedhof Hörnli in Riehen (Schweiz), Museum für
  Sepulkralkultur in Kassel, Budapesti Temetkezesi in Budapest (Ungarn), National Funeral Museum in London (Großbritannien), Nederlands Uitvaartmuseum
  in Den Haag (Niederlande) und das Bestattungsmuseum in Wien.[258] Zentrale
  Ziele der EFFM sind die gemeinsame Intensivierung der Öffentlichkeitsarbeit
  sowie die Vermittlung kultureller Werte im Bereich von Sterben und Tod. Die
  Museen verzeichnen jährliche Besucherzahlen zwischen 3.500 Personen (Bestattungsmuseum Wien) und ca. 30.000 Personen (Sepulkralmuseum Kassel).

- *Religionstourismus:* In verschiedenen Religionen spielt der Besuch von Gräbern
  eine wichtige Rolle. So wurden bereits im Mittelalter christliche Pilgerreisen und
  Wallfahrten zu den Grabstätten von Aposteln und Märtyrern unternommen. Gegenwärtig hat der Jakobspilgerweg eine besondere touristische Bedeutung: Von
  mehreren Punkten in Mitteleuropa ausgehend, führt er durch Nordspanien zum
  Grab des Apostels Jakob in Santiago des Compostela. Im heiligen Jahr 1999
  wurden mehr als 154.000 Pilger gezählt, die überwiegend zu Fuß kamen. Darüber hinaus hat er in den letzten Jahren aber auch eine Bedeutung als touristische Attraktion für Wanderer und Kulturtouristen erlangt (→ 2.3.1). Auch im
  Judentum gelten Grabstätten - z. B. von Abraham, Isak, Jacob, David, Absalom
  und Zacharias - als heilige Stätten, die von Pilgern besucht werden.

- *Städtetourismus:* Obwohl der Besuch von Friedhöfen sicherlich nicht zum Standardrepertoire von Städtetouristen zählt, verzeichnen Friedhöfe in einigen Städten durchaus hohe und wachsende Besucherzahlen. Da es sich um *öffentliche
  und damit frei zugängliche Areale* handelt, liegen allerdings zumeist nur Schät-

---

[257] vgl. www.volksbund.de/downloads/global/Arbeitsbilanz2004.pdf vom 26. Juli 2005
[258] vgl. www.sepulkralmuseum.de/afd/afd_effm.htm vom 25. Juli 2005

zungen zum Besucheraufkommen vor. Die Beispiele des Alten Jüdischen Friedhofs in Prag und des Friedhofs Père-Lachaise in Paris machen deutlich, dass sich
Friedhöfe zu populären touristischen Attraktionen mit einem breiten Besucher-
spektrum entwickeln können.

- *Rootstourismus:* Darüber hinaus gibt es eine Schnittstelle zwischen dem Rootstourismus und dem Friedhofstourismus, denn bei den Reisen auf den Spuren der
Vorfahren spielen Informationen über die Lage der Grabstätten und auch Besuche an den Gräbern eine wichtige Rolle.[259] Für die Nachfahren von Auswande-
rern, Heimatvertriebenen und Flüchtlingen stellen sie häufig *konkrete und zugleich symbolische Orte* dar, an denen sich die eigene familiäre Herkunft lokali-
sieren lässt. So führen z. B. die Heritage Centres in Irland genealogische Recherchen für US-Amerikaner, Kanadier und Australier irischer Herkunft
durch.[260] Auf Nachfrage werden spezielle Dossiers erarbeitet, die neben Angaben zur Familiengeschichte und zur Emigration auch Photos der Kirche enthalten, in der die Vorfahren getauft worden sind bzw. geheiratet haben, sowie Bilder der Grabstätten, in denen die verstorbenen Familienmitglieder ihre letzte
Ruhe gefunden haben.[261]

Am Beispiel des Friedhofs Père-Lachaise in Paris sollen im Folgenden die Struktur, Motive und Verhaltensweisen von Friedhofstouristen dargestellt werden.

2.6.3   Fallstudie: Friedhof Père-Lachaise in Paris

Bei dem Gelände des Friedhofs Père-Lachaise in Paris handelt es sich ursprünglich
um eine außerstädtische Parkanlage, die am Ende des 17. Jahrhunderts vom könig-
lichen Hofe für Spaziergänge genutzt wurde. Der Name bezieht sich auf den Jesui-
ten François d'Aix de la Chaise (bekannt als Père de la Chaise) - den Beichtvater
Ludwig XIV. Nachdem im Jahr 1800 zahlreiche innerstädtische Friedhöfe vom
Pariser Stadtparlament aus hygienischen Gründen geschlossen worden waren, kam
es zur Umwandlung des Parks in einen Friedhof. Die Lage außerhalb der Stadt-
mauer, die schlechten Wege und ein strenges Bestattungsreglement hatten allerdings zur Folge, dass die neue Nekropole von der Bevölkerung nicht angenommen
wurde. Zur Popularisierung ließ Napoleon bedeutende Persönlichkeiten auf diesen
Friedhof umbetten (u. a. Molière, La Fontaine, Abélard und Héloïse) - mit dem

---

[259] Der Rootstourismus weist einige Gemeinsamkeiten mit dem Kulturtourismus auf. Allerdings sind die Reisenden vor allem an ihren familiären Wurzeln im Zielland interessiert
- und weniger an der Kultur generell. Aus diesem Grund wird der Rootstourismus im
Rahmen dieses Studienbuches nicht behandelt (vgl. MAIER 1996 zur weiteren Lektüre).

[260] vgl. BETIT, K. (2000): Irish Heritage Centres. - In: The Global Gazette, 16. November
(www.globalgenealogy.com/globalgazette/gazkb/gazkb62.htm vom 20. Januar 2007)

[261] In der Republik gibt es dichtes Netz dieser Heritage Centres, die teilweise auch als
Museen zur Regional- und Emigrationsgeschichte fungieren - z. B. das „Clare Heritage
Centre" in Corofin bzw. das „Cobh Heritage Centre" in der Nähe von Cork.

Erfolg, dass die vornehme Pariser Gesellschaft in den folgenden Jahren bemüht war, sich ein Erbbegräbnis auf dem Père-Lachaise zu sichern. Gleichzeitig kam es zur architektonischen Umgestaltung: Auf dem Parkfriedhof entstanden eindrucksvolle Familiengräber mit Büsten, Obelisken, Altären und Mausoleen. Bereits im 19. Jahrhundert entwickelte sich der Père-Lachaise zu einer Attraktion für auswärtige Besucher, die in Reiseführern erwähnt wurde.

Mit 44 ha Fläche ist der Friedhof gegenwärtig der größte von insgesamt 14 innerstädtischen Friedhöfen in Paris. Er umfasst ca. 100.000 Gräber sowie ein Kolumbarium mit 25.000 Urnenplätzen. Seine Besonderheit und damit auch seine (kultur)touristische Attraktivität resultieren aber vor allem aus der großen Zahl von Persönlichkeiten, die hier ihre letzte Ruhestätte gefunden haben. Ein Gang über den Friedhof wird zu einem Ausflug in die französische und europäische Kulturgeschichte. Zu den mehr als *200 berühmten Persönlichkeiten*, die auf dem Père-Lachaise ruhen, gehören u. a.:
- der Dichter Molière (1622-1673),
- der Dichter Guillaume Apollinaire (1880-1918),
- der Schriftsteller Honoré de Balzac (1799-1850),
- der Komponist und Klaviervirtuose Frédéric Chopin (1810-1849),
- der Maler Camille Pissaro (1830-1903),
- der Komponist Georges Bizet (1838-1875),
- der Schriftsteller Oskar Wilde (1854-1900),
- der Maler Max Ernst (1891-1975),
- die Schauspielerin Sarah Bernhardt (1844-1923),
- die Sängerin Edith Piaf (1915-1963),
- der Sänger Jim Morrison (1943-1971).

Um den Besuchern die Suche nach den Grabstätten zu erleichtern, finden sich an den fünf Eingängen Übersichtspläne mit den Namen der Verstorbenen und der Lage der Gräber; außerdem gibt es Informationsblätter in fünf Sprachen. Darüber hinaus werden regelmäßig Überblicksführungen und thematische Rundgänge angeboten.

Aufgrund der zahlreichen Grabstätten von Prominenten wird der Friedhof jährlich von *ca. 2 Mio. Menschen aus der ganzen Welt* besucht (zum Vergleich: Der Europa-Park in Rust, der Marktführer unter den deutschen Freizeitparks, verzeichnet eine Besucherzahl von 3,7 Mio./Jahr). In einer umfangreichen Befragung konnte HOLLENHORST (2002, S. 73-96) die *Merkmale, Motive und Verhaltenweisen der Friedhofsbesucher* ermitteln:

- Ingesamt wurden Besucher aus 28 Nationen erfasst, unter denen Franzosen (26 %), Deutsche (24 %), US-Amerikaner (10 %) und Briten (8 %) die größten Gruppen stellen.

- Der durchschnittliche touristische Besucher lässt sich als relativ jung (Durch-
  schnittsalter: 37,7 Jahre), gebildet und ortsfremd beschreiben. Er ist zum wie-
  derholten Male in Paris und bleibt zwei bis vier Tage in der Stadt. Dabei besucht
  er den Friedhof zum ersten Mal - zumeist in Begleitung von Partner/in oder von
  Freunden.

- Auf den Friedhof Père-Lachaise ist er durch Mund-zu-Mund-Propaganda bzw.
  durch Reiseführer aufmerksam geworden. Vor dem Besuch, der durchschnittlich
  1,5 Std. dauert, hat er sich auch in einem Reiseführer informiert. Wesentlicher
  Grund für den Friedhofsbesuch ist die große Zahl von Persönlichkeiten, die hier
  ihre letzte Ruhestätte gefunden haben.

- Während der Friedhofsbesichtigung besucht er zwei bis drei Grabstätten - vor
  allem die Gräber von Jim Morrison, Frédéric Chopin, Edith Piaf, Oscar Wilde,
  Honoré de Balzac, Yves Montand, Colette, Molière, La Fontaine sowie Abélard
  und Héloïse. Besonders populär ist dabei das Grab von Jim Morrison (dem Sänger der Band „The Doors"), das von mehr als der Hälfte der Touristen besucht
  wird (vgl. Abb. 44).

- Jeder zweite Befragte hat bereits andere Friedhöfe als Tourist besucht - z. B. die
  Friedhöfe Montmartre und Montparnasse in Paris, den Alten Jüdischen Friedhof
  in Prag, Highgate in London oder Ohlsdorf in Hamburg. Drei von vier Fried-
  hofsbesuchern können sich vorstellen, auch in Zukunft Friedhöfe zu besuchen.

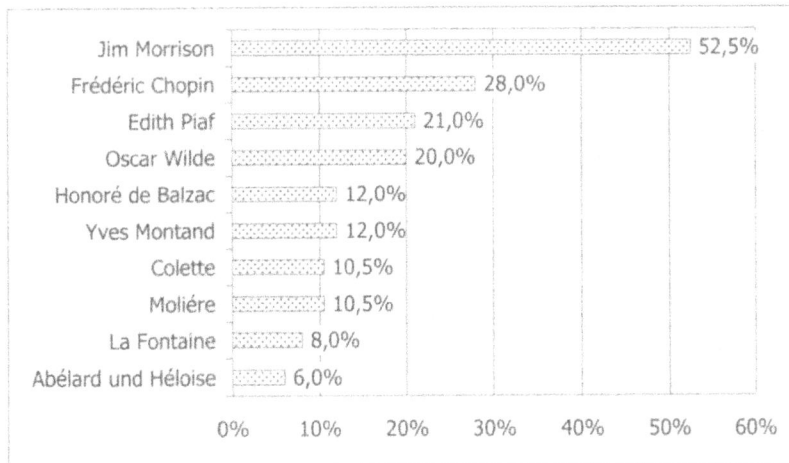

*Abb. 44: Der durchschnittliche Besucher des Père-Lachaise hält sich 1,5 Std. auf dem
Friedhof auf und besucht zwei bis drei Gräber. Besonders populär ist das Grab von Jim
Morrison (dem Sänger der Band „The Doors"), das von mehr als der Hälfte der Touristen
besucht wird (Quelle: Eigene Darstellung nach Angaben in HOLLENHORST 2002, S. 87).*

Mit mehr als 2 Mio. Besuchern aus zahlreichen Ländern stellt der Friedhof Père-Lachaise ein Beispiel für die große touristische Bedeutung von Friedhöfen dar. Wie bei anderen Attraktionen, die ein massenhaftes Publikum aufweisen, bedarf es *spezifischer Managementmaßnahmen*, um mögliche Belastungen zu reduzieren und positive Effekte zu optimieren.

2.6.4   Management des Friedhofstourismus

Als letzte Ruhestätten von Toten sind Friedhöfe Orte der Trauer, des Gedenkens und der Stille. Bei einer touristischen Erschließung muss es deshalb oberstes Gebot sein, die Würde dieser Orte zu respektieren. Zu den zentralen *Maßnahmen eines Marketings und Managements des Friedhofstourismus* zählen:

- *Besucherinformation:* Durch Übersichtstafeln, Informationsblätter, Ausstellungen und Neue Medien (CD-ROM) können die Friedhofsverwaltungen einerseits dazu beitragen, dass die Besucher eine umfassende Information über die Geschichte und die Besonderheiten des Friedhofs erhalten. Andererseits können auch Hinweise darauf gegeben werden, dass sich die Besucher angemessen kleiden und auch verhalten.

- *Besucherlenkung:* Neben Lageplänen sowie Reiseführern und anderen Printmedien stellen vor allem Übersichtsführungen bzw. thematische Führungen eine Möglichkeit dar, den Besucherstrom zu lenken und die Besucher anzuleiten. Da es sich bei Friedhöfen in der Mehrzahl um öffentlich zugängliche Areale handelt, lassen sich andere Maßnahmen des Besuchermanagements nicht realisieren (Zeitkartensysteme, preispolitische Steuerungsmaßnahmen etc.).

- *Schutzmaßnahmen:* Besonders wertvolle Grabstätten können durch spezielle Schutzmaßnahmen gesichert werden (z. B. durch Einzäunung) oder durch Replika ersetzt werden. So wurde z. B. der älteste Grabstein auf dem Alten Jüdischen Friedhof in Prag, der aus dem Jahr 1439 stammt, aufgrund starker Beschädigungen in ein Museum transferiert und durch eine Replik ersetzt. Darüber hinaus stellt der Einsatz von Friedhofswächtern eine Möglichkeit dar, auf stark besuchten Friedhöfen für Ruhe und Ordnung zu sorgen.[262]

Mit Hilfe dieser Maßnahmen ist es möglich, die *Risiken und negativen Effekte des Friedhofstourismus zu minimieren*; zu ihnen gehören u. a.:

---

[262] Für die Erhaltung, aber auch die behutsame touristische Erschließung von Friedhöfen setzt sich u. a. die *„Association of Significant Cemeteries in Europe"* (ASCE) ein, der gegenwärtig mehr als 40 monumentale Nekropolen angehören; vgl. SCHÜMER (2005): Die Wollust des Todes. - In: FAZ, 02. August; auch www.significantcemeteries.net.

- *Störung der Totenruhe und der Würde des Ortes:* Vor allem bei einem massenhaften Besucheraufkommen und einer unzureichenden Information besteht die Gefahr, dass sich die Touristen unangemessen verhalten. So werden z. B. Tagesausflugsfahrten aus den Badehotels in Hurghada (Ägypten) zu den Königsgräbern in Luxor veranstaltet, an denen Touristen in Shorts oder sogar in Bikinis teilnehmen. Auf dem Friedhof Père-Lachaise wird die letzte Ruhe von Victor Noir nicht respektiert: Die Grabstätte zeigt ihn in liegender Position mit im Schritt spannender Hose. Da die Berührung dieser Stelle angeblich unbefriedigte bzw. unfruchtbare Frauen von ihrem Leiden befreit, ist diese Stelle völlig blank poliert.

- *Vandalismus:* In Einzelfällen kommt es auf Friedhöfen auch zu schweren Beschädigungen und zu Zerstörungen. So wird die Statue der trauernden Euterpe,[263] die sich auf der Grabstätte von Frédéric Chopin auf dem Friedhof Père-Lachaise befindet, immer wieder dadurch beschädigt, dass Gliedmaßen abgebrochen werden. Auf vielen Grabsteinen finden sich Graffiti, die auf das Grab von Jim Morrison hinweisen. Seine Grabstätte ist mit Sektflaschen, Bierdosen und Zigarettenkippen verunstaltet. Die Friedhofsleitung plant deshalb eine Umbettung der sterblichen Überreste auf einen anderen Friedhof.[264]

Durch eine umfassende Besucherinformation und -lenkung sowie durch Schutzmaßnahmen ist es aber auch möglich, die *Chancen und die positiven Effekte des Friedhofstourismus* zu nutzen; dazu zählen u. a.:

- *Nutzung des endogenen Potenzials:* Für eine touristische Nutzung von Friedhöfen sind keine zusätzlichen Investitionen notwendig; vielmehr kann das vorhandene Angebot genutzt werden.

- *Erweiterung des touristischen Angebots:* Der Friedhofstourismus kann zu einer Vergrößerung und Verbesserung des (kultur)touristischen Angebots einer Stadt bzw. Region beitragen und damit auch die Attraktivität steigern.

- *Ökonomische Vorteile:* Durch kostenpflichtige Friedhofsführungen sowie durch den Verkauf von Informationsschriften, Postkarten etc. können zusätzliche Einnahmen erwirtschaftet sowie Beschäftigungsmöglichkeiten geschaffen werden (überwiegend Teilzeitstellen).

Generell stellt der Friedhofstourismus innerhalb des Kulturtourismus sicherlich ein Nischensegment dar. Allerdings zeigen die Beispiele des Friedhofs Père-Lachaise in Paris, aber auch anderer Friedhöfe in europäischen und asiatischen Großstädten, dass die aktuelle touristische Bedeutung häufig unterschätzt wird. Durch angemes-

---

[263] Muse der (vom Flötenspiel begleiteten) lyrischen Dichtung
[264] vgl. www.laut.de/vorlaut/news/2004/05/06/08737/index.htm vom 25. Juli 2005

sene Managementmaßnahmen können die Potenziale des Friedhofstourismus künftig besser genutzt werden.

Friedhöfe: Fazit

- Grabmäler und Friedhöfe zählen seit der Vor- und Frühgeschichte zu den wesentlichen Bestandteilen der menschlichen Kultur und damit auch der Kulturlandschaft - z. B. steinzeitliche Grabanlagen, ägyptische Felsengräber und Pyramiden.
- Friedhöfe können über unterschiedliche touristische Potentiale verfügen: Lage (Inseln, Katakomben), Natur (Pflanzen, Bäume), Geschichte (Juden, Kriegsgräber), Gesellschaft/Brauchtum/Religion (Bestattungsriten, Totenkult), Architektur (Grabstätten) bzw. Persönlichkeiten (Künstler, Politiker etc.).
- Obwohl der Friedhofstourismus in einigen Städten eine erhebliche Rolle spielt (z. B. Paris, Wien, Prag), liegen bislang nur wenige wissenschaftliche Untersuchungen zu diesem Thema vor.
- In Paris wurden bereits im 19. Jahrhundert Reiseführer publiziert, die Vorschläge zur Besichtigung von Friedhöfen enthielten. Von besonderem Interesse ist auch noch heute der Friedhof Père-Lachaise, auf dem ca. 200 berühmte Persönlichkeiten ruhen. Er verzeichnet jährlich mehr als 2 Mio. Besucher, von denen drei Viertel aus dem Ausland kommen.
- Die Besucher sind relativ jung und gebildet; jeder zweite hat bereits andere Friedhöfe als Tourist besichtigt. Der Besuch dauert durchschnittlich 1,5 Std. und umfasst mehrere Grabstätten - vor allem das Grab von Jim Morrison (dem Sänger der Band „The Doors").
- Durch Information, Besucherlenkung und Schutzmaßnahmen ist es möglich, die Würde des Ortes zu bewahren. Vor allem Vandalismus und unangemessenes Verhalten der Besucher gehören zu den negativen Effekten des Friedhofstourismus.

2.7 Gefängnisse, Konzentrationslager und Gedenkstätten

> „Nach Auschwitz ein Gedicht zu schreiben, ist barbarisch."
> Theodor W. Adorno

> „Selbstverständlich kann man [in Krakau] auch preiswert eine Tour auf Spuren von *Schindlers Liste* buchen, um zu sehen, wo ‚Spielberg die Ghettoräumung drehte, Leopold Pfefferberg die Hacken zusammenschlug und von Amon Goeth das Leben geschenkt bekam'. Die Amerikaner sind begeistert, die Recklinghausener buchen für den Abend gleich zehn Tische. Es heißt, in Kazimierz entstehe ein Disney-Schtetl."[265]

Bei Konzentrationslagern und Gefängnissen, die für Besucher erschlossen sind, handelt es sich um historische Einrichtungen, die mit Qualen, Leiden und Tod verbunden sind. In den letzten Jahren hat das touristische Interesse an derartigen *Orten des Schreckens* erheblich zugenommen; gleichzeitig werden diese Einrichtungen von Organisationen und Interessengruppen bewusst als Gedenk- und Mahnstätten touristisch erschlossen, um an Ungerechtigkeit, Rassismus und Völkermord zu erinnern.

2.7.1 Touristische Potenziale, Bedeutung und Management von Gefängnissen

Eine touristische Erschließung von Gefängnissen findet generell erst dann statt, wenn sie ihre zentrale Funktion - die Sicherheitsverwahrung von Gefangenen - verloren haben. Gleichzeitig müssen sie über ein *spezifisches Potenzial* verfügen, damit sich staatliche Organisationen oder private Interessensgruppen für den Erhalt der Gebäude und die Umwandlung in ein Museum oder eine Gedenkstätte einsetzen. Darüber hinaus sind für eine touristische Nutzung *weitere Erschließungsmaßnahmen* notwendig - z. B. in Form von Informationstafeln, Führungen, Audio-Ausstattungen für individuelle Rundgänge bzw. Ausstellungen.

Wie bei Friedhöfen kann das *touristische Potenzial von Gefängnissen* aus unterschiedlichen Elementen bestehen, die einzeln oder in Kombination miteinander auftreten - von der Lage über historische Besonderheiten bis hin zu berühmten Persönlichkeiten, die Insassen des Gefängnisses waren:

---

[265] Nicht ohne ihre Geschichte. - In: Die Zeit, 31/2000 (www.zeit.de/archiv/2000/31/200031.krakau.neu_.xml vom 04. Juli 2006)

- *Lage:* Die bekannteste ehemalige Haftanstalt, die als touristische Attraktion fungiert, ist sicherlich die Gefängnisinsel *Alcatraz*. Diese große Popularität resultiert vorrangig aus der spektakulären Lage in der Bucht von San Francisco (Kalifornien, USA). Darüber hinaus spielen aber auch die zahlreichen Geschichten eine wichtige Rolle, die sich um die früheren Insassen (darunter Mafia-Mitglieder wie Al Capone) und die gescheiterten Fluchtversuche ranken. Darüber hinaus war Alcatraz Schauplatz mehrerer Hollywood-Filme, durch die das Gefängnis international bekannt geworden ist - z. B. „Der Gefangene von Alcatraz" mit Burt Lancaster (1962) oder „Flucht von Alcatraz" mit Clint Eastwood (1979). Nach der Schließung wurde die Gefängnisinsel im Jahr 1973 als Teil der Golden Gate National Recreation Area der Öffentlichkeit zugänglich gemacht. Sie verzeichnet jährlich mehr als 1 Mio. Besucher (vgl. STULLER 1999, S. 40). Aufgrund der großen Nachfrage muss die tägliche Besucherzahl limitiert werden; außerdem können keine Führungen angeboten werden, sondern die Besucher erkunden das Gefängnis auf einem individuellen Rundgang und erhalten Informationen per Audiophon (vgl. Abb. 45).[266]

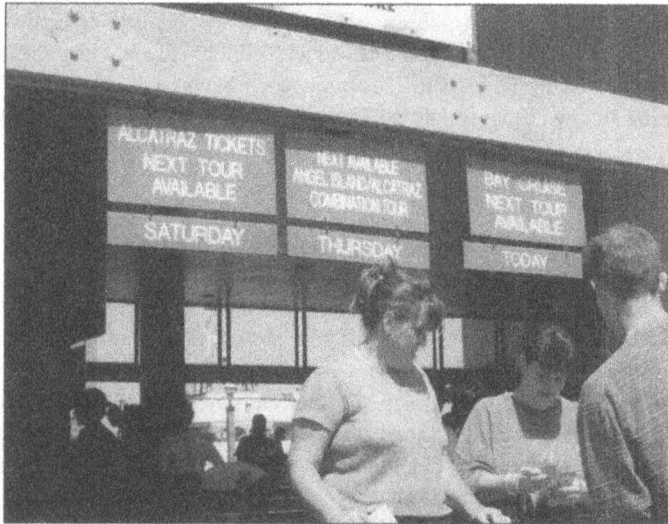

Abb. 45: Die Gefängnisinsel Alcatraz in der Bucht von San Francisco hat sich seit 1973 zu einer populären touristischen Attraktion entwickelt; sie verzeichnet jährlich mehr als 1 Mio. Besucher. Aufgrund der großen Nachfrage ist die tägliche Besucherzahl begrenzt; deshalb sind die Schiffe in der Hauptsaison häufig mehrere Tage im Voraus ausgebucht.

- *Geschichte:* Im Jahr 1795 wurde am westlichen Stadtrand von Dublin (Republik Irland) das *Kilmainham Jail* errichtet. Zu seinen Insassen zählten neben Kriminellen immer wieder auch Gefangene, die aus politischen Gründen inhaftiert waren. Besondere Bedeutung erlangte das Gefängnis nach dem Osteraufstand von

---

[266] vgl. www.nps.gov/alcatraz

1916, bei dem sich irische Revolutionäre gegen die britische Herrschaft erhoben. Nachdem die Unruhen niedergeschlagen worden waren, wurden die Aufständischen hier gefangen gehalten (darunter auch der spätere Staatspräsident Eamon de Valera). 90 Rebellen wurden zum Tode verurteilt und 15 von ihnen im Hof des Kilmainham Jail hingerichtet. Im Jahr 1924 erfolgte die Schließung des Gefängnisses. Auf Betreiben einer Gruppe von historisch interessierten Dublinern wurde es nach umfangreichen Restaurierungsarbeiten als Museum eröffnet, das jährlich ca. 160.000 Besucher verzeichnet. Sie werden im Rahmen von Führungen sowie durch eine Audio-Visionsschau und eine Ausstellung über die Geschichte und die früheren Insassen informiert.[267]

- *Architektur:* Vom ehemaligen *Zellengefängnis* in Berlin-Moabit sind nur noch einige Wohnhäuser der Gefängniswärter und Reste der Gefängnismauer erhalten geblieben. Als es in den Jahren 1842-1849 errichtet wurde, zählte es aufgrund seiner Konzeption und Architektur zu den modernsten Strafanstalten der Welt. Nach dem Vorbild des Pentonville Prison in London handelte es sich um ein Panoptikum-Gebäude - von einem Zentralbau in der Mitte der Anlage aus konnten die sternförmig angeordneten Zellentrakte überwacht werden. Die Insassen verbrachten ihre Tage in völliger Isolation: Sie lebten in Einzelzellen, waren bei ihrem Hofgang allein und mussten beim sonntäglichen Besuch der Gefängniskirche spezielle Kappen tragen, durch die ihr Gesichtsfeld eingeschränkt wurde. Die Relikte des Zellengefängnisses stellen eine Attraktion im Rahmen von Stadtteilführungen und thematischen Führungen dar, die von lokalen Agenturen durchgeführt werden (z. B. Berliner Unterwelten e. V.).[268]

- *Persönlichkeiten:* Zu den ehemaligen Haftanstalten, die sich aufgrund bekannter Insassen zu populären touristischen Attraktionen entwickelt haben, gehört die Gefängnisinsel *Robben Island* in der Bucht von Kapstadt (Südafrika). Während des Apartheid-Systems wurde die Insel vor allem dazu benutzt, schwarze politische Aktivisten des African National Congress (ANC) zu inhaftieren. Prominentester Häftling war Nelson Mandela, der 18 Jahre seiner nahezu 26 Jahre dauernden Haft auf Robben Island verbracht hat. Nach der Schließung des Gefängnisses wurde die Insel im Jahr 1997 in eine nationale Gedenkstätte umgewandelt, in der an die rassistische Politik während der Apartheid erinnert wird. Die Geschichte des Gefängnisses und die Lebensbedingungen der Häftlinge werden im Rahmen von Führungen vermittelt, die von ehemaligen Gefangenen durchgeführt werden (vgl. Abb. 46). Robben Island verzeichnet eine jährliche Besucherzahl von mehr als 300.000 Personen, von denen ein Drittel aus Südafrika kommt; weitere wichtige Quellmärkte sind Europa mit einem Anteil von 26 % sowie die USA und Australien mit Anteilen von jeweils 11 %.[269]

---

[267] vgl. www.kilmainham-gaol.com
[268] vgl. www.berliner-unterwelten.de
[269] vgl. www.robben-island.org.za/news/view.asp vom 25. Juli 2005

Abb. 46: Zu den ehemaligen Haftanstalten, die sich aufgrund bekannter Insassen zu populären touristischen Attraktionen entwickelt haben, gehört die Gefängnisinsel Robben Island in der Bucht von Kapstadt (Südafrika). Prominentester Häftling war Nelson Mandela, der 18 Jahre seiner nahezu 26 Jahre dauernden Haft hier verbracht hat. Die Geschichte des Gefängnisses wird im Rahmen von Führungen vermittelt, die von ehemaligen Insassen durchgeführt werden.

Bei geringem historischen Abstand kann eine touristische Nutzung ehemaliger Haftanstalten mit *erheblichen Konflikten* verbunden sein - vor allem wenn es sich um Gefängnisse in früheren Unrechtssystemen handelt, in denen Menschen aus politischen Gründen inhaftiert waren. Ein aktuelles Beispiel sind die Auseinandersetzungen um die *Gefängnisse des Ministeriums für Staatssicherheit der Deutschen Demokratischen Republik* (z. B. die Untersuchungshaftanstalt in Berlin-Hohenschönhausen). Zwischen dem ehemaligen MfS-Gefängnispersonal (Wärter, Vernehmer etc.) und den verfolgten Insassen findet ein offener „Klassenkampf um die Erinnerung" statt, der sich in einer breiten medialen Berichterstattung widerspiegelt.[270]

Die *Managementmaßnahmen bei der touristischen Nutzung ehemaliger Gefängnisse* beschränken sich zumeist auf den Erhalt der Anlagen sowie auf die Information und Lenkung der Besucher. In Einzelfällen (z. B. Alcatraz) findet auch ein *themenspezifisches Merchandising* statt - z. B. in Form von typischen Zellenschlüsseln, Schlüsselringen etc.

---

[270] FINGER, E. (2006): Klassenkampf um die Erinnerung. - In: Die Zeit, 29. Juni; vgl. auch NOLTE, B. (2006): Die Stasi-Rentner. - In: Die Zeit, 20. Juli. Die ehemaligen Stasi-Mitarbeiter haben sich inzwischen in einem „Insiderkomitee" organisiert; sie begleiten und kommentieren regelmäßig die öffentlichen Führungen in der ehemaligen Untersuchungshaftanstalt (vgl. www.mfs-insider.de).

Die Beispiele der touristisch erschlossenen Gefängnisse machen deutlich, dass die touristische Attraktivität auf mehreren Faktoren basiert. Zum einen spielen *kognitive Motive der Besucher* eine wichtige Rolle - z. B. in Form einer rationalen Auseinandersetzung mit politischen Verhältnissen, historischen Entwicklungen bzw. architektonischen Besonderheiten. Zum anderen stellen Gefängnisse (vor allem in politischen Unrechtssystemen) aber auch Orte der Entbehrung, des Leidens und der Unterdrückung dar, die bei den Besuchern *emotionale Reaktionen* wie Schaudern, Entsetzen und Empörung über unmenschliche Haftbedingungen auslösen (und teilweise auch deshalb aufgesucht werden). Diese ambivalente Motivstruktur lässt sich auch bei der touristischen Nutzung von nationalsozialistischen Konzentrationslagern und Gedenkstätten beobachten.

2.7.2 Touristische Potenziale und Bedeutung von NS-Konzentrationslagern und Gedenkstätten

Nach 1945 sind zahlreiche Gedenkstätten errichtet worden, die an die massenhafte Verfolgung und Vernichtung der europäischen Juden sowie anderer religiöser, ethnischer, politischer und sozialer Gruppen während der Zeit des Nationalsozialismus erinnern. In Deutschland und den mittel-, west- und osteuropäischen Nachbarländern gibt es mehrere Tausend Orte der Erinnerung an die schrecklichen Ereignisse; in mehr als einhundert ständigen Museen und Ausstellungen wird eine Aufklärungs- und Bildungsarbeit betrieben (die folgenden Ausführungen basieren vor allem auf HARTMANN 2004a).

Aufgrund der historischen Einmaligkeit des Holocaust und des Ausmaßes an Unmenschlichkeit, die sich an diesen Erinnerungsorten manifestiert, handelt es sich bei den nationalsozialistischen Konzentrationslagern und Gedenkstätten nicht um übliche kulturtouristische Einrichtungen wie Burgen, Kirchen oder Museen. Gleichzeitig stellen diese Orte des Schreckens und der Erinnerung bekannte und stark frequentierte Besuchereinrichtungen in der jeweiligen Tourismusdestination dar. So verzeichnen die KZ-Gedenkstätten in Dachau und in Buchenwald sowie das Anne-Frank-Haus in Amsterdam jährlich jeweils 600.000 bis 900.000 Besucher; die Dauerausstellungen in Yad Vashem (Jerusalem) und im United States Holocaust Memorial Museum (Washington, D. C.) werden jeweils von 1,5 Mio. Personen/Jahr besucht.

Hinsichtlich der räumlichen Verteilung der Gedenkstätten zeigen sich innerhalb Deutschlands und Europas *regionale Unterschiede*, für die mehrere Faktoren verantwortlich sind (vgl. STEINBACH 2002, S. 121; HARTMANN 2004a, S. 298):[271]

- Da sich die Machtzentren des NS-Staats, aber auch die Zentren des Widerstands gegen das NS-Regime vor allem in Großstädten befanden, lässt sich auch hier

---

[271] vgl. auch www.ns-gedenkstaetten.de; www.shoa.de

eine räumliche Konzentration von Gedenkstätten feststellen. So gibt es z. B. allein in Berlin mehr als fünfhundert historische Orte, Denkmäler, Museen etc. -
u. a. die Gedenkstätte Plötzensee, die Gedenkstätte Deutscher Widerstand.[272] Im
Mai 2005 wurde neben dem Brandenburger Tor das Denkmal für die ermordeten
Juden Europas eingeweiht. Außer dem riesigen Stelenfeld gibt es ein unterirdi-
sches Dokumentationszentrum, dessen Kapazität auf 1.800 Personen/Tag begrenzt ist. Besucher nehmen bis zu zwei Stunden Wartezeit in Kauf, um die Ausstellung zu besichtigen.[273]

- Darüber hinaus sind in zahlreichen Hauptlagern und Nebenlagern des nationalsozialistischen Systems der Konzentrationslager Gedenkstätten bzw. Museen
  eingerichtet worden - z. B. in Dachau, Bergen-Belsen, Buchenwald, Auschwitz
  (vgl. Abb. 47).

*Abb. 47: In Mittel- und Osteuropa gibt es zahlreiche Gedenkstätten in ehemaligen natio-
nalsozialistischen Konzentrationslagern sowie andere Holocaust-Denkmäler, die zu stark
frequentierten Besuchereinrichtungen in der jeweiligen Tourismusdestination geworden
sind (Quelle: Eigene Darstellung nach Angaben in HARTMANN 2004a, S. 299).*

- Auch in Orten, in denen in den 1930er-Jahren zahlreiche jüdische Familien
  gelebt haben, finden sich Gedenkstätten, die an die ehemaligen jüdischen Nach-
  barn, an die Zerstörung von Synagogen und an die Deportation erinnern.

Aufgrund der politischen Öffnung der mitteleuropäischen Länder sind seit Ende
der 1980er-Jahre auch die *Gedenkstätten in Polen (Auschwitz/Oświęcim)* und

---

[272] vgl. www.gedenkstaette-ploetzensee.de; www.gdw.de
[273] vgl. www.holocaust-mahnmal.de

Tschechien *(Alter Jüdischer Friedhof in Prag)* leichter zugänglich geworden (→ 2.6.1).

Neben Museen und Mahnmalen zählen aber auch *besondere Gedenktage* zur Holocaust-Erinnerungskultur - z. B. der 9. November zur Erinnerung an die Zerstörung von Synagogen und Geschäften im Rahmen der sog. Reichskristallnacht des Jahres 1938 oder der 27. Januar, der an den Tag der Befreiung des KZ Auschwitz im Jahr 1945 erinnert.

Die Schaffung dieser Gedenktage, aber auch die Einrichtung von Gedenkstätten zur Geschichte des Holocaust ging vor allem von den überlebenden KZ-Insassen und ihren Organisationen aus. Dabei stießen sie lange Zeit auf den *erheblichen Widerstand der lokalen Bevölkerung*, die nicht dauerhaft an die Gräuel der Vergangenheit erinnert werden wollte. Bei Vertretern der Kommunalpolitik (Bürgermeistern, Wirtschaftsförderern etc.) bestand häufig die Befürchtung, dass Holocaust-Gedenkstätten negative Effekte auf das Image und damit die Attraktivität der Stadt für Touristen und Investoren haben würden.

Trotz ihres historischen Bezugs zu einer Epoche der Unmenschlichkeit, des Terrors und des Massenmords erweisen sich die KZ- und NS-Gedenkstätten allerdings auch als wichtige kulturtouristische Attraktionen, die ein *erhebliches Besucheraufkommen* verzeichnen - so gehört z. B. das Anne-Frank-Haus in Amsterdam zu den drei populärsten Museen der Stadt.

2.7.3   Fallstudie: Anne-Frank-Haus in Amsterdam

Während in den KZ-Gedenkstätten an das Leiden und Sterben zahlreicher Menschen erinnert wird, steht eine Person im Mittelpunkt dieses Museums: die junge Anne Frank mit ihren persönlichen Gedanken und ihrem literarischen Werk. Ihre *Tagebuchaufzeichnungen* berichten über das Zusammenleben einer kleinen Gruppe von Menschen in einem Hinterhaus-Versteck. Seit der ersten Veröffentlichung im Jahr 1947 („Het Achterhuis") wurde das Buch in mehr als fünfzig Sprachen übersetzt und von Millionen Menschen gelesen (vgl. HARTMANN 2004, S. 132-133).

Der Lebensweg der Anne Frank steht exemplarisch für viele junge Juden in den 1930er-Jahren - von der Geburt in Deutschland und der Auswanderung mit der Familie in die Niederlande über das Leben im Versteck und eine Odyssee durch mehrere Konzentrationslager bis hin zum Tod im KZ Bergen-Belsen. Für die Leser des Tagebuches, aber auch für die Besucher des Anne-Frank-Hauses erhalten die massenhafte Verfolgung und Ermordung der Juden, die letztlich jede Vorstellungskraft überschreitet, einen Namen und ein Gesicht. Durch diese *Personalisierung* ist es nachfolgenden Generationen möglich, nicht nur ein Verständnis historischer Vorgänge zu erlangen, sondern auch eine Empathie mit den Opfern zu entwickeln (eine ähnliche Wirkung hatte die US-amerikanische TV-Serie „Holocaust" über die fiktive Familie Weiß aus dem Jahr 1978).

Der Erhalt des historischen Gebäudes an der Prinsengracht 263 und die Umwandlung in ein Museum im Jahr 1960 gehen auf eine Initiative des Vaters von Anne Frank sowie von anderen Bürgern der Stadt zurück, von denen viele während der deutschen Besatzungszeit im Untergrund oder im Widerstand gewesen waren. Seitdem wird das Anne-Frank-Haus von einer privaten Stiftung geleitet *(Anne Frank Stichting)*. Seit den 1960er-Jahren stieg die jährliche Besucherzahl von ca. 9.000 nahezu kontinuierlich auf mehr als 900.000 im Jahr 2005 (vgl. Abb. 48). Damit ist das Anne-Frank-Haus in Amsterdam - neben dem Van Gogh Museum (1,3 Mio. Besucher) und dem Rijksmuseum (810.000 Besucher) - *eine der wichtigsten Sehenswürdigkeiten der Stadt.*

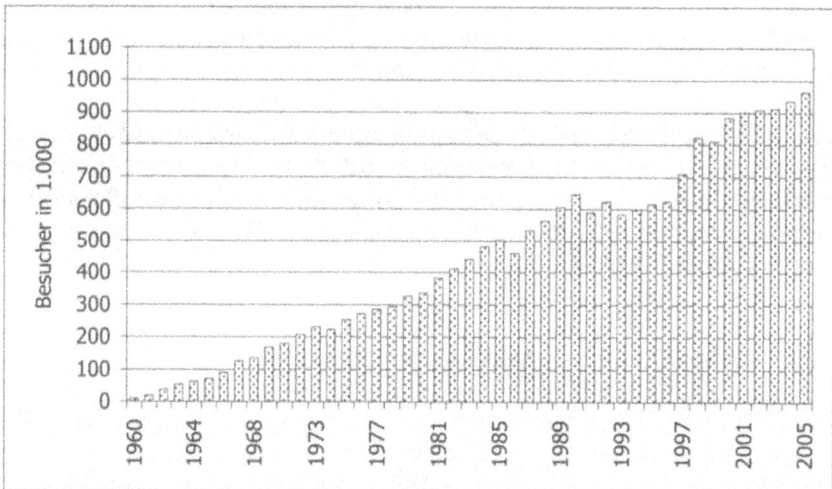

Abb. 48: Neben dem Van Gogh Museum und dem Rijksmuseum stellt das Anne-Frank-Haus in Amsterdam eine der wichtigsten Sehenswürdigkeiten der Stadt dar. Seit seiner Eröffnung im Jahr 1960 stieg die Besucherzahl von 9.000 auf mehr als 900.000 Personen, die vor allem aus Großbritannien, den USA und den Niederlanden kommen (Quelle: Eigene Darstellung nach Angaben in www.annefrank.org).[274]

Neben dem Erhalt der historischen Örtlichkeit ist es das Ziel der „Anne Frank Stichting", die Ideen Anne Franks weltweit zu propagieren. Im Sinne einer *Filialisierungsstrategie* wurde deshalb eine Wanderausstellung zum Leben und Werk der jungen Autorin konzipiert, die an 150 Orten auf großes Interesse gestoßen ist. Darüber hinaus gibt es inzwischen Anne-Frank-Zentren in Basel, Berlin, London und New York.

---

[274] www.annefrank.org/content.asp?PID=227&LID=3 vom 20. November 2006

2.7.4 Management der Holocaust-Gedenkstätten

Neben dem Anne-Frank-Haus in Amsterdam haben sich auch andere Holocaust-Gedenkstätten zu bekannten Besuchereinrichtungen entwickelt: So werden z. B. die KZ-Gedenkstätten Dachau und Buchenwald jährlich von mehr als 700.000 Personen besucht. Dabei handelt es sich um Schülergruppen und Teilnehmer an internationalen Begegnungen, aber häufig auch um Individualreisende mit historischem Interesse.

In Deutschland sind die Bundesländer für das Management der Gedenkstätten zuständig; die inhaltlichen Informationen in den Ausstellungen wurden zumeist in Kooperation mit Vertretern der Häftlingsorganisationen konzipiert. Angesichts der tragischen Thematik dieser Besuchereinrichtungen beschränkt sich das Management der Gedenkstätten auf eine *umfassende Information und Lenkung der Besucher:* Zu den Medien zählen dabei Informationstafeln, Publikationen, Filme, Ausstellungen mit Gegenständen, Photos und Dokumenten, CD-ROMs, Homepages etc. (vgl. z. B. SMOLEŃ 1998; Abb. 49).[275] Die Besucherlenkung erfolgt zumeist in Form von Führungen; Audiotouren bzw. ausgeschilderten Rundgängen.

Seit den 1980er-Jahren wurden in den Gedenkstätten zahlreiche *strukturelle, inhaltliche und museumsdidaktische Änderungen* vorgenommen (vgl. HARTMANN 2004a, S. 300):

- An einigen Standorten waren die Lagereinrichtungen in der Nachkriegszeit anderweitig genutzt oder auch zerstört worden; auch die erhaltenen Gebäude zeigten Verwitterungs- und Abnutzungserscheinungen. Aus diesem Grund wurden *Maßnahmen zur Erhaltung bzw. Rekonstruktion des ursprünglichen Zustands* durchgeführt.

- Lange Zeit standen überlebende Zeitzeugen zur Verfügung, die im Rahmen von Führungen über ihre Erlebnisse und Erfahrungen berichten konnten. Mit zunehmender historischer Distanz zu den Ereignissen musste die Informationsvermittlung allerdings vorrangig durch Ausstellungen erfolgen; dabei wurden verstärkt auch *neue Informationsmedien* eingesetzt.

- Bei der Konzeption der Ausstellungen mussten *neuere Forschungsergebnisse* adäquat berücksichtigt werden. Dazu gehörte u. a. auch eine kritische Bestandsaufnahme der unterschiedlichen Erinnerungskulturen in der Bundesrepublik Deutschland und in der ehemaligen Deutschen Demokratischen Republik.[276] So findet sich z. B. in der KZ-Gedenkstätte Buchenwald eine spezielle Ausstellung zur Geschichte der Gedenkstätte in den Jahren 1945-1999.

---

[275] vgl. auch www.stollen-ueberlingen.de vom 25. Juli 2005

[276] vgl. DITTRICH (2005, S. 70-85) zur Erinnerungskultur in der DDR und speziell zu den Verkaufsmaterialien in den Nationalen Mahn- und Gedenkstätten

Abb. 49: Zu den zentralen Aufgaben des Besuchermanagements in KZ-Gedenkstätten gehört die sachgerechte und umfassende Information und Lenkung der Besucher - z. B. in Form von Übersichtstafeln wie in der Gedenkstätte des ehemaligen SS-Sonderlagers KZ Hinzert (Rheinland-Pfalz).

Vor besonderen Herausforderungen steht das Management von Holocaust-Gedenkstätten bei *den* Einrichtungen, die nicht nur als Konzentrationslager, sondern auch als *Produktionsstätten* fungiert haben - denn bei ihnen besteht die Gefahr, dass das menschliche Leid der Häftlinge angesichts gigantischer Gebäude und einer faszinierenden Technik in den Hintergrund rückt. So bestand z. B. bei der geplanten Umwandlung des ehemaligen Konzentrationslagers Mittelbau-Dora (eines Außenlagers des KZ Buchenwald) in ein Museum die Befürchtung, „eines Tages würden sich Massen technikbegeisterter oder gruselbedürftiger Touristen durch den Dora-Stollen wälzen, um eine Art moderner Geisterbahn zu erleben".[277]

Der Komplex Mittelbau-Dora liegt in einem Gipsmassiv im Südharz; es handelte sich um eine unterirdische Raketenfabrik, in der während des Zweiten Weltkriegs auf ca. 100.000 qm Fläche von KZ-Häftlingen Raketen des Typs V 2 montiert wurden. Die gesamte Anlage, die Besucher an die Kulisse aus Fritz Langs Film „Metropolis" erinnert, besteht aus zwei voluminösen Fahrstollen von 1,8 km Länge, 9 m Höhe und 13 m Breite sowie 46 großen Querkammern. Von Norden wurden die Materialien für die Raketenproduktion auf Zügen angeliefert und nach Süden erfolgte der Transport der einsatzbereiten Raketen. Die riesige Stollenanlage wurde im Jahr 1943 in wenigen Monaten von 10.000 Zwangsarbeitern unter

---

[277] JANßEN, K.-H. (1993): Geisterbahn im Stollen? - In: Die Zeit, 23. April; vgl. auch KIDERLEN, E. (1993): Babylonische Sklavenarbeit und High-Tech. - In: Süddtsch. Ztg., 15. Januar

unmenschlichen Arbeitsbedingungen angelegt; beim Bau und bei der Produktion der Raketen sind insgesamt 20.000 Häftlinge umgekommen. In der KZ-Gedenkstätte Mittelbau-Dora wird nun durch eine umfangreiche Informationsarbeit versucht, den Besuchern den historischen Zusammenhang zwischen dem menschenverachtenden System des Nationalsozialismus und der außergewöhnlichen technischen sowie arbeitsorganisatorischen Leistung zu vermitteln.[278]

Neben den öffentlichen Gedenkstätten zählen aber auch *private und privatwirtschaftliche Initiativen* zu den Erscheinungsformen des Holocaust-Tourismus:

- In Deutschland sind die Aktivitäten von Schulen und lokalen Geschichtswerkstätten, aber auch *alternative Stadtführungen* zu nennen, die zu Schauplätzen der nationalsozialistischen Geschichte, des Widerstands und des Holocaust durchgeführt werden - z. B. von den mehr als 20 Mitgliedsorganisationen des „Forums Neue Städtetouren".[279]

- In Polen hat sich das *Stadtviertel Kasimierz in Krakau* zu einem kommerziell geprägten Zentrum des Holocaust-Tourismus entwickelt. Aufgrund seines historischen Baubestandes fungierte es Anfang der 1990er-Jahre als Schauplatz mehrerer Szenen des Spielfilms „Schindler's Liste" von Stephen Spielberg. Dadurch wurde das Interesse einer breiten internationalen Öffentlichkeit auf das Stadtquartier gelenkt. Mehrere lokale Reiseveranstalter bieten inzwischen Rundgänge zu den Drehorten sowie Ausflugstouren nach Auschwitz/Oświęcim an (vgl. SAMSONOWSKA 1998). Restaurants erinnern mit kosheren Gerichten und Klezmer-Musik an die jüdischen Traditionen in Krakau; außerdem findet hier regelmäßig ein Festival der jüdischen Kultur statt.[280]

- In den USA rühmt sich das *„Florida Holocaust Museum"* damit, einen authentischen Eisenbahnwaggon zu besitzen, der zur Deportation der jüdischen Bevölkerung eingesetzt wurde. Im Museumsladen und im Onlineshop wird ein Plastikmodell dieses Waggons verkauft. Sponsoren des Museums, die einen Mindestbetrag von 5.000 $ spenden, erhalten als besondere Auszeichnung u. a. einen „Original Gleisnagel aus Treblinka" (vgl. DITTRICH/JACOBEIT 2005, S. 8).

Diese Beispiele zeigen, dass auch für den Holocaust-Tourismus (trotz des mit ihm verbundenen Leids und Schreckens) die *Gesetze der Mediengesellschaft und des Tourismusmarktes* gelten.[281] Dennoch ist an touristische Unternehmen die Forde-

---

[278] vgl. www.dora.de

[279] vgl. www.stattreisen.org

[280] Ähnliche Entwicklungen sind auch in der Spandauer Vorstadt in Berlin zu beobachten, wo seit der Wiedervereinigung eine zunehmende „verkitschte(n) Vermarktung" (KRAJEWSKI 2006, S. 212-214) der ehemaligen jüdischen Traditionen stattfindet.

[281] Für die niederländische KZ-Gedenkstätte „Herinneringscentrum Kamp Westerbork" wurde z. B. ein spezielles Logo entworfen, das auf den Produkten zu finden ist, die von den Besuchern als Souvenirs im Shop gekauft werden können (vgl. BITTERBERG 2005).

rung zu stellen, ihre Angebote inhaltlich und organisatorisch so zu gestalten, dass sie der historischen Bedeutung des Themas gerecht werden. Eine Möglichkeit stellt dabei ein *Verhaltenskodex* dar, der als Maßstab für einen angemessenen Umgang mit den Schauplätzen des Holocaust fungiert. Entsprechende Formen der Selbstverpflichtung sind von der Tourismusbranche bereits für die nachhaltige Nutzung von sensiblen Naturräumen entwickelt worden (z. B. in der Antarktis).[282]

Gefängnisse, Konzentrationslager und Gedenkstätten: Fazit

- Ehemalige Gefängnisse müssen über ein spezifisches Potenzial verfügen, um touristisch genutzt werden zu können - z. B. eine spektakuläre Lage, eine besondere Rolle in der nationalen Geschichte, eine ungewöhnliche Architektur und/ oder berühmte Insassen.
- Bei den Besuchern spielen einerseits kognitive Motive eine wichtige Rolle (Information über historische Entwicklungen, Auseinandersetzung mit politischen Verhältnissen etc.). Andererseits stellen Gefängnisse aber auch Orte der Entbehrung, des Leidens und der Unterdrückung dar, die bei den Besuchern emotionale Reaktionen wie Schaudern, Entsetzen und Empörung auslösen.
- In Deutschland und den Nachbarländern gibt es mehrere Tausend Orte der Erinnerung an die Nazi-Herrschaft und den Holocaust; in mehr als einhundert Einrichtungen wird eine Bildungsarbeit betrieben. Einige Museen haben sich zu stark frequentierten Besuchereinrichtungen entwickelt - z. B. die KZ-Gedenkstätten in Dachau und in Buchenwald sowie das Anne-Frank-Haus in Amsterdam mit jeweils 700.000-900.000 Besuchern/Jahr.
- In diesen Gedenkstätten hat sich der Einsatz von Zeitzeugen als erfolgreiche authentische Form der Informationsvermittlung erwiesen (neben Ausstellungen, Broschüren etc.). Mit zunehmendem zeitlichen Abstand zu den Ereignissen müssen in stärkerem Maße andere Informationsmedien eingesetzt werden.
- Da die Orte mit der Erinnerung an Leid und Schrecken verbunden sind, gelten für die Gedenkstätten besondere Bedingungen des Marketings (Ethik, Respekt). Gleichzeitig ist aber eine behutsame Anpassung an die Erwartungen der Besucher notwendig (Corporate Design, anspruchsvolle Souvenirs etc.).
- In diesem kulturtouristischen Segment finden sich zunehmend auch private Anbieter, die weniger ethische Ziele als kommerzielle Interessen verfolgen. Ein freiwilliger Verhaltenskodex kann touristischen Leistungsträgern als Leitlinie bei der Entwicklung von Angeboten dienen, die der historischen Bedeutung des Themas inhaltlich und organisatorisch gerecht werden.

---

[282] vgl. www.iaato.org/guidelines.html vom 25. Juli 2005

3 Städte, ländliche Räume und Industrieregionen als kulturtouristische Attraktionen: Potenziale - Fallstudien - Effekte

„In presenting a place as a cultural destination it is important to bear in mind that for some visitors culture is the prime reason for travel while as for other culture (...) forms a décor against which other activities such as sightseeing, eating and drinking, etc. are undertaken."
WTO (2005, S. 51)

„Die Gäste (...) erwarteten in Tirol eben den sogenannten Tiroler Stil mit viel Holz, einem Geranienfeuer entlang der Balkone und den gewalttätigen Kassettendecken, die einen in halbdunklen Restauranträumen zu erdrücken scheinen."[283]

Neben einzelnen Kultureinrichtungen und -events umfasst das kulturtouristische Angebot auch *Kulturlandschaften* - also Räume, die durch menschliche Gruppen und durch Gesellschaften im Laufe der Zeit dauerhaft verändert und geprägt worden sind. Ihre regionale Ausprägung und auch ihre (kultur)touristische Attraktivität erhalten die Landschaften durch ihre Siedlungen (Städte, Dörfer) sowie durch ihre dominierenden wirtschaftlichen Aktivitäten (Landwirtschaft, Industrie, Handel). Neben den materiellen baulichen Relikten spielen jeweils auch immaterielle Standortfaktoren für die touristische Nutzung eine wichtige Rolle (z. B. Brauchtum, Flair etc.).

Für den Kulturtourismus sind dabei *drei Typen von Kulturlandschaften* von besonderem Interesse, die über spezifische kulturelle Attraktionen verfügen (im Sinne von *Unique Selling Propositions*). Im Verlauf der Geschichte hing die touristische Nutzung von Natur- bzw. Kulturräumen vor allem von der künstlerischen Wahrnehmung und der gesellschaftlichen Bewertung ab. Aus diesem Grund sind die Kulturlandschaften in unterschiedlichen historischen Phasen in den Mittelpunkt des touristischen Interesses gerückt:

- Auf die längsten (kultur)touristischen Traditionen können die *Städte* zurückblicken, die bereits im 16. und 17. Jahrhundert - im Rahmen der *Grand Tour* - von englischen Adligen besucht wurden. Seit den 1990er-Jahren hat sich der Städtetourismus in Deutschland als wichtigster Motor des gesamten Reisemarktes erwiesen; dabei gehören die kulturelle Vielfalt und das historische Stadtbild zu den herausragenden urbanen Attraktivitätsfaktoren (→ 3.1).

---

[283] vgl. SCHAUER, R. (2005): Braucht der Urlauber Geranien am Balkon? - In: FAZ, 23. Juni

- Der *ländliche Raum* wurde Ende des 19. Jahrhunderts als Ort der Sommerfrische entdeckt (also im Rahmen eines bürgerlichen Erholungstourismus). Das kulturtouristische Interesse an bäuerlichen Siedlungen und ländlichem Leben nahm erst in den letzten Jahrzehnten zu - nicht zuletzt angesichts einer wachsenden Bedrohung des architektonischen Erbes und des traditionellen Brauchtums (→ 3.2).

- Die *Industrieregionen in Deutschland* (Ruhrgebiet, Saarland, Lausitz etc.) zählen zu den jüngsten Tourismusdestinationen. Bislang handelt es sich bei dem Industrietourismus um ein Nischensegment. Breite Teile der Bevölkerung in den Industrieräumen, aber auch viele Touristen stehen einer Umwandlung von Fördertürmen und Stahlwerken in touristische Attraktionen gegenwärtig noch skeptisch gegenüber (→ 3.3).

In den folgenden Kapiteln werden die spezifischen kulturtouristischen Potenziale, die Nachfragestrukturen und die Management-Strategien dieser Kulturlandschaftstypen dargestellt und anhand von Fallstudien erläutert.

3.1   Kulturtourismus in Städten

> „Die Attraktion des Augenblicks ist ein Grundzug des Städtetourismus, eines der neuen Leitströme der Urlaubsindustrie."[284]

> „Die Kultur als, Pardon, Klitoris der Stadtsanierung, und der Star-Architekt als passende Viagra-Pille?"[285]

Der Städtetourismus wird als „Urform des Reisens" (LOHMANN 1989, S. 3) bezeichnet, denn Städte haben seit jeher eine besondere Anziehungskraft auf Reisende ausgeübt - als Zentren von Handel und Handwerk, Politik und Bildung. Diese Funktionsvielfalt der Städte hat zur Folge, dass sie aus unterschiedlichen Gründen besucht werden. Der Besichtigungs- und Kulturtourismus stellt dabei *nur ein Nachfragesegment des gesamten Städtetourismus* dar - neben dem Geschäftsreiseverkehr, dem Einkaufsreiseverkehr sowie dem Besuch von Freunden und Verwandten (→ 3.1.1).

Für Städtereisende, die aus Urlaubs- und Erholungsgründen kommen, spielt generell die *urbane Atmosphäre* eine zentrale Rolle - also die Mischung aus Kultureinrichtungen, Shopping und Events. Aktuelle empirische Untersuchungen belegen,

---

[284] FAZ, 13. April 2006
[285] KÄHLER, G. (2002): Warnung vor einer Architektur des Spektakels. - In: Die Zeit, 48 (www.zeit.de/2002/48/Architektur_II vom 22. Januar 2006)

dass die kulturelle Vielfalt und auch das historische Stadtbild im Motivspektrum der Besucher von besonderer Bedeutung sind (→ 3.1.2).

In den letzten Jahren hat der Wettbewerb für die deutschen Städte zunehmend eine europäische Dimension erhalten, denn durch den Markteintritt der *Low-Cost-Carrier* sind die Metropolen in zahlreichen Ländern kostengünstig zu erreichen. Viele Städte reagieren auf diese Herausforderung mit einer Festivalisierungsstrategie. Um im internationalen Markt weiterhin als attraktive Destination wahrgenommen zu werden, positionieren sie sich als *Bühnen für spektakuläre Events* (→ 3.1.3). Neben neu geschaffenen Veranstaltungen gibt es dabei traditionsreiche Feste, die als Imageträger und Wirtschaftsfaktor fungieren - wie das *Fallbeispiel des Münchner Oktoberfestes* zeigt (→ 3.1.4).

Das große touristische Besucheraufkommen löst in den Städten vor allem positive wirtschaftliche Effekte aus, es kann aber auch zu Belastungen der Bevölkerung und zu Schäden an städtischen Kulturdenkmälern führen. Um diese Wirkungen effizient zu steuern, aber auch um auf dem Tourismusmarkt erfolgreich bestehen zu können, betreiben viele Städte ein professionelles Destinationsmanagement, das u. a. Marketingkonzepte, neue Organisationsformen und Maßnahmen der Besucherlenkung umfasst.

3.1.1 Touristische Potenziale und Bedeutung des Kulturtourismus in Städten

Innerhalb des gesamten deutschen Tourismusmarktes stellt der Städtetourismus gegenwärtig ein *wichtiges Marktsegment* dar (vgl. JAGNOW/WACHOWIAK 2000, S. 108; ANTON/QUACK 2005, S. 12):
- Städte verzeichnen die Hälfte aller Übernachtungen (bei den ausländischen Gästen sogar mehr als drei Viertel).
- Ein Drittel aller Touristenankünfte wird in Großstädten (mit mehr als 100.000 Einwohnern) gezählt.
- Mehr als jede fünfte Übernachtung findet in einer Großstadt statt.

Dabei hat sich die städtetouristische Nachfrage seit den 1990er-Jahren *vor allem auf Großstädte* konzentriert, die jeweils überdurchschnittlich hohe Zuwachsraten bei den Übernachtungen verzeichnen konnten (vgl. OPASCHOWSKI 1997, S. 39). Allerdings spielen auch zahlreiche kleinere Städte, die über eine historische Altstadt bzw. über herausragende Kulturdenkmäler verfügen, im Tourismus eine wichtige Rolle; dort dominiert aber meist der Tagesausflugsverkehr (z. B. Dinkelsbühl, Quedlinburg, Florenz).

Als Folge dieser Entwicklung hat sich innerhalb des deutschen Städtesystems eine *Hierarchie städtetouristischer Destinationen* herausgebildet, an deren Spitze die Bundeshauptstadt Berlin steht - mit deutlichem Abstand vor München, Hamburg,

Frankfurt am Main und Köln (vgl. Tab. 13). Die fünf größten deutschen Städte ziehen damit - hinsichtlich Ankunfts- und Übernachtungszahlen - auch die meisten Besucher an (vgl. JAGNOW/WACHOWIAK 2000, S. 110).

Stadt	Übernachtungen in gewerblichen Betrieben (in Mio.)						
	1999	2000	2001	2002	2003	2004	2005
Berlin	9,5	11,4	11,4	11,0	11,3	13,3	14,5
München	7,3	7,8	7,6	6,9	7,1	7,7	8,4
Hamburg	4,7	4,8	4,8	5,1	5,4	5,9	6,4
Frankfurt a. M.	3,9	4,3	4,3	3,9	3,9	4,3	4,6
Köln	2,9	3,1	3,3	3,3	3,4	3,9	4,2
Dresden	2,1	2,4	2,5	2,1	2,4	2,6	2,9
Düsseldorf	2,3	2,4	2,4	2,5	2,3	2,5	2,7
Stuttgart	2,0	2,1	2,2	2,1	2,2	2,2	2,4

Tab. 13: Das deutsche Städtesystem weist hinsichtlich der touristischen Nachfrage eine deutliche Hierarchie auf, an deren Spitze die Bundeshauptstadt Berlin steht. Seit den 1990er-Jahren konnten vor allem die Großstädte erhebliche Zuwächse der Besucherzahlen verzeichnen (Quelle: Eigene Darstellung nach Angaben in Statistisches Bundesamt 2004, S. 132; ANTON-QUACK/QUACK 2004, S. 198; DTV 2004b, S. 13; 2005, S. 15; 2006, S. 23).

Bei diesen Daten ist allerdings zu berücksichtigen, dass nicht alle Städteurlauber als Kulturtouristen zu betrachten sind; es gibt auch *weitere Zielgruppen*, die sich aus anderen Gründen in Städten aufhalten.

Umfang und Merkmale des Kulturtourismus in Städten

Städte sind wirtschaftliche und politische, aber auch gesellschaftliche und kulturelle Zentren; entsprechend vielfältig sind die Motive der Besucher - sie reichen von kulturellen über geschäftliche und private Gründe bis hin zu Versorgungszwecken. Der Städtetourismus kann dabei entweder in Form eines Tagesausflugs oder als Reise mit Übernachtungen durchgeführt werden. Angesichts dieser Komplexität ist es bisher nicht gelungen, eine exakte und allgemein anerkannte Definition zu erarbeiten (entsprechend problematisch sind deshalb auch generelle Aussagen zum Umfang und zur wirtschaftlichen Bedeutung des Städtetourismus). Als hilfreich zum Verständnis des Phänomens hat sich aber die *Gliederung nach unterschiedlichen Arten des Städtetourismus* erwiesen (vgl. Tab. 14; die Reisearten in den grau markierten Feldern sind dem Kulturtourismus in Städten zuzuordnen).

In empirischen Studien wurden folgende *Daten zum Volumen und zu den Marktanteilen des Kulturtourismus in Großstädten* ermittelt (vgl. MASCHKE 1999, S. 95-101; DTV 2006, S. 43-46):

Übernachtungstourismus		Tagestourismus	
privat bedingt	*beruflich bedingt*	*privat bedingt*	*beruflich bedingt*
Städtebesuchs-/ Städtereiseverkehr/ Städtetourismus i. e. S.	Geschäfts- und Dienstreiseverkehr/ Geschäftstourismus i. e. S:	Tagesausflugs- verkehr/ Sightseeing- tourismus	Tagesgeschäfts- reiseverkehr
Verwandten- und Bekanntenbesuche	Tagungs- und Kongresstourismus	Tagesveranstaltungs- verkehr	Tagungs- und Kongressbesuche
	Ausstellungs- und Messetourismus	Einkaufsreise- verkehr/ Shopping- Tourismus	Ausstellungs- und Messebesu- che
	Incentive- tourismus	Abendbesuchs- verkehr	

Tab. 14: Städte sind wirtschaftliche, politische und kulturelle Zentren; entsprechend viel-
fältig sind die Motive der Besucher. Für die Kulturtouristen (grau markierte Felder) stehen
die städtischen Sehenswürdigkeiten sowie spezielle Events im Mittelpunkt des Interesses
(Quelle: Ergänzte Darstellung nach Angaben in MEIER 1994, S. 8).

- Der *kulturtouristische Tagesausflugsverkehr in Großstädten* beläuft sich auf ca.
  80 Mio. Personen/Jahr; damit hat dieses Nachfragesegment einen Anteil von ca.
  10 % am gesamten Markt der Städteausflüge in Deutschland.

- Jeder dritte *private Städteurlauber* hatte im Jahr 2004 ein kulturelles Motiv;
  diese Gruppe umfasste mindestens 6,5 Mio. Übernachtungsgäste.[286]

Im Vergleich zum Städtetourismus generell weisen die kulturinteressierten Städtetouristen einige *typische Merkmale* auf (vgl. MASCHKE 1999, S. 95-101; WOLBER
2000, S. 330-331; WTO 2005, S. 34-35):

- *Besucherprofil:* Frauen sowie Besucher mit höherer Bildung und höherem Einkommen sind in dieser Zielgruppe überdurchschnittlich stark vertreten. Das Al-
  tersspektrum der Gäste ist recht breit; allerdings besuchen ältere Gäste (über 50
  Jahre) in den Städten mehr Kulturattraktionen als jüngere Gäste.

---

[286] Die Daten beziehen sich auf Kurzreisen (zwei bis vier Tage Dauer). Generell beläuft
sich die Aufenthaltsdauer von Städtetouristen auf weniger als vier Übernachtungen.
Städtereisen werden überwiegend an Wochenenden und Feiertagen unternommen; dabei
sind das späte Frühjahr, der Frühsommer und Frühherbst die bevorzugten Reisezeiten.
Entsprechend weist die Nachfrage meist ein typisches Sommerloch auf, da in der Ferien-
und Urlaubszeit die längeren Urlaubsreisen durchgeführt werden (vgl. BECKER/STEIN-
ECKE/HÖCKLIN 1997, S. 60-61; LIEBSCH 2003, S. 23).

- *Motive und Informationsquellen:* Der Besuch von Events spielt bei Städteauf-
  enthalten eine geringere Rolle als die Besichtigung von Sehenswürdigkeiten.
  Vor Antritt der Reise werden vor allem Berichte von Freunden, Bekannten oder
  Verwandten als Informationsmöglichkeit genutzt; in jüngerer Zeit hat das Internet erheblich an Bedeutung gewonnen.

- *Reiseverhalten:* Kulturtouristen in Städten weisen überdurchschnittlich hohe
  Werte der Reiseintensität und -häufigkeit auf; sie benutzen relativ häufig das
  Flugzeug als Reiseverkehrsmittel und bevorzugen Hotels als Unterkunftsart. In
  Europa zeichnet sich mittelfristig ein Trend zu kleineren städtischen Destinatio-
  nen und zu neuen Zielgebieten ab.

- *Konsumverhalten:* Kulturinteressierte Städtetouristen stammen relativ häufig aus
  Großstädten (> 100.000 Einwohner) oder Metropolen (> 500.000 Einwohner);
  ihre Pro-Kopf-Ausgaben liegen deutlich über dem durchschnittlichen Wert aller
  Städtereisenden.

Die Daten machen deutlich, dass es bei den kulturinteressierten Städtetouristen um
reiseerfahrene und auch ausgabefreudige Gäste handelt, die allerdings auch entsprechend *hohe Ansprüche an eine Destination* stellen - nämlich zahlreiche Aus-
wahloptionen, ein gutes Preis-Leistungs-Verhältnis sowie vielfältige Erlebnismög-
lichkeiten. Speziell Großstädte können diese Erwartungen erfüllen, denn sie bieten
eine „verdichtete Angebotspalette" (FEßMANN 1993, S. 16) - von Kultur- und Freizeiteinrichtungen über historische Gebäude und Boulevards bis hin zu Restaurants
und Geschäften.

Die breite Motivstruktur der Städtetouristen spiegelt sich auch in den *typischen
Verhaltensmustern dieser Zielgruppe* wider. Es handelt sich nämlich meist um eine
Mischung aus Besichtigungen, Spaziergängen, Museums- und Ausstellungsbesu-
chen, Essen gehen sowie Einkäufen (vgl. FREYTAG/HOYLER 2002, S. 12).

Von der Tourismusforschung sind vor allem *Besucherbefragungen,* aber auch
andere empirische Untersuchungsmethoden eingesetzt worden, um die Verhaltens-
und Konsummuster zu erfassen (z. B. *Tracking* - also das unbeobachtete Verfolgen
einzelner Besucher). Dabei zeigt sich vor allem die *Verknüpfung unterschiedlicher
Aktivitäten:* So kombinieren die Gäste z. B. in München den Besuch des Glocken-
spiels am Rathaus mit Besichtigungen, Stadtrundfahrten, Buchungstätigkeiten etc.
(vgl. Abb. 50). In Salzburg wurde ermittelt, dass die Aktivitäten der Städtetouristen einem Standardmuster entsprechen. Der Besucherstrom konzentriert sich auf
einige Hauptrouten und auf wenige zentrale Punkte; außerdem fließt er langsamer
durch die Stadt als der Strom der Einwohner (vgl. HARTMANN 1984;
KEUL/KÜHBERGER 1996, S. 70).

Abb. 50: Die Aktivitäten der Touristen in den Städten weisen ein räumliches und zeitliches Standardmuster auf. So konzentriert sich der Besucherstrom auf einige Hauptrouten und auf wenige Sehenswürdigkeiten. Der Tagesverlauf wird dabei durch regelmäßig stattfindende Ereignisse strukturiert - z. B. durch das Glockenspiel am Münchner Rathaus, das jeweils um 11 und 17 Uhr erklingt.

Wenn die Touristen heute durch München, Salzburg oder Venedig schlendern und die berühmten Bauwerke besichtigen, ist nur wenigen bewusst, dass sie sich in den *Fußstapfen ihrer historischen Vorgänger* bewegen - der jungen Adeligen, die diese Wege im Rahmen der *Grand Tour* erstmals beschritten haben.

Die Grand Tour als Wurzel des Kultur- und Städtetourismus

Bereits in allen frühen Kulturen waren die Städte Zielorte von Händlern, Herrschern, Pilgern und Scholaren. Allerdings handelte es sich bei Kreuzzügen, Wallfahrten und Wanderungen von Handwerksgesellen jeweils um zweckgebundene Reisen, denen wirtschaftliche, politische oder religiöse Motive zugrunde lagen (vgl. STEINECKE 2006, S. 114-117).

Die Wurzeln des neuzeitlichen (Kultur)Tourismus finden sich im 16. Jahrhundert, als von jungen Adeligen ausgedehnte Bildungsreisen durch Europa unternommen wurden, um wichtige Persönlichkeiten zu treffen und die politischen sowie kulturellen Zentren in Europa kennen zu lernen (vgl. BRILLI 1997). Auf dem Programm dieser *Grand Tour* standen die Ausbildung in Tanz, Fechten und Reiten, das Erlernen fremder Sprachen, die Praxis im standesgemäßen Auftreten sowie die Vertiefung gesellschaftlicher Kontakte. Die übliche Reiseroute der *Grand Tour*, die meist mehrere Jahre dauerte, verlief von Großbritannien aus nach Frankreich und weiter nach Italien, wo in der Regel mehrere Städte besucht wurden. Die Rückreise führte dann über die Schweiz und Deutschland (entlang des Rheins) in die Niederlande.

Der junge Adelige wurde von mehreren Personen begleitet, die für einen reibungslosen Ablauf der Reise zu sorgen hatten und auch für eine soziale Kontrolle verantwortlich waren. Die *Grand Tour* orientierte sich häufig an einer entsprechenden Reise von älteren Verwandten. Außerdem konnten die Touristen zur Vorbereitung auf *Apodemiken* zurückgreifen - schriftliche Anleitungen zur Reiseorganisation sowie zur Wahrnehmung von Natur und Kultur (vgl. ISENBERG 1987, S. 52-60; GÜNTER 1991; KORTE 1996, S. 59-67; → 4.2.2).

Im 18. und 19. Jahrhundert änderte sich die *Grand Tour* grundlegend: An die Stelle der höfischen Erziehung trat zunächst die Ausbildung der künftigen Beamten - die Tour wurde zur „Informationsreise politischer Funktionsträger" (NORTH 2003, S. 35). Mit der zunehmenden gesellschaftlichen Partizipation des Bürgertums und mit der Einführung neuer Verkehrsmittel (Eisenbahn, Dampfschiff) kam es zu einer raschen Expansion der Touristenzahlen. Da die bürgerlichen Reisenden über geringere finanzielle und zeitliche Ressourcen als der Adel verfügten, wurden die Reisen nun erheblich kürzer. Bei ihren Aufenthalten in den Städten nahmen die Reisenden nicht mehr gesellschaftliche Kontakte wahr, sondern besichtigten vor allem Kulturdenkmäler. Damit wurden die Wurzeln für den gegenwärtigen (Kultur)Tourismus gelegt - und speziell für Studienreisen, die sich in ihrem Programm häufig an diesen historischen Vorbildern orientieren (→ 4.1).

Die Erwartungen, die Kulturtouristen gegenwärtig bei einer Städtereise haben, basieren also auf einer *Mischung aus individuellen Reisemotiven* sowie aus *tradierten gesellschaftlichen Standards,* die den Besuchern im Rahmen ihrer touristischen Sozialisation vermittelt worden sind. Aktuelle empirische Untersuchungen belegen, dass bei privaten Städtereisen die kulturbezogenen Attraktivitätsfaktoren (kulturelle Vielfalt, Sehenswürdigkeiten, historische Altstadt etc.) einen deutlich höheren Stellenwert haben als andere städtische Angebote - z. B. Einkaufsmöglichkeiten, Nachtleben etc. (vgl. Abb. 51).

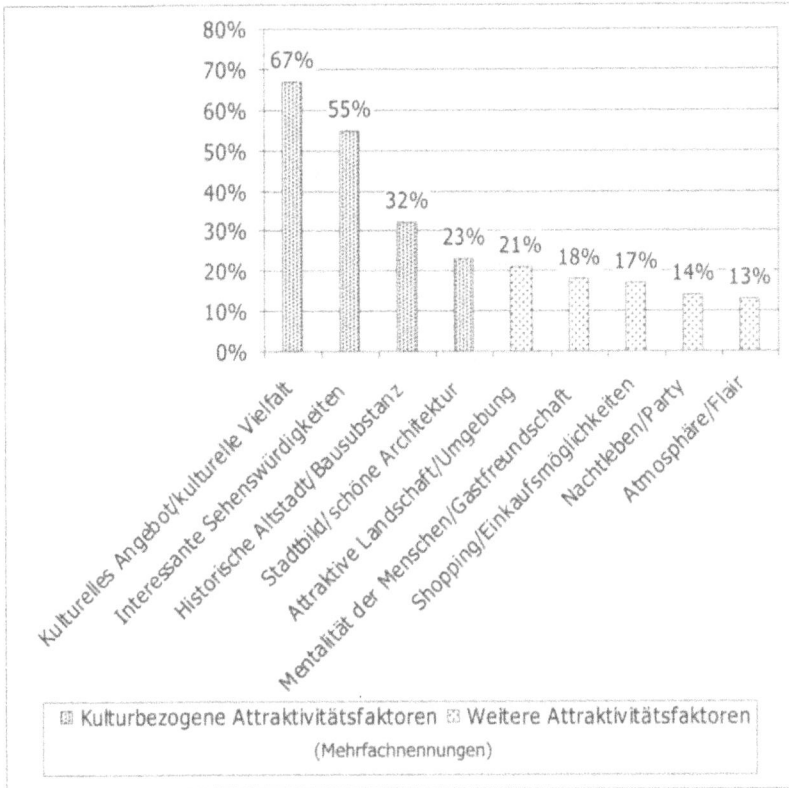

Abb. 51: Bei privaten Städtereisen spielen kulturbezogene Attraktivitätsfaktoren eine herausragende Rolle - vom vielfältigen kulturellen Angebot über historische Sehenswürdigkeiten und eine gut erhaltene Altstadt bis hin zu einem schönen Stadtbild (Quelle: Eigene
Darstellung nach Angaben in DTV 2006, S. 49 auf der Basis unveröffentlichter Ergebnisse
von LEXOW 2006).

3.1.2 Kulturangebot, Stadtbild und Architektur

Lange Zeit waren Städte vor allem touristische Quellgebiete des Tourismus (und
nur in geringerem Maße auch Zielgebiete). In den 1970er-Jahren setzte eine *boom-
artige Entwicklung des Städtetourismus in Deutschland* ein, für die mehrere Ursachen verantwortlich waren:

- Viele Orte investierten erhebliche Mittel in die kulturelle Infrastruktur. Außerdem wurden im Rahmen der städtebaulichen Erneuerung nach dem Städtebau-
  förderungsgesetz zahlreiche Maßnahmen zur Sanierung historischer Stadtkerne,
  zur Verkehrsberuhigung und zur Begrünung durchgeführt (vgl. BECKER/STEIN-
  ECKE/HÖCKLIN 1997, S. 59; JAGNOW/WACHOWIAK 2000, S. 110). Die Städte re-

agierten auch zunehmend auf die wachsende Erlebnisorientierung der Besucher, indem sie Events und Kampagnen organisierten.

- Auf der Nachfrageseite führten der allgemeine Wohlstand und vor allem das gestiegene Bildungsniveau der Bevölkerung zu einem wachsenden Interesse am Besuch von Kultureinrichtungen und -veranstaltungen (der mit einem hohen Prestigewert verbunden ist). Außerdem nahm die Zahl der Kurzreisen sowie der Zweit- und Drittreisen deutlich zu, die häufig in Städte unternommen werden (vgl. KRAMER 1993, S. 29-30; ALTHERR/BUCH/PINTEN 1993, S. 55).

Gegenwärtig basiert die kulturtouristische Attraktivität der Städte auf einem *breiten Angebots-Mix,* in dem das *Kulturangebot* und das *Stadtbild* die zentralen Elemente darstellen.

Kulturangebot

Städte sind seit jeher Kristallisationspunkte der Kultur - als Standorte repräsentativer Bauwerke, Museen und Theater, als Wirkungsstätten bedeutender Künstler und als Treffpunkte zeitgenössischer kreativer Szenen (Mode, Design etc.). Damit bieten die Städte ein *umfangreiches, vielfältiges und lebendiges Kulturangebot,* aus dem sich die Touristen - wie von einem Büfett - ein Besuchsprogramm nach eigenen Interessen zusammenstellen können.

Am Beispiel *Berlins* soll diese kulturelle Vielfalt kurz erläutert werden. In der Stadt, die als deutsche Kulturmetropole gilt, finden täglich ca. 1.400 Veranstaltungen aus den Bereichen der Hoch- und Alltagskultur statt. Die kulturelle Infrastruktur umfasst u. a. (vgl. KRAJEWSKI 2004, S. 771, 775):
- mehr als 160 Museen,
- mehr als 250 Galerien,
- ca. 150 Theater,.
- drei Opernhäuser,
- acht Symphonieorchester.

Der Umfang und die Qualität des Kulturangebots stehen in engem Zusammenhang mit der Größe, der politischen Bedeutung und damit auch der *Finanzkraft von Städten.* So hat z. B. Berlin im Zeitraum 1999-2006 Bundesmittel in Höhe von 3 Mrd. € zur Förderung der Kulturbetriebe erhalten (im internationalen Vergleich nahm die Stadt damit einen Spitzenplatz ein).[287] Doch auch kleinere Städte ohne entsprechende Kulturbudgets können sich erfolgreich auf dem Tourismusmarkt positionieren, wenn sie über einzigartige Sehenswürdigkeiten oder eine innovative Kulturszene verfügen.

---

[287] vgl. FAZ, 14. November 2006

Vor diesem Hintergrund ist von der World Tourism Organization (Madrid) eine Klassifikation europäischer Kulturstädte entwickelt worden, die zum einen auf der Größe der Stadt und zum anderen auf den jeweiligen kulturtouristischen Produkten basiert; danach lassen sich *fünf Typen von Kulturstädten* unterscheiden (vgl. WTO 2005, S. 5-7):

- *Städte mit einem kulturellen Erbe (historische Gebäude bzw. traditionelles Stadtbild)* - z. B. Bamberg, Heidelberg, Würzburg, Granada, Luxemburg, Pisa;

- *Städte mit einem kulturellen Erbe und einer aktiven Kulturszene (Theater, Oper, Malerei)* - z. B. Bayreuth, Basel, Brügge, Florenz, Krakau, Tallinn;

- *Großstädte mit einem kulturellen Erbe und einer aktiven Kulturszene* - z. B. Hamburg, Antwerpen, Edinburgh, Salzburg, Sevilla, Athen, Prag, Riga;

- *Großstädte mit einem kulturellen Erbe, einer aktiven Kulturszene und einer kreativen Szene (Design, Mode, Werbung)* - z. B. München, Amsterdam, Dublin, Barcelona, Lissabon, Wien;

- *Metropolen mit einem kulturellen Erbe, einer aktiven Kulturszene und einer kreativen Szene* - z. B. Berlin, Istanbul, London, Madrid, Paris, Rom.

Neben dem Kulturangebot gehören auch einzelne, besonders eindrucksvolle Gebäude und das gesamte Stadtbild zu den wichtigen Attraktivitätsfaktoren von Städten.

Stadtbild und Architektur

Vor allem die Metropolen verfügen meist über spektakuläre Bauwerke, die aufgrund ihrer ungewöhnlichen Größe, ihrer innovativen Architektur bzw. ihrer Rolle in der nationalen Geschichte als *urbane Landmarken* und als *touristische Markenzeichen* fungieren - z. B. der (derzeit) höchste Wolkenkratzer „Taipei 100" in Taipeh (Taiwan), der Eiffelturm in Paris oder die Kuppel des Reichtags in Berlin.[288]

Der chiffrenartige Charakter dieser Gebäude wird häufig medial noch dadurch verstärkt, dass sie als *Schauplätze für wichtige politische Ereignisse* bzw. als *Locations für Spielfilme* genutzt werden.[289] Damit steigen aber ihr genereller Be-

---

[288] vgl. de.wikipedia.org/wiki/Liste_von_Wahrzeichen_bekannter_Städte zu einer Liste bekannter Wahrzeichen von Städten weltweit

[289] Das Empire State Building in New York wirbt auf seiner Homepage z. B. in der Rubrik „ESB in the movies" damit, dass das Hochhaus als Drehort zahlreicher Filme fungiert hat - u. a. von „King Kong" und „Schlaflos in Seattle" (vgl. www.esbnyc.com); zum ge-

kanntheitsgrad und speziell ihre touristische Beliebtheit als Photographier-Objekte und auch als nutzbare touristische Attraktionen. Vor allem Hochhäuser, Türme und Riesenräder können hohe Besucherzahlen verzeichnen, da sie den Gästen über den symbolischen Wert hinaus auch einen praktischen Nutzen bieten - nämlich den 360°-Blick über die Stadt (vgl. Tab. 15).

Attraktion	*Besucherzahl/ Jahr*
Eiffelturm, Paris (F)	6.500.000
Empire State Building, New York (USA)	3.500.000
British Airways London Eye (GB)	3.250.000
Tokio Tower, Tokio (Japan)	2.600.000
Kuppel des Reichstags, Berlin	2.000.000
CN Tower, Toronto (Kanada)	2.000.000
Taipei 100 (Taiwan)	1.825.000
Sears Tower, Chicago (USA)	1.500.000
KL Menara, Kuala Lumpur (Malaysia)	1.100.000
Berliner Fernsehturm	1.100.000
Sears Tower, Chicago (USA)	1.000.000
Space Needle, Seattle (USA)	1.000.000
Arc de Triomphe, Paris (F)	1.000.000
Riesenrad, Wien (A)	620.000
Olympiaturm, München	553.000
John Hancock Building, Chicago (USA)	500.000

Tab. 15: Zu den Tourismusattraktionen von Großstädten gehören auch Hochhäuser, Türme und Riesenräder, die den Besuchern einen 360°-Blick über die Stadtlandschaft ermöglichen. Einzelne Gebäude haben sich zu städtischen Wahrzeichen und zu Besuchermagneten entwickelt (Quelle: Eigene Zusammenstellung auf der Basis diverser Homepages).[290]

In der *Kommunikationspolitik* können Destinationen derartige eindrucksvolle Bauwerke gezielt nutzen, um auf dem internationalen Tourismusmarkt Flagge zu zeigen:

- So ist es dem Scheichtum Dubai (Vereinigte Arabische Emirate) innerhalb weniger Jahre gelungen, sich als Reiseziel zu etablieren. Als architektonisches

---

nerellen Einfluss der Medien auf den Bekanntheitsgrad und die touristische Attraktivität von Städten vgl. auch LUGER (1994).

[290] vgl. u. a. www.great-towers.com; wwww.cntower.ca; www.thesearstower.com; www.tour-eiffel.fr/teiffel/fr/actualites/page/news_list.html?f=1; www.esbnyc.com/tourism/index.cfm?CFID=19571761&CFTOKEN=11235060; www.alva.org.uk/visitor_statistics; www.bundestag.de/blickpunkt/105_Unter_der_Kuppel/0406004.html; de.wikipedia.org/wiki/Berliner_Fernsehturm; www.taipeitimes.com/News/biz/archives/2005/08/02/2003 266126; b2b.wien.info/article.asp?IDArticle=1939; www.focus.msn.de/panorama/welt/paris_nid_33911.html

Symbol dieses Erfolgs dient dabei die *charakteristische Silhouette des Luxushotels „Burj Al Arab"*, die sich nicht nur auf unzähligen Werbematerialien, Postkarten und Souvenirs findet, sondern auch auf den Pkw-Kennzeichen des Landes (vgl. Abb. 52).

Abb. 52: Dem Emirat Dubai (VAE) ist es innerhalb weniger Jahre gelungen, sich als attraktive Destination auf dem internationalen Tourismusmarkt zu positionieren. Als architektonisches Symbol für diesen Erfolg fungierte dabei das spektakuläre Luxushotel „Burj Al Arab", dessen charakteristische Silhouette nicht nur weltweit kommuniziert wurde, sondern auch auf den Pkw-Nummernschildern in Dubai abgebildet ist.

- Nach der Wiedervereinigung Deutschlands wurden die zahlreichen Neubauprojekte in der Hauptstadt touristisch im Rahmen der *Aktion „Schaustelle Berlin"* genutzt - z. B. in Form von Informationsveranstaltungen, Rundgängen etc.[291] Ein besonders großes Interesse bestand dabei an der Neubebauung des Potsdamer Platzes. Besucher konnte sich über die Planungen in der roten „Info Box" informieren. Sie entwickelte sich rasch zur zweitwichtigsten Berliner Sehenswürdigkeit (nach dem Brandenburger Tor) und verzeichnete im Zeitraum 1995-2000 nahezu 9 Mio. Gäste (vgl. RIBBECK 2000, S. 219; BECKER 2005, S. 27).

Grundsätzlich ist allerdings festzuhalten, dass „moderne Bauten für den Tourismus nur eine nachrangige Bedeutung haben" (GAEBE 1993, S. 78; vgl. auch BECKER

---

[291] Im Zeitraum 1996-1998 nahmen ca. 10.000 Personen/Jahr an den diversen Veranstaltungen im Rahmen der Aktion „Schaustelle Berlin" teil - darunter auch viele auswärtige Besucher (vgl. EINAX 2000, S. 99-101).

2005, S. 32).[292] Aus kulturellen und vor allem aus nostalgischen Gründen interessieren sich Touristen vielmehr für historische Altstädte und städtebauliche Ensembles. Deren angebliche Authentizität, die aus einer geschichtlichen Kontinuität abgeleitet wird, erweist sich bei genauerem Hinsehen aber als Schimäre. JEKEL/ HUBER (2005) konnten am Beispiel Salzburgs aufzeigen, wie die gesetzlichen Regelungen des Denkmalschutzes und der Altstadterhaltung im Laufe der Zeit zur *Raumkonstruktion der „barocken Altstadt"* geführt haben. Mit dieser normativen Festschreibung eines historischen Bauzustandes wurden nämlich andere Phasen der Stadtgeschichte weitgehend ausgeblendet (Gotik, Renaissance) und eine zukunftsorientierte Stadtentwicklung stark eingeschränkt. Die Reduzierung der Stadt auf eine Bauperiode, die sich im Sinne einer *touristischen Profilierung* als sinnvoll erweist, führt dazu, dass sie nun „von großen Gruppen lokaler Akteure als eine Art museales Gefängnis empfunden" wird (JEKEL/HUBER 2005, S. 91).

Dieser Prozess kann nicht nur durch lokale Denkmalschutzmaßnahmen ausgelöst werden, sondern vor allem auch durch die Aufnahme in die *UNESCO-Welterbeliste*. Durch ständige Kontrolle wird nämlich sichergestellt, dass historische bauliche Zustände nicht durch Neubauprojekte verändert werden; andernfalls drohen Sanktionen - bis hin zur Aufhebung des Welterbestatus.[293] In Deutschland sind gegenwärtig (neben einzelnen kirchlichen bzw. profanen Gebäuden) zehn Altstädte bzw. Bauensembles in der Liste verzeichnet (vgl. auch BRENNER 2000; MANZ 2002; Tab. 16).

Aufgrund ihrer kunst- und kulturgeschichtlichen Bedeutung sind auch in vielen *anderen Ländern der Welt* historische Stadtquartiere in die UNESCO-Welterbeliste aufgenommen worden - z. B.:[294]
- Kasbah von Algier (Algerien),
- Altstadt von Ouro Petro (Brasilien),
- Altstadt von Lijiang (China),
- Altstadt von Sana'a (Jemen),
- Altstadt von Lamu (Kenia),
- Altstadt von Havanna (Kuba),

---

[292] Es gibt Ausnahmen von dieser generellen Regel: So sind z. B. im österreichischen Bundesland Vorarlberg in den letzten Jahren zahlreiche öffentliche und private Gebäude in einem (post)modernen Stil entstanden. Dadurch wurde ein Architekturtourismus ausgelöst, der jährlich zu 20.000-30.000 zusätzlichen Übernachtungen führt (vgl. SCHAUER, R. (2005): Braucht der Urlauber Geranien am Balkon? - In: FAZ, 23. Juni).

[293] Aufgrund geplanter Hochhausbauten stand z. B. der Kölner Dom für zwei Jahre auf der sog. „Roten Liste" der gefährdeten Kulturgüter. Erst nach einer Änderung der Baupläne wurde er im Juli 2006 von der Liste gestrichen. Eine ähnliche Diskussion besteht gegenwärtig hinsichtlich des Neubaus einer Brücke in Dresden. Aufgrund der befürchteten Beeinträchtigung der Kulturlandschaft wurde das Dresdner Elbtal im Jahr 2006 auf die „Rote Liste" der UNESCO gesetzt (vgl. www.unesco.de/pdf/ua30-06.pdf; www.unesco. de/c_arbeitsgebiete/welterbe_d28.htm vom 13. November 2006).

[294] vgl. www.unesco.de/350.html vom 18. Januar 2007

Altstadt bzw. städtisches Bauensemble auf der UNESCO-Welterbeliste	Jahr der Aufnahme
Würzburger Residenz mit Hofgarten und Residenzplatz	1981
Hansestadt Lübeck mit Holstentor	1987
Porta Nigra, Amphitheater von Trier, Kaiserthermen, Konstantinsbasilika, Barbarathermen, Igeler Säule, Trierer Dom und Liebfrauenkirche in Trier	1986
Bamberg	1993
Stiftskirche, Schloss und Altstadt von Quedlinburg	1994
Das klassische Weimar	1998
Museumsinsel in Berlin	1999
Die historischen Altstädte Stralsund und Wismar	2002
Bremer Rathaus und Bremer Roland	2004
Altstadt von Regensburg	2006

Tab. 16: Die globale kulturelle Bedeutung von historischen Altstädten und städtischen Bauensembles wird u. a. durch die Aufnahme in die UNESCO-Welterbeliste gewürdigt. Neben einzelnen kirchlichen bzw. profanen Gebäuden sind allein in Deutschland zehn Altstädte bzw. Ensembles in der Liste verzeichnet (Quelle: Eigene Darstellung nach Angaben in www.unesco.de; Stand: 11/2006).

- Medina von Marrakesch (Marokko),
- Altstadt von Oaxaca (Mexiko),
- Altstadt von Damaskus (Syrien).

Hinsichtlich ihres architektonischen und städtebaulichen Angebots lassen sich grundsätzlich *zwei Typen von Städten* unterscheiden (vgl. UTHOFF 1987, S. 74):

- *Städte als Baudenkmäler:* Städte wie Meersburg am Bodensee, Rothenburg ob der Tauber oder Venedig sind weitgehend auf ihre Funktion als touristische Destination reduziert. In diesen Orten dominiert ein Besichtigungs- und Durchreiseverkehr, der durch eine kurze Aufenthaltsdauer sowie stark ausgeprägte saisonale Spitzenzeiten charakterisiert wird. Der Ausländeranteil ist sehr hoch, die Kapazitätsauslastung des Unterkunftsgewerbes hingegen recht niedrig.[295]

- *Städte mit Baudenkmälern:* Bei Städten wie Trier, Bonn oder Regensburg handelt es sich um Orte mit vielfältigen urbanen Funktionen. Der Kulturtourismus spielt innerhalb der lokalen Wirtschaft zwar eine wichtige, aber keine dominierende Rolle. Neben dem Besichtigungs- und Kulturtourismus finden sich noch andere Reisearten (z. B. Geschäftsreiseverkehr); dadurch ist der saisonale Verlauf der Nachfrage ausgeglichener. Die Bettenauslastung der Hotels und auch

---

[295] In dem europäischen LUCANO-Projekt wird versucht, modellartige Lösungsansätze für einen Weg aus dem Ein-Tages-Tourismus zu entwickeln. In dem Projekt arbeiten die Städte Córdoba (Spanien), Pisa (Italien) und Lille (Frankreich) zusammen (vgl. MEHRTENS 2002).

die Aufenthaltsdauer der Gäste sind deshalb höher als in den monofunktionalen Kulturstädten.

Das bauliche Erbe, die zeitgenössische Architektur und die Kultureinrichtungen stellen die *kulturtouristische Hardware der Städte*. Um die Unterhaltungs- und Abwechslungsbedürfnisse der Besucher zu befriedigen und auch Gäste zu Wiederholungsbesuchen zu motivieren, wird dieses starre Angebot zunehmend durch eine *Software von Veranstaltungen* ergänzt und belebt (Events, Festspiele, Feste etc.).

3.1.3   Events, Festspiele, Feste und Märkte

Seit den 1990er-Jahren ist in den Städten die *„Politik der Festivalisierung und die Festivalisierung der Politik"* (HÄUßERMANN/SIEBEL 1993a, S. 7) zu beobachten. Charakteristisch für diese Form der Stadtentwicklung sind thematische Großprojekte, die häufig in Form von Public-Private-Partnerships organisiert werden - also als Kooperationen zwischen öffentlichen Institutionen und privaten Unternehmen. Dabei werden vor allem die Innenstädte als Bühnen für neue Freizeit- und Kulturveranstaltungen genutzt. Das Spektrum möglicher Themen und Typen von Events ist breit; es reicht von Weltausstellungen und Olympischen Spielen über Musikfestivals und Kultursommer bis hin zu Stadtjubiläen und Weihnachtsmärkten (→ 1.4.3). Die Veranstaltungen konzentrieren sich auf einen beschränkten Zeitraum; durch diese bewusste Verknappung des Angebots wird die mediale Aufmerksamkeit stimuliert und die touristische Nachfrage gesteigert (Prinzip des Begehrenskonsums). Diese „Spektakel der punktuell inszenierten Außeralltäglichkeit"[296] sollen vor allem dazu dienen, wirtschaftliche und städtebauliche Impulse auszulösen und das Profil der Standorte zu verbessern (vgl. HEINTSCHEL 2002; WIRTH/HÖDL 2002; LUCAS 2005).

Events, Festivals und Festspiele

Über das Angebot von Events, Festivals und Festspielen in Deutschland liegen nur Schätzungen vor. Allein die Zahl der *großen sommerlichen Opern- und Konzert-Events* liegt bei ca. 80 Veranstaltungen; sie hat sich damit seit den 1970er-Jahren verdreifacht.[297] Angesichts der großen Konkurrenz stehen die Verantwortlichen vor der Herausforderung, ein Alleinstellungsmerkmal für ihr Festival zu entwickeln. Gängige Strategien sind dabei u. a. das *Engagement weltbekannter Künstler* sowie *die Nutzung ungewöhnlicher Veranstaltungsorte* wie Schlösser, Burgen bzw. Freilichtbühnen (vgl. BRITTNER 2000; ALBERS/QUACK 2000; Abb. 53).

---

[296] vgl. www.kunstaspekte.de/index.php?tid=17267&action=termin vom 13. November 2006

[297] vgl. STIEFELE, W. (2000): Millionen(fest)spiele. - In: Focus, 24, S. 100-104

Abb. 53: Über das Angebot von Events, Festivals und Festspielen in Deutschland liegen nur Schätzungen vor. Allein die Zahl der großen sommerlichen Opern-, Konzert- und Theater-Events liegt bei ca. 80 Veranstaltungen. Angesichts der harten Konkurrenz stehen die Verantwortlichen vor der Herausforderung, ein klares Alleinstellungsmerkmal zu entwickeln - z. B. durch das Engagement weltbekannter Künstler bzw. die Wahl ungewöhnlicher Veranstaltungsorte wie Schlösser, Burgen etc. (Quelle: Eigene Darstellung nach Angaben in FAZ, 06. April 2006).

Angesichts der Fülle von Events, Festivals und Festspielen ist es unmöglich, im Rahmen dieses Studienbuches einen systematischen und vollständigen Überblick zu geben. Anhand ausgewählter Beispiele sollen *unterschiedliche Typen von Veranstaltungen* erläutert werden:
- *Event:* Verhüllung des Reichstags in Berlin,
- *Festspiele:* „Passionsspiele Oberammergau",
- *Festival:* „Europäische Kulturhauptstadt",
- *Kampagnen:* „Lutherjahr 1996" in Deutschland.

Event: Verhüllung des Reichstags in Berlin (1995)

Ein Beispiel für ein internationales Mega-Event ist die *Verhüllung des Reichstags in Berlin.* Nach jahrzehntelangen Bemühungen des Künstlerpaares Christo und Jeanne-Claude wurde das Gebäude vom 23. Juni bis zum 7. Juli 1995 mit speziell angefertigten Planen aus silbrig glänzendem Polypropylen-Gewebe verhüllt. Die beiden Künstler hatten bereits in den Jahren zuvor durch ungewöhnliche Aktionen von sich reden gemacht - z. B. „Umsäumte Inseln" in Florida (1983), „Verhüllter Pont Neuf" in Paris (1985).

Die öffentliche Diskussion über den Sinn der Aktion und speziell über die Frage, ob der Reichstag als symbolisches Gebäude deutscher Geschichte verhüllt werden dürfe, führte bereits vorab zu einer breiten internationalen Berichterstattung. Sie hatte zur Folge, dass in dem kurzen Ausstellungszeitraum ca. 3 Mio. auswärtige Besucher nach Berlin kamen (vgl. Abb. 54). Für die Hauptstadt erwies sich das Projekt als sehr erfolgreich. Die Ausgaben der Besucher wurden auf ca. 245 Mio. Euro geschätzt. Darüber hinaus konnte Berlin sein Image als internationale Kulturmetropole festigen (vgl. SCHLINKE 1996).

Festspiel: „Passionsspiele Oberammergau"

Auf eine sehr lange Festspieltradition können die *„Passionsspiele Oberammergau"* zurückblicken, die bereits im Jahr 1634 zum ersten Mal veranstaltet wurden. Den Hintergrund bildete ein Gelöbnis, das die Bewohner des Ortes angesichts der Bedrohung durch die Pest im Jahr 1632 abgelegt hatten. Zum Zeichen des Dankes dafür, dass Oberammergau davon verschont blieb, führen die Einwohner in zehnjährigem Rhythmus die Leidensgeschichte Jesu auf. Bereits am Ende des 19. Jahrhunderts organisierte der britische Reiseveranstalter Thomas Cook Sonderzugfahrten nach Oberammergau; seitdem sind die Passionsspiele eine internationale Touristenattraktion.[298]

---

[298] vgl. RODRIAN, H.-W. (2000): Ein frommes Spiel mit weltlichem Segen. - In: FVW, 4, S. 90-91

Abb. 54: Vor allem Metropolen fungieren als Schauplätze von Mega-Events, die nicht nur eine internationale künstlerische Bedeutung haben, sondern auch vielfältige touristische Effekte auslösen. Die breite Berichterstattung über die Verhüllung des Reichstags durch das Künstlerpaar Christo und Jeanne-Claude im Jahr 1995 führte dazu, dass innerhalb von zwei Wochen mehr als 3 Mio. auswärtige Besucher nach Berlin kamen.

Zum entscheidenden Alleinstellungs- und Profilierungsmerkmal der Veranstaltung ist dabei die Mitwirkung eines großen Teiles der örtlichen Bevölkerung geworden - und damit der ausgeprägte kommunale Bezug. Von den ca. 5.000 Einwohnern wirken 40 % aktiv als Laiendarsteller an den Festspielen mit. Während der vier-monatigen Spielzeit finden 100 Aufführungen statt, bei denen insgesamt 500.000 Besucher gezählt werden.

Die „Passionsspiele Oberammergau" weisen mehrere Merkmale eines klassischen Markenartikels auf. Durch den Ort sind sie eindeutig identifizierbar; außerdem sichern die begrenzte Zahl der Aufführungen und die Konstanz der Wiederholung die Einmaligkeit dieser Veranstaltung. Entsprechend groß ist die Nachfrage nach Tickets (vor allem aus den USA und Großbritannien): Den 500.000 Plätzen stehen 1,5 Mio. Anfragen gegenüber; die Festspiele sind jeweils mindestens ein Jahr im Voraus ausgebucht (vgl. LIEB 2000).

Festival: „Kulturhauptstadt Europas"

Bei der Initiative *„Kulturhauptstadt Europas"* handelt es sich um eine Festivali-sierungsstrategie auf internationaler Ebene. Die Idee geht auf eine Initiative der damaligen griechischen Kulturministerin Melina Mercouri zurück. Für den Zeit-raum von einem Jahr kann danach mindestens eine europäische Stadt ihre *kulturel-len Besonderheiten* präsentieren (vgl. KOCH 1993). Auf diese Weise soll zum einen der kulturelle Zusammenhalt innerhalb Europas verstärkt und zum anderen ein vielfältiges Bild der europäischen Kultur nach außen vermittelt werden.

Den Anfang machte Athen im Jahr 1985; im Jahr 2007 werden Luxemburg und die Großregion die „Kulturhauptstadt Europas" sein.[299] Im Lauf der Zeit hat sich die Initiative grundsätzlich gewandelt. Speziell in Athen, Florenz (1986) und Paris (1989) handelte es sich um städtische Sommerfestivals mit einer kurzen Planungsphase und ohne internationales Marketing. Seitdem ist die *kulturtouristische Ausrichtung der Initiative* immer deutlicher geworden. So wurden zunächst die Veranstaltungen auf das gesamte Jahr ausgedehnt - z. B. in Amsterdam (1987), Dublin (1991) und Madrid (1992).

Berlin (1988) und Antwerpen (1993) erweiterten ihr eigenes Angebot um Veranstaltungen internationaler Künstler und führten ein zentrales Marketing für die Aktion ein; sie akquirierten auch Sponsoren aus der Wirtschaft. Glasgow (1990) und speziell Kopenhagen (1996) arbeiteten mit einem langen Planungsvorlauf; sie verstanden die Initiative als grundsätzliche Möglichkeit, das Image der Städte sowie das Kulturangebot zu verbessern und touristisch zu vermarkten. Seitdem ist aus der ursprünglich lokalen Aktion ein großes, internationales Kultur-Event geworden, das von den Städten als *Instrument zur Entwicklung von Tourismus, Wirtschaft, Infrastruktur und Stadtentwicklung* eingesetzt wird (vgl. RICHARDS 1996, S. 27-31).[300]

Kampagne: „Lutherjahr 1996"

Das „Lutherjahr 1996" ist Beispiel für eine Kulturkampagne, an der mehrere Städte beteiligt waren. Der 450. Todestag des Reformators wurde zum Anlass genommen, zahlreiche gemeinsame Marketingaktivitäten durchzuführen. Hauptakteure waren dabei die Deutsche Zentrale für Tourismus, der Deutsche Fremdenverkehrsverband, Vertreter von Städten mit einem Bezug zur Reformation sowie die Evangelische Kirche Deutschlands. Außerdem schlossen sich weitere 40 Organisationen, Institutionen, Verbände und Orte der Initiative an. Insgesamt fanden an unterschiedlichen Standorten 87 Veranstaltungen statt - u. a. offizielle Lutherehrungen, Ausstellungen, Festgottesdienste, Tagungen sowie historische Stadtfeste mit besonderem Bezug zu Luther und zur Reformation.

---

[299] vgl. de.wikipedia.org/wiki/Kulturhauptstadt_Europas zum Vergabeverfahren und zu den künftigen „Kulturhauptstädten Europas"

[300] HARDT-STREMAYR (2005) und BERNER (2005) haben die touristischen und wirtschaftlichen Effekte am Beispiel der „Kulturhauptstädte" Graz bzw. Lille bilanziert. Auch mit anderen Mega-Events werden inzwischen übergeordnete Ziele wie die Verbesserung der Infrastruktur und die Aufwertung von Stadtquartieren verfolgt; vgl. EVANS (1996) zum „Millenium Festival" in London.

Die Aktion führte in den beteiligten Städten zu einer deutlichen Belebung der Nachfrage. So stiegen z. B. die Übernachtungszahlen in der Lutherstadt Eisleben um 50 %, die Zahl ausländischer Gäste verdoppelte sich. Insgesamt wird die Zahl der zusätzlichen Übernachtungen, die durch das „Lutherjahr 1996" induziert wurden, auf 250.000 geschätzt; die zusätzlichen Einnahmen belaufen sich auf ca. 25 Mio. €. Dagegen war das Budget der Deutschen Zentrale für Tourismus für diese Aktion mit 0,4 Mio. € vergleichsweise gering (vgl. WOLFF 1997).

Zu den kulturtouristischen Events, die in Städten stattfinden, gehören aber nicht nur spektakuläre Groß-Events von (inter)nationaler Bedeutung, sondern auch kleine Veranstaltungen mit einem lokalen bzw. regionalen Einzugsbereich - nämlich *Stadt- und Volksfeste, Weinfeste sowie Weihnachtsmärkte.*

Stadt- und Volksfeste

Innerhalb des Kulturtourismus sind die Stadt- und Volksfeste dem Bereich der Alltagskultur zuzuordnen. Häufig handelt es sich um *traditionsreiche Veranstaltungen* mit religiösen bzw. stadtgeschichtlichen Wurzeln z. B. Kirchweih, Jahrmärkte etc. (vgl. AGRICOLA 2000). Gegenwärtig finden in Deutschland jährlich mehr als 12.000 Volksfeste statt, die im Jahr 2002 insgesamt ca. 178 Mio. Besucher verzeichneten.[301] Hinsichtlich des Besucheraufkommens stellen sie damit das *bedeutendste Angebotssegment innerhalb der Freizeitwirtschaft* dar; sie rangieren z. B. deutlich vor Bädern mit 160 Mio. Besuchern, Kinos mit 149 Mio. bzw. Theatern mit 33,8 Mio. (vgl. DSB 2005, C 13; 2005a, S. 3):

- In der überwiegenden Mehrzahl handelt es sich um *kleine Feste* mit einem lokalen bzw. regionalen Bezug, deren Besucherzahl sich auf max. 100.000 Personen beläuft. Diese Feste fungieren vor allem als Treffpunkte für Freunde, Bekannte und Verwandte; deshalb kommt ein großer Teil der Besucher auch an drei oder mehr Tagen.

- Darüber hinaus gibt es *ca. 180 mittlere Feste* mit 100.000-750.000 Besuchern. Aufgrund ihres breiteren Angebots sind sie nicht nur bei der örtlichen Bevölkerung beliebt, sondern fungieren auch als Ziele eines regionalen Tagesausflugsverkehrs.

- Schließlich finden alljährlich ca. 30 große Volksfeste statt (mit mehr als 750.000 Besuchern). Spitzenreiter sind das Münchner Oktoberfest, die Cranger Kirmes in Herne-Crange und das Schützenfest in Düsseldorf (vgl. Abb. 55). Diese Feste verfügen teilweise über einen nationalen bzw. internationalen Einzugsbereich. Häufig haben sie sich zu Hauptattraktionen von Kurzreisen entwickelt - sie sind z. B. populäre Ziele von Buspauschalreisen.

---

[301] ohne Besuche von Weihnachtsmärkten

Oktoberfest, München	6.500.000
Cranger Kirmes, Herne-Crange	4.250.000
Schützenfest, Düsseldorf	4.000.000
Bremer Freimarkt	3.500.000
Winter Dom, Hamburg	3.000.000
Canstatter Volksfest, Stuttgart	2.800.000
Frühlingsfest, Hamburg	2.800.000

0   3.000.000   6.000.000

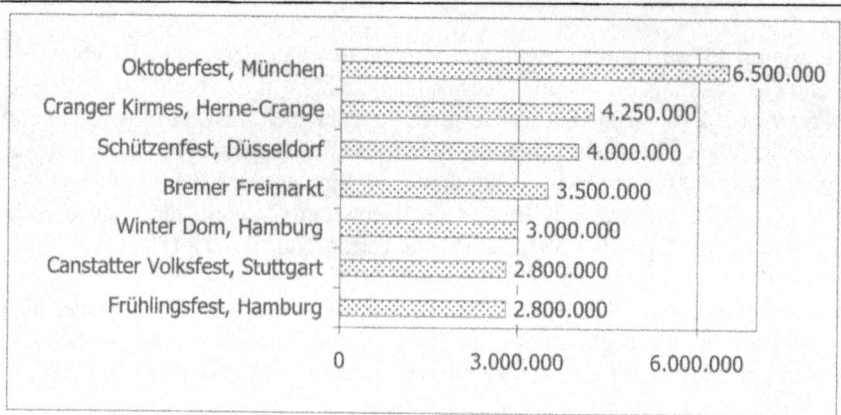

Abb. 55: Jahrmärkte, Volks- und Schützenfeste gehören zu den traditionellen städtischen Events, die sich alljährlich als Besuchermagneten für den Tagesausflugsverkehr und teilweise auch für den Übernachtungstourismus erweisen (Bezugsjahr: 2003; Quelle: Eigene Darstellung nach Angaben in DTV 2004a, S. 1).

Für die Städte haben die Volksfeste eine *erhebliche wirtschaftliche Bedeutung*, denn die Besucher tätigen nicht nur Ausgaben auf dem Festgelände, sondern auch in den Innenstädten (vgl. DSB 2005a, S. 4-6):

- Im Jahr 2002 gaben die Besucher von Volksfesten durchschnittlich 22,04 € pro Person und Besuch aus; damit belief sich der bundesdeutsche Bruttogesamtumsatz auf 3,92 Mrd. € (ohne Verkehrsleistungen und Multiplikatoreffekte). Der lokale Einzelhandel sowie das Gastgewerbe partizipieren zu ca. 35 % an diesen Ausgaben.

- Die touristischen Effekte hängen von der Größe der Volksfeste ab. Im Durchschnitt handelt es sich bei der Mehrzahl der Besucher um Einheimische; 39,3 % sind Tagesausflügler und weitere 3,9 % Übernachtungsgäste. Im Rahmen von Volksfesten finden ca. 17,3 Mio. zusätzliche Übernachtungen statt.

- Durch die Veranstaltung von Volksfesten erwirtschaften die Kommunen auch hohe direkte Einnahmen - nämlich ca. 69 Mio. € durch die Standgebühren der Schausteller sowie 85 Mio. € durch zusätzliche Steuereinnahmen.

Allerdings hat sich die Wettbewerbssituation in diesem Markt in den letzten Jahren erheblich verschärft; die Branche musste insgesamt *deutliche Besucher- und Umsatzrückgänge* hinnehmen. Für diese Entwicklung sind mehrere Gründe verantwortlich (vgl. DSB 2005, C 10):
- eine generelle Konsumzurückhaltung, der demographische Wandel und auch ein verändertes Freizeitverhalten,
- sinkende Renditen aufgrund eines Anstiegs der laufenden Kosten und eines zunehmenden Investitionsbedarfs (speziell für High-Tech-Fahrgeschäfte),

- eine wachsende Zahl neuer Anbieter (z. B. Familienmitglieder von Schaustellern, lokale Gastronomen),
- eine stärkere Konkurrenz durch andere Events sowie durch Trödel- und Weihnachtsmärkte.

Zur Verbesserung der aktuellen Situation hat der „Deutsche Schaustellerbund", in dem ca. 90 % der 5.000 Schaustellerbetriebe organisiert sind, mehrere *strategische Handlungsempfehlungen* entwickelt (vgl. DSB 2005, A 3-5):[302]

- *Festlegung von Qualitätsstandards* - z. B. Ordnung und Sauberkeit am Geschäft und auf dem Festplatz, Sicherheit bei Fahrgeschäften, Maximallautstärke,

- *Entwicklung von Innovationen* - z. B. Ideenwettbewerb zu neuen Attraktionen, Innovationspreis in Zusammenarbeit mit den kommunalen Spitzenverbänden,

- *Schulungsmaßnahmen* - z. B. Weiterbildungsangebote für Schausteller zu den Themen Betriebsführung, Qualitätsmanagement etc.,

- *Imagekampagne* - z. B. Information der Entscheidungsträger in den Städten über die wirtschaftliche Bedeutung der Volksfeste für die Veranstaltungsorte.

Mit diesen Maßnahmen versucht das Schaustellergewerbe, sein Angebot gegenüber anderen Veranstaltungen zu profilieren, die in den letzten Jahrzehnten vielerorts mit großem Erfolg als *neue Konkurrenten* auftreten; dazu gehören u. a. die Weinfeste, Weihnachtsmärkte und Wochenmärkte.

Weinfeste, Weihnachtsmärkte und Wochenmärkte

Bei Weinfesten und Weihnachtsmärkten handelt es sich um regelmäßig stattfindende Veranstaltungen, die allerdings - im Gegensatz zu den Volksfesten - generell nur *einen geringen historischen bzw. regionalen Bezug* aufweisen. Außerdem werden sie nicht durch Fahr-, Belustigungs- bzw. Schießgeschäfte geprägt, sondern durch Stände, an denen Getränke, kulinarische Spezialitäten bzw. typische Produkte verkauft werden.

Die ersten *Weinfeste* entstanden in Mainfranken am Ende des 19. Jahrhunderts - auf Initiative von Verschönerungs- und Verkehrsvereinen, die den Touristen neue

---

[302] Der Begriff „Schausteller" umfasst mobile Betriebe mit einem volksfesttypischen Angebot - z. B. Fahr-, Verkaufs-, Schau-/Belustigungs-, Schieß- und Ausstellungsgeschäfte sowie Zeltgaststätten (vgl. www.dsbev.de/gewerbe/definition.htm vom 14. November 2006). In den ca. 5.000 Betrieben arbeiten neben den Inhabern 23.000 mithelfende Familienangehörige sowie 25.000 (meist ausländische) Saisonhelfer.

Attraktionen bieten wollten.[303] Nach dem Ende des Zweiten Weltkriegs wurden zunächst an der Mosel und später auch in Rheinhessen, in der Rheinpfalz und in Franken zahlreiche Weinfeste kreiert. Die Zahl der Veranstaltungen stieg im Zeitraum 1980-2007 von 585 auf 1.335 (vgl. BECKER 1997, S. 63).[304]

Bei der Mehrzahl der Veranstaltungen handelt es sich um *lokale Feste*, die vor allem von der einheimischen Bevölkerung und von den Touristen besucht werden, die sich in der Region aufhalten. Nur wenige Weinfeste verzeichnen größere Gästezahlen; dazu gehören u. a. die Veranstaltungen in (vgl. BECKER 1997, S. 63):
- Bad Dürkheim/Pfalz: 500.000-600.000 Besucher,
- Deidesheim/Pfalz: ca. 150.000 Besucher,
- Erden/Mosel: 15.000-20.000 Besucher.

Generell wird die *touristische Bedeutung von Weinfesten* durch mehrere Faktoren beeinflusst (vgl. BECKER 1997, S. 63):
- durch die Breite und Qualität des Angebots (typische Weinfest-Atmosphäre),
- durch die Größe des Veranstaltungsortes,
- durch den Bekanntheitsgrad der Stadt,
- durch die Nähe zu Bevölkerungsagglomerationen,
- durch die Verkehrslage (Erreichbarkeit).

Auf die Kommunen haben die Weinfeste ähnliche Effekte (Image, Umsatz, Arbeitsplätze) wie die Volksfeste; darüber hinaus bieten sie den Winzern die Gelegenheit, in einen persönlichen Dialog mit den Konsumenten zu treten und dadurch den *Direktabsatz* zu steigern (der mit einer erheblich höheren Rendite verbunden ist als der Fassweinabsatz).

Grundsätzlich stehen die Weinfeste allerdings vor der gleichen Herausforderung wie alle jährlich stattfindenden Veranstaltungen - nämlich einen Ausgleich zu finden zwischen „Traditionspflege und Zwang zur Innovation" (BECKER 1997, S. 62). Einerseits müssen sie nämlich das *Gewohnheitsbedürfnis der Konsumenten* befriedigen, andererseits aber auch deren *Wunsch nach Abwechslung und Überraschung*.[305] Diese Tatsache gilt auch für die Weihnachtsmärkte, bei denen vor allem seit den 1970er-Jahren ein Gründungsboom zu beobachten ist.

---

[303] Einzelne Weinfeste weisen allerdings eine längere Tradition auf: So lässt sich z. B. das größte deutsche Weinfest - der Wurstmarkt in Bad Dürkheim - bis in das 15. Jahrhundert zurückverfolgen.

[304] Die Zahl für das Jahr 2007 basiert auf Angaben der Pressestelle des „Deutschen Weininstituts" (Mainz).

[305] Der Besuch regelmäßig stattfindender Feste kann für Stadtbewohner offensichtlich zu einem habituellen Verhalten und damit zu einem kaum reflektierten Ritual werden. So gaben z. B. im Jahr 2006 68,2 % der Besucher des Hafengeburtstags in Hamburg an, dass sie „auf jeden Fall" beabsichtigten, diese Veranstaltung auch im kommenden Jahr wieder zu besuchen - obwohl nur 50,7 % der Befragten die Veranstaltung mit den

Es findet sich wohl kaum eine Stadt in Deutschland, in der zu Beginn des 21. Jahrhunderts *kein Weihnachtsmarkt* stattfindet. Allerdings weisen nur wenige eine lange Tradition auf - wie z. B. der Christkindlmarkt in Nürnberg, der auf das Jahr 1610 zurückgeht. Zur Gesamtzahl liegen keine amtlichen statistischen Angaben vor; nach Einschätzung von Experten gibt es in Deutschland *mehr als 3.000 Weihnachtsmärkte* - darunter auch viele kleine und kleinste Marktveranstaltungen mit einem lokalen bzw. regionalen Einzugsbereich (vgl. Abb. 56).[306]

Einige Weihnachtsmärkte konnten sich in den letzten Jahren allerdings zu *Besuchermagneten* entwickeln (vgl. BECKER 1997, S. 66):
- Frankfurt am Main: 3 Mio. Besucher,
- Nürnberg: 2,5 Mio. Besucher,
- Aachen: 1,5 Mio. Besucher,
- Michelstadt: 200.000 Besucher.

Abb. 56: Der Trierer Weihnachtsmarkt ist einer von mehr als 3.000 vorweihnachtlichen Veranstaltungen, die jährlich in Deutschland stattfinden. Diese Märkte haben erhebliche ökonomische Wirkungen auf die kommunale Wirtschaft, da der Besuch häufig mit Einkäufen bzw. Restaurantbesuchen kombiniert wird.

Die *ökonomischen Effekte der Weihnachtsmärkte* auf die kommunale Wirtschaft hängen vorrangig von der Größe, Angebotsvielfalt und Dauer der Veranstaltungen ab. Empirische Studien in Aachen, Münster, Trier und Monschau belegen, dass ein

---

Schulnoten „sehr gut" bzw. „gut" bewerteten (vgl. HERNANDEZ VOPEL 2006, S. 105, 113).

[306] schriftliche Auskunft von Herrn Klaus Schultheis vom 15. November 2006 (Redaktion der Homepage www.weihnachtsmarkt-deutschland.de).

Besuch auf dem Weihnachtsmarkt häufig mit Einkäufen bzw. mit einem Restaurantbesuch in der Innenstadt kombiniert wird. Aufgrund dieser Koppelungseffekte ist ein Weihnachtsmarkt grundsätzlich „keine Konkurrenz, sondern eher ein Zugpferd für den städtischen Einzelhandel" (BECKER 1997, S. 69; vgl. auch ZSCHOKKE 1998, S. 198).

Zu den städtischen Veranstaltungen, die eine touristische Bedeutung haben können, gehören schließlich auch die *Wochenmärkte*. Angesichts ihrer vorwiegend lokalen Versorgungsfunktion sind sie von der Tourismusforschung lange Zeit vernachlässigt worden. Allerdings stellen sie eine *alltagskulturelle Ressource* dar, denn in Zeiten eines standardisierten und anonymen Konsums bieten sie vielfältige Kommunikations- und Austauschmöglichkeiten.

Weitere Gründe für die wachsende Popularität der Marktveranstaltungen sind das zunehmende Umwelt- und Ernährungsbewusstsein sowie das steigende Interesse an typischen regionalen Produkten. Obwohl Wochenmärkte in den seltensten Fällen als vorrangige Gründe für eine Städtereise fungieren, leisten sie einen Beitrag zur *Bereicherung des Stadtbildes* und zur *Schaffung einer urbanen Atmosphäre* (vgl. SCHNELL/LINDEN 2006).

In *südeuropäischen Destinationen und vor allem in Ländern der Dritten Welt* gehören Wochenmärkte aufgrund ihres großen Angebots an ungewöhnlichen Waren und ihrer lebendigen Atmosphäre zu den populären städtischen Attraktionen - nicht zuletzt, weil sie dem Wunsch der Urlauber nach einer vorindustriellen, überschaubaren Welt klischeeartig entsprechen (vgl. Abb. 57).[307]

Grundsätzlich bieten Märkte, Feste und Festspiele den Städten die Möglichkeit, ihr Angebot im Bereich der kulturellen Infrastruktur ständig zu beleben. Plätze, Boulevards und Straßen fungieren als *Bühnen*, auf denen immer wieder neue (oder auch bekannte) Stücke inszeniert werden.

Die weltweit populärste Aufführung ist das *Münchner Oktoberfest*, dessen Geschichte, Merkmale und Wirkungen im Folgenden näher erläutert werden.

3.1.4   Fallstudie: Münchner Oktoberfest

Mit 6,5 Mio. Besuchern ist das Münchner Oktoberfest das *größte Volksfest der Welt*. Im Gegensatz zu zahlreichen städtischen Events, die erst in jüngerer Zeit kreiert wurden, reicht seine Geschichte bis in das frühe 19. Jahrhundert zurück.

---

[307] Diese Erwartungshaltung der Urlauber resultiert u. a. aus der Lektüre von Reiseführern, denn in den Texten und Fotos wird meist ein beschauliches Bild der Zielländer vermittelt, das durch eine Elimination der Moderne gekennzeichnet ist (→ 4.2.1).

Abb. 57: In südeuropäischen Destinationen und vor allem in Ländern der Dritten Welt gehören Wochenmärkte aufgrund ihres großen Angebots an lokalen Waren und ihrer lebendigen Atmosphäre zu den besonders populären städtischen Attraktionen - wie z. B. der Viehmarkt in Nizwa (Oman).

Am 12. Oktober 1810 heiratete der bayerische Kronprinz Ludwig (der spätere König Ludwig I.) Prinzessin Therese von Sachsen-Hildburghausen. Schauplatz der Feierlichkeiten, zu denen auch ein Pferderennen gehörte, war eine Wiese vor den Toren Münchens, die später zu Ehren der Braut den Namen „Theresienwiese" erhielt.

Mit dem Beschluss, auch in den folgenden Jahren jeweils im Herbst ein Pferderennen durchzuführen, wurde die Tradition des Oktoberfestes bzw. der „Wiesn" begründet. Die Unterhaltungsmöglichkeiten waren zunächst sehr bescheiden: sie bestanden in den ersten Jahrzehnten nur aus einigen Schaukeln, Karussells und Bierbuden. Seine *charakteristische Atmosphäre* erlangte das Oktoberfest erst am Ende des 19. Jahrhunderts - mit zahlreichen Fahrgeschäften und großen „Bierburgen", die in Zusammenarbeit mit Brauereien aufgestellt wurden.[308]

Seitdem hat sich das Münchner Oktoberfestes zu einem äußerst populären Volksfest entwickelt. Seit 1980 beliefen sich die *Besucherzahlen* jeweils auf 5-7 Mio./Jahr; aufgrund der angespannten Sicherheitslage war nach den Terroran-

---

[308] vgl. www.muenchen.de/Tourismus/Oktoberfest/Geschichte/100148/index.html vom 08. November 2006

schlägen vom 11. September 2001 allerdings ein deutlicher Rückgang zu beobachten (vgl. Abb. 58).[309]

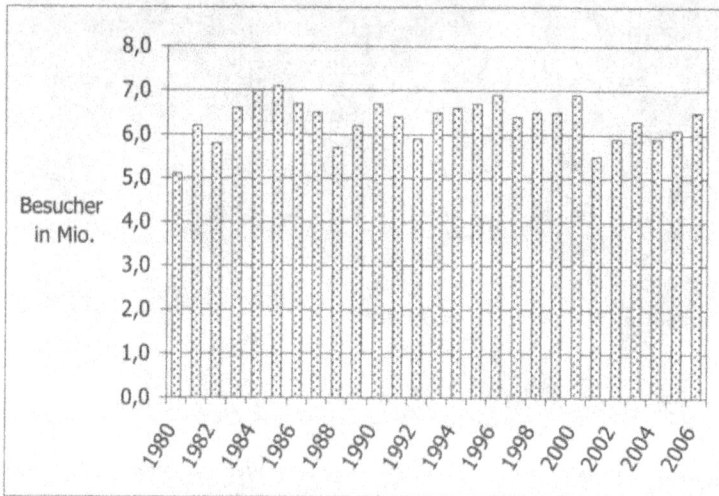

Abb. 58: Das Münchner Oktoberfest ist das beliebteste Volksfest der Welt. In den letzten Jahrzehnten kamen jährlich 5-7 Mio. Besucher. Nach den Terroranschlägen vom 11. September 2001 war allerdings ein deutlicher Rückgang zu beobachten.[310]

Im Rahmen mehrerer empirischer Untersuchungen konnten folgende typische Merkmale des Münchner Oktoberfestes - hinsichtlich der *Besucherstruktur* und der *wirtschaftlichen Bedeutung* - ermittelt werden (vgl. Landeshauptstadt München 2001):[311]

- *Heimatfest mit internationaler Ausstrahlung:* Das Oktoberfest ist vorrangig ein Münchner Fest, denn bei 60 % der Besucher handelt es sich um Einheimische. Weitere 12 % kommen aus dem übrigen Bayern und 13 % aus anderen Bundesländern. Obwohl nur 15 % der Gäste aus dem Ausland stammen, ist der internationale Bekanntheitsgrad enorm hoch (so präsentiert die Internet-Suchmaschine Google zum Begriff „Oktoberfest" gegenwärtig ca. 9,9 Mio. Einträge).[312]

---

[309] Neben dem Oktoberfest wirkt auch der Trachten- und Schützenzug zur Eröffnung als ein Besuchermagnet; er verzeichnete bereits in den 1980er-Jahren ca. 150.000 Zuschauer (vgl. HEINE, H.-G. (1988): Weit mehr als nur Vergnügen. - In: Süddtsch. Ztg., 24./25. September).

[310] Quelle: Eigene Darstellung nach Angaben in www.muenchen.de/Rathaus/raw/Tourismusamt/oktoberfest/123440/oktoberfest_Zahlen_Statistiken.html vom 08. November 2006

[311] vgl. www.muenchen.de/Rathaus/raw/Tourismusamt/oktoberfest/98789/w14_wirtschaftsfaktor:wiesn.html vom 08. November 2006

[312] Abfrage vom 11. November 2006

- *Besuchermagnet mit hohem Stammkundenanteil:* Bei der Mehrzahl der Besucher handelt es sich um Wiederholungs- bzw. Stammgäste; nur jeder Fünfte war zum ersten Mal auf dem Oktoberfest. Von den auswärtigen Besuchern kommen 71 % ausschließlich wegen des Volksfestes nach München. Während des Aufenthaltes in der Landeshauptstadt wird die Wiesn nicht nur ein Mal, sondern mehrere Male besucht.

- *Konsumorientiertes Gemeinschaftserlebnis für jüngere Besucher:* In der Berichterstattung über das Oktoberfest finden sich jeweils beeindruckende Zahlen zum Bier-, Hendl- und Haxnkonsum. Von den 6,5 Mio. Besuchern haben schätzungsweise nur 400.000 Gäste keine Ausgaben getätigt (6,2 %). Die durchschnittlichen Pro-Kopf-Ausgaben der übrigen Besucher beliefen sich auf 74 €. Dabei ist ein Wiesnbesuch auch ein Gemeinschaftserlebnis - besonders für jüngere Menschen, die mit Freunden, Partnern bzw. der Familie kommen.

- *Wirtschaftsfaktor mit breiten Ausstrahlungseffekten:* Obwohl München keine Werbung für das Oktoberfest macht, profitiert die Landeshauptstadt in erheblichem Maße von der 16-tägigen Veranstaltung. Der gesamte Wirtschaftswert wird auf ca. 954 Mio. € geschätzt, von denen ca. die Hälfte direkt auf der Wiesn ausgegeben wird. Darüber hinaus partizipieren aber auch Restaurants, Hotels, Taxiunternehmen und Einzelhandelsgeschäfte an den Ausgaben der Besucher - vor allem der auswärtigen Gäste.

Über die messbaren ökonomischen Effekte hinaus hat das Oktoberfest für München einen *erheblichen Image- und Werbewert,* der allerdings nicht exakt zu bestimmen ist. Als indirekter Beleg für die große Popularität des Volksfestes kann die Tatsache betrachtet werden, dass - nach dem Münchner Vorbild - *weltweit jährlich ca. 2.000 Oktoberfeste* gefeiert werden; zu den bekanntesten gehören dabei die Oktoberfeste in Blumenau (Brasilien) und Kitchener (Kanada) mit jeweils 1 Mio. Besuchern und Frankenmuth (USA) mit 350.000 Besuchern.[313]

Um die Authentizität des Münchner Oktoberfestes zu gewährleisten und die Vermarktung zu kontrollieren, wurde im Jahr 1995 im Auftrag der Landeshauptstadt München ein *spezielles Logo* geschaffen (vgl. Abb. 59). Diese Bild-Wort-Marke ist rechtlich geschützt und darf nur gegen Zahlung einer Lizenzgebühr verwendet werden - z. B. auf diversen Merchandising-Artikeln wie T-Shirts, Mützen, Spielen. Das Logo wurde in Deutschland in 21 Warenklassen hinterlegt; außerdem erfolgte eine internationale Anmeldung in den wichtigsten Quellmärkten (vgl. WEISHÄUPL 2000, S. 294-295).

---

[313] Im Herbst 2003 wurde sogar an Bord von Passagierflugzeugen der „Thai Airways" ein Oktoberfest veranstaltet (vgl. FAZ, 18. September 2003).

*Abb. 59: Um die Authentizität des Münchner Oktoberfestes zu gewährleisten und die Ver-
marktung zu kontrollieren, wurde im Jahr 1995 im Auftrag der Landeshauptstadt München
ein spezielles Logo geschaffen. Es ist rechtlich geschützt und darf nur gegen Zahlung einer
Lizenzgebühr verwendet werden - z. B. auf Merchandising-Artikeln wie T-Shirts, Mützen,
Spielen.*[314]

Das Beispiel des Münchner Oktoberfestes macht deutlich, wie traditionelle Events
von Städten als Image- und Wirtschaftsfaktoren genutzt werden können. Darüber
hinaus gibt es *weitere Marketing- und Managementstrategien*, auf die an dieser
Stelle verwiesen werden soll (vgl. ausführlich STEINECKE 2006, S. 136-144):

- *Maßnahmen der Denkmalpflege und Besucherlenkung* zur Erhaltung des Stadt-
  bilds und zur Verringerung der Belastungen, die durch die zeitliche und räumliche Konzentration der Gäste ausgelöst werden (→ 1.4.2),[315]

- *Profilierung des Angebots* durch Spezialisierung auf städtische Themen bzw.
  Funktionen - unter Nutzung der vorhandenen infrastrukturellen, architektonischen, kulturellen bzw. historischen Gegebenheiten (vgl. Abb. 60),

- *Umsetzung von Vernetzungsstrategien* durch Kooperation innerhalb von Städten
  (z. B. mit Hilfe von *Destination Cards*), durch städtetouristische Themenstraßen
  (vgl. QUACK/STEINECKE 2003) bzw. durch Städtenetzwerke (→ 1.3.2),

---

[314] Die Wiedergabe des Logos erfolgt mit freundlicher Genehmigung des Tourismusamtes
München vom 16. November 2006.
[315] vgl. u. a. International Cultural Centre (1992, 1993) zum Management des Tourismus in
historischen Städten

```
                          ┌─────────────────────┐
                          │     Messestädte     │
                          │                     │
┌─────────────────────┐   │  Schwerpunkt Messen │   ┌─────────────────────┐
│ Internationale Städte│   │  z. B. - Hannover   │   │    Musicalstädte    │
│                     │   │       - Düsseldorf  │   │                     │
│  mit verschiedenen  │   │       - Leipzig     │   │  Schwerpunkt Musicals│
│   Schwerpunkten     │   │       - Frankfurt   │   │  z. B. - Bochum     │
│  z. B. - Berlin     │   └─────────────────────┘   │       - Hamburg     │
│       - München     │                             │                     │
│       - Köln        │                             └─────────────────────┘
│       - Hamburg     │
└─────────────────────┘
                        ╭───────────────────────╮
                        │      Stadt als        │
                        │   Tourismusdestination│
                        ╰───────────────────────╯

┌─────────────────────┐                             ┌─────────────────────┐
│ Kunst- und Kulturstädte│                          │ Städte mit Schwerpunkt│
│                     │   ┌─────────────────────┐   │   regionaler Bezug  │
│  Schwerpunkt Kunst-/│   │ Städte mit Schwerpunkt│ │                     │
│  Kultureinrichtungen│   │      Historie       │   │  z. B. - Kiel       │
│  z. B. - Bayreuth   │   │                     │   │       - Rostock     │
│       - Stuttgart   │   │  z. B. - Heidelberg │   │       - Bremerhaven │
│       - Dresden     │   │       - Tübingen    │   │                     │
│       - Bonn        │   │       - Potsdam     │   └─────────────────────┘
│                     │   │       - Münster     │
└─────────────────────┘   │       - Mainz       │
                          └─────────────────────┘
```

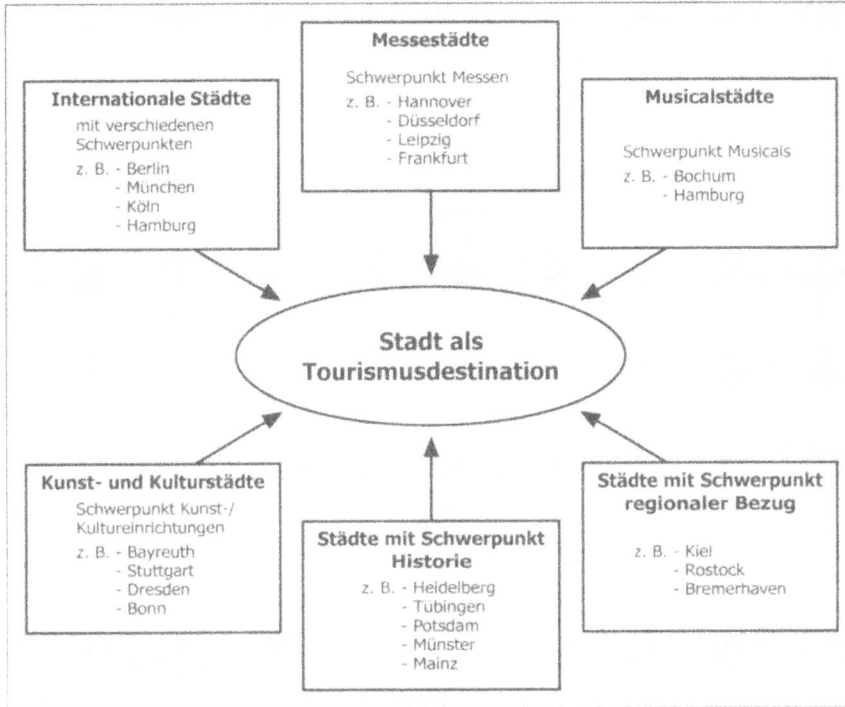

*Abb. 60: Angesichts des interkommunalen Wettbewerbs auf dem Tourismusmarkt speziali-
sieren sich Städte zunehmend auf einen Angebotsschwerpunkt, um über ein klares Profil zu
verfügen. Kunst- und Kulturstädte stehen dabei in Konkurrenz zu mehreren anderen städtetouristischen Typen (Quelle: Eigene Darstellung nach Angaben in* JAGNOW/WACHOWIAK
2000, S. 108).

- *Professionalisierung der städtischen Tourismusarbeit* durch Formulierung von
  Tourismusentwicklungs- bzw. Marketingkonzepten bzw. durch Gründung privatwirtschaftlicher Destinationsmanagement-Unternehmen.

Mit Hilfe dieser Strategien und Maßnahmen ist es möglich, zwei Ziele zu erreichen
- nämlich eine *Steigerung der kulturtouristischen Nachfrage in Städten*, um die
positiven wirtschaften Effekte zu erhöhen, und zugleich eine *Steuerung der Besucherströme*, um die möglichen Belastungen für die Kulturdenkmäler und vor allem
für die örtliche Bevölkerung zu minimieren (vgl. STUPPÄCK 2004, S. 4).

Auch in Zukunft ist von einem *weiteren Wachstum des Städtetourismus* auszugehen. Seit Mitte der 1990er-Jahre belegen die Ergebnisse von Repräsentativuntersuchungen, dass es sich bei Städtereisen generell und speziell auch bei kulturorien-

tierten Städtereisen um ein *stabiles Nachfragesegment mit guten Perspektiven* handelt.[316]

Kulturtourismus in Städten: Fazit

- Die historischen Wurzeln des Kulturtourismus in Städten reichen bis in das 16. und 17. Jahrhundert zurück, als englische Adlige ausgedehnte Bildungs- und Ausbildungsreisen durch Europa unternahmen *(Grand Tour)*.
- In jüngerer Zeit hat sich der Städtetourismus in Deutschland als ein Motor des gesamten Marktes erwiesen. Neben kulturinteressierten Besuchern gibt es in Städten allerdings noch andere Zielgruppen - z. B. Gäste, die aus geschäftlichen oder familiären Gründen kommen.
- Bei 10 % aller Tagesausflüge in Städte und bei 30 % aller privaten Kurzreisen in Städte ist das Kulturangebot der wichtigste Reisegrund.
- Kulturinteressierte Städtebesucher haben meist eine höhere Bildung und ein höheres Einkommen. Es handelt sich um reiseerfahrene und ausgabefreudige Gäste, die große Ansprüche an das Angebot stellen.
- Bei privaten Städtereisen haben die kulturbezogenen Attraktivitätsfaktoren (kulturelles Angebot, Sehenswürdigkeiten, Stadtbild) einen deutlich höheren Stellenwert als Einkaufsmöglichkeiten, Unterhaltung, Nachtleben etc.
- Das kulturelle Angebot von Städten besteht aus historischen Gebäuden (kulturelles Erbe), aus einer aktiven Kulturszene (Theater, Oper etc.) sowie aus einer kreativen Szene (Design, Mode etc.). Umfang und Qualität des Kulturangebots hängen dabei von der Größe, der politischen Bedeutung und der Finanzkraft der Städte ab.
- Häufig fungieren spektakuläre Gebäude (Türme, Hochhäuser etc.) als urbane Landmarken, touristische Markenzeichen und Besuchermagneten. Generell bezieht sich das Interesse der Kulturtouristen aber stärker auf historische Bauten und Altstädte als auf (post)moderne Gebäude.
- Hinsichtlich des Angebots und des Stellenwertes historischer Bauten kann zwischen Städten *als* Baudenkmäler (z. B. Meersburg am Bodensee, Venedig) und Städten *mit* Baudenkmälern (z. B. Trier, Regensburg) unterschieden werden.
- Seit den 1990er-Jahren nutzen die Städte im Rahmen einer Festivalisierungsstrategie den öffentlichen Raum als Bühne für Events, um die mediale Aufmerksamkeit zu stimulieren und die touristische Nachfrage zu steigern.
- Neben Groß-Events von internationaler Bedeutung (z. B. Verhüllung des Reichstags in Berlin) finden in den Städten zahlreiche Stadt- und Volksfeste sowie Weihnachtsmärkte statt, die einen lokalen bzw. regionalen Bezug aufweisen. Auch sie spielen für die Städte eine wichtige Rolle als Image- und Wirtschaftsfaktoren.

---

[316] Im Jahr 2005 planten 17 % der Bundesbürger „ziemlich sicher", innerhalb der nächsten drei Jahre eine Städtereise zu unternehmen; für 18 % kam diese Urlaubsform „generell in Frage" (vgl. F.U.R. 2006, S. 102).

3.2 Kulturtourismus im ländlichen Raum

> „Das eigene Gesicht und die ‚Identität' sind
> mehr als ein Marketing-Instrument. Sie sind
> verknüpft mit allen übrigen Teilen der Lebens-
> welt und sind Bestandteil des Lebens in eigener
> Würde."
>
> KRAMER (2000, S. 3)

> „Heute erwartet der Kunde, dass man ihm
> Themen und Geschichten verkauft, er fragt nach
> komponierten Gesamterlebnissen, er ist willig
> und bereit, sich in mythische Welten entführen
> zu lassen (…)."
>
> POPP (2003, S. 1)

Ländliche Räume sind keine touristischen Gunsträume - weder für den Tourismus generell noch speziell für den Kulturtourismus. Sie waren lange Zeit Stiefkinder der touristischen Entwicklung, weil sie weder über einzigartige Attraktionspunkte noch über zeitgemäße Tourismus- und Freizeiteinrichtungen oder eine gute Erreichbarkeit verfügten. So wurden zunächst die Städte mit ihrem breiten Kulturangebot und spektakuläre Naturlandschaften wie die Meeresküsten oder die Alpen zu touristischen Zielgebieten, bevor Ende des 19. Jahrhunderts die Sommerfrische auf dem Lande in Mode kam (→ 3.2.1).

Die kulturellen Besonderheiten des ländlichen Raumes haben sogar erst in den letzten Jahrzehnten eine touristische Inwertsetzung erfahren. Vor dem Hintergrund der zunehmenden Standardisierung und Globalisierung von Wirtschaft und Kultur wuchs das Interesse der Bevölkerung an traditionellen Sitten und Bräuchen, aber auch an alten Handwerkstechniken und regionaltypischen Produkten. Gleichzeitig versuchten die Verantwortlichen in den ländlichen Regionen, das endogene kulturelle Potenzial professionell zu nutzen - z. B. durch die Anlage von Freilichtmuseen, durch die Nutzung historischer Veranstaltungen oder durch die Rückbesinnung auf die regionale Küche (→ 3.2.2-3.2.4).

Angesichts der fehlenden touristischen Alleinstellungsmerkmale stehen ländliche Räume dabei vor der zentralen Herausforderung, ihre Angebote aus dem Tourismus-, Kultur- und Freizeitbereich zu vernetzen, um den Kunden ein attraktives Gesamtprodukt bieten zu können. Vorreiter bei der erfolgreichen Umsetzung kulturtouristischer Konzepte im ländlichen Raum war der Tourismusverband Ostbayern (Regensburg), der ein breites Spektrum unterschiedlicher Aktivitäten entwickelt hat - von Themenkampagnen über Themenstraßen bis hin zu Festspielen und Veranstaltungen (→ 3.2.5).

3.2.1   Touristische Potenziale und Bedeutung des ländlichen Raumes

Zu Beginn der touristischen Entwicklung im 18. und 19. Jahrhundert waren auch die Küste und das Hochgebirge zunächst ländliche Räume. Sie verfügten aber jeweils über eine spezifische natur- und kulturräumliche Ausstattung und damit über frühe touristische Alleinstellungsmerkmale, so dass sich in ihnen jeweils eine eigenständige touristische Dynamik vollzog (Badetourismus, Alpinismus). Als eine Restkategorie blieben die ländlichen Räume übrig, die keine landschaftlichen Besonderheiten wie Meerblick oder Berggipfel aufwiesen. Sie wurden erst spät von Tagesausflüglern und Touristen als Erholungsräume entdeckt (vgl. ausführlich STEINECKE 2006, S. 204-206).

Diese Inwertsetzung war vor allem eine Folge des ökonomischen, gesellschaftlichen und rechtlichen Wandels am Ende des 19. Jahrhunderts. Nach der Gründung des Deutschen Reiches im Jahr 1871 kam es zu einem wirtschaftlichen Aufschwung, der mit einer raschen Urbanisierung und einer erheblichen Verbesserung der Verkehrsinfrastruktur verbunden war. Gleichzeitig entstand eine neue Mittelschicht von gut verdienenden Beschäftigten (Facharbeiter, kaufmännische Angestellte etc.), die zunehmend auch über einen Jahresurlaub verfügte. Orientiert am Vorbild des Adels und Großbürgertums entwickelte sie sich bald zu einem Ausflugs- und Reisepublikum. Aufgrund begrenzter finanzieller Mittel wurden im Rahmen von *Sonntagsausflügen* und der *Sommerfrische* nahe gelegene Dörfer und Kleinstädte besucht, die eine Gegenwelt zur hektischen und anonymen Großstadt darstellten. Ruhe und Gemütlichkeit, Nähe zur Natur sowie überschaubare Sozialkontakte waren wichtige Reisemotive der Sommerfrischler (vgl. STADLER 1975, S. 243; LIPPMANN 2002, S. 67).

In der Zeit nach dem Zweiten Weltkrieg konnte der ländliche Raum indirekt an diese Tradition anknüpfen. Als typische Urlaubsform entwickelte sich nun der *Urlaub auf dem Bauernhof* - zunächst als preiswertes Übernachtungsangebot für Familien mit Kindern. Gegenwärtig gibt es in der Bundesrepublik Deutschland ca. 20.000 Ferienhöfe, auf denen im Jahr 2003 25,6 Mio. Übernachtungen verzeichnet wurden (vgl. BAG 2004, S. 5). Auch die übrigen Urlaubsformen im ländlichen Raum basieren traditionell auf Natur und Landschaft als wichtigsten Standortfaktoren; dazu zählen der Reiterurlaub, der Urlaub in Feriendörfern, der Campingurlaub sowie der Wandertourismus (speziell in ländlichen Mittelgebirgsregionen).

Das kulturtouristische Potenzial des ländlichen Raumes rückte hingegen erst in den letzten Jahrzehnten verstärkt in das öffentliche Interesse. Den Hintergrund bildeten dabei die *gravierenden Veränderungsprozesse*, die sich in ländliche Regionen vollziehen:
- die sinkende Zahl der landwirtschaftlichen Betriebe und der Beschäftigten in der Landwirtschaft,
- die Abwanderung der Bevölkerung (speziell von jüngeren Altersgruppen),

- der Verlust traditioneller Infrastruktureinrichtungen (Einzelhandelsgeschäfte, Wirtshäuser, Handwerksbetriebe etc.),
- der Funktionswandel vom Wirtschaftsraum zum Pendlerwohngebiet.

Diese Veränderungen spiegeln sich direkt im *Ortsbild ländlicher Siedlungen* wider. Da landwirtschaftliche Gebäude wie Scheunen, Ställe etc. funktionslos geworden sind, werden sie abgerissen oder umgebaut, um anderweitig genutzt werden zu können. Durch den Zuzug von Pendlern entstehen Neubauviertel, deren architektonische Gestaltung sich nicht länger an der traditionellen Bauweise, sondern eher an städtischen Vorbildern orientiert („Baumarkt-Ästhetik": Glasbausteine, Eternitdächer etc.). Darüber hinaus kommt es aber auch zu einem *Sinnverlust des ländlichen Brauchtums,* da es eng mit der dörflichen Gemeinschaft und der agraren Wirtschaftsweise verknüpft war (z. B. Junggesellenbräuche, Erntedankfest).

Aufgrund dieser Entwicklungen besteht die Gefahr, dass der ländliche Raum seine kulturelle Identität dauerhaft verliert. In jüngerer Zeit haben sich deshalb unterschiedliche Interessensgruppen für einen *Erhalt der ländlichen Kultur* eingesetzt (Heimat- und Denkmalpfleger, Politiker etc.).[317] Auch in breiten Teilen der Bevölkerung ist ein *Trend zu Regionalität und Lokalität* festzustellen, der eine Reaktion auf die wachsende Globalisierung von Wirtschaft und Gesellschaft darstellt. Aus Sicht der Tourismusverantwortlichen bietet die Rückbesinnung auf traditionelles Brauchtum und ländliche Architektur die Möglichkeit, das Profil der eigenen Destination zu schärfen und sich damit - im Sinne einer *Differenzierungsstrategie* - von anderen Wettbewerbern auf dem internationalen Tourismusmarkt abzugrenzen.

Generell weist die ländliche Kultur in Deutschland zahlreiche regionale Besonderheiten auf; aus diesem Grund ist es im Rahmen dieses Studienbuches nicht möglich, einen vollständigen Überblick über die vielfältigen kulturtouristischen Potenziale ländlicher Regionen zu bieten.[318] Exemplarisch sollen im Folgenden drei typische Erscheinungsformen dargestellt werden: *die Freilichtmuseen* (→ 3.2.2), *das Fasnetbrauchtum* (→ 3.2.3) und *die regionale Küche* (→ 3.2.4).

3.2.2 Freilichtmuseen

Die Architektur ist ein zentraler Bestand der ländlichen Kultur: In den ländlichen Gebäudeformen und Hofausstattungen spiegeln sich indirekt die naturräumlichen

---

[317] vgl. HAID (1993); AFT (1998); WIEGAND (2006) zur touristischen Bedeutung und Nutzung der Volkskultur generell und speziell der Volksmusik

[318] SWARBROOKE (1996, S. 457-464) erläutert anhand von Fallstudien aus unterschiedlichen europäischen Ländern die Strategien zur Nutzung des touristischen Potenzials ländlichen Räume.

Gegebenheiten (Klima, Bodengüte), die dominierende Landnutzungsform (Acker-
bau, Viehzucht), die Erbsitten (Anerbenrecht, Realteilung) und der soziale Status
der Besitzer wider (Großbauer, Tagelöhner):

- Typisch für Norddeutschland sind z. B. große Bauernhäuser, in denen Mensch
  und Vieh unter einem Dach lebten. Rechts und links von einer zentralen Diele
  lagen die Ställe, am Kopfende des Gebäudes befanden sich die Küche und die
  Wohnräume. Der große Dachboden wurde zur Lagerung von Erntegut und Futter
  genutzt.

- In Irland ist hingegen - aufgrund der klimatischen Bedingungen (feuchte Sommer, milde Winter) - keine winterliche Stallhaltung der Nutztiere notwendig und
  damit auch keine Vorratshaltung für Heu und Stroh. Die traditionellen Hofanlagen bestehen deshalb nur aus einem einfachen einstöckigen Wohnhaus *(Cotta-
  ge)*; es gibt keine Stallgebäude und Scheunen.

Mit dem Wandel von der Agrar- zur Industriegesellschaft wurden diese traditionellen ländlichen Gebäude häufig funktionslos. Bereits Ende des 19. Jahrhunderts
entstand deshalb der Gedanke, alte Bauernhäuser und Wirtschaftsgebäude als
bauliche Zeugnisse der Vergangenheit für künftige Generationen zu erhalten.[319]
Mit der Anlage von Freilichtmuseen sollten gleichzeitig breite Kreise der Bevölkerung angesprochen werden, die nicht zum klassischen Museumspublikum zählten:
Freilichtmuseen weisen nämlich aufgrund ihrer ganzheitlichen Präsentation einen
sehr hohen Grad an Anschaulichkeit auf (vgl. ERNST 1991, S. 308; Abb. 61).

Das *erste Freilichtmuseum in Europa* wurde bereits im Jahr 1891 in Skansen
(Schweden) gegründet; in Deutschland gelten das Ostenfelder Bauernhaus in Hu-
sum (1899), das Freilichtmuseum in Königsberg (1909) und das Museumsdorf
Cloppenburg (1934) als erste Beispiele dieses Museumstyps.[320]

Nach der *Definition des Verbandes der europäischen Freilichtmuseen* handelt es
sich bei Freilichtmuseen um „wissenschaftlich geplante und geführte ganzheitliche
Darstellungen der Siedlungs-, Bau-, Wohn- und Wirtschaftsformen unter freiem
Himmel. Sie dienen gleichermaßen konservatorischen wie auch wissenschaftlichen
und edukativen Zwecken."[321]

---

[319] Die Musealisierung ist nur *eine* Strategie zur Bewahrung der traditionellen Architektur;
darüber hinaus können historische Gebäude auch einer neuen, zeitgemäßen Nutzung zu-
geführt und dadurch erhalten werden - z. B. in Form von Wohnbauten, Gemeinde- und
Kulturhäusern etc. (vgl. CALTEUX 1987, 1989, 1993).

[320] Neben dem Begriff ‚Freilichtmuseum' finden sich auch die Bezeichnungen ‚Freilandmuseum', ‚Freiluftmuseum', ‚Bauernhofmuseum' ‚Museumsdorf' u. a. (vgl. EISLEB
1987, S. 15).

[321] vgl. www.freilichtmuseum.at/content/view/16/6 vom 24. April 2006

Abb. 61: Weltweit verändern sich die Agrarlandschaften mit einer großen Dynamik. Dabei besteht die Gefahr, dass das kulturelle Erbe des ländlichen Raumes für immer verloren geht. In Freilichtmuseen - wie z. B. dem Drostdy Museum in Swellendam (Südafrika) - werden Gebäude und Gerätschaften aus vergangenen Zeiten einem breiten Publikum zugänglich gemacht.

Dabei sollen die örtlichen und funktionalen Beziehungen der einzelnen Museumsobjekte zueinander historisch zutreffend dargestellt werden; außerdem wird ein Bezug zum jeweiligen natürlichen und kulturellen Milieu angestrebt (z. B. durch den Anbau typischer Nutzpflanzen und durch die Haltung alter Haustierrassen).

In Deutschland gibt es *mehr als 120 Freilichtmuseen*, in denen vor allem die bäuerlich-ländliche Alltagskultur vergangener Zeiten im Maßstab 1:1 dokumentiert wird.[322] Die Ausstellungen umfassen historische Wohn- und Wirtschaftsgebäude sowie Arbeits- und Haushaltsgeräte. Bei den Bauten handelt es sich meist um *translozierte Originale*, die an ihrem ursprünglichen Standort abgebaut und in den Museen unverändert wieder aufgebaut werden. Daneben finden sich aber auch Freilichtmuseen *in situ* - also am historischen Ort (vgl. SCHENK 2000, 2005).[323]

Hinsichtlich ihres Einzugsbereiches sowie ihres Ausstellungsangebots (Gebäude, Maschinen etc.) bestehen zwischen den einzelnen Freilichtmuseen große Unterschiede (vgl. ZIPPELIUS 1974, S. 10-12):

---

[322] Es gibt auch einige Freilichtmuseen, die sich auf die Präsentation der Themen ‚landwirtschaftliche Technik', ‚Industriegeschichte' bzw. ‚Archäologie' spezialisiert haben.

[323] vgl. www.vl-freilichtmuseen.de und de.wikipedia.org/wiki/Freilichtmuseem zu umfassenden Übersichten über Freilichtmuseen in Deutschland und Europa

- Die *lokalen Freilichtmuseen* verfügen häufig nur über ein Gebäude oder eine Hofanlage (meist am Originalstandort); deshalb weisen sie nur ein niedriges Besucheraufkommen und einen geringen Einzugsbereich auf (z. B. Ostenfelder Bauernhaus in Husum).[324]

- In den *regionalen Freilichtmuseen* finden sich hingegen Hausgruppen und Hofanlagen, die jeweils für eine oder mehrere Regionen typisch sind. Aufgrund des breiteren Angebots haben sie auch höhere Besucherzahlen und ein größeres Einzugsgebiet (z. B. Freilichtmuseum Roscheider Hof in Konz).[325]

- Die *zentralen Freilichtmuseen* repräsentieren mit ihrem umfangreichen Sammlungsbestand die bäuerliche Kultur zahlreicher Landschaften oder eines gesamten Bundeslandes. Sie sind deshalb nicht nur monofinale Tagesausflugsziele der einheimischen Bevölkerung, sondern auch (kultur)touristische Attraktionen - vor allem im Rahmen des sekundären Ausflugsverkehrs (z. B. Schleswig-Holsteinisches Freilichtmuseum Molfsee bei Kiel).[326]

Generell erlebten die deutschen Freilichtmuseen in den 1980er- und 1990er-Jahren einen Besucherboom; in den letzten Jahren haben sie jedoch deutlich an Popularität eingebüßt.[327] So ging die *Zahl der Museumsbesuche* von 6,4 Mio. (1997) auf 5,9 Mio. im Jahr 2004 zurück (vgl. IfM 2005, S. 32). Als eine Ursache dieser Entwicklung wird die zunehmende Konkurrenz kommerzieller Freizeit- und Themenparks genannt, die keine wissenschaftlichen Aufgaben zu erfüllen haben (wie Museen) und deshalb ihr multioptionales Angebotsspektrum konsequent auf die Spaß- und Erlebnisbedürfnisse der Bevölkerung ausrichten können (vgl. FECHTER/ SCHLIEPHAKE 2005a, S. 8).

In dieser Wettbewerbssituation sind genaue *quantitative und qualitative Kenntnisse des Marktes* notwendig. Generell findet in Deutschland keine gesonderte statistische Erfassung der Freilichtmuseen statt. Im Rahmen der jährlichen Erhebungen des Instituts für Museumskunde (Berlin) werden sie - je nach Sammlungsschwerpunkt - einem bestimmten Museumstyp zugeordnet (z. B. Volkskunde- und Heimatmuseen, naturwissenschaftliche und technische Museen). Die entsprechenden Dokumentationen enthalten deshalb nur einige Basisdaten zur Zahl der Freilichtmuseen und Sonderausstellungen, zur Besucherzahl und zur Verbreitung nach Bundesländern (vgl. IfM 2005, S. 32-33).

---

[324] vgl. www.museumsverbund-nordfriesland.de

[325] vgl. www.roscheiderhof.de

[326] vgl. www.freilichtmuseum-sh.de

[327] EISLEB (1987, S. 36-37) hat den Diffusionsprozess der Freilichtmuseen in Deutschland (also die phasenweise räumliche Ausbreitung) in mehreren Karten für den Zeitraum 1910-1984 anschaulich dargestellt.

Das *Besucherprofil von Freilichtmuseen* ist seit den 1980er-Jahren in mehreren Fallstudien untersucht worden (vgl. EISLEB 1987; EGLI-BROŽ 1993; EGLI-BROŽ/ ELSASSER 1994). Aufgrund ihrer Aktualität werden im Weiteren die Ergebnisse einer Besucheranalyse des Fränkischen Freilandmuseums Fladungen exemplarisch vorgestellt. Die Eröffnung des Museums fand im Jahr 1990 statt; auf einer Fläche von 7 ha werden bäuerliche Hofstellen und typische Gemeindebauten aus Unterfranken präsentiert.[328] Mit diesem Sammlungsbestand und ca. 58.000 Besuchern/ Jahr (2002) zählt es zu den regionalen Freilichtmuseen. Die Besucher weisen folgende charakteristische *Merkmale und Verhaltensweisen* auf (vgl. SCHLIEPHAKE 2005, S. 35-44):

- Das Besuchsaufkommen konzentriert sich im *Wochenverlauf* vor allem auf die Sonnabende und Sonntage; generell schwanken die Werte zwischen 20 und 1.300 Besuchern/Tag.

- Im Jahresgang sind Juli und September aufgrund der Schulferien nachfrageschwache Monate - mit einem besonders geringen Anteil von Gruppenbesuchern (Schulklassen). Im Juli ist allerdings eine stärkere Nachfrage durch Individualgäste (Touristen) festzustellen.

- Nur jeder siebte Besucher ist ein Jugendlicher bzw. junger Erwachsener (unter 21 Jahre); *ältere Menschen und Senioren* stellen hingegen mehr als ein Drittel aller Gäste.

- Der überwiegende Teil der Besucher (71 %) stammt aus dem Umland und kommt im Rahmen eines *Tagesausflugs* in das Museum; jeder vierte Gast verbringt seinen Urlaub in der Region (sekundärer Ausflugsverkehr).

- Als wichtigste Informationsquellen dienen *persönliche Empfehlungen von Freunden und Bekannten* (wie generell in Freizeit und Tourismus) - gefolgt von Zeitungen/Zeitschriften und Prospekten. Jeder neunte Besucher hat sich nicht freiwillig für den Museumsbesuch entschieden, sondern ist zwangsweise mit einer Gruppe oder mit der Familie gekommen.

Für die künftige Gestaltung des Freilichtmuseums sind vor allem die *Interessen der Besucher* und die *Bewertung einzelner Angebotselemente* von Bedeutung:

- Die historischen Gebäude, die Erholung ohne Motorenlärm, das aktive dörfliche Leben und der Streichelzoo für Kinder zählen zu den wichtigsten *Besuchsmotiven.*

---

[328] vgl. www.freilichtmuseum-fladungen.de

- Generell wurde ein *hoher Gesamtzufriedenheitswert* ermittelt; besonders zufrieden waren die Gäste mit der Sauberkeit und Ordnung, der Lage im Naturraum sowie der Freundlichkeit und Kompetenz des Personals.

Da die Freilichtmuseen in einem besonderen Wettbewerb mit kommerziellen Freizeitgroßeinrichtungen stehen, können sie im Rahmen ihrer Produktpolitik natürlich auch deren *Animationstechniken* behutsam übernehmen. Als seriöse erlebnisorientierte Vermittlungsformen bieten sich z. B. das *Hands-On*-Prinzip bei Ausstellungsgegenständen oder die Vorführung traditioneller Handwerkstechniken an (Getreidemahlen, Schmieden, Schnitzen etc.). Andere Formen der Animation - z. B. durch kostümierte Museumsmitarbeiter oder durch die Einbeziehung von Besuchern - sind hingegen unter den Museumsverantwortlichen durchaus umstritten (vgl. Abb. 62).[329]

Abb. 62: In einigen Freilichtmuseen besteht für die Besucher die Möglichkeit, traditionelle Handwerkstechniken selbst einmal zu praktizieren - wie z. B. das Töpfern im Freilichtmuseum Dudutki (Republik Belarus). Auf diese Weise erhalten sie eine realitätsnahe Vorstellung von der Beschwerlichkeit und Schwierigkeit vorindustrieller Arbeitsvorgänge.

Die Besucher- und Zufriedenheitsanalyse ist ein wichtiger Bestandteil der Qualitätsstrategie von Freilichtmuseen. Darüber hinaus können sie auch die *Netzwerkstrategie* einsetzen. Durch den Zusammenschluss zu Museumsverbünden lassen

---

[329] Das ICOM (International Council of Museums) wendet sich z. B. in der Deklaration vom 07. August 1983 in scharfer Weise gegen jegliche Form der Animation (vgl. EISLEB 1987, S. 112), während ERNST (1991, S. 308) im eigenen Nachvollzug traditioneller Handwerkstechniken ein „Angebot im Sinne einer vertieften Begegnung mit der vormaligen Arbeits- und Versorgungswelt" sieht.

sich eine Reihe von Synergieeffekten erzielen - z. B. durch eine gemeinsame Presse- und Öffentlichkeitsarbeit, den Austausch von Leihgaben oder die Weiterbildung der Mitarbeiter (vgl. REDER 2005, S. 5). Als aktuelle Beispiele solcher Kooperationen sind u. a. zu nennen:
- Museumsverbund Südniedersachsen,
- Schlesisch-Oberlausitzer Museumsverbund,
- Die Sieben im Süden (Arbeitsgemeinschaft der Freilichtmuseen in Baden-Württemberg).[330]

Aufgrund ihres spezifischen Standortes stellen Freilichtmuseen nicht nur wichtige Bestandteile des (kultur)touristischen Angebots von ländlichen Regionen dar, sondern von ihnen gehen auch *erhebliche wirtschaftliche Wirkungen* aus - sie gelten deshalb als „wirkungsvolle Instrumente der Regionalpolitik" (SCHENK 2000, S. 40).

- So wurden z. B. für das Fränkische Freilandmuseum Fladungen durchschnittliche Pro-Kopf-Ausgaben der erwachsenen und auswärtigen Besucher in Höhe von € 36,10 ermittelt. Daraus berechnet sich ein *zusätzlicher Umsatz* für die regionale Wirtschaft in Höhe von € 765.000 (ohne Berücksichtigung von Multiplikatoreffekten).

- Auch der *ländliche Arbeitsmarkt* erhält durch Freilichtmuseen positive Impulse. Nach Berechnungen von EGLI-BROŽ/ELSASSER (1994, S. 230) wird durch das Schweizerische Freilichtmuseum Ballenberg (Berner Oberland) ein Äquivalent von ca. 90 Vollzeitstellen geschaffen. Tatsächlich handelt es sich dabei um eine größere Zahl saisonaler Arbeitsplätze, die vor allem von Frauen als zusätzliche Erwerbsmöglichkeiten genutzt werden.

Darüber hinaus leisten die Freilichtmuseen aber auch einen *wichtigen Beitrag zur Identifikationsfindung*. Durch die Beschäftigung mit den Arbeits- und Lebensbedingungen in der vorindustriellen Gesellschaft kann ein „höherer Identifikationsgrad mit dem eigenen Land, seiner Natur, Kultur und den wirtschaftlichen und ethischen Normen der Vorfahren erreicht" werden (ERNST 1991, S. 309). Einige dieser Sitten und Verhaltensweisen sind im allgemeinen Modernisierungsprozess noch als ländliches Brauchtum erhalten geblieben und werden auch noch praktiziert - zumindest punktuell und temporär.

3.2.3 Fasnetbrauchtum

Neben materiellen Elementen (Bauernhäuser, Handwerksgeräte etc.) umfasst die ländliche Kultur auch immaterielle Elemente wie Sitten und Bräuche. Während der Begriff „Sitte" vor allem für tradierte Werthaltungen verwendet wird, handelt es

---

[330] vgl. www.museumsverbund.de, www.museumsverbund-ol.de, www.landmuseen.de

sich bei den „Bräuchen" um historisch gewachsene Gewohnheiten, die innerhalb einer sozialen Gemeinschaft praktiziert werden.[331] Die Bräuche sind dabei häufig mit Lebenserfahrungen verknüpft, die vom Individuum bzw. der Gemeinschaft als Einschnitte wahrgenommen werden:

- Bräuche in Zusammenhang mit *biologischen Erfahrungen und Entwicklungen* (z. B. bei Geburt, Mannbarkeit, Hochzeit bzw. Tod),

- Bräuche mit *gesellschaftlichem Charakter* (z. B. zu bestimmten Jahreszeiten oder aus besonderen religiösen Anlässen).

Grundsätzlich ist das Brauchtum eng mit der agraren Wirtschafts- und Lebensweise verknüpft und hat deshalb einen ausgeprägt lokalen bzw. regionalen Charakter. Entsprechend vielfältig sind die unterschiedlichen Bräuche, deren Sinn, Funktion und Regelwerk für Fremde kaum verständlich sind.[332] Über ein kulturtouristisches Potenzial verfügen deshalb vor allem *die* Bräuche, die einen *spektakulären Charakter* haben - z. B. aufgrund besonderer Aktionen, ungewöhnlicher Kostüme oder einer großen Zahl von Mitwirkenden. Aus der Vielzahl der Brauchtumsveranstaltungen sollen hier nur einige Beispiele genannt werden:

- *Osterfeuer in Nord- und Mitteldeutschland:* Am Osterwochenende werden in vielen Orten große Holzstöße aus aufgetürmtem Baum- und Strauchschnitt verbrannt. Dieser Brauch ist als weltliche Volkssitte seit dem 16. Jahrhundert bekannt; er geht aber sogar auf vorchristliche Traditionen zurück (das Feuer dient dazu, den Winter zu vertreiben). In Norddeutschland, im Harz und im Alpenvorland ist es üblich, große *Osterräder aus Holz und Reisig* anzuzünden und von Hügeln hinunter rollen zu lassen.[333]

- *Fronleichnamsprozessionen in katholischen Regionen:* Bei dem Fronleichnamsfest handelt es sich um einen römisch-katholischen Feiertag, der seit dem 13. Jahrhundert am Donnerstag nach dem Dreieinigkeitsfest begangen wird. Wichtige Bestandteile sind große Prozessionen sowie Gebete an mehreren geschmückten Stationsaltären, die im Freien aufgebaut werden. Außerdem wird der Prozessionsweg mit prächtigen Blumenteppichen geschmückt.[334]

- *Schützenfeste im Sauerland:* Lebendiges Brauchtum wird im Sauerland von den 338 Schützenvereinen praktiziert, die über ca. 150.000 Mitglieder verfügen. Alljährlich finden mehrtägige Schützenfeste statt, bei denen ein Schützenkönig er-

---

[331] vgl. de.wikipedia.org/wiki/Brauchtum vom 24. April 2006
[332] vgl. www.brauchtumsseiten.de zu einer alphabetischen bzw. monatlichen Auflistung regionaler Bräuche in Deutschland
[333] vgl. de.wikipedia.org/wiki/Osterfeuer vom 24. April 2006; www.osterraederlauf.de vom 08. Mai 2006
[334] vgl. www.the-exit.net/ingolstadt/fronleichnam vom 24. April 2006

mittelt wird - durch Schießen auf den Königsvogel. Dabei handelt es sich allerdings überwiegend um lokale Veranstaltungen; eine touristische Bedeutung haben vor allem die Bundesschützenfeste, zu denen 30.000-50.000 Besucher kommen (vgl. HENGESBACH 2000).

- *Almabtrieb im Alpenraum:* Im Herbst wird das Vieh, das den Sommer auf den Bergweiden (Almen) verbracht hat, festlich mit Blumen und Glocken geschmückt und unter Musikbegleitung in das Tal getrieben, wo es in seine Winterquartiere geführt wird. Häufig ist der Almabtrieb (der sog. Viehscheid) mit Märkten und Tanzveranstaltungen verbunden. Bei der größten Veranstaltung im Allgäu, die alljährlich im September in Bad Hindelang stattfindet, werden ca. 20.000 Besucher gezählt.[335]

An diesen Beispielen wird deutlich, dass viele ländliche Bräuche allenfalls über ein lokales und regionales touristisches Potenzial verfügen. Eine Ausnahme stellt die *schwäbisch-alemannische Fasnet* dar, deren Veranstaltungen auch auf regionaler und nationaler Ebene auf Interesse stoßen.[336]

Die *Ursprünge der Fasnet* (Nacht vor Beginn der Fastenzeit) liegen im frühen Mittelalter und stehen in enger Verbindung mit dem vorösterlichen Fasten, das durch Enthaltsamkeit geprägt ist. An den Tagen vor dem Aschermittwoch herrscht auf den Straßen ausgelassenes Narrentreiben; außerdem werden zahlreiche Festsitzungen und vor allem Umzüge durchgeführt. WIDMANN (2000, S. 60) hat für Deutschland insgesamt ca. 1.500 lokal bedeutsame Fastnachtsumzüge ermittelt, von denen viele auch im ländlichen Raum stattfinden. Regionale Schwerpunkte sind dabei Baden-Württemberg sowie Rheinland-Pfalz und Nordrhein-Westfalen (hier verzeichnen die Karnevalsumzüge in den Großstädten Köln, Düsseldorf, Aachen und Mainz 0,3-1,5 Mio. Zuschauer).

Zu Besonderheiten der schwäbisch-alemannischen Fasnet gehören *unterschiedliche Fasnetgestalten*, die jeweils ein spezifisches Ganzkörperkostüm und meist eine bemalte Holzmaske tragen („Blätzle", „Hexe", „Hansel" etc.). Die gestalterischen Details des Gewandes und der Larven, aber auch die Teilnahme an den Umzügen werden von den Narrenzünften streng überwacht: So dürfen z. B. in Rottweil nur Personen ein Kostüm tragen, die seit mindestens 15 Jahren im Ort wohnen und auch den schwäbischen Dialekt beherrschen (vgl. WIDMANN 1999, S. 109).

---

[335] vgl. www.br-online.de/land-und-leute/artikel/0509/06-almabtrieb/index-xml vom 08. Mai 2006

[336] vgl. WIDMANN (2000, S. 60) zur Abgrenzung der Begriffe „Fasnet", „Fastnacht" und „Karneval"

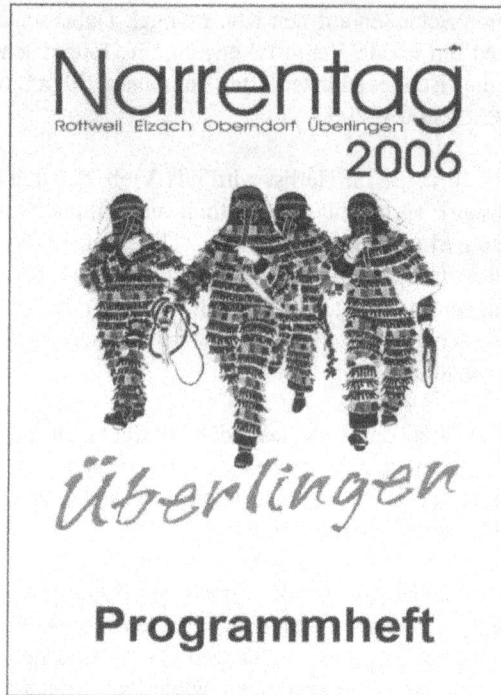

Abb. 63: Zum ländlichen Brauchtum, das über ein großes kulturtouristisches Potenzial verfügt, gehört auch die schwäbisch-alemannische Fasnet. So verzeichnete z. B der „Narrentag 2006" in Überlingen am Bodensee ca. 30.000 aktive Teilnehmer und eine große Zahl auswärtiger Besucher.

Aufgrund der farbenprächtigen und fremdartigen Narrenkostüme haben sich vor allem die *Umzüge in Rottweil, Villingen-Schwenningen, Schramberg* und *Überlingen* zu hochrangigen touristischen Events entwickelt, die 20.000-70.000 Besucher aufweisen (vgl. Abb. 63). Im Rahmen einer Gästebefragung in Villingen-Schwenningen hat WIDMANN (1999, S. 85-107) folgende *Merkmale und Motive der Fasnetbesucher* ermittelt:

- Unter den Gästen dominieren *mittlere und höhere Altersgruppen* (ein Drittel ist älter als 50 Jahre). Jugendliche und junge Erwachsene sind hingegen relativ schwach vertreten (wahrscheinlich, weil sie selbst aktiv am Narrentreiben teilnehmen).

- Die *Bildungsstruktur* der Gäste entspricht insgesamt dem bundesdeutschen Durchschnitt. Dabei kommen Besucher mit einer einfachen Schulbildung eher aus der Umgebung, während sich unter den Höhergebildeten mehr auswärtige Gäste finden (dieses Resultat ist ein indirekter Beleg für die überregionale kulturtouristische Bedeutung der Fasnet).

- Zu den wichtigsten *Besuchsmotiven* zählen das allgemeine Interesse (33,9 %), das Interesse an Tradition und Geschichte (25,3 %) sowie der Wunsch, die Stadt kennen zu lernen (18,5 %). Spaß und Geselligkeit rangieren hingegen erst auf dem vierten Platz aller Nennungen (12,3 %).

- Die Gäste schauen sich nicht nur den Narrenumzug an, sondern nutzen auch das *gastronomische Angebot des Ortes* oder machen einen *Stadtbummel*.

- Bei 62,1 % der Besucher handelt es sich um *Tagesgäste* - mit durchschnittlichen Pro-Kopf-Ausgaben in Höhe von € 16,50.

- Die Aufenthaltsdauer der *Übernachtungsgäste* beträgt 4,2 Nächte. Die auswärtigen Besucher übernachten vor allem in Hotels (41 %), aber auch bei Freunden und Verwandten (30 %). Ihre Pro-Kopf-Ausgaben belaufen sich im Durchschnitt auf € 56,50.

- Während *Hotels und Restaurants* durch die Fasnet eine zusätzliche Nachfrage verzeichnen, sind die wirtschaftlichen Wirkungen auf den *Einzelhandel* sehr gering, da die Mehrzahl der Geschäfte während der närrischen Tage geschlossen ist.

Das Beispiel der schwäbisch-alemannischen Fasnet macht deutlich, dass Brauchtumsveranstaltungen im ländlichen Raum eine wichtige (kultur)touristische Ressource darstellen. Mit einer zunehmenden Nutzung durch auswärtige Gäste können allerdings *erhebliche Kommunikationsprobleme zwischen Besuchern und Aktiven* auftreten. Wie anderes Brauchtum bestehen auch die Fasnetbräuche aus einem komplizierten System von Zeichen und Handlungen, die von den Einheimischen verstanden werden (z. B. närrischer Zuruf, scherzhafte Rüge). Auswärtige Besucher, aber auch Neubürger sind mit diesem Sinnzusammenhang hingegen nicht vertraut; sie können deshalb auch nicht angemessen reagieren. Um Irritationen und Belastungen zu vermeiden, müssen die Narrenzünfte, die Medien und die Tourismusverantwortlichen als Vermittlungsinstanzen fungieren und die Gäste auf unterhaltsame Weise über die Bräuche informieren (vgl. WIDMANN 1999, S. 111-119; Abb. 64).

3.2.4   Regionale Küche und Produkte

Schwäbischer Zwiebelrostbraten, Thüringer Rostbratwurst, Bayrischer Leberkäse - diese Beispiele zeigen, dass in der Vergangenheit in vielen Regionen spezifische Produkte und auch typische Essgewohnheiten entwickelt wurden. Bis zum 19. Jahrhundert hing die alltägliche Verpflegung breiter Teile der Bevölkerung von den landwirtschaftlichen Produkten ab, die vor Ort angebaut werden konnten.

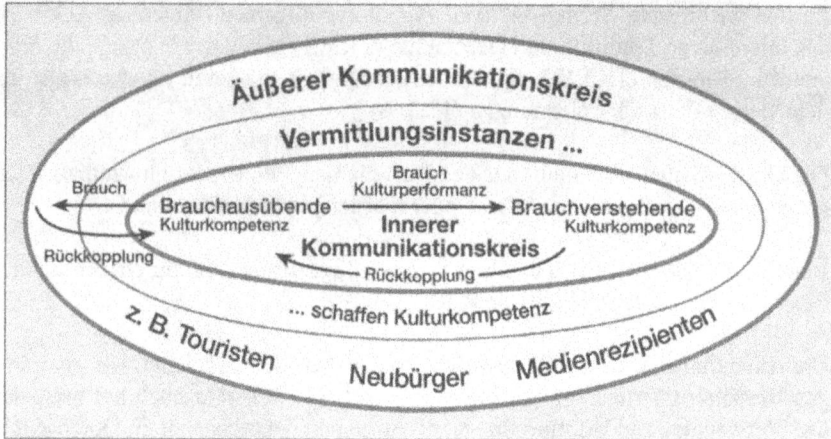

Abb. 64: Fasnetbräuche bestehen aus einem komplizierten System von Zeichen und Hand-lungen, die von den Einheimischen verstanden werden (da sie über die entsprechende Kulturkompetenz verfügen). Auswärtige Besucher sind hingegen auf zusätzliche Informa-tionen angewiesen, um sich angemessen zu verhalten. Als Vermittlungsinstanzen können Museen, Narrenzünfte, Medien und Tourismusverantwortliche fungieren (Quelle: Eigene Darstellung nach WIDMANN *1999, S. 113).*

Erst durch die Einführung neuer Nutzpflanzen wurden die Speisepläne vielfältiger; darüber hinaus konnte die Saisonabhängigkeit durch fortschrittliche Konservie-rungstechniken und preisgünstige Transportmöglichkeiten gesenkt werden. In der Zeit nach dem Zweiten Weltkrieg fand eine weitgehende Abkehr von der traditio-nellen regionalen Küche statt. Sie hatte ein negatives „Arme-Leute"-Image; außer-dem galt sie als zu kalorienreich und zu uninspiriert (vgl. BECKER/STEINECKE/ HÖCKLIN 1997, S. 118-119).

In den letzten Jahrzehnten hat eine *zunehmende Internationalisierung des gastro-nomischen Angebots* stattgefunden: In jeder Großstadt findet sich ein breites Spek-trum unterschiedlicher nationaler Küchen - von italienischen und chinesischen Restaurants über spanische und türkische bis hin zu indonesischen und persischen. Diese Entwicklung steht zum einen in engem Zusammenhang mit den internationa-len Migrationsströmen. So führte die Zuwanderung von Gastarbeitern aus Italien, Jugoslawien, Griechenland etc. seit den 1960er-Jahren sukzessive zur Eröffnung entsprechender Restaurants in Deutschland. Zum anderen spielt aber auch die wachsende Reiseerfahrung der Bundesbürger in Europa und in anderen Teilen der Welt eine wichtige Rolle, denn dort lernen sie neue Produkte und Gerichte kennen, die sie bald auch zu Hause essen wollen.

Mit der generellen Verfügbarkeit unterschiedlicher nationaler Gastronomieangebo-te nahm jedoch auch das Bewusstsein der eigenen regionalen Küche wieder zu. Auf der Suche nach ausgefallenen und gut schmeckenden Gerichten griff eine neue

Generation junger Köche auf traditionelle Rezepte zurück und entwickelte sie weiter. Zu den *wesentlichen Bestandteilen einer zeitgemäßen regionaltypischen Küche* gehören u. a.:

- der authentische Charakter der Gerichte (auf der Basis historischer Rezepte),
- die Anpassung an die heutigen Ernährungsgewohnheiten (hinsichtlich des Kaloriengehalts),
- die Verwendung frischer, saisonaler Produkte,
- die Verarbeitung von Produkten, die vor Ort erzeugt werden.[337]

Dieser neue „Regionalismus des Essens" (PAUSER 2002, S. 16) stößt bei den einheimischen Gästen und vor allem bei Touristen auf großes Interesse, denn er stellt eine attraktive Abwechslung im Speisenangebot dar. Gleichzeitig können regionale Gerichte (und Produkte) wesentlich dazu beitragen, die *alltagskulturelle Identität einer Region* zu erfahren und zu erleben.[338]

Generell erfreuen sich Essen und Trinken bei den deutschen Urlaubern einer außergewöhnlich großen Beliebtheit: Im Spektrum der Urlaubsaktivitäten rangiert der *Genuss landestypischer Spezialitäten* mit 62 % auf dem ersten Rang - vor Ausflügen in die Umgebung (59 %), Ausruhen (53 %) und Baden (47 %; vgl. F.U.R. 2006, S. 110).[339] Bei diesen Ergebnissen ist allerdings zu berücksichtigen, dass es sich bei Restaurantbesuchen nur um *eine* von vielen Aktivitäten im Urlaub handelt (die sicherlich auch nicht in jedem Fall dem Kulturtourismus zuzuordnen ist).

Die Besonderheiten einer regionalen Küche stellen also für die meisten Urlauber *kein zentrales Reisemotiv* dar. So wurde z. B. im Rahmen einer Fallstudie in Oberbayern ermittelt, dass Natur und Landschaft, Ruhe und Erholung sowie das Interesse an Kultur zu den bedeutendsten Besuchsgründen zählten. Sie waren erheblich wichtiger als das gastronomische Angebot oder die Sport- und Einkaufsmöglichkeiten. Gleichzeitig wurde aber auch in dieser Untersuchung der *hohe Stellenwert von Essen und Trinken auf Reisen* deutlich (vgl. BÜSSING 2004, S. 83-98):

- So waren 78 % der Befragten der Meinung, dass das leibliche Wohl eine sehr große oder große Bedeutung für das Gelingen ihres Urlaubs hat.

---

[337] Der Wareneinsatz lokaler Agrarprodukte stellt zugleich einen Beitrag zur nachhaltigen Regionalentwicklung dar - durch die Existenzsicherung der Landwirte, durch die Förderung kleiner Wirtschaftskreisläufe und durch die Verringerung ökologischer Belastungen (vgl. POPP 1998; WIDMANN 2004).

[338] Angesichts der gegenwärtigen Transport- und Kühlmöglichkeiten ist der regionale und damit ortsgebundene Charakter dieser Küche natürlich eine Schimäre, denn nahezu alle Agrarprodukte sind prinzipiell überall und jederzeit verfügbar (z. B. der Victoria-Barsch aus Afrika). Seit der technischen Überwindung des Raumes „bestehen alle Differenzen nur noch als ästhetische Differenzen in einer postmodernen Welt der universalen Verfügbarkeit" (PAUSER 2002, S. 15).

[339] Die Daten beziehen sich auf den Zeitraum 2003-2005 (Antworten „sehr häufig" und „häufig").

- 80 % waren an regionalen Produkten und Spezialitäten der Urlaubsregion interessiert.

- 96 % meinten, dass regionale Spezialitäten Tradition haben und zur Kultur gehören.

- 75 % waren bereits in einem Restaurant gewesen; jeder Dritte hatte während seines Aufenthaltes gezielt regionale Produkte gekauft (vor allem Käse/Milchprodukte, Alkohol und Fleischwaren).

Darüber hinaus wurde für die regionalen Produkte ein *durchweg positives Image* ermittelt: Sie gelten als erlebnisreich, qualitativ hochwertig, natürlich, abwechslungsreich und originell. Aus diesem Grund können sie auch von den Tourismusverantwortlichen verwendet werden, das Profil der jeweiligen Region nach außen zu schärfen sowie die Identitätsbildung bei den Leistungsträgern und bei der Bevölkerung zu fördern.[340] Dazu muss das Thema „regionale Küche/Produkte" allerdings mit Hilfe *unterschiedlicher Angebote* kundengerecht aufbereitet und auch kommuniziert werden (vgl. Tab. 17).

In zahlreichen deutschen Tourismusregionen sind in den letzten Jahren *erfolgreiche Initiativen zur touristischen Inwertsetzung der regionalen Küche und Produkte* gestartet worden. Anhand einiger Beispiele sollen die vielfältigen Möglichkeiten aufgezeigt werden, wie dieses alltagskulturelle Potenzial genutzt werden kann:

- Im Gaststättengewerbe können die Unternehmen vor allem durch *Wettbewerbe auf Landesebene* dazu angeregt werden, in stärkerem Maß regionaltypische Speisen und Getränke anzubieten. In den letzten Jahren sind in mehreren Bundesländern entsprechende Aktionen durchgeführt worden (z. B. in Bayern, Niedersachsen, Nordrhein-Westfalen); die besten Betriebe werden dann in einer Broschüre dargestellt.[341] Außerdem können Restaurants *„Gläserne Speisekarten"* einsetzen, in denen die Gäste über die regionale Herkunft der Produkte informiert werden (im Sinne von Produktbiographien).

- Im Rahmen von *kulinarischen Events* können die lokalen Akteure aus Tourismus und Landwirtschaft für einen begrenzten Zeitraum unter einem Thema zusammenarbeiten und ihre Produkte gemeinsam präsentieren (vgl. Abb. 65). So findet z. B. in Trier jährlich das *„Wein & Gourmet-Festival International"* statt, bei dem Winzer und Gastronomen gemeinsam Gala-Abende, Gourmet-Menüs

---

[340] Speziell die Weinbaulandschaften (Rhein, Mosel, Pfalz, Franken etc.) verfügen über ein besonderes regionales Profil, denn der Wein weist - als Leitprodukt - zahlreiche Schnittstellen zu Brauchtum, Kultur und Kulinarik auf (vgl. BECKER 1984; EISENSTEIN 1996; HAART 2004).

[341] vgl. u. a. www.bayern.by zum Wettbewerb ‚Bayerische Küche', der alle drei Jahre durchgeführt wird

und Weinverkostungen veranstalten.[342] Ein anderes Beispiel ist das *„Spießbratenfest"* in Idar-Oberstein. Es erinnert an die historischen Kontakte dieser Edelstein-Stadt mit Brasilien, denn mit dem Import von Rohedelsteinen gelangte im 19. Jahrhundert auch die Sitte nach Deutschland, Fleisch an einem Holzspieß über offenem Feuer zu braten.[343]

Art des Gastrotourismus	Reise- bzw. Ausflugsmotive	Untergruppe der Motive
Gaststättengewerbe	gastronomische Kultur im klassischen Sinn	Versorgung, Genuss, Gastfreundschaft
Märkte	regionale Produkte	Versorgung, Kontakt mit Produzenten, Erlebnischarakter
Hof-/Bauernläden	regionale Produkte	Versorgung, Kontakt mit Produzenten, Erlebnischarakter
Kulinarische Events	Erleben von kulinarischen Ereignissen	Inszenierung von Essen und Trinken, Geselligkeit
gastrotouristische Themenstraßen	Verknüpfung von kulinarischen Attraktionen	Erlebnis von ganzheitlichen Strukturen
Gourmet- oder Feinschmeckerreisen	Hochkultur	Prestige, Genuss, Verwöhnen
Kochreisen	aktive Kulinarik	aktiver Genuss
Schauproduktionen	Erfahren von Alltagskultur	Interesse an Nahrungs mittelproduktion, Lerneffekte/Wissensdrang
Museen mit kulinarischem Hintergrund	Interesse an Kulinarik	Lerneffekte/Wissensdrang, Erlebnischarakter
kulinarische Zusammenschlüsse/Kooperationen	Erleben von Esskultur	Authentizität

Tab. 17: Die regionale Küche und die typischen Produkte des ländlichen Raumes können auf vielfältige Weise touristisch genutzt werden - von der klassischen Gastronomie über kulinarische Events und Themenstraßen bis hin zu Museen mit kulinarischem Hintergrund (Quelle: Ergänzte Darstellung nach Angaben in BÜSSING 2004, S. 35).

- Kulinarische Themen können auch in Form von *gastrotouristischen Themenstraßen* aufbereitet werden, bei denen die Gäste zu unterschiedlichen Verzehr- und Einkaufsstationen geführt werden. Bei der *Niedersächsischen Spargelstraße* handelt es sich z. B. um eine 750 km lange Ferienstraße, die durch die Spargel-

---

[342] vgl. www.wein-gourmetfestival.com
[343] vgl. www.idar-oberstein.de/presse/2005/06/050603-spiessbratenfest.html vom 16. Mai 2006

anbaugebiete in Niedersachsen führt.[344] Die *Käsestraße Bregenzerwald* verläuft im österreichischen Bundesland Vorarlberg; sie besteht aus einem breiten Netzwerk von Gastronomiebetrieben, Sennereien und Käseherstellern sowie Einzelhandels- und Handwerksbetrieben (vgl. MEYER-CECH 2003).[345]

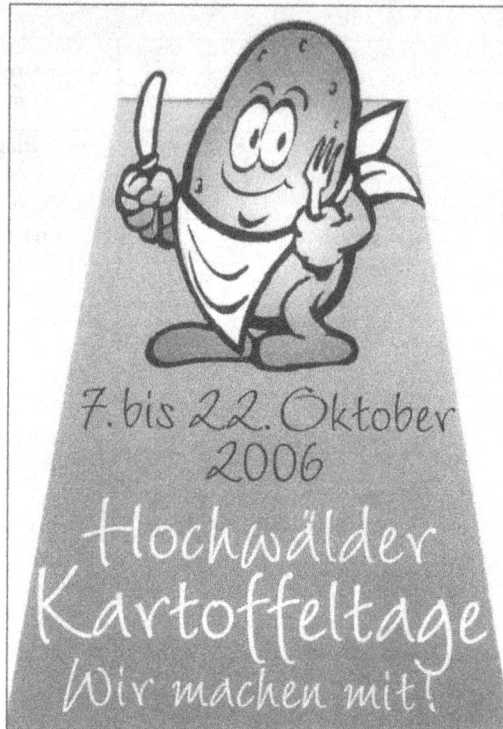

Abb. 65: Im Rahmen von kulinarischen Events und Kampagnen können die lokalen Akteure aus Tourismus und Landwirtschaft für einen begrenzten Zeitraum unter einem Thema zusammenarbeiten und ihre Produkte gemeinsam präsentieren - wie bei den „Hochwälder Kartoffeltagen" in Rheinland-Pfalz.

- In *Schauproduktionen* kann den Besuchern die Herstellung spezifischer regionaler Produkte anschaulich vermittelt werden. Ein Beispiel ist die *Käserei Vogler in Bad Wurzach (Allgäu)*, in der die Besucher bei einem Rundgang über die einzelnen Schritte der Käseherstellung informiert werden.[346] Einen Einblick in die agrarindustrielle Produktion erhalten auch die Gäste auf dem *Landgut Borsig*

---

[344] vgl. www.niedersaechsische-spargelstrasse.de; zu Beispielen gastrotouristischer Themenstraßen im Mittelmeerraum vgl. SCHMUDE/TRONO (2003)

[345] vgl. www.kaesestrasse.at; auch www.kaeseroute-nrw.de

[346] vgl. www.kaeserei-vogler.de/home.htm vom 16. Mai 2006

(Groß-Behnitz, Brandenburg); in dem Denkmalensemble gibt es u. a. Schauproduktionen zum Brauen, Brennen und Destillieren, Schmieden und Töpfern.[347]

- Schließlich besteht die Möglichkeit, *Spezialmuseen und Erlebniswelten zu typischen regionalen Produkten* einzurichten. Im Frühjahr 2006 wurde z. B. im
  westfälischen Nieheim das *„Westfalen Culinarium"* eröffnet. Diese kulinarische
  Attraktion besteht aus vier Museen mit einer Ausstellungsfläche von 3.000 qm,
  die den Themen „Brot", „Käse", „Schinken" sowie „Bier & Schnaps" gewidmet
  sind. Das Ausstellungsangebot wird durch saisonale Events ergänzt und aktualisiert (u. a. „Westfälischer Schinkentag" im Mai).[348]

Obwohl der ländliche Raum mit seinen Produkten, seiner Küche und Architektur
sowie seinem Brauchtum und seiner regionalen Küche durchaus über kulturtouristische Potenziale verfügt, handelt es sich bei diesen Attraktionen - für sich betrachtet - nicht um derartig hochrangige kulturelle Attraktionen, dass sie als Alleinstellungsmerkmale einer Destination genutzt werden können (wie z. B. das
Guggenheim Museum in Bilbao oder der Louvre in Paris).

Zur Nutzung des endogenen Potenzials ist es deshalb notwendig, die vorhandenen
Attraktionen, Akteure und Kompetenzen mit Hilfe eines *ganzheitlichen Ansatzes*
zu bündeln, um ein wettbewerbsfähiges Angebot entwickeln zu können. Als Er-
gebnis zahlreicher Beratungsstudien in ländlichen Räumen lassen sich folgende
Erfolgsfaktoren des Tourismus im ländlichen Raum abgrenzen (vgl. HAART/
STEINECKE 1995, S. 50-60; PICHLER 1996, S. 35-36; Abb. 66):
- regionaltypisches Unterkunfts- und Gastronomieangebot (Architektur, Küche,
  Produkte etc.),
- Erhaltung, Erschließung und Interpretation der Kulturlandschaft (Pflege traditioneller Nutzungen, Wegebau, Museen etc.),
- Wiederherstellung eines attraktiven dörflichen Ortsbildes (Restaurierung von
  Gebäuden, Platzanlagen etc.),
- behutsamer Ausbau der Infrastruktur (Wander- und Radwege, Indoor-Einrich-
  tungen etc.),
- professionelle Organisation des Tourismus (sinnvolle räumliche Einheiten, funk-
  tionale Arbeitsteilung zwischen den administrativen Ebenen etc.),
- zielgruppenorientiertes Marketing (laufende Marktbeobachtung, spezielle Angebote für Familien etc.),
- Stärkung des regionalen Tourismusbewusstseins (Innenmarketing, Kooperationen etc.).

---

[347] vgl. www.landgut-borsig.de
[348] vgl. www.westfalen-culinarium.de

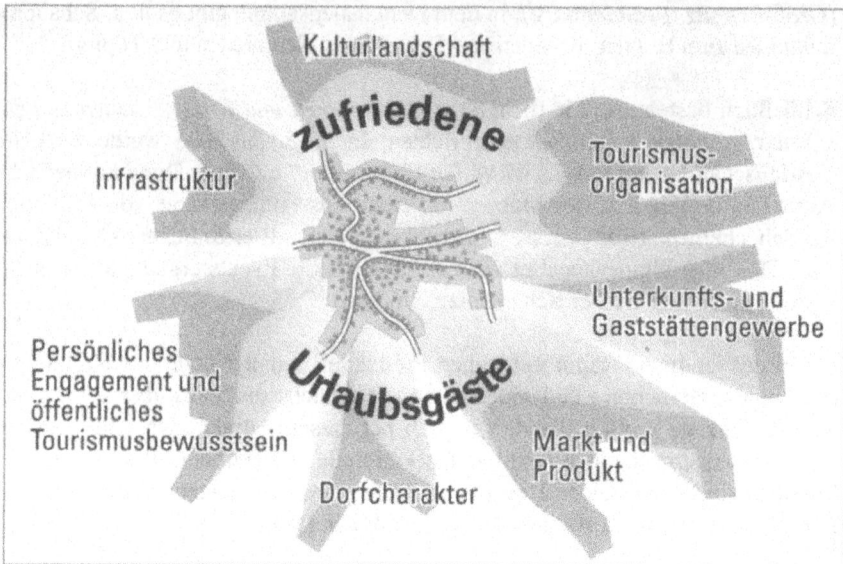

Abb. 66: Die ländlichen Räume sind keine touristischen Gunsträume. Zur Nutzung ihres endogenen Potenzials ist es deshalb notwendig, die vorhandenen Attraktionen, Akteure und Kompetenzen mit Hilfe eines ganzheitlichen Ansatzes zu bündeln, um ein marktgerechtes Angebot zu entwickeln (Quelle: STEINECKE 2003, S. 10).

Am Beispiel Ostbayern soll im Folgenden gezeigt werden, wie ländliche Regionen mit Hilfe der *Vernetzungsstrategie* ihre Potenziale nutzen können, um sich erfolgreich auf dem touristischen Markt zu positionieren.

3.2.5   Fallstudie: Das kulturtouristische Konzept Ostbayerns

Seit Mitte der 1980er-Jahre wurden in mehreren ländlichen Räumen in Deutschland mit Erfolg *kulturtouristische Kampagnen* umgesetzt: Darunter sind thematisierte Marketing-Aktionen zu verstehen, an denen zahlreiche touristische Betriebe, aber auch Akteure aus Wirtschaft, Kultur und Gesellschaft teilnehmen; die Koordination und Leitung liegt dabei in den Händen der regionalen Tourismusorganisation. Im Gegensatz zu Events, die zumeist nur wenige Tage dauern, handelt es sich bei Kampagnen um mittelfristig angelegte Veranstaltungsreihen von längerer Dauer.

Als Vorreiter dieser Entwicklung gilt der *Tourismusverband Ostbayern (Regensburg):* Diese Region wies lange Zeit ein unspezifisches Image auf (Wald, Wiesen, Ruhe und Erholung) und unterschied sich damit nicht von den benachbarten Regionen Oberbayern und Franken (vgl. SCHEMM/UNGER 1997, S. 30). Seit 1986 wurde das regionale touristische Angebot u. a. unter folgenden (Mehr-) Jahresthemen gebündelt:

- „Asam-Jahr" (1986/87),
- „Der Gläserne Wald" (1988),
- „Mittelalter in Ostbayern" (1989),
- „Bauernjahr" (1992),
- „Gold im Herzen Europas" (1996/97) u. a.

Mit diesen Kampagnen wurden *mehrere Zielgruppen* angesprochen: Zum einen wollte man neue Gäste gewinnen, zum anderen sollte das Programm die Stammgäste zu weiteren Besuchen motivieren und schließlich wollte man das Kultur- und Tourismusbewusstsein der einheimische Bevölkerung stärken.

Das Spektrum der *produktpolitischen Maßnahmen* der Kampagnen umfasste Ausstellungen, Konzerte und Feuerwerke, aber auch Tagungen und Symposien zu den jeweiligen Themen. Um ein breites (auch bildungsfernes) Publikum anzusprechen, wurden außerdem themenspezifische Rad- und Dampfertouren konzipiert sowie Pauschalangebote zusammengestellt. Zum *kommunikationspolitischen Instrumentarium* zählten u. a. spezielle Signets, ein Urlaubsmagazin und Zeitungsbeilagen; darüber hinaus wurde eine systematische Presse- und Öffentlichkeitsarbeit in Form von Pressekonferenzen, Pressereisen, Pressediensten etc. betrieben. Aufgrund dieser Maßnahmen erfuhren die Kampagnen eine breite öffentliche Resonanz: So erschienen z. B. über das „Asam-Jahr", in dessen Mittelpunkt das Leben und Wirken des bedeutenden bayerischen Barockkünstlers Cosmas Damian Asam (1687-1739) stand, mehr als 800 Artikel in den Printmedien (mit einer Gesamtauflage von 200 Mio. Exemplaren).

Durch eine professionelle Erfolgskontrolle (Gästebefragungen, Auswertung der amtlichen Statistik) konnten die *touristischen und regionalwirtschaftlichen Effekte der Kampagnen* erfasst werden (vgl. UNGER 1993, S. 118-119; SCHEMM/UNGER 1997, S. 44-46):

- So verzeichnete die Region eine deutliche *Zunahme der touristischen Nachfrage*. Die Zahl der Übernachtungen stieg in Ostbayern im Zeitraum 1985-2001 um nahezu 50 %, während sie in den übrigen bayerischen Tourismusregionen nur um ca. 16 % zunahm (vgl. SEIDL 2003, S. 139; STEINER 2003, S. 30; Abb. 67).

- Außerdem konnte durch die kulturtouristischen Kampagnen eine *neue, einkommensstarke Zielgruppe* angesprochen werden: Die Analyse von Prospektanfragen im Jahr 1985 ergab, dass nur jeder vierte Interessent über ein höheres Familiennettoeinkommen verfügte (mehr als 2.000 Euro). In den Folgejahren stieg der Anteil höherer Einkommensgruppen hingegen auf bis zu 50 %.

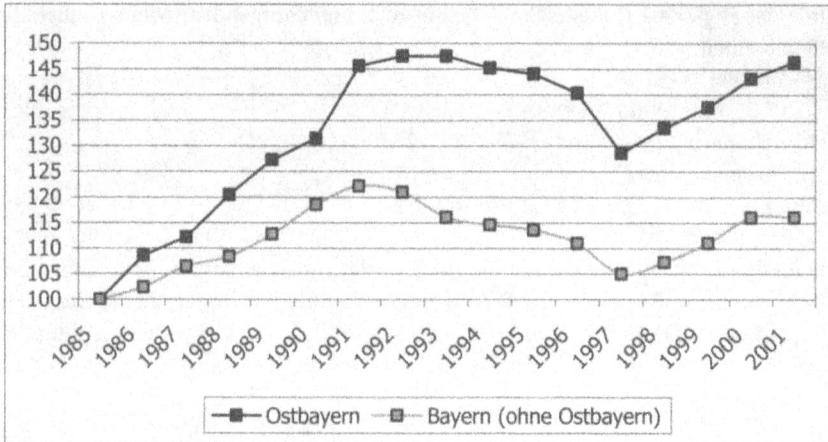

Abb. 67: Die touristischen Effekte von Kampagnen lassen sich mit Hilfe einer Erfolgskontrolle erfassen - z. B. durch die Übernachtungsstatistik oder Gästebefragungen. Im Vergleich zum Bundesland Bayern verzeichnete die Region Ostbayern im Zeitraum 1985-2001 einen überdurchschnittlich hohen Anstieg der Übernachtungszahlen, der u. a. auf die Umsetzung mehrerer Jahresthemen zurückzuführen ist (Indexwerte; Quelle: Eigene Darstellung nach Angaben in SEIDL 2003, S. 139).[349]

- Durch den Anstieg der Besucherzahl und die Gewinnung neuer Zielgruppen kam es auch zu einer *Steigerung der Einnahmen*. Nach Schätzungen des Tourismusverbandes wurden z. B. im ‚Asam-Jahr' 240.000 Übernachtungen sowie 78.000 Tagesbesuche zusätzlich verzeichnet. Die direkten wirtschaftlichen Wirkungen beliefen sich auf ca. 12,5 Mio. Euro Umsatz; der Etat für die Kampagne betrug hingegen nur 550.000 Euro (also knapp 5 % der Einnahmen). An diesem touristischen Konsum konnten nicht nur die gastgewerblichen Betriebe, sondern auch *andere regionale Unternehmen* partizipieren: Während der Aktion „Der Gläserne Wald" gaben die Gäste ca. 50 Mio. Euro für Glasprodukte aus der Region aus.

- Die kulturtouristischen Kampagnen lösten nicht nur kurzfristige ökonomische Wirkungen aus, sondern auch *mittel- und langfristige Wirkungen*, die häufig nicht monetär zu bewerten sind. Dazu gehören vor allem eine Steigerung des Bekanntheitsgrads der Region und eine generelle Verbesserung des regionalen Images, aber auch ein wachsendes Bewusstsein der Bevölkerung für die eigene Kultur und Identität. Diese Effekte wurden u. a. durch die *multimediale Aufbereitung der Kampagnen* verstärkt, die weit über das klassische Instrumentarium der Presse- und Öffentlichkeitsarbeit hinausging: In Ostbayern reichte sie z. B. von aufwendigen Buchpublikationen über spezielle TV-Produktionen bis hin zu themenbezogenen Sonderbriefmarken.

---

[349] Der dramatische Rückgang im Jahr 1997 war eine Folge der Gesundheitsreform.

Nach dem Vorbild des Tourismusverbandes Ostbayern haben auch *andere ländliche Regionen* versucht, ihr kulturelles Potenzial in Form von touristischen Kampagnen zu nutzen - z. B. *„Schleswig-Holstein Musik-Festival"* (vgl. BITTNER 1991) oder *„Das Westfälische Jahrzehnt"* im Münsterland (vgl. STEINER 1997, S. 54; KRANZ 1997, S. 40-41).

Aufgrund der positiven (und teilweise auch negativen) Erfahrungen in unterschiedlichen ländlichen Regionen lassen sich mehrere *Erfolgsfaktoren von kulturtouristischen Kampagnen* identifizieren (vgl. SCHEMM/UNGER 1997, S. 120-121; KRANZ 1997, S. 43; STEINER 2003, S. 29-30):
- die klare Koordinierung aller Aktivitäten durch *eine* Organisation,
- die Nutzung von Synergieeffekten zwischen Tourismus, Kultur und Wirtschaft,
- die Einbeziehung der Bevölkerung,
- die qualifizierte und zugleich erlebnisorientierte Aufbereitung des Jahresthemas,
- die Finanzierung durch Sponsoren aus der Region.

Ländliche Produkte und regionale Architektur, traditionelles Brauchtum und Freilichtmuseen - diese Beispiele machen deutlich, dass der ländliche Raum durchaus über kulturtouristische Potenziale verfügt. Angesichts der internationalen Wettbewerbssituation hängt die Zukunft ländlicher Regionen im Tourismus davon ab, ob es ihnen gelingt, ihre *Besonderheiten als Thema* zu bewahren und sich zeitgemäß sowie kundenorientiert am Markt zu positionieren. Dazu gehören aber auch ein einheitlicher Marktauftritt unter einem Markennamen, ein integriertes Gesamtprodukt, ein transparentes Qualitätsniveau mit kontrollierten Standards sowie die ständige Aktualisierung des Angebots durch attraktive Events (vgl. MOSE 1995; STEINECKE/HAART/HERRMANN 1997, S. 24-26; STEINECKE 2003, S. 9-10).

Kulturtourismus in ländlichen Raum: Fazit

- Die ländlichen Räume sind generell keine touristischen Gunsträume. Erst angesichts einer wachsenden Bedrohung der ländlichen Kultur (Architektur, Brauchtum) wurden Anstrengungen unternommen, dieses Potenzial stärker touristisch zu nutzen. Zu den typischen kulturtouristischen Angebotsformen der ländlichen Räume zählen u. a. Freilichtmuseen, das Fasnetbrauchtum sowie die regionale Küche.
- Gegenwärtig gibt es in Deutschland 120 Freilichtmuseen, in denen die bäuerlich-ländliche Alltagskultur vergangener Zeiten im Maßstab 1:1 dokumentiert wird. Nach einem Boom in den 1980er- und 1990er-Jahren ist die Zahl der Museumsbesuche in jüngerer Zeit rückläufig (2004: 5,9 Mio.). In den ländlichen Regionen werden durch die Museen erhebliche wirtschaftliche Wirkungen ausgelöst (Umsatz- und Arbeitsmarkteffekte); darüber hinaus leisten sie einen Beitrag zur Identifikationsfindung.

- In Zusammenhang mit der agrarischen Wirtschafts- und Lebensweise hat sich in der Vergangenheit auf lokaler und regionaler Ebene ein vielfältiges Brauchtum entwickelt, das gegenwärtig vielerorts wieder belebt wird (Osterfeuer, Fronleichnamsprozessionen, Schützenfeste, Almabtrieb etc.).
- Von großer touristischer Bedeutung ist die schwäbisch-alemannische Fasnet, deren Bräuche von den Narrenzünften streng kontrolliert werden. Das Narrentreiben auf den Straßen, die Festsitzungen und Umzüge verzeichnen hohe Besucherzahlen - nicht nur von Einheimischen, sondern auch von auswärtigen Gästen.
- Als Reaktion auf die zunehmende Internationalisierung des gastronomischen Angebots hat in den letzten Jahren das Interesse an der regionalen ländlichen Küche deutlich zugenommen. Wichtige Instrumente zur touristischen Nutzung dieses Potenzials sind u. a. „Gläserne Speisekarten", Kochwettbewerbe, Gourmet-Festivals, Themenstraßen, Museen und Schauproduktionen.
- Da der ländliche Raum generell nicht über ähnlich spektakuläre Attraktionen verfügt wie andere Destinationen (z. B. die Städte), müssen die regionalen Akteure eng zusammenarbeiten, um - unter einem Dachthema - ein marktgerechtes Angebot zu entwickeln.

3.3   Kulturtourismus in Industrieregionen

> „Wir müssen erkennen, dass die Industrie mit ihren gewaltigen Bauten nicht mehr ein störendes Glied in unserem Stadtbild und in der Landschaft ist, sondern ein Symbol der Arbeit, ein Denkmal der Stadt, das jeder Bürger mit wenigstens ebenso großem Stolz dem Fremden zeigen soll wie seine öffentlichen Gebäude."
>
> Fritz Schupp, Architekt, 1922[350]

> „Fabrikruinen, die auf den Abriß warten, erfahren in ihren Städten keine Wertschätzung. Sie sind groß, schmutzig, gefährlich, sie widersprechen den Ordnungsvorstellungen der Städter."[351]

Obwohl weitsichtige Architekten bereits vor mehr als 80 Jahren auf den kulturellen Wert von Industriebauten hingewiesen haben, zählen Industrieregionen bis in die Gegenwart nicht zu den touristischen Gunsträumen. Erst in der zweiten Hälfte des 20. Jahrhunderts haben sie sich in bescheidenem Umfang zu Reisezielen entwickelt. Wie bei der touristischen Inwertsetzung anderer Natur- bzw. Kulturräume (Küste, Hochgebirge) mussten auch die Industrieregionen zunächst eine *neue*

---

[350] zitiert nach EBERT (2004, S. 21)
[351] ASCHENBECK, N. (2006): Die Schönheit des Niedergangs. - In: FAZ, 01. April

Wahrnehmung und Bewertung erfahren. Es waren vor allem Denkmalpfleger, Historiker und Künstler, die auf den kulturgeschichtlichen Wert und die ungewöhnliche Schönheit von Hüttenwerken, Fördertürmen und Arbeitersiedlungen hingewiesen haben. Außerdem trug die Aufnahme von Industrierelikten in die *UNESCO-Liste der Welterbestätten* dazu bei, dass sie zunehmend als wichtige Bestandteile des Kulturgutes und damit auch als kulturtouristische Attraktionen wahrgenommen werden (→ 3.3.1).

In den letzten beiden Jahrzehnten weist der Industrietourismus eine erhebliche Dynamik auf, die vor allem durch die Angebotsseite bestimmt wird. Immer mehr altindustrielle Regionen versuchen, sich als neue Tourismusdestinationen zu positionieren, indem sie ihr industriegeschichtliches Erbe *(Heritage)* schützen und zugleich für den Tourismusmarkt aufbereiten. Zu den typischen Angebotsformen zählen einzelne *Industrierelikte und Industriemuseen* (→ 3.3.2), aber auch *industrietouristische Themenstraßen* (→ 3.3.3). Im Rahmen einer Fallstudie wird die „*Route der Industriekultur*" vorgestellt, die dazu dient, das industriekulturelle Erbe des Ruhrgebiets „als unverwechselbares Markenzeichen der Region" (EBERT 1999, S. 68; → 3.3.4) zu nutzen. Darüber hinaus finden sich in Schweden, Großbritannien und den USA auch *Industrieerlebnislandschaften*, in denen Industrierelikte als zentrale thematische Elemente eines komplexen regionalen Tourismusangebots fungieren (→ 3.3.5).

3.3.1 Potenziale und Hemmnisse einer touristischen Nutzung von Industrieregionen

Das touristische Interesse an der Industrie hat generell einen *ambivalenten Charakter*, denn es kann sich einerseits auf Relikte der frühen Industrialisierung richten. Stillgelegte Schachtanlagen, Stahlwerke oder Textilfabriken gelten dann als eindrucksvolle Zeugen des technischen Fortschritts im 19. Jahrhundert (ähnlich wie Burgen als bauliche Repräsentanten der mittelalterlichen Welt fungieren). Andererseits können sich aber auch produzierende Industriebetriebe zu touristischen Attraktionen entwickeln; in diesem Fall steht bei den Besuchern meist der Wunsch im Vordergrund, Informationen über den Herstellungsprozess von Markenprodukten zu erhalten (bzw. die Produkte zu kaufen).

Entsprechend dieser Ambivalenz grenzt SOYEZ (1986, S. 109) den Begriff „*Industrietourismus*" als „*jene Formen räumlicher Mobilität [ab], die auf die Anziehungskraft von in Betrieb befindlichen oder ehemaligen industriellen Systemen (also Anlagen einschließlich übriger ihnen funktional zuzuordnender Elemente) zurückzuführen sind*" (vgl. Abb. 68).[352]

---

[352] Darüber hinaus überlagern sich im Industrietourismus erholungs- und berufsbezogene Reiseformen: Alle Ausflugs- und Reiseaktivitäten in der Freizeit zählen nämlich zum *erholungsbezogenen Industrietourismus* (z. B. Kulturtourismus, Shoppingtourismus).

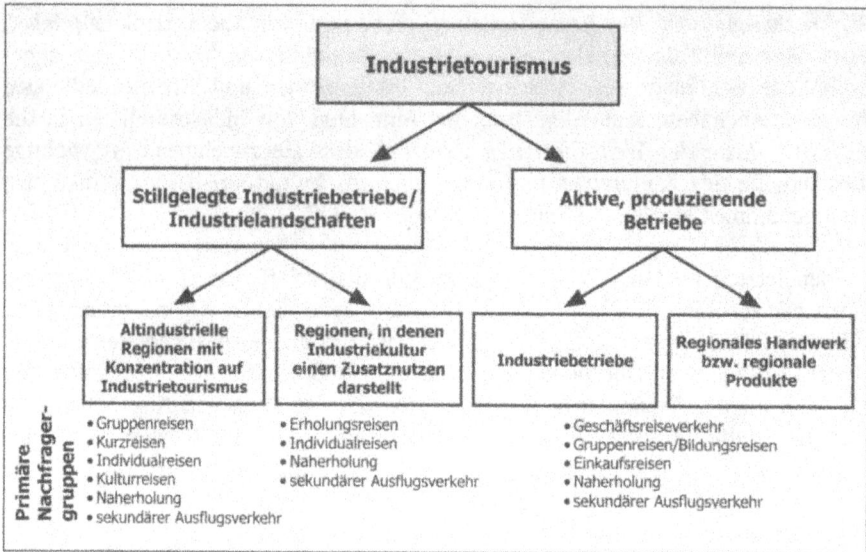

Abb. 68: Der Industrietourismus hat einen ambivalenten Charakter, denn als touristische Attraktionen können einerseits stillgelegte Industriebetriebe und Industrielandschaften fungieren, andererseits aber auch aktive, produzierende Betriebe. Entsprechend breit gefächert sind die unterschiedlichen Nachfragergruppen in diesem Marktsegment (Quelle: Eigene Darstellung nach Angaben in FONTANARI/WEID *1999, S. 17).*

Die beiden Typen von Einrichtungen, die das kulturtouristische Potenzial von Industrieregionen ausmachen, unterscheiden sich hinsichtlich *Trägerschaft, Zielsetzung, Themen etc.* deutlich voneinander (vgl. STEINECKE 2001, S. 88-89).[353]

Produzierende Industriebetriebe als touristische Attraktionen

Die *produzierenden Betriebe* sind privatwirtschaftliche Unternehmen, die sich vor allem im Rahmen ihrer Kommunikationspolitik für den Tourismus öffnen; teilweise findet dabei auch ein (preisgünstiger) Vertrieb von Produkten statt. Mit Hilfe von Unternehmensmuseen und -besichtigungen, aber auch von speziellen Markenerlebniswelten soll die Wettbewerbsposition verbessert werden (vgl. STEINECKE 2004). Im Mittelpunkt der Informationsvermittlung stehen deshalb die Unternehmensgeschichte sowie die Produkte und Produktionsverfahren; es dominiert eine unternehmensspezifische, partikulare Sichtweise (in der englischsprachigen Litera-

---

Wenn Reisen in Industrieregionen unternommen werden, um geschäftliche Kontakte zu pflegen oder Verkaufsverhandlungen zu führen, handelt es sich hingegen um einen *Geschäftsreise- und Dienstreiseverkehr.*

[353] Darüber hinaus finden sich zunehmend auch Mischformen, die in Form einer Public-Private-Partnership organisiert sind (vgl. WOLF 2005, S. 60).

tur wird diese Form des Tourismus als „*Industrial Tourism*" bezeichnet; vgl.
KUNTZ 1999, S. 157).

Die *Schnittstelle dieser Einrichtungen zum Kulturtourismus* ist schwer zu bestimmen: So gibt es in Deutschland ca. 200 privat betriebene Firmenmuseen - vom
Mercedes-Benz-Museum (Stuttgart) über das Vitra Design Museum (Weil am
Rhein) bis zum Adidas-Sportschuh-Museum (Herzogenaurach). Die Sammlungen
zählen zum Bereich der Alltagskultur und sind auch für Touristen von Interesse
(vgl. BERG 2003). Bei den Betriebsführungen und speziell unter den Markenerlebniswelten finden sich:

- *informations- und bildungsorientierte Angebote,* die eher einen musealen Charakter haben (z. B. das Guinness Storehouse in Dublin, die Swarovski-Kristallwelten bei Innsbruck oder die Autostadt Wolfsburg);

- *spaß- und unterhaltungsorientierte Einrichtungen,* die hinsichtlich ihres Angebotsspektrums mit Themenparks zu vergleichen sind (z. B. das Ravensburger
  Spieleland in Meckenbeuren oder die Legoland-Parks in mehreren Ländern);

Aufgrund dieser Abgrenzungsprobleme zur Freizeitbranche sollen die Industriebetriebe und Markenerlebniswelten hier nicht weiter behandelt werden (zu ausführlichen Darstellungen vgl. ROUSE 2000; SCHERRIEB 1998-2003; KÜDDELSMANN
2001; STEINECKE 2004, S. 205-207; 2006, S. 254-262).

Industrierelikte als touristische Attraktionen

Bei den *Industrierelikten* handelt es sich meist um öffentliche Einrichtungen, deren
Trägerschaft in Händen von Kommunen, Ländern oder Vereinen liegt. Ihr zentrales Ziel ist die Bewahrung des industriekulturellen Erbes für künftige Generationen
(Denkmalpflege). In diesen Attraktionen wird die Industriegeschichte nicht nur
unter technischen Gesichtspunkten präsentiert, sondern unter Einbeziehung von
gesamtwirtschaftlichen, sozialgeschichtlichen und politischen Aspekten (in der
englischsprachigen Literatur werden solche Angebote als „*Industrial Heritage
Tourism*" bezeichnet; vgl. KUNTZ 1999, S. 157).

Die öffentlichen industrietouristischen Einrichtungen finden sich zumeist in altindustriellen Regionen; dabei handelt es sich um Gebiete „mit einem Industrie-
bestand aus der Frühphase der Industrialisierung (...) und fehlender Anpassungs-
fähigkeit an die Erfordernisse der Zeit" (LESER 1998, S. 30). Beispiele für altindustrielle Regionen in Deutschland sind das Ruhrgebiet, das Saarland, das mitteldeutsche Industriedreieck zwischen Dessau, Halle und Altenburg sowie die Lausitz.

Abb. 69: Industrierelikte - wie die verlassene Minenstadt Bodie in Kalifornien (USA) - haben sich erst in den letzten Jahrzehnten zu touristischen Attraktionen entwickelt. Vor allem durch das Engagement von Denkmalschützern, Historikern und Journalisten ist einer breiten Öffentlichkeit der geschichtliche und ästhetische Wert der Industriekultur bewusst geworden.

Zu den *typischen Strukturproblemen* dieser altindustriellen Regionen zählen u. a.:
- eine rasche, meist ohne planerische Eingriffe verlaufende Industrialisierung,
- eine unzureichende Infrastrukturausstattung,
- ein hoher Flächenverbrauch für Industrie- und Verkehrsanlagen,
- ein unkontrolliertes Flächenwachstum der Siedlungen,
- hohe Umweltbelastungen (Luft- und Gewässerverschmutzung).

Politische und wirtschaftliche Veränderungen haben in diesen Regionen seit den 1970er-Jahren *gravierende Strukturkrisen* ausgelöst. Der Zerfall der montan-industriellen Grundlagen hatte einen erheblichen Verlust von Arbeitsplätzen zur Folge. Fördertürme, Hochöfen und Werksbahnen verloren nun ihre Funktion und wurden - als Chiffren des wirtschaftlichen Niedergangs - in der Folgezeit abgerissen. Außerdem benötigten die Städte große Flächen, um im Rahmen des angestrebten wirtschaftlichen Wandels neue Handels- und Gewerbebetriebe ansiedeln zu können (vgl. WEHLING 2006, S. 15-17).

Erst Ende der 1970er-Jahre setzte bei Planern und Politikern ein Prozess des Umdenkens ein: Der Niedergang der traditionellen Montan- und Stahlindustrie machte die Suche nach zukunftsfähigen Alternativen notwendig; damit richtete sich der Blick auf die wachstumsstarke Freizeit- und Tourismusbranche (vgl. HÜCHERIG 1999, S. 267). Mit zunehmender historischer Distanz zum Industrialisierungsprozess veränderte sich aber auch die *Wahrnehmung der Industrierelikte*: Denkmalschützer, Wissenschaftler, Journalisten u. a. verwiesen auf den architektonischen, geschichtlichen und ästhetischen Wert von Industrierelikten - und auf ihre touristischen Potenziale (vgl. SCHNEIDER 1978; BÖHLE 1989). Sie konnten sich dabei auf *positive Erfahrungen altindustrieller Räume in Schweden, Großbritannien und den USA* beziehen (vgl. Abb. 69; → 3.3.5).[354]

Darüber hinaus trug die Aufnahme von Industrierelikten in die *UNESCO-Welterbeliste* (seit 1978) dazu bei, dass sie in der Öffentlichkeit als wichtige Bestandteile des Kulturguts und auch als touristische Attraktionen wahrgenommen wurden. Gegenwärtig handelt es sich bei 2 % der 830 aufgenommenen Kulturdenkmäler in 138 Ländern um stillgelegte Industrieeinrichtungen (vgl. Tab. 18).

Bei der Industrialisierung hat es sich um einen vielschichtigen Veränderungsprozess gehandelt, mit dem nicht nur technische Innovationen verbunden waren, sondern auch ein gravierender gesellschaftlicher und räumlicher Wandel. Der Begriff „Industriekultur" umfasst deshalb zum einen *technische und bauliche Relikte und Denkmäler* - z. B. (vgl. NAGEL 2002):[355]
- Hammerwerke,
- Zechenanlagen,
- Hüttenwerke,
- Speicher- und Hafengebäude,
- Abraumhalden,
- Bahn- und Krananlagen,
- Kanäle,
- Arbeitersiedlungen,
- Direktorenvillen.

Zum anderen gehören aber auch *immaterielle Relikte* wie das Brauchtum der Bergleute zum industriekulturellen Erbe - z. B.:
- das Lied- und Kulturgut (Musikkapellen, Uniformen),[356]
- typische Freizeitaktivitäten (Fußball, Brieftauben- und Ziegenhaltung etc.).[357]

---

[354] vgl. u. a. SCHREITTER-SCHWARZENFELD, H. (1976): Die Archäologen im Hochofen. England entdeckt seine Liebe zu industriellen Altertümer. - In: Frankfurter Rdsch., 25. September; GLASER, H. (1979): Spurensicherung. Über die Notwendigkeit der Erforschung und Erhaltung von Industriekultur. - In: Frankfurter Rdsch., 15. Dezember

[355] Aus denkmalpflegerischer Perspektive wird der Begriff „Industriekultur" definiert als die „Summe von für die Entwicklung industrieller Lebensformen spezifischen Objekten, seien es Strukturen, Gebäude, Archivalien oder Produkte" (FÖHL 2005, S. 36). Er bezieht sich also ausschließlich auf materielle Relikte des Industriezeitalters.

[356] Das traditionelle Steigerlied („Glück auf, der Steiger kommt") wird auch heute noch vor den Heimspielen des FC Schalke 04 und des FC Erzgebirge Aue gespielt (vgl. de.wikipedia.org/wiki/Glueck_auf_der_Steiger_kommt vom 28. Oktober 2006).

[357] Im saarländischen Dudweiler erinnert z. B. ein Denkmal an die „Bergmannskuh" - die Ziege, die von den Bergleuten häufig als Haustier gehalten wurde (vgl. www.fell-dudweiler.de/die_geschichte_des_saarlandes.htm vom 28. Oktober 2006).

Weltkulturerbestätte	Land	Jahr der Aufnahme
Salzbergwerk Wieliczka	Polen	1978
Stadt und Bergwerke von Røros	Norwegen	1980
Industriedenkmäler im Tal von Ironbridge	Großbritannien	1986
Bergwerk Rammelsberg	Deutschland	1992
Eisenhütte Engelberg	Schweden	1993
Bergbaustadt Banská Štiavnica (Schemnitz)	Slowakei	1993
Völklinger Hütte	Deutschland	1994
Schiffshebewerke des Canal du Centre	Belgien	1998
Industrielandschaft Blaenavon	Großbritannien	2000
Industrielandschaft Derwent Valley	Großbritannien	2001
Industriedorf Saltaire	Großbritannien	2001
Industrielle Mustersiedlung New Lanark (Schottland)	Großbritannien	2001
Historische Industrielandschaft „Großer Kupferberg" in Falun	Schweden	2001
Industriekomplex Zeche Zollverein in Essen	Deutschland	2001
Bergbau-Landschaft von Cornwall und West-Devon	Großbritannien	2006
Kupferminenstadt Sewell	Chile	2006

Tab. 18: Die Aufnahme von Industrierelikten in die Liste des UNESCO-Welterbes hat dazu beigetragen, dass sie in der Öffentlichkeit zunehmend als wichtige Bestandteile des Kulturgutes und auch als touristische Attraktionen wahrgenommen werden (Quelle: Eigene Zusammenstellung nach Angaben in www.unesco.de; Stand: 10/2006).

Mit der touristischen Inwertsetzung der Industriekultur können generell *vier Ziele* verfolgt werden (vgl. SOYEZ 2003):[358]
- die touristische Vermittlung der regionalen Industrie-, Wirtschafts- und Sozialgeschichte am Originalschauplatz,
- die Aufwertung spektakulärer Industriesymbole zur Stärkung der regionalen Identität (Innenwirkung),
- die Verbesserung des regionalen Images (Außenwirkung),
- die Neu- oder Umnutzung von Industrierelikten.

Allerdings zeigt sich in vielen altindustriellen Räumen, dass eine touristische Nutzung des industriekulturellen Erbes häufig auf *Skepsis bei den Nachfragern* und auf *erhebliche Widerstände bei Bevölkerung und Entscheidungsträgern* stößt.

---

[358] Vor der touristischen Nutzung findet jeweils eine Bewertung und Auswahl industriekultureller Elemente statt: „Sozialgeschichtliche Aspekte, die auf die vermeintliche frühere kulturelle Minderwertigkeit anspielen, erhalten weniger Akzeptanz bei Lokalpresse und Publikum als herausgeputzte Gebäuderelikte" (PROSSEK 2005, S. 56).

Hemmnisse einer touristischen Nutzung von Industrierelikten

Für die *Touristen* spielen im Urlaub vor allem Tapetenwechsel und Distanz zum Berufsalltag als Reisemotive eine wichtige Rolle (neben Erholung und Entspannung). Industrieeinrichtungen sind aber Symbole der Arbeitswelt und repräsentieren damit genau den Lebensbereich, den man im Urlaub vergessen will.[359] Doch selbst im Kulturtourismus wurde das industrielle Erbe lange Zeit vernachlässigt, da es nicht dem *klassischen Kulturverständnis* entspricht. Im Sinne der Hochkultur gelten historische Sakral- und Profanbauten als Sehenswürdigkeiten, während Bergwerke, Eisenhütten und Keramikfabriken (als Zeugnisse der Alltagskultur) lange Zeit auf ein vergleichsweise geringes touristisches Interesse gestoßen sind (vgl. HÜCHERIG 1999, S. 279).

Auf der *Angebotsseite* konnte SOYEZ (1986, S. 78-80; 1993, S. 49-56) mehrere Hemmnisse identifizieren, die eine touristische Nutzung von Industrierelikten erschweren (vgl. Abb. 70):

- *Mental-kognitive Barrieren:* Bei Politikern, Tourismusverantwortlichen und breiten Teilen der Bevölkerung fanden sich in den 1980er-Jahren meist negative Einstellungen: Industrierelikte galten als unattraktiv und unästhetisch. Bis heute erweist sich die Industriekultur als ein „für manche schwer verdauliche[s] Thema" (EBERT 2004, S. 22). Vielen Menschen erscheint es unsinnig, öffentliche Gelder für den Erhalt dieser funktionslos gewordenen Anlagen auszugeben. Oft bestehen auch Ängste, dass durch den Industrietourismus eine Musealisierung stattfindet - und damit die dauerhafte Dokumentation der Strukturkrise, die man hofft, künftig zu überwinden.

- Zu den *ökonomischen Barrieren* zählt zunächst der Verzicht auf mögliche Verkaufsgewinne (Schrott, Gebäude, Grundstücke etc.), die aufgrund einer touristischen Nutzung nicht realisiert werden können. Außerdem fallen bei einer touristischen Inwertsetzung zusätzliche Kosten an - von der Bestandserhaltung über die Sanierung bis hin zur Erschließung und zum laufenden Betrieb (industrietouristische Einrichtungen erwirtschaften zumindest in der Anfangsphase nämlich nur geringe Einnahmen).

- Darüber hinaus können *rechtlich-organisatorische Barrieren* bestehen (z. B. unklare Zuständigkeiten, Versicherungsprobleme) und auch *physische Barrieren* (Industriegelände als Hindernis bzw. attraktiver Standort der Stadtentwicklung).

---

[359] Speziell in Folgelandschaften des Braunkohletagebaues (z. B. der Lausitz) wirkt das negative Image als ein „Haupthemmnis touristischer Perspektiven" (KRAJEWSKI 2004, S. 175).

Mental-kognitive Barrieren	Ökonomische Barrieren	Rechtliche/ organisatorische Barrieren
Industrie ≠ Kultur	Hoher Schrottwert	"Verfügungsgewalt"
Industrie = unästhetisch	Hoher Grundstückswert	Unklare Zuständigkeiten
Industrie = uninteressant	Hohe Sanierungskosten (im Hinblick auf Altlasten)	Versicherungs- problematik
Industrie = gefährlich (Altlasten)	Hohe Inwertsetzungs- und Betriebskosten	
Ideologische Widerstände	Schwierigkeiten neuer Funktionszuweisungen	
Angst vor Image- verlust	Hohe Restaurierungskosten	
Mangelnde historische Distanz		
"Stilllegungstrauma"		**Physische Barrieren**
Angst vor Musealisierung		Physisches Hindernis für Stadterneuerung

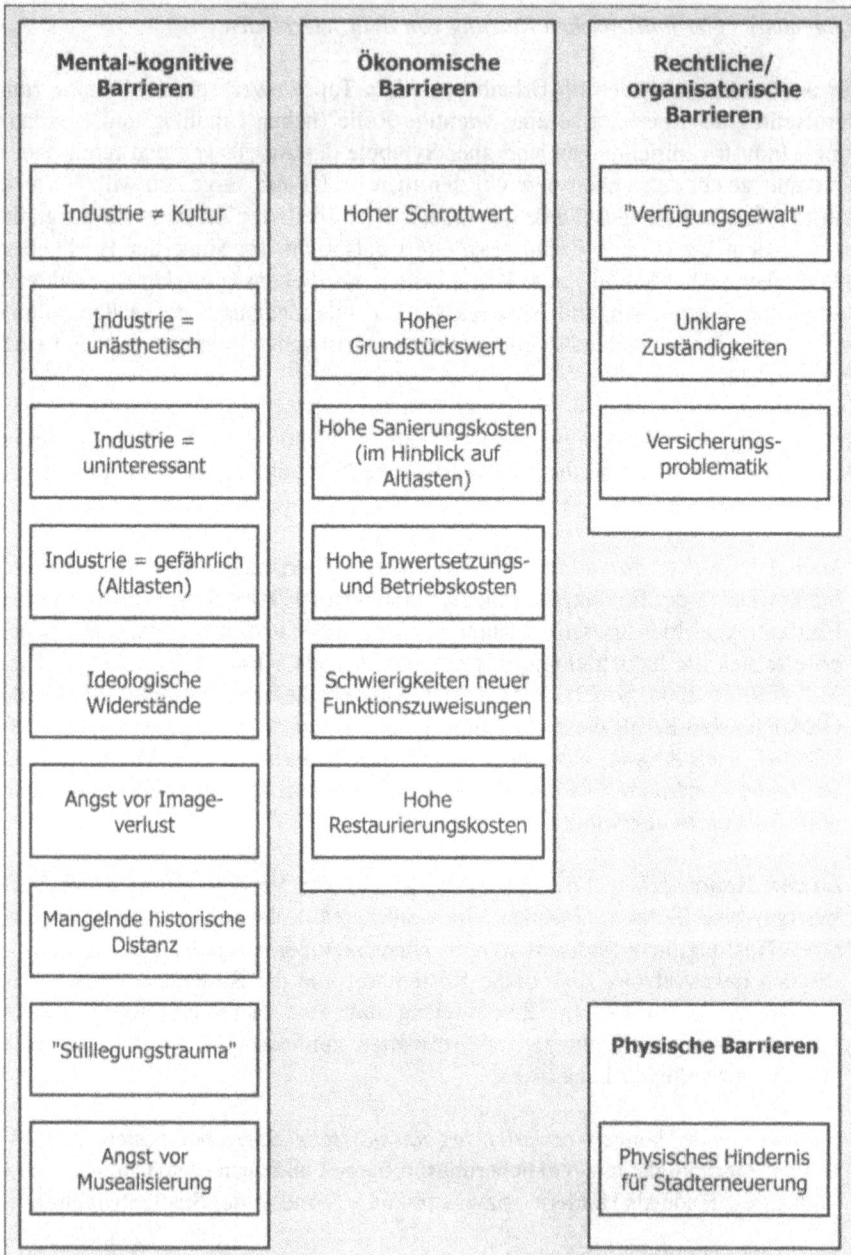

Abb. 70: Die touristische Nutzung von stillgelegten Industrieanlagen wird von den politi-schen Entscheidungsträgern, aber auch von der einheimischen Bevölkerung häufig mit Skepsis betrachtet. Neben mental-kognitiven Vorbehalten bestehen auch ökonomische, rechtliche, organisatorische und physische Hemmnisse (Quelle: Eigene Darstellung nach Angaben in SOYEZ 1993, S. 51).

Trotz zahlreicher Hemmnisse und Widerstände wurde in den letzten Jahrzehnten das industriekulturelle Erbe an zahlreichen Standorten in Deutschland und Europa touristisch erschlossen - dabei reicht das Angebotsspektrum von Industrierelikten und Industriemuseen (→ 3.3.2) über industrietouristische Themenstraßen (→ 3.3.3) bis hin zu Industrieerlebnislandschaften (→ 3.3.5).

3.3.2 Industrierelikte und Industriemuseen

Industrieeinrichtungen können nicht unmittelbar nach der Stilllegung touristisch genutzt werden. Vielmehr muss zunächst ein *Prozess der Musealisierung* stattfinden, „in den ein Ding, ein Bau, ein Fragment eines Dings oder Gebäudes als Rohstoff eingeht" (HAUSER 2001, S. 99). Innerhalb dieser Musealisierung werden Objekte ausgewählt, aufbereitet und schließlich präsentiert (vgl. Abb. 71).[360]

Abb. 71: Um touristisch genutzt werden zu können, müssen Industrierelikte museal und infrastrukturell aufbereitet werden - durch Auswahl und Klassifikation der Exponate, aber auch durch bauliche Maßnahmen. So wurden z. B. einige Gebäude der Völklinger Hütte (Saarland) mit Fahrstühlen ausgestattet, damit auch Menschen mit körperlichen Behinderungen ein Zugang möglich ist.

---

[360] Eine unsachgemäße touristische Erschließung kann gravierende bauliche Veränderungen zur Folge haben. KANIA (2005, S. 135) spricht z. B. bei der Zeche Zollverein XII in Essen von einer „grenzenlosen Radikalität der Vernichtung historischer Elemente."

Die Exponate dienen dann als materielle Bezugspunkte von kollektiven Erinnerungen und als Elemente zur Konstruktion von regionalen Identitäten. Dieser Prozess kann sowohl an den *authentischen Standorten stillgelegter Industrieanlagen (in situ)* stattfinden als auch in *thematisch ausgerichteten Industriemuseen an anderen Standorten* (häufig handelt es sich allerdings auch um Mischformen).

Thema	*Industrierelikt/Industriemuseum*
Industrie/ Technik/ Arbeit generell	Rheinisches Industriemuseum, Oberhausen Museum Arbeitswelt, Steyr (A) Museu de la Ciència i de la Tècnica de Catalunya, Terrassa (E) Museum of Science and Industry, Manchester (GB)
Energie- und Wasser- versorgung	Gasometer, Oberhausen TD-Brikettfabrik „Louise", Domsdorf Musée Français du Pétrole, Merkwiller-Pechelbronn (F) Herefordshire Waterworks Museum, Broomy Hill (GB)
Bergbau	Zeche Zollern II/IV, Dortmund Musée National des Mines, Rumelange (LUX) Big Pit - National Mining Museum of Wales, Blaenafon (GB) Clonmacnoise & West Offaly Bog Railway (IRL)
Eisen- und Stahlerzeugung	Landschaftspark Duisburg-Nord Industrie- und Eisenbahnpark Fond de Gras (LUX) Musée du Fer, Reichshoffen (F) Moira Furnace Museum, Moira (GB)
Glasherstellung	Glasmuseum, Weißwasser Glasmuseum, Frauenau Musée du Verre, Liège (B) Musée du Verre et du Cristal, Meisenthal (F)
Textilherstellung	Technisches Museum der Hutindustrie, Guben Westsächsisches Textilmuseum, Crimmitschau Textilmuseum St. Gallen (CH) Quarry Bank Mill, Styal (GB)
Siedlung/ Städtebau	Villa Hügel, Essen Margarethenhöhe, Essen Crespi d'Adda (I) New Lanark, South Lanarkshire (GB)
Verkehr	Deutsches Dampflokomotiv-Museum, Neuenmarkt Deutsches Schifffahrtsmuseum, Bremerhaven Altes Schiffshebewerk, Henrichenburg Zeppelin Museum, Friedrichshafen

Tab. 19: Die Zusammenstellung ausgewählter Industrierelikte und Industriemuseen in Europa verdeutlicht die große Themenvielfalt in diesem Bereich. In ihr spiegeln sich unterschiedliche Aspekte der Industrialisierung wider - z B. der historische Verlauf, die verschiedenen Branchen bzw. die sozialen Verhältnisse.

Beide Einrichtungstypen weisen ein *großes Spektrum an Themen* auf, in denen sich unterschiedliche Aspekte der Industrialisierung widerspiegeln:

- der historische Verlauf (vom Gewerbe über Manufakturen zu Großbetrieben),
- die unterschiedlichen Industriezweige (Montanindustrie, Textilindustrie etc.),
- die sozialen Verhältnisse (Arbeiterkolonie, Fabrikantenvillen etc.).

Umfang des Industrietourismus

Über den *Umfang des Industrietourismus* (in Relikten und Museen) liegen keine kontinuierlich und systematisch erhobenen statistischen Angaben vor. Allerdings wird anhand einzelner Daten deutlich, dass dieses Marktsegment weder über-schätzt noch unterschätzt werden darf:

- In Deutschland gab es im Jahr 2004 insgesamt *774 technische und naturwissen-schaftliche Museen*, die sich im Vergleich zu anderen Museumstypen (z. B. Volks- und Heimatkundemuseen) einer großen Popularität erfreuen: Sie machen nur 12,1 % aller bundesdeutschen Museen aus, erreichen aber mit 14,9 Mio. Be-suchen einen Anteil von 14,5 % aller Museumsbesuche (IfM 2005, S. 19-20).[361]

- Schätzungen gehen aber davon aus, dass die industrietouristische Nachfrage weniger als 1 % des deutschen Gesamtmarktes an Urlaubs- und Kurzurlaubsrei-sen ausmacht (vgl. MWA 2003, S. 13).

- Ungeachtet dieses geringen Marktanteils können einzelne Einrichtungen *erheb-liche Besucherzahlen* verzeichnen - z. B. die Zeche Zollverein in Essen (über 500.000 Besucher/Jahr), das Deutsche Bergbau-Museum in Dortmund (390.000) oder das Zeppelin-Museum in Friedrichshafen (340.000; vgl. Tab. 20).[362]

Merkmale, Motive und Aktivitäten von Industrietouristen

Auch die Informations- und Datenlage *zu den Industrietouristen* (Merkmale, Mo-tive, Aktivitäten) ist unbefriedigend; auf der Grundlage von Fallstudien in einzel-nen Einrichtungen lassen sich folgende Aussagen treffen:

- Der Industrietourismus findet vor allem in Form eines *Tagesausflugverkehrs* statt. So ermittelte WOLF (2005, S. 120) z. B. für die Zeche Zollverein XII (Es-sen) im Jahr 2001 einen Anteil von 84,3 % Tagesausflüglern, aber nur von 8,8 % Kurzurlaubern, 6,2 % Geschäftsreisenden und 0,7 % Urlaubern (vgl. Abb. 72). Zu ähnlichen Ergebnissen kommen vergleichbare Untersuchungen in anderen industrietouristischen Einrichtungen im Ruhrgebiet (vgl. HÜCHERIG 1999, S. 280). Zumeist handelt es sich dabei um *monofinale Ausflugsfahrten* (bei de-

---

[361] vgl. JOHN/MAZZONI (2005) zu aktuellen Konzepten und Fallbeispielen von Industrie-und Technikmuseen

[362] Das Besucheraufkommen hängt u. a. auch von der Durchführung attraktiver Events ab.

nen also nur ein Ausflugsziel auf dem Programm steht). Die Ausflüge werden
überwiegend selbst organisiert; Reiseveranstalter und -büros spielen bei der Organisation und Buchung keine Rolle (vgl. FONTANARI/WEID 1999, S. 17).

Einrichtung	*Besuchszahl*	*Bezugsjahr*
Zeche und Kokerei Zollverein Essen	über 500.000	2001
Deutsches Bergbau-Museum, Bochum	390.000	1994
Zeppelin-Museum, Friedrichshafen	340.000	2000
Bergbaumuseum und Besucherbergwerk Rammelsberg, Harz	220.000	2002
Völklinger Hütte, Saarland	200.000	1999
Big Pit - National Mining Museum of Wales	120.000	1999
Rhondda Heritage Park, Wales	75.000	1999
Besucherbergwerk F60, Lausitz	72.000	2003
Schiffshebewerkmuseum in Henrichenburg, Ruhrgebiet	60.000	1994
Besucherbergwerk Drei Kronen, Sachsen-Anhalt	36.000	2001
Erlebnisbergwerk Sondershausen, Thüringen	30.000	2002
Besucherbergwerk Wettelrode, Sachsen-Anhalt	25.000	2001
Bergwerksmuseum Grube Glasebach Straßberg, Sachsen-Anhalt	10.000	2000
Brikettfabrik „Hermannsschacht" Zeitz, Sachsen-Anhalt	5.000	2001

*Tab. 20: Die Mehrzahl der industrietouristischen Einrichtungen verzeichnet ein geringes
Besucheraufkommen (meist unter 30.000/Jahr). Nur wenige Attraktionen konnten sich
bislang zu Besuchermagneten entwickeln. Als Erfolgsfaktoren erweisen sich dabei - neben
dem Thema - auch ein fundiertes Marketing-Konzept sowie eine professionelle Marktbear-
beitung (Events, Erlebnisorientierung).*[363]

- Der *regionale Einzugsbereich* der meisten industrietouristischen Attraktionen ist
  deshalb gering: So kommt z. B. jeder zweite Gast des Besucherbergwerks F60 in
  Lichterfeld (Lausitz) aus den umliegenden Landkreisen; bei weiteren 40 % handelt es sich um Tagesausflügler aus Berlin und Dresden. Nur jeder zehnte Besucher wohnt in den alten Bundesländern bzw. im Ausland (vgl. Förderverein Besucherbergwerk F60 2003).[364]

---

[363] zusammengestellt nach Angaben in BOSHOLD (1999, S. 88); HÜCHERIG (1999, S. 280);
KEEN (1999, S. 46); SKALECKI (1999, S. 37); MEIGHÖRNER (2000, S. 261); VOIGT (2002,
S. 76); Förderverein F60 (2003); MWA (2003, S. 22, 27, 45, 48, 53, 57, 66)

[364] Der Einzugsbereich hängt u. a. von der Einzigartigkeit, dem Bekanntheitsgrad und der
Lage bzw. Erreichbarkeit ab. In der Zeche Zollverein XII (Essen) kommen 62 % der Besucher aus Essen bzw. dem Ruhrgebiet, 20 % aus anderen Teilen Nordrhein-Westfalens,

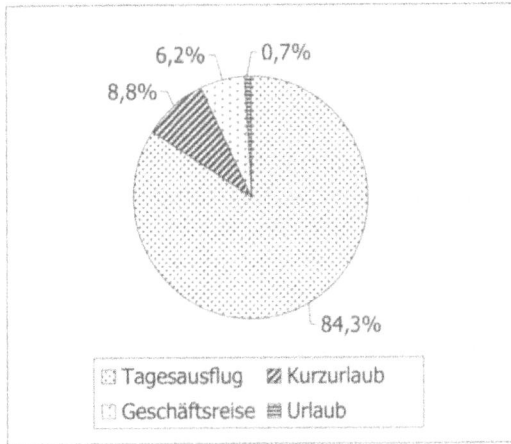

Abb. 72: Am Beispiel der Zeche Zollverein XII in Essen wird deutlich, dass industrietouristische Einrichtungen meist im Rahmen von Tagesausflügen besucht werden. Dabei handelt es sich überwiegend um monofinale Ausflugsfahrten, bei denen nur eine Attraktion auf dem Programm steht (Quelle: Eigene Darstellung nach Angaben in WOLF 2005, S. 120).

- Der Industrietourismus weist außerdem eine *antizyklische Saisonalität* und eine *Konzentration auf die Wochenenden* auf: Dabei ist normalerweise der Samstag der besucherstärkste Tag. Außerdem sind im Frühjahr und Herbst die Nachfragespitzen zu beobachten, während es in den Sommermonaten zu einem Besucherrückgang kommt - da die Haupturlaubsreisen meist in klassische Feriendestinationen unternommen werden (vgl. SOYEZ 1993, S. 47; SCHRÖDER 2004, S. 215). Dieses „Sommerloch" ist in *den* Regionen größer, in denen der Industrietourismus das zentrale Angebotssegment darstellt. Wenn er aber mit anderen Angeboten kombiniert wird (Radurlaub, Wandern etc.) oder wenn sich die Industrierelikte in der Nähe von Tourismusdestinationen befinden, ist die Saisonalität weniger stark ausgeprägt (vgl. FONTANARI/WEID 1999, S. 18-20). So wies z. B. das Besucherbergwerk F60, das in Ausflugsdistanz zum Spreewald liegt, im Jahr 2003 auch im August eine hohe Nachfrage auf (vgl. Abb. 73).

- Die *Besuchsmotive* sind vielfältig - sie reichen von einer generellen Neugierde über ein historisches Interesse bis hin zum Wunsch, ein abwechslungsreiches Ausflugsziel zu besuchen. Dabei lassen sich nationale Unterschiede beobachten: In Deutschland dominieren meist industrie- und technikgeschichtliche Motive. So wollte sich jeder zweite Besucher der Zeche Zollverein XII über die Zechenanlage informieren, 50,8 % waren an der Industriekultur interessiert und 26,0 %

---

12 % aus dem übrigen Bundesgebiet und weitere 6 % der Besucher aus dem Ausland (vgl. Entwicklungsgesellschaft Zollverein 2006).

wollten mehr über Technik erfahren (vgl. WOLF 2005, S. 128).[365] In britischen Industrieeinrichtungen, die meist erlebnisorientierter gestaltet sind, geben die Besucher hingegen häufiger freizeit- und familienorientierte Gründe an (vgl. KUNTZ 1999, S. 161).

- Unter den Besuchern von industrietouristischen Einrichtungen finden sich über- durchschnittlich *viele Männer*: Im Erlebnisbergwerk Sondershausen waren 55,2 % Männer, in der Zeche Zollverein XII 53,3 % (vgl. VOIGT 2002, S. 104; WOLF 2005, S. 114). Dieses Ergebnis ist auf geschlechtsspezifische Technikaf- finitäten zurückzuführen. Hinsichtlich der *Altersstruktur* lassen sich (wie in Mu- seen) Unterschiede zwischen den Individualbesuchern beobachten, die zumeist mittleren und älteren Altersgruppen angehören, und den jüngeren Gruppenbesu- chern, die häufig im Rahmen von Klassenausflügen kommen.

- Auch bezüglich des Bildungsstandes weisen die Besucher von Industrieeinrich- tungen deutliche Ähnlichkeiten mit Museumsbesuchern auf: In der Zeche Zoll- verein XII verfügten z. B. 44,1 % der Besucher über einen Universitäts- bzw. Fachhochschulabschluss - der bundesdeutsche Durchschnittswert liegt hingegen bei 10,4 % (vgl. WOLF 2005, S. 116).

Der Umfang der Nachfrage und auch das Besucherprofil können von Einrichtung zu Einrichtung stark schwanken. Als wesentliche Steuerfaktoren erweisen sich dabei die *Erlebnisorientierung des Angebots und die Form der Informationsver- mittlung (Edutainment)*:
- Industrieeinrichtungen mit einem klassischen musealen Angebot (Informations- tafeln, Vitrinen etc.) werden von älteren Besuchern bevorzugt.
- Ein jüngeres Publikum kann durch den Einsatz multimedialer Informationstech- niken, durch animative Vermittlungsformen sowie durch qualifizierte museums- pädagogische Betreuung angesprochen werden.[366]

Allerdings besteht hinsichtlich der erlebnisorientierten Inwertsetzung des indu- striekulturellen Potenzials ein *deutlicher Dissens zwischen Denkmalpflegern und Tourismusexperten* (vgl. SCHRÖDER 2004, S. 216-218):[367]

---

[365] Eine aktuelle Besucherbefragung in der Zeche Zollverein XII kommt zu dem Ergebnis, dass die Besucher auch ein großes Interesse an der Industrienatur haben - also an der Spontanvegetation bzw. landschaftsgärtnerischen Gestaltung der Freiflächen (vgl. Ent- wicklungsgesellschaft Zollverein 2006).

[366] Im Aquarius Wassermuseum in Mülheim a. d. Ruhr, das mit neuen Informationstechni- ken arbeitet, machen die jüngeren Gruppenbesucher ca. 40 % des Publikums aus (vgl. MACAT 2000, S. 273).

[367] GRIES (2004) zeigt die Konsequenzen auf, die sich aus der Polarität zwischen der fachli- chen Orientierung der Verantwortlichen und den Erlebnis- bzw. Unterhaltungsansprü- chen der Besucher für die Präsentation industriekultureller Objekte ergeben (z. B. Per- sonalisierung von Geschichte, Ansprache aller Sinne, Anregung zu eigener Spurensu- che).

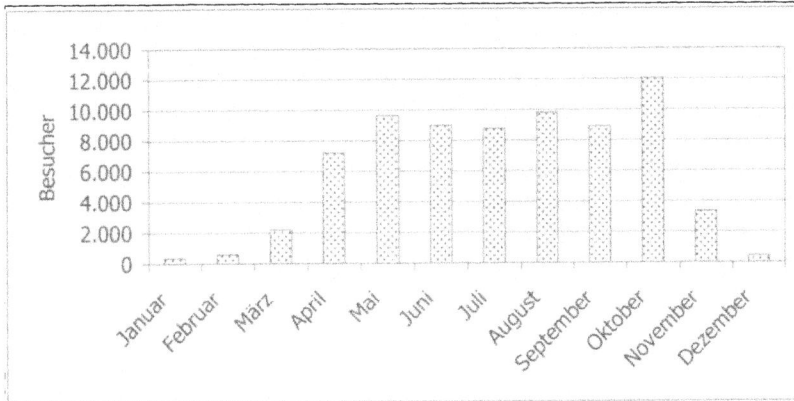

Abb. 73: Industrietouristische Einrichtungen werden überwiegend in der Vor- und Nach-saison besucht. Diese antizyklische Saisonalität ist allerdings geringer ausgeprägt, wenn sich die Attraktionen in der Nähe klassischer Tourismusregionen befinden. Das Besucher-bergwerk F60 liegt im Einzugsbereich des Spreewalds; deshalb verzeichnet es auch in den Sommermonaten eine hohe Nachfrage (Bezugsjahr: 2002; Quelle: Eigene Darstellung nach Angaben in Förderverein Besucherbergwerk F60 2003).

- Zentrale Ziele der *Denkmalpfleger* sind der Erhalt und die Präsentation der In-dustrierelikte in Form einer klassisch-musealen Informationsvermittlung. Ein hohes Besucheraufkommen und ökonomische Zielsetzungen spielen meist nur eine untergeordnete Rolle. Vertreter dieser Position sehen die Gefahr, dass die substantiellen Inhalte der Industriekultur im Rahmen einer Eventisierung in den Hintergrund gedrängt werden und die Industrierelikte zunehmend eine „Kulis-senfunktion zugewiesen bekommen" (SCHWARK 2004a, S. 15).

- *Tourismusexperten* plädieren hingegen für eine erlebnisorientierte Informations-vermittlung, bei der das industrietouristische Thema anschaulich und sinnlich inszeniert wird - mit Hilfe von Instrumenten, die bei Themenparks zum Einsatz kommen (vgl. STEINECKE 2002, S. 154-157). Außerdem geht es aus ihrer Sicht darum, den Industrietourismus mit anderen Themen bzw. Produkten (Wander- und Fahrradtourismus etc.) zu verknüpfen, um ein breiteres Publikum anzuspre-chen und größere regionalwirtschaftliche Effekte zu erzielen.

Der Erfolg industrietouristischer Einrichtungen hängt allerdings nicht nur von der Angebotsgestaltung und speziell der Erlebnisorientierung ab, sondern auch von mehreren anderen Faktoren.

Erfolgsfaktoren industrietouristischer Einrichtungen

Auf dem differenzierten Freizeit- und Tourismusmarkt können Unternehmen und Einrichtungen nicht einen einfachen „Königsweg" beschreiten; vielmehr basiert der Erfolg auf dem komplizierten Zusammenspiel mehrerer Steuerfaktoren: Das Spektrum reicht dabei vom Standort und der Verkehrsanbindung über die Multifunktionalität und den Bekanntheitsgrad bis hin zum Personal- und Besuchermanagement. In einer umfangreichen Studie ermittelte WOLF (2005, S. 135-136; Abb. 74) insgesamt 20 Erfolgsfaktoren - darunter *drei Basisfaktoren:*

- *Investitionen/Finanzierung:* Für den Umbau der Einrichtungen im Rahmen des Musealisierungsprozesses muss zunächst eine ausreichende finanzielle Ausstattung gewährleistet sein. Außerdem benötigen die Attraktionen finanzielle Reserven, um nach einem mehrjährigen Betrieb notwendige Umstrukturierungen vornehmen zu können.

- *Das Personal- und Besuchermanagement:* Da die Freizeit- und Informationsbedürfnisse der Besucher einem raschen Wandel unterliegen, müssen industrietouristische Einrichtungen konsequent marktorientiert arbeiten. Dazu bedarf es eines professionellen Personalmanagements durch Weiterbildungsmaßnahmen und einer konsequenten Kundenorientierung auf der Basis von Marktforschung (vgl. SOYEZ 1993, S. 58-59).

- *Das Marketing:* Ein erfolgreicher Marktauftritt basiert auf Alleinstellungsmerkmalen - z. B. authentischen Gebäuden und Produktionseinrichtungen (vgl. HLAVAC 2003, S. 25). Darüber hinaus kommt es auf eine zielgruppenspezifische Angebotsgestaltung und speziell auf eine anschauliche Informationsvermittlung an. Die Einrichtungen müssen über ein multifunktionales und zugleich normiertes Angebot verfügen, das den Besuchern sowohl Wahlfreiheit als auch Produktsicherheit bietet.

Zu den generellen Erfolgsfaktoren industrietouristischer Einrichtungen zählt schließlich die *Vernetzung* mit Unternehmen aus anderen Wirtschaftszweigen, aber vor allem mit anderen Freizeit- und Tourismusangeboten in der Region - z. B. in Form von *Themenstraßen.*

3.3.3 Industrietouristische Themenstraßen

Obwohl einzelne Hammerwerke, Fördertürme und Brikettfabriken zunehmend auf ein touristisches Interesse stoßen, verfügen nur wenige Industrieeinrichtungen über eine so herausragende Attraktivität, dass sie als Alleinstellungsmerkmale von Destination fungieren. Bei der Einbindung in ein Destinationsmanagement können sie aber das regionale Gesamtangebot ergänzen und zu einer Steigerung der Attraktivität beitragen.

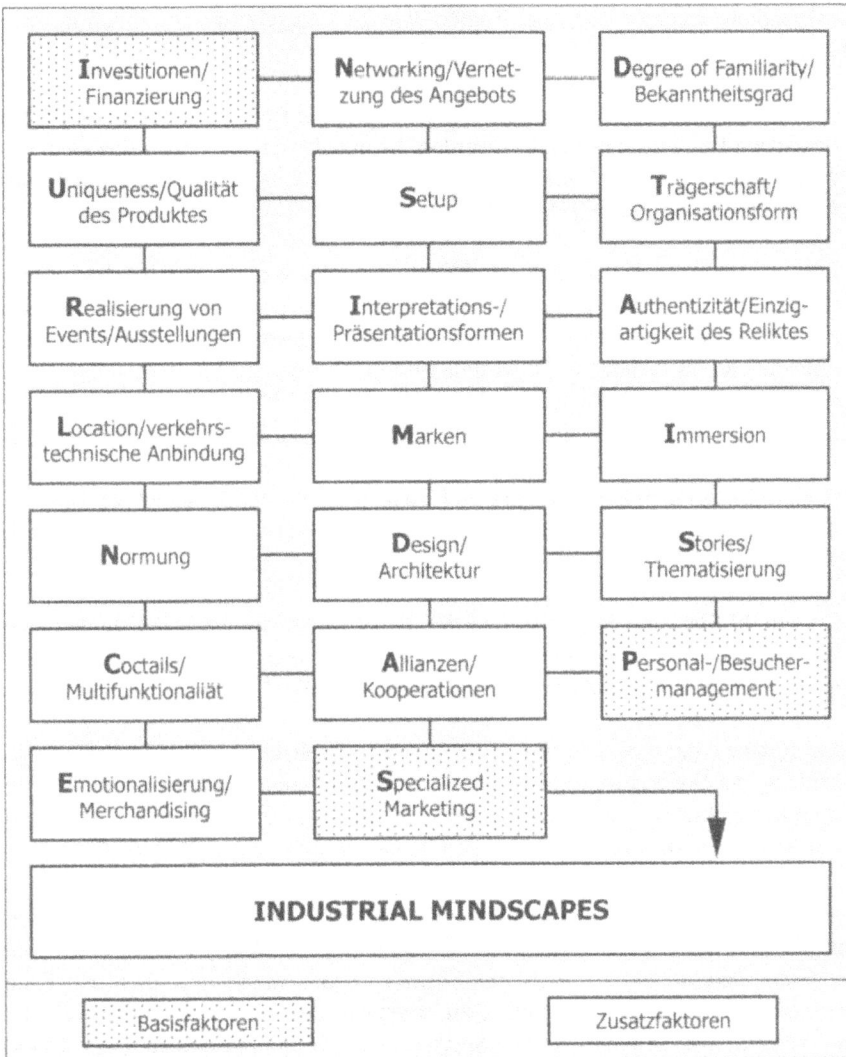

Abb. 74: Der Erfolg von Industrieeinrichtungen auf dem Freizeit- und Tourismusmarkt resultiert aus dem Zusammenspiel mehrerer Faktoren. Das Spektrum reicht dabei von einer gesicherten finanziellen Ausstattung über zeitgemäße Interpretations- und Präsentationsformen und ein attraktives Design bis hin zu einem zielgruppenorientierten Marketing (Quelle: Eigene Darstellung nach Angaben in WOLF 2005, S. 135).

Vor diesem Hintergrund wurden in den letzten Jahren *zahlreiche industrietouristische Themenstraßen* konzipiert und eingerichtet, mit deren Hilfe die Einzelstandorte unter einem Dachthema miteinander verknüpft werden. Inhaltliche Schwerpunkte sind zumeist die Geschichte einzelner Industriezweige bzw. die industriegeschichtliche Entwicklung einer Region, wie die folgenden ausgewählten Beispiele zeigen:

- Die *„Porzellanstraße"* in Franken führt durch eine Region, in der ca. 80 % des deutschen Porzellans produziert werden. Mitglieder des Trägervereins sind Porzellanhersteller, Handelsunternehmen, Hotels und Gaststätten sowie Städte und Gemeinden (vgl. MAIER 1994a).[368]

- Die *„Fränkische Bierstraße"* erschließt ebenfalls den nordbayerischen Raum, der die höchste Brauereidichte der Welt aufweist. Die Besucher können nicht nur Brauereien besichtigen, sondern auch an Kirchweihfesten, Bierwochen etc. teilnehmen (vgl. VÖLKL 1987; MAIER 1994a).[369]

- Die *„Mitteldeutsche Straße der Braunkohle"* führt zu Standorten der Braunkohle und zu Rekultivierungsmaßnahmen von Tagebaugeländen in den drei Bundesländern Sachsen-Anhalt, Sachsen und Thüringen. Zu den Kommunikationsmaßnahmen gehören Informationstafeln sowie ein spezieller Reiseführer (vgl. Dachverein 2003).[370]

- Zu den 40 Stationen der *„Waldviertler Textilstraße"* in Österreich zählen - neben Museen - auch Beispiele historischer Industriearchitektur sowie Arbeitersiedlungen und Fabrikantenvillen (vgl. CEJNA 2000).[371]

- Im Rahmen der *„Steirischen Eisenstraße"* (Österreich) wird die Montangeschichte der Steiermark für ein breites Publikum touristisch aufbereitet. Den Beginn der Kulturroute markiert ein künstlerisch gestaltetes Stahlobjekt aus Schienen - das „Tor zur Eisenstraße" (vgl. WIESINGER 2000).[372]

Angesichts der positiven Erfahrungen mit bestehenden Kulturrouten auf regionaler und nationaler Ebene ist in jüngerer Zeit auch eine *zunehmende Netzwerkbildung der Industriekultur auf europäischer Ebene* zu beobachten.[373] Sie dient vor allem dazu, eine größere Aufmerksamkeit zu erzeugen, den Markt aktiv zu bearbeiten und gemeinsame Produkt- sowie Servicestandards zu entwickeln (vgl. EBERT 2004, S. 42). Als Beispiele sind u. a. zu nennen:

---

[368] vgl. www.porzellanstraße.de
[369] vgl. www.bierfranken.de
[370] vgl. www.braunkohlenstrasse.de
[371] vgl. www.tiscover.at/textilstrasse
[372] vgl. www.eisenstrasse.co.at
[373] SOYEZ (2006, S. 82) hat darauf hingewiesen, dass bei dieser europäischen Netzwerkbildung von Industrieeinrichtungen „eine nationale Verankerung und Begründung die Regel ist". Er plädiert dafür, künftig den *europäischen Charakter der Industriekultur* stärker in den Mittelpunkt zu stellen und dabei auch konfliktträchtige Themen zu behandeln (z. B. historische Okkupationsregimes und Befehlswirtschaften).

Abb. 75: Innerhalb des Destinationsmanagements können spektakuläre Industriedenkmäler nicht nur als chiffrenartige Landmarken, sondern auch als neue Attraktionen fungieren. So gilt der Gasometer in Oberhausen als Symbol des Urban Entertainment Centers „Neue Mitte" - mit dem CentrO und anderen Freizeiteinrichtungen. Seit seiner Umwandlung zur höchsten Ausstellungshalle der Welt (mit Aussichtsplattform) im Jahr 1994 verzeichnete er mehr als 2,5 Mio. Besucher.

- die „*European Route of Industrial Heritage*" *(ERIH)*, die Industrierelikte in zahlreichen europäischen Ländern miteinander verbindet (vgl. EBERT 2001; 2004, S. 41-42; SCHNEIDER 2002).[374]

- das Projekt „*Wege zur Europäischen Industriekultur*" *(WEIKU)*, in dem Partner aus Deutschland, Luxemburg und Österreich zusammenarbeiten (vgl. WILHELM 2000; 2004, S. 62-64).

- die „*Europäische Eisenstraße als Kulturweg Europas*", die zu Museen in Österreich, Deutschland, Großbritannien und Italien führt (vgl. SPERL 2000).

In Deutschland hat vor allem die „*Route der Industriekultur*" in den letzten Jahren aufgrund ihres professionellen Managements und ihrer breiten Öffentlichkeitsarbeit eine besondere Popularität erfahren. Sie wird deshalb im Folgenden im Rahmen einer Fallstudie ausführlich dargestellt (→ 3.3.4; Abb. 75).

---

[374] vgl. www.erih.net

3.3.4   Fallstudie: „Route der Industriekultur" in Nordrhein-Westfalen

Bei der „Route der Industriekultur" handelt es sich um einen *Baustein innerhalb des systematischen Ausbaues der Tourismuswirtschaft im Ruhrgebiet*, der seit 1997 in Nordrhein-Westfalen vorgenommen wird. Als konzeptionelle Grundlage fungiert dabei der „Masterplan für Reisen ins Revier", in dem Prioritäten, Strategien und Organisationsstrukturen festgelegt wurden; zentrales Ziel ist die Entwicklung einer einzigartigen und eigenständigen Attraktivität des Ruhrgebiets (vgl. MWMTV 1997; UNDERBERG 1998, S. 34-35; HÜCHERIG 1999, S. 263). Neben der Industriekultur spielen auch andere Angebotssegmente eine wichtige Rolle - z. B. Entertainment, Kultur sowie Messen und Kongresse (vgl. KRAJEWSKI/REUBER/ WOLKERSDORFER 2006).[375]

Mit der „Route der Industriekultur" wird der Versuch unternommen, das Ruhrgebiet im internationalen Industrietourismus als Marktführer zu positionieren. Die Route dient dazu, ein unverwechselbares regionales Markenzeichen zu entwickeln. Sie besteht aus einem *gestuften System unterschiedlicher Einrichtungen* (vgl. EBERT 1999, S. 68; vgl. Abb. 76):

- 19 besonders eindrucksvolle Zeugen der Industriekultur dienen als Ankerpunkte der Route (davon drei als Besucherzentren),

- 6 überregionale Museen vermitteln Informationen zur Technik- und Sozialgeschichte,

- 9 besondere Aussichtspunkte fungieren als „Panoramen der Industrielandschaft",

- 12 herausragende Siedlungen zeigen typische städtebauliche Strukturen des Ruhrgebietes.

Kleinräumlich wird das umfangreiche Kernangebot der „Route der Industriekultur" durch 25 Themenrouten ergänzt, durch die spezielle Angebote in einzelnen Städten und Regionen miteinander verknüpft werden (vgl. BUDDE/HECKMANN 2000, S. 59).

Die einzelnen Attraktionen sind jeweils mit verschiedenen Verkehrsmitteln zu erreichen - u. a. auch mit dem ÖPNV und per Rad. Außerdem dienen zahlreiche Industrierelikte als *Locations* für Events, Ausstellungen etc. (vgl. EBERT 1999, S. 72-73).

---

[375] Dieses vielfältige Angebot an neuen Einrichtungen hat dazu beigetragen, dass das Ruhrgebiet von der einheimischen Bevölkerung inzwischen nicht mehr nur als Industrie- und Dienstleistungsregion, sondern nahezu gleichrangig als Freizeitregion wahrgenommen wird - speziell von jüngeren Menschen (vgl. REUBER/WOLKERSDORFER 2006).

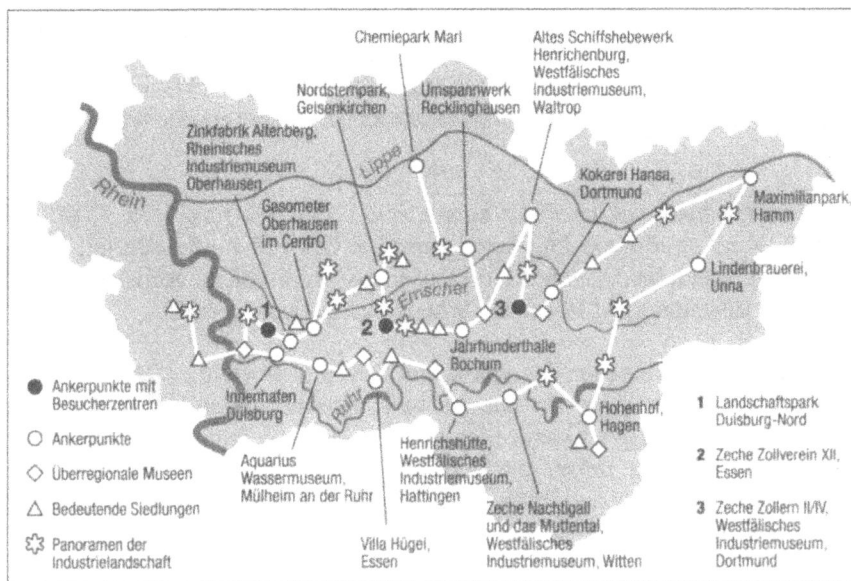

Abb. 76: Die „Route der Industriekultur" in Nordrhein-Westfalen besteht aus einem hierarchischen System unterschiedlicher Einrichtungen - von Ankerpunkten über Museen und Aussichtspunkte bis hin zu Arbeitersiedlungen. Die 400 km lange Hauptroute wird durch zahlreiche Themenrouten ergänzt (Quelle: Eigene Darstellung nach Angaben in www. route-industriekultur.de/primaer/karte.htm).

Für das touristische Angebot der Route wurde ein professionelles Kommunikationskonzept entwickelt - mit einem durchgängigen *Corporate Design,* diversen Printmedien und Informationsterminals in den Besucherzentren etc.[376] Begleitend sind von der Ruhrgebiet Tourismus GmbH in Dortmund *zahlreiche Pauschalangebote für Kurzreisen* zusammengestellt worden.[377]

Hinsichtlich der Nutzung von Themenstraßen stellt sich generell die Frage, ob die Stationen von den Besuchern „brav nacheinander" (BUSCHMANN 2005, S. 243) abgefahren werden. Aufgrund der dezentralen Struktur des Angebots erweist sich eine exakte statistische Erfassung der Besucherzahlen in einzelnen Einrichtungen als schwierig. Der Kommunalverband Ruhrgebiet (2001) konnte im Rahmen einer umfangreichen Besucherbefragung allerdings einige generelle Daten zum *Profil und zum Verhalten der Besucher* ermitteln:

- In den letzten Jahren konnten neben technik- und kulturinteressierten Besuchern zunehmend auch *freizeit- und erlebnisorientierte Gäste* gewonnen werden. Obwohl Informations- und Bildungsmotive für die Besucher weiterhin wichtig sind, haben Spaß und Erlebnis deutlich an Bedeutung zugenommen.

---

[376] vgl. www.route-industriekultur.de
[377] vgl. www.ruhrgebiettouristik.de

- Bei den Besuchern handelte es sich um *Familien,* die überwiegend aus dem Ruhrgebiet und aus benachbarten Regionen stammten. Dabei erwies sich die *Mund-zu-Mund-Propaganda* als wichtigster Werbeträger (wie im Tourismus generell). Prospekte, Anzeigen und Plakate spielen hingegen eine relativ geringe Rolle.

- Der Bekanntheitsgrad der Route konnte von 34 % (1998) auf 74 % (2000) gesteigert werden. Mit den Angeboten waren die Gäste sehr zufrieden: Im Durchschnitt vergaben sie die *Note 1,8* (besonders positiv wurde die Atmosphäre, aber auch die Gestaltung und Pflege der Sehenswürdigkeiten benotet).

Das Beispiel der „Route der Industriekultur" macht deutlich, dass Themenstraßen erfolgreich als Instrumente zur linearen bzw. netzwerkartigen Verknüpfung von Industrierelikten eingesetzt werden können.[378] Eine noch umfassendere Form der touristischen Nutzung stellen die *Industrieerlebnislandschaften* dar, die einen flächenhaften Charakter aufweisen und über ein breites Unterkunfts-, Kultur und Freizeitangebot verfügen.

3.3.5   Industrieerlebnislandschaften

Bei den Industrieerlebnislandschaften handelt es sich um *„komplexe, multifunktionale und erlebnisorientierte regionale Angebotsformen* (…), bei denen einzelne industriekulturelle Einrichtungen miteinander und auch mit anderen Wirtschaftszweigen verknüpft werden (speziell mit der Hotellerie und Gastronomie, aber auch mit dem Einzelhandel)" (STEINECKE 2006, S. 251). Weltweit gibt es bislang erst wenige Industrieregionen, die sich in dieser Form konsequent auf den touristischen Markt ausgerichtet haben. Im Folgenden sollen die Bergbau- und Hüttenlandschaft Bergslagen (Schweden) und das „Ironbridge Gorge Museum" (Großbritannien) kurz vorgestellt werden.

Bergbau- und Hüttenlandschaft Bergslagen (Schweden)

Als Prototyp dieser industrietouristischen Angebotsform gilt die *mittelschwedische Bergbau- und Hüttenlandschaft Bergslagen.* Bereits im Jahr 1938 wurde dort mit dem „Grubenmuseum Bergslagen" das erste industriegeschichtliche Freilichtmuseum der Welt geschaffen, das an die Geschichte der stark handwerklich geprägten Eisenherstellung in dieser Region erinnern sollte. Nachdem die Produktion in den 1970er-Jahren vollständig eingestellt worden war, setzten sich Unternehmen, Kommunen und Privatleuten für den Erhalt und die museale Erschließung der

---

[378] Die „Route der Industriekultur" diente als Vorbild für mehrere weitere industrietouristische Themenstraßen in Deutschland - z. B. für das Projekt „Industriekultur in Stadt und Land - Stationen der Industriekultur in OWL" (vgl. LAKÄMPER-LÜHRS 2005).

zahlreichen Industrierelikte ein. Gegenwärtig umfasst das dezentrale „Ekomuseum Bergslagen" mehr als 50 Attraktionen, die jährlich ca. 400.000 Besuche verzeichnen. Die ehemaligen Gruben, Hutten etc. verteilen sich auf einer Fläche von 7.500 qkm und über das Gebiet von sieben Gemeinden. Der Betrieb dieser zahlreichen Einrichtungen ist nur durch das Engagement von mehr als 1.500 ehrenamtlichen Helfern möglich (vgl. SOYEZ 1986; PUTSCH 2001; HLAVAC 2003).[379]

Dezentralität und ehrenamtliches Engagement sind typische Merkmale des *Écomusée-Konzepts*, das bereits in den 1930er-Jahren in Frankreich entwickelt wurde. Bei diesem Ansatz ist „die gebrauchsfähige Musealisierung der ganzen Umgebung für die Bewohner und für den Tourismus Programm" (HAUSER 2001, S. 137). Der umfassende Sammlungsanspruch führte dazu, dass nicht nur historische Gegenstände und Gebäude, sondern auch regionstypische Haustiere und Nutzpflanzen sowie Handwerk und Brauchtum erhalten werden (vgl. JANSEN-VERBEKE 1996, S. 212; BOSHOLD 1999, S. 128-131). Das kulturelle Erbe soll als Basis für eine neue wirtschaftliche Entwicklung genutzt werden. Dieser Ansatz einer Regionalentwicklung, bei dem die endogenen Möglichkeiten ermittelt und ausgebaut werden, wird von FRIEDRICHS (1994) als *„Strategie der internen Diversifizierung"* bezeichnet (im Gegensatz zur „Strategie der externen Diversifizierung", bei der neue Unternehmen aus Wachstumsbranchen angesiedelt werden, oder der „Zugpferd-Strategie", die auf einer einzigen, spektakulären Maßnahme basiert).[380]

Gegenwärtig wird das dezentrale (und deshalb kleinteilige) Écomusée-Konzept allerdings mit neuen Markterfordernissen konfrontiert, denn bei Freizeit- und Kulturattraktionen besteht generell ein *Trend zu multifunktionalen Großeinrichtungen*, die an einem Standort zahlreiche Angebotsoptionen „aus einer Hand" vorhalten. Diese Konkurrenzsituation hat z. B. dazu geführt, dass die Industriedenkmäler in Wales in den 1990er-Jahren einen Rückgang der Besucherzahlen zu verzeichnen hatten (vgl. KEEN 1999, S. 54). Als Reaktion müssen die Ekomuseen ihr Angebot stärker profilieren und professioneller gestalten - z. B. durch eine Konzentration auf besonders attraktive Standorte, durch eine fundierte Ausbildung der Gästeführer und eine bessere Ausschilderung der Attraktionen (vgl. PUTSCH 2001). Grundsätzlich orientieren sich immer mehr industrietouristische Einrichtungen (vor allem in Großbritannien) an den Grundprinzipien ihrer Konkurrenten: Erlebnisorientierung, Multifunktionalität und Inszenierung von Themen.

Ironbridge Gorge Museum (Großbritannien)

In Westeuropa stellt das *„Ironbridge Gorge Museum"* im mittelenglischen Shropshire ein Beispiel für eine marktorientierte Industrieerlebnislandschaft dar. Es

---

[379] vgl. www.ekomuseum.se
[380] Eine „Zugpferd- (bzw. Leuchtturm-)Strategie" hat z. B. die Stadt Bilbao mit dem Bau des Guggenheim-Museums erfolgreich verfolgt ($\rightarrow$ 2.4.1).

verzeichnet jährlich insgesamt ca. 300.000 Besucher und gilt damit weltweit als eines „der innovativsten und erfolgreichsten Industriemuseen" (HELFER 2001, S. 51). Entsprechend groß sind die regionalwirtschaftlichen Effekte: Neben der wichtigen Funktion als *positiver Imageträger* sind vor allem die *Arbeitsmarkteffekte* zu nennen. Durch die neuen Arbeitsplätze im Museum und in regionalen Tourismusbetrieben konnte der Verlust an sekundärwirtschaftlichen Arbeitsplätzen seit den 1970er-Jahren nahezu vollständig kompensiert werden (vgl. HAUSER 1999, S. 17; WILHELM 2001, S. 47; HLAVAC 2003, S. 24).[381]

Der Erfolg des „Ironbridge Gorge Museum" basiert auf einer *Kombination unterschiedlicher Faktoren,* die auch auf andere Industrieregionen übertragen werden können:

- *Alleinstellungsmerkmal:* In der touristischen Kommunikationspolitik spielen Superlative als *Unique Selling Propositions* eine zentrale Rolle. Da es sich bei der Ironbridge um die erste Eisenbrücke der Welt (1779) handelt, wird diese Tatsache in Slogans wie *„Cradle of Industrialization"* bzw. *„Valley of Inventions"* konsequent in Werbung und Öffentlichkeitsarbeit kommuniziert.

- *Multioptionalität:* Auf ca. 20 ha Fläche wurde ein attraktives Tagesausflugs- und Kurzreiseziel geschaffen - mit einem vielfältigen Angebot an Informationseinrichtungen und Museen zu unterschiedlichen Themen (Eisenherstellung, Porzellanproduktion etc.; vgl. Abb. 77).

- *Erlebnisorientierung:* Zu den beliebtesten Attraktionen des gesamten Museumskomplexes zählt *Blists Hill Victorian Town.* In diesem neu errichteten Freilichtmuseum führen historisch kostümierte Museumsmitarbeiter den Besuchern traditionelle Handwerkstechniken vor.[382]

- *Museumspädagogische Arbeit:* Das Museum bietet ein breites und kreatives pädagogisches Programm an, um in stärkerem Maß auch ein jüngeres Publikum anzusprechen (*Hands-On-Workshops* für Schulklassen; Unterrichtsmaterialien für Lehrer).

- *Touristische Netzwerkbildung:* Außerdem weist das Museum einen ausgeprägten touristischen Bezug auf - u. a. durch ein integriertes Tourist Information Center und Links auf der Homepage zu Unterkunftsbetrieben.

---

[381] vgl. www.ironbridge.org.uk; www.virtual-shropshire.co.uk

[382] vgl. VESER, Th. (1998): Das Jüngste Gericht findet nicht mehr statt. Ironbridge Gorge im Tal des Severn. - In: FAZ, 07. Mai; aufgrund der animativen Informationsvermittlung werden derartige Museen in der englischsprachigen Literatur als *„Living Museum"* bezeichnet (vgl. KUNTZ 1999, S. 163). Denkmalpfleger und Kulturwissenschaftler stehen diesem Ansatz meist kritisch gegenüber, da er aus ihrer Sicht auf einer „statischen Geschichtskonstruktion" (HAUSER 1999, S. 16) basiert.

nach Telford

Rosehill
Quäker-
Friedhof
Dale
Darby Hochofen
Museumsbibliothek,
Ironbridge-Institut
MADELEY
Eisenmuseum
Elton Galerie
Jugendherberge
Studienzentrum
nach
Shrewsbury
Besucherzentrum
IRONBRIDGE
Bedlam Hochöfen
Blists Hill
Open-Air-Museum
Kraftwerk
Ironbridge
Severn
Ironbridge
mit Zollhaus
Asphalt-Tunnel
Coalport Porzellan-
werk
COALPORT
Jackfield
Dekorfliesen-
werk
JACKFIELD
Broseley
Tabakspfeifen-
fabrik
0   500   1000 m

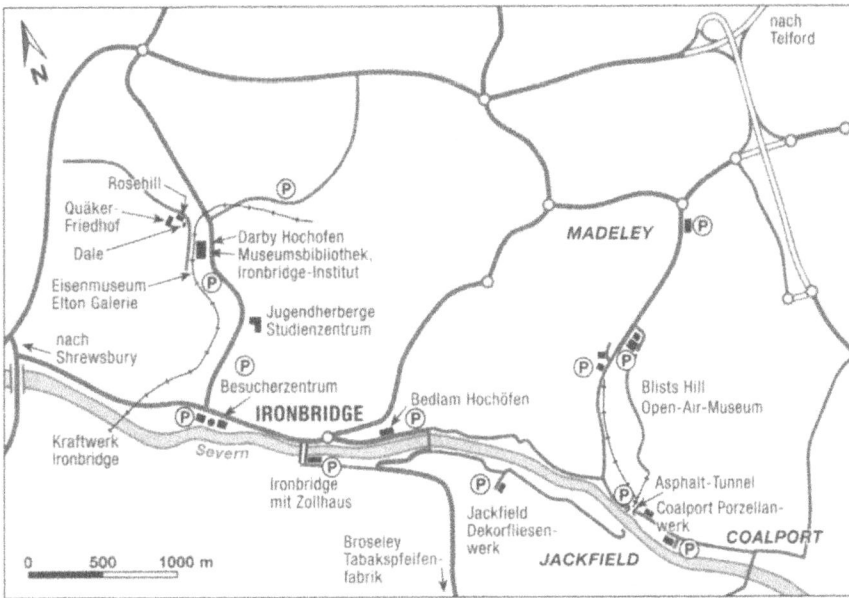

Abb. 77: Das „Ironbridge Gorge Museum" im mittelenglischen Shropshire ist eine erfolgreiche Industrieerlebnislandschaft. Um die erste Eisenbrücke der Welt (1779) herum wurde ein attraktives Tagesausflugs- und Kurzreiseziel geschaffen - mit zahlreichen Museen, Shops und dem Nachbau einer viktorianischen Stadt (Quelle: Eigene Darstellung nach Angaben in HELFER 2001, S. 57).

Am Beispiel des „Ironbridge Gorge Museum" wird noch einmal deutlich, dass der erfolgreiche touristische Marktauftritt von Industrieregionen durch *mehrere Faktoren* beeinflusst wird - u. a. durch die Einzigartigkeit des Industrierelikts, durch eine kundenorientierte Angebotsgestaltung sowie durch eine professionelle Informations- und Kommunikationspolitik.

Nur wenige altindustrielle Räume können diese Erfolgskriterien erfüllen, denn Vorbehalte gegen den Tourismus, knappe öffentliche Mittel und fehlendes Knowhow wirken als *interne Hemmnisse* einer touristischen Entwicklung. Angesichts der angespannten Wettbewerbssituation auf dem Freizeitmarkt gehen altindustrielle Regionen auch große Risiken ein, wenn sie sich ausschließlich auf den Tourismus spezialisieren. Vor diesem Hintergrund wird es künftig nur wenige hoch spezialisierte Industrieerlebnislandschaften geben. Stattdessen wird die touristische Zukunft vieler altindustrieller Regionen eher in einer *breiteren Ausrichtung* liegen.[383] Die Industriekultur ist dann nur *ein* Baustein innerhalb einer umfangreichen

---

[383] Diese Entwicklungen sind in mehreren deutschen Bergbaufolgelandschaften zu beobachten - z. B. in der Lausitz (vgl. BOSHOLD 2004; KRAJEWSKI 2004; BAYERL 2005) und im Rheinischen Braunkohlenrevier (vgl. BUSCHMANN 2005; SOYEZ/GELHAR 2006).

Angebotspalette mit Einrichtungen und Events aus dem Unterhaltungs-, Aktiv-,
Sport- und Wellness-Bereich.

Kulturtourismus in Industrieregionen: Fazit

- Der Begriff „Industrietourismus" bezieht sich sowohl auf die Besichtigung pro-
  duzierender Betriebe als auch auf den Besuch historischer Industrierelikte (dieses Segment steht hier im Mittelpunkt, da es eine größere Schnittstelle zum Kulturtourismus aufweist).
- Erst in den letzten Jahrzehnten werden Industrierelikte in Deutschland zunehmend als touristische Attraktionen wahrgenommen und auch genutzt. Vorbilder
  für diese Entwicklung finden sich in Schweden, Großbritannien und in den USA.
- Speziell die Aufnahme von Industrierelikten in die UNESCO-Welterbeliste (seit
  1978) trug dazu bei, dass die Industriekultur eine wachsende Akzeptanz erfährt
  und auf ein breites öffentliches Interesse stößt.
- Die Umwandlung von Industrierelikten in touristische Attraktionen stößt allerdings vielerorts auf Hemmnisse (mental-kognitive, ökonomische bzw. rechtlich-
  organisatorische).
- Typische Angebotsformen des (historisch orientierten) Industrietourismus sind
  stillgelegte Produktionsstätten *(in situ)*, Industriemuseen, Themenstraßen und
  Industrieerlebnislandschaften.
- Obwohl die industrietouristische Nachfrage weniger als 1 % des deutschen Gesamtmarktes an Urlaubs- und Kurzurlaubsreisen ausmacht, verzeichnen einzelne
  Einrichtungen hohe Besucherzahlen (über 200.000/Jahr).
- Die Industrietouristen ähneln in vielen Merkmalen den Museumsbesuchern (ältere Menschen mit höherer Bildung und höherem Einkommen). Durch eine erlebnisorientierte Angebotsgestaltung können auch jüngere Besucher und Familien
  mit Kindern angesprochen werden.
- Wesentliche Erfolgsfaktoren industrietouristischer Einrichtungen sind ausreichende finanzielle Ressourcen, ein professionelles Besucher- und Personalma-
  nagement sowie ein kundenorientiertes Marketing. Nur wenige altindustrielle
  Regionen haben sich auf das relative kleine Segment des Industrietourismus spezialisiert. Meist wird das Angebotsspektrum um Einrichtungen und Events aus
  dem Unterhaltungs-, Aktiv-, Sport- und Wellness-Bereich ergänzt.

4 Organisations- und Vermittlungsformen im Kulturtourismus: Marktsegmente - Akteure - Methoden

> „Reisen lernen und leben lernen sind hohe
> Ziele; sie haben einige Gemeinsamkeiten und
> einen inneren Zusammenhang: sie setzen vor-
> aus, daß wir sehen lernen."
> MÜLLENMEISTER (2000, S. 517)

> „Man sieht nur, was man weiß."
> Theodor Fontane

Großartige Kunstwerke wie die „Mona Lisa" von Leonardo da Vinci, der „David" von Michelangelo oder die Pyramiden von Gizeh verfügen über eine Aura - sie beeindrucken und berühren den Betrachter durch ihre außerordentliche Schönheit bzw. Größe. Sie können deshalb auf eine *direkte, naive und emotionale Weise* wahrgenommen werden - ohne jegliches Hintergrundwissen bzw. ohne fachliche Erläuterungen.

Allerdings erschließt sich der künstlerische Gehalt eines Bildes, einer Statue bzw. eines Bauwerks intensiver, umfassender und dauerhafter, wenn die Wahrnehmung *erkennend* und *reflektiert* erfolgt - also vor dem Hintergrund kunsthistorischer, geschichtlicher und biographischer Kenntnisse.

*Abb. 78: Zahlreiche Kulturdenkmäler beeindrucken den Betrachter durch ihre außeror-
dentliche Schönheit bzw. Größe bzw. Ungewöhnlichkeit (z. B. der Talayot Ses Païsses in
Artá auf Mallorca). Allerdings erschließt sich der künstlerische Gehalt intensiver, umfassender und dauerhafter, wenn die Wahrnehmung erkennend und reflektiert erfolgt - also
vor dem Hintergrund kunsthistorischer und geschichtlicher Kenntnisse, die durch Reiseleiter vermittelt werden.*

Da es sich bei der Mehrzahl der Kulturtouristen um Laien handelt, die sich häufig nur während ihrer Urlaubsreise mit dem speziellen Thema beschäftigen, benötigen sie zum besseren Verständnis von Kunstwerken und Gebäuden *sach- und situationsgerechte Informationen* - entweder in Form von Gästeführungen (vgl. Abb. 78; → 4.1.4) oder von Reiseführern (→ 4.2).

Neben der inhaltlichen Information suchen Kulturtouristen aber auch organisatorische Unterstützung bei der Durchführung ihrer Urlaubsreise. Speziell in Deutschland hat sich deshalb ein Markt für *Studienreisen* entwickelt; dabei handelt es sich um organisierte Gruppenreisen, die unter Führung eines Reiseleiters zu einem kulturellen Thema durchgeführt werden (→ 4.1.1-4.1.3).

4.1 Studienreisen und Gästeführungen

> „Die touristische Reise in die Vergangenheit ist
> in Wahrheit allzu häufig eine Reise in die No-
> stalgie. Sie führt zwar mit Entschiedenheit aus
> der strapaziösen Gegenwart hinaus, aber sie ver-
> rät nicht die mindeste Absicht, in einer anderen
> erkennbaren und definierbaren Epoche anzu-
> kommen."
>
> MÜLLENMEISTER (1993, S. 150)

> „Die Studienreise ist besser als ihr Ruf."[384]

Zu den zentralen Merkmalen des Kulturtourismus zählen generell das Interesse der Touristen an Kultur, die Besichtigung kultureller Sehenswürdigkeiten und die Teilnahme an Kulturveranstaltungen sowie eine fachlich fundierte Informationsvermittlung (→ 1.1.1).

Bei den Besuchern von Kultureinrichtungen und Kulturlandschaften sind diese Charakteristika meist unterschiedlich stark ausgeprägt. So gibt es den Typus des Kulturtouristen, für den die Kultur im Mittelpunkt der Reise steht, und den Typus des Besichtigungstouristen, der sich u. a. auch für Kultur interessiert (→ 1.1.3).

Studienreisen und Gästeführungen können aber als die *zentralen kulturtouristischen Angebotssegmente* betrachtet werden, weil bei ihnen die typischen Merkmale besonders klar und konzentriert vorhanden sind.

Innerhalb des gesamten Tourismusmarkts stellen Studienreisen ein *umsatzstarkes Nischensegment* dar, das eine spezifische Struktur und Dynamik aufweist (→ 4.1.1). Eine Studienreise basiert auf einer *aufwändigen Konzeption*, die in mehre-

---

[384] LETTL-SCHRÖDER, M. (1998): Die Studienreise ist besser als ihr Ruf. - In: FVW, 1, S. 26-28

ren Schritten erarbeitet wird - von umfangreichen Recherchen über die Festlegung des Themas und die Grobplanung bis hin zur Routenplanung und Kalkulation (→ 4.1.2).

Für die erfolgreiche Umsetzung dieser Konzeption sind die *Reiseleiter* zuständig, die über zahlreiche fachliche, didaktisch-methodische, soziale und organisatorische Kompetenzen verfügen müssen (→ 4.1.3).[385]

Während sich die Themen von Studienreisen meist auf Länder bzw. Regionen beziehen, stehen bei *Gästeführungen* einzelne Tourismusorte bzw. Sehenswürdigkeiten im Mittelpunkt. Für beide Organisations- und Vermittlungsformen gelten jedoch ähnliche didaktisch-methodische Prinzipien der Informationsvermittlung; dazu zählen u. a. Verständlichkeit, Anschaulichkeit, und Teilnehmerbezug (→ 4.1.4).

4.1.1   Der Markt der Studienreisen: Umfang - Struktur - Dynamik

Um den Markt der Studienreisenden hinsichtlich seines Umfangs sowie seiner Struktur und Dynamik beschreiben zu können, bedarf es einer genauen begrifflichen Abgrenzung. Dabei muss zwischen *einem subjektiven und einem fachlichen Begriff der Studienreise* unterschieden werden.

Im allgemeinen Verständnis der bundesdeutschen Bevölkerung umfassen die *Begriffe „Studienreise" bzw. „Kulturreise"* alle Urlaubsformen, bei denen man neue Eindrücke gewinnt, andere Länder erlebt bzw. Festspiele, Theater, Konzerte etc. besucht. Im Jahr 2005 haben 8 % der Deutschen ihre Reise als „Kulturreise" bzw. 4 % als „Studienreise" bezeichnet (vgl. F.U.R. 2006, S. 100).[386] Damit belief sich der Markt an direkt kulturbezogenen Urlaubsreisen - nach einer subjektiven Betrachtung - auf mehr als 7 Mio. Urlauber.[387]

Der Fachbegriff „Studienreise" bezieht sich auf ein sehr viel kleineres Marktsegment - nämlich auf *organisierte Gruppenreisen, die von Reiseveranstaltern durchgeführt werden, ein festgelegtes Programm und eine begrenzte Teilnehmerzahl*

---

[385] Aus Gründen der Lesbarkeit des Textes wird darauf verzichtet, jeweils die männliche und weibliche Berufsbezeichnung zu benutzen. Bei dem Unternehmen „Studiosus Reisen" sind z. B. mehr als die Hälfte der Reiseleiter Frauen (vgl. DIETSCH 2000, S. 97).

[386] Darüber hinaus wird bei Befragungen auch häufig der Begriff *„Bildungsreise"* genannt, mit dem allerdings vorrangig Reisen gemeint sind, die einen deutlichen Lerncharakter haben - z. B. Sprachreisen, Workshops, Jugendaustauschprogramme etc. (vgl. GANSER 1991, S. 117; zur individuellen Bildungsreise AHLERS 2001).

[387] Diese Werte beziehen sich auf alle Urlaubsreisen von mindestens fünf Tagen Dauer - unabhängig von der Organisationsform (Individual- bzw. Pauschalreise). Bei der Schätzung ist die Tatsache zu berücksichtigen, dass bei der Frage nach den Urlaubsreisearten Mehrfachnennungen möglich waren.

aufweisen sowie von einem qualifizierten Reiseleiter geführt werden. Trotz vielfältiger Bemühungen der Tourismusbranche und Tourismusforschung liegt gegenwärtig keine allgemein anerkannte Definition dieser Urlaubsform vor. Allerdings besteht zumindest ein Konsens hinsichtlich der folgenden *wesentlichen Merkmale einer Studienreise* (vgl. DIETSCH 2000, S. 75-81):

- *Organisierte Gruppen(pauschal)reise:* Bei Studienreisen handelt es sich jeweils um Gruppenreisen, an denen einzelne Urlauber bzw. Paare teilnehmen, aber nicht um bildungsorientierte Individualreisen oder „Familienfahrten, auf denen z. B. der Vater den Reiseleiter mimt" (GANSER 1991, S. 118). Zu den Leistungen gehören neben dem Transport und der Unterkunft auch Besichtigungen, Führungen sowie die Reiseleitung.

- *Begrenzte Teilnehmerzahl:* Hinsichtlich der Größe der Reisegruppe gibt es keine normativen Vorgaben. Die durchschnittliche Gruppengröße schwankt zwischen 15 und 30 Teilnehmern. Sie hängt u. a. ab vom Thema und Ziel der Reise, von der Kapazität der Verkehrsmittel bzw. der Unterkünfte sowie vom generellen Standard des Angebots.

- *Festgelegtes Thema und Reiseprogramm:* Ein zentrales Merkmal der Studienreise ist der vorab festgelegte Reiseverlauf. In den Katalogen bzw. Sonderprospekten der Studienreiseveranstalter werden die Teilnehmer detailliert und umfassend über die Route, das jeweilige Tagesprogramm (mit Angaben zu Besichtungspunkten, freier Zeit etc.) und die Unterbringung sowie Verpflegung informiert. Diese Angaben sind Bestandteil des Reisevertrags; sie müssen vom Veranstalter erfüllt werden (bei Nicht-Erfüllung können sie vom Teilnehmer eingeklagt werden).

- *Fachlich qualifizierte, deutschsprachige Reiseleitung:* Im Gegensatz zu allgemeinen Rund- und Besichtigungsreisen, bei denen meist nur eine organisatorische Betreuung stattfindet, werden Studienreisen von einem fachlich qualifizierten Reiseleiter geführt, der in der Regel über ein themenbezogenes Studium und eine zusätzliche innerbetriebliche Ausbildung verfügt. Neben organisatorischen Aufgaben übernimmt er vor allem die wichtige Rolle als Informationsvermittler; während der Fahrt im Bus sowie an zahlreichen Haltepunkten erläutert er den Teilnehmern das Zielgebiet in seiner ganzen Vielfalt - von Natur und Landschaft über Politik und Gesellschaft bis hin zu Kunst und Kultur (→ 4.1.3).

- *Urlaubsreisen:* Obwohl die Teilnehmer während ihrer Reise etwas Neues lernen wollen, handelt es sich bei Studienreisen um Urlaubsreisen - also nicht um berufsbezogene Weiterbildungsangebote wie Fachexkursionen, Seminare, Kurse etc. Hinsichtlich des Themas der Reise sind die Teilnehmer deshalb auch keine Fachleute, sondern Laien. Diese Tatsache ist bei der generellen Programmgestaltung, aber vor allem auch bei der Informationsvermittlung zu berücksichtigen (→ 4.1.4).

Dieser Typ von Studienreisen (im engeren fachlichen Sinne) wird sowohl von privatwirtschaftlichen Unternehmen als auch von nicht-kommerziellen Organisationen angeboten.

Der Studienreisemarkt: Angebotsstruktur und Umfang

Es ist relativ schwierig, den Umfang des Nischensegments „Studienreisen" exakt zu bestimmen, da es durch eine vielfältige Angebotsstruktur gekennzeichnet wird. Zu den Akteuren gehören u. a.:

- *Kommerzielle Studienreiseveranstalter:* In Deutschland gibt es schätzungsweise 260 Reiseveranstalter, die Studienreisen anbieten. Allerdings unterscheiden sich diese Unternehmen in erheblichem Maße hinsichtlich der Teilnehmerzahl, des Umsatzes und auch des Spezialisierungsgrades (vgl. GÜNTER 1993, S. 357). Nur ca. 20 Studienreiseveranstalter bieten eine breite Angebotspalette und agieren auf überregionaler Ebene. Marktführer sind dabei die Unternehmen „Studiosus Reisen" (München) und „Gebeco" (Kiel), die im Reisejahr 2005/06 91.415 bzw. 57.000 Teilnehmer verzeichneten (vgl. Tab. 21). Darüber hinaus finden sich ca. 120 Pauschalreiseveranstalter, die meist regional tätig sind und neben anderen Reisen auch Studienreisen im Programm haben. Schließlich gibt es ca. 120 Reiseveranstalter, die sich mit ihrem Angebot auf spezielle Zielgruppen konzentrieren (Erlebnis- und Abenteuerreisen, Festival-, Musik- und Theaterreisen etc.).

Veranstalter	Zahl der Teilnehmer					
	2000/01	2001/02	2002/03	2003/04	2004/05	2005/06
Studiosus	101.300	91.500	77.000	86.000	91.313	91.415
Gebeco	71.050	65.374	54.225	60.000	61.000	57.000
Wikinger Reisen	25.515	26.305	26.828	28.353	30.568	32.313
Ikarus Tours	17.350	17.540	15.780	17.010	17.367	15.710
Hirsch	20.314	20.112	17.540	16.129	15.381	14.522
Hauser Exkursionen	7.700	6.800	6.140	6.450	7.700	8.700
Lernidee	5.456	5.670	5.820	6.310	6.600	7.420
Windrose	4.466	4.560	4.834	5.157	5.486	5.245

Tab. 21: In Deutschland gibt es ca. 260 Studienreiseveranstalter, die sich hinsichtlich der Teilnehmerzahl, des Umsatzes und auch des Spezialisierungsgrades deutlich voneinander unterscheiden. Ein großer Teil der Nachfrage konzentriert sich auf die beiden Marktführer - die Unternehmen „Studiosus Reisen" und „Gebeco/Dr. Tigges" (Quelle: Eigene Zusammenstellung nach Angaben in FVW International 2000-2006).[388]

---

[388] FVW International (Hrsg.): Dokumentation Deutsche Veranstalter, Hamburg (jährliche Beilage zur FVW International der Jahre 2000-2006)

- *Nicht-kommerzielle Anbieter:* Darüber hinaus werden Studienreisen aber auch von einer unüberschaubar großen Zahl von gemeinnützigen öffentlichen Organisationen veranstaltet - z. B. von Kirchengemeinden, Jugendorganisationen, Verbänden und Vereinen sowie von ca. 850 Volkshochschulen und Volksbildungswerken.[389]

Angesichts dieser Angebotsvielfalt und einer fehlenden Erfassung durch die amtliche Statistik liegen zum *Umfang des bundesdeutschen Studienreisemarktes* nur Schätzungen vor:

- Anfang der 1990er-Jahre wurde die Nachfrage auf insgesamt ca. 350.000 Personen beziffert, von denen 150.000 ihre Reise mit einem kommerziellen Studienreiseveranstalter unternommen haben und 200.000 mit einer gemeinnützigen Organisation (vgl. VETTER 1992, S. 300).

- Im Reisejahr 2005/06 konnten allein die acht wichtigsten deutschen Studienreiseveranstalter 232.325 Teilnehmer verzeichnen. Der gesamte Studienreisemarkt - einschließlich der öffentlichen Angebote - kann gegenwärtig auf mindestens 500.000 Urlauber geschätzt werden; er erreicht damit einen Anteil von ca. 0,5 % an allen Urlaubs- und Kurzurlaubsreisen der Deutschen.

Der genaue Blick auf die Teilnehmerzahlen im Zeitraum 2000-2006 zeigt, dass bei den Studienreisen ein schwankender Verlauf der Nachfrage festzustellen ist. Dieses Marktsegment erweist sich nämlich als *besonders sensibel gegenüber krisenhaften Erscheinungen im internationalen Tourismus* (vgl. DIETSCH 2002). Grundsätzlich zählen Italien, Griechenland, die Iberische Halbinsel sowie Großbritannien und Frankreich zu den bevorzugten Zielen von Studienreisen. Seit den 1990er-Jahren ist allerdings ein *Trend zu Fernstudienreisen* zu beobachten - vor allem in orientalische, afrikanische und überseeische Destinationen (KLINGENSTEIN/MUNDT 2007, S. 324-325). Zu den Ereignissen, die in den letzten Jahren einen *negativen Einfluss auf den bundesdeutschen Studienreisemarkt* hatten, zählen u. a.:

- *Kriminalität* - z. B. Morde an Touristen in Florida (1993), Raubüberfälle in Südafrika (2004);

- *innenpolitische Auseinandersetzungen und Terroranschläge* - z. B. Tamilen-Konflikt in Sri Lanka (seit 1996), New York (11. September 2001), Djerba (2002), Bali (2002) etc. (vgl. DIETSCH 2000);

---

[389] In den 1980er-Jahren fand eine intensive Diskussion über die Rolle von Studienreisen in der Erwachsenenbildung statt. Im Mittelpunkt standen dabei Fragen der interkulturellen Kommunikation bei Reisen in Entwicklungsländer (vgl. OTTO 1982; VÖLKER/HARWART/KEIL 1983; SCHLOTT-SCHWAB 1983; NIEMEYER 1985; HAMELE 1986; Deutscher Volkshochschul-Verband 1987; SCHÄFER 1995); zur Geschichte des interkulturellen Lernens im Rahmen des internationalen Jugendaustauschs vgl. MÜLLER (1990, 1990a).

- *Kriege* - z. B. Kosovo-Krieg (1999), Golfkrieg (1991), Irak-Krieg (seit 2003);

- *Krankheiten und Epidemien* - z. B. Maul- und Klauenseuche in Großbritannien (2001), SARS (2003), Geflügelpest in Asien (2004);

- *Naturkatastrophen* - z. B. Hurrican „Andrew" in der Karibik (1992), Smog-Katastrophe in Indonesien (1998), Seebeben in Südasien (2004).

Während die Nachfrage nach Studienreisen durch derartige Vorfälle in Zielgebieten erheblich beeinflusst wird, weist sie hingegen nur *geringe konjunkturelle Schwankungen* auf. Generell führen nämlich wirtschaftliche Rezessionen mit einem Zeitverzug auch zu einem Rückgang der Reiseintensität. Da Studienreisende aber überwiegend in gesicherten beruflichen Positionen tätig sind und über ein hohes Haushaltseinkommen verfügen, stellen sie eine stabile Zielgruppe dar (vgl. DIETSCH 2000, S. 85-86).

Studienreiseteilnehmer

Das Profil der Teilnehmer steht in engem Zusammenhang mit den spezifischen Merkmalen einer Studienreise. Als organisierte Gruppenreise mit kulturellen Inhalten bietet sie neben Bildungserlebnissen auch Kommunikationsmöglichkeiten mit anderen (meist gleich gesinnten) Urlaubern sowie ein Gefühl der Sicherheit auf Reisen. Aufgrund dieser besonderen Angebotsstruktur weist die *Zielgruppe der Studienreisen* folgende typische Merkmale auf (vgl. VETTER 1992, S. 300-301):

- *Soziodemographische Merkmale:* Generell sind ältere Menschen (über 50 Jahre) in dieser Zielgruppe deutlich überrepräsentiert - darunter auch viele Frauen und Alleinlebende (vgl. Abb. 79). Das Bildungs- und Einkommensniveau der Teilnehmer liegt erheblich über dem bundesdeutschen Durchschnitt.[390]

- *Reiseverhalten:* Unter den Studienreisenden finden sich neben Paaren auch relativ viele Alleinreisende. Die Zielgruppe ist reisefreudig und reiseerfahren - sie weist höhere Werte der Reiseintensität und Reisehäufigkeit auf als die deutschen Urlauber generell.

- *Reisemotive:* Bei den Teilnehmern dominieren kulturelle Reisemotive; sie wollen ihren Horizont erweitern, neue Eindrücke gewinnen und andere Länder erleben. Darüber hinaus wird aber auch häufig der Wunsch nach Geselligkeit und Geborgenheit als Grund für die Wahl dieser besonderen Reiseform genannt.

---

[390] Aufgrund der Ziel- und Unterkunftswahl, aber vor allem auch der intensiven Betreuung durch einen qualifizierten Reiseleiter handelt es sich bei Studienreisen um Hochpreisangebote. Aus diesem Grund gehören die Studienreiseveranstalter - hinsichtlich des Umsatzes pro Teilnehmer - zu den TOP 10 der bundesdeutschen Reiseveranstalter.

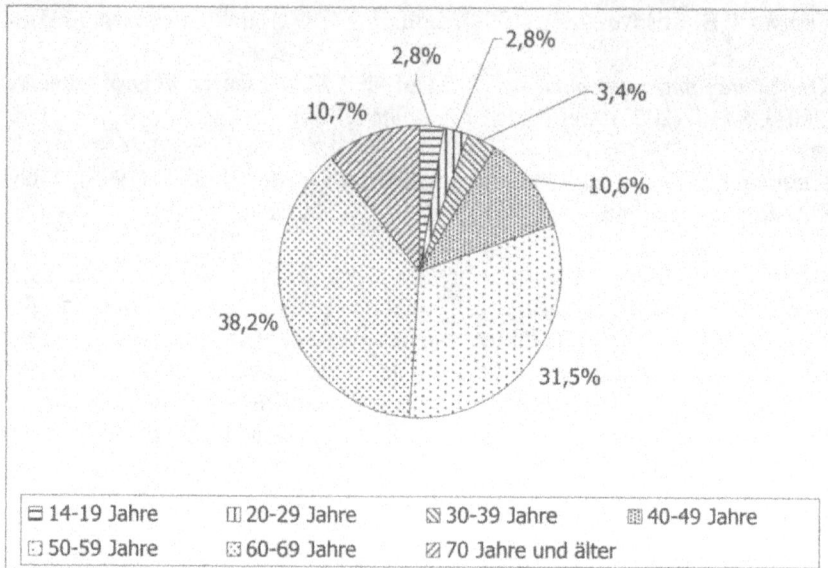

Abb. 79: *Obwohl die Studienreiseveranstalter in den letzten Jahren zahlreiche neue Produkte entwickelt haben, um ein jüngeres Publikum anzusprechen, wird die Zielgruppe der Studienreisenden gegenwärtig immer noch durch ältere Menschen geprägt, die häufig in Ein-Personen-Haushalten leben und auch allein auf Reisen gehen (Quelle: Eigene Darstellung nach Angaben in* RUDOLPHI *2007, S. 87).*

Unabhängig von ihren individuellen Motiven und Aktivitäten übernehmen die Studienreisenden der Gegenwart (meist unbewusst) aber auch *tradierte und standardisierte touristische Verhaltensmuster*, die von einer Touristen-Generation zur nächsten weitergegeben werden - z. B. bei der Wahl des Reiseziels oder der Sehenswürdigkeiten.

Studienreisen: Geschichte, Dynamik und Trends

Grundsätzlich stehen Bildung und Reisen in einem engen Zusammenhang. Bereits in der *Antike* sind Reisen zu Bildungszwecken unternommen worden; an einigen Orten und Sehenswürdigkeiten gab es bereits Reiseleiter und Gästeführer (Exegétai = Erklärer; Periegétai = Herumführer). Auch die *Grand Tour,* die englische Adlige seit dem 16. Jahrhundert durch Europa unternahmen, diente zunächst der allgemeinen gesellschaftlichen Bildung und später der beruflichen Ausbildung (vgl. GÜNTER 1989, S. 7-15; 1993, S. 352-357; VOGEL 1993, S. 517-518; → 3.1.1).[391]

---

[391] Trotz des engen Zusammenhangs zwischen Bildung und Reisen spielt die Reise- bzw. Tourismuspädagogik innerhalb der Pädagogik nur eine randliche Rolle (vgl. STEINECKE

Der *Begriff „Studienreise"* geht auf das 18. Jahrhundert zurück - als Synonym für eine wissenschaftliche Forschungsreise, die von Professoren gemeinsam mit ihren Studenten unternommen wurden, um ein fremdes Land und eine andere Kultur kennen zu lernen. Erst im 20. Jahrhundert wurde die Studienreise als touristische Organisations- und Angebotsform entwickelt; zu den *Pionieren dieser Branche* zählen u. a. (vgl. GANSER 1991, S. 122-123):

- *Dr. Hubert Tigges:* In den 1920er-Jahren veranstaltete er eine Wanderfahrt von Elberfeld in die Eifel und - aufgrund des großen Interesse - in den folgenden Jahren Studienreisen nach Flandern, Italien und in die Schweiz. Später gründete er das Unternehmen „Dr.-Tigges-Fahrten", das bereits im Jahr 1958 40.000 Teilnehmer verzeichnen konnte.

- *Werner Kubsch:* Als Studentenvertreter der Universität München organisierte er nach dem Zweiten Weltkrieg zunächst Italien-Reisen für Kommilitonen. Im Jahr 1949 machte er sich mit dem Unternehmen „Studiosus Reisen" selbstständig und bot u. a. Reisen nach Ägypten an, die er als Reiseleiter selbst begleitete. Gegenwärtig ist das Unternehmen der Marktführer in diesem Segment (vgl. SCHNEIDER 2001, S. 293-294).

Vor dem Hintergrund eines veränderten Kultur-Begriffs und neuer Ansprüche der Teilnehmer hat in den letzten Jahrzehnten ein *Wandel der Studienreise* stattgefunden - weg von der klassischen Studienreise, die sich ausschließlich auf die Relikte der Hochkultur bezog, und hin zu einer zeitgemäßen Studienreise, die auch alltagskulturelle Elemente enthält. Innerhalb dieser Entwicklung lässt sich ein *genereller Trend zur Differenzierung* beobachten, der sich in unterschiedlichen Marketing-Maßnahmen widerspiegelt:[392]

- *Thematische Spezialisierung:* Traditionell handelte es sich bei Studienreisen um länderbezogene Reisen mit einem kunsthistorischen Schwerpunkt - z. B. „Das klassische Griechenland" oder „Kulturelle Höhepunkte Japans". Da die Teilnehmer inzwischen aber über eine große Reiseerfahrung verfügen und zunehmend differenzierte Ansprüche an das Programm stellen, rücken nun stärker einzelne Regionen des Landes bzw. spezielle Themen und Veranstaltungen in den Mittelpunkt der Reisen - z. B. „Die antike Seidenstraße", „Im Indian Summer durch Neuengland". Darüber hinaus werden auch spezielle Studienreisen für unterschiedliche Interessengruppen angeboten - z. B. geologische, botanische, zoo-

---

1990a; GÜNTER 1993a; GRAUVOGEL 1994). Als grundlegende Publikationen zu diesem Thema sind die Handbücher von SCHMEER-STURM (1984, 2001) und GÜNTER (2003) zu nennen.

[392] Innerhalb der Differenzierung des Studienreisemarktes fand seit den 1990er-Jahren auch eine Beschäftigung mit den ökologischen und soziokulturellen Konsequenzen dieser Reiseform statt (vgl. STEINECKE/STEINECKE 1989). So hat z. B. das Unternehmen „Studiosus-Reisen" Ziele des umweltverträglichen und sozialverantwortlichen Tourismus in sein Unternehmensleitbild aufgenommen (vgl. DIETSCH 2000, S. 82; 2003).

logische, literarische bzw. kulinarische Reisen, aber auch christliche Studienreisen (vgl. GANSER 1991, S. 124; TREUTLER 2006).

- *Erlebnisorientiertes Marketing:* Seit den 1990er-Jahren haben die Studienreiseveranstalter auf gesellschaftliche Veränderungen reagiert und den Erlebnis-Begriff in den Vordergrund ihrer Kommunikationspolitik gestellt; das Unternehmen „Studiosus Reisen" verwendet z. B. den Slogan „Intensiver*leben*". Für die Mehrzahl der zumeist älteren Teilnehmer stehen allerdings weiterhin die produktbezogenen Eigenschaften einer Studienreise im Vordergrund - z. B. Bildung, Erkenntnisgewinn, festes Programm, passive Rolle der Reisenden, Hochkultur als Thema. Erlebnisorientierte Inhalte, animative Vermittlungsformen und ein flexibles Reiseprogramm sind hingegen generell von geringerer Bedeutung; sie spielen eher für Neukunden und jüngere Gäste eine größere Rolle (vgl. RUDOLPHI 2007, S. 129-130).

- *Nutzung unterschiedlicher Transportmittel:* Das typische Verkehrsmittel von Studienreisen ist der Bus, mit dem die Gruppe gemeinsam eine Rundreise durch das Zielgebiet macht. Diese Form der Mobilität führt zu einer passiven Rezeptionshaltung, die durch Bewegungsmangel, Kommunikationslosigkeit, Unselbstständigkeit und Realitätsverlust geprägt wird (vgl. MÜLLENMEISTER 1993, S. 153-154). Um dem Aktivitätsbedürfnis der Teilnehmer, aber auch ihrem Wunsch nach sozialen Kontakten zu entsprechen, sind deshalb in jüngerer Zeit zahlreiche neue Angebotsformen entwickelt worden - z. B. Wander-Studienreisen, Fahrrad-Studienreisen, Studien-Kreuzfahrten etc.

- *Ansprache neuer Zielgruppen:* Das Image der Studienreisen wurde lange Zeit durch die traditionellen Ziele, den hohen Anteil älterer Teilnehmer und die akademischen Reiseleiter bestimmt (Studienräte, Professoren); sie galten deshalb als „Trümmertouren" oder „Rollende Seminare". Speziell vom Unternehmen „Studiosus Reisen" sind mehrere neue Produkte entwickelt worden, um andere Zielgruppen anzusprechen - z. B. „Studienferien für junge Familien" oder „Me & More" als Studienreisen für jüngere Alleinreisende (vgl. DIETSCH 2000, S. 90-93). Bei diesen Angeboten wird teilweise auf eine Rundreise verzichtet; stattdessen finden sternförmige Ausflugsfahrten von einem Standort aus statt. Außerdem haben die Teilnehmer mehr Freizeit, um eigenen Interessen nachzugehen.

- *Budget- vs. Luxus-Studienreisen:* Die Studienreiseveranstalter haben sich auch auf neue Trends im Konsumverhalten eingestellt - nämlich auf die wachsende Preissensibilität der Kunden sowie auf das zunehmende soziale Differenzierungsbedürfnis. So gibt es einerseits Exklusiv-Studienreisen mit einem besonders hohen Komfort und einer geringen Zahl von Teilnehmern (max. 15). Andererseits finden sich aber auch Preiswert-Studienreisen, bei denen die Gäste individuell per *Low-Cost-Carrier* anreisen und in einfachen Hotels untergebracht werden.

Vor dem Hintergrund des demographischen Wandels sowie des steigenden Bildungsniveaus und der wachsenden Ansprüche der Urlauber werden die *künftigen Perspektiven von Studienreisen* positiv eingeschätzt. Für die Reiseveranstalter besteht dabei die Herausforderung, auch *die* Bundesbürger für diese Reiseform zu gewinnen, die sich selbst als Studienreisende betrachten, aber ihren Urlaub bislang individuell organisieren. Dabei zeichnen sich *vier Trends der zukünftigen Angebotsgestaltung* ab (vgl. TREIDEL 2006, S. 367-368):

- *Klassische Studienreise:* Auch künftig wird es Kunden geben, die im Urlaub großen Wert auf Bildung, Geselligkeit und Sicherheit legen. Für diese Zielgruppen werden sich die traditionellen Sehenswürdigkeiten (Sakral- und Profanbauten, Museen etc.) weiterhin als äußerst attraktiv erweisen.

- *Individualisierung der Studienreise:* Der bisherige Trend zur Differenzierung des Angebots wird sich in Zukunft noch verstärken, da die Teilnehmer mehr Wert auf persönliche Freiräume und die Verwirklichung eigener Interessen legen. Die Programme werden deshalb aus Kernelementen und fakultativen Angeboten bestehen.

- *Sinnstiftung und Erfahrung einer sinnlichen Wirklichkeit:* Generell hat in Deutschland in den letzten Jahren ein Wertewandel stattgefunden: Für immer mehr Menschen spielen Muße, Selbstbestimmung und Sinnsuche eine wichtige Rolle. Studienreisen sollten deshalb künftig nicht nur kognitives Wissen vermitteln, sondern auch sinnliche und emotionale Erfahrungen ermöglichen.

- *Kulturtourismus-Destinationsmarketing:* Da immer mehr Destinationen ihre kulturellen Ressourcen touristisch erschließen, wird das traditionelle Angebot an Sehenswürdigkeiten ständig um neue Attraktionen erweitert (besonders aus dem Bereich der Alltagskultur). Damit besteht aber für Reiseveranstalter die Möglichkeit, innovative Produkte zu entwickeln (Themen, Routen etc.).

Trotz dieser zahlreichen Veränderungen erweisen sich die Kernelemente einer Studienreise als relativ stabil - nämlich der *fachkundige Reiseleiter* und das *festgelegte Programm*, das auf einer gründlichen konzeptionellen und organisatorischen Vorarbeit basiert.

4.1.2 Fallstudie: Konzeption und Organisation einer Studienreise

Die Konzeption einer Studienreise umfasst - idealtypisch - *mehrere Arbeitsschritte* (vgl. CZUCHRA 1990, S. 35-40; EDER 1998, S. 533-544; GÜNTER 2003a, S. 152-154; Abb. 80):
- Festlegung des Themas (Basislernziel),
- Ableitung von Einzelthemen (Teillernziele),
- Festlegung der Route (Grobplanung),

- Auswahl der Haltepunkte und der Vermittlungsmethoden (Detailplanung),
- Buchung von Verkehrsmitteln, Unterkünften, Besichtigungen und Führungen,
- Kalkulation des Reisepreises,
- Ausschreibung der Studienreise (Katalog, Flyer etc.).

Für die *Festlegung des Themas (Basislernziel)* gibt es zwei inhaltliche Bezugspunkte - zum einen die kulturellen Ressourcen des Reiseziels (im Sinne von Besonderheiten und Alleinstellungsmerkmalen), zum anderen die Vorkenntnisse und Erwartungen der Studienreiseteilnehmer. Um ein attraktives, marktgerechtes Thema formulieren zu können, müssen zunächst *umfangreiche Recherchen zum Zielgebiet* durchgeführt werden; im Mittelpunkt stehen dabei folgende Bereiche:
- die geographischen Gegebenheiten (Natur- und Kulturraum),
- die politische Situation (Regierungssystem, Parteien etc.),
- die wirtschaftliche Struktur (dominierender Wirtschaftssektor, Innovationen),
- die kulturellen Besonderheit (Kunst, Sprache, Religion).

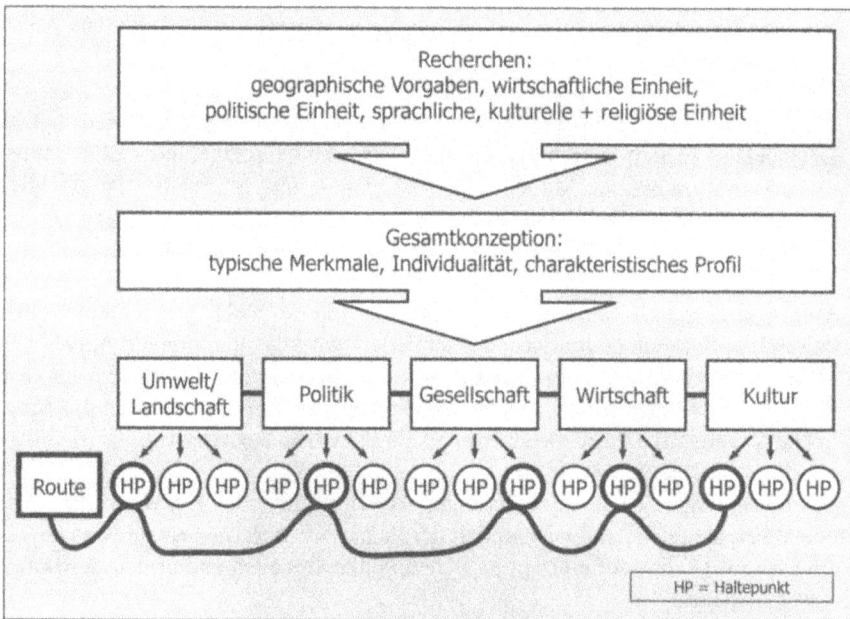

Abb. 80: Die Konzeption einer Studienreise besteht - idealtypisch - aus mehreren Arbeitsschritten. Auf der Grundlage umfangreicher Recherchen werden zunächst die typischen Merkmale des Reiselandes abgegrenzt und thematisch zusammengefasst. Anschließend erfolgt eine Zusammenstellung potenzieller Haltepunkte, aus denen dann die Route und das Programm der Reise zusammengestellt werden (unter logistischen, zeitlichen und dramaturgischen Gesichtspunkten).

Bei den Recherchen geht es nicht darum, enzyklopädisches Wissen zusammenzustellen, sondern die *typischen Merkmale des Reiselandes* und das *charakteristische*

Profil des Ziellandes herauszuarbeiten (speziell im Vergleich zum Herkunftsland der Touristen). Diese Vorgehensweise beinhaltet jeweils auch die fachlich begründete Auswahl von Themen und Sehenswürdigkeiten.

Am Beispiel einer länderkundlichen Studienreise nach Irland soll die Methodik im Folgenden erläutert werden. Nach umfangreichen Vorarbeiten wurde für diese Reise das Thema formuliert: *„Irish Highlights - Höhepunkte der irischen Kultur, Landschaft und Lebensart"*. Das Basislernziel lautete: Den Teilnehmern soll ein exemplarischer landeskundlicher Überblick gegeben werden - unter Berücksichtigung der regionalen Gegensätze Irlands (vgl. STEINECKE 2001a).

In einem weiteren Arbeitsschritt wurde das Gesamtthema zunächst in *Einzelthemen* (Teillernziele) aufgegliedert; außerdem musste überlegt werden, an welchen *Haltepunkten* die jeweiligen Inhalte exemplarisch vermittelt werden können. Zwei Einzelthemen sollen diese Vorgehensweise verdeutlichen:

- Thema „Hochkultur"
  - *Teillernziel:* Den Teilnehmern soll die irische Hochkultur exemplarisch vermittelt werden; dabei soll vor allem eine Verbindung zwischen Landschaft, Politik, Geschichte, Alltags- und Hochkultur, Religion und Architektur hergestellt werden.
  - *Themen und mögliche Haltepunkte:*
    - Klöster (z. B. Glendalough, Monasterboice, Clonmacnoise),
    - Architektur (z. B. Dublin: Trinity College, Georgian Architecture, St. Stephen's Green),
    - Literaten (z. B. Writer's Path in Dublin, James Joyce-Tower, Grab von William Butler Yeats),
    - Mythen und Legenden (z. B. Newgrange, Aran Isles, Croagh Patrick),
    - Castles und Manor Houses (z. B. Cashel, Powerscourt, Muckross House).

- Thema „Landschaft/Umwelt"
  - *Teillernziel:* Den Teilnehmern sollen landschafts- und umweltspezifische Besonderheiten Irlands am Beispiel der Moore, der Gartenanlagen und der Karstmorphologie vermittelt werden.
  - *Thema und mögliche Haltepunkte:*
    - Moore (z. B. Military Road, Co. Wicklow, West Offaly Railway),
    - Gartenanlagen (z. B. Powerscourt House and Gardens, Birr Castle),
    - Karstmorphologie und Küstenformen (z. B. Burren-Region generell und speziell Ailwee Cave und der Cliffs of Moher).

Aus der Vielzahl möglicher Haltepunkte zu den einzelnen Themen wurde anschließend die *Route der Studienreise* zusammengestellt (vgl. Abb. 81). Dabei ist generell zu berücksichtigen, dass die Tour nicht nach chronologischen bzw. fachlichen Prinzipien verlaufen kann, sondern zeitlichen, verkehrstechnischen bzw. logistischen Zwängen unterliegt (vgl. TREICHEL 2006, S. 365).

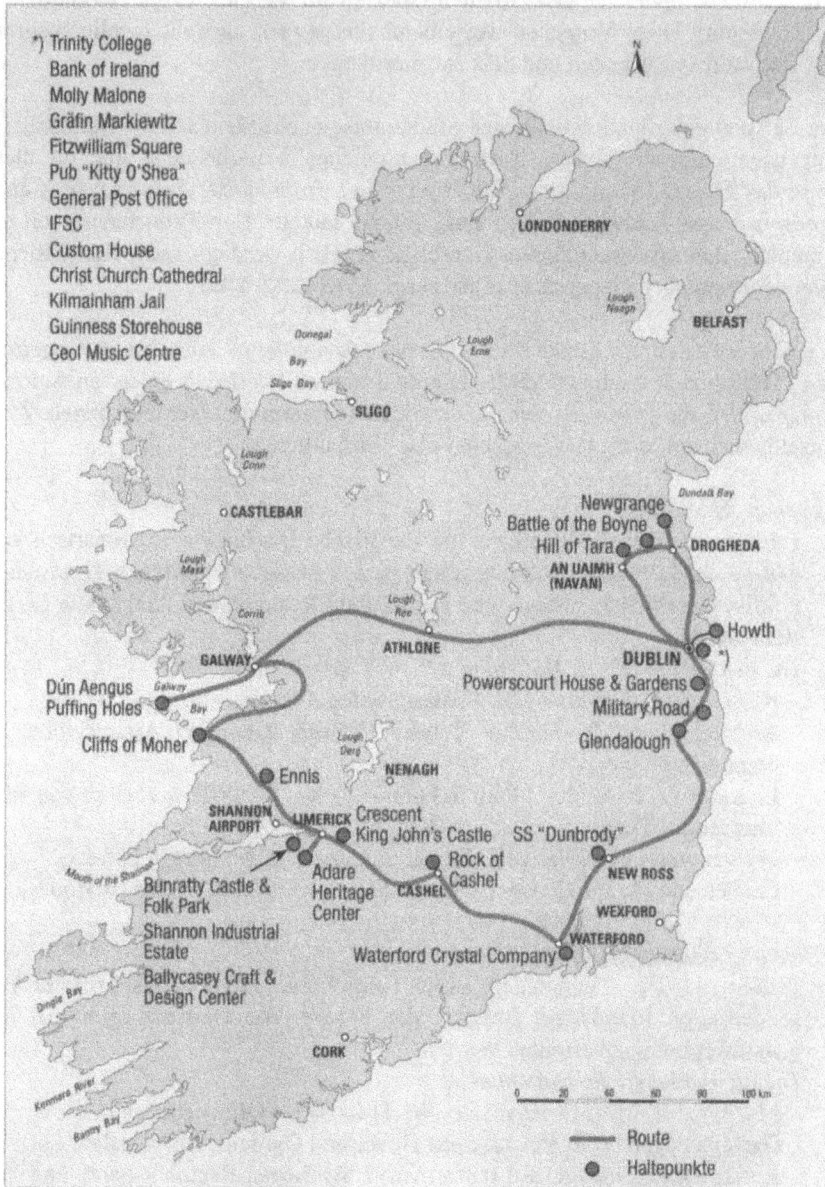

Abb. 81: Zu den zentralen Merkmalen einer Studienreise gehört die festgelegte Route. Der Verlauf der Tour kann allerdings nicht nach chronologischen bzw. fachlichen Prinzipien erfolgen, da er zeitlichen, verkehrstechnischen bzw. logistischen Zwängen unterliegt. Dennoch muss versucht werden, das Programm unter inhaltlich-dramaturgischen Kriterien zu gestalten - z. B. Abwechslung, Vertiefung, Methodenvielfalt, spektakulärer Abschluss.

Dennoch muss versucht werden, die *Grobplanung* unter bestimmten inhaltlich-dramaturgischen Kriterien vorzunehmen:

- Das *Tagesprogramm* einer länderkundlichen Studienreise sollte thematisch abwechslungsreich gestaltet sein - also jeweils Haltepunkte aus unterschiedlichen Bereichen umfassen (Landschaft, Kultur, Politik etc.).

- Im *gesamten Reiseverlauf* kommt es darauf an, dass besonders spektakuläre Haltepunkte möglichst am Ende der Studienreise angefahren werden, um den Erlebnisgehalt zu steigern und einen eindrucksvollen Abschluss zu erreichen (im Falle Irlands z. B. die eindrucksvollen Cliffs of Moher an der Westküste).

- Zur Dramaturgie einer Studienreise gehören auch *unterschiedliche Vermittlungsmethoden*, die sich aus dem jeweiligen Thema, aus dem Zeitbudget bzw. aus organisatorischen Besonderheiten der jeweiligen Haltepunkte ergeben können (fahrtbegleitender Kommentar, Führung durch Reiseleiter, Führung durch *Local Guide*, Erkundungen etc.; → 4.1.4).

Bei der *Detailplanung der Route* stehen die *technischen Rahmenbedingungen der Studienreise* im Vordergrund. Sie reichen von der Fahrtdauer zwischen den einzelnen Haltepunkten über die Öffnungszeiten der Besichtigungsobjekte und die Verpflegungsmöglichkeiten in der Mittagspause bis hin zum Beherbergungsangebot entlang der Route.

Das Ergebnis der konzeptionellen Arbeit ist ein *ausgearbeitetes Programm der Studienreise*, das für jeden Tag detailliert die Fahrtroute, die einzelnen Haltepunkte (Sehenswürdigkeiten) und die Unterkünfte ausweist. Auf dieser Grundlage erfolgt die Buchung der Verkehrsmittel, Hotels, Besichtigungen, Führungen etc.

Am Ende der Reiseplanung steht die *Kalkulation des Reisepreises*; er besteht aus mehreren Komponenten (vgl. DIETSCH 2000, S. 99; KUBSCH/WEISKOPF 2003, S. 294-296):
- Kosten pro Teilnehmer (Unterkunft, Verpflegung, Eintrittsgelder etc.),
- Allgemeinkosten (Transportmittel, Reiseleitung, Risikobeiträge etc.),
- Aufschlag (Werbungskosten, Provision für Reisebüros, Ertrag, Steuern etc.).[393]

Anschließend wird die Studienreise im *Prospekt der Reiseveranstalter* annonciert - mit einer genauen Beschreibung des Programms sowie aller Leistungen, die im Reisepreis enthalten sind.

---

[393] Nach Einschätzung von KLINGENSTEIN/MUNDT (2007, S. 340-342) beträgt der durchschnittliche Aufschlag ca. 20-30 % der Fremdkosten (Kosten/Teilnehmer + Allgemeinkosten).

Während der Reise fungiert der *Reiseleiter* als Vertreter des Studienreiseveranstalters; dabei ist er für die reibungslose Organisation der Studienreise und vor allem auch für eine sachgemäße Informationsvermittlung verantwortlich.

4.1.3   Reiseleiter: Typen - Aufgaben - Anforderungen

Grundsätzlich sind Touristen während ihrer Reise *Ortsfremde*, die sich in unbekannten Destinationen zurechtfinden müssen. Neben der Orientierung benötigen sie auch eine organisatorisch-logistische Unterstützung; außerdem haben sie Interesse an Informationen zu Sehenswürdigkeiten, Brauchtum, Alltagsleben etc. Eine derartige Hilfestellung kann sowohl durch diverse Medien erfolgen (z. B. Karten, Reiseführer, CD-ROMs, GPS; → 4.2) als auch durch eine persönliche Informationsvermittlung. Zu den zentralen Aufgaben aller Reiseleiter und Gästeführer gehört deshalb *das Zeigen, das Erklären und das Organisieren.*

Dieses Aufgabenspektrum ist jedoch nicht bei allen Reiseleitern in gleichmäßiger Weise ausgeprägt; als Folge der zunehmenden Diversifizierung des Tourismusmarktes hat in den letzten Jahrzehnten vielmehr eine Spezialisierung der Reiseleitertätigkeit stattgefunden.

Reiseleiter: Typen und Aufgaben

Gegenwärtig lassen sich mehrere *Typen von Reiseleitern und Gästeführern* unterscheiden, deren Tätigkeit durch unterschiedliche Schwerpunkte charakterisiert wird (vgl. VOGEL 1993, S. 516; SCHMEER-STURM u. a. 1990, S. 31-43):

- Der *Standortreiseleiter* ist im Auftrag eines Reiseveranstalters oder einer Incoming-Agentur für einen längeren Zeitraum in einem Zielgebiet tätig. Dort betreut er die Gäste, hält Sprechstunden in Hotels ab, organisiert Ausflüge und bearbeitet Reklamationen.

- Der *Rundreiseleiter* begleitet eine Gruppe bei Ausflügen im Zielgebiet bzw. während einer Rundreise (z. B. US-Amerikaner auf einer einwöchigen Europa-Reise). Seine Hauptaufgaben sind dabei organisatorisch-technischer Natur, während die Vermittlung fachlicher Informationen eine nachrangige Rolle spielt (so werden Führungen meist von *Local Guides* übernommen).

- Die *Studienreiseleiter* sind sowohl für die organisatorische Abwicklung wie auch für die fachlich fundierte Informationsvermittlung während einer Studienreise verantwortlich; darüber hinaus müssen sie sich um die einzelnen Teilnehmer und um die Atmosphäre in der Gruppe kümmern.

- Bei *Gästeführern* handelt es sich um Fachkräfte, die sich auf ein Besichtigungs- objekt bzw. einen Ort spezialisiert haben *(Local Guides).* Stadt-, Schloss- und Museumsführer empfangen Rund- und Studienreisegruppen, um ihnen im Rah- men einer Führung Informationen zu vermitteln. Da sie ständig mit wechselnden Teilnehmern zu tun haben, müssen sie über eine hohe Flexibilität und Zielgrup- penorientierung verfügen (vgl. SCHMEER-STURM 1993, 1993a, 1998).

- *Jugendreiseleiter/Teamer bzw. Seniorenreiseleiter* kommen bei organisierten Urlaubsreisen für spezielle Altersgruppen zum Einsatz. Ihr Tätigkeitsschwer- punkt steht in Zusammenhang mit den sozialen bzw. körperlichen Bedürfnissen der jeweiligen Zielgruppe: Spaß, Sport und Unterhaltung bei Jugendlichen, Wandern, Radfahren und Hobbys bei älteren Menschen. Neben organisatori- schen Kompetenzen müssen diese Reiseleiter auch über pädagogische und medi- zinische Kenntnisse verfügen (vgl. KUNZE 1975; PORWOL 1990, S. 87-90; 2001, S. 63-67; DRABNER u. a. 2002).

- *Der Schiffsreiseleiter* ist auf Kreuzfahrtschiffen sowohl für das Unterhaltungs- programm an Bord zuständig (Shows, Animation etc.) als auch für die Organisa- tion der Landausflüge.

- *Animateure* arbeiten für einen längeren Zeitraum - meist eine Saison - in der Anlage eines Ferienclubs (z. B. Club Robinson, Club Aldiana). Zu ihren vorran- gigen Aufgaben gehört es, die Gäste zu einer aktiven, sportlichen, kreativen bzw. kommunikativen Aktivität anzuregen. Teilweise sind sie auch für die Orga- nisation von Erlebnisausflügen verantwortlich - z. B. Jeep-Safaris, Besuch von Märkten etc. (vgl. FINGER/GAYLER 1990, S. 199-220; FINGER 1997).

Studienreiseleiter: Anforderungen - Funktionen - Berufsbild

Das Anforderungsprofil für Studienreiseleiter resultiert aus den spezifischen Merk- malen dieser Reiseform - als Gruppenpauschalreise mit anspruchsvollen Bildungs- inhalten. Ein Studienreiseleiter muss über vielfältige Kompetenzen verfügen; er sollte „nicht nur ein verlässlicher Organisator und Reisebegleiter, sondern auch ein exzellenter Moderator, Regisseur und Akteur seines Gesamtkunstwerks Studien- reise sein" (DIETSCH 2000, S. 95). Im Einzelnen lassen sich *mehrere Kompetenz- bereiche* abgrenzen, die bei dieser Tätigkeit von zentraler Bedeutung sind (vgl. SCHMEER-STURM 1990, S. 42-46; SCHMEER-STURM u. a. 1990, S. 17):

- Um das Informations- und Lerninteresse der Teilnehmer adäquat befriedigen zu können, müssen Studienreiseleiter zunächst einmal über eine hohe *Sachkompe- tenz* verfügen, die meist durch ein einschlägiges Studium erworben wird (Kunst- geschichte, Archäologie, Ethnologie, Geographie etc.). Das Fachwissen bezieht sich auf das Thema der Reise; außerdem werden gründliche länderkundliche Kenntnisse, die Beherrschung der Landessprache sowie Kenntnisse der lokalen

Gegebenheiten erwartet - sowohl vom Reiseveranstalter (als Arbeitgeber) als auch von der Reisegruppe (vgl. Abb. 82).

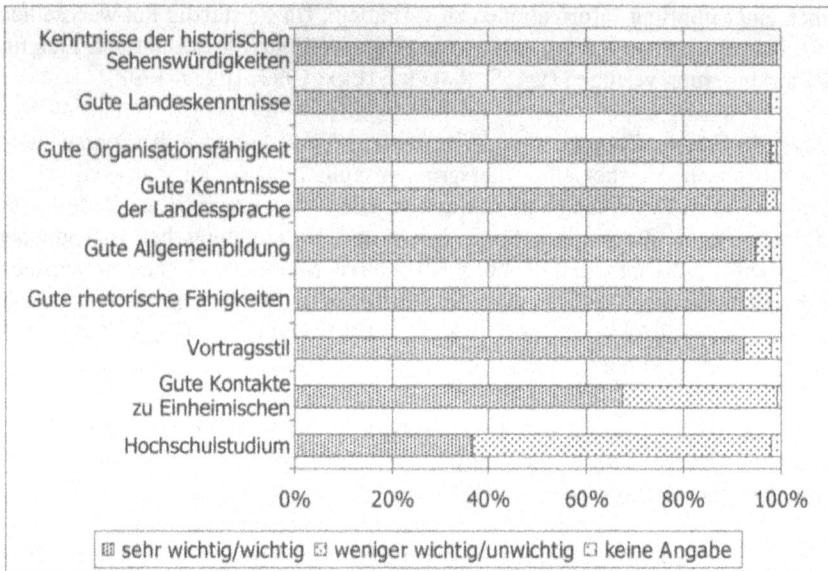

Abb. 82: Der Studienreiseleiter muss über unterschiedliche Kompetenzen verfügen, um die Erwartungshaltung der Teilnehmer hinsichtlich Information, Geselligkeit und Sicherheit adäquat erfüllen zu können. Neben einem soliden Fachwissen werden auch Organisations-talent, didaktisch-methodische Fähigkeiten und soziale Kompetenzen erwartet (Quelle: Eigene Darstellung nach Angaben in BUDNIK 2004, S. 87).

- Darüber hinaus müssen Studienreiseleiter aber auch in der Lage sein, ihr Fach-wissen verständlich, anschaulich und lebendig zu vermitteln *(didaktisch-methodische Kompetenz)*. Das Spektrum der notwendigen Fähigkeiten reicht hier von einer grundsätzlichen Zielgruppenorientierung (Sprachniveau, Vor-kenntnisse) über rhetorische Kompetenzen (freie Rede, Blickkontakt) bis hin zum Einsatz unterschiedlicher Methoden (Vortrag, Führung etc.; → 4.1.4).

- Während der Studienreise ist der Reiseleiter (als Vertreter des Veranstalters) für die ordnungsgemäße Umsetzung des Programms verantwortlich, d. h. er küm-mert sich um das Check-In/Check-Out in den Hotels sowie um Abfahrtszeiten, Besichtigungen, Pausen- und Essenzeiten etc. Außerdem muss er auftretende technische Probleme rasch lösen können. Um diese Aufgaben erfolgreich zu er-füllen, ist deshalb auch eine *organisatorische Kompetenz* erforderlich.[394]

---

[394] Exemplarische Checklisten zu den einzelnen Tätigkeitsbereichen finden sich u. a. bei EDER (1998, S. 544-552), SCHMEER-STURM (2001, S. 185-197).

- Zu den Voraussetzungen eines guten Studienreiseveranstalters gehört schließlich die *soziale Kompetenz* - also ein generelles Persönlichkeitsmerkmal, das im Rahmen einer Ausbildung kaum vermittelt werden kann (im Gegensatz zu den anderen Kompetenzen). Für das Gelingen einer Reise spielen aber Empathie, Führungskompetenz, Belastbarkeit etc. eine zentrale Rolle, da unter den Teilnehmern eine erhebliche Gruppendynamik abläuft. Der Studienreiseleiter muss in der Lage sein, diese Prozesse wahrzunehmen, zu verstehen und auch behutsam zu steuern (vgl. SCHMIDT 1993, 2003; PETERSEN 2003).

Aufgrund des engen und ständigen Zusammenseins mit der Gruppe während der gesamten Tour erweist sich das gelungene Zusammenspiel dieser vielfältigen Kompetenzen eines Studienreiseleiters als zentrale Voraussetzung für die *Qualität und den Erfolg einer Studienreise* (für die Teilnehmer ist er der einzige Vertreter des Unternehmens, mit dem sie direkt in Kontakt treten). Als besonders wichtig erweist sich dabei die Tatsache, dass der Reiseleiter die Gruppe *während des gesamten Programms* inhaltlich und organisatorisch betreut; nur auf diese Weise kann er zwischen einzelnen Besichtungsobjekten Bezüge herstellen, die Wissensvermittlung auf die Teilnehmer abstimmen und die Atmosphäre in der Gruppe beeinflussen (vgl. EDER 1993, S. 171).

Der Studienreiseleiter arbeitet damit in einem Spannungsfeld, das durch die unterschiedlichen Interessen der Teilnehmer, des Reiseveranstalters und des Ziellandes bestimmt wird. An dieser Schnittstelle kommen ihm *mehrere Funktionen* zu (vgl. FREERICKS 2000, S. 355-356; KIENAST 2003, S. 284-287; Abb. 83):

- *für den Reiseveranstalter:*
  - er repräsentiert das Unternehmen,
  - er kontrolliert die Leistungsträger vor Ort,
  - er setzt das Programm um,
  - er bearbeitet Reklamationen,
  - er löst Pannen und Krisen,

- *für die Teilnehmer:*
  - er garantiert die versprochenen Leistungen,
  - er vermittelt Informationen zum Zielland,
  - er organisiert, betreut und löst Probleme,
  - er hilft bei Sprachschwierigkeiten,
  - er gibt Tipps für die Freizeitgestaltung,

- *für das Zielland:*
  - er weckt Begeisterung für das Zielland,
  - er vermittelt zwischen zwei Kulturen,
  - er trägt zum Abbau von Vorurteilen bei,
  - er sorgt für die Vermeidung von Konflikten,
  - er prägt das Image.

für den Studienreiseveranstalter:

- repräsentiert das Unternehmen
- kontrolliert die Leistungsträger
  vor Ort
- setzt das Programm um
- bearbeitet Reklamationen
- löst Pannen und Krisen

Funktionen des Reiseleiters

für die Teilnehmer:

- garantiert die versprochenen
  Leistungen
- vermittelt Informationen zum Zielland
- organisiert, betreut und löst Probleme
- hilft bei Sprachschwierigkeiten
- gibt Tipps für
  die Freizeitgestaltung

für das Zielland:

- weckt Begeisterung für das Zielland
- vermittelt zwischen zwei Kulturen
- trägt zum Abbau von Vorurteilen bei
- sorgt für die Vermeidung
  von Konflikten
- prägt das Image des Ziellandes

*Abb. 83: Der Studienreiseleiter arbeitet in einem Spannungsfeld, das durch die unter-
schiedlichen Interessen der Teilnehmer, des Reiseveranstalters und des Ziellandes bestimmt wird. Die Qualität und der Erfolg einer Studienreise hängt davon ab, dass er die
zahlreichen Funktionen an dieser Schnittstelle professionell wahrnimmt (Quelle: Eigene
Darstellung nach Angaben in FREERICKS 2000, S. 355).*

Ungeachtet der hohen fachlichen und persönlichen Anforderungen, die an einen
Studienreiseleiter gestellt werden, handelt es sich bei dieser Tätigkeit in Deutschland *nicht um einen klar definierten Beruf*, der auf einer staatlich geregelten und
anerkannten Ausbildung basiert.[395] Die Studienreiseveranstalter können ihre Mitarbeiter vielmehr aus einem großen Markt engagierter Fachleute gewinnen, die ein
Interesse daran haben, ihr Wissen auf Reisen an andere Menschen weiterzugeben.
Gängige Voraussetzungen für eine Bewerbung sind (vgl. DIETSCH 2000, S. 94-
95):
- ein Mindestalter von 23 Jahren,
- Abitur und ein abgeschlossenes bzw. weit fortgeschrittenes Hochschulstudium,
  das einen Bezug zum Thema der Reise hat,
- Sprachkenntnisse,
- gute sprachliche Ausdrucksfähigkeit.

Auf der Grundlage der eingehenden Bewerbungen führen die Studienreiseveranstalter *Vorstellungsgespräche* und *mehrtägige Auswahlseminare* durch, in denen
die Bewerber hinsichtlich ihrer methodisch-didaktischen Fähigkeiten, ihres Auftre-

---

[395] Die Zahl der hauptberuflich tätigen Studienreiseleiter in Deutschland belief sich Anfang
der 1990er-Jahre auf ca. 600 Personen (vgl. GANSER 1991, S. 126). Eine aktuelle und
umfassende Analyse des Berufsfelds hat NONNENMANN (2004) vorgenommen (Sozial-
struktur der Reiseleiter, Motive, Berufseinstieg, Vertragssituation, Zufriedenheit etc.).

tens vor einer Gruppe sowie ihrer Belastbarkeit in Stress-Situationen getestet werden.

Die aufgabenspezifische Einweisung erfolgt z. B. bei dem Marktführer „Studiosus Reisen" in Form von *kurzen Schulungsseminaren*, die vorrangig dazu dienen, den künftigen Mitarbeitern die Unternehmensphilosophie und die besonderen organisatorischen Anforderungen zu vermitteln.[396] Vor der ersten eigenen Reiseleitung nehmen die künftigen Studienreiseleiter außerdem noch an einer *Einweisungsreise* teil, die von einem erfahrenen Kollegen geleitet wird. Darüber hinaus finden in unregelmäßigen Abständen Weiterbildungsangebote zu speziellen Themen statt - z. B. „Pflanzenwelt des Mittelmeerraumes", „Die Welt der Musik", „Konfliktmanagement".[397]

Die Zufriedenheit der Teilnehmer mit der Studienreise generell und speziell mit dem Studienreiseleiter wird am Ende der Reise direkt mit Hilfe eines *Evaluierungsbogens* erfasst; weitere Möglichkeiten der Qualitätsmessung sind die *Reklamationsquote* sowie die *Wiederholerrate* (vgl. MÜLLER/MÖNCH-KOWALEWSKI 1997, S. 322).

Die Aus- und Weiterbildung sowie die Qualitätskontrolle der Studienreiseleiter erfolgt in Deutschland also nahezu ausschließlich auf der Ebene der Unternehmen. In anderen europäischen Ländern - z. B. *Frankreich, Griechenland und Italien* - bestehen staatlich geregelte und anerkannte Ausbildungen; dort sind Reiseleitung und Gästeführung speziell ausgebildeten Personen vorbehalten. Diese unterschiedlichen Regelungen haben in der Vergangenheit immer wieder zu Auseinandersetzungen und Gerichtsverfahren geführt, da deutschen Reiseleitern in diesen Ländern eine Führungstätigkeit untersagt wurde (vgl. SCHMIDT/NAHRSTEDT 1993; KLINGENSTEIN/MUNDT 2007, S. 335-336).[398]

Mit *mehreren Pilotprojekten* sind in Deutschland (bislang erfolglose) Versuche unternommen worden, eine klare Ausbildungsstruktur zu entwickeln und damit die

---

[396] Schulungsseminare für Reiseleiter werden auch von einigen privaten Weiterbildungsinstituten und öffentlichen Institutionen angeboten - z.B. Industrie- und Handelskammern, „Willy Scharnow Stiftung für Touristik" (vgl. www.reiseleiterverband.de/pages/ausbildung.html zur einer aktuellen Adressliste).

[397] vgl. Studiosus Reisen (Hrsg.; 2006): Intensiverleben 2007/08. Afrika, Amerika, Asien, Australien, München, S. 412 (Katalog)

[398] Eine vergleichbare Situation besteht im Bereich der Gästeführung: Es gibt in Deutschland keine verbindliche Ausbildung, kein klares Berufsbild und keine staatlich anerkannte Lizenz (vgl. SCHMEER-STURM 1997, S. 341). Als Kommunikationsplattform und Interessenvertretung dieser Berufsgruppe wurde im Jahr 1994 der „Bundesverband der Gästeführer in Deutschland e. V." (BVGD) gegründet. Der Verband, dem gegenwärtig mehr als 3.400 Mitglieder angehören, hat ein eigenes Zertifikat entwickelt, das auf einem bundesweit einheitlichen Qualifizierungssystem basiert (vgl. bvgd.de vom 12. Dezember 2006).

Basis für ein präzises Berufsbild zu schaffen - z. B. durch die Zusammenarbeit mit Industrie- und Handelskammern, durch Modellversuche im Jugendreisebereich sowie durch Konzepte spezieller Studiengänge (vgl. MÜLLER 1990, S. 109; NAHRSTEDT 1992; STEINECKE/MÜLLER 1993; FREERICKS 2000, S. 360-362).[399] Darüber hinaus wurde im Jahr 1990 vom „Bundesverband der Deutschen Tourismuswirtschaft" (BTW) das *Reiseleiterzertifikat* geschaffen, das allerdings im Ausland nicht anerkannt wird, weil es sich nicht um ein staatliches, sondern um ein verbandsinternes Zertifikat handelt.[400]

Auch die *soziale Absicherung* und *die finanzielle Vergütung* der Studienreiseleiter erweisen sich als unbefriedigend, da die Mehrzahl freiberuflich tätig ist. So beschäftigte das Unternehmen „Studiosus Reisen" Ende der 1990er-Jahre ca. 700 Studienreiseleiter, von denen 300 ihre Haupteinkünfte aus dieser Tätigkeit bezogen - aber nur 50 durch Festverträge an den Reiseveranstalter gebunden waren. Die Honorare der Studienreiseleiter liegen gegenwärtig mit 80-100 €/Tag deutlich unter den Tagessätzen entsprechend qualifizierter Akademiker. Angesichts der hohen fachlichen, physischen und psychischen Anforderungen handelt es sich nicht um eine leistungsgerechte Vergütung (vgl. DIETSCH 2000, S. 97; KLINGENSTEIN/MUNDT 2007, S. 335-337).[401]

Trotz dieser negativen Rahmenbedingungen erweist sich die Tätigkeit für viele Studienreiseleiter offensichtlich als faszinierend. In einer umfangreichen Analyse dieses Arbeitsfeldes konnte NONNENMANN (2004, S. 290-292) mehrere *Attraktivitätsfaktoren* ermitteln:

- *Persönliche Horizonterweiterung* -   z. B. der Wunsch nach Weiterbildung, Selbstständigkeit und neuen Erfahrungen, aber auch die Möglichkeit, eigene Kenntnisse und Einsichten an interessierte Teilnehmer weitergeben zu können.

- *Rollenspiele und Autorität* - z. B. die Chance, sich in unterschiedlichen Rollen zu erproben (Experte, Animateur, Gesprächspartner, Krankenschwester) bzw. als Autoritätsperson Anerkennung zu erhalten.

---

[399] In den Jahren 1987-1990 führte z. B. der „Studienkreis für Tourismus" (Starnberg) eine Reihe von „Modellseminaren für Jugendreisen und internationale Begegnungen" durch, in denen verschiedene Module für eine Reiseleiterausbildung erarbeitet wurden - z. B. „Methoden der Entdeckung von Land und Leuten", „Praxis der Stadterkundung", „Praxis der Animation" (vgl. www.forscher-praktiker-dialog.de/publi.htm vom 10. Dezember 2006).

[400] vgl. http://www.rda.de/html/modules/Downloads/Reiseleiterzertifikat.pdf vom 09. Dezember 2006

[401] Im Jahr 1988 wurde in München der „Verband der StudienreiseleiterInnen e. V." gegründet, der sich als Interessensvertretung und Kommunikationsplattform für Studienreiseleiter versteht (vgl. www.reiseleiterverband.de/pages/verband.html vom 09. Dezember 2006).

- *(Inter)kulturelle Erfahrungen* - z. B. die Auseinandersetzung mit anderen Le-
bensmodellen, Kulturen und Mentalitäten sowie die Reflexion der eigenen Wert-
muster und Verhaltensweisen.

- *Selbstverwirklichung* - z. B. ein ungebundener und flexibler Lebensstil, die Suche nach Abwechslung und die Befreiung von konventionellen Zwängen des
Alltags.

Die Faszination der Tätigkeit als Studienreiseleiter besteht also u. a. darin, andere
Menschen am eigenen Wissen teilhaben zu lassen. Neben dem persönlichen Cha-
risma können Studienreiseleiter - wie auch Gästeführer - auf ein *breites Spektrum
von Methoden* zurückgreifen, um diese Informationsvermittlung urlaubs- und frei-
zeitgerecht zu gestalten.

4.1.4 Didaktik und Methodik der Gästeführung

Die didaktischen und methodischen Überlegungen der Informationsvermittlung bei
Studienreisen und Gästeführungen müssen an den *typischen Merkmalen der Lernsituation* ansetzen:
- das Lernen auf Reisen findet in einer Freizeit- und Urlaubssituation statt,
- die Teilnehmer halten sich in dem Zielgebiet häufig zum ersten Mal auf,
- die Teilnehmer sind hinsichtlich des Themas der Reise keine Fachleute, sondern
Laien.

Aufgrund dieser Rahmenbedingungen müssen die Informationen generell anschaulich, leicht verständlich und lebendig vermittelt werden - im Sinne einer *„anspruchsvollen Unterhaltung"* (SCHMEER-STURM u. a. 1990, S. 113), die einerseits
nicht aus einer Aneinanderreihung von Daten und Fakten besteht, sich aber andererseits auch nicht auf Anekdoten und Storys beschränkt.

Richtziele von Gästeführungen

Bei einer Gästeführung handelt es sich generell um eine kurzzeitpädagogische
Situation, die durch mehrere konzeptionelle Überlegungen strukturiert werden
kann. Dazu sind zunächst *klare Richtziele* zu formulieren; so sollen die Teilnehmer
u. a. (SCHMEER-STURM u. a. 1990, S. 114-115):

- Ein *Grundverständnis der besuchten Stadt bzw. Region erhalten.* Was sind historische, gesellschaftliche, wirtschaftliche, soziale, religiöse Besonderheiten -
speziell auch im Vergleich zur Heimatstadt/-region?

- *Kulturdenkmäler und geographische Phänomene sehen und verstehen lernen:*
Was sind typische Merkmale einzelner kunsthistorischer bzw. städtebaulicher

Epochen (Romanik, Gotik, Barock etc.) und welche Rückschlüsse lassen sich auf die wirtschaftliche sowie gesellschaftliche Entwicklung des Ortes ziehen?

- *Sich in einer anderen Stadt bzw. einem anderen Land orientieren und adäquat verhalten:* Was sind wichtige Orientierungspunkte und welche religiösen bzw. sozialen Normen sind zu respektieren (z. B. im islamischen Kulturkreis)?

- *Sich für andere Lebensentwürfe und Denkweisen öffnen:* Wie leben Menschen in anderen Kulturen und welche Konsequenzen hat diese Kenntnis für die eigenen Wertvorstellungen und die persönliche Lebensführung?

Diese Richtziele sind bei der Auswahl, Aufbereitung und Vermittlung der Informationen zu berücksichtigen; dabei gelten folgende *didaktische Prinzipien* (vgl. SCHMEER-STURM/SPRINGER 1987, S. 33-48; EDER 1993, S. 166-172):

- *Bezug zur Gegenwart:* Die Wissensvermittlung - speziell zu (kunst)historischen Relikten und Entwicklungen - erfolgt nicht als Selbstzweck, sondern vor allem zum besseren Verständnis aktueller Ereignisse und zur Relativierung des persönliches Geschichtsverständnisses. Aus diesem Grund sollten ständig Bezüge zur Gegenwart hergestellt werden (z. B. durch Hinweise auf die Interessen der jeweiligen politischen Akteure, auf die technischen Möglichkeiten, auf die unterschiedlichen Werthaltungen und Normen im Verlauf der Geschichte).

- *Anschaulichkeit:* Speziell historisches Wissen erweist sich häufig als trocken und abstrakt - vor allem, wenn es aus zu vielen Jahreszahlen und Namen besteht (z. B. Verwandtschafts- und Heiratsbeziehungen europäischer Herrscherhäuser). Durch Einbeziehung von Portraits, Denkmälern, Skulpturen, Grabmälern, Palästen etc. kann Geschichte anschaulich vermittelt werden: Die handelnden Personen werden greifbar und ihre Lebensumstände nachvollziehbar (vgl. Abb. 84).

- *Sachliche Richtigkeit:* Es zählt zu den Selbstverständlichkeiten einer Gästeführung, dass die Informationen durch gründliche Recherchen abgesichert sind. Auf dieser Grundlage sollte eine präzise Wissensvermittlung erfolgen - ohne inhaltliche Ungenauigkeiten und Verallgemeinerungen. Dabei geht es auch um eine Vereinfachung und Konkretisierung der Sprache - also um den Verzicht auf unnötige Fremdwörter, auf wertende und suggestive Aussagen sowie auf stereotype Einschätzungen.

- *Darstellung gegensätzlicher Standpunkte:* Ein wesentlicher Bestandteil der Geschichte sind Konflikte, die aus unterschiedlichen Interessenlagen einzelner gesellschaftlicher Gruppen resultieren (Adel - Bürgertum, Kapitalvertreter - Gewerkschaften). Durch die Vermittlung dieser gegensätzlichen Standpunkte entsteht zum einen ein angemessenes Bild der Geschichte, zum anderen wird die Darstellung spannend und emotional - z. B. bei der Erläuterung der früheren Lebensbedingungen von Großgrundbesitzern und Sklaven auf Baumwollplantagen in den US-amerikanischen Südstaaten.

- *Exemplarisches Vorgehen:* Studienreisende und Kulturtouristen halten sich nur kurz in den besuchten Städten, Museen, Schlössern etc. auf. Aus diesem Grund sollte keine enzyklopädische Vollständigkeit angestrebt werden, sondern die Führung muss sich auf eine Auswahl von Sehenswürdigkeiten beschränken. Im Mittelpunkt sollten dabei Sehenswürdigkeiten stehen, die aus fachlicher Sicht des Gästeführers besonders tragfähig und aussagekräftig sind - und für die Teilnehmer besonders eindrucksvoll und ungewöhnlich sind.

Abb. 84: Speziell historisches Wissen erweist sich für Laien häufig als trocken und abstrakt. Durch Einbeziehung von Denkmälern kann Geschichte bei Stadtführungen anschaulich vermittelt werden (z. B. am Denkmal für Molly Malone - einer stadtbekannten Dubliner Fischhändlerin und Prostituierten, die in einem irischen Volkslied verewigt wurde).

- *Personalisierung:* Gemäß dem Motto „Die aufregendste Sehenswürdigkeit für Menschen ist immer noch der Mensch" (MÜLLENMEISTER 1993, S. 156) lassen sich historische Entwicklungen anschaulich am Beispiel einflussreicher handelnder Personen vermitteln; dazu zählen u. a. Herrscher, Befehlshaber, Dichter, Musiker, Wissenschaftler (Caesar, Napoleon, Goethe, Beethoven, Einstein u. a.). Dabei können Wohnhäuser, Wirkungsstätten, Gedenktafeln etc. als Schauplätze in die Gästeführung einbezogen werden (→ 1.3.1).

- *Elementarisierung:* Die Forderung nach einer Elementarisierung der Informationen nimmt Überlegungen zur Anschaulichkeit und zum exemplarischen Vorgehen auf. Aus der Fülle von Zahlen und Fakten sollten wenige Schlüsseldaten herausgegriffen und häufiger wiederholt werden, um den Teilnehmern ein Grundverständnis zu ermöglichen. Dabei ist vor allem darauf zu achten, dass keine absoluten, sondern relative Zeit- und Größenangaben gemacht werden: Was ist zur gleichen Zeit in Deutschland passiert? Wie groß ist dieser Palast im Vergleich zu einem Einfamilienhaus?

Methodische Grundsätze bei der Organisation und Durchführung von Gästeführungen

Aus diesen generellen Prinzipien der Informationsvermittlung resultieren in einem weiteren Schritt mehrere *methodische Grundsätze bei der Organisation und Durchführung von Gästeführungen*:

- *Für Orientierung sorgen* - z. B. durch Verwendung von Karten und Stadtplänen bzw. durch die Einbeziehung entsprechender Übersichtspläne in Städten und an Sehenswürdigkeiten.

- *Standorte sorgfältig auswählen* - z. B. hinsichtlich der Anzahl bei Stadtführungen (nicht zu viele Stopps), aber auch der Qualität (trockene, schattige und ruhige Standorte).

- *Infos zum zeitlichen und organisatorischen Ablauf geben* - z. B. durch klare Hinweise auf die gesamte Dauer, auf Photographiermöglichkeiten und auf Pausen (Toilettenbesuch), aber auch auf mögliche Einschränkungen für Teilnehmer mit psychischen bzw. physischen Behinderungen (Treppen, enge Räumlichkeiten etc.).

- *Inhaltlichen Bezug zur Gruppe herstellen* - z. B. durch Vergleiche mit der Alltags- und Lebenssituation der Teilnehmer sowie zu speziellen Interessen der Gruppe (dazu müssen sich z. B. Stadtführer vor Beginn der Führung beim Reiseleiter kurz über Motive, Bildungsniveau und Erwartungen der Gruppe informieren).

- *Physische Befindlichkeit der Gruppe beachten* - z. B. durch regelmäßigen Blickkontakt, um die Aufmerksamkeit und die Reaktionen der Teilnehmer zu überprüfen (bei Müdigkeit und Erschöpfung sind weitere Erläuterungen sinnlos).

- *Teilnehmer aktivieren* - z. B. durch rhetorische Fragen, durch inhaltliche Rückbezüge zu vorherigen Besichtigungsobjekten und durch Fragen nach den persönlichen Empfindungen bei der Betrachtung eines Kunstwerks. Gästeführer können auch die Kenntnisse von Teilnehmern nutzen, die über ein spezielles Wissen verfügen bzw. historische Zeitzeugen waren.

- *Hard Facts und Soft Facts, Fakten und Zusammenhänge vermitteln* - z. B. durch eine Mischung aus Daten (mit Bezug zu bereits bekannten Fakten), aus Hintergrundinformationen und aus kurzen Erzählungen, in denen die Charakteristika der handelnden Personen und ihre Lebensumstände lebendig zum Ausdruck kommen - z. B. durch Zitate oder Angaben zu Wohnverhältnissen, besonderen Ereignissen etc.

- *Medien* einsetzen - z. B. durch Verwendung von Grundrissen, Skizzen, Photos, Quellen, Liedern. Allerdings müssen Gästeführungen immer am sichtbaren Objekt ansetzen.[402] Medien sollten immer nur ergänzend eingesetzt werden, um Nicht-Sichtbares zu veranschaulichen - z. B. bei zerstörten Gebäuden, von denen nur noch Ruinen erhalten sind, oder bei Bauwerken, die nicht öffentlich zugänglich sind (vgl. Abb. 85).

Abb. 85: Durch den gezielten und behutsamen Einsatz von Medien kann die Anschaulichkeit der Informationsvermittlung bei Gästeführungen deutlich gesteigert werden. Da die Ruine dieser traditionellen Windmühle auf Mallorca aus Sicherheitsgründen nicht öffentlich zugänglich ist, werden Aufbau und Funktionsweise anhand einer Skizze erläutert.

- *Tipps zur weiteren Beschäftigung mit dem Thema* - z. B. durch Hinweise auf weitere Kunstwerke, die während der Pause bzw. bei einem künftigen Besuch besichtigt werden können, bzw. auf weiterführende Quellen und Literatur.

---

[402] SCHNEIDER (1990, S. 91-92) unterscheidet z. B. vier Ebenen der Informationsvermittlung: 1. Erscheinungsebene (die von den Teilnehmern direkt am Objekt optisch nachvollzogen werden kann), 2. Objekt als Arbeitsprodukt (Entstehungsbedingungen). 3. Rezeption des Objekts (Präsentations- und Rezeptionsgeschichte) sowie 4. Gegenwartsbezug (aktuelle Relevanz und Akzeptanz).

- *Praktische Reise- und Besichtigungstipps* - z. B. gruppenspezifische Vorschläge für die Abend- und Freizeitgestaltung, Tipps zum Essen gehen und Einkaufen sowie Anregungen für Teilnehmer, die besondere persönliche Interessen haben.

Repertoire an Vermittlungsmethoden bei Gästeführungen

Diese generellen methodischen Grundsätze und didaktischen Prinzipien können während einer Studienreise bzw. Gästeführung in *unterschiedlichen Vermittlungs-methoden* umgesetzt werden; dazu zählen u. a. (vgl. GÜNTER 2003a, S. 160-168):

- *Direkte Methoden,* bei denen der Reiseleiter bzw. Gästeführer den Teilnehmern das Wissen auf direkte, strukturierte und konzentrierte Weise vermittelt (differenziert nach Detail- und Hintergrundinformationen):

  - *Fahrtbegleitender Kommentar (per Mikrophon im Bus)* - z. B. durch Hinweise auf besonders markante Gebäude, Geländeformationen, Vegetations- und Anbauarten, Siedlungen, Wirtschaftsbetriebe etc.

  - *Vorlesen während der Fahrt (per Mikrophon im Bus)* - z. B. aussagekräftige geschichtliche Quellen (Briefe, Tagebuchaufzeichnungen), historische Reisebeschreibungen, Gedichte, Texte etc.

  - *Überblicksvortrag (im Hotel)* - z. B. mit Hintergrundinformationen zur Landeskunde sowie zu Politik, Gesellschaft, Kultur, Alltagsleben etc.

  - *Führung am Einzelobjekt, durch eine Anlage bzw. eine Großanlage* - z. B. mit kunsthistorischen und geschichtlichen Erläuterungen am Objekt; bei Führungen durch Anlagen (z. B. Klöster, Schlösser) bzw. Großanlagen (z. B. Ausgrabungsstätten) muss zunächst ein Überblick erfolgen, dem sich dann die Vorstellung ausgewählter Details anschließt (vgl. Abb. 86).

- *Indirekte Methoden,* mit deren Hilfe die Teilnehmer angeregt werden, persönliche Beobachtungen, Entdeckungen und Erlebnisse zu machen, die in Gruppengesprächen ausgetauscht werden können:

  - *Impulse* - z. B. Anregungen zu eigenen Erkundungen während der Freizeit (Stadtbummel, Sehenswürdigkeiten, kulinarische Besonderheiten).

  - *Führung als Dialog* - z. B. Informationsvermittlung durch Fragen zu den Besonderheiten des Objekts, zu einem Vergleich mit anderen Kunstwerken, zu persönlichen Empfindungen; die individuellen Antworten werden dann in einen größeren Wissenszusammenhang eingeordnet.

Abb. 86: Zum Standardrepertoire von Gästeführungen zählen direkte Methoden wie die Führung am Einzelobjekt (z. B. dem Goldenen Dacherl in Innsbruck). Den Teilnehmern wird das Wissen auf strukturierte und konzentrierte Weise vermittelt - im Gegensatz zu indirekten Methoden, bei denen die Gäste angeregt werden, eigene Beobachtungen und Erkundungen machen.

- *Diskussion mit Experten* - z. B. Vermittlung von Gesprächen mit Einheimischen, die authentische Auskünfte über aktuelle gesellschaftliche, wirtschaftliche, politische bzw. kulturelle Entwicklungen im Zielland Auskunft geben können.

- *Spiele* - z. B. Rallyes, bei denen die Teilnehmer mit Hilfe von vorbereiteten Bögen eigene Erkundungen und Beobachtungen durchführen, aber auch Rollenspiele in Arenen, Theatern etc. (diese Methode wird vor allem im Jugendreisebereich eingesetzt).

- *Projektverfahren* - z. B. archäologische Rekonstruktionen in Ausgrabungsgeländen bzw. geographische Feldforschung (diese Methode kommt bei Gästeführungen kaum zum Einsatz, da sie der gründlichen Vorbereitung der Teilnehmer im Rahmen von Seminaren bedarf).

Innovationen und Trends bei Gästeführungen

Angesichts der wachsenden Ansprüche von Urlaubern an die touristischen Produkte stehen auch Gästeführungen unter einem ständigen Innovationsdruck; als *wichtige Steuerfaktoren* erweisen sich hierbei (vgl. WEIER 2005, S. 245):
- die hohen Qualitätsanforderungen,
- der Wunsch nach Individualität,
- die Emotionalisierung der Erwartungen,
- das Bedürfnis, in kurzer Zeit möglichst viel zu erleben,
- die Veränderung der Zielgruppen (Patchwork-Familien, „Neue Alte").

In den letzten Jahrzehnten sind zahlreiche neue Modelle der Informationsvermittlung auf Reisen entwickelt worden; dabei gab es mehrere *innovative Vorläufer*, deren Grundüberlegungen gegenwärtig in modifizierter Form zur Anwendung kommen:

- Bereits in den 1970er-Jahren entstand beim Reiseveranstalter TUI das „Animationsmodell Länderkunde", das zahlreiche didaktisch-methodische Tipps für die Standortreiseleiter des Unternehmens enthielt. Auf diese Weise wurde versucht, Gästeführungen und Ausflüge in den Zielregionen lebendig und anschaulich zu gestalten (vgl. TUI Service 1978; MÜLLENMEISTER 1993; Abb. 87).

- Seit den 1980er-Jahren gibt es in Berlin das Angebot der *„Stattreisen"* - als Alternative zu den typischen standardisierten Stadtrundfahrten mit Reisebussen. Die Führungen finden meist in Form von Stadtteilspaziergängen statt, bei denen nicht nur Informationen zur Geschichte gegeben werden, sondern auch zum Alltag der Bewohner. Im „Forum Neue Städtetouren - Der Stattreisen-Verband" sind gegenwärtig 21 Organisationen zusammengeschlossen, die jährlich ca. 20.000 Stadterkundungen durchführen (vgl. ZINTGRAF 2004).

- Vor allem im Bereich der Jugendarbeit wird seit den 1990er-Jahren das Konzept der *„Spurensuche"* eingesetzt, bei dem es um spontane Beobachtungen und Erkundungen der Teilnehmer geht: Was fällt ihnen in einem Zielgebiet auf? Welche Spuren für wirtschaftliche, gesellschaftliche und kulturelle Prozesse nehmen sie wahr? Diese anfängliche Neugier wird als Ausgangspunkt für Recherchen zu dem fremden Alltag genutzt. (vgl. ISENBERG 1987, 1990).

Gegenwärtig lässt sich bei Gästeführungen eine *große Themen- und Methodenvielfalt* beobachten, in der sich zumindest teilweise die Erfahrungen dieser frühen Modelle widerspiegeln. Als *aktuelle Trends* sind u. a. zu nennen (vgl. WEIER 2005, S. 247-252).

- *Thematische Neuerungen* - z. B. Führungen:
  - an besonderen Örtlichkeiten (Führungen durch Katakomben, durch Kanalisationssysteme etc.),

---

Länderkundliche Animation
„Gebote für Länderkundler"

Betrachte Sehenswürdigkeiten kritisch. Prüfe immer, ob sie des Sehens wirklich würdig sind.

Behandle sehenswerte Sehenswürdigkeiten ohne falsche Ehrfurcht. Klassisches muß nicht unbedingt langweilig sein. Versuche es mit einem ungewöhnlichen Blickwinkel, anderem Licht und einer neuen Optik.

Entdecke Dir Deine Sehenswürdigkeiten selbst. Du findest sie in ausreichenden Mengen am Wegrand. Vorrat und Nachwuchs sind in aller Welt reichlich vorhanden.

Prüfe kontinuierlich, ob Du eine Rundfahrt umwandeln kannst in einen Rundgang.

Merke: Sich bewegen ist besser als bewegt werden.

Hüte Dich vor Übermaß. Auch bei Ausflugsprogrammen kann weniger mehr sein. Die Zahl der gebotenen Attraktionen ist kein Indikator für Qualität.

Verplane bei einer Rundfahrt nicht jede Minute; gönne Deinen Urlaubern genügend Freiheit, Freizeit und persönlichen Spielraum.

Bedenke, daß eine Versuchsplantage genauso interessant sein kann wie ein Tempel.

Verliere Dich nicht in Einzelheiten, sondern erleuchte die Zusammenhänge. Du sollst Deine Urlauber nie langweilen.

Sei sportlich: Mache Jagd auf Vorurteile.

Beachte: Die aufregendste Sehenswürdigkeit für Menschen ist immer noch der Mensch.

Abb. 87: Bereits in den 1970er-Jahren wurde vom Reiseveranstalter TUI das „Animationsmodell Länderkunde" entwickelt, das zahlreiche methodisch-didaktische Tipps für die Standortreiseleiter enthielt. Auf diese Weise wurde versucht, Gästeführungen und Ausflüge in den Zielregionen lebendig und anschaulich zu gestalten (Quelle: Zusammenfassende und gekürzte Darstellung nach Angaben in TUI Service 1978, S. 12-14; MÜLLENMEISTER 1993, S. 156).

- zu besonderen Zeiten (Vollmondführungen, frühmorgendliche Großmarktführungen etc.),
- mit besonderen Aktivitäten (kriminalistische Führungen, Gruselführungen etc.),
- aus Sicht bestimmter sozialer Gruppen (Arbeiter, Juden etc.),
- aus Sicht bestimmter Fachgebiete (Ökologie, Literatur etc.),

- *Didaktische Neuerungen* - z. B. Führungen:
  - die alle Sinne ansprechen (kulinarische Führungen, Kickboard-, Jogging-, Ka-
    nu-Führungen, haptische Führungen etc.),
  - für besondere Zielgruppen (Kinder, Blinde etc.),
  - mit besonderen Akteuren (Kostüm- bzw. Dialektführungen etc.),

- *Technische Neuerungen* - z. B. Führungen:
  - mit unterschiedlichen Transportmitteln (Straßenbahn-, Oldtimer-, Rikschafüh-
    rungen etc.),
  - mit neuen Kommunikationstechniken (Walkman-, GPS-Führungen, virtuelle
    Führungen etc.).

Diese neueren Entwicklungen sind Belege für eine zunehmende Differenzierung
und Spezialisierung der Gästeführungen, die sich auch künftig noch fortsetzen
wird. Gleichzeitig werden aber bestimmte *Grundprinzipien der Angebotsgestaltung* ihre Gültigkeit behalten; dazu zählen die Vermittlung von Hoch- und Alltagskultur, die Berücksichtigung der zielgruppenspezifischen Interessen, der Einsatz
unterschiedlicher Methoden sowie die Tatsache, dass das Lernen auf Reisen in
einer Freizeit- und Urlaubssituation stattfindet - und den Teilnehmern deshalb
Spaß machen muss.

Studienreisen und Gästeführungen: Fazit

- Die Wurzeln der Bildungsreise reichen bis in die Antike zurück; der Begriff
  „Studienreise" tauchte hingegen erst im 19. Jahrhundert auf - mit ihm wurden
  zunächst nur akademische Forschungsreisen bezeichnet.
- Seit den 1920er-Jahren gibt es die Studienreise als touristische Angebotsform.
  Ihre Merkmale sind: organisierte Gruppenpauschalreise, festgelegtes Thema und
  Programm, begrenzte Teilnehmerzahl und fachlich qualifizierter Reiseleiter.
- Bei Studienreisen handelt es sich um eine typisch deutsche Reiseform. Auf dem
  Markt sind ca. 260 Spezialreiseveranstalter tätig - teilweise mit sehr geringen
  Teilnehmerzahlen. Marktführer sind die Unternehmen „Studiosus Reisen" (München) und „Gebeco/Dr. Tigges" (Kiel). Der gesamte Studienreisenmarkt erreicht
  einen Anteil von ca. 0,5 % an allen Urlaubs- und Kurzurlaubsreisen der Deutschen.
- Bei den Teilnehmern handelt es sich vorwiegend um ältere Menschen, die über
  ein hohes Bildungs- und Einkommensniveau verfügen (darunter viele Alleinstehende, Alleinreisende und Frauen). Sie wollen im Urlaub ihren Horizont erweitern und neue Länder kennen lernen, aufgrund ihrer Lebenssituation sind sie
  aber auch an Geselligkeit und Geborgenheit interessiert.

- Für das Gelingen einer Studienreise spielt der Reiseleiter eine zentrale Rolle: Er muss über fachliche, organisatorische, didaktisch-methodische und soziale Kompetenzen verfügen. Trotz der hohen Ansprüche handelt es sich nicht um einen staatlich geregelten und anerkannten Beruf. Die soziale Absicherung und die Vergütung der Studienreiseleiter entsprechen nicht ihrem hohen Qualifikationsniveau.
- Studienreisen basieren auf einem Konzept, das idealtypisch in mehreren Schritten erarbeitet wird: Festlegung des Themas (Basislernziel) - Ableitung von Einzelthemen (Feinlernziele) - Festlegung der Route (Grobplanung) - Auswahl der Haltepunkte und der Vermittlungsmethoden (Detailplanung) - Buchung von Verkehrsmitteln, Unterkünften, Besichtigungen etc. - Kalkulation des Reisepreises - Ausschreibung der Reise im Katalog.
- Die Wissensvermittlung auf Reisen muss sich an der spezifischen Lernsituation der Teilnehmer orientieren: Für sie ist es eine Freizeit- bzw. Urlaubsaktivität, sie halten sich in dem Zielgebiet häufig zum ersten Mal auf und sind hinsichtlich des Themas keine Fachleute, sondern Laien. Aus diesen Gründen sollten die Inhalte generell anschaulich, verständlich, lebendig und mit einem Bezug zur Lebenswelt der Teilnehmer vermittelt werden.
- Diese didaktischen Ziele lassen sich durch einen Methoden-Mix erreichen; er umfasst u. a. Hinweise zur Orientierung, die Auswahl der Standorte, Informationen zum zeitlichen Ablauf, die Aktivierung der Teilnehmer, den Einsatz von Medien sowie praktische Reise- und Besichtigungstipps.
- Vor dem Hintergrund des demographischen Wandels und des steigenden Bildungsniveaus werden die Perspektiven dieses umsatzstarken Nischensegments generell positiv eingeschätzt. Als Trends zeichnen sich ab: der Fortbestand der klassischen Studienreise, eine stärkere Individualisierung, die Einbeziehung sinnlicher Erlebnisse sowie neue Themen und Routen.

4.2 Reiseführer und andere touristische Informationsmedien

> „King and Government may err,
> but never Mr. Baedeker."
> Englisches Sprichwort
> im 19. Jahrhundert[403]

> „Der Amerikaner hat es mir gesagt. Er klappt
> sein Reisehandbuch überhaupt nicht zu. Er weiß
> mehr über diesen See als die Fische, die drin
> sind."
> Mark Twain[404]

Kulturtouristen wollen im Urlaub neue Eindrücke gewinnen, den Horizont erweitern und etwas für ihre Bildung tun. Sie sind deshalb besonders interessiert an verständlichen und differenzierten Informationen über die Kultur, Geschichte und Gesellschaft des bereisten Landes. Neben der persönlichen Wissensvermittlung durch Gästeführer und Reiseleiter können Kulturtouristen dazu auf diverse andere Informationsmedien zurückgreifen; das Angebot umfasst sowohl klassische Printmedien als auch neue elektronische Medien.

Eine wichtige Rolle im (kultur)touristischen Informationsverhalten spielen dabei *Reiseführer*, die neben praktischen Reiseinformationen auch Hintergrundwissen zum Zielland enthalten. Allerdings ist eine exakte Abgrenzung dieses Buchmarktes kaum möglich, da sich Reiseführer nicht klar von anderen Literaturarten unterscheiden (Reisebücher, Bildbände etc.). Um das breite Angebot zu strukturieren, sind von der Tourismusforschung inzwischen mehrere *Reiseführer-Typologien* erarbeitet worden; außerdem hat eine breite Diskussion über die *Qualitätsmerkmale von Reiseführern* stattgefunden (→ 4.2.1).[405]

Angesichts der definitorischen Probleme und einer unzureichenden statistischen Erfassung müssen die Aussagen zum Umfang sowie zur Struktur und Dynamik des bundesdeutschen Reiseführer-Marktes recht grob ausfallen. Grundsätzlich haben auf diesem Markt in den letzten Jahren ähnliche Veränderungen wie in anderen

---

[403] zitiert nach FALLENSTELLER, S. (1986): Als Baedeker erstmals Sternchen verteilte. - In: Frankfurter Rdsch., 14. Juni

[404] Mark Twain bummelt durch Europa. Aus den Reiseberichten, 6. Aufl. München 1975, S. 124

[405] In verschiedenen Wissenschaftsdisziplinen sind bislang Untersuchungen zu Reiseführern und teilweise auch modellartige Reiseführer-Konzepte erarbeitet worden - u. a. in der *Literaturwissenschaft* (vgl. PRETZEL 1995; KREISER 2003), *Volkskunde* (vgl. LAUTERBACH 1989, 1992, 1992a) sowie *Geographie* (vgl. KOBERNUß 1989; BRAUN/STEINECKE 1994; POPP 1997). Allerdings spielt das Thema in den einzelnen Fächern jeweils nur eine marginale Rolle; deshalb ist der Kenntnisstand gegenwärtig immer noch als unbefriedigend zu bezeichnen (vgl. LAUTERBACH 1992a zu einer Darstellung der Forschungslage am Ende der 1980er-Jahre).

Wirtschaftsbereichen stattgefunden - nämlich *Konzentrations- und Standardisierungsprozesse* (→ 4.2.2).

In jüngerer Zeit wurde der Reiseführer-Markt vor allem durch das *Auftreten neuer Konkurrenten (Reisezeitschriften, TV-Reisesendungen etc.)* verändert, die als eigenständige bzw. ergänzende Informationsmedien fungieren (→ 4.2.3).

Darüber hinaus wird das Informationsverhalten der Bundesbürger zunehmend durch *elektronische Medien (Internet, E-Books etc.)* geprägt. Neuere Untersuchungen kommen allerdings zu dem Ergebnis, dass speziell Printmedien auch in *Zukunft* eine wichtige Rolle im touristischen Informations-Mix spielen werden (→ 4.2.4).

Aufgrund der unbefriedigenden Datenlage beziehen sich die folgenden Ausführungen auf das *generelle Informationsverhalten von Touristen*. Spezielle Aussagen zu Kulturtouristen sind nicht möglich - so werden z. B. Reiseführer nicht nur für Kultur- und Bildungsreisen genutzt, sondern auch für andere Urlaubsarten wie Bade- und Ausruhurlaube, Vergnügungsreisen etc.

4.2.1 Reiseführer: Merkmale - Typen - Qualitätsanforderungen

Um sich auf Reisen in einer fremden Umgebung zu orientieren und auch Informationen über das Land und seine Bewohner zu erhalten, benötigen Urlauber eine organisatorische und auch fachliche Hilfestellung. Während Pauschalreisende dabei generell durch die Reiseveranstalter und speziell durch die Reiseleiter unterstützt werden, sind Individualreisende auf andere Informationsquellen angewiesen.

Ein populäres touristisches Informationsmedium sind *Reiseführer* - also handliche Bücher, die Angaben zu Sehenswürdigkeiten, Übernachtungs- und Verpflegungsmöglichkeiten sowie Verkehrsverbindungen enthalten. Bei ihnen handelt es sich um „Literatur- und Informations-Cocktails" (STEINECKE 1988, S. 13), die aus *unterschiedlichen Elementen* bestehen können (vgl. Abb. 88):
- Wissenschaftliche Länderkunde,
- Sachbuch,
- Atlas,
- Bildband,
- Kunstführer/-buch,
- Adressbuch,
- Kursbuch,
- Erlebnisbericht/Reiseerzählung,
- Restaurantführer,
- Hotel-/Campingführer,
- Kochbuch.

Abb. 88: Reiseführer sind Literatur- und Informations-Cocktails, die aus unterschiedlichen Elementen bestehen können - von Wissenschaftlichen Länderkunden und Sachbüchern über Bildbände und Kunstführer bis hin zu Reiseerzählungen und Restaurantführern. Aus diesem Grund ist es schwierig, Reiseführer exakt von anderen Literaturarten abzugrenzen (Quelle: Eigene Darstellung nach Angaben in STEINECKE *1988, S. 14).*

Umfang und Anteil dieser *eigenständigen Literaturarten*, die sich teilweise überschneiden, sind in jedem Reiseführer unterschiedlich groß. Aus diesem Grund ist es schwierig, Reiseführer exakt von anderen Reise- bzw. Sachbüchern sowie Nachschlagewerken abzugrenzen. Diese generelle begriffliche Unschärfe wird noch dadurch vergrößert, dass die Reiseführer-Verlage ihre Produkte jeweils unter *neuen, eigenen Markennamen* vertreiben:
- „Richtig reisen" (DuMont Reiseverlag, Ostfildern),
- „Merian live" (Travel House Media, München),
- „Reisebücher" (Iwanowski Reisebuchverlag, Dormagen),
- „Reise Know-How" (Verlagsgruppe Reise Know-How),
- „Illustriertes Reisehandbuch" (Edition Temmen, Bremen).

Um dieses unübersichtliche Angebot begrifflich und inhaltlich zu gliedern, sind von der Tourismusforschung mehrere *Reiseführer-Typologien* erarbeitet worden.

Typologien von Reiseführern

Generell können mehrere Merkmale von Reiseführern als Basis für eine Typologie genutzt werden; dabei haben sich folgende *Unterscheidungskriterien* als praxisnah und sinnvoll erwiesen: *der Umfang bzw. die Zielsetzung, die Zielgruppenorientierung sowie die speziellen Funktionen.*

In einer einfachen *Typisierung nach Umfang bzw. Zielsetzung* werden vier Arten von Reiseführern unterschieden (vgl. SCHERLE 2000, S. 76-79):

- Bei den *„Einsteiger"-Reiseführern* handelt es sich um preisgünstige Publikationen, die den Lesern auf wenigen Seiten - meist stichwortartig - einen Überblick über Land und Leute geben. Dabei spielen häufig Rankings und Tipps eine wichtige Rolle (z. B. „ADAC Reiseführer", „Marco Polo", „Merian live").

- Die *„Generalist-Reiseführer"* bieten ein breites Spektrum an Themen - von landeskundlichem Hintergrundwissen über regionale Informationen bis hin zu reisepraktischen Angaben. Diese Bände sind erheblich umfangreicher und auch teurer (z. B. „Polyglott APA Guides", „DuMont Reise-Taschenbücher", „Goldstadt Reiseführer").

- Die *„Alternativ"-Reiseführer* wenden sich vor allem an Individualurlauber, die für die Planung und Organisation ihrer Reise detaillierte Angaben zu Verkehrsverbindungen sowie Übernachtungs- und Verpflegungsmöglichkeiten benötigen (z. B. „Reise Know-How", „Regenbogen Reiseführer").

- Die *„Spezial"-Reiseführer* behandeln meist nur einen besonderen Aspekt des Landes wie die Kultur, die Natur oder spezielle Aktivitätsmöglichkeiten. In einigen Reiseführer-Reihen steht auch die interkulturelle Kommunikation im Mittelpunkt der Darstellung (z. B. „DuMont Kunst-Reiseführer", „Polyglott Land & Leute", „Sympathiemagazine").

Ein zweiter Ansatz zur Typisierung von Reiseführern basiert auf der *Zielgruppenorientierung*, die der Verlag mit dem Konzept verbindet; danach lassen sich sechs Typen unterscheiden (vgl. STEINECKE 1988, S. 17-22):

- *Reiseführer für alle* - also für ein breites Reise- und Lesepublikum, das nicht weiter differenziert wird;

- *Reiseführer für soziodemographische Gruppen* - dabei werden vor allem mittlere Altersgruppen mit einem höheren Bildungs- und Einkommensniveau angesprochen, aber auch Jugendliche und junge Erwachsene;

- *Reiseführer für Interessengruppen* - z. B. für Kunst- und Kulturinteressierte, Naturinteressierte, Hobby-Geologen etc.;

- *Reiseführer für Aktivitätsgruppen* - z. B. für Ausflügler, Städtetouristen, Entdek-ker, Wanderer, Bergsteiger, Skifahrer, Gourmets etc.;

- *Reiseführer für Verkehrsmittelnutzer* - z. B. für Autofahrer, Radfahrer, Kanuten etc.;

- *Reiseführer für Individual- bzw. Veranstalterreisende* - z. B. für individuell reisende Budgettouristen, Gruppenreisende etc.

Eine weitere Typologie beruht auf den *zentralen Funktionen von Reiseführern:* Sie müssen dem Reisenden nämlich einerseits die Orientierung in der Fremde ermögli-chen (Orientierungsebene) und ihm andererseits Wissen über Land und Leute vermitteln (Vermittlungsebene). Beide Aufgaben können noch unterteilt werden in einen Außenbezug (bezogen auf die touristische Umwelt) und einen Innenbezug (bezogen auf den Touristen). Mit Hilfe des Ansatzes lassen sich *vier Typen von Reiseführern* bestimmen (vgl. STEINECKE 1988, S. 22-28; Tab. 22):[406]

- *„Wegweiser"-Reiseführer* (Schwerpunkt: Orientierung im Zielland) - z. B. Tou-ren-, Radwander-, Wander-, Skiwander-, Bergwanderführer etc.;

- *„Organisator"-Reiseführer* (Schwerpunkt: Organisation von Reise, Unterkunft und Verpflegung) - z. B. Hotel- und Unterkunftsführer, Traveller-Handbücher, Reiseführer für Behinderte etc.;

- *„Interpret"-Reiseführer* (Schwerpunkt: Vermittlung von Wissen über die Kultur und Gesellschaft des Landes) - z. B. Land-und-Leute-Führer sowie Kunst-, Na-tur- bzw. Themenführer;

- *„Animateur"-Reiseführer* (Schwerpunkt: Anregung zur Verwirklichung eigener Freizeitinteressen) - z. B. Erlebnis-, Szene-, Sport-, Einkaufs- bzw. Badeführer etc.

Grundsätzlich finden sich diese vier Funktionen in nahezu allen Reiseführern wie-der - allerdings in unterschiedlicher Ausprägung und unterschiedlichem Umfang. Da in den Publikationen meist *eine* Funktion dominiert, ist es möglich, das Ange-bot auf dieser Basis zu typisieren.

---

[406] Die Typisierung basiert auf der Weiterentwicklung eines Modells, das COHEN (1985) zur Rolle von Reise*leitern* entwickelt hat. Es lässt sich auf Reiseführer übertragen, da sie für den Urlauber ähnliche Orientierungs- und Vermittlungsfunktionen haben wie ein Reiseleiter (→ 4.1.3).

Funktion des Reiseführers	Außenbezug (bezogen auf die touristische Umwelt)	Innenbezug (bezogen auf den Touristen)
auf der Orientierungs- ebene	**Wegweiser** *Funktion:* Orientierung in der Destination *Inhalte:* Routenbeschreibungen, Verkehrswege, Tankstellen, Straßen- und Routenzustand, Routen von Trekking-, Wander- und Radwegen etc. *Beispiele:* Tourenführer, Wander-/Radwander-/Bergwander-/Skiwanderführer etc.	**Animateur** *Funktion:* Verwirklichung eigener Freizeitinteressen *Inhalte:* Informationen zu Freizeit-, Sport- und Einkaufsmöglichkeiten und Szene-Treffpunkten, Adressen von Interessen- und Aktionsgruppen *Beispiele:* Erlebnis-, Szene-, Sport- und Badeführer, Einkaufs- und Gourmetführer etc.
auf der Vermitt- lungs- ebene	**Organisator** *Funktion:* Planung und Organisation von Reise, Unterkunft und Verpflegung im Zielland *Inhalte:* Adressen von Unterkünften und Restaurants, Ein- und Ausreisebestimmungen, Verkehrsverbindungen, Adressen von Reise- und Flugbüros *Beispiele:* Hotel-/Restaurantführer, Reiseführer für Pkw-Touristen, Behinderte, Traveller etc.	**Interpret** *Funktion:* Wissensvermittlung über die Kultur und Gesellschaft im Zielland *Inhalte:* Hintergrundinformationen zu kulturellen und regionalen Besonderheiten des Landes, Erläuterungen zu Sehenswürdigkeiten *Beispiele:* Land-und-Leute-Führer, Kunst-, Natur- und Themenführer etc.

Tab. 22: Das breite Spektrum an Reiseführern lässt sich u. a. auf der Grundlage der zentralen Funktionen dieser Literaturart gliedern - nämlich der Orientierung in der Fremde und der Vermittlung von Wissen über Land und Leute. Beide Aufgaben können noch in einen Außenbezug und einen Innenbezug unterteilt werden. Diese Methode führt zur Abgrenzung von vier Reiseführer-Typen (Quelle: Überarbeitete Darstellung nach Angaben in STEINECKE *1994, S. 20).*

Mit der Entwicklung derartiger Typologien hat die Tourismusforschung erste phä-
nomenologische Versuche unternommen, das umfangreiche und unübersichtliche
Angebot an Reiseführern zu strukturieren. Ein zweiter Schwerpunkt der bisherigen
wissenschaftlichen Beschäftigung mit diesem touristischen Informationsmedium
lag in der *Bewertung von Reiseführern*.

Qualitätsanforderungen an Reiseführer

„Den perfekten Reiseführer kann es nicht geben, die Bedürfnisse der Leser sind zu
verschieden" - bei dieser Meinung eines Verlagslektors, der für die Herausgabe
von Reiseführern zuständig ist, handelt es sich um einen Glaubenssatz der Branche.[407] Die Einschätzung wird indirekt bestätigt durch die *zunehmende zielgruppenspezifische Ausrichtung der Reiseführer* und die damit verbundene *Differenzierung des Marktes* (→ 4.2.2).

Selbst wenn es also keinen perfekten Reiseführer geben kann, ist es sinnvoll, *qualitative Mindestanforderungen* zu formulieren, die dieses Informationsmedium zu
erfüllen hat. Zur Konzeption von allgemein gültigen Qualitätsstandards wurden
bislang zwei Methoden eingesetzt:

- ein *theoretisch-konzeptioneller Ansatz*, in dessen Mittelpunkt qualitative Untersuchungen stehen (Inhalts- und Bildanalyse),

- ein *pragmatischer Zugang*, der auf quantitativen Erhebungen beruht (Befragung
  von Lektoren, Reiseführertests etc.).

Zentraler Bezugspunkt der *theoretisch-konzeptionellen Methode* ist die Frage,
inwieweit Reiseführer ihrer Funktion gerecht werden, als Vermittler zwischen der
Kultur des Ziellandes und der Kultur des Herkunftslandes zu fungieren. Grund-
sätzlich kommt ihnen nämlich eine wichtige Rolle im *Prozess der interkulturellen
Begegnung und des interkulturellen Lernens* zu, denn „Reiseführer entwerfen
Bilder der Fremde, (...) Verhaltensstrukturen des Reisenden, (...) und Modelle des
Verhältnisses Reisender - Fremde" (WAGNER 1986, S. 16). Sie steuern auch die
Besucherströme, indem sie Sehenswürdigkeiten definieren, und tragen durch ihre
Texte dazu bei, Einstellungen und Urteile über das Zielland zu produzieren bzw.
zu verstärken.

In mehreren Studien wurden Reiseführer zu unterschiedlichen Zielgebieten mit
Hilfe von *Inhalts- und Bildanalysen* hinsichtlich ihrer zentralen Funktion unter-

---

[407] In einer Befragung von Verlagslektoren gab Ludwig Moos (Rowohlt Verlag, Reinbek)
diese Einschätzung ab (vgl. STEINECKE 1988, S. 29).

sucht, Verständnis für andere Länder und Kulturen zu wecken.[408] Die Resultate
fielen überwiegend negativ aus; als *wesentliche Kritikpunkte* wurden dabei heraus-
gearbeitet:

- *Lückenhafte, verzerrte bzw. falsche Informationen:* Bei Reiseführern handelt es
  sich um handliche Publikationen mit einem geringen Seitenumfang. Aus diesem
  Grund ist eine Auswahl der Informationen notwendig; sie führt häufig dazu, dass
  vor allem das Hintergrundwissen zu Natur, Geschichte, Kultur etc. nicht sachgerecht und umfassend genug dargestellt wird, um ein angemessenes und realitätsgerechtes Bild der Zielländer zu vermitteln (vgl. POPP 1994a, S. 1191-25; WET-
  ZEL 1994, S. 86-91; PINKAU 1997, S. 181-184; SCHWARZ 1997, S. 186).[409]

- *Vermittlung von Klischees und Stereotypen:* Vor allem die Ausführungen zur
  Bevölkerung des Landes sowie zu ihren typischen Eigenschaften und Verhaltensweisen haben oft einen klischeeartigen Charakter. Pauschalisierend werden
  differenzierte Gesellschaften und unterschiedlichste Individuen auf einen *angeb-
  lichen National- bzw. Lokalcharakter* reduziert - wie z. B. „der Marokkaner"
  oder „der Berliner". Das Alltagsleben der Menschen findet hingegen kaum Beachtung (vgl. LAUTERBACH 1992, S. 57). Speziell das Bild der Entwicklungsländer ist in der Regel eurozentrisch geprägt; durch diese einseitige Perspektive
  wird die Vorstellung vermittelt, dass dort „bunte Exoten" (vgl. SCHERLE 2000,
  S. 82) leben, die unzuverlässig sind, gerne feilschen und dabei die Touristen
  übervorteilen.[410]

- *Elimination der Moderne:* Zeitgemäße Reiseführer verfügen als Illustrations-
  element über zahlreiche Farbfotos, auf denen die Reiseländer jedoch ausnahms-
  los als „vorindustrielle, ästhetisch geprägte Räume [dargestellt werden], aus denen alle Zeichen der Moderne verbannt sind" (HENNIG 1999, S. 55). So finden

---

[408] Entsprechende Untersuchungen liegen u. a. zu folgenden Zielgebieten vor: Berlin und
Oberbayern (vgl. LAUTERBACH 1992), Türkei (vgl. STRUCK 1994), Sizilien (vgl. WETZEL
1994), Samothrake (vgl. BENDER 1994), Toskana, Provence, Bali, Marokko und Wien
(vgl. HENNIG 1999), Norwegen (vgl. PINKAU 1997), Mittelamerika (vgl. MÜLLER 2001),
Venezuela (vgl. HAAS 2001), Marokko (vgl. POPP 1994a; SCHERLE 2000, 2001) sowie
Deutschland (vgl. AGREITER 2003).

[409] Eine Analyse von Südafrika-Reiseführern während der Zeit der Apartheid kam z. B. zu
dem Ergebnis, dass die Kapitel über die politischen Verhältnisse durch eine „ahnungslose Blauäugigkeit, ja Ignoranz" bestimmt wurden (vgl. RANFT, F. (1989): Ahnungslose
Blauäugigkeit. Politik in Reiseführern, am Beispiel Südafrikas. - In: Die Zeit, 15. Dezember).

[410] PLEINES (1994) hat am Beispiel der arabischen Mittelmeer-Anrainerstaaten dargestellt,
dass die Wurzeln derartiger Klischees häufig in Reiseberichten aus dem 18. und 19.
Jahrhundert zu finden sind, die von Forschern, Entdeckern, Missionaren etc. verfasst
wurden. Als wesentlichen Grund für die Entstehung der kulturspezifischen Stereotype
nennt er fehlende Sprachkenntnisse und die daraus resultierende Unfähigkeit zur direkten Kommunikation zwischen den Fremden und der einheimischen Bevölkerung.

sich z. B. nur selten Bilder von Autos, Neubauten bzw. Industrieanlagen - und fast nie von Touristen. Stattdessen wird ein thematischer Grundstock von Sehenswürdigkeiten abgebildet, die als typisch für das Land gelten (aus Kultur, Natur und Folklore). Die Menschen treten entweder als ornamentale Randfiguren oder als charaktervolle Individuen auf (Portraitfotos). Außerdem wird gezeigt, wie sie entspannt diversen Freizeitaktivitäten nachgehen oder in traditionellen Berufen arbeiten - z. B. als Handwerker, Markthändler, Fischer, Bauer, Fiakerkutscher etc. (vgl. MÜLLER 2001, S. 18).[411]

- *Fragwürdige Reise- und Verhaltenstipps:* Vor allem in alternativen Reiseführern, die sich an jüngere, individuell reisende Budgettouristen richten, fand TÜTING (1990, S. 111) zahlreiche problematische Hinweise - z. B. Tipps zum Schnorren, zum Drogenerwerb und zur Prostitution, aber auch diskriminierende und rassistische Äußerungen über die einheimische Bevölkerung. Auf der Grundlage ihrer Analyse entwarf sie eine Tabu-Liste mit Inhalten, die auf keinen Fall in einen seriösen Reiseführer gehören (vgl. Tab. 23).

Die Frage nach den Qualitätsanforderungen an einen Reiseführer wird bei dem theoretisch-konzeptionellen Forschungsansatz also indirekt beantwortet - nämlich über die Analyse der strukturellen und inhaltlichen Defizite dieser Literaturart.[412] Der *pragmatische Ansatz zur Bestimmung von Qualitätsmerkmalen* nutzt hingegen einen direkten Zugang; im Mittelpunkt stehen dabei quantitative empirische Erhebungen und praxisbezogene Maßnahmen (Tests, Rankings):

- In einer Befragung von Reiseführer-Verlagen sowie in einer Auswertung von Reiseführer-Rezensionen ermittelte STEINECKE (1988, S. 30-36), dass die Qualität eines Reiseführers mehrdimensional ist und konzeptionelle, inhaltliche sowie formale Elemente umfasst. Danach weist ein *guter Reiseführer* folgende zentrale Merkmale auf: Übersichtlichkeit, Aktualität, Vermittlung von Land und Leuten, Tipps und Informationen, Zuverlässigkeit/Ehrlichkeit, kompetente Autoren, Handlichkeit, exakte Karten, Lesbarkeit/Verständlichkeit u. a. (vgl. Tab. 23).

- In den 1980er- und 1990er-Jahren führte die *„Stiftung Warentest" (Berlin)* mehrere Tests von Reiseführern durch (Türkei, Neue Bundesländer etc.). Als wesentliche Beurteilungskriterien galten dabei der Umfang bzw. die Vollständigkeit der Informationen, die sachliche Richtigkeit, die Praktikabilität der Empfeh-

---

[411] Nach Einschätzung von HENNIG (1999, S. 56-57) spiegeln die Fotomotive in Reiseführern moderne Mythen wider, die sich in der Neuzeit als Gegenbilder zum Alltagsleben entwickelt haben - z. B. die Kraft der unberührten Natur, das Bild des Edlen Wilden, die Bewunderung der Kreativität und die Vorstellung vom Paradies.

[412] Auf der Grundlage dieser Kritik hat SCHERLE (2000), S. 141-142 eine Reihe von *Handlungsempfehlungen für Autoren* formuliert - z. B. für eine Verständigung zwischen Reisenden und Bereisten werben, konkrete Hilfestellungen für das Eingewöhnen in fremde Kulturen geben, die Sprache verantwortungsvoll pflegen, die Sichtweise der Einheimischen zum Ausdruck bringen, einen Blick hinter die touristischen Kulissen wagen u. a.

lungen, die Aktualität sowie die Verständlichkeit (Stil, Sprache). Da die getesteten Reiseführer hinsichtlich des Preises und der Zielgruppenorientierung erhebliche Unterschiede aufwiesen, gab es kein zusammenfassendes Qualitätsurteil; stattdessen wurden nur Empfehlungen in den einzelnen Preisgruppen abgegeben (vgl. MURKO 1999).[413]

Merkmale eines guten Reiseführers	*Merkmale eines schlechten Reiseführers*
Übersichtlichkeit	Schwarzmarkt-Tipps
Aktualität	illegale Tipps („obwohl verboten …")
Verständnis für andere Länder und Kulturen wecken	ausbeuterische Schnorrertipps (Reisen ohne Geld)
Tipps und Informationen	Tipps zu Drogen, Waffen etc.
Zuverlässigkeit und Ehrlichkeit	Prostitutions-Tourismus
Zusammenhänge aufzeigen und Beobachtungen einordnen helfen	diskriminierende Bezeichnungen (Neger, Eingeborene, primitiv etc.)
kompetente Autoren mit umfasser Länderkenntnis	Rassistische Äußerungen
einheitlicher Schreibstil	Tipps zum Kauf gefährdeter Tiere bzw. echter Antiquitäten
gute Ausstattung (Format, Karten, Bilder, Register etc.)	Anreisetipps zu schutzbedürftigen Minderheiten

Tab. 23: Mit Hilfe qualitativer und quantitativer Untersuchungsmethoden lassen sich zum einen die Merkmale eines guten Reiseführers bestimmen, zum anderen aber auch die Inhalte, die - im Sinne einer Tabuliste - auf keinen Fall in einen Reiseführer gehören (Quelle: Modifizierte Darstellung nach Angaben in STEINECKE 1988, S. 20-36; TÜTING 1990, S. 11; STRAUCH 2004, S. 797).

- Neben vergleichenden Tests zählen auch *Preisverleihungen* zu den Qualifizierungsmaßnahmen in diesem Marktsegment. So wird z. B. im Rahmen der „Internationalen Tourismusbörse Berlin" seit 2003 jährlich der „ITB BuchAward" vergeben, mit dem u. a. qualitativ hochwertige Länder-Reiseführer, Reise-Bildbände und Reiseführer-Reihen ausgezeichnet werden.[414]

Derartige Wettbewerbe und Rankings dienen einerseits dazu, die Reiseführer-Verlage zu ermuntern, die Qualität ihrer Produkte ständig zu verbessern. Andererseits bieten sie aber den Konsumenten eine wichtige Hilfestellung, sich auf dem

---

[413] In jüngerer Zeit hat die Zeitschrift „Reise & Preise" 37 Reiseführer-Reihen getestet. Dabei wurde zwischen drei Produktkategorien unterschieden: „Kompakt & preisgünstig", „Klassisch & umfassend" sowie „Detailliert & individuell". Bei der Bewertung kamen ähnliche Kriterien zum Einsatz wie bei dem Test der „Stiftung Warentest" (vgl. www.reise-preise.de/reisefuehrer-test vom 25. Dezember 2006).

[414] vgl. www.boersenblatt.net/sixcms/detail.php?id=102173 vom 28. Dezember 2006

umfangreichen und deshalb unübersichtlichen Reiseführer-Markt gezielt zu informieren, um die richtige Kaufentscheidung treffen zu können.

4.2.2   Der bundesdeutsche Reiseführer-Markt: Struktur und Dynamik

Mit dem generellen Wachstum des deutschen Tourismusmarktes seit den 1960er-Jahren ist der Bedarf an Reiseinformationen deutlich gestiegen. Aufgrund der rasch wachsenden Nachfrage nach Reiseführern gehörte dieses Marktsegment in den letzten Jahrzehnten zu den *am schnellsten expandierenden Bereichen des gesamten Buchmarktes* (vgl. STRAUCH 2003, S. 125; Abb. 89):

- So gab es in den 1980er-Jahren ca. 120-150 Reiseführer-Verlage, von denen schätzungsweise 1.500 Titel herausgegeben wurden. Die Reiseliteratur hatte einen Anteil von 5 % am Buchmarkt (vgl. STEINECKE 1988, S. 15-17).

- Bis Ende der 1990er-Jahre stieg die Zahl der Reiseführer-Verlage auf ca. 200 Unternehmen. Das Sortiment umfasste 4.500 Reiseführer in 150 Reihen sowie 1.500 Spezialführer für Wanderer, Taucher etc. in 100 Reihen; der Marktanteil belief sich auf 11 % des Buchhandelsumsatzes (einschließlich Landkarten).[415]

- Zu Beginn des 21. Jahrhunderts war die Bedeutung der Reisebücher im Buchmarkt wieder rückläufig; das Unternehmen „media control GFK International" ermittelte Anteile von 7,0 % (2003) bzw. 6,4 % im Jahr 2005.[416]

Innerhalb dieser Entwicklung hat gleichzeitig ein *Strukturwandel* stattgefunden, der auch in anderen Wirtschaftsbereichen festzustellen ist - nämlich ein *deutlicher Konzentrationsprozess*, mit dem eine *wachsende Standardisierung der Produkte und Differenzierung der Angebotspalette* einherging.

Die Angebotsseite: Akteure und historische Entwicklung

Grundsätzlich ist die Informations- und Datenlage zum Reiseführer-Markt recht unbefriedigend. Aufgrund der schwierigen Abgrenzung des Begriffs „Reiseführer" liegen kaum aktuelle, vergleichende Zusammenstellungen zum Umfang des Angebots vor; die Auflagenzahlen „zählen zu den bestgehüteten Geheimnissen der (Verlags-)Branche" (KAGELMANN 1993, S. 470).

---

[415] MEYER, P. (1998): Selbst reisen, schreiben und verlegen. - In Trotter, 90, S. 37-40 (www.reisegeschichte.de/geschich/gesch-verlage.htm vom 28. Dezember 2006)

[416] Diese Daten beziehen sich auf die Vertriebswege Sortiment, Warenhäuser und E-Commerce, die ca. 70 % des Gesamtmarktes abdecken. Sie wurden dem Autor freundlicherweise von Gertraud Majer (Börsenverein des Deutschen Buchhandels e. V., Frankfurt a. M.) zur Verfügung gestellt.

Die wenigen vorliegenden Studien belegen, das dieses Segment Mitte der 1990er-Jahre eine *dichotome Struktur* aufwies: Einigen wenigen Konzernen stand eine große Zahl von mittelständischen Verlagen gegenüber. So wurden im Jahr 1994 82 % des Umsatzes von 7 % der Unternehmen erwirtschaftet, die restlichen 18 % von mehreren tausend kleinen Firmen (vgl. UHLIG 1999, S. 113). Marktführer der Branche ist gegenwärtig die Verlagsgruppe „MairDuMont", in der u. a. die Reiseführer-Reihen „Baedeker", „DuMont", „Marco Polo", „HB Bildatlas", „Falk Spirallo", „Lonely Planet" erscheinen. Zu dem Konzern, der im Jahr 2005 einen Umsatz von 160 Mio. € erzielte und 550 Mitarbeiter beschäftigte, gehören europaweit neun Verlage.[417]

Diese Angebotssituation ist das Ergebnis eines *Konzentrationsprozesses*, der sich seit den 1990er-Jahren mit wachsender Geschwindigkeit vollzogen hat. Als Schlüsseljahr gilt dabei das Jahr 1989, in dem die ersten Billigreiseführer auf den Markt kamen - mit einem Verkaufspreis von weniger als 10 DM (ca. 5 €). Sie lösten eine Aufbruchstimmung, aber auch eine wachsende Konkurrenz in der Verlagslandschaft aus. Seitdem haben zahlreiche Verkäufe, Beteiligungen und Übernahmen von Reiseführer-Verlagen stattgefunden; traditionelle Reiseführer-Reihen wurden eingestellt und neue Produkte entwickelt (vgl. EBERT 1999a, S. 119-120).[418]

Gleichzeitig kam es zu einer *zunehmenden Standardisierung der Produkte, aber auch Differenzierung der Angebotspalette*. Die führenden Verlagsgruppen konzipierten umfangreiche Reiseführer-Reihen, die - unter einem Markennamen - in Inhalt, Ausstattung und Preis auf die speziellen Interessen unterschiedlicher Zielgruppen ausgerichtet sind (z. B. für Kulturinteressierte, Wanderer, Kurzurlauber, Fernreisende).[419]

Diese Strategie soll am Beispiel des *„DuMont Reiseverlag"* (Ostfildern) verdeutlicht werden, der zur Verlagsgruppe „MairDuMont" gehört. Das Unternehmen publiziert gegenwärtig in sieben Reihen mehr als 400 unterschiedliche Reiseführer-Titel zu Ländern, Regionen und Städten:[420]
- „DuMont Aktiv" (Wanderführer, 58 Titel),
- „DuMont Direkt" (Kurzreiseführer, 106 Titel),

---

[417] vgl. www.mairdumont.com/de/301.htm vom 02. Januar 2007

[418] vgl. LÜDTKE, N. (2005): Facetten einer halben Dekade (www.dzg.com/reisebuecher/anzeigen.php?bu=1503 vom 28. Dezember 2006)

[419] Im Rahmen der Standardisierung gewinnen reisepraktische Informationen (Rankings, Tipps etc.) an Bedeutung, während landeskundlichen Themen immer weniger Platz eingeräumt wird. Aus den Autoren werden Lieferanten von Textbausteinen und Adressen; aufgrund dieser Entwicklung lassen sich die Reiseführer kaum noch voneinander unterscheiden; vgl. SCHWARZ (1997, S. 185); GOHLIS, T. (2002): Das Verschwinden im Content. Vortrag zur 4. Reiseliteraturtagung der Stiftung Lesen in Saarbrücken am 15.02. 2002 (www.togohlis.de/03saarbruecken.htm vom 05. Januar 2007).

[420] vgl. www.dumontreise.de/ptitel.php vom 02. Januar 2007

- „DuMont Kunst-Reiseführer" (Kulturführer, 74 Titel),
- „DuMont Reise-Taschenbücher" (Kompaktführer, 137 Titel),
- „DuMont Reisen für Genießer" (Kulinarische Führer, 7 Titel),
- „DuMont Richtig Reisen" (Handbücher für Individualreisende, 60 Titel),
- „Stefan Loose Traveller Handbücher" (Fernreiseführer, 37 Titel).

Abb. 89: Umfangreich, differenziert und unübersichtlich - so lässt sich das Angebot an Reiseführern in Deutschland charakterisieren. Ende der 1990er-Jahre umfasste das Sortiment ca. 4.500 Reiseführer in 150 Reihen sowie 1.500 Spezialführer für Wanderer, Taucher etc. in 100 Reihen; der Marktanteil belief sich auf 11 % des gesamten Buchhandelsumsatzes (einschließlich Landkarten).

Das umfangreiche und vielfältige Angebot an Reiseführern, das hier nur exemplarisch dargestellt wurde, ist ein indirekter Beleg für die Tatsache, dass die Welt inzwischen touristisch erschlossen ist. Es gibt *keine weißen Flecken mehr auf der touristischen Landkarte* - und auch kein Land, zu dem nicht (mindestens) ein Reiseführer vorliegt. Dabei stehen die aktuellen Publikationen in einer langen Tradition von „Wegweiser[n] in die Fremde" (Thomas-Morus-Akademie 1990), die bis in die Antike zurückreicht.

Geschichte der Reiseführer

Organisatorische Hilfe beim Reisen und Vermittlung von Wissen über Land und Leute - auf diese beiden zentralen Funktionen von Reiseführern haben Reisende bereits im Altertum zurückgegriffen. Die Geschichte des Reisens und die Geschichte der Reiseführer sind also eng miteinander verknüpft; als wichtige *historische Typen dieser Literaturart* sind zu nennen (vgl. HINRICHSEN 1991, S. 21-27;

GORSEMANN 1995, S. 44-80; GOHLIS 1999, S. 14-20; SCHERLE 2000, S. 64-68; PAGENSTECHER 2003, S. 205-254):

- *Antike Periegesen:* Seit dem 3. Jahrhundert v. Chr. entstanden umfangreiche Länderkunden, die nicht nur Hintergrundinformationen zu Topographie, Geschichte, Bräuchen etc. enthielten, sondern auch ausführliche Beschreibungen der damaligen Sehenswürdigkeiten (Tempel, Theater etc.). Als Vorläufer des Reiseführers gilt speziell die „Periegesis tes Hellados" von Pausanias - eine zehnbändige Beschreibung Griechenlands, die um 170 n. Chr. verfasst wurde (vgl. WAGNER 1990, S. 15-16).

- *Mittelalterliche Pilgerführer:* Der Wunsch nach Reue und Buße sowie die Hoffnung auf das Seelenheil - diese Motive bewegten die mittelalterlichen Pilger, ihre Heimat zu verlassen und die lange, anstrengende Reise zu den heiligen Stätten in Rom, Santiago de Compostela bzw. Palästina zu unternehmen. Ausführliche Reisehandbücher *(Itinerare)* gaben Auskunft über die Route sowie über Beherbergungsmöglichkeiten in Klöstern (vgl. WAGNER 1990, S. 16-18).

- *Humanistische Apodemiken:* Am Ende des 16. Jahrhunderts wurden umfangreiche Reiseratgeber verfasst, die den Leser in der Kunst des Reisens *(Ars apodemica)* einführten. Sie dienten als systematische Anleitung für mehrjährige Bildungsreisen, die Bestandteil der humanistischen Erziehung waren (*Grand Tour*, → 3.1.1). Eine besondere pädagogische Bedeutung kam dabei der eigenen Erfahrung der Fremde und der unmittelbaren Anschauung des Unbekannten zu. Neben Beschreibungen der Länder enthielten die Apodemiken deshalb ein Raster von Beobachtungsaufgaben sowie zahlreiche praktische Reisevorschläge (vgl. GÜNTER 1991; KUTTER 1991).

- *Moderne Reiseführer im 19. Jahrhundert:* Der gesellschaftliche Wandel und technologische Innovationen (Eisenbahn, Dampfschiff) führten im 19. Jahrhundert dazu, dass Reisen - bis dahin ein Privileg des Adels - nun auch vom Bürgertum unternommen wurden. Allerdings verfügten die bürgerlichen Touristen über relativ geringe finanzielle und zeitliche Ressourcen; deshalb musste die Reise effizient plan- und kalkulierbar sein. Für diese Zielgruppe entstanden seit den 1830er-Jahren neuartige Reisehandbücher wie die „*Red Books"* des Briten John Murray und die Reiseführer von Karl Baedeker. Sie waren übersichtlich gegliedert und enthielten Routenvorschläge, präzise Beschreibungen der Sehenswürdigkeiten sowie aktuelle Hinweise auf Übernachtungs- und Verpflegungsmöglichkeiten. Neben der „geradezu peinlichen Exaktheit in der Fixierung der Fakten"[421] sorgte ein eigenes Klassifizierungssystem („Baedeker"-Sternchen) dafür, dass den unerfahrenen Touristen jegliche Unsicherheit genommen wurde: Sie konnten sich rasch orientieren und in kurzer Zeit das Sehenswerte betrachten:

---

[421] R., W. (1965): Karl Baedeker. - In: DU Atlantis, 25, S. 557 (Berühmte Unbekannte; IV)

Auf diese Weise wandelte sich die Fremde zu einem „katalogisierten Bildungsgut" (BUDDÉE 1997, S. 117).[422]

- *Alternative Reiseführer in den 1970er-Jahren:* Das bildungsbürgerliche Konzept
der „Baedeker"-Reiseführer galt bis in die 1950er- und 1960er-Jahre als Standard für den Aufbau und die Gestaltung von Reiseführern.[423] Das Sortiment der
meisten Verlage konzentrierte sich dabei - orientiert am Reiseverhalten - zunächst auf inländische und allenfalls europäische Ziele. Erst in den 1970er-
Jahren gewannen Fernreiseziele an Bedeutung: Als Pioniere fungierten dabei
Globetrotter - junge Erwachsene, die sich für einen längeren Zeitraum auf den
Weg machten, um fremde Länder kennen zu lernen und ungewöhnliche Erlebnisse sowie neue Erfahrungen zu machen. Aus dieser Szene heraus und für diese
Szene entstand eine große Zahl von Globetrotter-Handbüchern, die auf einer
umfangreichen Reisetätigkeit der Autoren basierten. Im Mittelpunkt standen
praktische Informationen, die für die Individualreisenden von besonderer Bedeutung waren - z. B. Einreiseformalitäten, Verkehrsverbindungen, Tipps für preis-
werte Übernachtungs- und Verpflegungsmöglichkeiten. Die Reiseführer wurden
im Selbstverlag in einer geringen Auflage herausgegeben und wiesen eine unpro-
fessionelle Ausstattung auf: Schreibmaschinensatz, selbst gezeichnete Karten,
einfacher Druck etc. (vgl. KUNTZKE 1990).[424]

Der kurze historische Überblick verdeutlicht, dass die Reiseführer - hinsichtlich
Konzeption, Inhalt und Ausstattung - in verschiedenen Phasen der Geschichte die
jeweiligen *Reisetrends* widerspiegeln (bzw. beeinflusst haben). Wie in der Vergangenheit müssen die Verlage auch zu Beginn des 21. Jahrhunderts die Reisemotive, Verhaltensweisen und Informationsinteressen der Leser genau kennen, um
marktgerechte Produkte entwickeln zu können.

Leser von Reiseführern: Profil - Aktivitäten - Interessen

Die *Daten- und Informationslage zu den Lesern von Reiseführern* erweist sich als
vergleichbar unbefriedigend wie zur Angebotsseite des Reiseführer-Marktes.
Grundsätzlich ist davon auszugehen, dass die Verlage eigene Marktuntersuchun-

---

[422] Durch diese Klassifizierung wurde auch eine „Dominanz der visuellen Aneignung der
Welt" (PAGENSTECHER 2003, S. 217) festgeschrieben. Im Gegensatz zur rituellen Pilger-
reise und zu den gesellschaftlichen Aktivitäten des Adels beschränkte sich touristische
Praxis von nun an auf das Betrachten von Landschaften und Sehenswürdigkeiten.

[423] Eine Ausnahme war der „Dietz Arbeiter-Reise- und Wanderführer", der im Jahr 1932
als Reaktion der Arbeiter(reise)bewegung auf die bürgerlichen „Baedeker"-Reiseführer
entstand (vgl. KEITZ 1991; PAGENSTECHER 2003, S. 219-220).

[424] In den letzten Jahren hat auch in diesem Segment eine zunehmende Professionalisierung
und Standardisierung stattgefunden; zur Geschichte der alternativen Reiseführer vgl.
MEYER, P. (1998): Selbst reisen, schreiben und verlegen. - In: Trotter, 90, S. 37-40
(www.reisegeschichte.de/geschich/gesch-verlage.htm vom 28. Dezember 2006).

gen durchführen, deren Ergebnisse allerdings nicht publiziert werden. Die folgende Darstellung muss deshalb teilweise auf ältere Studien zurückgreifen bzw. exemplarisch erfolgen.

Im Jahr 1997 belief sich das Volumen des gesamten privaten Buchmarktes (ohne Fachliteratur, Bibliotheksbedarf etc.) auf 7,7 Mrd. DM und der *Umsatz der Reiseführer* auf 456 Mio. DM (5,9 %). Während die Gesamtnachfrage seit Mitte der 1990er-Jahre durch eine Stagnation geprägt wurde (nach einem Wachstumssprung als Folge der Wiedervereinigung), konnte der Reiseführer-Markt ein leichtes Wachstum verzeichnen. Hinsichtlich des Absatzes lassen sich auf diesem Markt *folgende Besonderheiten* beobachten:

- Der Verkauf von Reiseführern unterliegt *kaum saisonalen Schwankungen*; hingegen weist die generelle Buchnachfrage eine deutliche Spitze im vierten Quartal auf (vgl. TRESP 1999, S. 122-122).

- Politische Krisen, Terroranschläge und Naturkatastrophen in einzelnen Zielländern führen bei den entsprechenden Reiseführer-Titeln kurzfristig zu *erheblichen Umsatzeinbrüchen* - z. B. bei den USA- und Kanada-Titeln als Folge des 11. September 2001. Nach Einschätzung von Verlagsvertretern erholt sich die Nachfrage allerdings nach kurzer Zeit wieder (vgl. GUTHMANN/KAGELMANN 2003, S. 41).

Zum *soziodemographischen Profil der Käufer bzw. Leser von Reiseführern* lassen sich folgende Aussagen machen (vgl. TRESP 1999, S. 125):

- Es gibt *keine geschlechtsspezifischen Unterschiede* hinsichtlich des Kaufs von Reiseführern - seit Ende der 1980er-Jahre ist der Anteil der Frauen kontinuierlich gestiegen (vgl. auch STEINECKE 1988, S. 8).

- Die Käufer von Reiseführern finden sich überdurchschnittlich häufig in *mittleren und höheren Altersgruppen (50 Jahre und älter)*; der Anteil dieser Kohorten ist in den letzten Jahren gestiegen. Durch Kurzreiseführer (z. B. „Marco Polo") wird dabei ein jüngeres Publikum angesprochen als durch klassische Reiseführer - z. B. „Baedeker" (vgl. MAIRDUMONT MEDIA 2005, Folie 6, 12). [425]

- Im Vergleich zur Gesamtbevölkerung verfügen die Käufer von Reiseführern generell über ein *relativ hohes Bildungs- und Einkommensniveau*. Im Jahr 1998 hatten z. B. 33 % der Käufer, aber nur 22 % aller Deutschen ein Haushaltseinkommen von 5.000 DM und mehr. Auch hier lassen sich aktuell *reihenspezifi-*

---

[425] Der Autor dankt Herrn Thorsten Gerke (Medienhaus „MairDuMont" - Markt & Media Service) für die freundliche Überlassung ausgewählter Ergebnisse der „Leseranalyse Reisemedien", die der Verlag im Jahr 2005 in Zusammenarbeit mit „Enigma GfK" durchgeführt hat.

sche Unterschiede beobachten: Fast jeder zweite Leser klassischer Reiseführer, aber nur jeder dritte Nutzer von Kompaktführern findet sich in der höchsten Einkommensgruppe (vgl. MAIRDUMONT MEDIA 2005, Folie 6, 12).

Auch hinsichtlich ihres *Konsum- und Reiseverhaltens* weisen die Käufer bzw. Leser von Reiseführern eine Reihe von typischen Merkmalen auf (vgl. TRESP 1999, S. 126-129; GUTHMANN/KAGELMANN 2001, S. 7-10):

- Reiseführer werden überwiegend für den *Eigengebrauch* gekauft - und nicht an andere Personen verschenkt (76 % vs. 68 % beim Buchkauf generell). Dabei erfolgt der Erwerb überwiegend vor der Urlaubsbuchung; Reiseführer werden also als wichtiges Informationsmedium bei der Reiseentscheidung genutzt.[426]

- 59 % der Käufer erwerben nur einen Reiseführer. Die *Heavy-User,* die jährlich vier und mehr Reiseführer kaufen (12 %), sorgen für 34 % des Umsatzes. Bei dieser Gruppe handelt es sich vor allem um ältere Menschen (60 Jahre und älter).

- Bei der Kaufentscheidung für einen Reiseführer spielen *die Aktualität, das Kartenmaterial, die Gliederung/Struktur sowie der Infoteil/Adressen* eine besonders wichtige Rolle.

- Das *Markenbewusstsein* ist beim Kauf von Reiseführern (bislang noch) gering ausgeprägt; nur 28 % der Käufer haben eine bevorzugte Reiseführer-Reihe. Für die Mehrzahl der Kunden spielt der *Preis* eine wichtigere Rolle als die Marke; allerdings werden gleichzeitig hohe Ansprüche an die Qualität und Aktualität gestellt. Speziell bei Fernreisen besteht eine größere Bereitschaft, mehr Geld für einen Reiseführer auszugeben.

- Bevorzugte Einkaufsstätten sind der *Sortimentsbuchhandel* sowie *Kauf- und Warenhäuser.* Der Versandhandel, Clubs und andere Einkaufsstätten hatten Ende der 1990er-Jahre hingegen nur eine untergeordnete Bedeutung.

- Bei den Lesern von Reiseführern handelt es sich um *besonders aktive Urlauber;* neben bildungs- und besichtigungsorientierten Beschäftigungen (Besuch von Sehenswürdigkeiten, Ausflüge machen etc.), üben sie auch relativ häufig sportliche und erlebnisorientierte Tätigkeiten aus. In diesem breiten Aktivitätsspektrum kommen die *vielfältigen Urlaubsmotive* dieser Zielgruppe zum Ausdruck - z. B. der Wunsch, andere Länder kennen zu lernen, neue Eindrücke zu gewinnen und den Horizont zu erweitern, aber auch eigene Interessen zu verwirklichen, viel Abwechslung zu haben und die Natur zu erleben (vgl. STEINECKE 1988, S. 9-11).

---

[426] vgl. www.media.mairdumont.com/de/72_689.htm vom 01. Januar 2007

- Zu den *spezifischen Freizeitinteressen* der Leser von Reiseführern zählen nicht nur Urlaub und Reisen, sondern auch Wein/hochwertige Spirituosen, Geldanlagen sowie kulinarische Themen (vgl. MAIRDUMONT 2006, Folie 16).

Die Leser von Reiseführern weisen also hinsichtlich ihres Profils, ihrer Verhaltensweisen und ihrer Interessen *ähnliche Merkmale wie die Kulturtouristen* auf. Allerdings muss berücksichtigt werden, dass Reiseführer nicht nur für Kultur- und Bildungsreisen genutzt werden, sondern auch für andere Urlaubsarten (Badeurlaub, Vergnügungsreise, Ausruhurlaub etc.). Bei der Reiseentscheidung und für die Urlaubsvorbereitung stehen den Touristen dabei - neben Reiseführern - auch andere touristische Informationsmedien zur Verfügung.

4.2.3   Andere touristische Informationsmedien

Im Interessen- und Aktivitätsspektrum der Bundesbürger rangieren die Themen „Reisen" bzw. „Kultur und Reisen" auf Spitzenplätzen. Aus diesem Grund sind sie in der hoch entwickelten Mediengesellschaft des 21. Jahrhunderts nicht nur Gegenstand von Buchpublikationen, sondern auch von zahlreichen anderen *Informationsmedien*; dazu zählen u. a. (vgl. STRAUCH 2004, S. 798-803):[427]
- Reiserubriken/-beilagen von Tages- und Wochenzeitungen,
- Reise- und Spezialzeitschriften,
- Reisehörbücher,
- Reisevideos,
- CDs und DVDs,
- TV-Reisesendungen,
- E-Books,
- Informationen im Internet.

Das spezifische Informationsangebot dieser Medien soll im Folgenden exemplarisch anhand der *Reise- und Spezialzeitschriften* sowie der *TV-Reisesendungen* dargestellt werden; die übrigen Medien werden im Rahmen der Perspektiven des touristischen Informationsverhaltens behandelt (→ 4.2.4).

Reise- und Spezialzeitschriften

Im Gegensatz zu den Reiseführern, die eine lange Tradition aufweisen, handelt es sich bei den Reise- und Spezialzeitschriften um ein *relativ junges Medium*. Die ersten Reisemagazine entstanden erst Ende der 1970er-Jahre - meist in Form von

---

[427] Zu den touristischen Medien zählen auch alle Werbemittel, die von der Tourismusbranche im Rahmen des Marketings eingesetzt werden - z. B. Plakate, TV-/Radio-Spots, Kataloge (vgl. KAGELMANN 1993, S. 469). Aufgrund ihres begrenzten und interessegeleiteten Informationsgehalts werden sie hier nicht weiter erläutert.

Länderreportagen. Sie erlebten jedoch erst zehn Jahre später einen Boom, als große Verlagshäuser diesen Markt gezielt entwickelten (vgl. GÜNTHER 1990; HAYIT 1990; STRAUCH 2004, S. 799).

Im Vergleich zu Reiseführern weisen die Reisemagazine *mehrere Vorteile* auf. Da sie eine hohe Erscheinungsfrequenz haben (teilweise monatlich), sind die Informationen erheblich aktueller als bei Reiseführern, die bestenfalls jährlich überarbeitet und neu aufgelegt werden (vgl. Tab. 24). Auf diese Eigenschaft legen die Konsumenten bei der Reisevorbereitung aber einen besonders großen Wert. Aus Sicht der Leser haben Reisemagazine (z. B. „GeoSaison") ähnlich *hohe Sympathie- und Vertrauenswerte* wie Reiseführer (z. B. „Marco Polo"), während die Reiseteile von Zeitschriften (z. B. „Stern") als weniger vertrauenswürdig und sympathisch gelten.[428] Mit ihren vielen großen Farbfotos verfügen die Reise- und Spezialzeitschriften außerdem über eine ansprechende Optik; schließlich gehören auch der niedrige Preis und die hohe Verbreitung (z. B. über Kioske, Verkaufsstände) zu den Vorzügen dieser Medien.

Reisezeitschrift	*Erscheinungsweise*	*Druck-Auflage*	*Verkauf*
Geo Saison	monatlich	172.350	128.103
Merian	monatlich	96.892	70.001
Outdoor	monatlich	66.879	44.987
Abenteuer & Reisen	10 x jährlich	129.101	108.853
ADAC Reisemagazin	2-monatlich	204.130	136.934
Geo Special	6 x jährlich	147.700	58.955
Tours	6 x jährlich	39.640	20.162
Nordis	6 x jährlich	38.000	30.976
Berge	2-monatlich	32.950	12.832
Reise & Preise	4 x jährlich	125.159	78.913
Clever reisen! Fliegen & sparen	4 x jährlich	49.920	29.439
Daydreams - Das Magazin für Kurzreisen	vierteljährlich	114.793	91.633

Tab. 24: Bei der Reisevorbereitung und während der Reise können Urlauber auf unterschiedliche Reisemagazine zurückgreifen. Aufgrund ihrer hohen Erscheinungsfrequenz (teilweise monatlich) garantieren sie eine größere Aktualität als Reiseführer (Bezugszeitraum: 3. Quartal 2006; Quelle: Eigene Darstellung nach Angaben der Informationsgesellschaft zur Feststellung der Verbreitung von Werbeträgern).[429]

---

[428] Zu diesem Ergebnis kam eine vergleichende Studie des „IFAK-Instituts" (Taunusstein), in der Reiseführer, Reisemagazine und Reiseteile in Zeitschriften untersucht wurden (vgl. www.wuv.de/studien/archiv/122005/978/3368.html vom 17. Dezember 2006).

[429] vgl. www.daten.ivw.eu/index.php?menuid=1&u=&p=&detail=true vom 05. Januar 2007

Wie bei den Reiseführern ist auch bei den Reisemagazinen ein Trend zur Differenzierung zu beobachten; FREYER/SCHERLE (2003, S. 29) unterscheiden *vier Typen von Reise- und Spezialzeitschriften:*

- *Monothematische Reisemagazine (z. B. „Geo Special", „ADAC Reisemagazin", „Merian")* behandeln jeweils nur eine Destination (Land, Region, Stadt). Neben Reisereportagen finden sich Hintergrundinformationen sowie zahlreiche reisepraktische Tipps (im Serviceteil). Vor allem bei der Reisevorbereitung handelt es sich bei diesen Magazinen deshalb um direkte Konkurrenten von Reiseführern; während der Reise sind sie allerdings aufgrund ihres großen Formats weniger handlich als die kleineren Reiseführer.

- In den *multithematischen Reisemagazinen (z. B. „Geo Saison", „Abenteuer & Reisen", „Tours")* finden sich hingegen Reiseberichte und Serviceinformationen zu mehreren Zielgebieten. Sie bieten deshalb generelle Anregungen für einen künftigen Urlaub und wenden sich eher an *Armchair Traveller* als an Leser, die sich auf eine fest geplante Reise vorbereiten wollen.

- Schwerpunkt der *serviceorientierten Reisemagazine (z. B. „Reise & Preise", „Clever Reisen! Fliegen & sparen")* sind aktuelle Verbraucherinformationen für Urlauber - z. B. in Form von Preisvergleichen bzw. Tests. Reisereportagen und Hintergrundinformationen zu den Destinationen spielen hingegen nur eine untergeordnete Rolle.

- Die *Spezial-Reisemagazine (z. B. „Nordis", „Verträglich Reisen", „Sympathie Magazine")* haben einen besonderen inhaltlichen Schwerpunkt - z. B. eine Destination, das umwelt- und sozialverträgliche Reisen bzw. das interkulturelle Lernen auf Reisen. Sie wenden sich jeweils an eine kleine Zielgruppe, die an entsprechenden Informationen besonders interessiert ist.

In einer empirischen Untersuchung wurden diese unterschiedlichen Reisemagazin-Typen von *Experten- sowie Freizeit-Lesern* verglichen und bewertet (mit einer Schulnoten-Skala von 1 bis 5). Testkriterien waren dabei die Gestaltung, der Inhalt sowie weitere Aspekte (z. B. Aktualität, Serviceteil, Preis-Leistungs-Verhältnis). Dabei schnitten die monothematischen Reisemagazine mit einer Durchschnittsnote von 2,1 am besten ab - vor den multithematischen Reisezeitschriften (2,6). Die Spezial-Reisemagazine erhielten die Note 2,9 und die serviceorientierten Reisemagazine die Note 3,2 (vgl. FREYER/SCHERLE 2003, S. 35).

Grundsätzlich ist festzuhalten, dass vor allem die monothematischen Reisezeitschriften - im Gegensatz zu Reiserubriken/-beilagen von Tages- und Wochenzeitungen - als *eigenständige touristische Informationsmedien* zu betrachten sind. Aufgrund ihres Formats werden sie allerdings vorrangig bei der Reisevorbereitung genutzt und weniger als Ratgeber während der Reise (vgl. KAGELMANN 1993, S. 472).

TV-Reisesendungen

Zu den Massenmedien, die das Thema „Urlaub und Reisen" behandeln, gehören nicht nur die Printmedien, sondern auch der Rundfunk und das Fernsehen. Speziell die TV-Reisesendungen waren Gegenstand einer wissenschaftlichen Untersuchung, deren Ergebnisse hier vorgestellt werden sollen (vgl. SCHRÖDER 2003). Im Gegensatz zu anderen Formaten, die sich u. a. auch einmal mit Reisen beschäftigen (z. B. Politik-, Kultur- bzw. Boulevard-Magazine) weisen Reisesendungen *folgende spezifische Merkmale* auf:
- regelmäßige Ausstrahlung auf einem bestimmten Sendeplatz (Zeitpunkt),
- Spezialisierung auf das Thema „Urlaub und Reisen",
- Hintergrundinformationen zu Destinationen,
- praktische Tipps zur Urlaubsplanung/-gestaltung.

In nahezu jedem öffentlichen und privaten Sender gehört eine Reisesendung zum *Angebotsspektrum*. Die Liste reicht dabei vom „Ratgeber Reise" (ARD) und „Reiselust" (ZDF) über „Fahr mal hin" (SWR, SR) und „Fernweh" (BR) bis hin zu „Voxtours" (VOX) und „Voyages, Voyages" (ARTE).

Wird den Zuschauern in den Reisesendungen ein realitätsgerechtes Bild der Destinationen vermittelt? - diese Frage stand im Mittelpunkt der *Inhaltsanalyse*; die Ergebnisse waren - wie bei den Reiseführern - eher negativ:

- *Exotische Destinationen:* Die Berichterstattung in den Reisesendungen spiegelt nicht die tatsächliche Zielwahl der bundesdeutschen Urlauber wider. So wird vorwiegend über *Fernreiseziele* berichtet - z. B. Destinationen in der Karibik sowie in Mittel- und Südamerika, Afrika und Asien. Die beliebtesten Reiseziele der Deutschen sind hingegen deutlich unterrepräsentiert: Obwohl jeder Dritte seinen Urlaub in Deutschland verbringt, beschäftigen sich nur 12,5 % der Beiträge mit deutschen Zielgebieten. Auch europäische Destinationen (Spanien, Italien, Österreich), die sich großer Popularität erfreuen, finden relativ wenig Beachtung.

- *Ungewöhnliche Charaktere:* Das Alltagsleben der Bevölkerung ist selten Gegenstand der Sendungen; stattdessen wird über *einheimische Originale* berichtet, die regional- bzw. kulturtypische Tätigkeiten ausüben. Außerdem kommen Fahrer oder Guides zu Wort - aber fast nie Touristen, die das Land bereisen.

- *Spektakuläre Aktivitäten und Verkehrsmittel:* Während die Mehrzahl der Touristen im Urlaub eher unspektakulären Beschäftigungen nachgeht (Ausruhen, Fotografieren etc.), wird durch die Reisesendungen ein völlig anderes Bild gezeichnet. Nach dem Wandern zählen hier *Surfen, Tauchen und Drachenfliegen* zu den Aktivitäten, die besonders häufig gezeigt werden (da sie gleichzeitig eindrucksvolle Landschaftaufnahmen ermöglichen). Eine ähnliche Vorgehensweise ist bei der Darstellung der Transportmittel festzustellen, denn an Stelle des PKW

- als wichtigstem touristischen Verkehrsmittel - dominieren in den TV-Beiträgen Bilder von *Geländewagen, Kutschen, Rikschas, Snowmobilen, Helikoptern* etc.

- *Pittoreske Sehenswürdigkeiten:* Wie in den Reiseführern findet sich auch in den Reisesendungen ein *Kanon an naturräumlichen und kulturellen Sehenswürdigkeiten,* der immer wieder gezeigt wird. Im Bereich der Kultur dominieren historische Relikte, während zeitgenössische Bauten nur dann berücksichtigt werden, wenn sie eine besonders eindrucksvolle Architektur aufweisen (z. B. Guggenheim Museum in Bilbao, Potsdamer Platz in Berlin). Wohngebäude, Industrieanlagen bzw. Verkehrsbauten, die zum Alltag der Menschen in den Zielländern gehören, sind hingegen weitaus seltener zu sehen: „Zeichen der Moderne werden ausgeblendet" (SCHRÖDER 2003, S. 48).

Der medienspezifische selektive Blick der TV-Reisesendungen - nämlich die Suche nach dem Ungewöhnlichen, Spektakulären und Neuen - hat zur Folge, dass der realitätsgerechte Informationsgehalt für Touristen generell und speziell für Kulturtouristen durchaus *skeptisch zu beurteilen* ist. Allerdings muss bei dieser Einschätzung berücksichtigt werden, dass diese Sendungen vorwiegend eine stimulierende Wirkung auf den Zuschauer haben sollen. Im Gegensatz zu Reiseführern und monothematischen Reisemagazinen handelt es sich bei ihnen nicht um ein eigenständiges, sondern um ein *ergänzendes touristisches Informationsmedium.*

Generell ist festzuhalten, dass die dargestellten touristischen Informationsmittel (Reiseführer, Reisemagazine, TV-Reisesendungen) gegenwärtig ihrer *zentralen Aufgabe als Kulturvermittler* nur bedingt gerecht werden. Statt Verständnis für andere Länder und Kulturen zu wecken, vermitteln sie häufig eine *klischeeartige Vorstellung,* die aus verzerrten Informationen im Text sowie aus idyllischen Darstellungen auf den Fotos besteht.

Diese negative Bewertung einzelner Medien ist aber zu relativieren, da den Touristen zu Beginn des 21. Jahrhunderts ein *breites und differenziertes Informationsspektrum* zur Verfügung steht. Für die Planung und Vorbereitung einer Reise können sie nicht nur auf Printmedien und TV-Sendungen zurückgreifen, sondern auch auf andere Informationsquellen - z. B. auf *Neue Medien (Internet, Videos, CD/DVD etc.).* Im Folgenden wird erläutert, in welcher Weise diese neuen Konkurrenten den Reiseführer-Markt künftig beeinflussen werden.

4.2.4 Perspektiven des touristischen Informationsverhaltens

Grundsätzlich sind die Bundesbürger *gut informiert,* bevor sie eine Urlaubsreise antreten: Nur 6 % fahren los, ohne sich vorher in irgendeiner Form über das Zielland zu informieren. Dabei haben allerdings neutrale Informationsquellen wie Reiseführer eine deutlich geringere Bedeutung als *persönliche Formen der Information* (vgl. DANIELSSON/SONNTAG 2003, S. 5):

- So nutzen 42 % der Deutschen die *Mund-zu-Mund-Propaganda* - also Empfehlungen und Berichte von Freunden, Bekannten, Verwandten bzw. Arbeitskollegen.

- Eine weitere wichtige Quelle sind die *eigenen Reiseerfahrungen* (38 %), die vor allem bei Wiederholungsbesuchern eine zentrale Rolle spielen.

Unter den Printmedien und den Neuen Medien rangieren die *Reiseführer* (bislang noch) deutlich vor dem Internet, den Zeitungen/Zeitschriften sowie den Sendungen in TV/Radio; auf sie haben im Jahr 2000 12 % der Bundesbürger bei der Planung des Urlaubs als Ratgeber zurückgegriffen. Als Folge des rasch wachsenden Angebots ist seit Mitte der 1990er-Jahre bei nahezu allen Informationsquellen - auch beim Reisebüro und bei den Katalogen von Reiseveranstaltern - ein *deutlicher Anstieg der Nutzung* zu beobachten (vgl. Abb. 90).

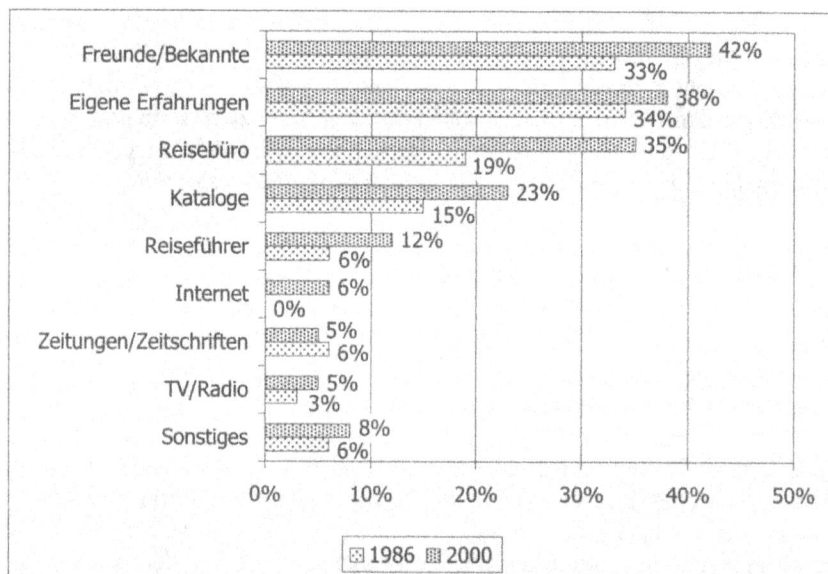

Abb. 90: Für die Planung und Vorbereitung ihrer Urlaubsreise nutzen die Bundesbürger vor allem persönliche Informationsquellen wie die Mund-zu-Mund-Propaganda und die eigene Erfahrung. Unter den neutralen Informationsquellen rangieren die Reiseführer an erster Stelle. Seit Mitte der 1980er-Jahre ist bei nahezu allen Medien ein deutlicher Anstieg der Nutzung zu beobachten (Quelle: Eigene Darstellung nach Angaben in DANIELSSON/ SONNTAG, 2003, S. 7).

Unter den *Neuen Medien* hat vor allem die rasche Verbreitung des *Internet* in den letzten Jahren erhebliche Veränderungen im Informationsverhalten ausgelöst. Während im Jahr 2000 6 % der Deutschen diese Informationsquelle genutzt haben, waren es im Jahr 2003 bereits 17,5 %. Auch künftig wird mit einem weiteren Be-

deutungsgewinn gerechnet - allerdings bei geringeren Zuwachsraten. Die Internet-
Surfer suchen vor allem nach allgemeinen Informationen über das Reiseziel, machen Preisvergleiche und informieren sich über Unterkünfte sowie Verkehrsverbindungen. Dieses Nutzungsverhalten zeigt, dass das Internet vorrangig als *Infor-
mations- und weniger als Buchungskanal* fungiert (vgl. DANIELSSON/SONNTAG
2003, S. 18-19).

Neben dem Internet treten auch *andere Medien* als potenzielle Konkurrenten von
Reiseführern auf; dazu zählen u. a. (vgl. STRAUCH 2004, S. 800-803):

- *Begleitbücher zu TV-Reisereportagen:* So gibt z. B. der Verlag „Schlütersche"
  begleitend zu erfolgreichen Fernsehsendungen zahlreiche TV-Bücher heraus;
  dabei kooperiert das Unternehmen mit mehreren TV-Anstalten (NDR, WDR,
  MDR). Diese Bücher erreichen Auflagen von 10.000-20.000 Exemplaren.[430]

- *Reisehörbücher:* Einige Hörbuchverlage haben ihr Sortiment um Reisebücher
  erweitert - zunächst in Form von historischen Reiseberichten berühmter Persönlichkeiten, aber zunehmend auch mit aktuellen Reiseführern. Im Jahr 2006 wurden z. B. von der Frauenzeitschrift „Brigitte" mehrere praktische *Audio-
  Reiseführer* publiziert - begleitend zu einer fünfteiligen Serie „Städte to go".
  Außerdem stehen einige Stadtspaziergänge als kostenpflichtige Audiofiles zum
  Download zur Verfügung.[431]

- *Reisevideos und DVDs:* Auf diesen Medien werden einzelne Zielgebiete in Form
  von Reportagen und Servicetipps vorgestellt. Durch ihre anschauliche Darstel-
  lungsform in Form bewegter Bilder dienen sie allerdings eher zur Einstimmung
  auf eine Destination (also als ergänzendes Medium) und weniger zur konkreten
  Vorbereitung einer Urlaubsreise.[432]

- *Smartphones, Handhelds und Routenplaner:* Neuere Mobiltelefone verfügen
  über die technischen Möglichkeiten *(WAP = Wireless Application Protocol)*, Informationen und Karten aus dem Internet direkt auf Handys, Palm Pilots etc. zu
  übermitteln. Im Jahr 2006 hat z. B. der Michael-Müller-Verlag den Reiseführer
  „Berlin MM-City" in einer elektronischen Version entwickelt. Die Nutzer können Telefonnummern und Internetadressen direkt aufrufen sowie eine Verknüpfung zu einem Stadtplandienst herstellen.[433] Zunehmend enthalten auch die In-
  formationsprogramme von Routenplanern reisepraktische Tipps.

---

[430] vgl. www.schluetersche.de/service/sms/buecher/tvbuecher/tvbuecher vom 13. Januar
2007
[431] vgl. www.boersenblatt.net/112670/template/b3_zpl_suche_detail vom 28. Dezember
2006; www.brigitte.de/presse/300506_stadttour/index.html vom 13. Januar 2007
[432] zu Preisvergleichen und Testberichten vgl. www.ciao.de/Reisevideos_236631_5 vom
13. Januar 2007
[433] vgl. www.boersenblatt.net/120168/template/b3_tpl_suche_detail vom 28. Dezember
2006

- „*Print-on-demand*"-*Reiseführer:* Als Reaktion auf die zunehmende Differenzierung der Informationsbedürfnisse hat z. B. die Verlagsgruppe „MairDuMont" in
Zusammenarbeit mit „Canon Deutschland" individualisierte Stadtführer konzipiert, bei denen sich die Leser die gewünschten Informationen im Internet zusammenstellen und anschließend als persönlichen Reiseführer ausdrucken können.[434]

Durch diese zahlreichen neuen Informationsmöglichkeiten hat sich der *Wettbewerb
auf dem Reiseführer-Markt* in den letzten Jahren erheblich verschärft. Mit Hilfe
einer umfangreichen Delphi-Umfrage konnte STRAUCH (2003, S. 163-164) folgende *Perspektiven bis zum Jahr 2010* ermitteln; sie basieren auf der Einschätzung
von führenden Vertretern bundesdeutscher Reiseführer-Verlage (vgl. Abb. 91):[435]

- Generell werden für den gesamten Reiseführer-Markt *keine großen Wachstumspotenziale* prognostiziert, da sich die Zahl neuer Kunden und neuer Informationsmöglichkeiten die Waage halten werden. Als Erfolgsprodukte gelten
Reiseführer in einer mittleren Preisklasse (ca. 5-15 €) sowie Spezialreiseführer -
vor allem für Kurz- und Städtereisen.

- Der Erfolg neuer Reiseführer-Konzepte beruht auf einer *ausgeprägten Kundenorientierung.* Dabei wird ein Trend zu kompakten Reiseführern erwartet, die neben Aktualität und Übersichtlichkeit auch eine sehr gute Ausstattung aufweisen
(Karten, Umschlag, Fotos etc.)

- Die *Neuen Medien* werden zunehmend in die Arbeit der Reiseführer-Verlage
integriert - u. a. durch aktuelle Informationen, Möglichkeiten des Direktvertriebs, *Print-on-demand,* spezielle Serviceleistungen für Käufer von Reiseführern etc.

- Die Neuen Medien werden von den Verlagen *nicht als Existenz bedrohend* für
Reiseführer betrachtet. So stellen z. B. Begleitbücher zu TV-Sendungen, Audio-
Reiseführer, Reisevideos und Reiserubriken in Tages-/Wochenzeitungen keine
ernsthaften Konkurrenten dar. Das Internet gilt auf dem Informationsmarkt hingegen als klarer Mitwettbewerber, der zunehmend an Bedeutung gewinnt.

- Aufgrund von *Globalisierung und Konzentrationsprozessen* wird die Zahl der
Reiseführer-Verlage künftig zurückgehen. Einer schrumpfenden Zahl von Konzernen stehen dann zahlreiche kleine Verlage gegenüber, die vor allem Nachfra-
genischen bedienen werden. Nach Einschätzung der Experten wird es zwar zu

---

[434] vgl. www.boersenblatt.net/112570/template/b3_tpl_suche_detail vom 28. Dezember
2006
[435] Bei der Delphi-Umfrage handelt es sich um ein Prognoseverfahren, das auf einer schriftlichen, mehrstufigen und anonymen Experten-Befragung beruht (vgl. STEINECKE 1987a).
An dieser Untersuchung nahmen 15 Vertreter bundesdeutscher Reiseführer-Verlage teil.

transnationalen Lizenz- und Vertriebskooperationen kommen, doch kaum zu Übernahmen deutscher Verlagshäuser durch ausländische Unternehmen.

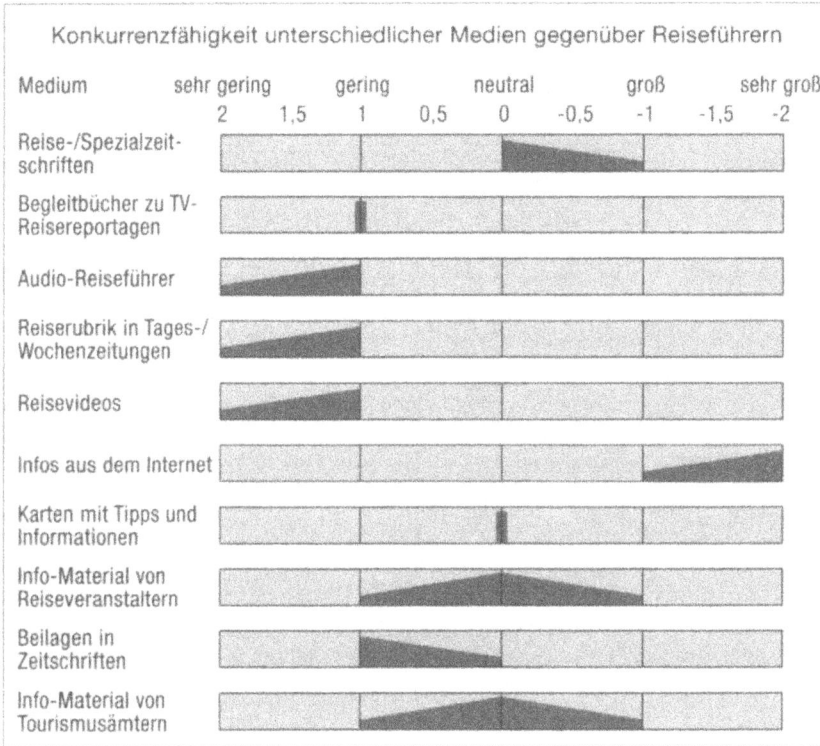

Abb. 91: In den letzten Jahren hat das Informationsangebot insgesamt eine rasche Expansion erfahren, die u. a. zu einem Rückgang der Nachfrage nach Reiseführern geführt hat. Für die Zukunft wird eine relativ stabile Marktentwicklung prognostiziert; aus Sicht der Reiseführer-Verlage gilt vor allem das Internet als ernst zunehmender Konkurrent, der in die eigene Arbeit integriert werden muss (Quelle: Gekürzte Darstellung nach Angaben in STRAUCH 2003, S. 157-159).[436]

Diese Prognose macht deutlich, dass der gedruckte Reiseführer für viele Deutsche ein *bewährtes Informationsmedium bei der Planung und Vorbereitung ihrer Urlaubsreise* darstellt. Aus diesem Grund wird sich der Reiseführer-Markt künftig als relativ stabil erweisen; allerdings werden auch immer mehr Touristen das Internet nutzen, um Hintergrundwissen und aktuelle Informationen zu Destinationen zu recherchieren. Die Zukunft des Reiseführer-Marktes hängt u. a. auch von der Fä-

---

[436] Der Balken bildet jeweils die Einschätzung von 50 % der Experten ab; breitere Balken signalisieren dabei eine uneinheitliche Gruppenmeinung (und damit auch eine größere Prognoseunsicherheit). Mit der Spitze des Balkens wird der Median dargestellt - also der Mittelwert, der die Antworten der Befragten in zwei gleich große Gruppen teilt.

higkeit der Verlage ab, dieses populäre Medium in die eigene Arbeit zu integrieren.

Unabhängig von technologischen und wirtschaftlichen Veränderungsprozessen müssen Reiseführer (speziell auch für Kulturtouristen) aber auch künftig ihre zentrale Funktion erfüllen - nämlich *Verständnis für andere Länder und Kulturen zu wecken.*

Reiseführer und andere Informationsmedien: Fazit

- Reiseführer haben zwei wichtige Funktionen - nämlich die Orientierung in der Fremde und die Vermittlung von Hintergrundwissen über das Zielland.
- Da sich Reiseführer aus zahlreichen unterschiedlichen Literaturarten zusammensetzen (von der Länderkunde über den Atlas bis hin zum Adressbuch), ist eine exakte Abgrenzung gegenüber anderen Reise- und Sachbüchern schwierig.
- Ein Schwerpunkt der wissenschaftlichen Untersuchung von Reiseführern war die Entwicklung von Typologien, um den unübersichtlichen Markt zu gliedern. Als Kriterien wurden dabei der Umfang bzw. die Zielsetzung, die Zielgruppenorientierung sowie die speziellen Funktionen genutzt - z. B. „Wegweiser"-, „Animateur"-, „Organisator"- bzw. „Interpret"-Reiseführer.
- Zahlreiche Inhalts- und Bildanalysen kamen zu dem Ergebnis, dass viele Reiseführer ihrem Anspruch nicht gerecht werden, Verständnis für andere Länder und Kulturen zu wecken. Als wesentliche Defizite sind zu nennen: lückenhafte, verzerrte bzw. falsche Informationen, die Vermittlung von Klischees und Stereotypen, die Elimination der Moderne sowie fragwürdige Reise- und Verhaltenstipps.
- Als Merkmale eines guten Reiseführers gelten demgegenüber: Übersichtlichkeit, Aktualität, angemessene Vermittlung von Land und Leuten, Tipps und Informationen, Zuverlässigkeit/Ehrlichkeit, kompetente Autoren, Handlichkeit, exakte Karten sowie gute Lesbarkeit/Verständlichkeit.
- Die Geschichte der Reiseführer reicht bis in das Altertum zurück. Wichtige historische Vorläufer der aktuellen Publikationen waren die antike Periegesen, die mittelalterlichen Pilgerführer, die humanistischen Apodemiken, die „Baedeker"-Reiseführer im 19. Jahrhundert sowie die alternativen Traveller-Handbücher der 1970er-Jahre.
- Über den Umfang und die Entwicklung des bundesdeutschen Reiseführer-Marktes liegen nur wenige Daten vor. Während er in den 1980er- und 1990er-Jahren zu den am schnellsten wachsenden Bereichen des Buchmarktes zählte, war in den letzten Jahren ein Bedeutungsverlust festzustellen (aktueller Marktanteil: 6,4 %).

- Die Verlagslandschaft weist eine dichotome Struktur auf: Wenigen Konzernen steht eine große Zahl von kleinen Verlagen gegenüber. Das Angebot an Reiseführern wird immer standardisierter; es wird dominiert durch Reiseführer-Reihen mit zahlreichen Städte-, Regionen- und Ländertiteln. Gleichzeitig wird die Produktpalette immer differenzierter (wachsende Zielgruppenorientierung).
- Die Leser von Reiseführern finden sich relativ häufig in mittleren und höheren Altersgruppen (50+); sie verfügen über eine höhere Bildung und ein höheres Einkommen. Das Markenbewusstsein beim Kauf von Reiseführern ist noch nicht besonders stark ausgeprägt. Die Ansprüche der Leser an die Qualität und Aktualität sind hoch.
- Unter den anderen touristischen Informationsmedien stellen vor allem die Reise- und Spezialzeitschriften eine Konkurrenz für Reiseführer dar. Aufgrund ihrer hohen Erscheinungsfrequenz sind sie erheblich aktueller. Außerdem weisen sie eine ansprechende optische Gestaltung auf; weitere Vorteile sind der niedrige Preis sowie die hohe Verbreitung (über Kioske, Verkaufsstellen etc.).
- TV-Reisesendungen, die von nahezu allen öffentlichen und privaten Fernsehanstalten ausgestrahlt werden, dienen hingegen eher zur Anregung und weniger zur konkreten Reiseplanung. Bei ihnen handelt es sich deshalb um ergänzende touristische Informationsmedien.
- Im gesamten touristischen Informationsspektrum der Bundesbürger rangieren die Reiseführer an fünfter Stelle (12 %) - hinter der Mund-zu-Mund-Propaganda (42 %), den eigenen Erfahrungen (38 %), den Reisebüros (35 %) sowie den Katalogen von Reiseveranstaltern (23 %).
- Für den Reiseführer-Markt werden mittelfristig keine großen Wachstumspotenziale prognostiziert. Als wichtiger Konkurrent unter den Neuen Medien gilt vor allem das Internet, das allerdings von den Verlagen zunehmend auch in die eigene Arbeit integriert wird (Direktvertrieb, *E-Books, Print-on-demand* etc.).

5   Die Zukunft des Kulturtourismus

> „In unserer Erlebnisgesellschaft unterliegt auch
> der Kulturtourismus der Erlebnisrationalität. Für
> den Kulturtourismus bedeutet dies, dass nicht
> Tourismusprodukte, sondern -erlebnisse ver-
> kauft werden müssen. Damit avancieren kultur-
> touristische Reisen zunehmend zu Erlebnisrei-
> sen und der Kulturtourismus zum Erlebnistou-
> rismus."
>
> HEINZE (1999, S. 20)

> „Der kulturelle Reichtum Europas ist eine der
> wichtigsten Ressourcen für das Leben der Sinn-
> gesellschaft im 21. Jahrhundert. Nicht als
> Kulturtourismus klassischer Prägung, sondern
> ganz im Sinne von Angeboten für persönliche
> Positionsbestimmung."
>
> ROMEIß-STRACKE (2003, S. 186)

Zu Beginn des 21. Jahrhunderts stellt der Kulturtourismus ein *umfangreiches und differenziertes Segment des gesamten Tourismusmarktes* dar, das bereits gegenwärtig durch einen harten Wettbewerb auf nationaler und internationaler Ebene gekennzeichnet wird. Es gibt nämlich kaum eine Kultureinrichtung oder Tourismusdestination, die nicht in den letzten Jahren erhebliche Anstrengungen unternommen hat, ihre Ressourcen für auswärtige Besucher zu erschließen. Kultur hatte seit den 1980er-Jahren Konjunktur; sie erweist sich als populär und ubiquitär. Allerdings ist das kulturelle Angebot (z. B. Museen, Ausstellungen, Events) in sehr viel stärkerem Maße gewachsen als die touristische Nachfrage. Damit besteht auf dem kulturtouristischen Markt generell ein Überangebot: Er hat sich inzwischen vom früheren Verkäufermarkt zu einem Käufermarkt entwickelt.

In Zukunft ist mit einer weiteren *Verschärfung der Konkurrenzsituation im Kulturtourismus* zu rechnen; neben den bereits bestehenden quantitativen Ungleichgewichten zwischen Angebot und Nachfrage werden sich dabei erhebliche qualitative Veränderungen vollziehen. Als *treibende Kräfte des künftigen Wettbewerbs* sind dabei zu nennen (vgl. STEINECKE 1999, S. 18-25; 2002a, S. 10-12; Abb. 92):

- *die steigenden Ansprüche der Kulturtouristen* an Präsentation und Informationsvermittlung,

- *das Auftreten neuer Wettbewerber im Kulturtourismus* (Museen, Städte, Regionen),

- *die Reglementierung des Zugangs zu Kultureinrichtungen* aufgrund von Belastungserscheinungen und Protesten der Bevölkerung (→ 1.4.2),

- die *Schaffung von Substitutionsprodukten* (z. B. thematische Erlebniswelten).

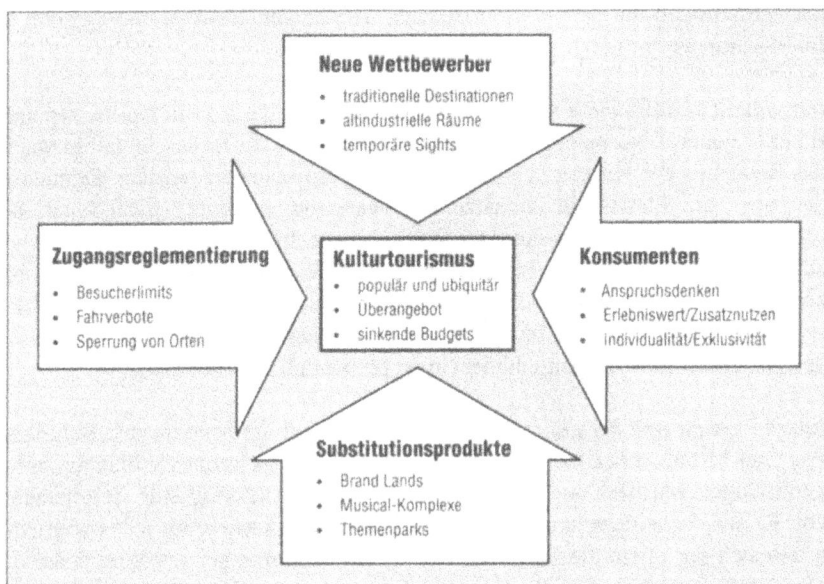

Abb. 92: Bereits seit einigen Jahren besteht im Kulturtourismus die Situation eines Käufermarktes - also ein Überangebot an Einrichtungen und Dienstleistungen. In Zukunft wird sich der Wettbewerb noch verschärfen. Als treibende Kräfte fungieren dabei die anspruchsvollen Konsumenten, neue Wettbewerber und Substitutionsprodukte sowie eine zunehmende Zugangsreglementierung (Quelle: Eigene Darstellung nach Angaben in STEINECKE *2002a, S. 11).*

Erwartungshaltung der Kulturtouristen

Reiseerfahren und individualistisch, anspruchsvoll und preissensibel - so lassen sich die (Kultur-)Touristen seit den 1990er-Jahren charakterisieren. Ihr Reiseverhalten und ihre Reisemotivation werden durch mehrere *zentrale Merkmale* bestimmt:

- *Anspruchsdenken und Preissensibilität:* Die Urlauber verfügen inzwischen über eine breite (internationale) Reiseerfahrung und damit über vielfältige Vergleichsmöglichkeiten in zahlreichen Zielgebieten. Entsprechend hoch ist auch ihr Anspruchsniveau an die Qualität des touristischen Angebotes (Infrastruktur, Service etc.). Basisleistungen wie Unterkunft, Gastronomie sowie Kultur-/Unterhaltungsangebote gelten als Selbstverständlichkeit; erwartet wird eine *ergänzende Zusatzleistung mit einem hohen emotionalen Erlebniswert* (vgl. SCHULZE 2000). Allerdings erweisen sich die Touristen gleichzeitig auch als sehr preisbewusst - sie sind sehr kritisch hinsichtlich des Preis-Leistungs-Verhältnisses. Im Kulturtourismus steigen speziell die Ansprüche an die Verknüpfung der kulturellen Attraktionen mit anderen touristischen Angeboten sowie an die Qualität der Informationsvermittlung.

- *Individualisierung und Privilegien:* Der Tourismus hat sich in den letzten Jahrzehnten generell zu einem Massenmarkt entwickelt. In dieser Situation wächst das Bedürfnis der Kunden, als Individuen angesprochen zu werden. Damit werden aber die klassischen Ansätze der Marktsegmentierung nach Alter, Geschlecht, Bildung etc. obsolet. Der Wunsch nach Individualität führt im Urlaub zu einem Drang nach dem Einzigartigen oder Besonderen, das nur für den einzelnen Urlauber zugänglich ist. Im Kulturtourismus spiegelt sich dieser *Trend zur Exklusivität* z. B. in Empfängen oder Gala-Diners für Konzertbesucher wider, bei denen der Dirigent und der Solist persönlich anwesend sind.

- *Kurzfristigkeit und Flexibilität:* Spätbuchungen und die zunehmende Beliebtheit von Last-Minute-Angeboten sind Belege dafür, dass Reiseentscheidungen immer kurzfristiger getroffen werden. Die Kunden werden künftig eine Zeitgleichheit von Reiseentscheidung und Buchungsbestätigung erwarten. Im Kulturtourismus haben sich vor allem die Betreiber von Mega-Ausstellungen erfolgreich auf diesen Trend eingestellt: Die Buchung der Eintrittskarte erfolgt direkt über ein zentrales *Call Center* und bezahlt wird per Kreditkarte; neben dem Ticket können auch weitere touristische Leistungen gebucht werden (Unterkunft, Stadtrundfahrten etc.).

- *Komplexe Freizeit- und Urlaubsmotive:* Anstelle eines Hauptmotivs ist nun ein Bündel von Reisemotiven zu beobachten: Untersuchungen zu den Reisemotiven der Kulturtouristen zeigen, dass diese Zielgruppe z. B. auch eine romantische Stimmung sucht sowie den Kontakt mit andersartigen Menschen, den intensiven Genuss und die unberührte Natur. Die Kunden erwarten generell ein breites Angebotsspektrum mit hoher Wahlfreiheit (Multioptionalität). Für kulturtouristische Anbieter ergibt sich die Notwendigkeit, ein komplexes, multifunktionales Leistungsangebot bereitzustellen, aus dem sich die Konsumenten rasch und bequem ihr persönliches Produkt zusammenstellen können - wie an einem Büfett.

Neue Wettbewerber im Kulturtourismus

Die künftige Marktsituation im Kulturtourismus wird jedoch nicht nur durch die Dynamik auf der Nachfrageseite bestimmt, sondern auch durch gravierende Veränderungen auf der Angebotsseite: Immer mehr Einzelanbieter, Städte und Regionen drängen in diesen Markt. In Zeiten, in denen andere Wirtschaftszweige durch Stagnation und Rückgang gekennzeichnet sind, wird der Kulturtourismus vielerorts als ideale Lösung betrachtet, um das Image nachhaltig zu verbessern, die Einkommenssituation erheblich zu stärken und qualifizierte Arbeitsplätze zu schaffen. Anhand einiger Beispiele soll dieser Trend verdeutlicht werden:

- *Angebotsdiversifizierung traditioneller Tourismusdestinationen:* Unter dem Slogan „Kunst statt Küste" haben z. B. die Niederlande in den letzten Jahren Kultur- und Städtereisen zum zweiten Standbein des holländischen Tourismus ausgebaut. Diese neue Strategie basiert auf der Tatsache, dass die allgemeine Besucherzahl der deutschen Touristen (vor allem Strandurlauber) rückläufig war, während gleichzeitig die kulturtouristische Nachfrage zunahm. Um diesen Trend zu nutzen und zu verstärken, werden zahlreiche große Ausstellungsprojekte realisiert.[437]

- *Markteintritt neuer Destinationen:* Das Ruhrgebiet war lange Zeit ein wichtiges Quellgebiet im deutschen Tourismus - und in weitaus geringerem Maße ein Zielgebiet. Mit der Aufstellung des „Masterplan für Reisen ins Revier" im Jahr 1997 wurde es als Tourismusdestination definiert, vor allem für den Tagesausflugsverkehr und für Kurzreisen. Innerhalb des Konzeptes spielt der Kulturtourismus eine herausragende Rolle. Zu den vier Bausteinen des Masterplans zählen Industriekultur und Industrienatur, Entertainment, Kultur und Kultur-Events sowie Messen und Kongresse (→ 3.3.4).

- *Temporäre Sehenswürdigkeiten:* Als neue kulturtouristische Konkurrenten treten zunehmend auch Attraktionen auf, die nur für einen begrenzten Zeitraum besucht werden können. So wurde z. B. in Berlin im Jahr 1993 für einen begrenzten Zeitraum das Berliner Stadtschloss aus Kunststoffplanen rekonstruiert, um die Möglichkeiten der künftigen Gestaltung des Marx-Engels-Platzes anschaulich zu verdeutlichen. Die Simulation entwickelte sich - nicht zuletzt aufgrund ihres temporären Charakters - bald zur beliebten Attraktion für Einheimische und Touristen.[438]

Substitutionsprodukte im Kulturtourismus

Die Dynamik des kulturtouristischen Marktes wird seit den 1990er-Jahren aber auch durch Substitutionsprodukte geprägt. Zahlreiche thematische Erlebnis- und Konsumeinrichtungen - speziell *Markenerlebniswelten, Science Centers und Musical-Komplexe* - agieren an der Schnittstelle von Kultur, Bildung, Erlebnis und Vergnügen. Sie wenden sich mit ihren attraktiven und zeitgemäßen Angeboten vor allem an die Besichtigungstouristen - also an die 90 % der Kulturtouristen, für die der Besuch kultureller Attraktionen nur *eine* Aktivität im Spektrum vieler Urlaubsaktivitäten darstellt (→ 1.1.1).

Da die kommerziellen Erlebniskomplexe keine klassischen öffentlichen Kulturaufgaben haben (Sammeln, Bewahren, Forschen, Bilden), können sie sich konsequent

---

[437] vgl. FAZ, 13. November 1997
[438] vgl. CLEWING, U. (1997): Erst ein Luftschloß, dann eine Adoptiv-Fassade. - In: Art, 12, S. 125

an den *Infotainment*-Bedürfnissen der Kunden orientieren - ohne historischen Ballast und ohne Einbindung in die kameralistische Haushaltsführung. Bei knappem Zeitbudget und sinkenden touristischen Ausgaben treten diese neuen Freizeit-, Erlebnis- und Konsumwelten in direkte Konkurrenz zu traditionellen Kulturanbietern. Zwei Beispiele verdeutlichen die *große Popularität* dieser Einrichtungen:

- Das „*Schokoladenmuseum*" in Köln geht auf eine firmeneigene Sammlung der Schokoladenfabrik Imhoff-Stollwerck zurück, die Etiketten, Pralinenschachteln, Verkaufsautomaten etc. umfasste. Mit der Eröffnung des kommerziellen Museums im Jahr 1993 wurde der engere Rahmen der Unternehmensgeschichte um allgemeine kulturhistorische Aspekte erweitert. Das Ausstellungsangebot umfasst auf 4.000 qm Fläche gegenwärtig u. a. ein Tropenhaus, eine Miniaturproduktionsanlage, einen Schokoladenbrunnen sowie Exponate zur Geschichte der Schokolade. Mit 600.000 Besuchern/Jahr ist das „Schokoladenmuseum" weitaus populärer als viele traditionelle Museen (vgl. BAETZ/HERING 1997).[439]

- Das Unternehmen Swarovski baute anlässlich seines 100-jährigen Bestehens in Wattens bei Innsbruck (Tirol) die „*Swarovski-Kristallwelten*" - eine innovative Kunst-, Erlebnis- und Einkaufseinrichtung. Als Architekt der Themenwelt fungierte André Heller: Unter einem Gartenhügel mit einem Wasser speienden Riesen schuf er auf 2.000 qm Fläche ein Ensemble ungewöhnlicher Räume voller Kristallformationen sowie Glas- und Kunstobjekte (vgl. BRAUN 1996; Abb. 93). Aufgrund des großen Erfolgs wurde diese Markenerlebniswelt inzwischen erweitert. Gegenwärtig sind die „Kristallwelten" die zweitwichtigste Besucherattraktion in Österreich - nach Schloss Schönbrunn bei Wien.[440]

Kulturtouristische Attraktionen der Zukunft - zwischen Spektakel und Sinngebung

Wo liegt die touristische Zukunft für Kultureinrichtungen und Kulturangebote? Die Antwort auf diese Frage ist sicherlich nicht allein im Kultursektor oder ausschließlich in der Tourismusbranche zu suchen. Die Erwartungen der Touristen können nicht isoliert betrachtet werden von den *Wahrnehmungs- und Vermittlungserfahrungen,* die sie als Konsumenten im Bereich der Medien und des Konsums generell machen.

Gesättigte Märkte finden sich gegenwärtig in der gesamten Konsumgüterindustrie und auch das Informations- und Unterhaltungsangebot der Medien ist unüberschaubar geworden. In dieser Situation des Wettbewerbs um die Aufmerksamkeit des Konsumenten sind drei *grundsätzliche Trends im Marketing* zu beobachten:

---

[439] vgl. www.schokoladenmuseum.de vom 22. Januar 2007

[440] Im Jahr 2004 wurden die „Kristallwelten" von 720.000 Personen besucht (vgl. www.kristallwelten.swarovski.com/site/website.php?id=/index/presse/basisinfo.htm vom 22. Januar 2007).

Abb. 93: Als neue Konkurrenten klassischer Kultureinrichtungen treten u. a. Markenerlebniswelten auf - z. B. die „Swarovski-Kristallwelten" in der Nähe von Innsbruck (Österreich). In der Konzeption derartiger thematischer Erlebniseinrichtungen finden sich häufig Rückbezüge auf Elemente historischer Stadt- und Parkanlagen: So hat der österreichische Künstler André Heller im Garten der Anlage seine Hand in Form eines barocken Labyrinths nachgebildet.

- Zum einen werden die Inhalte und Darstellungen in den Medien immer schriller und spektakulärer. Spaß, Unterhaltung und Vergnügen treten zunehmend an die Stelle von Information und Aufklärung. So sind z. B. die klassischen Quizsendungen der 1960er- und 1970er-Jahre, die noch vom Kanon bildungsbürgerlichen Wissens inspiriert waren, von *Action-, Comedy- und Reality-Shows* längst abgelöst worden. Auf diese *Sucht der Konsumenten nach ständig neuen Thrills* sind die Erlebnisangebote in der Freizeit und im Einzelhandel zurückzuführen *(Theme Retailing)*, aber auch der Erfolg von Mega-Kunstausstellungen.

- Zum anderen findet sich ein ausgeprägter Trend zu komplexen Freizeit- und Urlaubsangeboten: Die Konsumenten suchen *zunehmend illusionäre Gegen- und Traumwelten,* in die sie für kurze Zeit vollständig eintauchen können. Thematische Erlebnis- und Konsumwelten boomen. Gemeinsames Merkmal dieser „Parks", „Welten", „Paradiese" und „Planeten" ist ihr *komplexes und multifunktionales Angebot:* Vergnügen und Information, Shopping und Kultur, Gastronomie und Geselligkeit sind gängige Bestandteile vieler entsprechender Einrichtungen. Damit bedienen sie nicht nur den Wunsch der Konsumenten, über möglichst viele Handlungsoptionen zu verfügen, sondern auch ihr Interesse, an einem Ort zu sein, an dem offensichtlich viel passiert und viele Menschen anzutreffen sind.

- Angesichts der wachsenden Standardisierung des Konsums, einer Technisierung der Arbeitswelt und einer Anonymisierung der Gesellschaft lässt sich bei den Reisenden aber auch ein Gegentrend beobachten - nämlich der *Wunsch nach neuartigen Erfahrungen und nach persönlicher Sinngebung* (vgl. STEINECKE 2006, S. 305-306). Im Vergleich zu anderen touristischen Anbietern, die einen derartigen Bezug häufig erst konstruieren müssen (z. B. Veranstalter esoterischer und spiritueller Reisen), verfügen Kunstwerke und geschichtliche Relikte aber über eine authentische Aura. Die direkte Begegnung der Besucher mit historischen Artefakten kann besondere Emotionen und Reflexionen auslösen, die an anderen Orten nicht möglich sind.

Mit diesen beiden *Mega-Trends des touristischen Spektakels und der komplexen Freizeitwelten,* aber auch dem *Gegen-Trend zur Erfahrungs- und Sinnsuche* werden sich auch die Kultureinrichtungen künftig verstärkt auseinandersetzen müssen. Für sie stellt sich dabei die grundsätzliche Frage, ob speziell die Perspektiven der *Erlebnisinszenierung* und *Kommerzialisierung* noch vereinbar sind mit den klassischen Aufgaben des Sammelns, Forschens, Bewahrens und Vermittelns. Für Kulturanbieter ergibt sich aus einer konsequenten Marktorientierung nämlich „die Forderung einer Modifikation des aufklärerisch-pädagogischen Anspruchs, vielleicht sogar seine Aufgabe" (HEINZE 1999b, S. 400).

In diesem Fall zeichnet sich für den Kulturtourismus künftig eine ähnliche *Polarisierung des kulturtouristischen Angebots* ab, wie sie seit einigen Jahren in der Tourismusbranche generell zu beobachten ist:

- Auf der einen Seite finden sich *kleine regionale Anbieter* mit unzureichenden Markt- und Marketingkenntnissen, unprofessioneller Organisation und geringem Budget (z. B. Heimatmuseen, lokale Feste, kulturhistorische Sehenswürdigkeiten von geringerem Aufmerksamkeitswert).

- Auf der anderen Seite stehen *attraktive (inter)nationale Kultureinrichtungen,* die von professionellen Kulturmanagern geleitet werden und damit für Sponsoren interessante Partner bei strategischen Allianzen darstellen - speziell auch bei der Durchführung von Events.[441]

Einigen Kulturattraktionen kann dann eine *glamouröse Karriere* als Mixed-Use-Zentren und als Schauplätze spektakulärer Veranstaltungen vorhergesagt werden. Das grelle Scheinwerferlicht der öffentlichen Wahrnehmung wird aber viele andere kulturelle Angebote nicht erfassen. Diese Einrichtungen werden künftig ein *touristisches Schattendasein* führen und weniger spektakuläre Kunstobjekte für zukünftige Generationen sammeln und bewahren.

---

[441] vgl. u. a. KUNZMANN (1995), BENDIXEN/LALELI-BENDIXEN (1995), HEINZE (2005) zur Kulturfinanzierung und zum Kultursponsoring

Bei einer Ausrichtung auf den Trend der Sinnsuche und Neuen Muße[442] müssen sich Kultureinrichtungen als *Orte der Ruhe und Kontemplation* verstehen, in denen Kultur und Kreativität als Mythen lebendig werden - wie in den Wunderkammern und Raritätenkabinetten, die nur wenigen Besuchern zugänglich waren. Mit der Inszenierung des naiven bzw. reflektierten Staunens können Kulturinstitutionen also zu ihren historischen Wurzeln zurückkehren und gleichzeitig eine neue Attraktivität gewinnen.

---

[442] vgl. LEDER (2007) zu einer exemplarischen Bestandsaufnahme von Angeboten einer Neuen Muße im Tourismus

Literaturverzeichnis

Abkürzungen

Abh. = Abhandlung(en)
Abt. = Abteilung
aktual. = aktualisiert(e)
angew. = angewandt(e)
Arb. = Arbeit(en)
Aufl. = Auflage
bearb. = bearbeitet(e)
Bd. = Band
Ber. = Bericht(e)
Beitr. = Beitrag, Beiträge
Bibliogr. = Bibliographie(n)
Diss. = Dissertation
Dok. = Dokumente, Dokumentation
dtsch. = deutsch(es, en)
d. = der, des, dem
Entwickl. = Entwicklung
erg. = ergänzt(e)
erw. = erweitert(e)
Ertr. = Erträge
erw. = erweitert(e)
f. = für
Fachr. = Fachreihe
Fak. = Fakultät
FB = Fachbereich
Forsch. = Forschung(en)
FVW = Fremdenverkehrswirtschaft International
geogr. = geographische(e)
Geogr. = Geographie
H. = Heft(e)
Hrsg. = Herausgeber
Inst. = Institut
Inform. = Information(en)
Jb. = Jahrbuch
Kartogr. = Kartographie
Manuskr. = Manuskript(e)
Mat. = Material(ien)
Mitt. = Mitteilung(en)
o. = ohne
räuml. = räumlich(en)
Raumpl. = Raumplanung
Rdsch. = Rundschau

Schr. = Schriften
Schriftenr. = Schriftenreihe
Stud. = Studie(n)
u. = und
überarb. = überarbeitet(e)
Unterl. = Unterlagen
Univ. = Universität
unveröffentl. = unveröffentlicht(e)
veröffentl. = veröffentlicht(e)
Veröffentl. = Veröffentlichung(en)
vollst. = vollständig
westf. = westfälisch(e)
Wiss. = Wissenschaft, wissenschaftlich
z. = zum, zur
Zeitschr. = Zeitschrift

A

ABFALTER, D./PECHLANER, H. (1999): Burgen und Schlösser zwischen Tradition und Wirtschaftlichkeit: Probleme und Perspektiven. - In: PECHLANER, S. 53-73

ADAC (Allgemeiner Deutscher Automobil-Club) (Hrsg.; 1996): Touristische Routen in Deutschland, München

ADAMS, G. D. (1995): Cultural tourism - the arrival of the intelligent traveller. - In: Museum News, 74/6, S. 32-37

ADAMS, G. D. (1997): Museumsmarketing und Besucherentwicklung. - In: HdG, S. 165-175

ADERHOLD, P. (2000): Der deutsche Fernreisemarkt. - In: LANDGREBE, G. (Hrsg.): Internationaler Tourismus, München/Wien, S. 235-252

AFT (Arbeitskreis Freizeit & Tourismus) (Hrsg.; 1998): Volkskultur und Wirtschaft - Volkmusik und Tourismus, Innsbruck (Mat. f. Freizeit u. Tourismus; 3)

AGREITER, M. (2003): Abseits der Idylle. Das Deutschlandbild in ausländischen Reiseführern. - In: SCHMUDE, S. 15-23

AGRICOLA, S. (2000): Volksfeste. - In: IfL, S. 62-63

AHLERS, N. (2001): Die Bildungsreise - ein Projekt mit Zukunft? Eine bildungsphilosophische Tour d'Horizon. - In: Tourismus Journal, 5/2, S. 247-268

AIEST (International Association of Scientific Experts in Tourism (Hrsg., 2000): Tourism and Culture, St. Gallen (AIEST Publication; 42)

ALBERS, A./QUACK, H.-D. (2000): Freilichtbühnen. - In: IfL, S. 54-55

ALEX, R./BIEKER, J./ROMEIS, U. (2001): Der Wörlitzer Garten, 3. Aufl. Hamburg

ALTHERR, J./BUCH, B./PINTEN, A. (2003): Neuere Tourismustrends in Deutschland als Potentiale des Städtetourismus - betrachtet am Beispiel der Stadt Frankfurt am Main. - In: TROEGER-WEIß, G. (Hrsg.): „Wenn einer eine Reise macht ..." Neue Tourismustrends in Deutschland am Beispiel der Fremdenverkehrssegmente Kletter- und Städtetourismus, Kaiserslautern (Arbeitspapiere z. Regionalentwickl.; 3)

ANTON, C./QUACK, H.-D. (2005): Städtetourismus: Überblick. - In: LANDGREBE/SCHNELL, S. 9-27

ANTON-QUACK, C./QUACK, H.-D. (2004): Städtetourismus - eine Einführung. - In: BECKER/HOPFINGER/STEINECKE, S. 193-203

ANTZ, Chr. (1994): Straße der Romanik - Entdeckungsreise in das deutsche Mittelalter. - In: MAIER, S. 75-92

ANTZ, Chr. (2003): Otto der Große als Baustein für Tourismus und Image Sachsen-Anhalts. Die Europaratsausstellung „Otto der Große, Magdeburg und Europa" und das Landesprojekt „Auf den Spuren Ottos des Großen" 2001. - In: SCHMUDE, S. 149-157

ANTZ, Chr. (2006): Gartenträume auf dem Weg. Kulturräume wandeln sich in Sachsen-Anhalt zu Gartentourismusräumen. - In: ANTZ/HLAVAC, S. 91-126

ANTZ, Chr./HLAVAC, Chr. (Hrsg.; 2006): Vorwärts in's Paradies, München/Wien (Schriftenr. Integrativer Tourismus & Entwickl.; 7)

ASE (Amt für Statistik und Einwohnerwesen der Stadt Köln) (Hrsg.; o. J.): Kulturelle Großveranstaltungen in Köln 1981-1982. Befragungsergebnisse zu „Sekundärwirkungen kultureller Großereignisse", Köln

ASHWORTH, G./HARTMANN, R. (2005): Horror and human tragedy revisited: the management of sites of atrocities for tourism, New York/Sydney/Tokio

ASKWITH, C. (1999): The economic contribution of historic parks, gardens and designed landscapes: a review of existing data and research and recommendations for future research. - In: Cultural Trends, 35, S. 29-79

B

BACHLEITNER, R./SCHREUER, M./ WEICHBOLD, M. (2005): Das Museum der Moderne Salzburg aus Sicht der Besucher, München/ Wien (Tourismuswiss. Manuskr.; 14)

BÄHRE, H. (1996): Angebotsgestaltung und Besuchermanagement, unter besonderer Berücksichtigung der Interessen der Museen und Kulturstätten. - In: DSF, S. 129-145

BAETZ, U./HERING, S. (1997): Lust auf Schokolade - Neues von der Schokoladenseite der Kölner Museen. - In: STEINECKE/TREINEN, S. 155-173

BAG (Bundesarbeitsgemeinschaft für Urlaub auf dem Bauernhof und Landtourismus in Deutschland) (Hrsg.; 2004): Geschäftsbericht 2003, Bonn

BARDEAU, A. (1999): Via Imperialis - Burgen, Schlösser und Stifte Österreichs. - In: PECHLANER, S. 181-190

BARHAM, N./KOPP, H. (2001): Tourismusentwicklung im Rentenstaat. Am Beispiel von Petra, dem Brennpunkt des jordanischen Tourismus. - In: Erdkunde, 55, S. 228-243

BAUMGART, F. (1979): DuMont's Kleine Kunstgeschichte, Köln

BAUMGARTNER, Chr./BIEDENKAPP, A. (Hrsg.; 2001): Landschaften aus Menschenhand. Die touristische Nutzung von (Industrie-) Kulturräumen, München

BAY, Ph. de/BOLTON, J. (2000): Gartenkunst im Spiegel der Jahrtausende, München

BAYERL, G. (2005): Vom Regenwald in die Wüste. Die Niederlau-

sitz und die „Musealisierung der Industriekultur". - In: JOHN/MAZZONI, S. 211-234

BBE-Unternehmensberatung (Hrsg.; 1995): BBE-Report Kultur, Köln

BECKER, Chr. (1984): Der Weintourismus an der Mosel. - In: Ber. z. dtsch. Landeskunde., 58/2, S. 381-405

BECKER, Chr. (1987): Denkmalpflege und Tourismus. Mißtrauische Distanz oder fruchtbare Partnerschaft, Trier (Mat. z. Fremdenverkehrsgeogr.; 15)

BECKER, Chr. (1989): Denkmalpflege und Tourismus II. Mißtrauische Distanz oder fruchtbare Partnerschaft, Trier (Mat. z. Fremdenverkehrsgeogr.; 18)

BECKER, Chr. (1993): Kulturtourismus: Eine Einführung. - In: BECKER/STEINECKE, S. 7-9

BECKER, Chr. (1997): Burgen, Schlösser, Herrensitze und Klöster - ihre Nutzungsarten und Potentiale - am Beispiel der Region Hohenlohe. - In: DSF, o. S.

BECKER, Chr. (1997a): Weinfeste, Weihnachtsmärkte und Musik-Festivals - zwischen Traditionspflege und Zwang zur Innovation. - In: STEINECKE/TREINEN, S. 62-77

BECKER, Chr. (2005): Postmoderne Großbauten als Ziele des Kultur-Städte-Tourismus. - In: Messe München/Projektleitung CBR, S. 20-34

BECKER, Chr./HÖCKLIN, S. (2000): Museumsmanagement. - In: DREYER, S. 299-323

BECKER, Chr./HOPFINGER, H./STEINECKE, A. (Hrsg.; 2004): Geographie der Freizeit und des Tourismus: Bilanz und Ausblick, 2. Aufl. München/Wien

BECKER, Chr./STEINECKE, A. (Hrsg.; 1993): Kulturtourismus in Europa: Wachstum ohne Grenzen? Trier (ETI-Stud.; 2)

BECKER, Chr./STEINECKE, A. (Hrsg.; 1993a): Megatrend Kultur? Chancen und Risiken der touristischen Vermarktung des kulturellen Erbes, Trier (ETI-Texte; 1)

BECKER, Chr./STEINECKE, A./ HÖCKLIN, S. (1997): KulturTourismus: Strukturen und Entwicklungsperspektiven, Hagen (Weiterbildendes Studium „KulturTourismusManagement")

BECKER, P. (2000): Themenstraßen - am Beispiel der „Straße der Romanik". - In: DREYER, S. 137-150

BENDER, H. (1994): Die Insel Samothrake in zeitgenössischen und neuzeitlichen Reiseführern. - In: POPP, S. 133-152

BENDIXEN, P./LALELI-BENDIXEN, P. (1995): Kulturfinanzierung, Hagen

BENESCH, A. R./DOBLHAMMER, R. (2006): Erfolgsgeschichte Gartenschauen. Ein kritischer Blick auf ein Segment des Gartentourismus. - In: ANTZ/HLAVAC, S. 57-89

BERG, M. (2003): Firmenmuseen, Barntrup 2003 (www.martinaberg.com/museen.htm)

BERNER, A. (2005): Lille - Kulturhauptstadt Europas 2004: Bilanz und Perspektiven. - In: Messe München/Projektleitung CBR, S. 64-71

BIEGER, Th. (2002): Management von Destinationen, 5., neu bearb. u. erg. Aufl. München/Wien

BIEGER, Th./LAESSER, Chr./BISCHOF, L. (2003): Das Konzept „Attraktionspunkte" - theoretische Grundlagen und praktische Folgerungen. - In: BIEGER, Th./LAESSER, Chr. (Hrsg.): Attraktionspunkte. Multioptionale Erlebniswelten für wettbewerbsfähige Standorte, Bern/Stuttgart/Wien, S. 13-88

BIEGER, Th./PECHLANER, H./STEINECKE, A. (Hrsg.; 2001): Erfolgskonzepte im Tourismus. Marken - Kultur - Neue Geschäftsmodelle, Wien (Management u. Unternehmenskultur; 5)

BIEN, H. M. (1997): Musealisierung der Alltagskultur. Strategien des Kulturmarketing. - In: FLIEDL, G. u. a. (Hrsg.): Wa(h)re Kunst. Der Museumsshop als Wunderkammer. Theoretische Objekte, Fakes und Souvenirs, Frankfurt a. M., S. 9-15 (Werkbund-Archiv; 26)

BITTERBERG, A. (2005): Souvenirs im Herinneringscentrum Kamp Westerbork? Gründe für eine Corporate Identity der Holocaust-Gedenkstätte. - In: DITTRICH/JACOBEIT, S. 56-69

BITTNER, G. (1991): Marketingkonzeption für eine kulturelles Ereignis: „Schleswig-Holstein Musik Festival (SHMF)". - In: SEITZ, E./ WOLF, J. (Hrsg.): Tourismusmanagement und -marketing, Landberg/Lech, S. 663-674

BMWA (Bundesministerium für Wirtschaft und Arbeit) (Hrsg.; o. J.): Touristische Internationalisierungsstrategien für Museen. Kurzfassung, Wien

BÖHLE, K.-H. (1989): Erbstücke. Technische Denkmale in der DDR, Leipzig

BÖTZKES, M./GRAF, B./WORSCH, J. (1993): Tradition und Faszination - Veränderungen und Trends von

Museen in Deutschland. - In: BRAUNE-KRICKAU, M. (Hrsg.): Veränderungsstrategien im Non-Profit-Bereich, Zürich, S. 106-115

BORG, J. van der/GOTTI, G. (o. J.): Tourism and cities of art. The impact of tourism and visitors flow management in Aix-en-Provence, Amsterdam, Bruges, Florence, Oxford, Salzburg and Venice, Venice (UNESCO Technical Report; 20)

BORG, J. van (Hrsg.; 1995): Proceedings of the International Seminar "Alternative Tourism Routes in Cities of Art", Venice (UNESCO Technical Report; 23)

BORGHARDT, J. u. a. (Hrsg.; 2002): ReiseRäume. Touristische Entwicklung und räumliche Planung, Dortmund (Dortmunder Beitr. z. Raumpl.; 109)

BORNEMEIER, B. (2002): Regionale Baustile der Renaissance. - In: IfL, S. 148-149

BOSHOLD, A. (1999): Industrie-Tourismus im Lausitzer Braunkohlenrevier. Perspektiven zum Strukturwandel einer deutschen Industrieregion, Berlin

BOSHOLD, A. (2004): Bergbauregion Lausitz im Wandel: Liegende Eiffeltürme und Canyonlandschaften in der IBA Fürst-Pückler-Land. - In: SCHWARK, S. 179-188

BOSSHART, D. (1995): Lernen von Las Vegas. Die Zukunft des Shopping liegt zwischen Handel, Unterhaltung und Multimedia. - In: gdi-impuls, 3, S. 3-12

BOSSHART, D. (1997): Die Zukunft des Konsums. Wie leben wir morgen? Düsseldorf/München

BRANDT, K. (2002): Urlaub im Kloster. Eine Urlaubsform betrachtet vor dem Hintergrund der „Neuen Langsamkeit", Paderborn (Univ. Paderborn, unveröffentl. Magisterarb.)

BRANDT, S. (2003): Reklamefahrten zur Hölle oder Pilgerreisen? Schlachtfeldtourismus zur Westfront von 1914 bis heute. - In: Tourismus Journal, 7/1, S. 107-124

BRAUERHOCH, F.-O. (1994): Museumsbesucher in Frankfurt am Main. Eine Studie unter 10 städtischen Museen. - In: Frankfurter Statistische Ber., 4, S. 222-225

BRAUERHOCH, F.-O. (1996): Die Frankfurter Museen und ihre Besucher. - In: ZIMMER, A. (Hrsg.): Das Museum als Nonprofit-Organisation. Management und Marketing, Frankfurt a. M./New York, S. 249-262

BRAUN, A. (1996): Symbolische Reisen in neue Orte - am Beispiel der Swarovski-Kristallwelten. - In: STEINECKE, S. 103-108

BRAUN, A./STEINECKE, A. (1994): Der Reiseführer „Natur und Kultur - Auf neuen Wegen durch den Teutoburger Wald": vom Konzept zum Produkt. Bericht über ein Praxisprojekt an der Universität Bielefeld. - In: Ber. z. dtsch. Landeskunde, 68/1, S. 207-214

BRAUNFELS, W. (1985): Abendländische Klosterbaukunst, 5. Aufl. Köln

BRENNER, L. (2000): Kulturtourismus und historische Baudenkmäler. - In: IfL, S. 48-49

BRILLI, A. (1997): Als Reisen eine Kunst war. Vom Beginn des modernen Tourismus: Die „Grand Tour", Berlin

BRITTNER, A. (2000): Musikfestivals und Musicals. - In: IfL, S. 56-59

BRITTNER-WIDMANN, A./QUACK, H.-D./WACHOWIAK, H. (Hrsg.; 2004): Von Erholungsräumen zu Tourismusdestinationen. Facetten der Fremdenverkehrsgeographie, Trier (Trierer Geogr. Stud.; 27)

BRIX, M. (1998): Französische Gärten. - In: SARKOWICZ, H. (Hrsg.): Die Geschichte der Gärten und Parks, Frankfurt a. M./Leipzig, S. 152-172

BRÜGGERHOFF, S./TSCHÄPE, R. (Hrsg.; 2001): Qualitätsmanagement im Museum?! Qualitätssicherung im Spannungsfeld zwischen Regelwerk und Kreativität - europäische Entwicklungen, Bielefeld

BRÜGGERHOFF, S./TSCHÄPE, R. (2001a): Entwicklung und Tendenzen des Qualitätsmanagements. - In: BRÜGGERHOFF/TSCHÄPE (2001), S. 15-29

BUDDE, R./HECKMANN, U. (2000): Route der Industriekultur. Die industriegeschichtlichen „Highlights" des Ruhrgebiets. - In: Praxis Geschichte, 5, S. 58-61

BUDDÉE, G. (1997): Wissen, wohin die Reise geht. Reiseführer als Gebrauchsanleitung für ein Industrieprodukt. - In: STOCK, Chr. (Hrsg.): Trouble in Paradise. Tourismus in die Dritte Welt, Freiburg/Düsseldorf, S. 114-122

BUDNIK, S. (2004): Die Bedeutung des Reiseleiters für die Kundenzufriedenheit von Studienreisenden - untersucht am Beispiel des Studienreiseveranstalters Gebeco, Paderborn (Univ. Paderborn, unveröffentl. Magisterarb.)

BÜSSING, C. (2004): Tourismus und Gastronomie. Bestandsaufnahme und Stellenwert regionalspezifischer gastronomischer Angebote im Deutschlandtourismus, Paderborn (Univ. Paderborn, unveröffentl. Magisterarb.)

BÜSCHER, K. (2001): Denkmalgerechte wirtschaftliche Nutzung von Burgen, Schlössern und Klöstern in Europa und deren Vermarktung. - In: DSF, S. 53-68

BÜTTNER, M. u. a. (1985): Grundfragen der Religionsgeographie, Berlin (Geographia Religionum; 1)

BundesForum Kinder- und Jugendreisen (Hrsg.; 2006): Edutainment and time travelling. Slaves and vikings. Manual for child and youth travel, Berlin

BUSCHMANN, W. (2005): Die Neuerfindung der Industrie als Touristenattraktion. Mitteldeutsches Braunkohlenrevier - Ruhrgebiet - Rheinisches Braunkohlenrevier. - In: JOHN/MAZZONI, S. 235-254

BUTTLAR, A. v. (1998): Englische Gärten. - In: SARKOWICZ, H. (Hrsg.): Die Geschichte der Gärten und Parks, Frankfurt a. M./Leipzig, S. 173-187

C

CALTEUX, G. (1987): Ferien im Dorf oder Feriendorf? - In: BECKER, S. 162-175

CALTEUX, G. (1989): Tourismus in der „Europäischen Landkampagne". - In: BECKER, S. 150-159

CALTEUX, G. (1993): Tourismus und das bauliche Erbe im ländlichen Raum: Möglichkeiten und Grenzen. - In: BECKER/STEINECKE, S. 87-95

CEJNA, K. (2000).: Die Waldviertler Textilstraße. - In: Integra, 1, S. 11-12

CEPL-KAUFMANN, G./JOHANNING, A. (2003): Mythos Rhein. Zur Kulturgeschichte eines Stromes, Darmstadt

COHEN, E. (1985): The tourist guide. The origins, structure and dynamics of a role. - In: Annals of Tourism Research, 12/1, S. 5-29

COMMANDEUR, B./DENNERT, D. (Hrsg.; 2004): Event zieht - Inhalt bindet. Besucherorientierung auf neuen Wegen, Bielefeld

COMMENT, B. (2000): Das Panorama, Berlin

Compania Media (Hrsg.; 1999): Der Museumsshop. Positionen - Strategien - Sortimente. Ein Praxisführer, Bielefeld

CREPAZ, M./HROVAT-FORSTINGER, B. (1999): Die strategische Führung von Kulturbetrieben unter besonderer Berücksichtigung von Burgen und Schlössern. - In: PECHLANER, S. 27-52

CZUCHRA, A. (1990): Die Welt in Gesellschaft erleben: Studienreisen: Konzepte - Probleme - Prognosen. - In: STEINECKE, S. 31-40

D

Dachverein Mitteldeutsche Straße der Braunkohle (Hrsg.; 2003.): Auf der Straße der Braunkohle. Eine Entdeckungsreise durch Mitteldeutschland, Leipzig

DANIELSSON, J./SONNTAG, U. (2003): Informationsquellen und Internetnutzung, Kiel/Hamburg

DEIBLER, M. (1996): Kulturtourismus - Auswirkungen und Lenkungsmöglichkeiten. - In: DSF, S. 7-90

Department of the Environment, Heritage and Local Government (Hrsg.; o. J.) Clonmacnoise Draft Tourism Plan, Dublin

Deutscher Volkshochschul-Verband (Hrsg.; 1987): Evaluierung der entwicklungspolitischen Bildungsarbeit im Volkshochschulbereich, Bonn

DFV (Deutscher Fremdenverkehrsverband) (Hrsg.; 1981): Die deutschen Ferienstraßen, Frankfurt a. M. (Fachreihe Fremdenverkehrspraxis; 13)

DIETSCH, K. A. (2000): Studienreisen. - In: DREYER, S. 71-99

DIETSCH, K. A. (2002): Die Auswirkungen der September-Attentate auf das Segment Studienreisen. Dargestellt am Beispiel von Studiosus Reisen. - In: Tourismus Journal, 6/4, S. 475-581

DIETSCH, K. A. (2003): Nachhaltiger Tourismus als Herausforderung. - In: GÜNTER, S. 74-82

DITTRICH, U. (2005): „Wir wollen mit diesem Angebot helfen, das antifaschistische Erbe lebendig zu vermitteln" - Verkaufsmaterialien der Nationalen Mahn- und Gedenkstätten der DDR. - In: DITTRICH/JACOBEIT, S. 70-85

DITTRICH, U./JACOBEIT, S. (Hrsg.; 2005): KZ-Souvenirs. Erinnerungsobjekte der Alltagskultur im Gedenken an die nationalsozialistischen Verbrechen, Potsdam/Für-stenberg

DITTRICH, U./JACOBEIT, S. (2005a): Einleitung. - In: DITTRICH/JACOBEIT (2005), S. 7-12

DNKD (Deutsches Nationalkomitee für Denkmalschutz) (Hrsg.; 1997):

Historische Parks und Gärten - ein Teil unserer Umwelt, Opfer unserer Umwelt, Bonn (Schriftenr. d. Dtsch. Nationalkomitees f. Denkmalschutz; 55)

DOLLEN, B. v. d. (1996): Historische Denkmale (Schlösser und Burgen) als Angebotsfaktoren im Tourismus-Marketing. - In: DSF, S. 121-123

DOMINIK, G. (1997): Kulturmarketing am Beispiel der Sächsischen Schlösserverwaltung. - In: DSF, o. S.

DRABNER, M. u. a. (2002) Handbuch für Freizeitleiterinnen und Freizeitleiter, Düsseldorf

DREYER, A. (Hrsg., 2000): Kulturtourismus, München/Wien

DREYER, A. (2000a): Der Markt für Kulturtourismus. - In: DREYER (2000), S. 25-48

DREYER, A. (2000b): Marketing-Management im Tourismus. - In: DREYER (2000), S. 153-209

DSB (Deutscher Schaustellerbund) (Hrsg.; 2005): Entwicklung Strategischer Handlungsempfehlungen, Berlin

DSB (Deutscher Schaustellerbund) (Hrsg.; 2005a): Wirtschaftsfaktor Volksfest, Berlin (www.dsbev.de/downloads/marktkurz.PDF vom 20. November 2006)

DSF (Deutsches Seminar für Fremdenverkehr) (Hrsg.; 1996): Kulturtourismus: Besucherlenkung versus Numerus clausus. Studie und Dokumentation zum Fachkursus 258/95, Berlin

DSF (Deutsches Seminar für Fremdenverkehr) (Hrsg.; 1997): Angebotsgestaltung im Kulturtourismus. Burgen, Schlösser und Museen. Dokumentation des Fachkursus 132/97, Berlin

DSF (Deutsches Seminar für Fremdenverkehr) (Hrsg.; 1997a): Erlebnis-Marketing - Trendangebote im Tourismus. Ein Lesebuch für Praktiker, aktual. Ausgabe Berlin

DSF (Deutsches Seminar für Fremdenverkehr) (Hrsg.; 2000): Brauchtum und Tourismus - Leitfaden für ein erfolgreiches Marketing, Berlin

DSF (Deutsches Seminar für Fremdenverkehr) (Hrsg.; 2001): Schlösser und Burgen. Geschichte lebendig vermarkten. Dokumentation, Berlin

DSF (Deutsches Seminar für Fremdenverkehr) (Hrsg.; 2002): Kirche und Tourismus. Beispiele erfolgreicher Zusammenarbeit, Dokumentation, Berlin

DTV (Deutscher Tourismusverband) (Hrsg.; 2003): Deutsche Touristenhits ziehen Millionen von Besuchern an, Bonn (Medieninformation)

DTV (Deutscher Tourismusverband) (Hrsg.; 2004): Deutschland größte Events 2004, Berlin (Medieninformation)

DTV (Deutscher Tourismusverband) (Hrsg.; 2004a): Volksfeste, Freizeitparks und Zoos sind beliebte Ausflugs- und Urlaubsziele in Deutschland, Berlin (Medieninformation)

DTV (Deutscher Tourismusverband) (Hrsg.; 2004b): Tourismus in Deutschland 2003. Zahlen - Daten - Fakten, Bonn

DTV (Deutscher Tourismusverband) (Hrsg.; 2005): Tourismus in Deutschland 2004. Zahlen - Daten - Fakten, Bonn

DTV (Deutscher Tourismusverband) (Hrsg.; 2006): Städte- und Kulturtourismus in Deutschland. Langfassung, Bonn

DÜRSTE, H./FENNER, M. (1986): Studienreisen in der Erwachsenenbildung in die Dritte Welt. Neue Ansätze zum interkulturellen Lernen, Bonn

DUNKEL, N. (2001): Perspektiven der Museumslandschaft Deutschland zwischen traditionellen Aufgaben und Infotainmentansprüchen der Besucher, Paderborn (Univ. Paderborn, unveröffentl. Magisterarb.)

DV - German Association for Housing, Urban and Spatial Development (Hrsg.; o. J.): European Route of Brick Gothic. Local marketing strategies for the innovative application of cultural heritage, Berlin

E

EBERLE, M. (2002): Wechselbeziehungen zwischen Museen und Tourismus. Vermarktung musealer Einrichtungen in der Praxis. - In: Tourismus Journal, 6/1, S. 59-72

EBERT, M. (1999a): Der Konzentrationsprozeß des Reiseführermarktes. - In: FRANZMANN, S. 119-121

EBERT, W. (1999): Industrietourismus - am Beispiel des Ruhrgebietes. - In: FONTANARI/TREINEN/WEID, S. 59-77

EBERT, W. (2001): Europäische Route der Industriekultur - ein INTERREG IIc-Projekt. - In: BAUMGARTNER/BIEDENKAPP, S. 117-131

EBERT, W. (2004): Strategien und Konzepte für eine nachhaltige Entwicklung des Tourismus zu Zielen der Industriekultur. - In: SCHWARK, S. 21-42

EBERTZ, M. N. (2000): Transzendenz im Augenblick. Über die „Eventisierung" des Religiösen - dargestellt am Beispiel der Katholischen Weltjugendtage. - In: GEBHARDT/HITZLER/PFADENHAUER, S. 345-362

EDER, W. (1993): Wissenschaftliche Reiseleitung und Kulturtourismus. - In: BECKER/STEINECKE, S. 161-184

EDER, W. (1998): Planung von wissenschaftlichen Studienreisen. - In: HAEDRICH u. a., S. 531-554

EGERER, A. (2002): Kulturtourismus - ein Megatrend? - In: ÖGAF-Tourismus-Memo, 11, S. 4-8

EGLI-BROŽ, H. (1993): Wirtschaftgeographische Auswirkungen des schweizerischen Freilichtmuseums Ballenberg auf die Standortregion, Zürich (Wirtschaftsgeogr. u. Raumpl.; 19)

EGLI-BROŽ, H./ELSASSER, H. (1994): Die regionalwissenschaftliche Bedeutung eines Freilichtmuseums. - In: Ztschr. f. Wirtschaftsgeogr., 38/4, S. 226-231

EINAX, B. (2000): Die „Schaustelle Berlin": Ein Beitrag zur Attraktivitätssteigerung der Stadt - untersucht am Beispiel des Potsdamer Platzes, Paderborn (Univ. Paderborn, unveröffentl. Magisterarb.)

EISENSTEIN, B. (1995): Wirtschaftliche Effekte des Fremdenverkehrs, 2., aktual. Aufl. Trier (Trierer Tourismus Bibliogr.; 4)

EISENSTEIN, B. (1996): Verflechtungen zwischen Fremdenverkehr und Weinbau an der Deutschen Weinstraße. Ansatzpunkte einer eigenständigen Regionalentwicklung, Trier (Mat. z. Fremdenverkehrsgeogr.; 35)

EISENSTEIN, B./FINKBEINER, J. (1994): Die „Klassikerstraße Thüringen" - Zielsystem, Organisations- und Marketingansätze. - In: MAIER, S. 51-74

EISLEB, J. (1987): Freilichtmuseen und ihre Besucher - eine sozialgeographische Analyse unter besonderer Berücksichtigung des Museumsdorfes Cloppenburg, Niedersächsisches Freilichtmuseum, Vechta (Vechtaer Arb. z. Geogr. u. Regionalwiss.; 4)

Entwicklungsgesellschaft Zollverein (Hrsg.; 2006): Zollverein Besucherbefragung 2005, Essen (www.rvr-online/freizeit/marketing/bindata/GES2.PDF vom 22. Oktober 2006)

ERDMANN, C. (1996): Aborigines und Tourismus - wirtschaftliche und gesellschaftliche Chancen. - In: STEINECKE, A. (Hrsg.): Stadt und Wirtschaftsraum, Berlin, S. 451-462 (Berliner Geogr. Stud.; 44)

ERDMANN, C. (2002): Kulturtourismus im Kreis Heinsberg: Eine Stärken-/Schwächenanalyse. - In: STEINECKE (2002c), S. 22-42

ERNST, E. (1991): Hessisches Freilichtmuseum. Der Beitrag des „Hessenparkes" zur regionalen Identität. - In: Geogr. Rdsch., 43/5, S. 303-309

Europäische Kommission (Hrsg.; 1998): Kultur, Kulturwirtschaft und Beschäftigung, Brüssel

Europäische Kommission (Hrsg.; 2002): Die Beteiligung der Europäer an kulturellen Aktivitäten, Luxemburg

EVANS, G. (1996): The Millenium Festival and urban regeneration. - In: ROBINSON/EVANS/CALLAGHAN, S. 79-98

EVANS, K. (1996a): Tourism and conservation at the pyramids, resolving management issues at a World Heritage Site. - In: ROBINSON/EVANS/CALLAGHAN, S. 99-112

F

FECHTER, S./SCHLIEPHAKE, K. (2005): Das Fränkische Freilandmuseum Fladungen - Standort und räumliche Verflechtungen, Würzburg (Würzburger Geogr. Manuskr.; 68)

FECHTER, S./SCHLIEPHAKE, K. (2005a): Das Fränkische Freilandmuseum Fladungen - eine Einführung. - In: FECHTER/SCHLIEPHAKE, S. 7-10

FEDRIZZI, M. (2001): Die Benediktinerklöster Niederösterreichs und ihre Bedeutung für den Ausflugstourismus, Wien (www.tourismus.wu.wien.ac.at/cgi-bin/ift.pl?pr/presse/presse2001.htm)

FERRÀ, B. (1975): Chopin und George Sand auf Mallorca, Palma

FEßMANN, I. (1993): Das kulturelle Erbe in der Stadt. Möglichkeiten und Grenzen der touristischen Vermarktung. - In: BECKER/STEINECKE, S. 14-25

FINGER, C./GAYLER, B. (1990): Animation im Urlaub. Studie für Planer und Praktiker, 2., überarb., aktual. Aufl. Starnberg

FINGER, K. (1997): Qualitätsmanagement in der Animation. - In: POMPL/LIEB, S. 323-334

FISCHER, K./KLINK, S. (2005): Spurensuche bei Verdun. Ein Führer über die Schlachtfelder, 2., überarb. Aufl. Bonn

FÖHL, A. (2005): Denkmal - Museum - „Event". Industriedenkmalpflege und „Industriekultur". - In: JOHN/MAZZONI, S. 35-52

Förderverein Besucherbergwerk F60 (Hrsg.): Besucheranalysen 2002 und 2003, Lichterfeld 2003 (unveröffentl. Daten)

FONTANARI, M. L./TREINEN, M./ WEID, M. (Hrsg.; 1999): Industrietourismus im Wettbewerb der Regionen, Trier (ETI-Texte; 14)

FONTANARI, M. L./WEID, M. (1999): Industrietourismus als Instrument zur Positionierung im Wettbewerb der Destinationen. - In: FONTANARI/TREINEN/WEID, S. 11-26

FRANCK, J. (1997): Aktuelle Freizeittrends, kulturelle Szenen und zeitgenössische Inszenierungen und ihre Bedeutung für die Produktgestaltung im deutschen Fremdenverkehr. - In: DSF (1997a), S. 25-78

FRANK, S./ROTH, S. (2000): Die Säulen der Stadt. Festivalisierung, Partizipation und lokale Identität am Beispiel des Events „Weimar 1999". - In: GEHARDT/HITZLER/ PFADENHAUER, S. 203-221

FRANZMANN, B. (Hrsg.; 1999): Reisezeit - Lesezeit. Dokumentation der Reiseliteratur-Fachtagungen der Stiftung Lesen in Apolda, Weimar und Leipzig (1996-1999), Mainz/München

FREERICKS, R. (2000): Reiseleitung im Kulturtourismus. - In: DREYER, S. 345-362

FREYER, W. (1998): Event-Management im Tourismus. Kulturver-anstaltungen und Festivals als touristische Leistungsangebote. - In: FREYER/MEYER/SCHERHAG, S. 17-50

FREYER, W./MEYER, D./SCHERHAG, K. (Hrsg.; 1998): Events - Wachstumsmarkt im Tourismus? Dresden

FREYER, W./SCHERLE, N. (2003): Bunte Bilderwelten: Deutschsprachige Reisemagazine auf dem Prüfstand. - In: SCHMUDE, S. 24-36

FREYTAG, T./HOYLER, M. (2002): Heidelberg und seine Besucher. Ergebnisse der Gästebefragung 2000/01, Heidelberg (www.archiv. ub.uni-heidelberg.de/archiv/216)

FRIEDRICHS, J. (1994): Revitalisierung von Städten in altindustriellen Gebieten: Ein Modell und Folgerungen. - In: Geogr. Ztschr., 82, S. 133-153

FÜLLENBACH, S. (2003): Gartenanlagen als touristische Ressource: Geschichte - Beispiele - Trends, Paderborn (Univ. Paderborn, unveröffentl. Magisterarb.)

F.U.R. (Hrsg.; 2006): Reiseanalyse RA 2006. Kurzfassung, Kiel

G

GAEBE, W. (1993): Moderne Architektur als Ziel des Städtetourismus. - In: BECKER/STEINECKE, S. 64-78

GANSER, A. (1991): Studienreisen. - In: SEITZ, E./WOLF, J. (Hrsg.): Tourismusmanagement und -marketing, Landsberg/Lech, S. 115-135

GATEWOOD, J. B./CAMERON, C. M. (2004) Battlefield pilgrims at Gettysburg National Military Park. - In: Ethnology, XLIII, S. 193-216

GEBHARDT, W./HITZLER, R./PFADENHAUER, M. (Hrsg.; 2000): Events. Soziologie des Außergewöhnlichen, Opladen (Erlebniswelten; 2)

GISSER, B. (2002): Wandern und Wallfahrten. - In: Integra, 4, S. 6-7

GLANCEY, J. (2001): Geschichte der Architektur, München/Starnberg

GOHLIS, T. (1999): Vom Gilgamesch-Epos zur CD-ROM. Ein Ritt durch die Geschichte der Reisebücher. - In: FRANZMANN, S. 13-25

GORMSEN, E./HASSEL, H.-G. (1991): Pilgerreisen als Objekt geographischer Forschung. Das Beispiel Medjugorje in Jugoslawien. - In: Forschungsmagazin der Johannes Gutenberg-Universität Mainz, 7/1, S. 5-16

GORSEMANN, S (1995): Bildungsgut und touristische Gebrauchsanweisung. Produktion, Aufbau und Funktion von Reiseführern, Münster 1995 (Internationale Hochschulschr.; 151)

GRAF, B. (1997): Auf dem Weg ins 21. Jahrhundert: Veränderungen der Besucherstrukturen. - In: HdG, S. 216-230

GRAUVOGEL, B. (1994): Tourismuspädagogik, Trier (Trierer Tourismus Bibliogr.; 5)

GREWENIG, M. M. (1996): Ausstellungen als harte Standortfaktoren eines Wirtschaftsraumes. - In: DSF, S. 149-155

GRIES, U. (2004). Gästeführung und Präsentation industriekultureller Objekte. Authentisches Erleben oder zielgruppengerechte Insze-nierung? - In: SCHWARK, S. 189-217

GÜNTER, W. (1989): Kulturgeschichte der Reiseleitung, Bergisch Gladbach (Bensberger Manuskr.; 37)

GÜNTER, W. (1991): Der Nutzen des Reisens. Die frühneuzeitliche Apodemik als Theorie der Erfahrung. - In: SPODE, S. 15-19

GÜNTER, W: (1993): Bildungsreise, Studienreise. - In: HAHN/KAGELMANN, S. 355-362

GÜNTER, W: (1993a): Tourismuspädagogik. - In: HAHN/KAGELMANN, S. 60-69

GÜNTER, W. (Hrsg., 2003): Handbuch für Studienreiseleiter, 3., überarb. u. erg. Aufl., München/Wien

GÜNTER, W. (2003a): Allgemeine Didaktik und Methodik der Studienreise. - In: GÜNTER (2003), S. 144-169

GÜNTHER, A. u. a. (2007): Tourismusforschung in Bayern. Aktuelle sozialwissenschaftliche Beiträge, München/Wien

GÜNTHER, K. (1990): GEOmobil - Profil und Kunden. - In: Thomas-Morus-Akademie, S. 131-133

GURKE, T. (2004): Strategien und Zielsetzungen im Bereich Museumsshop anhand von Beispielen des Kunsthaus-Shops (Graz). - In: Neues Museum, 03, S. 1-11 (www.museumsbund.at/nm_2004_03_01.html vom 22. Januar 2006)

GUTHMANN, M./KAGELMANN, H. J. (2001): Forschungen zur Reiseliteratur. Ausgewählte Ergebnisse der ersten deutschen Reiseführeranalyse RFA 2000. - In: Integra, 3, S. 6-9

GUTHMANN, M./KAGELMANN, H. J. (2003): Reiseführernutzung vor dem Hintergrund aktueller politischer Ereignisse und veränderter Reisemotivationen der Deutschen. Das Forschungsprojekt Reise und Lesen - Basisinformationen. - In: SCHMUDE, S. 37-43

H

HAAS, Chr. (2001): Eine Nutzer- und Inhaltsanalyse von 18 Venezuela-Reiseführern - Abbilder der Realität? - In: Integra, 3, S. 16-17

HAAS, H.-D./SCHARRER, J. (1997): Tourismus auf den Karibischen Inseln. Entwicklung, Struktur und Auswirkungen des internationalen Fremdenverkehrs. - In: Geogr. Rdsch., 49/11, S. 644-650

HAART, N. (2004): Weintourismus. - In: BECKER/HOPFINGER/STEINECKE, S. 237-248

HAART, N./STEINECKE, A. (1995): Erfolgsfaktoren des umweltfreundlichen Tourismus im ländlichen Raum. - In: HAART, N./STEINECKE, A./TREINEN, M. (Hrsg.): Qualitätsmanagement im Landtourismus in Europa - Erfahrungen, Beispiele, Herausforderungen, Trier, S. 47-64 (ETI-Texte; 6)

HAEDRICH, G. u. a. (Hrsg.; 1998): Tourismus-Management, Tourismus-Marketing und Fremdenverkehrsplanung, 3., völlig neu bearb. u. wesentlich erw. Aufl. Berlin/ New York

HAHN, H./KAGELMANN, H. J. (Hrsg.; 1993): Tourismuspsychologie und Tourismussoziologie. Ein Handbuch zur Tourismuswissenschaft, München

HAID, G. (1993): Volksmusik und Kulturtourismus. - In: BECKER/ STEINECKE, S. 130-134

HAIN, B. (2005): Tourismus im australischen Outback - das Beispiel Uluru-Kata Tjuta National Park. - In: Geogr. Rdsch., 57/5, S. 42-48

HAMELE, H. (1986): Tourismus als Thema der Erwachsenenbildung. Tourismuskritische Kurse an der Münchener Volkshochschule am Beispiel von „Reisen in die Dritte Welt", Starnberg

HANREICH, G. (2001): Kriterienkatalog für ein Gütesiegel in Österreich. - In: BRÜGGERHOFF/TSCHÄPE, S. 130-147

HANTSCHMANN, K. (1999): Museen als touristische Anziehungspunkte? Eine Untersuchung anhand von ausgewählten Kunstmuseen in NRW. - In: HEINZE (1999a), S. 216-261

HARDT-STREMAYR, D. (2005): Graz - Kulturhauptstadt 2003. - In: LANDGREBE/SCHNELL, S. 297-310

HARNEY, A. L. (1992): Money changers in the temple? Museums and their financial mission. - In: Museums News, November/December, S. 38-63

HARTMANN, R. (1984): Ein „Touristentag" in der Stadt. Methodische Betrachtungen zum Städtetourismus - dargestellt am Beispiel der Europareisen junger nordamerikanischer Touristen. - In: Ztschr. f. Wirtschaftsgeogr., 28/3-4, S. 145-156

HARTMANN, R. (2004): Das Anne-Frank-Haus in Amsterdam: Lernort, literarische Landschaft und Gedenkstätte. - In: BRITTNER-

WIDMANN/QUACK/WACHOWIAK, S. 131-142

HARTMANN, R. (2004a): Zielorte des Holocaust-Tourismus im Wandel - die KZ-Gedenkstätte in Dachau, die Gedenkstätte in Weimar-Buchenwald und das Anne-Frank-Haus in Amsterdam. - In: BECKER/ HOPFINGER/STEINECKE, S. 297-308

HÄUßERMANN, H./SIEBEL, W. (Hrsg.; 1993): Festivalisierung der Stadtpolitik. Stadtentwicklung durch große Projekte, Opladen (Leviathan; Sonderheft 13/1993)

HÄUßERMANN, H./SIEBEL, W. (1993a): Die Politik der Festivalisierung und die Festivalisierung der Politik. Große Ereignisse in der Stadtpolitik. - In: HÄUßER-MANN/SIEBEL (1993), S. 7-31

HAUSER, S. (1999): Zur Musealisierung der Industriegeschichte: Der Fall Ironbridge. - In: Forum Industriedenkmalpflege u. Geschichtskultur, 1, S. 9-18

HAUSER, S. (2001): Metamorphosen des Abfalls. Konzepte für alte Industrieareale, Frankfurt a. M./New York

HAUSER, S. (2005): Anmerkungen zum Industriemuseum. - In: JOHN/ MAZZONI, S. 145-161

HAUSMANN, A. (2002): Kulturtouristen als wichtiges Besuchersegment im Marketing von Tourismusbetrieben. - In: Tourismus Journal, 6/1, S. 49-57

HAYIT, M. (1990): Reisefieber. Das nützliche Reisemagazin. Konzept - Kunden - Profil. - In: Thomas-Morus-Akademie, S. 134-140

HdG (Haus der Geschichte der Bundesrepublik Deutschland (Hrsg.;

1997): Museen und ihre Besucher, Bonn/Berlin

HEINTSCHEL, H.-Chr. (2002): Kulturmarketing - Event: Zwischen Identität und Sinnvermittlung mit Mehrwert, Wien 2002 (www.kdz. or.at/kdz/grundlagen/sttg2002/ heintschel.pdf vom 22. November 2006)

HEINZE, Th. (1999): Kulturpolitik - Kulturmanagement - Kulturtourismus. - In: PECHLANER, S. 13-26

HEINZE, Th. (Hrsg.; 1999a): Kulturtourismus. Grundlagen, Trends und Fallstudien, München/Wien

HEINZE, Th. (1999b): KulturtourismusMarketing im Zeichen des Erlebnismarktes. - In: HEINZE (1999a), S. 390-401

HEINZE, Th. (1999c): Konzeptionelle und marketingstrategische Überlegungen zum (regionalen) Kulturtourismus. - In: HEINZE (1999a), S. 1-16

HEINZE, Th. (2005): Kultursponsoring, Museumsmarketing, Kulturtourismus. Ein Leitfaden für Kulturmanager, 2. Aufl. Wiesbaden

HELFER, M. (2001): Der Erhalt und die Interpretation der Relikte der industriellen Revolution im Shropshire Kohlenfeld. Das industriearchäologische Konzept des Ironbridge Gorge Museums. - In: Kulturlandschaftsforschung und Industriearchäologie. Hamburg/ Stuttgart, S. 51-68 (Mitt. d. Geogr. Gesell. in Hamburg; 91)

HELFER, M. (2004): Das Ironbridge Gorge Museum. Ein Museum für die „Wiege der industriellen Revolution". - In: Geogr. heute, 25/220, S. 19-23

HELLER, A. (1990): „Der Einfall touristischer Horden führt zur

Ausrottung des Schönen ...". - In: LUDWIG, K./HAS, M./NEUER, M. (Hrsg.): Der neue Tourismus. Rücksicht auf Land und Leute, München, S. 158-161 (Beck'sche Reihe; 408)

HELLSTERN, G.-M. (1993): Die documenta: Ihre Ausstrahlung und regionalökonomischen Wirkungen. - In: HÄUßERMANN/SIEBEL, S. 305-324

HENGESBACH, P. (2000): „Voll ins Schwarze": Schützenfeste im Sauerland - auch interessant für Gäste?! - In: DSF, S. 51-54

HENNIG, Chr. (1997): Reiselust. Touristen, Tourismus und Urlaubskultur, Frankfurt a. M./Leipzig

HENNIG, Chr. (1999): Die Botschaft der Bilder. Illustrationen in Reiseführern - eine empirische Untersuchung. - In: FRANZMANN, S. 47-59

HERNANDEZ VOPEL, A. (2006): Events als Marketinginstrument im Städtetourismus - untersucht am Beispiel des Hafengeburtstages in Hamburg Paderborn (Univ. Paderborn, unveröffentl. Magisterarb.)

HERTELL, J. v. (2002) Kulturtourismus im ländlichen Raum. Potenziale einer touristischen Erschließung der privaten Herrensitze am Niederrhein, Paderborn (Univ. Paderborn, unveröffentl. Magisterarb.)

HEY, B. (1993): Der Weg ist das Ziel: Historische Kulturrouten. - In BECKER/STEINECKE, S. 212-232

HEY, B. (1998): Gottes Häuser: Mehr Touristen als Christen? Über die touristische Nutzung von Kirchen. - In: Aus evangelischen Archiven, 38, S. 75-91

HINRICHS, P. (2004): Granaten im Garten. - In: BURGDORFF, S./ WIEGREFE, K. (Hrsg.): Der Erste Weltkrieg. Die Urkatastrophe des 20. Jahrhunderts, München, S. 101-104

HINRICHSEN, A. W. (1991): Zur Entstehung des modernen Reiseführers. - In: SPODE, S. 21-32

HINTERHUBER, H. H./PECHLANER, H. (1999): Management der Privatsphäre. - In: PECHLANER, S. 75-80

HIRSCH, E. (2001): Idee und Entstehung des Gartenreiches. - In: WEISS, S. 11-21

HLAVAC, Chr. (2003): Industriekulturtourismus: Ein europäischer Blick. - In: Integra, 4, S. 23-25

HLAVAC, Chr. (2006): Gartentourismus. Ein kurzer historischer Abriss. - In: ANTZ/HLAVAC, S. 11-33

HOBHOUSE, P. (2002): Der Garten - eine Kulturgeschichte, London u. a.

HOCHE, B. (2005): Der Club der toten Millionäre. - In: Drive Magazin, S. 78-82

HÖCKER, Chr. (2002): Architektur, 2. Aufl. Köln

HÖCKLIN, S. (1996): Magnet Kultur. Museumsmarketing als ein Aspekt städtischer Kulturarbeit - dargestellt am Beispiel des Roemer- und Pelizaeus-Museums in Hildesheim, Trier (Mat. z. Fremdenverkehrsgeogr.; 33)

HOFFMANN, R./SCHÖNDORFER, C. (2003): Die Zelebration des Besonderen. Luxus-Event Salzburger Festspiele. - In: REITH, R./MEYER, T. (Hrsg.): „Luxus und Konsum" - eine historische Annäherung, Münster u. a., S. 159-179 (Cottbuser Stud. z. Geschichte von Technik, Arbeit u. Umwelt; 21)

HOFFRICHTER, H. (1996): Möglichkeiten, Perspektiven und Grenzen der Besucherforschung an Museen. - In: ZIMMER, A. (Hrsg.): Das Museum als Nonprofit-Organisation. Management und Marketing, Frankfurt a. M./New York, S. 217-248

HOLLENHORST, V. (2002): Friedhöfe als Ziele des Kulturtourismus - Geschichte, Beispiele, Entwicklung, Paderborn (Univ. Paderborn, unveröffentl. Magisterarb.)

HOLZBAUR, U. u. a. (2005): Eventmanagement. Veranstaltungen professionell zum Erfolg führen, 3., erw. Aufl. Berlin/Heidelberg/New York

HUDSON, N. (1999): The future of privately owned historic houses and castles in Great Britain. - In: PECHLANER, S. 155-164

HÜCHERIG, R. (1999): Kulturtourismus im Ruhrgebiet. - In HEINZE (1999a), S. 262-291

HUMMEL, M. u. a. (1996): Eintrittspreise und Ausgabeverhalten der Museumsbesucher, Berlin (Mat. aus d. Inst. f. Museumskunde; 46)

HUNDSNURSCHER, E. (2005): Tourismus in UNESCO-Welterbestätten. Bedrohung oder mögliche Lösung? - In: unesco heute online, 1, (www.unesco-heute.de/1005/welterbe-tourismus.htm vom 03. Juli 2006)

I

IBERG GARCIA, M. (2002): "Wir haben Zillis gemacht!" - In: Integra, 4, S. 19-21

IfE (Institut für Entwicklungsforschung im ländlichen Raum Ober- und Mittelfrankens) (Hrsg.; 2003): Auf der Suche nach kreativen Formen eines ländlichen Tourismus, Bamberg (15. Heiligenstädter Gespräche)

IfL (Institut für Länderkunde) (Hrsg.; 2000): Nationalatlas Bundesrepublik Deutschland. Freizeit und Tourismus, Heidelberg/Berlin

IfL (Institut für Länderkunde) (Hrsg.; 2002): Nationalatlas Bundesrepublik Deutschland. Bildung und Kultur, Heidelberg/Berlin

IfM (Institut für Museumskunde) (Hrsg.; 2005): Statistische Gesamterhebung an den Museen der Bundesrepublik Deutschland für das Jahr 2004, Berlin (Mat. aus d. Inst. f. Museumskunde; 59)

International Cultural Centre (Hrsg.; 1992): Managing tourism in historic cities, Kraków

International Cultural Centre (Hrsg.; 1993): Managing historic cities, Kraków

IPSEN, D. (1993): Bilder in der Stadt. Kunst und Stadtraum im öffentlichen Streit. Notizen zur documenta in Kassel. - In: HÄUßERMANN/SIEBEL, S. 325-399

Irish Tourist Board u. a. (1988): Inventory of cultural tourism resources in the member states and assessment of methods used to promote them, Dublin/Brüssel (Tourism Study Ref. VII/A-4/1)

ISENBERG, W. (1987): Geographie ohne Geographen. Laienwissenschaftliche Erkundungen, Interpretationen und Analysen der räumlichen Umwelt in Jugendarbeit, Erwachsenenwelt und Tourismus,

Osnabrück (Osnabrücker Stud. z. Geogr.; 9)

ISENBERG, W. (1990): Neue Wege ins Paradies. Reisen als Feld länderkundlicher Erfahrung. - In: STEINECKE, S. 137-148

ISENBERG, W. (2002): Tourismus und Kirche. - In: DSF, S. 1-17

J

JÄTZOLD, R. (1993): Differenzierungs- und Förderungsmöglichkeiten des Kulturtourismus und die Erfassung seiner Potentiale am Beispiel des Ardennen-Eifel-Saar-Moselraumes. - In: BECKER/STEINECKE, S. 135-144

JAGNOW, E./WACHOWIAK, H. (2000): Städtetourismus zwischen Geschäftsreisen und Events. - In: IfL, S. 108-112

JANSEN-VERBEKE, M. (1996): A regional development model for industrial heritage tourism. - In: ROBINSON/EVANS/CALLAGHAN, S. 209-211

JEKEL, Th./HUBER, F. (2005): Barockes Salzburg. Zur Normalisierung von Raumkonstruktionen. - In: FLITNER, M./LOSSAU, J. (Hrsg.): Themenorte, Münster, S. 91-106 (Geographie; 17)

JOHN, H./MAZZONI, I. (Hrsg.; 2005): Industrie- und Technikmuseen im Wandel. Standortbestimmungen und Perspektiven, Bielefeld (Landschaftsverband Rheinland, Publ. d. Abt. Museumsberatung; 20)

K

KAGELMANN, J. (1993): Touristische Medien. - In: HAHN/KAGELMANN, S. 469-479

KAGERMEIER, A. (2006): Methoden der Messung von Besucherzufriedenheit im Vergleich - dargestellt am Beispiel einer industriekulturellen Einrichtung. - In: LEDER/STEINECKE, S. 133-152

KALLINICH, J. (2004): Das Museum als Ort der Unterhaltung. - In: COMMANDEUR/DENNERT, S. 71-81

KANIA, H. (2005): „Was ist Zollverein?" - In: JOHN/MAZZONI, S. 109-142

KEEN, R. (1999): Industrial Heritage Tourism in Wales. - In: FONTANARI/TREINEN/WEID, S. 39-58

KEITZ, Chr. (1991): Reisen zwischen Kultur und Gegenkultur - „Baedeker" und die ersten Arbeitertouristen in der Weimarer Republik. - In: SPODE, S. 47-60

KELLER, P. (2000): Tourismus und Kultur: Management des Wandels. - In: AIEST, S. 21-31

KEMP, W. (2005): Die Unesco. Ein unverlangter Tätigkeitsbericht. - In: Merkur, 680/Dezember (www.online-merkur.de/seiten/lp20051 2a.php vom 16. Dezember 2005)

KERN, K.-G. (1987): Maßnahmen zur Verbesserung der touristischen Nutzung von Kulturdenkmälern. - In: BECKER, S. 111-122

KEUL, A. G./KÜHBERGER, A. (1996): Die Straße der Ameisen. Beobachtungen und Interviews zum Salzburger Städtetourismus, München/Wien (Tourismuswiss. Manuskr.; 1)

KIENAST, V. (2003): Der Studienrei-seleiter - ein Berufsprofil. - In: GÜNTER, S. 283-289

KING, R. (1972): The pilgrimage to Mecca: Some geographical and historical aspects. - In: Erdkunde, XXVI/1, S. 61-73

KIRCHBERG, V. (2000): Die McDo-naldisierung deutscher Museen. Zur Diskussion einer Kultur- und Freizeitwelt in der Postmoderne. - In: Tourismus Journal, 4/1, S. 117-144

KIRSCH, K. (2000): Sprachreisen. - In: DREYER, S. 101-116

KLEIN, H.-J. (1990): Der gläserne Besucher. Publikumsstrukturen einer Museumslandschaft, Berlin (Berliner Schr. z. Museumskunde; 8)

KLEIN, H.-J. (1997): Besucherfor-schung als Antwort auf neue Her-ausforderungen. - In: HdG, S. 72-84

KLEIN, H.-J. (1997a): Nichtbesucher und museumsferne Milieus: „loh-nende" Zielgruppen des Muse-umsmarketing? - In: Landschafts-verband Rheinland (Hrsg.): Das besucherorientierte Museum, Köln

KLEMM, K. (2001): Ausgewählte Er-gebnisse aus der Besucherbefra-gung der „Preußischen Schlösser und Gärten Berlin-Brandenburg". - In: DSF, S. 25-38

KLINGENSTEIN, M. A./MUNDT, J. W. (2007): Studienreisen. - In: MUNDT, J. W. (Hrsg.): Reisever-anstaltung. Lehr- und Handbuch, 6., völlig überarb. u. erg. Aufl. München/Wien

KLOSE, A. (2001): Musikfestivals als Mittel der Regionalentwick-lung - untersucht am Beispiel des Rheingau Musikfestivals, Pader-

born (Univ. Paderborn, unveröf-fentl. Magisterarb.)

Kloster Andechs (Hrsg.; 2005): In-formation Kloster Andechs, An-dechs

KLOTZ, H. (1995): Geschichte der Architektur. Von der Urhütte zum Wolkenkratzer, 2. Aufl. München/ New York

KOOB, C./WEBER, M. (1999): Erfolg durch authentizitätsorientiertes Marketing. - In: Absatzwirtschaft, 4, S. 74-81

KOBERNUß, J.-F. (1989): Reiseführer als raum- und zielgruppenorien-tiertes Informationsangebot. Kon-zeption und Realisierung am Bei-spiel Kulturlandschaftsführer Lü-neburger Heide, Göttingen (Praxis Kultur- u. Sozialgeogr.; 4)

KOBERNUß, J.-F. (2005): Bundes-und Landesgartenschauen. - In: LANDGREBE/SCHNELL, S. 91-112

KOCH, M. (1993): Die touristische Nutzung kultureller Großveran-staltungen - Das Beispiel „Luxem-burg - Europäische Kulturhaupt-stadt 1995". - In: BECKER/STEIN-ECKE (1993a), S. 31-41

Kommunalverband Ruhrgebiet (Hrsg.; 2001): Reisen ins Revier. Route der Industriekultur (www. kvr.de/freizeit/marketing)

KORSAY, M. u. a. (Hrsg.; 1999): Heritage, multicultural attractions and tourism, Istanbul

KORTE, B. (1996): Der englische Reisebericht. Von der Pilgerfahrt bis zur Postmoderne, Darmstadt

KRAJEWSKI, Chr. (2004): Tourismus und Industriekultur in Branden-burger Bergbaufolgelandschaften. - In: SCHWARK, S. 151-177

KRAJEWSKI, Chr. (2006): Städtetou-rismus im „Neuen Berlin" zwi-

schen Authentizität und Inszenierung. - In: REUBER/SCHNELL, S.
203-216

KRAJEWSKI, Chr./REUBER, P./WOL-
KERSDORFER, G. (2006): Das
Ruhrgebiet als postmoderner Frei-
zeitraum. - In: Geogr. Rdsch.;
58/1, S. 20-27

KRAMER, D. (1993): Urbane Kultur
und Städtetourismus. Ein kritischer Ansatz. - In: BECKER/
STEINECKE, S. 26-39

KRAMER, D. (2000): Das eigene
Gesicht. Kulturelles Erbe, Tradition und Event. Vier Thesen zur
Rolle von lokaler Kultur im Tourismus. - In: DSF, S. 3-15

KRANZ, U. (1997): Kulturtourismus
im Münsterland. - In: Institut für
Geographie der Westfälischen
Wilhelms-Universität Münster u.
a. (Hrsg.): Neue Angebotssegmen-
te für den Münsterland-Tourismus
- Chancen und Perspektiven,
Steinfurt, S. 37-44 (Regionales
Tourismus Marketing; 1)

KREISER, K. (2003): Istanbul im
Spiegel historischer Reiseführer. -
In: Geogr. Rdsch., 55/4, S. 46-49

KRIEGNER, E. (2004): Museen und
Tourismus. Chancen und Probleme der Kooperation am Beispiel
ausgewählter oö. Museen. - In:
Trans - Internet-Zeitschr. f. Kul-
turwiss.; 15, S. 1-17 (www.inst.at/
trans/15Nr/09_1/kriegner15.htm
vom 26. November 2005)

KRÖNIGER, M. (1997): Die Nutzung
von Jubiläen im Tourismus-
Marketing am Beispiel des König-
Ludwig-Jahres 1995 in Oberbayern. - In: DSF (1997a), S. 129-134

KRÜGER, E. (2001): Kinder und Jugendliche im Museum - am Bei-

spiel von Residenzschloss Ludwigsburg. - In: DSF, S. 111-115

KUBSCH, W./WEISKOPF, O. (2003):
Planung, Vorbereitung und Durch-
führung von Studienreisen. - In:
GÜNTER, S. 290-309

KÜDDELSMANN, A. (2001): Brand
Parks und Corporate Lands als
Mittel der Unternehmenskommu-
nikation: Konzeption, regional-
wirtschaftliche Auswirkungen und
Kommunikationseffekte, Aachen
(RWTH Aachen, unveröffentl.
Magisterarb.)

KUNTZ, T. (1999): Industrietourismus - Ein Pulsschlag aus Stahl
für's Revier? - In: Kommunalverband Ruhrgebiet (Hrsg.): Regionalmarketing für das Ruhrgebiet:
Internationale Erfahrungen und
Bausteine für eine Region mit Zukunft, Ruhrgebiet, S. 155-178

KUNZE, H. (1975): Länderkundliche
Anregungen und Informationen
bei Auslandsreisen. Programmier-
te Lernunterweisung für Jugendreiseleiter, Starnberg (Schriftenr. f.
Jugendreiseleiter; o. Bd.)

KUNTZKE, R. (1990): Die „alternativen" Reiseführer. - In: Thomas-
Morus-Akademie, S. 91-101

KUNZMANN, K. R. (1995): Strategi-
en zur Förderung regionaler Kulturwirtschaft. - In: HEINZE, Th.
(Hrsg.): Kultur und Wirtschaft.
Perspektiven gemeinsamer Innovation, Opladen, S. 324-342

KUTTER, U. (1991): Der Reisende
ist dem Philosophen, was der Arzt
dem Apotheker - über Apodemi-
ken und Reisehandbücher. - In:
BAUSINGER, H./BEYRER, K./
KORFF, G. (Hrsg.): Reisekultur.
Von der Pilgerfahrt zum modernen
Tourismus, München, S. 38-47

L

LAKÄMPER-LÜHRS, H. (2005): Nachfolgeprojekte der „Route der Industriekultur" im Ruhrgebiet: Stationen der Industrie- und Technikgeschichte in Ostwestfalen-Lippe. - In: JOHN/MAZZONI, S. 255-265

Landeshauptstadt München (Hrsg.; 2001): Wiesn-Wirtschaft. Das Oktoberfest als Wirtschaftsfaktor, München (Presse-Information)

LANDGREBE, S./SCHNELL, P. (Hrsg.; 2005): Städtetourismus, München/ Wien

LAUTERBACH, B. (1989): Baedeker und andere Reiseführer. - In: Ztschr. f. Volkskunde, 85/II, S. 206-234

LAUTERBACH, B. (1992): „Von den Einwohnern". Alltagsdarstellungen im Spiegel des Reiseführers. - In: Ztschr. f. Volkskunde, 88/I, S. 49-66

LAUTERBACH, B. (1992a): Thesen zur kulturwissenschaftlichen Reiseführer-Forschung. - In: KRAMER, D./LUTZ, R. (Hrsg.): Reisen und Alltag. Beiträge zur kulturwissenschaftlichen Tourismusforschung, Frankfurt a. M., S. 55-69 (Kulturanthropologie-Notizen; 39)

LECOUTURIER, Y. (2000): Die Strände der alliierten Landung, Rennes

LEDER, S. (2007): Neue Muße im Tourismus - eine Untersuchung von Angeboten mit den Schwerpunkten Selbstfindung und Entschleunigung, Paderborn (Paderborner Geogr. Stud. z. Tourismusforsch. u. Destinationsmanagement; 21)

LEDER, S./STEINECKE, A. (2006): Aktuelle Themen der Tourismusforschung. Märkte - Events - Methoden, Paderborn (Paderborner Geogr. Stud. z. Tourismusforsch. u. Destinationsmanagement; 19)

LE GOFF, J. (2005): Ritter, Einhorn, Troubadoure. Helden und Wunder des Mittelalters, München

LENFERS, E. (1999): Flagship-Projekte im Strukturwandel von Altindustrieregionen. Das Beispiel Guggenheim Museum Bilbao, Spanien. - In: Kommunalverband Ruhrgebiet (Hrsg.): Regionalmarketing für das Ruhrgebiet. Internationale Erfahrungen und Bausteine für eine Region mit Zukunft, Ruhrgebiet, S. 197-215

LESER, H. (Hrsg.; 1998): Diercke-Wörterbuch Allgemeine Geographie, 10. Aufl. München/Braunschweig (dtv/Westermann; 3421)

LEUPOLD, M. (1999): Der Handel im Vorhof des Musentempels. - In: Compania Media, S. 26-36

LEXOW, H. (2006): Attraktivitätsfaktoren für den Städtetourismus im Segment Privatreisen, Bremen/Lüneburg (Hochschule Bremen/Universität Lüneburg, bislang unveröffentl. Dissertation)

LIEB, M. G. (2000): Festivalmanagement - am Beispiel der Passionsspiele in Oberammergau. - In: DREYER, S. 267-286

LIEBSCH, F. (2003): Praxis kompakt: Städtetourismus - Wellnesstourismus - Fahrradtourismus, Meßkirch

LIEPE, H. (1997): Tourismus, Denkmalschutz und Besucherlenkung: Brennpunkt Sanssouci - viele Sorgen. - In: DSF, o. S.

LIEPE, H. (2000): Stiftung Preußische Schlösser und Gärten Berlin-Brandenburg. - In: STEINECKE, S. 321-337

LIEPE, H. (2001): Von der Besucherbefragung zur Marketingkonzeption am Beispiel der Potsdamer Schlösserlandschaft. - In: DSF, S. 39-51

LINDSTÄDT, B. (1994): Kulturtourismus als Vermarktungschance für ländliche Fremdenverkehrsregionen: Ein Marketingkonzept am Fallbeispiel Ostbayern, Trier (Mat. z. Fremdenverkehrsgeogr.; 29)

LINßEN, R. (1992): Organisierter Bildersturm. Der Museumstourismus boomt. - In: Evangelische Kommentare, 25/8, S. 482-483

LIPPMANN, H.-Chr. (2002): Die Sommerfrische: Kulturbürgerliche Gegenwelt auf dem Lande. Inhaltliche Dimensionen zwischen 1900 und 1916. - In: BORGHARDT u. a., S. 63-72

LOHMANN, M. (1989): Städtereisen und Städtereisende - Marktforschung im Städtetourismus. - In: Deutsches Seminar für Fremdenverkehr (Hrsg.): Im Städtetourismus erfolgreich inszenieren, Berlin, S. 2-21

LOHMANN, M. (1999): Kulturtouristen oder die touristische Nachfrage nach Kulturangeboten. - In: HEINZE (1999a), S. 52-82

LORENZ, A./SCHIEFER, J. (2005): Kooperationen im Tourismusmarketing kleiner Städte. Die Arbeitsgemeinschaft „Städte mit historischen Stadtkernen des Landes Brandenburg". - In: LANDGREBE/ SCHNELL, S. 113-122

LUCAS, R. (2005): Der öffentliche Raum als Bühne. Events im Stadt- und Regionalmarketing, Wuppertal (Wuppertal Papers; 154)

LUGER, K. (1994): Salzburg als Bühne und Kulisse. Die Stadt als Schauplatz der internationalen Unterhaltungsindustrie. - In: HAAS, H./HOFFMANN, R./LUGER, K. (Hrsg.): Weltbühne und Naturkulisse. Zwei Jahrhunderte Salzburg-Tourismus, Salzburg, S. 176-187

M

MACAT, A. (2000): Das Aquarius Wassermuseum der RWW. - In: STEINECKE, S. 264-278

MACCANNELL, D. (1973): Staged authenticity. arrangements of social space in tourist settings. - In: American Journal of Sociology, 79, S. 589-603

MAIER, J. (Hrsg.; 1994): Touristische Straßen - Beispiele und Bewertung, Bayreuth (Arbeitsmat. z. Raumordn. u. Raumpl.; 137)

MAIER, J. (1994a): Regionales Marketing als Resultat von industrietouristischem Potential und regionaler Entwicklungspolitik - die Fränkische Bierstraße und die Bayerische Porzellanstraße. - In: MAIER (1994), S. 35-50

MAIER, J./OBERMAIER, F. (1998): Festivaltourismus - Kulturreisen als Teil der Reisekultur. - In: FREYER/MEYER/SCHERHAG, S. 101-100

MAIER, P. (1996): Rootstourismus. Reisen auf den Spuren der ausgewanderten Vorfahren unter besonderer Berücksichtigung des Hunsrück-Nahe-Raumes, Trier (Mat. z. Fremdenverkehrsgeogr.; 36)

MAIRDUMONT MEDIA (Hrsg.; 2005): Leseranalyse Reisemedien, Ostfildern (unveröffentl. PowerPoint-Präsentation)

MANZ, K. (2002): Deutschlands Welterbe - Natur- und Kulturgüter. - In: IfL, S. 158-159

MASCHKE, J. (1999): Die Bedeutung des Kulturtourismus für städtische Destinationen. - In: HEINZE (1999a), S. 83-104

MATHIEU, K. (1997): Probleme und Strukturen musealer Einrichtungen und die Notwendigkeit der Verbesserung der Angebotsgestaltung. - In: DSF, o. S.

MATZKA. Chr. u. a. (2000): Kultur-Tourismus 2, Linz (Schulbuch-Nr. 1944)

MAURIÈS, P. (2002): Das Kuriositätenkabinett, Köln

MATZKA. Chr. u. a. (2005): Kultur-Tourismus, Linz (Schulbuch-Nr. 110.703)

MAYR, A. (2002): Museen und Ausstellungshäuser. - In: IfL, S. 114-117

MAYR, A./NUTZ, M. (2002): Bildung und Kultur - eine Einführung. - In: IfL, S. 12-21

MCGETTIGAN, F./BURNS, K. (2001): Clonmacnoise: a monastic site, burial ground and tourist attraction. - In: RICHARDS, S. 135-158

MCGOVERN, M. (2003): "The Cracked Pint of the Servant": The Irish pub, Irish identity and the tourist eye. - In: CRONIN, M./O'CONNOR, B. (Hrsg.): Irish tourism. image, culture and identity, Clevedon u. a., S. 83-103 (Tourism and Cultural Change; o. Bd.)

MCMANUS, R. (2005): Identity crisis? Heritage construction, tourism and place marketing in Ireland. - In: MCCARTHY, M. (Hrsg.): Ireland's Heritages. Critical perspectives on memory and identity, Hants/Burlington, S. 235-

250 (Heritage, Culture and Identity; o. Bd.)

MEHRTENS, H. (2002): Das LUCANO-Projekt in Pisa - Wege aus dem Ein-Tages-Tourismus. - In: BORGHARDT u. a., S. 135-145

MEIER, I. (1994): Städtetourismus, Trier (Trierer Tourismus Bibliogr.; 6)

MEIGHÖRNER, W. (2000): Zeppelin Museum Friedrichshafen - ein traditionelles Museum auf neuen Wegen. - In: STEINECKE, S. 251-263

Messe Frankfurt (Hrsg.; 1998): Kulturelle Unterhaltung - Ergebnisse einer Verbraucherbefragung, Frankfurt a. M.

Messe München/Projektleitung CBR (Hrsg.; 2005): Neue Wege im Kultur-Städte-Tourismus. Dokumentation, München/Wien (8. CBR-Tourismus-Symposium)

MESSNER, R. (1999): Nutz und Schutz. - In: DSF, S. 11-12

MEYER, M. (2000): Kulturelle Großveranstaltungen als Instrument der Produktdiversifizierung im Städtetourismus - untersucht am Beispiel der Karolinger-Ausstellung in Paderborn (1999), Paderborn (Univ. Paderborn, unveröffentl. Magisterarb.)

MEYER-CECH, K. (2003): Themenstraßen als regionale Kooperationen und Mittel zur touristischen Entwicklung - fünf österreichische Beispiele, Wien

MOSE, I. (1995): Wirtschaftliche Effekte des umweltfreundlichen Tourismus. - In: MOLL, P. (Hrsg.): Umweltschonender Tourismus - Eine Entwicklungsalternative für den ländlichen Raum, Bonn, S. 33-40 (Mat. z. Angew. Geogr.; 24)

MÜLLENMEISTER, H. M. (1989): Sehenswürdigkeiten oder die Reise
in die Vergangenheit. Bildungs-
touristen zwischen gestern und
morgen. - In: BECKER, S. 100-127

MÜLLENMEISTER, H. M. (1993):
Studienreisen: Vermarktung des
kulturellen Erbes. - In BECKER/
STEINECKE, S. 145-160

MÜLLENMEISTER, H. M. (2000):
Poesie der Verfremdung. Wünsche
an den Reisebericht 2000. - In:
ERTZDORFF, X. von (Hrsg.): Beschreibung der Welt. Zur Poetik
der Reise- und Länderberichte,
Amsterdam, S.   497-520 (Chloe;
31)

MÜLLER, D. (2006): Back to the
roots. Erlebniswelten im Gartentourismus. - In: ANTZ/HLAVAC, S.
35-56

MÜLLER, J. (2001): Fotos in Mittel-
amerika-Reiseführern - Abbilder
der Realität? - In: Integra, 3, S.
18-19

MÜLLER, W. (1990): Interkulturelles
Lernen auf Reisen. - In: SCHMEER-
STURM u. a., S. 101-109

MÜLLER, W. (1990a): Von der „Völkerverständigung" zum „Interkulturellen Lernen". Perspektiven des
internationalen Jugendaustauschs.
- In: STEINECKE, S. 97-118

MÜLLER, W./MÖNCH-KOWALEWSKI,
H. (1997): Qualitätsmanagement
im Bereich Reiseleitung. - In:
POMPL/LIEB, S. 312-334

MÜLLER, W./VOGEL, G. (1982):
DTV-Atlas zur Baukunst. Tafeln
und Texte. Band 2: Baugeschichte
von der Romanik bis zur Gegenwart, München (dtv; 3021)

MURKO, F. (1999): Kann man Reiseführer testen? - In: FRANZMANN,
S. 93-95

MWMTV (Ministerium für Wirtschaft und Mittelstand, Technologie und Verkehr des Landes Nordrhein-Westfalen) (Hrsg.; 1997):
Masterplan für Reisen ins Revier,
Düsseldorf

MWA (Ministerium für Wirtschaft
und Arbeit des Landes Sachsen-
Anhalt) (Hrsg.; 2002): Handbuch
Straße der Romanik in Sachsen-
Anhalt, Magdeburg/Wernigerode
(Tourismus-Stud. Sachsen-Anhalt;
12)

MWA (Ministerium für Wirtschaft
und Arbeit des Landes Sachsen-
Anhalt) (Hrsg.; 2003): Industrietourismus in Sachsen-Anhalt. Kulturtouristisches und industriegeschichtliches   Rahmenkonzept,
Magdeburg/München (Tourismus-
Stud. Sachsen-Anhalt; 13)

MWA (Ministerium für Wirtschaft
und Arbeit des Landes Sachsen-
Anhalt) (Hrsg.; 2006): Spiritueller
Tourismus in Sachsen-Anhalt. Potenzialanalyse und Handlungsempfehlungen für eine besondere Reiseform,   Magdeburg/Lutherstadt
Wittenberg   2006   (Tourismus-
Stud. Sachsen-Anhalt; 19)

N

NAGEL, F. N. (2002): Technische
Denkmäler. - In: IfL, S. 156-157

NAHRSTEDT, W. (Hrsg.; 1992): Reiseleiter und Reisemanager: Weiterbildung für den Tourismus von
morgen. Dokumentation des 2.
Bielefelder Tourismustages, Bielefeld (IFKA-Dok.; o. Bd.)

NESENSOHN, W. (2000): Mainau -
die Insel der 5 Jahreszeiten. - In:
STEINECKE, S. 308-320

NIEDEN, P. zur (Hrsg.; 1999): Besucherbefragung der 1. Trierer Antikenfestspiele. Endbericht, Trier

NIEMEYER, W. (1985): Zur Stellung des Reiseleiters in der interkulturellen Kommunikation, Basel

NONNENMANN, A. (2004): Faszination Studienreiseleitung. Eine kultur- und sozialwissenschaftliche Untersuchung zur Tätigkeit von Studienreiseleitern, Norderstedt

NORD/LB Regionalwirtschaft/Norddeutsche Landesbank Girozentrale (Hrsg.; 2002): Das Gartenreich Dessau-Wörlitz als Wirtschaftsfaktor. Grundlagen für eine Marketing-Konzeption, Hannover/ Magdeburg (Tourismus-Stud. Sachsen-Anhalt; 6)

NORD/LB Regionalwirtschaft (Hrsg.; 2005): Kulturelle Leuchttürme in Sachsen-Anhalt. Potenziale einer kulturtouristischen Vermarktung, Hannover (Tourismus-Stud. Sachsen-Anhalt; 17)

NORDEN, J. (2002): Kirche und Tourismus: Zusammenarbeit in Tourismus am Beispiel Kloster und Brauerei in Aldersbach. - In: DSF, S. 89-91

Nordrhein-Westfalen Tourismus (Hrsg.; 2002): Straße der Gartenkunst zwischen Rhein und Maas. Vorstudie, Köln

NORTH, M. (2003): Genuss und Glück des Lebens. Kulturkonsum im Zeitalter der Aufklärung, Köln

NURYANTI, W. (1996): Redefining cultural heritage through postmodern tourism. - In: ROBINSON/ EVANS/CALLAGHAN, S. 335-348

O

ONE Northeast & North West Development Agencies (Hrsg.; 2004): Hadrian's Wall major study report, Newcastle upon Tyne

OPASCHOWSKI, H. W. (1991): Ökologie von Freizeit und Tourismus, Opladen (Freizeit- u. Tourismusstud.; 4)

OPASCHOWSKI, H. W. (1997): Events im Tourismus. Sport-, Kultur- und Städtereisen, Hamburg

OTTO, V. (Hrsg.; 1982): Studienreisen als Aufgabe der Erwachsenenbildung, Frankfurt a. M. (Schr. d. Hessischen Volkshochschulverbandes; o. Bd.)

P

PAGENSTECHER, C. (2003): Der bundesdeutsche Tourismus. Ansätze zu einer *Visual History*: Urlaubsprospekte, Reiseführer, Fotoalben 1950-1990, Hamburg (Stud. z. Zeitgeschichte; 34)

PAPE, D. (2003): Wo Mao zu Hause ist. Polittourismus in Shaoshan, Paderborn

PASCHINGER, H. (2002): Kirchen und Klöster - Orte der Einkehr und Besinnung. - In: DSF, S. 71-77

PAUSER, W. (2002): Die „regionale Küche" - Anatomie eines Phantasmas. - In: Voyage, S. 10-16

PECHLANER, H. (Hrsg.; 1999): Burgen und Schlösser zwischen Tradition und Wirtschaftlichkeit. Probleme und Perspektiven, Wien (Management u. Unternehmenskultur; 1)

PETERSEN, D. (2003): Konfliktregelung in der Reisegruppe. - In: GÜNTER, S. 103-130

PICHLER, G. (1996): Zusammenarbeit und ökonomische Faktoren für „Urlaub am Bauernhof". - In: Österreichisches Kuratorium für Landtechnik und Landentwicklung (Hrsg.): Urlaub am Bauernhof - Top oder Flop? Wien, S. 26-36

PILLER, Chr. (1997): Vertrieb und Besucherlenkung im Kulturtourismus am Beispiel der „Salzburg Card" und „Salzburg Card Plus". - In: DSF, o. S.

PINKAU, G. (1997): Norwegen-Reiseliteratur in der Kritik. - In: Geogr. Rdsch., 49/3, S. 180-184

PLEINES. J. (1994): Sprachkenntnisse im Tourismus - eine nicht wahrgenommene Aufgabe der Sprachwissenschaft. Das Beispiel der arabischen Mittelmeer-Anrainerstaaten. - In: POPP, S. 47-69

PLÖGER, T. (2006): Militärtourismus - ein unterschätztes Potenzial im Kulturtourismus? Untersucht am Beispiel des „Berliner Unterwelten e. V.", Paderborn (Univ. Paderborn, unveröffentl. Magisterarb.)

POMPL, W./LIEB, M. G. (Hrsg.; 1997): Qualitätsmanagement im Tourismus, München/Wien

POPP, D. (1998): Nicht nur Milch von glücklichen Kühen. Perspektiven der Zusammenarbeit von Landwirtschaft, Tourismus, Gastronomie und Naturschutz im Biosphärenreservat Rhön. - In: Thomas-Morus-Akademie (Hrsg.): Tourismus - Gewinn oder Verlust von Identität? Die Wechselwirkungen von Kultur und Tourismus, Bergisch Gladbach, S. 85-93 (Bensberger Protokolle; 88)

POPP, H. (1994): Das Bild der Mittelmeerländer in der Reiseführer-Literatur, Passau (Passauer Mittelmeerstud.; 5)

POPP, H. (1994a): Das Bild der Königsstadt Fes (Marokko) in der deutschen Reiseführer-Literatur. - In: POPP (1994), S. 113-132

POPP, H. (1997): Reiseführer-Literatur und geographische Landeskunde. - In: Geogr. Rdsch., 49/3, S. 173-179

POPP, H. (2003): Einführende Bemerkungen. - In: IfE, S. 1

PORWOL, B. (1990): Nur fort von hier. Lernen im Jugendtourismus? - In: STEINECKE, S. 77-96

PORWOL, B. (2001): Qualität im Jugendtourismus. Die zentrale Bedeutung der Kundenzufriedenheit. Eine empirische Untersuchung, Bielefeld (Bielefelder Jugendreiseschr.; 3)

PRETZEL, U. (1995): Die Literaturform Reiseführer im 19. und 20. Jahrhundert, Untersuchungen am Beispiel des Rheins, Frankfurt a. M. 1995 (Europäische Hochschulschr.; Reihe I, Bd. 1531)

PRÖPPER, S./SPANTIG, M. (2002). 2000 Jahre Baukunst - Baustile und ihre regionale Verbreitung. - In: IfL, S. 142-144

PRÖPPER, S./SPANTIG, M. (2002a). Barocke Bauwerke - vom Gotteshaus zur Sehenswürdigkeit. - In: IfL, S. 150-151

PROSSEK, A. (2005): Zwischen Kitsch und Kathedralen: die Ruhrtriennale und das Ruhrgebiet. - In: FLITNER/LOSSAU, S. 45-58

PUTSCH, J. (2001): Vom Segen und vom Elend der Netzwerke. Das Beispiel Ekomuseum Bergslagen. - In: industrie-kultur, 4, S. 34-35

PUYDEBAT, J.-M. (1997): Die „Voyage au Temps des Impressionnistes" - eine Multimediaattraktion für Kulturtouristen. - In: STEINEKKE/TREINEN, S. 149-154

Q

QUACK, H.-D./STEINECKE, A. (2003): Konzeption und Marketing kulturtouristischer Routen - dargestellt am Beispiel der „Route der Historischen Stadtkerne". - In: SCHMUDE, S. 77-90

R

REDER, K. (2005): Museumslandschaft Unterfranken - die Rolle des Bezirks. - In: FECHTER/SCHLIEPHAKE, S. 1-6

REICHERT, A. (2005): Kulturgut, das der Krieg schuf. Das bauliche Erbe der Befestigungs- und Verteidigungssysteme im SaarLorLux-Raum vom 16. Jahrhundert bis zum Zweiten Weltkrieg, Trier (Univ. Trier, Diss.; www.ubt.opus. hbz-nrw.de/volltext/2005/302/pdf/ ReichertAnjaDiss.pdf)

REITEL, F. (1987): Französische Forts - deutsche Festungen in Lothringen: Eine Chance für den Tourismus. - In: BECKER, S. 145-152

REITEL, F. (1993): Ehemalige militérische Anlagen als touristische Ziele. - In: BECKER/STEINECKE, S. 96-111

RETTINGER, E. (1997): Burgen zwischen Bingen und Bacharach: Vom Herrschaftszentrum zum Ausflugsziel. - In: Pädagogisches Zentrum des Landes Rheinland-Pfalz (Hrsg.): Der Landkreis Mainz-Bingen, Kreuznach, S. 161-172

REUBER, P./SCHNELL, P. (Hrsg.; 2006): Postmoderne Freizeitstile und Freizeiträume. Neue Angebote im Tourismus, Berlin (Schr. z. Tourismus u. Freizeit; 5)

REUBER, P./WOLKERSDORFER, G. (2006): Freizeitstile und Freizeiträume im Ruhrgebiet. - In: REUBER/SCHNELL, S. 233-245

RIBBECK, A. (2000): Info Box (Potsdamer Platz, Berlin). - In: STEINECKE, S. 211-223

RICHARDS, G. (Hrsg.; 1996): Cultural tourism in Europe, Wallingford (GB)

RICHARDS, G. (1996a): The scope and significance of cultural tourism. - In: RICHARDS (1996), S. 19-45

RICHARDS, G. (Hrsg.; 2001): Cultural attractions and European tourism, Wallingford

RIECHE, A. (2001): Die materiellen und virtuellen Rekonstruktionen historischer Architektur am Beispiel der römischen Stadt Colonia Ulpia Traiana (bei Xanten). - In: DSF, S. 141-152

RINGKAMP, Chr. (2006): Die Schaustellen und die Läden. Zwei Umsetzungsprojekte in den Gartenträume-Parks in Sachsen-Anhalt. - In: ANTZ/HLAVAC, S. 127-140

RINSCHEDE, G. (1990): Religionstourismus. - In: Geogr. Rdsch., 42/1, S. 14-20

RINSCHEDE, G. (2000): Wallfahrtsorte und Pilgertourismus. - In: IfL, S. 50-53

ROBINSON, M./EVANS, N./CALLAGHAN P. (Hrsg.; 1996): Managing cultural resources for the tourist, Sunderland (GB)

ROHRER, J. (2003): Zimmer frei. Das Buch zum Touriseum, Meran

ROMEIß-STRACKE, F. (2003): Abschied von der Spaßgesellschaft. Freizeit und Tourismus im 21. Jahrhundert, Amberg

ROMEIß-STRACKE, F. (2007): History meets future - die Erlebniswelt Renaissance. Von der Grundlagenforschung zur Realisierung. - In: GÜNTHER u. a., S. 82-87

ROTH, E. (1999): Inszenierung von Special Events im Städtetourismus. - In: HEINZE (1999a), S. 146-180

ROUSE, J. (2000): Reinventing Bethelem - The star that shines (hopefully) over Brand Lands. Paper presented at the Experiental Branding Conference, Orlando (www.jackrouse.com/NEWS/113 speaker.htm)

ROWEHL, J. (2003): Constructing quality interpretation. The use of interpretative simulations reconsidered, o. O. (Arkell European Fellowship Report; 2003)

RUDOLPHI, P. (2007): Studienreisen in der Erlebnisgesellschaft. Eine Untersuchung zu den Implikationen der Erlebnisorientierung in der Touristik, Paderborn (Paderborner Geogr. Stud. z. Tourismusforsch. u. Destinationsmanagement; 20)

S

SÄFKEN, A. (1999): Der Event in Regionen und Städtekooperationen. Ein neuer Ansatz des Regionalmarketings? Augsburg (Schr. z. Raumordnung u. Landesplanung; 3)

SAMSONOWSKA, K. (1998): Schindler'List. A Guidebook, Kraków

SÁNCHEZ-GIL, I. (1993a): Der Jakobsweg - Erste „Europäische Kulturstraße". - In: BECKER/STEINECKE, S. 23-30

SAND, G. (1982): Ein Winter auf Mallorca (1838-1839), Barcelona 1982

SANDER, H.-J. (1981): Beziehungen zwischen Tourismus, ländlichem Kunsthandwerk und Agrarstruktur in einigen Dörfern Zentralmexikos. - In: Erdkunde, 35, S. 201-209

SCHÄFER, H. (1996): Zum Einsatz moderner Medien im Museum und Besuchermanagement. Das Beispiel des Hauses der Geschichte der Bundesrepublik Deutschland. - In: DSF, S. 179-183

SCHÄFER, H. (1997): Herausforderungen für das Museum der Zukunft. - In: HdG, S. 270-284

SCHÄFER, H. (2001): Geschichte und Öffentlichkeit - Anmerkungen zur Ausstellungs- und Museumsarbeit. - In: Archiv u. Wirtschaft, 4 (www.wirtschaftsarchive.de/zeitschrift/m_schaefer.htm vom 16. Januar 2006)

SCHÄFER, K. H. (1995): Reisen um zu lernen. Zur Funktion von Studienreisen in der Erwachsenenbildung. Dargestellt an Beispielen der Volkshochschulen, Paderborn (Paderborner Geogr. Stud.; 9)

SCHAPER, H. (1999): Museumsshops im internationalen Vergleich. - In: Compania Media, S. 61-68

SCHELHAAS, S. (2002): Touristische Positionierung der Lutherstadt Wittenberg. - In: DSF, S. 49-55

SCHEMM, V./UNGER, K. (1997): Die Inszenierung von ländlichen Tourismusregionen: Erfahrungen aus touristischen Kampagnen in Ostbayern. - In: STEINECKE/TREINEN, S. 30-46

SCHENK, W. (2000): Freilichtmuse-en - Besuchermagneten im Kultur-tourismus. - In: IfL, S. 38-40

SCHENK, W. (2005): Freilichtmuse-en - Retrospektive oder aktiver Lern- und Gestaltungsraum - In: FECHTER/SCHLIEPHAKE, S. 17-20

SCHERLE, N. (2000): Gedruckte Ur-laubswelten: Kulturdarstellungen in Reiseführern. Das Beispiel Ma-rokko, München/Wien (Eichstätter Tourismuswiss. Beitr.; 1)

SCHERLE, N. (2001): Touristische Medien aus interkultureller Per-spektive. Gedruckte Urlaubswel-ten: Kulturdarstellungen aufge-zeigt am Beispiel von Reisefüh-rern. - In: Tourismus Journal, 5/3, S. 333-351

SCHERRIEB, H. R. (1998-2003): De-finitionen und Fachbegriffe: Brandpark, Berlin (www.themata. com)

SCHLEPPE, S. (1996): Die Anforde-rungen des Reiseveranstalters an die Leistungsträger für die Pro-duktgestaltung im Kultur-Tourismus. - In: DSF, S. 210-221

SCHLIEPHAKE, K. (2005): Das Frän-kische Freilandmuseum Fladungen - Position in Raum und Markt. - In: FECHTER/SCHLIEPHAKE, S. 35-64

SCHLIM, J. L. (2001): König Ludwig II. von Bayern. Traum und Tech-nik, München

SCHLINKE, K. (1996): Die Reichs-tagsverhüllung in Berlin 1995. Auswirkungen einer kulturellen Großveranstaltung auf die touristi-sche Nachfrage, Trier (Mat. z. Fremdenverkehrsgeogr.; 34)

SCHLOTT-SCHWAB, A. (1983): Stu-dienreisen in die Dritte Welt - Se-minarauswertung. - In: Deutscher Volkshochschul-Verband (Hrsg.): Erfahrungen und Beispiele für die entwicklungspolitische Bildungs-arbeit, Bonn, S. 19-40 (Mat.; 21)

SCHMEER-STURM, M.-L. (1984): Handbuch der Reisepädagogik. Didaktik und Methodik der Bil-dungsreise am Beispiel Italien, München

SCHMEER-STURM, M.-L. (1990): Der Reiseleiter: Beruf ohne Be-rufsbild? - In: STEINECKE, S. 41-64

SCHMEER-STURM, M.-L. (1993): Gästeführung. - In: HAHN/KAGEL-MANN, S. 507-510

SCHMEER-STURM, M.-L. (1993a): Gäste- und Museumsführung im Kulturtourismus. - In: BECKER/ STEINECKE (1993), S. 185-211

SCHMEER-STURM, M.-L. (1997): Qualitätsmanagement bei Gäste-führungen. - In: POMPL/LIEB, S. 335-346

SCHMEER-STURM, M.-L. (1998): Ziele und Aufgaben der Gästefüh-rung und -betreuung. - In: HAED-RICH u. a., S. 555-567

SCHMEER-STURM, M.-L. (2001): Reiseleitung, 4. Aufl. München/ Wien (Touristik Taschenbücher; o. Bd.)

SCHMEER-STURM, M.-L./SPRINGER, W. (1987): Trainingsseminar für Gästeführer. Grundkurs zur Vor-bereitung und Durchführung von Besichtigungen, Darmstadt (Tou-ristik Taschenbücher; o. Bd.)

SCHMEER-STURM, M.-L. u. a. (1990): Theorie und Praxis der Reiseleitung, Darmstadt (Touristik Taschenbücher; o. Bd.)

SCHMIDT, B. (1993): Studienreise-gruppen. - In: HAHN/KAGELMANN, S. 402-406

SCHMIDT, B. (2003): Auf dem Weg zu einer Psychologie der Studienreisegruppe. - In: GÜNTER, S. 85-102

SCHMIDT, M./NAHRSTEDT, W. (Hrsg.; 1993): Der Reiseleiter in Europa `93. Arbeitsfeld - Berufsbild - Ausbildung. Dokumentation des 3. Bielefelder Tourismustages, Bielefeld (IKA-Dok.; o. Bd.)

SCHMUDE, J. (2000): Erlebniswelt Musical: Bilanz eines Booms unter besonderer Berücksichtigung des geplanten Musicals „König Ludwig II. - Sehnsucht nach dem Paradies". - In: STEINECKE, S. 238-250

SCHMUDE, J. (Hrsg.; 2002): Tegernseer Tourismus Tage 2000. Proceedings, Regensburg (Beitr. z. Wirtschaftsgeogr. Regensburg; 2)

SCHMUDE, J. (Hrsg.; 2003): Tegernseer Tourismus Tage 2002. Proceedings, Regensburg (Beitr. z. Wirtschaftsgeogr. Regensburg; 6)

SCHMUDE, J./TRONO, A. (Hrsg.; 2003): Routes for tourism and culture. Some examples for creating thematic routes from Italy, Greece, Portugal and Germany, Regensburg (Beitr. z. Wirtschaftsgeogr. Regensburg; 5)

SCHNEIDER, A. (1990): Historische Reiseführung auf Studienreisen am Beispiel Griechenlands und Zyperns unter besonderer Berücksichtigung der Alten Geschichte. Leitfaden für Reiseleiter, Berlin (Freie Univ. Berlin, Institut f. Tourismus, Ber. u. Mat.; 7)

SCHNEIDER, O. (2001): Die Ferien-Macher. Eine gründliche und grundsätzliche Betrachtung über das Jahrhundert des Tourismus, Hamburg

SCHNEIDER, R. (Hrsg.; 1978): Berlin. Denkmäler einer Industrielandschaft, Berlin

SCHNEIDER, W. (2002): ERIH - Die Europäische Route der Industriekultur. - In: Inform. z. Raumentwickl., 4, S. 267-270

SCHNELL, P./LINDEN, B. (2006): Marktveranstaltungen als touristisches Forschungsfeld: Wochenmarkt, Jahrmarkt und Weihnachtsmarkt in Münster. - In: LEDER/STEINECKE, S. 119-131

SCHOTT, J. (2002): Kulturtourismus. Tourismuskultur am authentischen Ort. Kloster Andechs - Authentizität vor Kundenorientierung. - In: SCHMUDE, S. 72-74

SCHRÖDER, A. (2003): Couchtourismus: Die Reise mit der Fernbedienung um die Welt. Das Bild von Destinationen in Reisesendungen im Fernsehen. - In: SCHMUDE, S. 44-50

SCHRÖDER, A. (2004): Industrietourismus. - In: BECKER/HOPFINGER/STEINECKE, S. 213-224

SCHULZE, G. (2000): Die Erlebnisgesellschaft: Kultursoziologie der Gegenwart, 8. Aufl. Frankfurt a. M./New York

SCHULTZ, U. (Hrsg.; 1988): Das Fest. Eine Kulturgeschichte von der Antike bis zur Gegenwart, München

SCHWARK, J. (2000): Thementourismus - am Beispiel des Lutherjahres. - In: DREYER, S. 117-136

SCHWARK, J. (Hrsg.; 2004): Tourismus und Industriekultur. Vermarktung von Technik und Arbeit, Berlin (Schr. z. Tourismus u. Freizeit; 2)

SCHWARK, J. (2004a): Industriekultur und Technik im Tourismus. – In: SCHWARK (2004), S. 15-20

SCHWARZ, B. (1997): Reisebücher: ein umkämpfter Wachstumsmarkt auch für Geographen? - In: Geogr. Rdsch., 49/3, S. 185-186

SEATON, A. V. (1999): War and Thanatourism. Waterloo 1815-1914. - In: Annals of Tourism Research, 26/1, S. 130-158

SEIDL, Chr. (2003): Eastern Bavaria - Germany. - In: SCHMUDE/TRONO, S. 135-153

Shannon Development (Hrsg.; 2005): Shannon Development Annual Report 2004, Shannon

SHARE, B. (1992): Shannon Departures. A study in regional initiatives, Dublin

SIEBENMORGEN, H. (1999): Der Museumsshop - So ist das Leben. - In: Compania Media, S. 22-25

SIEBERT, J./STEINGRUBE, W. (2000): Inszenierte Natur. - In: IfL, S. 40-43

SILBERBERG, T. (1995): Cultural tourism and business opportunities for museums and heritage sites. - In: Tourism Management, 16/5, S. 361-365

SKALECKI, G. (1999): Die Alte Völklinger Hütte: Von der Eisenhütte zum Weltkulturerbe - Denkmalpflege und Tourismus. - In: FONTANARI/TREINEN/WEID, S. 27-38

SMITH, V. (1996): War and its tourist attractions. - In: PIZAM, A./MANSFELD, Y. (Hrsg.): Tourism, crime and international security, Chichester, S. 247-264

SMOLEŃ, K. (1998): State Museum in Oświęcim. Guide-Book, Oświęcim

SOCHER, K. (1999): Sind öffentliche Förderungen für Burgen und Schlösser gerechtfertigt? - In: PECHLANER, S. 81-99

SOYEZ, D. (1986): Industrietourismus. - In: Erdkunde, 40/2, S. 105-111

SOYEZ, D. (1993): Kulturtourismus in Industrielandschaften. Synopse und „Widerstandsanalyse". - In: BECKER/STEINECKE, S. 40-63

SOYEZ, D. (2003): Industriekultur in Altindustrieräumen, Marburg (www.geogate.geographie.uni-marburg.de)

SOYEZ, D. (2006): Europäische Industriekultur als touristisches Destinationspotenzial. - In: Ztschr. f. Wirtschaftsgeogr., 50/2, S. 75-84

SOYEZ, D./GELHAR, M. (2006): IndustrieErlebnisRheinland. Das Rheinische Braunkohlenrevier im Spiegel multipler industrietouristischer Interpretationen. - In: REUBER/SCHNELL, S. 247-258

SPERL, G. (2000): Die Europäische Eisenstraße. - In: Integra, 1, S. 8

SPODE, H. (Hrsg.; 1991): Zur Sonne, zur Freiheit! Beiträge zur Tourismusgeschichte, Berlin (Freie Univ. Berlin, Inst. f. Tourismus, Ber. u. Mat.; 11)

St

STADLER, G. (1975): Von der Kavalierstour zum Sozialtourismus. Kulturgeschichte des Salzburger Fremdenverkehrs, Salzburg

Statistisches Bundesamt (Hrsg.; 2004): Tourismus in Zahlen 2003, Wiesbaden

STEINBACH, P. (2002): Mahnmale zur Auseinandersetzung mit dem Nationalsozialismus. - In: IfL, S. 120-121

STEINECKE, A. (1987): Historische Bauwerke als touristische Attraktionen. Merkmale, Motive und Verhaltensweisen von Bildungs- und Besichtigungsreisenden. - In: BECKER, S. 92-104

STEINECKE, A. (1987a): Die Delphi-Umfrage als Methode freizeit- und fremdenverkehrsgeographischer Forschung. - In: HÜTTEROTH, W.-D./BECKER, H. (Hrsg.): 45. Deutscher Geographentag Berlin. Tagungsbericht und wissenschaftliche Abhandlungen, Stuttgart, S. 222-229

STEINECKE, A. (1988): Der bundesdeutsche Reiseführer-Markt. Leseranalyse - Angebotsstruktur - Wachstumsperspektiven, Starnberg

STEINECKE, A. (1990): Lernen. Auf Reisen? Bildungs- und Lernchancen im Tourismus der 90er Jahre. 2. Bielefelder Tourismus-Lektionen. Sommersemester 1989, Bielefeld (IKFA-Schriftenr.; 9)

STEINECKE, A. (1990a): Lernfeld Tourismus - Perspektiven der Pädagogik im Tourismus der 90er Jahre. - In: STEINECKE (1990), S. 7-29

STEINECKE, A. (1993): Kulturtourismus - Chancen und Gefahren. - In: BECKER/STEINECKE, S. 245-250

STEINECKE, A. (1994): Der bundesdeutsche Reiseführer-Markt. Ein Überblick unter besonderer Berücksichtigung der Mallorca-Reiseführer. - In: POPP, S. 11-34

STEINECKE, A. (Hrsg.; 1996): Der Tourismusmarkt von morgen - zwischen Preispolitik und Kultkonsum, Trier (ETI-Texte; 10)

STEINECKE, A. (1997): Inszenierung im Tourismus: Motor der künftigen touristischen Entwicklung. - In: STEINECKE/TREINEN, S. 7-17

STEINECKE, A. (1999): Perspektiven des Kulturtourismus: Wettbewerbsdruck - Profilierung - Inszenierung. - In: HEINZE (1999a), S. 17-51

STEINECKE, A. (Hrsg.; 2000): Erlebnis- und Konsumwelten, München/Wien

STEINECKE, A. (2001): Industrieerlebniswelten zwischen Heritage und Markt: Konzepte - Modelle - Trends. - In: HINTERHUBER, H. H./PECHLANER, H./MATZLER, K. (Hrsg.): IndustrieErlebniswelten: vom Standort zur Destination, Berlin, S. 85-101

STEINECKE, A. (Hrsg.; 2001a): Konzeption, Organisation und Durchführung einer Studienreise - Beispiel Republik Irland, Paderborn

STEINECKE, A. (2002a): Kulturtourismus in der Erlebnisgesellschaft: Trends - Strategien - Erfolgsfaktoren. - In: Geographie u. Schule, 24/135, S. 10-14

STEINECKE, A. (2002b): Kunstwelten in Freizeit und Konsum: Merkmale - Entwicklungen - Perspektiven. - In: Geographie heute, 23/198, S. 2-7

STEINECKE, A. (Hrsg.; 2002c): Tourismusforschung in Nordrhein-Westfalen. Ergebnisse - Projekte - Perspektiven, Paderborn (Paderborner Geogr. Stud. z. Tourismusforsch. u. Destinationsmanagement; 15)

STEINECKE, A. (2003): Erlebnis- und Konsumwelten - eine Strategie auch für den ländlichen Raum? - In: IfE, S. 2-11

STEINECKE, A. (2004): Zur Phänomenologie von Marken-Erlebniswelten. - In: BRITTNER-WIDMANN/QUACK/WACHOWIAK, S. 201-219

STEINECKE, A. (2006): Tourismus - eine geographische Einführung, Braunschweig (Geograph. Seminar; o. Bd.)

STEINECKE, A./HAART, N./HERRMANN, P. (1997): Urlaub auf Bauern- und Winzerhöfen: Vom Hobby zum Wirtschaftsfaktor. - In: Ministerium für Wirtschaft, Verkehr, Landwirtschaft und Weinbau (Hrsg.): Reise aufs Land. Zu Gast auf Bauern- und Winzerhöfen in Rheinland-Pfalz, Mainz, S. 17-26

STEINECKE, A./MAIER, P. (1998): Freizeit - ein Risiko? Ausprägungen und Folgeabschätzungen im Tourismus. - In: Thomas-Morus-Akademie (Hrsg.): Fernweh - Seelenheil - Erlebnislust. Von Reisemotiven und Freizeitfolgen, Bensberg, S. 151-168 (Bensberger Protokolle; 92)

STEINECKE, A./MÜLLER, W. (1993): Überlegungen für einen Modellversuch „Qualifizierung von Reiseleitern" im Rahmen der Berufsbildung. - In: SCHMIDT/NAHRSTEDT, S. 81-97

STEINECKE, A./STEINECKE, R. (1989): Sanfter Tourismus und Reiseleitung. - In: Animation, 10/März-April, S. 43

STEINECKE, A./TREINEN, M. (Hrsg., 1997): Inszenierung im Tourismus. Trends - Modelle - Prognosen, Trier (ETI-Stud.; 3)

STEINECKE, A./WACHOWIAK, H. (1994): Kulturstraßen als innovative touristische Produkte - das Beispiel der grenzübergreifenden Kulturstraße „Straße der Römer" an der Mosel. - In: MAIER, S. 5-33

STEINECKE, A. u. a. (1996): Tourismusstandort Deutschland - Hemmnisse, Chancen, Herausforderungen. - In: STEINECKE, S. 90-102 (ETI-Texte; 10)

STEINER, D. (1987): Überall ist Mega-Mall. Das Reisen ist der Zweck, die Orte sind herstellbar. - In: Stadtbauwelt, 96/48, S. 1780-1783

STEINER, G. (2003): Erfahrungen mit der touristischen Vermarktung von Kulturevents im ländlichen Raum Ostbayerns. - In: IfE, S. 24-31

STEINER, J. (1997): Die Nutzung historischer und kultureller Potentiale für den Tourismus im Münsterland - In: STEINECKE/TREINEN, S. 47-61

STRAUCH, A. P. (2003): Der deutsche Reiseführermarkt: Strukturen und Tendenzen. - In: KAGERMEIER, A./STEINECKE, A. (Hrsg.): Tourismus- und Freizeitmärkte im Wandel. Fallstudien - Analysen - Prognosen, Paderborn, S. 125-166 (Paderborner Geogr. Stud. z. Tourismusforsch. u. Destinationsmanagement; 16)

STRAUCH, A. P. (2004): Reiseinformation und Reiseführer. - In: BECKER/HOPFINGER/STEINECKE, S. 792-804

STRUCK, E. (1994): Die Türkei der Reiseführer. Geographische Anmerkungen zum Türkeibild deutscher Touristen. - In: POPP, S. 93-111

STULLER, J. (1999): Alcatraz. Das Gefängnis, San Francisco

STUPPÄCK, S. (2004): Tourismus in Städten - ein Randthema. - In: Integra, 4, S. 2-4

SWARBROOKE, J (1996): Culture, tourism and the sustainability of rural areas in Europe. - In: ROBINSON/EVANS/CALLAGHAN, S. 447-470

T

TAUBMANN, W./BEHRENS, F. (1986): Wirtschaftliche Auswirkungen von Kulturangeboten in Bremen, Bremen (Univ. Bremen - Studiengang Geographie, Mat. u. Manuskr., 10)

TESSIN, W./WIDMER, P./WOLSCHKE-BULMAHN, J. (2000): Nutzungsschäden in historischen Gärten. Eine sozialwissenschaftliche Untersuchung, Hannover (Beitr. z. räuml. Planung; 59)

THIEM, M. (1994): Tourismus und kulturelle Identität. Die Bedeutung des Tourismus für die Kultur touristischer Ziel- und Quellgebiete, Bern/Hamburg (Berner Stud. z. Freizeit u. Tourismus; 30)

Thomas-Morus-Akademie (Hrsg.; 1990): Wegweiser in die Fremde. Reiseführer, Reiseratgeber, Reisezeitschriften, Bergisch Gladbach (Bensberger Protokolle; 57)

THON, U. (2004): Kunst zieht an. Der Lack ist ab. - In. Ztschr. f. Kulturaustausch, S. 1-4 (cms.ifa.de/publikationen/zeitschrift-fuer-kulturaustausch/archiv/ausgaben-2004/kunst-zieht-an/thon/type/98 vom 06. Februar 2006)

TILLESSEN, M. (2002): Landesgartenschauen als Erlebniswelten.

Entwicklung - Steuerfaktoren - Perspektiven, Paderborn (Univ. Paderborn, unveröffentl. Magisterarb.)

TRAUZETTEL, L. (2001): Wörlitzer Anlagen. - In: WEISS, S. 23-63

TREIDEL, R. J. (2006): Historisches Erbe und touristischer Markt. Geschichtsdidaktische Aspekte der kommerziell betriebenen Studienreise. - In: Geschichte in Wissenschaft u. Unterricht, 57/5-6, S. 359-368

TRESP, J. (1999): Strukturdaten und Entwicklungstendenzen des Reiseführermarktes. - In: FRANZMANN, S. 122-131

TREUTLER, J. M. (2006): Christliche Studienreisen - eine Analyse des deutschen Marktes. - In: LEDER/STEINECKE, S. 45-69

TÜTING, L. (1990): Die Menschen sind Nebensache. Über die Bedeutung von Reiseführern - In: Thomas-Morus-Akademie, S. 108-111

TUI Service (1978): Animationsmodell Länderkunde, Hannover

U

UHLIG, Chr. (1999): Konzentrationsbewegungen auf dem Büchermarkt, insbesondere dem Reisebuchmarkt, und ihre Konsequenzen. - In: FRANZMANN, S. 113-118

UNDERBERG, B. (1998): Tourismus auf den Spuren der Vergangenheit. Die „Route der Industriekultur". - In: Geogr. heute, 19/165, S. 34-37

UNGER, K. (1993): Festivals und Veranstaltungen als kulturtouristische Angebote. - In: BECKER/STEINECKE, S. 112-121

UTHOFF, D. (1987): Struktur und Motive von Besuchern historischer Stadtkerne. Beobachtungen, Analysen und Folgerungen zum denkmalorientierten Städtetourismus in der Bundesrepublik Deutschland. - In: BECKER, S. 69-91

V

VEIT, M: (1999): Burgen und Burgruinen in der Kulturlandschaft Oberes Mittelrheintal - Nutzungsgeschichte, derzeitige Nutzung, Perspektiven für die Nutzung. - In: PECHLANER, S. 119-153

VETTER, K. (1992): Studiosus: Durch Qualität zum Marktführer für Studienreisen. - In: ROTH, P./ SCHRAND, A. (Hrsg.): Touristik-Marketing. Das Marketing der Tourismus-Organisationen, Verkehrsträger, Reiseveranstalter und Reisebüros, München, S. 297-307

VIEREGG, H. u. a. (Hrsg.; 1994): Museumspädagogik in neuer Sicht. Erwachsenenbildung im Museum. Band I: Grundlagen - Museumstypen - Museologie, Baltmannsweiler

VÖLKER, M./HARWART, Chr./KEIL, I. (1983): Studienreisen an Volkshochschulen, Frankfurt a. M.

VÖLKL, H. (1987): Brauereiwirtschaft und Tourismus. Möglichkeiten und Chancen einer eigenständigen Regionalentwicklung in Oberfranken, Bayreuth (Arbeitsmat. z. Raumordnung u. Raumpl.; 48)

VOGEL, H. (1993): Reiseleiter, Reiseführer. - In: HAHN/KAGELMANN, S. 515-521

VOIGT, C. (2002): Nutzung stillgelegter Bergwerke als multifunktionale Zentren - untersucht am Bei-

spiel des Sondershäuser Erlebnisbergwerks, Paderborn (Univ. Paderborn, unveröffentl. Magisterarb.)

VORLAUFER, K. (1996): Tourismus in Entwicklungsländern. Möglichkeiten und Grenzen einer nachhaltigen Entwicklung durch Fremdenverkehr, Darmstadt

VORLAUFER, K. (1999): Bali - Massentourismus und nachhaltige Entwicklung: die sozioökonomische Dimension. - In: Erdkunde, 53/4, S. 273-301

W

WAGNER, E. (1986): Anmerkungen zu Romreiseführern. - In: Reisebriefe, 15/16, S. 16-32

WAGNER, F. A. (1990): Anleitungen zur Kunst des Reisens. Zur Kulturgeschichte des Reiseführers. - Thomas Morus Akademie, S. 9-31

WALTON, B. (2001): Fallbeispiel Neukonzept Burg Mauterndorf Salzburger Land Österreich. - In: DSF, S. 117-121

WANGE, K. (2004): Klosteranlagen als touristische Ressource - dargestellt am Kloster Dalheim, Paderborn (Univ. Paderborn, unveröffentl. Magisterarb.)

WEBER, P./NEUMANN, P. (2002): Sozialgeographische Ansätze eines Tourismus für Menschen mit Behinderung. - In: STEINECKE (2002c), S. 183-200

WEHLING, H.-W. (2006): Aufbau, Wandel und Perspektiven der industriellen Kulturlandschaft des Ruhrgebiets. - In: Geogr. Rdsch.; 58/1, S. 12-19

WEIER, M. (2005): Innovative Stadtführungen. - In: LANDGREBE/
SCHNELL, S. 241-252

WEIERMAIR, K./PECHLANER, H.
(2001): Management von Kulturtourismus im Spannungsfeld von
Markt- und Ressourcenorientie-
rung. - In: BIEGER/PECHLANER/
STEINECKE, S. 91-123

WEINZIERL, K. (1997): Volksfeste
und Brauchtumspflege als Wirtschaftsfaktor und Touristenattraktion am Beispiel der Landshuter
Hochzeit 1475. - In: DSF (1997a),
S. 149-160

WEISHÄUPL, G. (2000): Stadtfeste -
am Beispiel des Münchner Oktoberfestes. - In: DREYER, S. 287-
297

WEISS, Th. (Hrsg.; 2001): Das Gartenreich Dessau-Wörlitz. Kulturlandschaft Dessau-Wörlitz, 3., aktual. u. erw. Aufl. Hamburg

WEISSENBORN, B. (1997): Kulturtourismus, Trier (Trierer Tourismus Bibliogr.; 10)

WERSEBE, H. von (1996): Das Haus
der Geschichte der Bundesrepublik Deutschland als touristisches
Ziel: Aufbau und Möglichkeiten
eines Besucherreservierungssys-
tems im Museum. - In: DSF, S.
185-208

WERSEBE, H. v. (1997): Besucherorientierte Angebotsgestaltung im
Museum. - In: DSF, o. S.

WETZEL, H. H. (1994): Von Ried-
esel zu DuMont. Das Bild Sizili-
ens in den deutschen Reiseführern.
- In: POPP, S. 71-92

WICHERT, K. (2001): Sonder- und
Eventführungen. - In: DSF, S.
108-110

WIDMANN, T. (1999): Brauchtum
und Tourismus: Die schwäbisch-

alemannische Fastnacht in Villingen-Schwenningen, Trier (Mat. z.
Fremdenverkehrsgeogr.; 48)

WIDMANN, T. (2000): Fasnet - Fa-
sching - Karneval. - In: IfL, S. 60-
61

WIDMANN, T. (2004): Regionalwirtschaftliche Bedeutung des Tourismus - kleine Kreisläufe. - In:
BECKER/HOPFINGER/STEINECKE,
S. 403-414

WIEGAND, D. (2006): Inszenierung
von Alltagskultur im Tourismus -
untersucht am Beispiel Doolin in
Co. Clare, Irland. - In: LEDER/
STEINECKE, S. 173-193

WIESE, B. (2001): Geländeprakti-
kum Museumsmeilen, Köln (www.
uni-koeln.de/meth-nat-fak/geogra-
phie/personal/profs/wiese vom 16.
01.2006)

WIESINGER, U. B. (2000): Regionale
Vernetzung im Museumswesen. -
In: Integra, 1, S. 9-10

WILHELM, L. (2000): Industrietourismus gestern und heute. - In: Integra, 1, S. 2-4

WILHELM, L. (2001): NEKTAR:
Das Netzwerk zu Industriekultur
und Tourismus in Europa. - In:
BAUMGARTNER/BIEDENKAPP, S.
35-52

WILHEM, L. (2004): Perspektiven
von Industriekultur und Tourismus. - In: SCHWARK, S. 43-64

WINKLER, B. (2001): Vorteile durch
internationale Kooperationen am
Beispiel der Arbeitsgemeinschaft
„Die Burgenstraße". - In: DSF, S.
81-84

WIRTH, H. (1995): Die Burg im
Landschaftsbild. - In: Burgen u.
Schlösser, 36/III, S. 159-166

WIRTH, K./HÖDL, M. (2002): Stadt-
marketing - Stand und Perspekti-

ven in Österreichs Städten, Wien 2002 (www.kdz.or.at/kdz/grundlagen/sttg2002/thesenpapier_stadtmarketing_staedtetag2002.pdf vom 22. November 2006)

WOLBER, Th. (1999): Die touristische Inwertsetzung des kulturellen Erbes in größeren Städten - Historic Highlights of Germany. - In: HEINZE (1999a), S. 105-145

WOLBER, Th. (2000): Kulturtourismus in einer Stadt - der Weg zu einem Konzept am Beispiel von Weimar. - In: DREYER, S. 325-344

WOLF, A. (2005): Erfolgsfaktoren industrietouristischer Einrichtungen, Paderborn (Paderborner Geogr. Stud. z. Tourismusforsch. u. Destinationsmanagement; 18)

WOLFF, J. (1997): Die kulturelle Inszenierung eines Urlaubslandes: das „Lutherjahr 1996". - In: STEINECKE/TREINEN, S. 18-29

WTO (Hrsg.; 2005): City Tourism & Culture. The European Experience, Madrid

WTO (Hrsg.; 2006): The Future of City Tourism in Europe, Madrid

Z

ZENTNER, M. (2002): Religion und Kirche vermarkten? Möglichkeiten und Grenzen, Sinn und Unsinn. - In: DSF, S. 39-48

ZEUNE, J. (1996): Burgen. Symbole der Macht. Ein neues Bild der mittelalterlichen Burg, Regensburg

ZINGERLE, A. (2000): Monothematisches Kunsterlebnis im Passageraum. Die Bayreuther Richard-Wagner-Festspiele als Events. - In: GEHARDT/HITZLER/PFADENHAUER, S. 183-202

ZINTGRAF, J. (2004): Von Städtereisen zu StattReisen. - In: Integra, 4, S. 9-12

ZIPPELIUS, A. (1974): Handbuch europäischer Freilichtmuseen, Köln (Führer u. Schr. d. Rhein. Freilichtmuseums u. Landesmuseums f. Volkskunde in Kommern; 7)

ZSCHOCKE, R. (1998): Event Weihnachtsmärkte - untersucht am Beispiel Aachen und Monschau/Nordeifel. - In: FREYER/MEYER/SCHERHAG, S. 191-206

Verzeichnis kulturtouristischer Akteure
(Einrichtungen, Orte, Organisationen)

Sachverzeichnis